suhrkamp taschenbuch
wissenschaft 536

Georges Devereux versucht mit diesem Buch, die psychologische Glaubwürdigkeit der Träume zu demonstrieren, die Aischylos, Sophokles und Euripides für bestimmte Charaktere in ihren Dramen schrieben. Dem naheliegenden Einwand, fiktive Personen und antike Dichter könnten gar nicht einer psychoanalytischen Traumdeutung unterzogen werden, begegnet Devereux mit seinem radikalen textkritischen Vorgehen: die Überlieferungsgeschichte der Texte ist selbst eine psychologisch darstellbare Geschichte von Fehlleistungen und Verdrängungen; zur Überprüfung der Kriterien für die Traumauthentizität (Realismus) gehört folglich nicht nur die inhaltliche Interpretation der Träume, sondern auch und gerade die Geschichte der Textüberlieferung und die der philologischen und literaturwissenschaftlichen Kontroversen. »Analysand« ist nicht der fiktive Träumer oder der Dichter, sondern der Text selbst; folglich handelt es sich bei dem Buch auch nicht um eine Psychoanalyse, sondern um eine auf Konstruktion beruhende »Quasi-Psychoanalyse«. Die Elemente und Werkzeuge dieser Konstruktion stammen aus drei Disziplinen, die normalerweise streng getrennt gehalten werden: Altphilologie, inhaltlich orientierte Literaturwissenschaft und Psychoanalyse. Auf der Grundlage einer engen Zusammenarbeit mit führenden Gräzisten, einer ausführlichen Berücksichtigung der umfassenden Literatur aus den drei Disziplinen, sowie unter Rückgriff auf seine reiche Erfahrung als Ethnologe und Psychoanalytiker erreicht Devereux ein Ziel, das meist Postulat zu bleiben pflegt: eine interdisziplinäre Gesamtansicht.

Georges Devereux wurde 1908 in Ungarn geboren; als 18jähriger ging er nach Paris und studierte mathematische Physik und Anthropologie (u. a. bei Marcel Mauss und Lucien Lévy-Bruhl). Feldforschungen bei nordamerikanischen Indianern, in Neu-Guinea und bei den Sedang, einem Bergvolk des heutigen Südvietnam; Anfang der 50er Jahre Ausbildung zum Psychoanalytiker; Mitbegründer der Ethnopsychiatrie. Arbeit an verschiedenen amerikanischen Universitäten. Seit 1963 Professor für Ethnopsychiatrie an der Ecole pratique des hautes études in Paris.

Von seinen Veröffentlichungen liegen im Suhrkamp Verlag außerdem vor: *Normal und anormal. Aufsätze zur allgemeinen Ethnopsychiatrie* (1974); *Ethnopsychoanalyse. Die komplementaristische Methode in den Wissenschaften vom Menschen* (1978); *Angst und Methode in den Verhaltenswissenschaften* (1984).

Georges Devereux

Träume in der griechischen Tragödie

Eine ethnopsychoanalytische Untersuchung

Übersetzt von Klaus Staudt

Suhrkamp

Titel der Originalausgabe:
Dreams in Greek Tragedy. An Ethno-Psycho-Analytical Study

CIP-Kurztitelaufnahme der Deutschen Bibliothek
Devereux, George:
Träume in der griechischen Tragödie:
e. ethnopsychoanalyt. Unters. /
Georges Devereux. Übers. von Klaus Staudt. –
1. Aufl. – Frankfurt am Main:
Suhrkamp, 1985.
(Suhrkamp-Taschenbuch Wissenschaft; 536)
Einheitssacht.: Dreams in Greek tragedy <dt.>
ISBN 3-518-28136-4

suhrkamp taschenbuch wissenschaft 536
Erste Auflage 1985

Druck: Nomos Verlagsgesellschaft, Baden-Baden
Printed in Germany
Umschlag nach Entwürfen von
Willy Fleckhaus und Rolf Staudt

1 2 3 4 5 6 – 90 89 88 87 86 85

Inhalt

Für
Sir Kenneth J. Dover

Präsident des Corpus Christi College,
Universität Oxford,
in Freundschaft für seine frühe Ermutigung
und stetige Unterstützung

Vorwort

An jedem kritischen Zeitpunkt in der Geschichte existiert eine Strömung, deren Anhänger, wie die Athener des Thukydides, »da sind, um weder selbst Ruhe zu haben noch anderen Ruhe zu gönnen«. In der Renaissance waren die klassischen Philologen diese Hornissen des Geistes. Heute sind es die Psychoanalytiker. Es war vielleicht die Erinnerung an die turbulenten Anfänge der klassischen Philologie – die erst die Geburt des modernen Denkens ermöglichte –, welche die großzügige geistige Offenheit erklärt, mit der mich einige der bedeutendsten Gräzisten unseres Zeitalters ermutigten, griechische Probleme mit Hilfe der psychoanalytischen Untersuchungsmethode zu beleuchten.

Konkret versuche ich mit diesem Buch, die psychologische Glaubwürdigkeit der Träume zu demonstrieren, die Aischylos, Sophokles und Euripides für bestimmte Charaktere in ihren Dramen schrieben. Es steht natürlich nicht zur Debatte, einen längst verstorbenen griechischen Dichter *realiter* zu psychoanalysieren. Man kann aber dies zeigen: Die Träume in den antiken griechischen Tragödien haben authentischen Traumcharakter: Der Traum, den Aischylos für *seine* Klytaimestra geschrieben hat, hätte von ihr geträumt werden können, wenn sie eine reale Person gewesen wäre, und dieser Traum hätte nicht von der Klytaimnestra des Sophokles geträumt werden können.

Dies aufzuzeigen ist aber nur möglich, wenn man die fiktive, aber dennoch plausible Klytaimestra des Aischylos und ihre Träume einer »Quasi-Psychoanalyse« unterzieht. Die Folgerungen, die man aufgrund eines solchen Vorgehens zieht, stellen genaugenommen »Konstrukte« dar, deren logischer Wert genau dem eines anderen vorausgesetzten »Konstrukts« entspricht, nämlich daß Aischylos, als er die Rolle des Agamemnon schrieb, *uns annehmen lassen wollte*, daß dessen Stimmapparat nicht nur gleich dem eines jeden anderen Mannes war, sondern auch, daß er aufgrund seiner frühen Erziehung Griechisch und nicht Persisch sprach, und daß seine Ausdrucksweise eher der eines bedeutenden Herrschers entsprach als der eines schlaffen, verbitterten, spröden Usurpators wie Aigisthos. Aischylos hat sicherlich erwartet, daß wir diese Annahmen machen würden, auch wenn er dies nicht explizit an irgendeiner Stelle seiner *Oresteia* zum Ausdruck gebracht hat.

Ich möchte betonen, daß man sich, wenn man solche einleuchtenden Schlußfolgerungen, Konstrukte oder Ableitungen als gesichert annimmt, strikt an das grundsätzliche literaturkritische Prinzip hält, sich nur auf das zu beziehen, was in dem Stück steht. Darüber hinaus bewahrt ein solches Vorgehen die wichtigste Qualität des Textes: seinen Status als Kunstwerk; denn in dem Moment, in dem man sich weigert, diese unausweichlichen Ableitungen zu akzeptieren, besteht die *Oresteia* als Kunstwerk nicht weiter und wird auf den Status eines bloßen Warenhauses grammatischer und lexikalischer Probleme und Rätsel reduziert, von denen man viele, wie im dritten Kapitel aufgezeigt wird, nur lösen kann, wenn man in seinen Diskurs genau die unausweichlichen logischen Konstrukte wieder einführt, die man vorher ganz unbegründet deshalb abgelehnt hat, weil sie nicht *explizit* im Text erwähnt werden.

Meine grundsätzliche methodologische Position ist daher folgende: Eine psychoanalytische Untersuchung der in den antiken griechischen Tragödien erzählten Träume ist weitaus mehr als ein willkürlicher Einbruch des Psychoanalytikers in eine fremde Domäne, nur durch seine eigene Annahme *ex cathedra* legitimiert, daß, weil das vorliegende Material auf seine Methode passe, sein Unternehmen und sein *modus operandi* berechtigt seien.

Da die Psychoanalyse ein wirkungsvolles und präzises Forschungsinstrument ist, möchte ich von Anfang an darauf hinweisen, daß ich mein Bestes gegeben habe, sie mit dem Respekt anzuwenden, den ein hervorragendes Werkzeug verdient. Ich habe versucht, das antike Material mit derselben Vorsicht, Geduld und Verantwortung zu interpretieren wie die Äußerungen und das Verhalten meiner psychoanalytischen Patienten, denn »improvisierte«, »wilde« Psychoanalyse ist bei der Interpretation von griechischem Material genausowenig angebracht wie bei klinischen Fällen.

Ich räume selbstverständlich ein, daß einige professionelle Psychoanalytiker – und darüber hinaus einige andere, die aufgrund der Tatsache, daß sie keiner anerkannten analytischen Vereinigung angehören, wohl keine qualifizierten Psychoanalytiker sind, auch wenn sie vom Laienpublikum manchmal fälschlich als Repräsentanten dieses gelehrten Berufsstandes betrachtet werden[1] – die Vorsicht

1 Selbst ein so kompetenter Gräzist wie B.M.W. Knox (*Oedipus at Thebes*, 1957, S. 197) nennt Arthur Wormhoudts *The Muse at Length*, 1953, das Werk eines Freud-»Epigonen«. Für eine radikal verschiedene Einschätzung der Stellung Wormhoudts in der Psychoanalyse vgl. meine Besprechung seines Buches in *Bulletin of the Menninger Clinic*, XVIII (1954), S. 121.

und Selbstdisziplin in ihren Veröffentlichungen über »angewandte Psychoanalyse« vermissen lassen, die man von einem wirklichen Psychoanalytiker bei seiner klinischen Arbeit und seinen Veröffentlichungen erwartet. Den üblen Ruf, den solche hastigen Arbeiten der Psychoanalyse in klassisch-philologischen Kreisen geben, kann die Psychoanalyse nur wiedergutmachen, indem sie aufzeigt, daß eine psychoanalytisch verantwortliche und philologisch nicht allzu offensichtlich amateurhafte Diskussion griechischen Materials einen wertvollen Beitrag zur Weiterentwicklung des Verständnisses der Klassik leisten kann. Denn wenn auch vergängliche rhetorische und ideologische Modeströmungen dann und wann als letzter Schrei für Schlagzeilen sorgen, gilt Greshams Gesetz für die Wissenschaften nicht: Letztendlich vertreibt die gute Wissenschaft unweigerlich die schlechte Wissenschaft.

Ich räume jedenfalls ein, daß das äußerst komplexe logisch-epistemologische Problem der Anwendbarkeit psychoanalytischer Methoden und Interpretationen außerhalb des klinisch-therapeutischen Bereichs selbst von jenen authentischen Psychoanalytikern nicht gründlich durchdacht worden ist, die regelmäßig außergewöhnliche – und manchmal inspirierte – Beiträge zur »angewandten Psychoanalyse« liefern. Ich kann allerdings vorbringen, daß ich im Verlauf der letzten vierzig Jahre fast alle Aspekte dieses Problems durchdacht habe, wobei mir mein früheres Studium der Mathematik und der theoretischen Physik und auch meine Bemühungen zustatten kamen, während meines gesamten Berufslebens mit den neuesten Entwicklungen in den Bereichen der Logik, Erkenntnistheorie und Wissenschaftsmethodik auf dem laufenden zu bleiben.

Obwohl in diesem Buch die Anwendung der Psychoanalyse auf Daten aus den griechischen Dramen nur heuristisch gerechtfertigt wird – indem aufgezeigt wird, daß sie das Verständnis von Texten, die Traumerzählungen enthalten, erweitert und vertieft –, so hoffe ich doch, daß Leser, die an der logischen Validität dieser Vorgehensweise *per se* interessiert sind, diese in meinen früheren Veröffentlichungen mit der notwendigen Strenge demonstriert finden. Leider würde die Darstellung dieser komplexen Analysen und Beweise den Rahmen des vorliegenden Werkes sprengen.[2]

2 *Angst und Methode in den Verhaltenswissenschaften*, 1973; *Normal und Anormal*, 1973; *Ethnopsychoanalyse*, 1979; »Art and Mythology: A General Theory«. In: B. Kaplan (Hrsg.): *Studying Personality Cross-Culturally*, 1961; »The Structure of Tragedy and the Structure of Psyche in Aristotle's Poetics«. In: Chr. Hanly und M. Lazerowitz (Hrsg.): *Psychoanalysis and Philosophy*, 1970; beide Artikel auch in: *Tragédie et Poésie Grecques*, 1975.

An dieser Stelle möchte ich der Hoffnung Ausdruck geben, daß mir der unvoreingenommene Leser keine Ansichten unterstellt, die ich nicht vertrete. Diese Bitte scheint mir nicht überflüssig zu sein. B.M.W. Knox (op.cit., S. 197f.), dessen Kompetenz als Gräzist unangreifbar ist, legte gezielt aber taktvoll dar, daß *einige* Gräzisten Freud unberechtigt gewisse Ansichten über den *Oidipous Tyrannos* von Sophokles unterstellten, die Freud *ausdrücklich und nachdrücklich zurückgewiesen* hatte. Der weniger duldsame Wilamowitz hätte wohl, wie er es an anderer Stelle getan hat, ausgerufen: »Kann man denn nicht lesen?« [dt. i. Or.]. Ich bringe diese Bitte mit einigem Nachdruck vor, weil meine ersten Kontakte mit der Psychoanalyse mir bewiesen, daß sie eine »bittere Medizin« ist, die man nicht immer leicht schlucken kann: Die Versuchung, einen Popanz aufzustellen, ihn Freud zu nennen und dann umzustürzen, ist manchmal fast unwiderstehlich.

Inhaltlich stellt das vorliegende Buch die These auf, daß der Ort großer Kunst am Zusammenfluß von kulturell bestimmten künstlerischen Möglichkeiten und Zielsetzungen und von subjektiv determinierter psychologischer Realität liegt. So erwähne ich im vierten Kapitel, daß die langsam erwachenden Erinyen ihren Traum von Klytaimestras Schatten – der einen Moment zuvor tatsächlich auf der Bühne dargestellt worden ist – ungewöhnlich verkürzt erzählen. Sie berichten nur, daß ein »Vorwurf« unbekannter Herkunft sie im Schlaf getroffen habe. In einem *Bühnenstück* genügt diese verkürzte Erzählung einer Traumszene, die gerade dargestellt worden ist, ästhetischen Ansprüchen vollauf, in *epischer Poesie* aber kann es z.B. Agamemnons Traum durchaus vertragen, dreimal in fast identischem Wortlaut im Laufe von etwa siebzig Zeilen wiederholt zu werden.[3] In der Tat beruht in dem Epos die ästhetische Essenz dieses Traumes hauptsächlich auf der Erkenntnis seiner (irreleitenden) orakelhaften Qualität – und genau *diese* Qualität des Traumes wird durch seine wiederholte vollständige Erzählung offensichtlich gemacht.[4]

Daß die verkürzte Traumerzählung der Erinyen ästhetische Genugtuung verschafft, liegt hauptsächlich an dem psychologisch

3 Hom. *Il.* 2.11ff., 28ff., 65ff.

4 Man kann in den Vorgängen bei der Befragung des delphischen Orakels eine Analogie sehen: Die Pythia delirierte, der Priester »übersetzte« das Gestammel in kryptische Hexameter, und die Gesandtschaft überbrachte das gereimte Orakel dem König (oder der Stadt), der (die) sie nach Delphi geschickt hatte.

überzeugenden Verblassen des tatsächlichen Trauminhalts. Die Erinyen werden von ihrem Angsttraum aus einem von außen herbeigeführten, d.h. quasi-drogenerzeugten Schlaf geweckt, und es bereitet ihnen Mühe, völlig aufzuwachen: Sie müssen zugleich gegen ihre Schlaftrunkenheit und die nachhallenden Eindrücke eines allzu lebhaften Traumes kämpfen. Noch besser paßt, daß die eine Sache, an die sie sich *erinnern* – den Vorwurf, ihre Pflicht vernachlässigt zu haben –, ihnen nicht nur beim Aufwachen hilft, sondern auch sofort als selbstentlastendes Mittel benutzt werden kann: Sie werfen ihrerseits dem Gott vor, er habe sie ihre Pflichten und Rechte dadurch vergessen lassen, daß er sie in Schlaf versenkte.

Die Notwendigkeiten dramatischer Logik verlangen jedenfalls irgendeine Aufwach*szene*, nachdem ein Traum auf der Bühne inszeniert worden ist, – aber die ästhetische und dramatische *Qualität* dieser Szene, so wie Aischylos sie entwarf, ist eine direkte Konsequenz ihres makellosen psychologischen Realismus. Ihre Schönheit bedingt ihre Endgültigkeit: Einmal gesehen oder gelesen kann sie nicht mehr anders vorgestellt werden; keine Alternative ist denkbar.

Ich schließe mit zwei Glaubensbekenntnissen:

Die alten Griechen waren keine Gebäude, Statuen, Münzen, Papyroi oder andere stumme Zeugen. Sie waren Menschen, denen es im fünften vorchristlichen Jahrhundert besser als uns gelang, menschlich zu sein. Wäre es anders, könnte ich wahrscheinlich selbst einen *Agamemnon* schreiben und wäre daher nicht darauf beschränkt, Aischylos' Drama zu kommentieren – und sei es auch nur, um mich zu erinnern, zu welcher Größe der »nackte Affe« fähig ist; denn sonst könnte ich in der masochistischen Orgie dieses Zeitalters, auf die dunkel der Schatten von Tyranneien der Vergangenheit, Gegenwart und Zukunft fällt, die Hoffnung gänzlich verlieren.

Die Athener waren Athener – sie spielten nicht die Rolle von Athenern. Perikles und Euripides waren sie selbst – nicht Masken, angelegt von Schauspielern, die »den Athener«, »den Staatsmann« oder »den Dichter« darstellten. Denn jede Kultur ist gleichzeitig sie selbst und ein vollständiges Muster der Kultur überhaupt, genau wie jeder Mensch er selbst ist und zugleich ein vollständiges Exemplar der Spezies Mensch. Und es ist genau diese Einzigartigkeit eines jeden Menschen und einer jeden Kultur, die sie dazu befähigt, *vollständige* Exemplare von Menschheit und von Kultur zu sein. Indem wir Griechenland, Aischylos oder seinen *Agamemnon* studieren, begegnen wir uns selbst.

Paris, im Juli 1975 *Georges Devereux*

Vorbemerkungen des Autors

Psychoanalytische und anthropologische Konzepte werden immer definiert – zuweilen mehr als einmal –, und in vielen Fällen werden erläuternde klinische und ethnographische Daten in Anmerkungen zitiert. Weitere Informationen können Charles Rycrofts *A Critical Dictionary of Psycho-Analysis (72)*, einem hilfreichen und verläßlichen kleinen Buch, bzw. dem *Vokabular der Psychoanalyse* von Laplanche und Pontalis (57) entnommen werden.

Jedesmal, wenn ein griechisches oder lateinisches Wort im Text erscheint, wird es (in Klammern) *übersetzt*, es sei denn, ein ganzer Abschnitt ist nur einem bestimmten Wort gewidmet. (Daher übersetze ich in dem langen Passus, der sich mit dem Wort ϲτίβοι* befaßt, dieses Wort nur einmal: Bei seiner ersten Erwähnung.)

Die Neuübersetzungen sind so wörtlich wie möglich, ohne Rücksicht auf einen eleganten Stil, durchgeführt. Die drei Euripidestexte wurden speziell von Mr. Philip Vellacott ins Englische übertragen.

Rechtschreibung: Griechische Worte und Namen wurden durchweg buchstabengetreu übertragen, auch wenn die resultierende Schreibweise dem üblichen Gebrauch zuwiderläuft. Daher schreibe ich Homeros und nicht Homer. Ein zusätzlicher Vorteil dieses Verfahrens besteht darin, daß »Oidipous« die mythische Person bezeichnet, während »Ödipus« den Komplex bezeichnet.

Klytaimestra, Klytaimnestra. Es werden beide Schreibweisen überliefert, wobei die erste wahrscheinlich die ältere Form dieses Namens darstellt. Ich nenne – nicht ganz willkürlich – die Königin bei Aischylos (und Euripides) Klytaimestra, die bei Sophokles Klytaimnestra, denn diese Unterscheidung spart Platz.

Ortsnamen werden in der modernen Schreibweise wiedergegeben, denn nur wenige Nicht-Altphilologen besitzen klassische Atlanten. Homeros (wenn er überhaupt existierte) wurde zu Lebzeiten niemals Homer genannt, Athenai existiert immer noch und wird jetzt – zumindest in Deutschland – Athen genannt.

Abkürzungen: Wenn ich mich auf klassische Quellen beziehe, benutze ich die üblichen – und bedauerlicherweise latinisierten – konventionellen Abkürzungen (A. *Ag.* = Aischylos: *Agamemnon*).

* Auf ausdrücklichen Wunsch des Autors wurde in der griechischen Schreibweise nicht das klassische, sondern das archaische Sigma gebraucht. A. d. Ü.

Von diesem Usus weiche ich nur im Fall von Homeros ab. Ich schreibe Hom. *Il.* (Homeros: *Ilias*) und nicht einfach *Il.* Wenn Homeros gelebt hat, sollte er seines Ruhmes nicht beraubt werden. Und wenn er nicht gelebt hat, dann wird der nicht altphilologisch gebildete Leser eher erraten, wofür Hom. *Il.* steht, als wenn ich einfach »*Il.*« geschrieben hätte. Auf jeden Fall findet man im Register eine vollständige Liste der verwendeten Abkürzungen.

Der Name eines zeitgenössischen Autors, der von einem »ad loc.« gefolgt wird, verweist auf dessen Kommentar zu einem bestimmten Passus in seiner Ausgabe des betreffenden Werkes. Daher bezieht sich »A. *Ag.* 426 und Fraenkel ad loc.« auf Fraenkels Kommentar zu diesem Vers in seiner monumentalen Ausgabe des *Agamemnon* von Aischylos.

Einige der erläuternden Anmerkungen werden für einige Lesergruppen bedeutungslos, für andere unverzichtbar sein. Was für einen Gräzisten Binsenwahrheiten sind, muß dem Psychoanalytiker und dem Anthropologen erklärt werden – und umgekehrt selbstverständlich ebenso. Ein nicht fachgebundener Leser wird gut daran tun, alle Anmerkungen, bis auf diejenigen, die nur klassische Quellen aufzählen, zu lesen.

Die vielen Hinweise auf meine eigenen Werke bedürfen einer Erklärung.

Klinische Daten. Jeder Kliniker muß *einen Teil* seines Materials aus ethischen Überlegungen und gesetzlichen Gründen »verkleiden«. Wenn ich von mir selbst gesammeltes Material zitiere, kann ich sicher sein, daß die vorgestellten Patientenaussagen korrekt sind; denn die Veröffentlichung *kurzer* Bemerkungen oder Vorkommnisse enthüllt die Identität eines Patienten nicht.

Die ethnologischen Daten stammen ebenfalls zum größten Teil aus meinen eigenen Feldforschungen, und zwar deshalb, weil jeder Anthropologe die Gruppen, die er selbst untersucht hat, sehr viel besser kennt als die, deren Bekanntschaft er nur durch Bücher gemacht hat.

Mein theoretisches Werk wird zum größten Teil aus dem Grund zitiert, weil dem vorliegenden Buch mein theoretischer Standpunkt zugrunde liegt, den ich vor mehreren Jahrzehnten zu entwickeln begann.

Die wenigen Wiederholungen können leicht gerechtfertigt werden:

1. Ein Gräzist, der im Rahmen seines eigenen Studiums einer bestimmten Tragödie *nur* das Kapitel zu Rate ziehen möchte, in dem der Traum dieses Dramas behandelt wird, sollte sich nicht durch den Rest des Buches durcharbeiten müssen, um einen bestimmten psychologischen Prozeß verstehen zu können, der im Zusammenhang mit einem anderen Drama erläutert worden ist. Dieser Versuch, jedes Kapitel dieses Buches zu einer selbständigen Einheit zu machen, läuft mit meinem anderen Versuch parallel, in diesem Buch alle Fragen psychologischer Art zu beantworten, die ein Altphilologe stellen könnte, ohne daß er technische Schriften zu Rate ziehen müßte.[1]

2. Ich habe die Erfahrung gemacht, daß Leser eines pluridisziplinären Buches, die *eines* der Gebiete kennen, eine einmal – und auch öfter – an einer Stelle gegebene Begründung wieder vergessen.[2] *Einige* Wiederholungen seien mir daher zugestanden, aber auch zugegebenermaßen sinnvoll zu sein: Dem Leser Mühe zu ersparen, ist m. E. ein gerechtfertigtes Vorgehen.

Anmerkung des Übersetzers:

Die in diesem Buch im Laufe des Textes hinter den Quellenverweisen genannten Seitenzahlen beziehen sich *immer* auf die in den Bibliographien *zuerst* aufgeführten Ausgaben des betreffenden Werkes. Die (recht wörtliche) Übertragung der griechischen Texte ins Deutsche besorgte in den meisten Fällen der Verfasser. Sie werden entsprechend kenntlich gemacht [Übers. G. D.]. Zum Vergleich können die überall erhältlichen Übersetzungen – z. B. von Werner oder Humboldt – herangezogen werden.

1 Dies bedingt, daß die zahlreichen Verweise auf moderne psychologische Veröffentlichungen nur als Richtschnur für eine mögliche weitergehende Vertiefung dienen sollen. Ich habe mein Bestes getan, um dem altphilologischen Leser den Rückgriff auf psychologische Lehrbücher zu ersparen.

2 Ein ausgesprochen gewogener Kritiker eines meiner früheren Bücher tadelte milde meine Tendenz zur Wiederholung. Aber obwohl in jenem Buch wohl ein halbes Dutzend Mal die Bertrand Russellsche Lösung des »Paradox des Epimenides« zitiert worden war (70^2, S. 101 ff., 523 ff.), dachte er an der Stelle, an der sie zum *siebenten* Male *nicht* zitiert wurde, *nicht* mehr daran und warf mir vor, einen (nicht existierenden) logischen Fehler begangen zu haben.

Danksagung

Ich stehe bei einer Anzahl Gelehrter tief in der Schuld, die mit ihrer Hilfe nicht sparten, ungeachtet dessen, ob sie meinem Standpunkt und meiner Arbeitsweise völlig, teilweise oder überhaupt nicht zustimmten.

Die Professoren E.R. Dodds (†), K.J. Dover und Hugh Lloyd-Jones lasen das gesamte Manuskript. Ihre Bemerkungen sind entweder mit ihrem Namen und *Titel* oder mit ihren Initialen gekennzeichnet (E.R.D., K.J.D., H.L.-J.). Dr. C.A. Behr, Professor Walter Burkert, die verstorbenen Professoren Eduard Fraenkel und Sir Denys Page antworteten mir großzügig auf Fragen zu spezifischen Problemen. Da ich – vielleicht unklugerweise – ihren Ratschlägen nicht immer gefolgt bin, liegt die Verantwortung für die Schwächen dieses Buches vollständig bei mir.

Mr. Philip Vellacott fertigte freundlicherweise die wörtlichen Übersetzungen der drei Euripidesträume an.

Mein tiefempfundener Dank geht besonders an meine Schüler und Mitglieder der Arbeitsgruppen, die sich in meinem Seminar über die Ethnopsychoanalyse von Träumen in griechischen Tragödien 1968-1969 gebildet hatten:

Aischylos: *Persai*: Die Damen A. Castanié, M.A., J. Thibaut, M.A., die Herren J.-P. Largillet, Ch. Sanchez. Ich erhielt auch Anregungen aus einem nicht veröffentlichten Referat meiner Freundin Dr. R. Padel, die es für ihren Tutor in Oxford schrieb.

Aischylos: *Choephoroi*: Die Damen C. Chernet, A. Payen (jetzt Frau Chapelier), M.A., die Herren J.-L. Breton, M.A., Dr. J.-B. Chapelier, R. Notz, M.A.

Sophokles: *Elektra*: Die Damen Dr. phil. M. Boccara, E. Dervaux, A. Jeinov, die Herren A. Prenant, A. Sotto, M.A.

Euripides: *Rhesos*: Frau C. Monpin und die Herren J. Comeau, R. Danto, A. Mallet, G. Monpin, P.-M. Rousseau.

Euripides: *Hekabe*: Die Damen D. Čakuleva-Diamantis, A. Guerrand-Hermès, H. Vanel, M. Fournier, M. Grandjus, Herr J.-L. Mercier.

Euripides: *Iphigeneia auf Tauros*: Die Damen Dr. phil. Olga Periañez, M. Bretin-Naquet, M.A., Ch. Abravanel, und die Herren G. Perrolier, M.A., P.-L. Verheyt, M.A.

Aus im ersten Kapitel erwähnten Gründen bin ich der Arbeitsgruppe am meisten verpflichtet, die die *Persai* von Aischylos studierte, und zwar nicht, weil diese Arbeitsgruppe besser als die anderen gearbeitet hat, sondern weil meine eigene anfängliche Analyse des Atossatraumes unzureichend war.

Frau Jane Wenning Devereux, B. A., las Korrektur und tippte das Manuskript, unterstützte mich bei meinen Forschungen und steuerte eine Reihe wertvoller Anregungen bei, die im Text mit ihren Initialen (J. W. D.) identifiziert werden.

Ein Forschungsstipendium des All Souls College, Oxford (Januar bis Juni 1972) gab mir neben vielen anderen Dingen willkommene Muße, unzählige Stellen dieses Buches zu überdenken und zu verbessern.

Die Herren Basil Blackwell & Mott haben mich ihnen verpflichtet, weil sie ein Buch veröffentlichten, an dem sich die Meinungen der Beurteiler schroff teilten.

Allgemeine Einführung

Technische Zielsetzung

Obwohl dieses Buch nicht nur an den Freud-losen Gräzisten und den Griechen-losen Psychologen, sondern auch an den Liebhaber großer Literatur gerichtet ist, reflektiert es meine Überzeugung, daß eine klare Darstellung Diskussionen technischer Art zugänglich machen und den nachdenklichen Leser, gleich welcher Profession, interessieren kann. Dieses Buch ist für jene bestimmt, die an die Verstehbarkeit großer Poesie glauben und die Anstrengung, sie zu verstehen, gern auf sich nehmen wollen.

»Liebe, die das Verstehen transzendiert«, hat bei der Würdigung von Kunst keinen Platz und verhindert *a priori* die Genese einer wahren Wissenschaft der Ästhetik und einer Psychologie des künstlerischen Schaffens.

Die vorliegende Untersuchung soll paradigmatische Wirkung haben. Auf rein technischer Ebene versucht sie, die Anwendbarkeit von Ciceros Diktum: »Diese Träume haben, auch wenn sie von Dichtern erfunden wurden, teil an der Essenz wahrer Träume.«[1] auf Traumerzählungen in den erhaltenen griechischen Tragödien[2] zu beweisen. Ciceros Feststellung unterscheidet sich nicht sehr von Abrahams Befund (2), daß es zwischen Mythen und Träumen fundamentale Affinitäten gibt.

Bevor ich weitaus gewichtigere Probleme diskutiere – ebenso wichtig für den Liebhaber von Poesie wie für den Kulturhistoriker und den Literaturkritiker –, muß ich die *Mittel* aufzählen, mit deren Hilfe man entscheiden kann, ob ein Traum, der von einem Dichter entworfen wurde, authentisch traumartig ist oder nicht.

Abgrenzungen. Ich diskutiere nur die Träume aus den erhaltenen Dramen, die tatsächlich erzählt oder dargestellt werden (4. Kap.). Ich befasse mich nicht mit:

1. *Träumen, die nicht erzählt*, sondern einfach nur erwähnt werden, um anzuzeigen, daß ihr (nicht spezifizierter) prophetischer Inhalt von der Realität bestätigt wurde (A. *Sept.* 710ff., E. *Tr.*

1 Haec, etiam si ficta sunt a poeta, non absunt tamen a consuetudine somniorum. Cic. *de divin.* 1.42.

2 Für eine Rechtfertigung des Ausschlusses eines bestimmten, auf Träume bezogenen Materials, vgl. infra.

921 ff.). Natürlich hört auch der Kliniker gelegentlich einen »vergessenen« Traum, der in dieser Art erwähnt wird, und ist manchmal in der Lage, seinem Patienten bei der Erinnerung dieses Traumes zu helfen (*22*, S. 206 ff.). Ich glaube, daß die Träume des Eteokles rekonstruiert werden könnten, und habe das in der Tat zu meinem eigenen Vergnügen getan, obwohl es in einer gewissen Hinsicht nicht nötig war, denn der Rest der Tragödie ist nichts anderes als eine erweiterte und verschlüsselte Darstellung der nicht erzählten Träume des Eteokles.[3]

2. *Kurze, metaphorische Anspielungen auf Träume*. Ich habe allerdings die Schlangen-Spinnen-Alptraummetapher aus A. *Suppl.* 887f. (9. Kap.) eingeschlossen, weil sie Licht auf die *typischen* Schlangen- und Spinnenträume im antiken Griechenland wirft.

3. *Träume, auf die in Fragmenten angespielt* wird, wurden aus folgenden Gründen ausgelassen:

a) Ihr Kontext ist nicht überliefert und kann deshalb nicht als Ersatz für die freien Assoziationen des »Analysanden« dienen.

b) In meiner Diskussion des Menelaostraumes (3. Kap.) zeige ich, daß die psychiatrischen und psychoanalytischen Schlußfolgerungen, die man gezogen hätte, wären die Verse 412f. nur als Fragment erhalten geblieben, teilweise in die Irre geführt hätten. Nur wenn man sie in ihrem Kontext liest, wird ihre wahre Bedeutung eindeutig erkennbar.

Die psychologische Plausibilität eines literarischen Traumes kann ebenso wie der Realismus einer von Rembrandt gemalten Rinderhälfte aufgrund spezifischer Kriterien ermittelt werden. Wichtig ist nur, daß man die *Kriterien*, nach denen man den Menelaostraum anders als den Homerischen Agamemnontraum (Hom. *Il.* 2 init.) als realistisch einordnet, in mindestens einem *wissenschaftlichen* System ihre *Entsprechung* haben müssen. Es reicht einfach nicht aus, zu behaupten, daß die Fotographie eines galoppierenden Pferdes unrealistisch sei, weil sie nicht mit der seit Urzeiten so dargestellten Form des »fliegenden Galopps« übereinstimmt – einer Gangart, deren kein *wirkliches* Pferd fähig ist (*55*, S. 497 ff.).[4]

Die Kriterien, mit denen ich die Plausibilität der Träume in den griechischen Tragödien – und die Nicht-Plausibilität des Agamem-

3 Diese Träume könnten im (verlorengegangenen) *Oidipous* von Aischylos erzählt worden sein (H.L.-J.).

4 Dennoch stellen gewisse Kritiker eben mit »psychologischen« Kriterien des »fliegenden Galopps« fest, daß die griechische Tragödie keinerlei plausible und konsistente Charakterisierungen enthalte! Vgl. auch Aristarchos' Athetese von Hom. *Od.* 23.218-224 (*13*).

nontraumes bei Homeros – prüfen will, sind die der Psychoanalyse. Ich kenne keine andere Technik, um die Plausibilität oder Nicht-Plausibilität eines literarischen Traumes festzustellen als die, ihn zu »psychoanalysieren«. Man muß wohl kaum betonen, daß diese logisch stichhaltige »Als-ob«-Prozedur den Menelaos des Dichters ebensowenig in eine reale Person auf meiner Couch verwandelt, wie die Feststellung, die Maserung der Rembrandtschen Rinderhälfte entspreche einem qualitativ hochwertigen Rindersteak, dieses Gemälde eßbar macht.

Schließlich impliziert der Nachweis, daß der Menelaostraum zu Recht oneirisch genannt werden kann, nicht *notwendigerweise*, daß Aischylos von vornherein einen psychologisch plausiblen Traum erfinden wollte. Mein Ziel besteht nicht in der Aufdeckung der wahren Absichten des Dichters, die ich – anders als gewisse Kritiker – nicht zu kennen behaupte. Ich nehme nur an, daß er das beste Drama (und den besten Traum) zu schreiben versuchte, das (den) er schaffen konnte. Ansonsten beschränke ich mich auf die klare Aufgabe, das zu studieren, was er tatsächlich geschrieben hat, und zu ermitteln, ob das, was er geschrieben hat, gemessen an den spezifizierbaren Kriterien und Techniken der Traumanalyse, »wirklichkeitsnah« ist.

Ob Dichter oder Flickschuster, beide müssen *automatisch psychologisches – und psychologisch interpretierbares – Material produzieren*. Der Geist *kann* einfach kein anderes Material hervorbringen. Er kann die psychologisch interpretierbare *Vorstellung* eines Nagels hervorbringen – aber er kann keinen wirklichen Nagel produzieren, der *qua* Objekt *nicht* psychologisch interpretierbar ist.

Obwohl Aischylos von den Feinheiten metallurgischer Techniken wohl nichts wußte, konnte er die Eigenschaften schlechter Bronze so gut beschreiben, daß ein Elektrochemiker erklären konnte, warum schlechte Bronze beim Polieren *genau* so reagiert, wie es Aischylos in A. *Ag.* 390f. darstellte (vgl. Fraenkel ad loc.). Da jeder Mensch träumt, brauchen wir *nicht* anzunehmen, daß Aischylos, Euripides und Sophokles Freud lesen mußten, um plausible Träume *erfinden* zu können. Aber *ich* mußte Freud gelesen haben, um ihre Plausibilität *demonstrieren* zu können. Kurzum, im gesamten Buch habe ich die Maxime von P. Maas (*61*) in die Praxis umgesetzt: »Für das Sachliche ist der Philologe sehr oft auf die Hilfe anderer Wissenszweige (Fachwissenschaften usw.) angewiesen.«

Die Legitimität dieser Prozedur ist unbezweifelbar. Die einzige Frage ist: Habe ich sie kompetent angewendet?

Man kann selbstverständlich den meisten antiken Autoren nicht unterstellen, daß sie *absichtlich »psychologisiert«* haben, denn der Rekurs auf die Psychologie als künstlerisches Moment ist immer ein Zeichen für eine relativ »späte« Entwicklungsstufe (*10*). Aischylos beschrieb (psychische) Konflikte und gab ihnen glaubwürdig Ausdruck. Der Wahnsinn des Aias (S. *Aj.*) gibt dem Kliniker *Hinweise*, auch wenn der Wahn *vom Dichter nicht* psychologisch analysiert wurde. Aber das ist auch alles. Der erste Dichter, der psychologisches Geschehen nicht nur beschrieb, sondern auch psychologisch zu erklären versuchte – wenn auch nicht auf der Basis einer systematischen Theorie (*31*) –, scheint Euripides gewesen zu sein. Dies erklärt in einem gewissen Sinn, warum meine Wahl, den psychologischen Realismus der großen Dichter zu demonstrieren, auf dramatische Träume fiel – denn ebenso wie nach Cicero die Träume, die die Dichter erfinden, *traumartig* sind, so sind die wirklichen Träume eines jeden menschlichen Wesens, sei es Descartes, Newton oder ein Eskimo, von denen keiner je von der modernen Traumtheorie Kenntnis hatte, ebenso traumartig. Ich glaube, ich kann dieses Thema mit Hilfe einer Metapher klar genug darstellen, um es nicht zu überstrapazieren: Die Epiphyse funktionierte zufriedenstellend lange bevor sie entdeckt wurde – und sie funktionierte auch weiterhin wie zuvor, als Descartes sie für den Sitz der Seele hielt.

Die Anwendung der psychoanalytischen Methode bedarf keiner Rechtfertigung – zumindest nicht für den aufgeschlossenen Leser; sie wurde im Schmelztiegel einer achtzigjährigen Praxis an Zehntausenden von Patienten erprobt. Darüber hinaus habe ich die Erfahrung gemacht, daß gerade Altphilologen für die Anwendung dieser Sichtweise auf griechische Probleme oft ausgesprochen empfänglich sind. Ich beschränke mich daher auf die Darstellung zweier Argumente, die sogar von Psychoanalytikern nicht ausreichend betont werden.

1. Als therapeutische Methode ist die Psychoanalyse an der Umwandlung des »Bösen« in das »Gute« interessiert. Sie interessiert sich eher für die Sublimierung als für die Neurose. Sophokles' privater – weil menschlicher – Ödipuskomplex interessiert den Psychoanalytiker nicht allzusehr; er versucht hauptsächlich herauszufinden, warum und wie Sophokles – *aber nicht Strepsiades* – es

fertigbrachte, sein privates Problem auf dem Weg der Sublimierung in eine kulturelle Leistung zu verwandeln. Ein Botaniker erniedrigt die Rose keineswegs, wenn er herauszufinden versucht, wie sie über ihre Wurzeln Dung aufzunehmen und dennoch durch ihre Blüten Rosenöl zu produzieren vermag. Darüber hinaus lernt man, Strepsiades dabei zu helfen, seine Konflikte in einer kreativeren, weniger selbstzerstörerischen Art zu bewältigen, wenn man zu verstehen lernt, wie Sophokles seine privaten Probleme in den *König Oidipous* verwandelte. Sollte dies bedeuten, »im Schlamm zu wühlen«, so können wir dies nicht oft genug tun, wenn den Menschen geholfen werden soll, besser und glücklicher zu werden (*18*).

2. Meines Wissens ist kein anderes psychologisches System zur Untersuchung von Literatur und Kunst besser geeignet – und wird häufiger darauf angewandt – als die Psychoanalyse. Auch dies halte ich für ein stichhaltiges Argument zugunsten einer psychoanalytischen Untersuchung der griechischen Tragödie.

Das Irrationale und das Unerfreuliche, auf das man bei der Analyse der *Wurzeln* eines Traumes – oder eines Dramas – stößt, verwirrt manchmal den nicht psychoanalytisch vorgebildeten Leser, auch wenn der Botaniker nicht erwartet, daß die Wurzeln eines Rosenbusches seinen Blüten gleichen. Im Traum manifestiert sich gerade das Verdrängte – und es leuchtet ein, daß niemand gerade die Wünsche und Gefühle verdrängt, die seinen Augen und denen seiner Gruppe als edel erscheinen. Die Metamorphose der Io in eine Kuh zeigt sehr deutlich, daß der Wunsch, der sich in ihrem Traum ausdrückt, als eines menschlichen Wesens unwürdig erachtet wird (2. Kap.).

Der nicht-rationale Charakter der Traumprozesse braucht nicht weiter betont zu werden. Hungrige Pferde träumen von Hafer, aber der Hafer, den sie im Traum »fressen«, ist irreal und sie wachen hungrig auf. Es ist nicht die Aufgabe eines wissenschaftlichen Psychoanalytikers, das einem Traum zugrunde liegende unerfreuliche Material zu leugnen, er soll *nur* dessen *Transformation* in Dichtung und *große* Kunstwerke analysieren. Auch wenn er die Irrationalität der Traumprozesse nicht leugnet – er muß die Regeln zu entdecken versuchen, die diesen nächtlichen, oneirischen Wahnsinn regieren. Die Aufgabe der Wissenschaftler besteht in allen Bereichen darin, die Regeln aufzudecken, die ein scheinbares Chaos regieren (*28*, S. XXII).

Die Frage nach der Existenz dieser »Regeln« wurde von dem

großen Physiker und Philosophen Ernst Mach ein für allemal beantwortet: Es gibt keine Gesetze *in* der Natur – außer denen, die wir in sie *hineinlegen*. Ich habe jedenfalls aufzuzeigen versucht, daß das, was ich in einem Text sah, in griechischen, Aischyleischen, Euripideischen, Sophokleischen, in ethnographischen und in psychoanalytischen Termini da sein *konnte*. Die *onus probandi*, daß ich halluziniere, liegt m.E. einzig und allein auf der Schulter derjenigen, die meinen Interpretationen nicht zustimmen. Ich sehe ein, daß einige meiner Deutungen vermutlich Unbehagen oder Angst und damit eine Abwehrreaktion hervorrufen können. Aber auch viele Mythen stifteten, in ihrer überlieferten Form, Unruhe unter den Menschen der Antike und der Moderne.[5]

Das Leben des Menschen besteht aus Konflikten und daher aus Angst. Selbst eine Reinigung kann jene »ekligen« Elemente der Mythen, die menschliches Leid spiegeln, nicht tilgen; sie kann sie höchstens notdürftig verhüllen (*16, 25*). Die Ablehnung einer Interpretation nur weil sie unerfreulich ist, macht sie nicht unwahr. Wer den Menschen studiert, muß lernen, die Angst, die seine Arbeit auslöst, konstruktiv zu verwenden (*19*).

Klinische und ethnographische Parallelen werden daher zitiert ohne implizieren zu wollen, daß die Griechen im allgemeinen und die Tragödiendichter im besonderen zur einen Hälfte Neurotiker und zur anderen Hälfte Hottentotten waren. Es gehört zu meinem Ansatz, daß Griechen, Neurotiker und Hottentotten gleichermaßen menschlich sind; daß sie weder Griechen, Neurotiker und Hottentotten sein konnten, ohne zunächst einmal Menschen zu sein. Wenn wir die Griechen nicht *zuerst* als Menschen verstehen, könnten wir – *pace* Wilamowitz – weder ihr Griechentum verstehen, noch wären ihr Leben und ihre Kultur relevant für uns (*18*).

Ich halte eine weitere Verfolgung dieses Punktes für unnötig; eine Auseinandersetzung mit denen, die die Verwendung paralleler Daten ablehnen, kann hier schwerlich von Nutzen sein. Ich kann aber meinen Unmut über die verächtliche Bemerkung eines wirklich

5 Pi.O. 9.35: Weigerung, ruchlose Erzählungen zu erwähnen, deren Moral Aischylos aufzuzeigen versuchte; Platon (*Rmp. passim* usw.) und selbst Euripides (*HF* 1346) nannten sie Dichterlügen (vgl. auch *HF* 1317 mit 1345; *fr.* 292.6f.). Viele wurden von den Ouranos- und Kronosmythen schockiert: von E. *HF* 1345 bis Luc. *Philops.* 2; von Preller–Robert (*68*, 1, S. 354) bis zu dem selbsternannten Puritaner Seltman (*74*, S. 12). Das Detail einer Kastration des Penis (nicht bloß der Hoden) wurde von Gruppe implizit geleugnet (*45*, 1, S. 432; 2, S. 1366). Nilsson spricht zunächst (*66*, 1^2, S. 521) von einer *totalen* Kastration, wird dann aber schnell weniger deutlich. Nur Wilamowitz (*79*, 1, S. 93, Anm. 1) spricht unerschrocken von einer Peniskastration.

großen Gräzisten, des Euripides' Orestes und Elektra seien keine Charaktere, sondern »abnorme Fallstudien«, nicht verbergen (*44*, S. 175). Ganz abgesehen davon, daß ich auf der Ebene der Literaturkritik mit dieser Meinung grundsätzlich nicht übereinstimme, schockiert mich die Auffassung, daß ein menschliches Lebewesen – und sei es ein chronischer, ausgebrannter Psychotiker, der in irgendeiner geschlossenen Abteilung nur noch vegetiert – als ein »Fall« betrachtet werden kann und nicht als Mensch in Not. Die klinische Erfahrung von drei Jahrzehnten hat mich gelehrt, meine Mitmenschen zu achten und den Kummer und das Unglück mitzufühlen, das sie in eine so tragische Sackgasse geführt hat. Die Psychotherapie zwingt jeden ihrer Praktiker zu dem Bekenntnis: »Wär' es nicht für Gottes Gnad, befänd ich mich an seiner Statt.« Wenn man einen Psychotiker einfach als »Fall« betrachtet, wird eine menschliche und wirkungsvolle Psychotherapie unmöglich gemacht. Euripides' Elektra und Orestes als »Fallstudien« zu bezeichnen, schließt sicherlich jede Empathie und damit auch jede stichhaltige Literaturkritik aus.

Der literarische Traum

Die Traumartigkeit des literarischen Traumes. Die Mittel, mit denen man die Richtigkeit oder Falschheit von Ciceros Diktum an einem einzelnen literarischen Traum überprüfen könnte, stellen ein Problem dar, das noch nie formal geklärt wurde, obwohl Psychoanalytiker unzählige literarische Träume studiert haben. Auch wenn ich natürlich an dieser Stelle keine größere Lücke im theoretischen Rahmen der »angewandten« Psychoanalyse füllen kann, passen die Kriterien oder Proben, die ich zitiere, doch auf die verschiedenen Beispiele, die in diesem Buch untersucht werden; viele davon haben zweifellos eine größere Anwendbarkeit.

I. *Traummetaphern* wirken nur dann überzeugend, wenn die Mehrheit der Leser *sofort* einen Wiedererkennungsschock verspürt. Zwei Beispiele sollten genügen, dieses Argument zu belegen:

1. Hom. *Il.* 22.199ff.: Die im Augenblick erfolglose Verfolgung Hektors durch Achilleus wird mit einem Traum verglichen. Wilamowitz (*78*, S. 100) reagierte auf diese Stelle mit einem Wiedererkennungsschock; er nannte die Metapher schön, aber unerträglich. Dies verpflichtet nun nicht zur Annahme, Wilamowitz habe einmal geträumt, wie er selbst in Hektors Rüstung von Achilleus verfolgt

wurde, oder umgekehrt. Vielleicht hatte er bloß einmal geträumt, wie er versuchte, einen Zug zu erreichen, und dabei keinen Schritt vom Fleck kam.[6] Ich möchte darauf hinweisen, daß Inhibitionsträume dieser Art (*22*, S. 253) auch einen griechischen Mythos und sogar eine griechische philosophische Spekulation über die Natur des (mathematischen) Kontinuums inspirierten.

a) Apollod. 2.4.7: Der unentrinnbare kretische Jagdhund verfolgte die unfangbare Teumessische Füchsin. Zeus selbst konnte diese paradoxe Jagd nur dadurch beenden, daß er Hund wie Füchsin in Stein verwandelte.[7]

b) Zenons berühmtes Paradoxon vom schnellfüßigen Achilleus, der die vor ihm gestartete Schildkröte nicht überholen kann, ist – seiner Form nach – ebenfalls indirekt der Erfahrung eines Inhibitionstraumes nachgebildet.[8]

2. A. *Suppl.* 887f.: Die Danaiden vergleichen den rücksichtslosen Herold mit einer Spinne und einer Schlange zugleich – in einer Alptraummetapher. Nun sind sowohl Schlangen- als auch Spinnenträume recht häufig (*1*, *21*). Ich hatte sogar einmal die Gelegenheit, diese Metapher mit einer Person zu diskutieren, die in einer Lehranalyse war und früher unter einer Spinnen- und Schlangenphobie gelitten hatte.

II. *Muster-Träume* (*Type-dreams*) werden manchmal in der Literatur erwähnt. Iokaste erzählt in S. *OT* 981 ff. einem ängstlichen Oidipous, daß viele Männer davon träumen, mit ihrer Mutter zu schlafen. Sowohl Hippias (Hdt. 7.107) als auch Caesar (Plu. *Caes.* 32; Suet. *Caes.* 7) hatten *angeblich* solche Träume, und Artemidoros widmete Träumen dieser Art einen langen Abschnitt (Artemid. 1.79). Es taucht aber sofort eine Schwierigkeit auf: Keiner meiner Patienten berichtete jemals von einem offensichtlichen und vollständigen (*heterosexuellen*) Inzesttraum mit einem Elternteil.[9] Ähnlich sagten mir meine Mohave-Informanten, daß einige Personen

6 Die *Wirkung* dieser Traummetapher wird dadurch noch erhöht, daß die Szene durch die Verfolgung von Achilleus durch Skamandros, die in einer wirklich alptraumhaften Manier geschieht, in Hom. *Il.* 21 vorweggenommen wird – obwohl *diese* Szene *nicht* mit einem Alptraum verglichen wird. Das Aufschieben dieses *Vergleichs* bis 22.199ff. verstärkt die emotionale Wirkung der Metapher (J. W. D.).

7 Vgl. auch den Oknos-Mythos (Paus. 10.29.2) und die Geschichte von Penelope und dem Leichentuch (Hom. *Od.* 19.148ff.).

8 Zu den bedeutenden Denkern, die schwierige Probleme im Traum in symbolischer Form gelöst haben, gehören Descartes (*43*, *73*, *80*), Agassiz und Hilprecht (*37*), Kekulé (*19*, S. 318) und Poincaré (*67*).

9 Schlimmer noch, ich kann mich aus dem Stegreif nicht daran erinnern, daß in der

(besonders in einer Trauerperiode) »typengemäße« Inzestträume haben (*23*, S. 172) – sie konnten allerdings das Auftreten tatsächlicher Eltern-Kind-Inzestträume nicht bestätigen. Ob die Griechen und Römer tatsächlich solche Träume hatten – oder ob sie, wie moderne Patienten, nur *maskierte* (symbolische) Inzestträume hatten, die sie nach dem Aufwachen als offensichtliche Inzestträume *erzählten* (»sekundäre Bearbeitung«) –, behaupte ich nicht zu wissen. Ich glaube nur, daß weder Iokastes noch Platons Feststellungen (*Rmp.* 9, S. 571d) notwendig beweisen, daß die Griechen solche Träume in *offensichtlicher und unmaskierter* Form hatten. Andererseits ist es wahrscheinlich, daß das antike Publikum, das – wie das moderne – nur mehr oder weniger transparente symbolische Inzestträume hatte, seine eigenen (*maskierten*) Traumerfahrungen in den umfassenden Aussagen Iokastes und Platons wiedererkannte und mit so etwas wie »Wiedererkennen« reagierte.

III. *Einige Muster-Träume*, die weder als Metaphern erwähnt noch als Muster-Träume bezeichnet werden, sind leicht als authentische erkennbar: Zum Beispiel der sexuelle Frustrationstraum des Menelaos (A.*Ag.* 420ff.). Dieser Traum vereinigt glaubhaft zwei verschiedene Frustrationstraumtypen: Erotische Träume, die kurz vor der Erfüllung unterbrochen werden, und Trauerträume, in denen man vergeblich versucht, das Traumbild eines Verstorbenen zu erhaschen. Diese Feststellung hat bestimmte literarische Konsequenzen. Obschon Aischylos die Homerische Beschreibung vom Traum des Achilleus von Patroklos (*Il.* 23.65 ff.) sicherlich gekannt hat, hätte er A.*Ag.* 420ff. auch schreiben *können*, wenn er die Stelle bei Homeros *nicht* gekannt hätte – ebenso wie Milton das *23. Sonett* oder *Il. Penseroso* hätte schreiben *können, ohne* Aischylos gelesen zu haben. Alle drei Autoren beschreiben einfach einen gewöhnlichen Typus der Traumerfahrung.

IV. *Die Glaubhaftigkeit einiger Traumerzählungen* wird durch die Anwesenheit ähnlicher Vorkommnisse in Mythen verstärkt – denn die Ähnlichkeiten zwischen der Wirkungsweise des mythenbildenden und der des traumbildenden Geistes sind klar erkennbar.[10]

psychoanalytischen Literatur von einem offensichtlichen Inzesttraum dieses Typs berichtet wird. Ein Kollege erzählte mir von einer *lesbischen* Patientin, die von vollzogenem Inzest mit ihrer Mutter träumte. Einer meiner Patienten hatte einmal willentlich inzestuöse Masturbationsphantasien, während ein anderer regelmäßig inzestuöse (borderline-psychotische) Phantasien hatte – *aber niemals Träume*.

10 Z. B. die Schlangen in der Hochzeitskammer der Alkestis (Apollod. 1.9.15) und im

V. *Beobachtbares Schlafverhalten* kann ebenfalls Hinweise geben. Spuren einer Ejakulation im Schlaf rechtfertigen *gewöhnlich* die Annahme eines erotischen Traumes (*36*). Schon vor langer Zeit wurde der Schluß gezogen, daß Hunde, die im Schlaf winselten und deren Pfoten zuckten, von der Jagd träumen (Lucr. 4.991 ff.). Diese Ansicht wird indirekt durch Ergebnisse der EEG-Forschung bestätigt, daß Raubtiere mehr – und öfter – als Pflanzenfresser träumen (*53*). Dieser Befund steht in direktem Zusammenhang mit dem Schlafverhalten der Erinyen (4. Kap.). Ich habe bereits ein weiteres, ausgesprochen überzeugendes Detail angeführt: Beim Erwachen erinnern sich die Erinyen nur daran, daß ihnen im Traum ein quälender Vorwurf gemacht wurde, während sie Klytaimestras Schatten, der sich (auf der Bühne) in ihren Traum hineindrängte, nicht erwähnen. Eine solche Verarmung des Trauminhalts beim Erwachen ist recht häufig.

VI. *Viele »literarische« Träume* können erst dann schlüssig als traumartig bezeichnet werden, nachdem sie analysiert worden sind. Ich muß an dieser Stelle mein grundsätzliches, wenn auch heuristisches Prinzip wiederholen: Wenn eine Traumerzählung auf dem üblichen Wege – indem man die Technik der Traumanalyse auf sie anwendet – befriedigend analysiert werden kann, dann entspricht dieser Traum Ciceros Bestimmung: er ist im echten Sinne traumartig. Die meisten Kapitel dieses Buches führen diese Methode beispielhaft vor und bestätigen sie zwar indirekt, aber schlüssig. Ich beschränke mich an dieser Stelle nur auf eine einzige Warnung. Kein Psychoanalytiker ist vollständig analysiert und frei von blinden Flecken. Ich habe andernorts in aller Bescheidenheit ein peinliches Beispiel einer meinen eigenen wissenschaftlichen Fehleinschätzungen zitiert (*28*, S. 161). Ein ähnliches Skotom hinderte mich daran, sofort zu erkennen, wie authentisch traumartig Atossas Traum wirklich ist (A. *Pers.* 181 ff.); ich hatte zunächst angenommen, er sei nur eine nicht-traumartige Allegorie. Zu meinem Glück wurde mein blinder Fleck rechtzeitig von einer meiner Studentengruppen beseitigt, die aus irgendwelchen Gründen kein unbewußtes Bedürfnis hatte, *dieses spezifische Thema* zu skotomisieren. Sobald sich mein Skotom aufgelöst hatte, wurde mir der traumartige Charakter

Traum einer zeitgenössischen Braut. Ein unberührtes verlobtes Mädchen träumte, das Schlafzimmer, das sie mit ihrer Mutter teilte, werde von Schlangen heimgesucht. Sie war sehr ängstlich, aber ihre Mutter sammelte die Schlangen ruhig ein und warf sie mit der Bemerkung aus dem Fenster: »Hab' keine Angst! Ich bin schon oft von Schlangen gebissen worden, und mir ist nichts Böses passiert.«

von Atossas Traum evident. Und dieser Vorfall bringt mich zu meinem nächsten Kriterium.

VII. *»Therapeutischer« Effekt.* In der klinischen Situation wird die Richtigkeit einer Traumdeutung gewöhnlich anhand ihrer günstigen Wirkungen auf den Patienten bestätigt. Er erlangt neue Einsichten in seine unbewußten Probleme, erkennt das Vorhandensein – und das Verschwinden – seines Skotoms und produziert neues Material, das er nicht hervorgebracht hätte, wenn die Trauminterpretation nicht die inneren Barrikaden gegen die Erinnerung *und* Erzählung dieses Materials beseitigt hätte.

Nun liegen weder Atossa noch Aischylos auf meiner psychoanalytischen Couch. Keiner der beiden könnte von einer »korrekten« Deutung von Atossas Traum »profitieren«. Aber *eine* Person profitierte ebenso wie ein Patient von der Entdeckung des Schlüssels zu Atossas Traum durch meine Studenten: *Diese Person bin ich selbst.* Denn ihre Kommentare befähigten mich nicht nur zu einer korrekten Interpretation von Atossas Traum – sie brachten mich auch dazu, in mein Inneres zu schauen und die *Hürden* zu analysieren, die *mich* das, was *ihnen* offensichtlich war, zu sehen gehindert hatten. Ironischerweise steht der Umstand, den ich nicht entdecken konnte, in *direktem* Bezug zu einem theoretischen Argument, das ich wahrscheinlich als *erster* in der Psychoanalyse vorgebracht habe (*12*). Wie die meisten psychoanalytischen Entdeckungen betrifft auch diese kein erfreuliches Thema. Ich war in der Lage, diese Entdeckung sowohl zu machen, als sie auch bei einer Reihe von Gelegenheiten anzuwenden. Aber mein blinder Fleck kehrte in diesem spezifischen Moment zurück – wie er auch bei einer anderen Gelegenheit zurückkehrte, von der ich an anderer Stelle berichte (*28*, S. 161). Der Kampf einer analysierten Person gegen die hinterhältigen Versuche der Verdrängung, verlorenes Terrain zurückzuerobern, geht niemals zu Ende: Die Front verschiebt sich bald vor und bald zurück, solange man lebt. Vielleicht ist das der Grund, weshalb so viele Religionen lehren, daß dauernde Weisheit und Einsicht erst nach dem Tode erworben werden können.

Ich hoffe, daß diese offene Beschreibung von zwei vorübergehenden Siegen meiner Verdrängungen über meine Einsicht – ihre momentane Rückeroberung eines verlorenen Postens – den nicht-psychoanalytisch bewanderten Leser, der es an irgendeinem Punkt schwierig finden mag, meinen Gedankengängen zu folgen, darin bestärken wird, in sich hineinzuschauen und sich zu fragen, was *ihn* daran hindert zu sehen, was für *mich* evident ist. Ich hoffe, daß ihm das ohne Verlegenheit gelingt, denn ich habe eben gezeigt, daß selbst ein professioneller Psychoanalytiker, der Jahre auf der analytischen Couch verbracht und viele weitere Jahre seinen Patienten zugehört hat, ab und zu einen Rückfall erleidet. Diese Rückfälle sind zwar unvermeidlich – aber sie können überwunden werden, wenn man nur bereit ist, zuzuhören; so wie ich bereit war, meinen Studenten zuzuhören, von denen meines Wissens nur einer analysiert war.[11]

Ich muß jetzt auf die zu erwartende Kritik antworten, daß ich es versäumt habe, die objektiven Kriterien richtiger Träume und *a fortiori* authentisch traumartiger Traumerzählungen in der Literatur anzuführen. Selbst wenn es möglich wäre, all diese Charakteristiken aufzuzählen – abgesehen von so offensichtlichen Eigenschaften wie Anwesenheit eines Traumwunsches, eines wunschunterdrückenden Traumzensors, von Symbolisierung, Überdeterminierung usw. (*20*) –, könnte ich das im Rahmen *dieses* Buches nicht leisten. Selbst Freud hat in seinem umfassenden Buch *Die Traumdeutung* (*39*) nicht alle charakteristischen Traummechanismen angeführt; viele seiner Schüler haben weitere entdecken können. Darüber hinaus beleuchtet die Art und Weise, wie ich im weiteren Verlauf des Buches die Träume interpretiere, viele charakteristische Traumprozesse – wenigstens indirekt. Ich kann die unvermeidliche Unvollständigkeit meiner Liste von Kriterien nur dadurch ausgleichen, daß ich die Aufmerksamkeit auf die Existenz eines *externen*

11 Obwohl keiner der in diesem Buch untersuchten Träume eines *anderen* Beweistyps zum Nachweis seiner traumartigen Natur bedarf, möchte ich einen solchen Typ zumindest in einer Anmerkung erwähnen, denn der Erforscher griechischer Träume könnte ihn bei der Beurteilung *anderer* literarischer Träume nützlich finden. In bestimmten Fällen enthüllt ein äußerst transparenter und allegorischer Traum seine Affinität zu realen Träumen nur durch die Anwesenheit eines paradoxen Details. Penelopes Traum von dem Adler, der ihre Gänse tötet (Hom. *Od.* 19.509ff.), würde als Traum nicht plausibel erscheinen, gäbe es nicht die paradoxen Tränen, die sie im Traum vergießt. Dodds (*33*, S. 123, Anm. 21) versuchte diese Tränen als eine Manifestation der »Affektinversion« im Traum zu erklären. Eine Affektinversion im Traum *muß* aber ein *erkennbares Motiv* haben, und in Penelopes Fall ist ein solches Motiv *nicht* erkennbar. Ich habe daher die Deutung vorgeschlagen, daß die nicht mehr junge – und *pace* Homeros – nicht immer treue Penelope (Serv. *V. Georg.* 1.16; sch. Lyc. 776; sch. Theocr. 1.3) im Traum mit *aufrichtiger* Trauer auf den drohenden Tod ihrer jungen Freier (und vielleicht auch Liebhaber) reagierte (*13*). Diese Deutung unterstellt, daß an dieser Stelle – wie auch an vielen anderen (*65*, S. 120ff.) – der äußerst »tugendhafte« Homeros einen unerquicklichen Vorfall expurgiert hat; in diesem Fall eine frühe Geschichte über Penelopes wahllose Liebschaften – jedoch ohne *alle Spuren* dieser Überlieferung verwischen zu können.

Kriteriums lenke, das, wie ich hoffe, von speziellem Interesse für den Altphilologen ist.

Die Verfälschung eines Textes durch den Kopisten wird – bis auf die Fälle bewußter Veränderung – von den allgemeinen Regeln bestimmt, die alle Fehlleistungen bestimmen (40, 6. und 7. Kap.). Der Kopist schreibt normalerweise die Stellen akkurat ab, die er sowohl versteht *und* auch ertragen kann, er wird aber Fehler machen, wenn er einen schlecht geschriebenen, schwierigen und/oder *angsterregenden* Text kopiert. Aus dem Gesagten läßt sich folgende vorläufige Behauptung ableiten: »Unlogische« und angsterregende Texte wie Träume, das Toben wahnsinniger Drama-Figuren usw. werden leicht falsch kopiert und daher sogenannte »loci desperati« (E. *Suppl.* 990ff.) – was an der *Länge* des *apparatus criticus* zu solchen Passagen abzulesen ist. Aber diese Regel ist nicht absolut: Eine genuin traumartige Erzählung wie die Atossas (1. Kap.) kann so gut maskiert sein und als eine (affektiv) harmlose Allegorie erscheinen, daß der Kopist sie korrekt reproduzieren *wird* – denn die unschuldige »Oberfläche« erlaubt dem angsterregenden *latenten* Inhalt, am Zensor vorbeizuschlüpfen – wie er an meinem Zensor vorbeigeschlüpft ist, bis mich meine Studenten eines Besseren belehrten.[12] Wenn man die Existenz solcher trügerischer Ausnahmen im Gedächtnis behält, kann man sicherlich in einer ersten Annäherung sagen, daß die *Entstellung* einer Traumerzählung die Annahme eines authentischen traumartigen Materials *nahelegt*. Aber – und auch dies ist *nur* eine erste Annäherung – auch die Wiederherstellung einer verfälschten und angsterzeugenden Traumerzählung ist sehr viel schwieriger als die Korrektur von Fehlern, die dem Kopisten an psychologisch »harmlosen« Stellen unterliefen, denn der Korrektor eines psychologisch verwirrenden und angsterregenden Textes wird gelegentlich ausgerechnet die *psychologisch passendste Emendation* zurückweisen, weil sie ihn ebenso wie den (die) Kopisten oder allererste(n) Korrektor(en) verwirrt und vor den Kopf stößt – wie man an A. *Ag.* 412f. (3. Kap.) sehen kann.

Diese Kriterien zur Bestimmung der Traumartigkeit einer Traumerzählung sollten für den vorliegenden Zweck genügen.

12 In dem jetzt völlig überholten ersten Entwurf für das Atossa-Kapitel bezog ich mich genau auf den ausgezeichneten Zustand des überlieferten Textes, um meine (irrtümliche) Ansicht zu untermauern, Atossas Traumerzählung sei nichts anderes als eine Allegorie, die jedes wirklich angsterregenden Inhalts entbehre. Vgl. 1. Kap.

Psychologisch unplausible Träume seien wenigstens am Rande erwähnt. Als Psychoanalytiker und als Anthropologe habe ich die Träume von Dschungelbewohnern und Doktoren der Philosophie und Medizin kennengelernt; auch die von normalen, von Borderline- oder psychotischen Patienten. Was ich gehört habe, überzeugt mich davon, daß zumindest in historischen Zeiten alle Menschen in dem Sinne traumartige Träume haben, daß deren Kriterien identisch sind – wenn sie sich auch bestimmt in der Art unterscheiden, in der sie erinnert, sekundärer Bearbeitung unterworfen und verschiedenen Zuhörern aus einer Vielzahl von Gründen heraus erzählt werden (*22*, S. 139ff.; *34*, S. 39). In der Tat gibt es besonders in der Literatur gewisse »Konventionen«, nach denen Träume (*konventionell*) »traumartig« (*33*, 4. Kap.) *konstruiert* werden, und diese Konventionen unterscheiden sich im Grunde nicht von den Übereinkünften, die die Art und Weise bestimmen, in der eine Erzählung »künstlerisch« gestaltet wird (*15*).

Aus Gründen, die in diesem Buch wiederholt angesprochen werden, sind Homerische Träume, die lange Reden enthalten, genau deshalb nicht traumartig, weil sie der literarisch-esoterischen Konvention folgen, daß bedeutende Träume lange Reden zu enthalten hätten.[13]

Was die Traumberichte von Ailios Aristeides dem Rhetor (*3*) angeht, muß ich aus Platzgründen apodiktisch sprechen: Es ist offensichtlich, daß diese Träume beim Aufwachen einer ziemlich plumpen »sekundären Bearbeitung« unterzogen wurden, die mit den offenbar neurotischen bewußten Wünschen und Bedürfnissen des »Träumers« im Einklang stehen.

Etwas mehr Raum muß ich dem *Traumbuch* des Artemidoros widmen, denn Freud lobt im ersten (historischen) Kapitel seiner *Traumdeutung* (*39*) auf der Suche nach anerkannten (oder zumindest von alters bekannten) Vorgängern diesen Artemidoros – zu einer Zeit, als die Psychoanalyse noch verlacht wurde –, und dieses Lob war wohl nicht ganz gerechtfertigt. Ich will mich zur Begründung dieser Behauptung mit zwei Argumenten begnügen:

1. Artemidoros legt eine ins Detail gehende Klassifizierung von *offenen* Träumen vor, die einen eindeutigen (vollendeten) Inzest zwischen Mutter und Sohn zum Inhalt haben. Doch wie ich bereits erwähnt habe, träumen selbst Psychotiker solche Träume fast nie (supra).

13 Hom. *Il.* 2.6ff.; 24.682ff.; Hom. *Od.* 4.787ff.; 6.13ff.; usw.

2. Artemidoros (1.79) erwähnt in seinem Buch immer wieder Träume, in denen der *eigene* Körper des Träumers in unmöglicher Weise entstellt wird. Allerdings zeigen sowohl meine eigenen klinischen Erfahrungen als auch die meiner Kollegen, die ich befragte, daß eine so radikale Entstellung des *eigenen* »Körperbildes« nur bei Psychotikern gefunden wird – und selbst da nur selten.

Da Artemidoros (5. Buch) glaubhaft angibt, daß ihm viele der von ihm besprochenen Träume tatsächlich in seiner beruflichen Funktion erzählt worden sind, und da wir kaum annehmen können, daß seine Klientel aus ambulanten Psychotikern bestand, vermute ich, daß die Träume der Ratsuchenden beim Erzählen nicht uninteressanter wurden. Um von Artemidoros, dem Traumdeuter, gute Ware für gutes Geld zu bekommen, hatten sie wohl unabsichtlich die Träume, die sie *tatsächlich* hatten, so sehr bearbeitet, daß sie im Rahmen der antiken Traumdeutung signifikant *wurden* und primitive Theorien der Organautonomie (*28*, 13. Kap.) zu reflektieren begannen. Allerdings wurden sie im Laufe dieses Prozesses als Träume *nicht*-psychotischer Klienten völlig unglaubwürdig.

Setzt man also die auffallende psychologische Unplausibilität vieler Homerischer Träume voraus, die nach literarischen Konventionen konstruiert wurden, sowie die fast sichere Gewißheit, daß die Träume des Rhetors Ailios Aristeides und die einiger Klienten von Artemidoros einer radikalen sekundären Bearbeitung unterzogen wurden, so kann man über den genuin traumartigen Charakter von Träumen, die in griechischen Tragödien erzählt werden, nur verblüfft sein – Träume, deren Affinitäten mit wirklichen Träumen auf fast jeder Seite dieses Buches hervortreten werden.

Literarische Träume und Traumbücher. Schon in einigen Mythen findet man psychologisch plausible Träume. (Pi. *O.* 13.63 ff). Sowohl wirkliche wie auch erfundene Träume haben ihren Weg in die Literatur gefunden. Aber auch die vollständige Aufnahme eines *wirklichen* Traums in ein Drama unterzieht diesen Traum notwendig einer Art »sekundärer Bearbeitung«. Er verliert einen Teil seiner Bedeutung und nimmt neue Bedeutungen an, weil er in einen anderen Zusammenhang gestellt wird. Ich werde an geeigneter Stelle (8. Kap.) den Nachweis führen, daß die drei überlieferten Euripideischen Träume poetische Elaborationen eines einzigen Traums zu sein scheinen, den Euripides selbst (wahrscheinlich mehr oder weniger wiederholt) geträumt hat. Da aber zwei dieser Träume *Frauen* (Hekabe und Iphigeneia) zugeschrieben wurden, änderte sich zwangsläufig der Teil der Bedeutung, der im wirklichen Modell auf Euripides als *Mann* bezogen war. (Dies könnte erklären, warum der Traum des Wagenlenkers der »traumartigste« der drei Träume zu sein scheint.) Kulturelle und literarische Konventionen in bezug auf die Art der Traumerzählung können weitere Quellen sekundärer Bearbeitung sein. Konventionen, die die »angemessene« Art, einen Traum zu erzählen – auch für *nicht*-literarische Zwecke –, vorschreiben, existieren bereits in primitiven und antiken Kulturen (*60, 75, 34*). Träume und ihre Erzählung können dadurch beeinflußt werden, daß sie von einem Patienten »für« den Therapeuten (*22, passim*) oder »für« jemand anderen geträumt werden (*75*). Ein von einem großen Dichter entworfener Traum kann wunderschön und reich an unbewußten Anklängen sein[14] – und dennoch mehr Poesie als Traum sein.

Der Traum der Sophokleischen Klytaimnestra ist sicherlich große Dichtkunst. Er beeinflußt den Gang des Dramas – wenn auch nicht so stark wie in A. *Choe.* –, und wenn man sich durch die Schichten kultureller Bedeutung hindurcharbeitet, entdeckt man seinen unbewußten Inhalt (7. Kap.). Ihn mit dem Traum der Aischyleischen Klytaimestra zu vergleichen, erweist sich als äußerst fruchtbar. Auf den ersten Blick scheint der seltsam mütterliche – und sogar masochistisch gefärbte – Traum der letzteren mit ihrem sonst so maskulinen Charakter genügend unvereinbar zu sein, um jene zu erfreuen, die behaupten, es gäbe im griechischen Drama keine vernünftige Psychologie (*77, 46, 81* usw.). Aber selbst der klarsichtige Laienpsychologe, der sich auf seinen gesunden Verstand verläßt, wird ohne Schwierigkeiten einsehen, wie sehr es für die offensichtlich virile und aggressive Klytaimestra angemessen ist, ihre *gehemmten* weiblich-mütterlichen Gefühle *im Traum* auszudrücken (6. Kap.).

Ob nur in einem metaphorischen Sinn (supra) verwendet oder tatsächlich als Traum bezeichnet, ein dem wirklichen Traum nachgebildeter dramatischer Traum – wie der des Menelaos (3. Kap.) – wirkt wie ein Hammerschlag auf das Unbewußte des Publikums

14 Die Rolle des Unbewußten (= Inspiration = die Musen) in der Dichtung wurde von den Dichtern schon immer geahnt. Obwohl der Romanschriftsteller W. Jensen (*49*) erklärte, daß er die Bedeutung der von ihm erfundenen Träume *nicht* verstanden hatte, akzeptierte (*50*) er dennoch deren Analyse von Freud (*41*). Vgl. auch Kris (*54*): ein brillantes Buch, das m. E. nur durch das unnötige Konzept der »Regression im Dienste des Ich« beeinträchtigt wird. Ich habe an anderer Stelle eine Theorie der künstlerischen Kreativität entwickelt, die *nicht* auf dieses Konzept zurückzugreifen genötigt ist (*15*).

und zwingt das innere Selbst eines jeden Zuhörers zur aktiven Teilnahme an der Traumerfahrung, die auf der Bühne wiedererzählt wird. Er zwingt den Zuschauer zum Überschreiten der »*Grenze*« – und indem er sie überschreitet, zu ihrer Abschaffung, wodurch er zur gleichen Zeit Jäger und Gejagter wird.[15]

Die Traumartigkeit der Euripideischen Träume scheint mit ihrer chronologischen Reihenfolge abzunehmen.[16] Das Schlüsselmotiv – das Motiv der »Urszene«[17] – wird von dem dramatisch fast unbegründet erscheinenden Traum des Wagenlenkers (E.*Rh.*) angeschlagen. Dieses Schlüsselmotiv erfährt dann in den beiden anderen Euripideischen Träumen eine immer stärker werdende literarische Bearbeitung, obwohl dies den oneirischen Charakter nur leicht beeinträchtigt. Der Traum in E.*IT* ist dramatisch fast unentbehrlich. Wahrscheinlich wurde die immer stärkere literarische Bearbeitung des Schlüsselmotivs – des Kern-»modells« – durch die wachsende Einsicht kompensiert, die Euripides in den latenten Inhalt des Traumes gewann. Dieser Inhalt scheint in seiner *IT* am dichtesten unter der Oberfläche zu liegen – in diesem Stück wird der Traum einem *Mädchen* zugeschrieben. Dieser Umstand könnte den männlichen Dichter dazu befähigt haben, sich weit genug von seinem, m.E. eigenen Traum zu distanzieren. Ich gestehe zu, daß diese Erklärung bestenfalls plausibel ist; die wirklichen Fakten können nicht eruiert werden. Es zeigt sich aber, daß der Dichter erfahrungsgemäß sein Unbewußtes um so besser tolerieren kann, je mehr er es ausbeutet. In diesem Sinn, und *nur* in diesem Sinn, kann man kreative Arbeit *auch* als Form von selbst verabreichter Psychotherapie betrachten.[18]

Literarische Träume und Traumbücher. Man kann die antiken Schriftsteller, die sich mit Träumen und ihrer Deutung befaßt haben, in einer ersten Annäherung in zwei Kategorien einteilen. Sowohl Artemidoros – obschon er behauptet, auch einige ihm von seinen Klienten erzählte Träume zu diskutieren[19] – als auch Macro-

15 Vgl. in diesem Zusammenhang die Einheit der Zwei im »Geschlossenen Universum«, E.*IT*. 8. Kap., Anm. 97).

16 Ritchie (*68*, S. 345ff.) schlägt folgende Reihenfolge vor: *Rh., Hec., IT.*

17 Urszene: Die reale oder imaginäre Wahrnehmung des elterlichen Beischlafs durch das Kind. Sie wird in A.*Dict.* 810ff. offen erwähnt.

18 Vgl. Goethes berühmten Ausspruch, daß er die Wahl gehabt habe, entweder den *Werther* zu schreiben oder Selbstmord zu begehen. Die Analyse der Abwehrmechanismen schwächt diese; die Analyse der Sublimierungen stärkt sie (*51*) – und kreative Arbeit ist Sublimierung in höchster Form (*15*).

19 Artemid. Buch 5, ebenso 1.45, 1.78, 1.79.

bius scheinen aprioristische Interpretationssysteme zu verwenden. Pseudo-Hippokrates (*insomn.*) verwendet wahrscheinlich, Aristoteles (Arist. *insomn.; de divin. somn.*) fast sicher ein System, das teilweise induktiv (ausgehend von Beobachtungen) und teilweise hypothetisch-deduktiv ist. Ich kann hier nicht die verschiedenen Traumklassifizierungen diskutieren, die in der Antike verwendet wurden, denn auch die moderne Forschung stimmt nicht darin überein, welche Klassifikationssysteme sie benutzte (*33*, 4. Kap.; *76*; vgl. *3*, S. 171 ff.); glücklicherweise ist das für meine Zwecke auch nicht notwendig.

Da literarische Träume auf *einer* Ebene kulturelle Artefakte sind, die »bedeutsam« sein sollen, würde man erwarten, daß sie besser in Traumbuchsysteme als in induktive wissenschaftliche Systeme passen, da sie als kulturelle Artefakte teilweise für die Theaterbesucher, die sich in den traditionellen Systemen der Traumdeutung mehr oder weniger auskennen, *bewußt* verstehbar sein sollen. Traumbücher befassen sich offenkundig mit prophetischen oder hellseherischen Symbolen, deren Bedeutung sie zu ergründen suchen. Dichter befassen sich hauptsächlich mit innerer Bedeutung und schauen sich dann – wissentlich oder unwissentlich – nach (oft traditionellen) Symbolen um, mit denen diese innere Bedeutung ausgedrückt werden kann. Daher passen Träume, die von einigen bedeutenden (z. B. Homeros) und von vielen weniger bedeutenden Dichtern entworfen wurden, hauptsächlich auf die »literarischen« und damit auch auf die Traumbuch-»modelle«. Natürlich heißt das nicht notwendig, daß so vorstrukturierte Träume eines interpretierbaren latenten Inhalts entbehren – der allerdings erst dann sichtbar wird, wenn man die Schichten kultureller Bedeutungen und Intentionen, die den Kern überlagern, sozusagen »abgekratzt« hat; diese Schichten können dann abgesondert vom Kern des Traums als »Assoziationen« dienen. Dies wird durch den Traum der Sophokleischen Klytaimnestra und meine Analyse desselben gut belegt (7. Kap.).

Wenn man diesen kulturellen Hintergrund des literarischen Traums berücksichtigt, fällt erst recht auf, wie authentisch traumartig die Träume bei Aischylos und Euripides sind. Sie sind *nicht einfach* als Träume maskierte traumbuchartige Omina, sondern scheinen (bei Euripides) Variationen über ein wirkliches Traumthema zu sein, auch wenn die *dramatis personae*, denen sie zugeschrieben werden, ihr Bestes tun, sie als Orakel *erscheinen zu lassen* und sie als prophetisch oder hellseherisch zu *behandeln*.

Dennoch unterscheiden sich mit einer einzigen auffälligen Ausnahme (A.*Ag.* 420ff., vgl. 3. Kap.) die Träume bei Aischylos von denen bei Euripides, auch wenn sie als Träume ebenso plausibel sind. Ich werde versuchen, diese Unterschiede zu beleuchten, indem ich die verschiedenen Darstellungen gegenüberstelle, die diese beiden Dichter von der Geschichte des Delphischen Orakels geben (A.*Eum.* init., E.*IT* 1235ff.), dessen vorgeschichtlichen Ursprung beide als gegeben annehmen.[20]

Aischylos bevorzugt Erzählungen über Versöhnungen: Der friedliche Besitzerwechsel des Orakels ist Teil eines nicht-konflikthaften, evolutionären Prozesses. In Euripides' Bericht gibt es keine Andeutung einer solchen Kontinuität. Er beschreibt, wie Apollon den chthonischen Gottheiten das Orakel entriß: Das neue »Management« verwandelt die hausbackene Selbstbedienungswerkstatt in eine mit straffen Geschäftsmethoden betriebene Orakelfabrik, während die enteignete Erdgöttin herausfordernd den Menschen Träume schickt, die den kostspieligen Orakeln, welche vorgeben, Interpretationen des inspirierten Gestammels der Pythia zu sein, Konkurrenz machen. Bei Euripides wird der Traum (= Orakel) nicht sofort von Experten weiterverarbeitet (E.*Hec.* 87ff.): Er entspricht dem noch nicht »übersetzten« Gestammel der Pythia. Eine schwache Spur dieser Betrachtungsweise findet sich auch bei Aischylos: Io erzählt zuerst ihren Wiederholungstraum und berichtet dann, daß ihr Vater Inachos die Orakelschreine nach der Bedeutung des Traumes fragte (2. Kap.). Nach Euripides (E.*IT* 1259ff.) steigen diese mit dem Orakel konkurrierenden Träume aus den Tiefen der Erde auf – wahrscheinlich ein Symbol für die zeitlose Tiefe des Unbewußten. Dies könnte »Euripides, der Irrationalist« (*32*) wohl verstanden haben.[21]

Die Chorstrophe in E.*IT* über die Geschichte des delphischen Orakels ist in gewissem Sinn eine »Erläuterung« der Euripideischen *Bakchai*, die *teilweise* die »Traumtheorie« illustriert, die in E.*IT* formuliert ist. Dies wiederum läßt die bekannte Behauptung zweifelhaft erscheinen, daß E.*IT* – die ich für eines der bedeutendsten

20 Brelich (*8*, S. 300) nimmt plausiblerweise einen prähellenischen Ursprung der griechischen Traumtheorien an.

21 Die Schamanen der Mohave »träumen« den Schöpfungsmythos bereits im Mutterleib (*23*, S. 754f., 770ff., 775ff., vgl. *30*, 9. Kap.). Die Ureinwohner Zentralaustraliens nennen die mythische Zeit »Traumzeit« (*70*); dies wird selbst von den konservativsten Anthropologen bestätigt (*35*).

Dramen von Euripides halte – nichts als eine eskapistische Abenteuergeschichte sei.

Obwohl ich wiederholt auf den folgenden Sachverhalt zurückkommen werde, muß ich doch bereits an dieser Stelle erwähnen, daß zwischen vielen Homerischen usw. Träumen einerseits und mit einer einzigen Ausnahme (A. *PV*, 2. Kap.) allen in den erhaltenen Tragödien vorkommenden Träumen andererseits ein radikaler Unterschied besteht: Es ist das Fehlen von artikulierter Sprache in den letzteren auf der einen, und das Vorkommen einer sicherlich unartikulierten menschlichen Stimme in mindestens einem Drama (E. *IT* 52) auf der anderen Seite. Das ist durchaus traumähnlich.[22]

Zusammenfassend denke ich, daß Artemidoros sich bei der Interpretation von Träumen bei Homeros oder weniger bedeutenden Dichtern erfolgreich hätte betätigen können. Aber er hätte wohl die meisten Implikationen der Aischyleischen und Euripideischen Träume übersehen: diejenigen, die er entdeckt hätte, wären die orakelhaften, nicht die im wirklichen Sinne des Wortes psychologischen Bedeutungen gewesen. Kulturhistorisch bedeutet dies, daß die Art und Weise, in der literarische Träume *erdacht* wurden, sich zwischen Homeros und der Zeit der großen Tragödiendichter verändert hat – auch wenn die Veränderung in keiner Weise abgeschlossen war.[23]

Die Gründe für diese Veränderung sind – zumindest mir – zur Zeit nicht ersichtlich. Da die Veränderung vielleicht am deutlichsten im Drama in Erscheinung tritt, könnte man in diesem Zusammenhang an die nicht unbedeutende Ähnlichkeit zwischen dem Ausdruck »einen Traum sehen« und »ein Schauspiel sehen« denken (3. Kap., Anm. 287). Aber das soll dahingestellt bleiben. In diesem Zusammenhang ist nur wichtig, daß das Auftreten psychologisch plausibler Träume in den Tragödien zumindest einer Traumtheorie der alten Griechen eine realistische Wendung gegeben zu haben scheint: der von Aristoteles.

22 Da E. *IT* 291 ff. etwas entstellt ist und auch eine Lücke enthält, kann ich nur sagen: *falls* bestimmte Konjekturen hinsichtlich der Bedeutung der entstellten Stellen und des Inhalts der Lücke korrekt sind, hält Orestes unartikulierte Tierstimmen fälschlich für die Stimmen der Erinyen. Was den Aias des Sophokles angeht (S. *Aj.*), so bemerkt er offensichtlich in seinem Wahnsinn nicht, daß die Tiere, die er für seine Feinde hielt, wie die schlafenden Erinyen bei Aischylos *unartikulierte* Laute produzierten. Dies ist psychiatrisch interessant. Eine meiner Patientinnen nuschelte oft unverständlich, als ob sie, was sie als »ungehörig« empfand, »schamhaft« vertuschen wollte (8. Kap., Anm. 127, 178).

23 Träume des »alten« Typs findet man bei Hdt. 5.56; Pl. *Crito* 44a usw. Vgl. Deubner (9, S. 13) (E.R.D.).

Realistische Träume in der Tragödie und ihre Interpretierbarkeit. Ebenso wie der Glaube der Scholastiker an die Bedeutung des Aristoteles als eines Biologen erst von der modernen Biologie bestätigt werden konnte, können nur die professionellen Psychologen die – manchmal beifällige (Ps.-Long. *de sublim.* 15.3ff.) und manchmal abfällige (Pl.*Rmp.* 3.8 S. 396a ff. usw.) – Beobachtung der älteren Kritik, daß die antiken Tragödiendichter sehr scharfsinnige Beobachter des Anormalen[24] waren, beweisen oder verwerfen; Beobachter eines Zustandes, in dem zum Beispiel das Unbewußte eine große Rolle spielt, wie in den Träumen, die (wie Freud schon bemerkte) die »*via regia* zum Unbewußten« sind. Und obwohl der Prüfstein des psychologischen Realismus der Tragödiendichter meiner Meinung nach ihre Handhabung von Träumen ist, so fehlt es doch meines Wissens bis jetzt an einer systematischen psychologischen und auch psychoanalytischen Untersuchung der Tragödienträume der antiken Griechen (*64*, *62*, *58*). Mein Buch will diese Lücke füllen.

Es muß nicht besonders betont werden, daß sowohl im Denken der alten Griechen als auch in der modernen Forschung der Traum in einem gewissen Sinn als Metapher betrachtet wird. Und an diesem Verbindungspunkt kann man unter Zuhilfenahme bestimmter aristotelischer Texte nicht nur die grundsätzliche Ähnlichkeit zwischen Traum und Metapher verstehen, sondern darüber hinaus auch noch eine Ahnung davon erhalten, wie die »Bedeutung« einer Metapher (und eines Traumes) vom Dichter (oder vom Träumer) »verschlüsselt« wird, und wie die verschlüsselte »Botschaft« – das Wort wird hier im Sinne der Kommunikationstheorie verwendet und nicht in seiner okkultistischen Bedeutung – dann entschlüsselt wird.

Metapher. »Denn es ist die Natur eines Rätsels, daß man Fakten aussagt, indem man Unmöglichkeiten miteinander verbindet (natürlich kann man das nicht schaffen, indem man die richtigen Worte für Dinge zusammensetzt, man kann es aber tun, wenn man Metaphern benutzt).« (Arist.*Poet.* 1458a 24ff.) »Doch weit wichtiger als alles ist es, geschickt mit Metaphern zu sein; denn dies ist das

24 Einige psychologisch geschulte Gräzisten haben die Wahrheit dieser Behauptung aufgezeigt: Dodds (*31*, *33* usw.); Bezdechi (*4*); Blaiklock (*5*, 7. Kap.); vgl. *14*, *24*, *26*, *29*.

einzige, was man von jemand anderem nicht lernen[25] kann; und es ist ein Zeichen natürlichen Genies; denn die Metaphern gut handzuhaben bedeutet, Ähnlichkeiten zu sehen.« (Arist. *Poet.* 1459a5ff.; siehe auch die englische Übersetzung von M. Hubbard, *47*, S. 121f.)

Traumdeutung. »Der geschickteste Deuter von Träumen ist jener, der die Fähigkeit besitzt, Ähnlichkeiten zu beobachten. Jeder kann lebhafte und klare Träume deuten. Aber indem ich von ›Ähnlichkeiten‹ rede, meine ich, daß Traumdarstellungen den Formen analog sind, die das Wasser widerspiegelt – wie es übrigens schon oben erwähnt wurde. Im zweiten Falle, wenn die Bewegung des Wassers zu heftig ist, hat das Spiegelbild mit dem Original keine Ähnlichkeit mehr und auch die Formen ähneln nicht den wirklichen Gegenständen. Wahrlich geschickt wäre der, der in der Deutung solcher Spiegelungen die verstreuten [verrenkten, G.D.] und entstellten Fragmente so einer Form schnell erkennen und auf den ersten Blick verstehen würde, um zu sehen, daß eine von ihnen ein Mann ist, oder ein Pferd oder was sonst auch immer. Dem entsprechend ist in ähnlicher Art auch im zweiten Falle etwas wie dieses Ding [das verwischte Abbild] alles, was der Traum sein kann; denn die innere Bewegung verwischt die Klarheit des Traumes.« (Arist. *de div. somn.* 464b5ff.; siehe auch die englische Übersetzung von J.L. Beare.)

Der *modus operandi* des Dichters und des Träumers auf der einen Seite und der des Literaturkritikers und des Traumdeuters auf der anderen sind daher deutlich komplementär. Der Dichter *konstruiert* einen Metapher-Rätsel-Traum; der Traumdeuter *zerlegt* die Traum-Rätsel-Metapher und *setzt* sie dann »richtig« *zusammen*. Er *kann* das tun, weil er die verborgene Ähnlichkeit zwischen dem Modell und seiner verzerrten Kopie erkennen kann. Der Dichter schafft eine verzerrte Kopie der Realität, die trotz ihres enigmatischen Charakters die *Essenz* dessen, was sie repräsentiert (»Original«), in einer erkennbaren Form – wenn auch auf verschiedenen Ebenen (Überdeterminierungen) – bewahrt.[26]

25 Das paßt zu dem, was ich an anderer Stelle in diesem Buch anmerke: es ist unmöglich, *allein* durch Rückgriff auf kognitive Prozesse einen plausiblen Traum zu entwerfen. Die Ansicht von Aristoteles, daß die Kunst des Metaphernbildens nicht lehrbar sei, hat dieselben Implikationen.

26 Aristoteles' Diskussion der Beziehung zwischen dem Objekt und seinem verzerrten Spiegelbild oder -bildern in bewegten Flüssigkeiten ist wahrscheinlich die erste Anspielung auf »stetige Transformationen«, mit denen sich die Topologie und einige andere Bereiche der modernen Mathematik beschäftigen.

Der Dichter verwandelt die Realität in eine traumähnliche Metapher; der Traumdeuter konvertiert einen metapherähnlichen Traum zurück in die Realität. Beide müssen die Fähigkeit besitzen, »Invarianten« zu erkennen: Die verborgenen Ähnlichkeiten zu entdekken, die von manifesten Unähnlichkeiten zugleich verdeckt und enthüllt werden.[27] Weder die Psychoanalyse noch die Strukturanalyse gehen weit über diese Aristotelische Einsicht hinaus ... meine Demonstration (8. Kap.) zeigt zum Beispiel, daß alle drei Euripideischen Träume dieselbe intrapsychische Realität mit Hilfe dreier verschiedener Metaphern ausdrücken – und daher fast den gleichen Effekt hervorrufen.

Unglücklicherweise wird die psychoanalytische Traumentschlüsselung genau in dieser Hinsicht gelegentlich kritisiert, obwohl schon Aristoteles bemerkte, daß nicht alle Menschen *gleichermaßen begabt* sind für das Erfinden oder das Entschlüsseln von Metaphern (Träumen). Ich muß daher versuchen, mein Argument mit Hilfe einer Analogie zu untermauern. Ophthalmologen testen ihre Patienten auf Farbenblindheit, indem sie ihnen ein Papier vorlegen, das mit verschiedenfarbigen Punkten übersät ist (Ischihara-Test). Menschen mit normaler Farbsicht erkennen sofort, daß verschiedene Punkte eine Zahl bilden – eine 5. Aber Farbenblinde sehen eine völlig andere Zahl – eine 2. Obwohl ich normale Farbsicht habe, kann ich mich dennoch leicht dazu *bringen*, wie eine farbenblinde Person zu sehen: Zuerst erkenne ich die 5, und dann sehr schnell *auch* die 2 ... aber ich sehe die beiden Zahlen nie gleichzeitig (Komplementarität von Wahrnehmungsmustern) (*30*).

Es ist nur vernünftig zu verlangen, daß eine Person mit normaler Farbsicht nicht behaupten soll, die farbenblinde Person »halluziniere« die 2 – und umgekehrt natürlich ebenso. Oft sind Vorwürfe, man interpretiere »wild«, genauso ungerechtfertigt. Die 2 – erkennbar fast nur für Farbenblinde – *ist da*, auch wenn Menschen mit *normaler* Farbsicht sie nicht sehen.[28] Ich werde mehr über dieses Thema in Verbindung mit der *inneren* Komplexität sagen, die die

27 »Invariante« wird hier in einem fast mathematischen Sinn gebraucht: Als der Teil eines (mathematischen) Ausdrucks, der sich nicht ändert, wenn der Ausdruck als Ganzes einer Serie von Transformationen unterzogen wird. So wird die »Nachbarschaftsbeziehung« zwischen nebeneinanderliegenden Punkten auf der Oberfläche eines Gummiballs nicht modifiziert, wenn man diesen Gummiball außer Form drückt.

28 Ein bekannter Physiker sagte mir: »Es bereitet mir keine Schwierigkeiten, psychoanalytischen Gedankengängen zu folgen, denn als Physiker bin ich daran gewöhnt, hinter die Fassade der Dinge zu schauen.« Farbenblinde sind besonders gut in der Lage, getarnte Objekte zu erkennen.

anscheinend monolithische *äußere* Simplizität von Aischylos ermöglicht.

Obschon dies gesagt werden mußte, ist es nicht sehr wichtig, ob ein Dichter »intuitiv« einen plausiblen Traum bildet oder ob die drei Euripideischen Träume, wie ich glaube, Bearbeitungen eines seiner eigenen Träume sind (8. Kap.). Obwohl es sich bei ihnen wahrscheinlich um einen Wiederholungstraum handelt, sind die tatsächlichen Traumerzählungen so gut in den Ablauf der Tragödien integriert, daß Euripides auf keinen Fall alle drei *genau* so hätte träumen können, wie er sie erzählt.[29] Ich bemerke bloß, daß bestimmte eigentümliche Arrangements auch in den Werken anderer großer Künstler wiederkehren: selbst die zweigeschlechtliche Sinnlichkeit einer Anzahl von Leonardo da Vincis Gemälden ist psychoanalytisch interpretierbar.[30]

Die Wiederkehr eines Musters im Werk eines Künstlers bestätigt die Wichtigkeit, die es unbewußt für ihn hat, und kann einen – teilweise erfolgreichen – Versuch darstellen, ein Trauma oder einen Konflikt mit Hilfe repetitiver Phantasien oder Träume zu bewältigen (*56*).[31] Eine solche wiederkehrende künstlerische Verarbeitung des gleichen Grundmusters verrät auf der einen Seite die Stabilität und den fortbestehenden Einfluß des Konflikts – auf der anderen Seite aber spiegelt sie auch die (zumindest palliative und im besten Fall wahrhaft sublimatorische) Stabilität der »Gegenmaßnahmen«: Die der *wohlkontrollierten Neurose* genausogut wie die der *sublimatorisch kreativen Charakterstruktur*.

29 Die ursprüngliche Vorlage dürfte kaum ein Traum gewesen sein, den ein Freund dem Euripides erzählte ... denn in dem Fall hätte er *nicht* dessen latenten Inhalt und latente Struktur verwendet, sondern den »manifesten« Inhalt. Außerdem wurde es als unschicklich betrachtet, seine Träume mit anderen zu besprechen: Theophr.*Char.* 3.3, 16.11, 25.1f.

30 Freud (*42*). Eine andere Interpretation, die Freud von Leonardos Psyche gab – die Gleichung Raubvogel = Mutter –, wurde in der Zwischenzeit durch archäologische Funde bestätigt. Bradley (*7*) bemerkt unter Berufung auf Mellaart (*63*), daß beide Brüste einer weiblichen Gottheit, die bei Çatal Hüyük (1. Schrein) gefunden wurde, den Schädel eines Gänsegeiers enthielten, dessen Schnabel die Brustknospe bildete.

31 Der hervorragende ungarische Romanschriftsteller János Kodolányi, dessen Werke bedauerlicherweise nie übersetzt worden sind [zumindest nicht ins Englische. Im Deutschen liegt vor: *Und er führte sie aus Ägypten. Ein Josefsroman.* Stuttgart, 1965. A. d. Ü.], verwendet in mehreren seiner – historischen wie zeitgenössischen – Romane dieselbe Familienkonstellation, die den älteren Sohn veranlaßt, sein Heim zu verlassen – ein strenger Vater, eine Mutter, die auf ungeklärte Weise verschwunden war, eine gütige Stiefmutter, ein beneideter jüngerer Halbbruder. Dieses wiederkehrende Muster ist glänzend jedesmal in ebenso unterschiedlicher wie überzeugender Weise wiederverarbeitet. Diese Konstellation *könnte* autobiographischer Natur sein.

Es ist eine entscheidende – und m.E. relativ wenig beachtete – Frage, warum nach mehr als 2500 Jahren die griechische Tragödie immer noch den modernen Leser beeindrucken kann – auch in einer einfachen Prosaübersetzung, selbst in einer kapriziösen »Nachdichtung« [dt.i.Or.]. Teile des Textes sind entstellt; unser Verständnis der griechischen Sprache der Antike ist unvollständig; Gelehrte debattieren über die genaue Bedeutung selbst gut erhaltener Texte; wir können niemals ganz so denken – oder wirklich so fühlen – wie die Griechen. Was bewegt – ja bezaubert – uns dann an diesen antiken Texten, deren kultureller Kontext zum größten Teil unwiderruflich verloren ist? Es muß noch viel Forschung geleistet werden, bevor wir verstehen, warum Kimon seine Halbschwester (wohl väterlicherseits) Elpinike *scheinbar* ohne ungewöhnliche Angst heiraten konnte (Plu. *V. Cim.* 4, usw.) – was weder der Leser noch der Autor dieses Buches könnten. Aber wir müssen auch daran denken, daß Kimon seine *uterine* Halbschwester weder angstfrei noch mit gesellschaftlicher Zustimmung hätte heiraten können. Darüber hinaus glaube ich, daß dem Faktum viel zuwenig Aufmerksamkeit geschenkt worden ist, daß Kimon *zur Zeit* dieser zwar erlaubten, aber auch ungewöhnlichen Hochzeit – ins Lächerliche gezogen bei Eupolis *fr.* 208 – ein verkommener, unkultivierter, alkoholischer Narr war (wie sein Spitzname andeutet), und daß Elpinike offenbar *auch später* keine anständige Athener Dame war (Plu. *V. Cim.* 4,14). »Geschichtspsychologie« kann erklären, warum Kimon diesen Schritt tun *konnte*, da kulturelle Überlegungen erklären, warum er ihn tun *durfte*. Aber nur die Psychoanalyse – die sein *früheres* Verhalten berücksichtigt – kann erklären, warum diese Heirat tatsächlich stattfand.

Ich kann an dieser Stelle nicht noch einmal die Gedankengänge meiner beiden Studien über das Problem der »Wirkung« von Kunstwerken (*15, 27*) rekapitulieren. Ich kann nur sagen, daß, während unser Zugang zu den »Werkzeugen« eines Aischylos oder Euripides teils verschüttet und teils nur partiell möglich ist, unser Zugang zum *entscheidenden* Element seines kreativen Schaffens *total* ist: Zu seinem *unbewußten Inhalt* nämlich, vorausgesetzt wir sind willens, die tieferen Schichten unseres Geistes der Wirkung dieses Schaffens zu öffnen. Denn die meisten griechischen Tragödien – und auch andere große Kunstwerke – beschäftigen sich mit den ewigen Vorlieben, Bedürfnissen und Frustrationen des menschlichen Geistes – und besonders mit seinem unbewußten Teil. Jeder Mensch muß *irgendwie* seinen Ödipuskomplex verarbeiten. Nur wenige tun das in der Art und Weise des mythischen Oidipous – und noch weniger in der Art eines Sophokles: Mittels Sublimierung subjektiver Konflikte in ein Meisterwerk.

Ich habe an anderer Stelle (*15*) eingeräumt, daß unser unzureichendes Verständnis der Werkzeuge eines großen Künstlers und die beschränkte »Konvertibilität« der »Währung«, mit der jede Kultur ihren Mitgliedern erlaubt, ihr Über-Ich zu bestechen, eine vollständige Würdigung von Kunstwerken anderer Epochen verhindert. Aber ich behaupte, daß wir einen fast vollständigen Zugang zum *Kern* eines jeden großen Kunstwerks haben, *was auch immer* sein historisches und kulturelles Umfeld sein mag: zu dem »unbewußten« Inhalt, der im Kunstwerk widergespiegelt wird; wir *können* sogar die Kongruenz der *Struktur* des Kunstwerks mit der *Struktur* der menschlichen Psyche ausmachen (*27*).

Dies impliziert, daß ein großer Künstler auf einer entscheidenden Ebene auch ein großer Realist ist. Er ist *psychologisch* plausibel – und niemals plausibler, als wenn er die *latenten* Probleme eines jeden, der zum menschlichen Stand gehört, ans Licht bringt. In diesem Sinne ist das vorliegende Buch eine Studie des psychologischen Realismus der Tragödiendichter – besonders in Beziehung zu dem (unbewußten) Teil der Psyche, der sich im Traum ausdrückt. Und indem ich *diesen* Realismus demonstriere, hoffe ich etwas zum Verständnis dafür beizutragen, warum große Kunstwerke unzählige Jahre und scheinbar unüberwindliche kulturelle Barrieren überwinden können. Dafür brauche ich nur die Natur des Realismus eines großen Dichters zu bestimmen.

Der Realismus eines Pegasos ist aus anatomischen und physiologischen Gründen völlig unecht. Dennoch »überzeugt« uns Pegasos immer wieder auf eine seltsame Art. In einem bestimmten Sinn hat seine Überzeugungskraft Teil an der unglaubwürdigen Handlung des *Oidipous Tyrannos* oder der nicht eßbaren Rembrandtschen Rinderhälfte. Wir akzeptieren die Unglaubwürdigkeit – und die Nicht-Eßbarkeit –, weil der Künstler sie mit »Schönheit« beseelt hat (*15*). Aber Pegasos hat noch weitere realistische Eigenheiten, von denen die überzeugendsten seine (unplausiblen) Flügel sind.

Psychoanalytiker haben sich ausführlich mit der Bedeutung des Reitens für das Unbewußte befaßt: Mit der seltsamen ambivalenten

Reziprozität des Reiters und des Gerittenen, deren Rollen in Ritualen und Träumen überraschend austauschbar sind.[32] Die erotische Bedeutung von Flugträumen wurde schon lange vor Freud entdeckt (*39*, 1. Kap.).[33]

Ich behaupte, daß die Überzeugungskraft des geflügelten Pegasos genau darin besteht, daß er die realistische Darstellung eines Pferdes mit der symbolischen Anspielung (Flügel) auf den phantasmatischen *Kern* dessen *verbindet*, was Reiten (= Fliegen) für das Unbewußte bedeutet.

Ein sehr ähnliches Problem ergibt sich in Verbindung mit der »Glaubwürdigkeit« von Mythen. Ich hatte zunächst angenommen, daß wir die unglaubwürdigen Elemente eines Mythos als Teil eines »Inklusivgeschäftes« akzeptieren: Wir geben vor, das Unglaubliche zu glauben, damit wir uns an der Geschichte erfreuen können. Heute bin ich der Ansicht, daß dieses Konzept sich nur auf die Operationen des *bewußten* Teils der Psyche bezieht, dessen Bedeutung kein vernünftiger Mensch unterschätzen wird. Im psychoanalytischen Rahmen ist diese Situation allerdings etwas anders. Wir akzeptieren die Fiktion und besonders ihre objektiv am *wenigsten* glaubwürdigen Elemente als ein Ganzes, wenn – und *nur* wenn – sie symbolisch die unbewußten, phantasmatischen Komponenten der *glaubwürdigen* Teile der Geschichte widerspiegeln. Dies erlaubt bestimmten, systematisch verdrängten Gedanken *fast* bewußt zu werden, denn Mythenschöpfer und große Dichter fühlen und äußern das »Undenkbare« – aber sie tun das in Übereinstimmung mit einem besonderen Kodex: den Regeln der Kunst (*15*).

Der (psychologische) Realismus des Pegasos ist untrennbar von der Wahrhaftigkeit des Propheten Apollon Loxias. »Der Gott, dessen Orakel in Delphi ist, spricht weder, noch verbirgt er, aber er deutet an.« (Heraclit. *fr.* 93, D-K) Hinter der »Andeutung«, die Pegasos ist, verbirgt sich zugleich die Welt der herrlichen realen Pferde und die Welt der tatsächlichen Reit- und Flugträume. Auch so stellt sich der psychologische Realismus der Traumerzählungen der griechischen Tragödiendichter dar.

Am anderen Ende des Spektrums steht die Chimaira, von der kein Teil einer realen oder *ganzen* Kreatur entspricht: Diese Nebeneinandersetzung disparater Fragmente versucht *zu viele* zerbrochene

32 Vgl. 3. Kap., Anm. 104; 8. Kap., Anm. 76; 9. Kap., Anm. 69; ebenso *11, 14, 17, 52*.

33 Neuere neurologische Untersuchungen des Schlafverhaltens haben gezeigt, daß Traumperioden normalerweise von einer kurzen Erektion eingeleitet werden (*6*).

und gespaltene Bedeutungen in ein unakzeptables Pseudoganzes zu kondensieren. Für den Nicht-Archäologen repräsentiert sie *nur* die totale *Negation* der Realität: Das Chimärenhafte. Da sie keinen überzeugenden und vereinten Gegenpart selbst in den affektgeladenen Phantasien hat, die unheimliche Träume durchwirken, fehlt ihr die charakteristische *Unausweichlichkeit*, die selbst die Träumer von scheinbar »absurden« Träumen erleben. Da ihr die sogenannte »systemadäquate Geschlossenheit der Konfiguration« (Gestalt) [dt. i. Or.] fehlt, kann die Chimaira – und die chimairaähnlichen literarischen Produkte (einschließlich der beträchtlich überarbeiteten »Träume« des Ailios Aristeides) – den Konflikt nur ruminativ, zwanghaft verewigen, aber keine Katharsis – geschweige denn eine sublimatorische Lösung – der Angst erreichen.

Dies bringt mich zu einer Hypothese, die ich hier nur in gedrängter Form wiedergeben kann. Das wenige, was von den Satyrspielen bekannt ist, läßt darauf schließen, daß die griechische Tetralogie eine *doppelte* Katharsis verschaffte. Die tragische Trilogie machte das Unerträgliche mit Hilfe von *Schönheit* erträglich – das abschließende Satyrspiel machte die *gleiche Art* unerträglichen Materials mit Hilfe groben *Humors* erträglich. Kurz gesagt, in der Tetralogie wurde unerträgliches (»ich-dystones«) unbewußtes Material mit *zwei* Passierscheinen zum Bewußtsein ausgestattet: dem ästhetischen Passierschein der Tragödie und dem humorigen Passierschein des Satyrspiels.[34]

Die Komplexität der Einfachheit. Fraenkel formulierte einen weiteren, vorhersehbaren Einwand: Für Verrall »... war Aischylos zu einfach und gediegen ... er wollte ihn komplexer haben.« (*38*, 1, S. 57.) Fraenkel fügt dann hinzu (S. 59): »Headlam wurde eher von psychologischer Komplexität als von einfacher Größe angezogen.« Ich pflichte Fraenkels Beurteilung gänzlich bei – mit nur einem wesentlichen *caveat*: Headlams »Psychologie« ist eine hausbackene Pseudopsychologie des »Fliegenden Galopps«, und die Komplexitäten, die Verrall sich ausdachte, ähneln denen, die ein gerissener Rechtsanwalt vorbringt, wenn er einen einfachen Sachverhalt vernebeln will. Aber das gehört eigentlich nicht zur Sache.

Der entscheidende Punkt ist die Unterscheidung, die zwischen

34 Ich habe an anderer Stelle die Äquivalenz der beiden Alibis aufgezeigt: Eine »obszöne« Geschichte wird sozial akzeptabel, wenn sie »schön« genug (S. *OT*) oder »witzig« genug (A. *Dict.* 810ff. H. L.-J.) ist (*15*). Vgl. 1. Kap., Anm. 34; 8. Kap., Anm. 190.

der Einfachheit (oder Komplexität) des »*Objekts*« und der seiner *Erklärung* getroffen werden muß.

Es ist eine fast universelle Regel, daß die *Erscheinung äußerer* Einfachheit – wie die simple Größe des Aischylos – eine direkte Konsequenz der *inneren* Komplexität des »Objekts« ist. Die harmonische und in der Tat grandiose Einfachheit der *Konturen* eines modernen Düsenflugzeugs wird durch die unglaubliche Komplexität seines *Inneren* ermöglicht. Die gezackten und komplizierten Konturen eines Flugzeugs aus dem Ersten Weltkrieg spiegeln die Primitivität und Einfachheit seines inneren Aufbaus: Seine »Komplexität« war rein äußerlich – wie bei Lykophron und gewissen modernen »Dichtern«. Verglichen mit dem stromlinienförmigen Delphin – nächst dem Menschen das intelligenteste Lebewesen – ist die Feuerqualle, ein sehr einfacher Organismus, reiner »Flitter«. Gleichungen von unglaublicher Komplexität liegen Einsteins »einfacher« Schlußfolgerung $E = mc^2$ zugrunde. Ich behaupte zuversichtlich, daß einem zweizeiligen Epigramm von Simonides unendlich kompliziertere psychologische Prozesse unterliegen als den kryptischen Pseudo-Rasereien von Lykophrons *Alexandra*.

Der Geist des Menschen – und *a fortiori* der Geist eines Genies – ist, ob man das nun mag oder nicht, ein einzigartig komplexer Mechanismus. Wenn man seine Operationen studiert – und in allererster Linie dann, wenn dieser Geist mit einer unvergleichlich eleganten und sparsamen Äußerung hervortritt: mit einem Aischyleischen dramatischen Passus, mit einem Simonideischen Epigramm, mit Einsteins Grundformel –, sollte man immer an die Warnung des bedeutenden Mathematikers Lagrange denken: »Die Natur kümmert sich einfach nicht darum, wie groß die mathematischen Schwierigkeiten sind, mit denen sie den Forscher konfrontiert.«

Gerade weil die solide, majestätische und monolithische Einfachheit des Aischylos so stark ins Auge fällt, muß man annehmen, daß unglaublich komplexe Gedankenprozesse diese edle Simplizität des »Objekts« erst möglich machten. Schlichte Größe resultiert aus der perfekten Artikulation *wirklicher* Komplexität.

Ich habe das Wort »wirklich« hervorgehoben, weil sehr viel von ihm abhängt. Der große Fugensatz von Mozarts Jupitersymphonie klingt einfach und geschmeidig: seine blendende kontrapunktorische Vollkommenheit zeigt sich nur bei genauester Analyse der Partitur. Natürlich kann ein Dirigent, der »anders« sein möchte, diesen Eindruck totaler Einfachheit leicht zerstören, indem er die »Mittelstimmen« zu laut spielen läßt. Dies läßt sich mit den – von Fraenkel mit Recht verurteilten – Mitteln vergleichen, die Verrall und Headlam benutzten, um ihre Aischylos*interpretationen* komplex erscheinen zu lassen. Durchtriebene Komplexitäts-Fabrikanten pflegen zu vergessen, daß am Ende ihres Weges immer noch Aischylos mit seiner ganzen majestätischen »Einfachheit« steht. Ich möchte diese Analogie noch etwas weiter verfolgen. Ein Dirigent kann während der *Probe* die Spieler der Mittelstimmen sehr wohl auffordern, lauter zu spielen, um die Sauberkeit ihres Spiels zu überprüfen. Auf diese Weise erreicht er, daß diese Musiker bei der eigentlichen *Aufführung* ihren Mittelstimmenpart richtig, aber nicht *zu* laut spielen.

Der homophone Charakter des wissenschaftlichen Diskurses (*59*, S. 22ff.), der allerdings, m.E., nicht großer Dichtung eigen ist (*48*), zwingt mich im Verlauf meiner Darstellung wie ein Dirigent *während der Proben* zu handeln. Ich muß hier den Sopran, dort den Alt, dort wiederum den Baß hervorheben, denn die Natur des *wissenschaftlichen* Diskurses bietet keine Alternative zu diesem Vorgehen. Aber ich habe – mit Liebe und Achtung – immer daran gedacht, daß am Anfang meines Diskurses die erdrückend komplexe Einfachheit von Aischylos oder Euripides steht, und daß dieselben verehrungswürdigen Texte auch das Ende meines Weges markieren. Ich habe mich daher auch nach einer anderen Maxime Lagranges gerichtet: »Suche die Einfachheit, aber mißtraue ihr!« Ich habe versucht, mit einem Mikroskop die *Details* zu untersuchen, um ihre Unterordnung unter – und ihre Bedeutung für – das *Ganze* zu verstehen. Ich habe die aerodynamischen Feinheiten der Anatomie und Bewegung eines Falken zu analysieren versucht, um nachher um so besser die wilde Einfachheit seines hochstrebenden Aufstiegs und tödlichen Herabstoßens zu begreifen. Ich habe nicht versucht, *meine* Raffinesse zur Schau zu stellen, sondern die Subtilität der *Mittel* aufzuzeigen, mit denen Aischylos Einfachheit erreichte.

Abschließend möchte ich sagen, daß die Kunst eines Webers, der das nahtlose Gewebe einer großen Tragödie webt, sehr viel höher einzuschätzen ist als die des Herstellers eines Fleckerlteppichs, denn seine Fäden verlaufen *unauffällig* durch das gesamte Gewebe. Im Werk eines Genies ist nichts willkürlich oder abrupt. Ich weiß auch, daß ich nur einige Fäden des großen Purpurgewandes entdeckt habe, auf das Agamemnon trat, als er in die Unsterblichkeit von Schicksal und Ruhm einging. Ich wünsche bloß, daß man mir zugesteht, daß ich gewissenhaft und ehrerbietig an die Arbeit herangegangen bin.

Bibliographie

(1) Abraham, Karl: »Die Spinne als Traumsymbol«. In: *Psychoanalytische Studien zur Charakterbildung*. Frankfurt, 1969.

(2) –: »Traum und Mythus«. In: *Psychoanalytische Studien zur Charakterbildung*. Frankfurt, 1969.

(3) Behr, C. A.: *Aelius Aristeides and the Sacred Tales*. Amsterdam, 1968.

(4) Bezdechi, Stefan: »Das psychopathische Substrat der ›*Bacchantinnen*‹ Euripides'«. In: *Archiv für die Geschichte der Medizin*, 25: 279-306, 1932.

(5) Blaiklock, E. M.: *The Male Characters of Euripides*. Wellington, N.Z., 1952.

(6) Bourguignon, André: »Recherches Récentes sur le Rêve«. In: *Les Temps Modernes*, 238: 1603-1628, 1966.

(7) Bradley, N.: »The Vulture as a Mother Symbol«. In: *American Imago*, 22: 47-56, 1965.

(8) Brelich, Angelo: »The Place of Dreams in the Religious World Concept of the Greeks«. In: G. E. von Gruenebaum und Roger Callois (Hrsg.): *The Dream in Human Societies*. Berkeley und Los Angeles, California, 1966.

(9) Deubner, Ludwig: *De Incubatione*. Leipzig, 1900.

(10) Devereux, Georges: »Mohave Coyote Tales«. In: *Journal of American Folklore*, 61: 233-255, 1948.

(11) – (mit Mars, Louis): »Haitian Voodoo and the Ritualization of the Nightmare«. In: *Psychoanalytic Review*, 38: 334-342, 1951.

(12) –: »Why Oedipus Killed Laius: A Note on the Complimentary Oedipus Complex«. In: *International Journal of Psycho-Analysis*, 34: 132-141, 1953.

(13) –: »Penelope's Character«. In: *Psychoanalytic Quarterly*, 26: 378-386, 1957.

(14) –: »Obsessive Doubt«. In: *Bulletin of the Philadelphia Association for Psychoanalysis*, 10: 50-55, 1960.

(15) –: »Art and Mythology: A General Theory«. In: Bert Kaplan (Hrsg.): *Studying Personality Cross-Culturally*. Evanston, Illinois, 1961. Auch in: *Tragédie et Poésie Grecques* (1. Kap.). Paris, 1975.

(16) –: »The Exploitation of Ambiguity in Pindaros O. 3.27«. In: *Rheinisches Museum für Philologie*, 109: 289-298, 1966. Auch in: *Tragédie et Poésie Grecques* (8. Kap.). Paris, 1975.

(17) –: »Fausse Non-Reconaissance«. In: *Bulletin of the Menninger Clinic*, 31: 69-78, 1967.
(18) –: »Greek Pseudo-Homosexuality«. In: *Symbolae Osloensis*, 42: 69-92, 1967.
(19) –: *Angst und Methode in den Verhaltenswissenschaften*. München, 1972; Frankfurt, Berlin und Wien, 1976. (1. engl. Ausg. Paris und Den Haag, 1967.)
(20) –: »Observation and Belief in Aischylos' Accounts of Dreams«. In: *Psychotherapy and Psychosomatics*, 15: 114-134, 1967. Auch in: *Tragédie et Poésie Grecques* (3. Kap.). Paris, 1975.
(21) –: »The Realistic Basis of Fantasy«. In: *Journal of the Hillside Hospital*, 17: 13-20, 1968.
(22) –: *Reality and Dream: The Psychotherapy of a Plains Indian*. (2., erw. Aufl.) New York, 1969. (Dt. Ausg. in Vorb.)
(23) –: *Mohave Ethnopsychiatry* (2., erw. Aufl.). Washington, D.C., 1969.
(24) –: »The Nature of Sappho's Seizure in *Fr.* 31 LP«. In: *Classical Quarterly*, 20: 17-31, 1970.
(25) –: »La Naissance d'Aphrodite«. In: Jean Pouillon und Pierre Maranda (Hrsg.): *Echanges et Communications* (Mélanges Lévi-Strauss), 2, 1229-1252. Paris und Den Haag, 1970.
(26) –: »The Psychotherapy Scene in Euripides' *Bacchae*«. In: *Journal of Hellenic Studies*, 90: 35-48, 1970.
(27) –: »The Structure of Tragedy and the Structure of the Psyche in Aristotle's *Poetics*«. In: Charles Hanly und Morris Lazerowitz (Hrsg.): *Psychoanalysis and Philosophy*. New York, 1970. Auch in: *Tragédie et Poésie Grecques* (2. Kap.). Paris, 1975.
(28) –: *Essais d'Ethnopsychiatrie Générale*. Paris, 1970, ^{4}1979. Dt. z.T. in: *Normal und Anormal*. Frankfurt, 1972.
(29) –: »The Psychosomatic Miracle of Iolaos«. In: *La Parola del Passato*, 138: 167-195, 1971. Auch in: *Tragédie et Poésie Grecques* (6. Kap.). Paris, 1975.
(30) –: *Ethnopsychoanalyse*. Frankfurt, 1978 (franz. Ausg.: Paris, 1972.)
(31) Dodds, E. R.: »The αἰδώς of Phaedra«. In: *Classical Review*, 39: 102-104, 1925.
(32) –: »Euripides the Irrationalist«. In: *Classical Review*, 43: 97-104, 1929. Dt.: »Euripides und das Irrationale«. In: Schwinge, E.R. (Hrsg.): Euripides. *Wege der Forschung*, 89: 60-78, 1968.
(33) –: *The Greeks and the Irrational*. Berkeley, California, 1951. Dt.: *Die Griechen und das Irrationale*. Darmstadt, 1970.
(34) –: *Pagan and Christian in an Age of Anxiety*. Cambridge, 1965.
(35) Elkin, A.P.: *The Australian Aborigines*. Sydney, 1964.
(36) Ferenczi, Sándor: »Pollution ohne orgastischen Traum und Orgasmus im Traum ohne Pollution«. In: *Bausteine zur Psychoanalyse*, Bd. 2. Bern und Stuttgart, 1964.

(37) Fodor, Nándor (Hrsg.): *Encyclopaedia of Psychic Science*. London (1934?) (Art. Dreams).

(38) Fraenkel, Eduard: *Aeschylus: Agamemnon*². 3 Bde. Oxford, 1962.

(39) Freud, Sigmund: »Die Traumdeutung«. *GW* II/III.

(40) –: »Psychopathologie des Alltagslebens«. *GW* IV.

(41) –: »Der Wahn und die Träume in Jensens Gradiva«. *GW* VII.

(42) –: »Eine Kindheitserinnerung des Leonardo da Vinci«. *GW* VIII.

(43) –: »Brief an Maxime Leroy über einen Traum des Cartesius«. *GW* XIV.

(44) Greene, W.C.: *Moira*. (Torchbook Edition). New York, 1963.

(45) Gruppe, O.: *Griechische Mythologie und Religionsgeschichte*, 2 Bde. München, 1906.

(46) Howald, E.: *Die griechische Tragödie*. Stuttgart und Leipzig, 1930.

(47) Hubbard, Margaret (Übers.) in: Russell, Donald A. und Winterbottom, M. (Hrsg.): *Ancient Literary Criticism*. Oxford, 1972.

(48) Jacobson, Roman und Lévi-Strauss, Claude: »›Les Chats‹ de Charles Beaudelaire«. In: *L'Homme*, 2: 5-21, 1962.

(49) Jensen, Wilhelm: *Gradiva*. 1903.

(50) –: »Drei unveröffentlichte Briefe. (Zur Geschichte von Freuds Gradiva-Analyse)«. In: *Psychoanalytische Bewegung*, 1: 207-211, 1929.

(51) Jokl, R.H.: »Psychic Determinism and Preservation of Sublimation in Classical Psychoanalytic Procedure«. In: *Bulletin of the Menninger Clinic*, 14: 207-219, 1950.

(52) Jones, Ernest: *On the Nightmare*. London, 1931. Dt. z.T. in: *Schriften zur angewandten Seelenkunde*. Nendeln, Liechtenstein, 1970.

(53) Jouvet, Michel: »The States of Sleep«. In: *Scientific American* 216, no. 2, 62-71, 1967.

(54) Kris, Ernst: *Psychoanalytic Explorations in Art*. New York, 1952. Dt.: *Die ästhetische Illusion. Phänomene der Kunst in der Sicht der Psychoanalyse*. Frankfurt, 1977.

(55) Kroeber, A.L.: *Anthropology*². New York, 1948.

(56) Kubie, L.S.: »Manual of Emergency Treatment for Acute War Neuroses«. In: *War Medicine*, 4: 582-598, 1943.

(57) Laplanche, J. und Pontalis, J.-B.: *Das Vokabular der Psychoanalyse*. Frankfurt, 1972.

(58) Lennig, Robert: *Traum und Sinnestäuschung bei Aischylos, Sophokles, Euripides*. Dissertation Tübingen. Berlin, 1969.

(59) Lévi-Strauss, Claude: *Le Cru et le Cuit*. Paris, 1964. Dt.: *Mythologica I: Das Rohe und das Gekochte*. Frankfurt, 1976.

(60) Lincoln, J.S.: *The Dream in Primitive Cultures* (Neuaufl. mit einem Vorwort von Georges Devereux). New York, 1970.

(61) Maas, Paul: *Textual Criticism*. Oxford, 1958. Dt.: *Textkritik*. Leipzig und Berlin, 1927.

(62) Meissner, B.: *Mythisches und Rationales in der Psychologie der Euripideischen Tragödien.* (Dissertation Göttingen.) Göttingen, 1951.
(63) Mellaart, J.: »Deities and Shrines in Neolithic Anatolia: Çatal Hüyük 1962«. In: *Archaeology*, 16, 29-38, 1963.
(64) Messer, J.St.: *The Dream in Homer and Greek Tragedy.* New York, 1918.
(65) Murray, Gilbert: *The Rise of the Greek Epic*[4], Oxford, 1960.
(66) Nilsson, M.P.: *Geschichte der griechischen Religion I*[2]. München, 1955.
(67) Poincaré, Henri: *The Foundations of Science.* Lancaster, Pennsylvania, 1913.
(68) Preller, Ludwig und Robert, Carl: *Griechische Mythologie*[4]. Berlin, 1894-1921.
(69) Ritchie, William: *The Authenticity of the Rhesus of Euripides.* Cambridge, 1964.
(70) Róheim, Géza: *The Eternal Ones of the Dream.* New York, 1945.
(71) Russell, Bertrand: *Principles of Mathematics.* Cambridge (England), 1903.
(72) Rycroft, C.: *A Critical Dictionary of Psychoanalysis.* London, 1968.
(73) Schönberger, S.: A Dream of Descartes. *International Journal of Psycho-Analysis*, 20, 43-57, 1939.
(74) Seltman, Charles: *The Twelve Olympians.* New York, 1962.
(75) Toffelmier, Gertrude und Luomala, Katherine: »Dreams and Dream Interpretations of the Diegueño Indians of Southern California«. In: *Psychoanalytic Quarterly*, 2, 195-225, 1936.
(76) Waszink, J.: »Die sogenannte Fünfteilung der Träume bei Chalcidius und ihre Quellen«. In: *Mnemosyne* (3. Reihe), 9, 65-85, 1941.
(77) Wilamowitz-Moellendorff, Tycho von: *Die dramatische Technik des Sophokles.* Berlin, 1917.
(78) Wilamowitz-Moellendorff, Ulrich von: *Die Ilias und Homer.* Berlin, 1916.
(79) –: *Der Glaube der Hellenen*[3]. Basel und Stuttgart, 1959.
(80) Wisdom, J.O.: »Three Dreams of Descartes«. In: *International Journal of Psycho-Analysis*, 28: 11-18, 1947.
(81) Zürcher, Walter: *Die Darstellung des Menschen im Drama des Euripides.* Basel, 1947.

1. Kapitel:
Atossas Traum
(Aischylos: *Persai*)

ΑΤΟCCΑ (ΒΑCΙΛΕΙΑ)
ἐδοξάτην μοι δύο γυναῖκ' εὐείμονε,
ἡ μὲν πέπλοιcι Περcικοῖc ἠcκημένη,
ἡ δ' αὖτε Δωρικοῖcιν, εἰc ὄψιν μολεῖν,
μεγέθει τε τῶν νῦν ἐκπρεπεcτάτα πολύ,
κάλλει τ' ἀμώμω, καὶ καcιγνήτα γένουc
ταὐτοῦ· πάτραν δ' ἔναιον ἡ μὲν Ἑλλάδα
κλήρῳ λαχοῦcα γαῖαν, ἡ δὲ βάρβαρον.
τούτω cτάcιν τιν', ὡc ἐγὼ 'δόκουν ὁρᾶν,
τεύχειν ἐν ἀλλήλαιcι· παῖc δ' ἐμὸc μαθὼν
κατεῖχε κἀπράυνεν, ἅρμαcιν δ' ὕπο
ζεύγνυcιν αὐτὼ καὶ λέπαδν' ἐπ' αὐχένων
τίθηcι. χἠ μὲν τῇδ' ἐπυργοῦτο cτολῇ
ἐν ἡνίαιcι τ' εἶχεν εὔαρκτον cτόμα,
ἡ δ' ἐcφαδᾳζε, καὶ χεροῖν ἔντη δίφρου
διαcπαράccει καὶ ξυναρπάζει βίᾳ
ἄνευ χαλινῶν καὶ ζυγὸν θραύει μέcον.
πίπτει δ' ἐμὸc παῖc, καὶ πατὴρ παρίcταται
Δαρεῖοc οἰκτείρων cφε· τὸν δ' ὅπωc ὁρᾷ
Ξέρξηc, πέπλουc ῥήγνυcιν ἀμφὶ cώματι. (Smyths Text)

Übersetzung:

Atossa (die Königin): Ich träumte, daß zwei Frauen in schönem Kleid, die eine geschmückt mit persischem Gewand, mit Dorerkleid die andere, meinem Blick nahten, an Größe alle Frauen von heute überragend, untadelig ihre Schönheit, Schwestern gleichen Stammes. Die Heimat, in der die eine aufwuchs, war Griechenland – so fiel ihr Los –, die der andern war das Barbarenland. Die zwei, wie es meinem Blicke schien, forderten einander zum Streit heraus. Das vernahm mein Sohn, und er versuchte, sie zu hindern und zu besänftigen, und jochte sie vor seinen Wagen, legte den Nacken das Geschirr um. Die eine trug sich stolz in diesem Zeug und ließ ihren Mund sich den Zügeln fügen. Die andere schlug um sich, zerschmiß mit ihrer Hand das Rüstzeug des Wagens; dann, frei von der

Kandare [?], schleift sie ihn heftig mit sich; das Joch kracht mitten durch. Mein Sohn stürzte ab, und der Vater, Dareios, stand dabei, ihn bejammernd. Wie Xerxes den erblickt, zerfetzt er sich das Gewand am Leib.

(Die genauen Details, wie sich die Frau im dorischen Gewand befreit *und* nichtsdestoweniger den Wagen mit sich schleppt, sind nicht allzu klar; vgl. die Übersetzung von Smyth, Broadhead ad loc. und meine Bemerkungen, infra.) [Die Übersetzung wurde von G.D. auf der Grundlage von Bogners Aischylosausgabe (Berlin 1926) neu eingerichtet.]

Einführung

Atossas Traum bereitete mir einige unerwartete Schwierigkeiten. Aus unten ausgeführten Gründen erschien er mir als ein »literarischer Traum« – als eine einfache Allegorie. Als die »endgültige« Fassung dieses Kapitels fertig war, brachten mich zwei unveröffentlichte Beiträge zu diesem Traum[1] rasch nacheinander zur Erkenntnis, daß ich die Essenz seiner Bedeutung total übersehen hatte, und daß das Kapitel völlig neu geschrieben werden mußte. Die wichtigen methodologischen Implikationen dieses glücklichen Unglücksfalles habe ich bereits in der allgemeinen Einführung diskutiert.

Folgende Umstände führten mich in die Irre:

1. Der ausgezeichnete Zustand des Textes, nicht nur im Vergleich mit anderen Träumen bei Aischylos, sondern auch im Vergleich mit dem Aischylos-Corpus insgesamt. Die wenigen unwichtigen Fehler sind leicht korrigierbar; der *apparatus criticus* zu dieser Stelle ist außergewöhnlich kurz, unterschiedliche Ansichten über die Bedeutung einiger Details stellen kein Hindernis für eine psychoanalytische Interpretation dar. Auf den ersten Blick hielt ich dies für einen *prima facie*-Beweis, daß der latente Inhalt dieses Textes nicht bedrohlich genug war, um bei den vielen Kopisten »Abwehr«-Fehler[2] zu verursachen. Solche Fehler reprä-

1 Ein Bericht einer Arbeitsgruppe meiner Studenten (die Damen Agnès Castanié, M. A., und Josy Tibault, M. A, sowie die Herren J. P. Largillet und Chr. Sanchez) und ein Aufsatz von Dr. Ruth Padel, den sie für ihren Tutor in Oxford geschrieben hatte.

2 Patienten, die »tiefes« Material produzieren, benehmen sich täppisch und begehen viele Fehlleistungen. Es ist schwierig genug, eigene Träume zu erinnern, geschweige denn die Träume anderer; Analysanden vergessen oft den gesamten Traum oder Teile davon. Auch wer mitten in der Nacht seine Träume hinkritzelt, kann am nächsten Tag oft seinen Traum aus den stichwortartigen Notizen nicht mehr rekonstruieren – diese manchmal sogar nicht

sentieren die von mir so genannte (*17*, 23. Kap.) »Bis-hierher-und-nicht-weiter-Reaktion«:

»Ich habe alles gehört, was ich ertragen kann.«

Mein Unvermögen, den Sinn dieses Traumes zu erfassen, ist ein gutes Beispiel für solche defensive blinde Flecke. Die unbewußte »Botschaft« des Traumes *erreichte* mich einfach nicht, bis mich die Papiere der Arbeitsgruppe und Miß Padels darauf stießen.

2. Ich erkannte nicht, daß Atossa im Traum »anwesend« – ja sogar zweifach anwesend – war.

3. Der Traum ist manifest prophetisch und hellseherisch. Seine Botschaft wird beim Erwachen zunächst durch das Vogel-Omen wiederholt, dann durch den Bericht eines Boten und schließlich durch die Rückkehr des besiegten Xerxes. Die Beweise für den Orakelcharakter des Traumes werden »zu dick aufgetragen«. Selbst der (nichthellseherische, 739 ff.) Geist des Dareios behandelt ihn wie ein Orakel. Ich bedachte einfach nicht, daß, wie in realen Träumen, der tatsächliche Inhalt dieses Traumes einfach die Vergangenheit spiegelt.

4. Der Tagesrest übt praktisch keinen Einfluß auf die Traumbilder aus. Nur die ängstliche Stimmung *vieler* vorangegangener Tage findet ihr Echo im *Ende* des Traumes – wie es auch zum Beispiel in 133 ff. der Fall ist.

5. Niemand wird von der Bedeutung des Traumes im geringsten verwirrt; jeder versucht nur, seine katastrophale »Prophezeiung« abzuwenden (221 ff.).[3] Da dies weniger *individuelles* Verhalten als eine Reflexion griechischer *kultureller* Praktiken ist, wurde ich zu der Annahme bewogen, daß auch das, was dieser Reihe kultureller Reaktionen vorhergeht, hauptsächlich kultureller Natur sein müßte: eher eine Allegorie als ein authentischer Traum. Atossa sorgt sich besonders um den Schatten, den ihr Traum auf ihre Erlebnisse im Wachzustand wirft (603 ff.). Das Ritual sucht nicht nur die Ereignisse zu kontrollieren, sondern auch die Angstreaktionen (*36*), denn bei Aischylos ist die Reaktion auf einen Traum im

einmal mehr entziffern. Zum Aufschreiben der eigenen Träume vgl. Freud, *38*, S. 356 f., und Abraham, *1*, 5. Kap. Zu den Schwierigkeiten, sich an die Träume anderer zu erinnern, vgl. *20*, *passim*.

3 Ich möchte allerdings darauf hinweisen, daß die Phantasievorstellung – oder die Sinne – des Träumers nicht apotropäisch dem Tageslicht ausgesetzt werden, vgl. S. *El.* 424 ff. und die Scholien ad loc.; E. *Hec.* 68 f., *IT* 42 ff.; vgl. E. *Ba.* 1264 und meine Diskussion der entsprechenden Szene (*23*), ebenso 2. Kap., Anm. 104. Zu Waschungen vgl. Groeneboom zu V. 201-204.

Wachzustand der effektivste Hinweis auf seine »Bedeutung« (*18*). Aber das Vogelzeichen scheint Atossas Vertrauen in apotropäische Rituale zu mindern, denn der Falke (= Griechenland) verschont den Adler (= Persien) selbst dann nicht, als der in Apollons Schrein Schutz sucht.[4]

6. Die literarische Qualität dieser Traumerzählung ist nicht überragend hoch. Es fehlt ihr die zwingende Vision des Aischylos und die überwältigende Kraft seiner poetischen Sprache. Beim Versuch, etwas so Fremdartiges zu schreiben, das gleichzeitig als traumartig und »exotisch« (persisch) erscheint, scheint Aischylos die Rennpferde seiner Phantasie vor eine mit Zierat überladene und schwerfällige Königskutsche ... oder, besser noch, vor einen königlichen Leichenwagen gespannt zu haben. Um absolute Durchsichtigkeit zu gewährleisten, erdachte er eine Quasi-Allegorie und keinen unmittelbar überzeugenden Traum. Anstatt die Phantasie die reale Welt *re-interpretieren* zu lassen, den Gemeinplatz in reine Magie zu verwandeln, versuchte er, eine Phantasiewelt substantiell herzustellen, und versagte daher (wie vorauszusehen war) bei der Kreation der *unheimlich-realistischen* Atmosphäre eines Traums.[5]

Kurz gesagt, der Unterschied zwischen Traum und Allegorie ist auch der Unterschied zwischen großer und bloß guter Dichtkunst. Ein stilisierter *heraldischer* Löwe ist als Symbol für Schottland nur eine Allegorie; ein *realistischer Löwe*, der einen jugendlichen Träumer durch endlose Korridore jagt, ist der Stoff des Traumes und auch der großen Poesie. Ein großer Dichter packt die Realität mit bloßen Händen; indem er sie sich zu eigen macht, haucht er ihr Magie ein. Ein nur guter Dichter stapft entweder bloß vor sich hin, indem er seinen Fuß in die Spuren einer Realität ohne Anregung setzt, oder aber er denkt sich eine befremdliche, eigene »Welt« ohne Überzeugungskraft aus. Eine solche erdachte Welt von Bildern und Vorgängen ist eher verdreht als seltsam, eher fremd und exotisch als poetisch, denn das Sprungbrett jedweder großen Poesie ist, war und

4 Zur Vermutung, daß der schutzsuchende Adler wegen Xerxes Schändungen des Heiligtums von Delphi (Hdt. 8.35-39) von Apollon *nicht* geschützt wird, vgl. Broadhead zu V. 207.

5 Natürlich muß das Ausmaß dieses Versagens an Aischyleischen Maßstäben gemessen werden: was bei Aischylos Unvermögen ist, wäre, m. E., für Bakchylides ein Triumph. (Auch wenn Pindaros teilweise von Konkurrenzneid gepackt war, kann man sich bei der Übernahme seiner Einschätzung der Bedeutung von Bakchylides wohl nicht irren: vgl. schol. Pi. *O.* 2. 154b, *N* 3.143, *P.* 97, 131, 166; ebenso Ps.-Long. *subl.* 33.) Aber ich gestehe zu, daß Gewißheit unmöglich ist.

wird immer die Realität sein, wie auch das Sprungbrett eines Traumes die am Vortag[6] erlebte Wirklichkeit ist, die in unheimlichen *Mustern* re-arrangiert wird, die den Anforderungen der irrationalen Instinkte genügen. Poesie und Traum haben viel mit dem »Unheimlichen« gemeinsam, das zugleich »*heimisch*« [dt. i. Or.] und »*heimlich*« [dt. i. Or.] ist (*39*).

So bezieht die unheimlich traumartige Szene in dem Roman »*The Turn of the Screw*« (dt.: »Die Tortur«) von Henry James (*42*), in der die Kinder vorgeben, die »übernatürlichen« Geschehnisse um sie herum *nicht* wahrzunehmen, ihre zwingende Kraft allein aus ihrer Intensivierung der Realität. Traum, Mythos und große Poesie restrukturieren die Realität in einer neuen Weise. Allegorie und der »literarische Traum« arrangieren extravagante Elemente in einer konventionellen Weise[7] (vgl. 7. Kap.). Die Interpretation eines Traumes muß in erster Linie die affektiven und anderen latenten Kräfte erklären können, die für die *Verzerrung* des gewöhnlichen Arrangements von recht gewöhnlichen Elementen verantwortlich sind, die nicht einmal in der Form von Symbolen repräsentiert sein müssen, um traumartige, mythische oder poetische Sequenzen und Bilder zu schaffen. Die Struktur – im Sinne von Lévi-Strauss (*47, 48, 49, 50, 51*) – ist das einzige, was zählt. In einer Allegorie oder in einem literarischen Traum müssen allein die individuellen Symbole eines Individuums entschlüsselt werden – oft nur einfach mit Hilfe eines trivialen Symbolwörterbuches. Sobald das geschehen ist, wird die Allegorie vollkommen transparent.

Aber ein schlafender Aischylos ist natürlich immer noch Aischylos. Auch wenn Atossas *manifester* Traum auf *dieser* Ebene der Analyse fast eine Allegorie ist, enthält er genug überzeugende Momente aus der Welt der Träume, Mythen und Poesie, die man nur entdecken muß, um seinen traumartigen Ursprung zu enthüllen. Ich hatte diese Momente zuerst nicht erkennen können.

6 Der Tagesrest; vgl. Hdt. 7.16; Arist. *insomn.* 461 a 17ff., usw.

7 Eine eher prosaische Analogie soll den Unterschied zwischen realistischen Elementen, die in einer neuen Art, und unrealistischen Elementen, die in traditioneller Art re-arrangiert werden, klarmachen. Ein Primitiver, der eine glänzende, neue Axtschneide erwirbt und sie in Unkenntnis ihres tatsächlichen Zwecks wie einen Anhänger um den Hals trägt, handelt »traumartig«. Ein Einhorn, an dessen Horn ein magischer Talisman hängt, ist nur »allegorisch«. Diese Unterscheidung kann sogar mehr oder weniger mathematisch repräsentiert werden. Es seien a, b und c reale, x, y, z irreale Größen. Das realistische Arrangement lautet dann $a+b=c$; das allegorische $x+y=z$. Wenn aber Traum, Mythos und Poesie einen Kreis in eine Ellipse transformieren, bleiben zwei Qualitäten *invariant*: beide sind Jordansche Kurven und beide können in jedem Punkt Tangenten haben.

Nachdem mir aber von meinen jungen Freunden ein Licht aufgesteckt worden ist, bin ich der Meinung, daß Atossas Traum ein als Allegorie maskierter echter »Traum« ist. Die Frage ist nur: aus welchem Grund maskierte Aischylos den Traum auf diese Weise?

Die einfachste und plausibelste Annahme besteht darin, daß bei dem Versuch, einen Traum für Atossa zu schreiben, zunächst so angstbesetzte Phantasien in seinem Vorbewußten aufblitzten, daß sie erst bewußt werden konnten, nachdem sie einen schweren allegorischen Mantel übergeworfen hatten, dessen (kulturell-dramatische) Bedeutung sich dem Zuschauer fast aufdrängte. Dies ist ein Beispiel für den »Ablenkungs«-Widerstand, den ich in Verbindung mit bestimmten Träumen beschrieben habe, die so verblüffend »telepathisch« sind, daß sie *gewisse* Analytiker davon abhalten, ihren *latenten* Inhalt unter die Lupe zu nehmen (*25*, S. 412ff.).[8]

Man kann die Verwandlung der ursprünglichen vorbewußten Phantasien des Aischylos in das tatsächliche Traumbild am besten mit Hilfe der Beobachtung des Aristoteles[9] verstehen, daß die tatsächlichen Traumbilder beim Erwachen, in einem mutmaßlichen Dämmerzustand, durch andere Bilder ersetzt werden. Diese Art der sekundären Bearbeitung läßt sich in verschiedenen Träumen des Rhetors Aristeides und in einigen Träumen der Klienten des Artemidoros entdecken.[10]

Diese sekundären Bearbeitungen helfen den Phantasien *Aischylos'*, ihren latenten Inhalt an den Wächtern *seines* Wachbewußtseins vorbeizuschmuggeln – auch wenn die allegorische Fassade, sobald sie schriftlich vorliegt, *dem modernen Traumdeuter* als das Mittel *erscheint*, mit dem der latente Inhalt an *Atossas* Traumzensor vorbeigeschmuggelt wurde. Auch das ist Teil der Kunst des Dichters, daß es ihm möglich ist, seine Phantasien als real zu präsentieren und *psychologisch glaubhafte* Charaktere zu ersinnen.

Natürlich verlangte dieser »Schmuggel« nach einer Maskierung des latenten Materials: es wird der Anschein einer Allegorie geborgt. Mit Hilfe einer solchen Maskierung macht der Träumer (oder der Dichter) seinen Traum (oder seine Phantasie) »gesellschaftsfähig«. Er erzählt in einer »kulturell angemessenen« Weise,

8 Für den Laien ist die Nymphomanie ein gutes Beispiel des »Ablenkungs«-Symptoms. Man nimmt natürlich an, daß diese Frauen außergewöhnlich sinnlich sind, da sie es laut zu verkünden scheinen. Es überrascht daher den Laien sehr, zu erfahren, daß sie zumindest orgastisch frigide sind.

9 Arist. *insomn.* 458b20ff., vgl. 462a25.

10 Es gibt gute Übersetzungen beider Traumsammlungen: *45* [deutsch], *5* [englisch].

die den tatsächlich geträumten Traum – die tatsächlich phantasierte Phantasie – verwandelt: in einen »Kultur-Muster-Traum«[11] in einer traumorientierten primitiven Gesellschaft, – bzw. in ein Kunstwerk in weiter entwickelten Gruppen.[12]

Es gibt auch Hinweise darauf, daß Homeros ähnliche Praktiken pflegte. Seine langen und bis ins Detail ausgearbeiteten Träume entbehren jeder nennenswerten affektiven Wirkung und sind als Träume nicht plausibel. Im Gegensatz dazu sind seine kurzen Traummetaphern (Hom. *Il.* 22.199f.) und Penelopes kurzer erotischer Traum (Hom. *Od.* 20.87ff.) völlig glaubhaft. Penelopes mittellanger Traum von den Gänsen und dem Adler (Hom. *Od.* 19.509-581) kann sogar wie ein Traum analysiert werden (*12*).

Die »Allegorisierung« der anfänglichen vorbewußten Phantasien könnte vielleicht auch durch weitere Bedürfnisse begünstigt worden sein: durch das Bedürfnis des männlichen Dichters, einen ausführlichen Traum für eine Frau zu erfinden, durch den Wunsch des Griechen, einen richtigen »persischen« Traum für Atossa zu schreiben, durch den Wunsch des Kämpfers von Marathon, seinen Gegner Dareios zu idealisieren, und durch das Bedürfnis des Soldaten von Salamis und Plataia, den besiegten Plünderer seiner Stadt, Xerxes, voll Mitleid darzustellen.

Ich habe bis jetzt aufgezeigt, daß das, was mich daran gehindert hat, hinter der allegorischen Fassade den Traum zu entdecken, auch dazu beitrug, die psychologischen Momente zu erfassen, die *Aischylos* veranlaßten, den latenten Inhalt seiner eigenen Phantasien sogar vor sich selbst zu verbergen. Ich kann mich daher endlich der Untersuchung und der Interpretation der Traumerzählung selbst zuwenden, wobei ich in meinem Kommentar genau diejenigen Details der allegorischen Fassade herausarbeiten werde, die es Aischylos erlaubten, die Bewußtwerdung des latenten Inhalts seiner Phantasien abzuwehren – und die mich dazu brachten, den latenten Inhalt des Textes zu skotomisieren.[13]

Eine allegorische Fassade, die sogar einen Psychoanalytiker von

11 *52*, 1. Kap.; vgl. Dodds *31*, 4. Kap., »Offizieller Traum«: vgl. Malinowski (*53*, S. 92-97).

12 Zu der Rolle des »ästhetischen Alibis« als einer Form der sekundären Bearbeitung vgl. *13*.

13 Ich habe an anderer Stelle (*17*, *passim*) angemerkt, daß eine zwanghafte Beschäftigung mit dem unmittelbar Zugänglichen (Verhalten, usw.) weniger von einem Bedürfnis nach verantwortlicher Wissenschaftlichkeit animiert wird, als von dem Bedürfnis, den *Anschein* von »Wissenschaftlichkeit« als Abwehr gegen ein Erkennen von *Bedeutung* zu gebrauchen. Dieser defensive »Szientismus« ist in den Kinsey-Reporten (*43*, *44*) genauso offensichtlich wie in den Arbeiten vieler Behavioristen.

der Untersuchung eines latenten Inhalts abbringt, verdient es, analysiert zu werden, denn wie Atossas Zuhörer deutete ich den Traum zunächst »zu oberflächlich« (520).

Kommentar

Serielle Träume trifft man in der klinischen Praxis recht häufig an. Sie unterscheiden sich von den Wiederholungsträumen darin, daß sich ihr manifester Inhalt ändert, auch wenn ihr Konfliktkern derselbe bleibt (*2, 4, 40, 30*). In erfolgreichen Psychotherapien enthüllen serielle Träume die Entwicklung und Reifung des Patienten.[14] In diesem Fall können wir annehmen, daß Atossas Traum nicht einfach ein Wiederholungstraum ist (176ff.), sondern einen seriellen Traum darstellt: er ist der schlimmste und eindeutigste (179f.) einer ganzen Reihe von Träumen. Dies wird indirekt dadurch bestätigt, daß sich dem Traum sogleich ein noch katastrophaleres, eindeutigeres und *traumartiges* Vogelzeichen (205ff.) anschließt, das wiederum von katastrophalen Neuigkeiten und der Rückkehr des besiegten Xerxes gefolgt wird.

Die Traumfolge ist recht eigentümlich. Die Erzählung bezieht sich *zuerst* auf die beiden Frauen und ihren schon vorher bestehenden Streit. Erst dann wird Xerxes erwähnt, und es ist auffällig, daß, obwohl das gemeinsame Unterjochen erwähnt wird, seine darauffolgende *Besteigung* des Wagens nicht einmal angedeutet wird. Wir sehen ihn einfach nur als *vom* Wagen geschleudert. An diesem Punkt wird im Traum *auch* Dareios gesehen. Die Wortwahl legt es – zumindest mir – nahe, daß er in einer traumartigen Art und Weise »plötzlich« da ist, denn es gibt keinen Hinweis darauf, daß er schon vorher, während der gesamten Szene anwesend war.

Schematisch betrachtet konzentriert sich die Erzählung nacheinander auf folgende Punkte:

Die großen Frauen und ihr Streit.
Ihr Anschirren durch Xerxes.
(Irgendwie ist Xerxes plötzlich im Wagen.)
Die Auflehnung der einen Frau.
Xerxes' Fall.
Dareios' »Erscheinen« und sein Mitleid.
Xerxes' Selbsterniedrigung.

14 »Man zeigt mir, wie es getan wird. Ich tue es. Ich zeige anderen, wie es getan wird.« *19*, S. 163ff.

Die nationale Identität der beiden Frauen ist klar. Die eine repräsentiert »Persien«, die andere das *Festland* von Hellas. Es scheint mir nicht nötig, auf die Details der unterschiedlichen Bekleidung einzugehen.[15]

Es gibt allerdings ein paradoxes Detail, das scheinbar übersehen wurde: die dorisch gekleidete Frau rebelliert erst, *nachdem* sie angeschirrt worden ist. Das stimmt einfach nicht mit den historischen Fakten überein:

1. Die griechischen Untertanen des Xerxes kämpften recht tapfer für ihn, – besonders die ionisch gewordenen, obwohl ursprünglich dorischen – Halikarnasser.[16] Zur Zeit von Salamis hofften die Festlandgriechen vergebens auf den Abfall der griechischen Untertanen des Xerxes (Hdt. 8.19ff.). Ihre Rebellion – die noch dazu ineffektiv war, da die mißtrauischen Perser sie schon vorher entwaffnet hatten – fand erst nach der Schlacht von Mykale statt, als ihre Meuterei keine Bedeutung mehr hatte (Hdt. 9.103ff.).

2. Aischylos konnte nicht auf die propersischen Thessalier und Thebaner, die niemals rebellierten, angespielt haben.

Die anfängliche gemeinsame Unterjochung stellt vermutlich die Besetzung des *evakuierten* Athen durch Xerxes dar (Hdt. 8.61); die Rebellion den fortgesetzten Widerstand der nun heimatlosen Athener, vornehmlich bei Salamis.

Nur eine Alternative dazu ist denkbar. Die Griechen sprechen in ihrer tragischen Diktion von einem geplanten, aber verhinderten Akt manchmal so, als ob er durchgeführt worden wäre.[17] In einem bestimmten Sinn entspricht dies der Wunscherfüllung im Traum.

Die einfachste Erklärung scheint darin zu bestehen, daß Aischylos an dieser Stelle etwas ungenau war, sowohl was die ethnischen Insignien als auch die historischen Fakten angeht. Obschon das in einem Traum verständlich ist, macht es auf die symbolische Natur der Szene aufmerksam. Eine psychoanalytische Untersuchung dieser Unschärfe wird bei der Enthüllung der wahren Identität der beiden Frauen helfen.

15 Vgl. Broadhead zu V. 155, 176, 183, 185. Die Frauen des Festlandes tragen hauptsächlich aus dem Grund ein dorisches Gewand, weil die unterjochten Ionier solche Kleider in der Regel *nicht* trugen. Frauen aus Athen trugen entweder ionische oder dorische Gewänder. Aischylos – der Kämpfer von Marathon, Salamis, Plataiai (*Vita* S. 2, Dind.) – hatte sicherlich nicht die Absicht, die Dorier als die *alleinigen* Kämpfer für Hellas darzustellen.

16 Die benachbarten Ionier beeinflußten die bei den Halikarnassern für Inschriften verwendete Sprache (K. J. D.).

17 S. *Aj.* 1126; S. *OC* 1008; E. *Ion* 1500. E. *IT.* 359 ist weniger überzeugend: Das Tempus ist Imperfekt (K. J. D.); ebenso E. *Cycl.* 665, 669.

Die Schwesternschaft der beiden Frauen kann auf verschiedene Arten interpretiert werden, je nachdem wie weit oder eng die nationale Identität der persisch gekleideten Frau definiert wird.

1. Wenn sie *nur* die Perser repräsentiert, ist sie deshalb die Schwester der Festlandsgriechen, weil Xerxes selbst, durch Danaes Sohn Perseus, den Vorfahren der Perser (Hdt. 7.61, 150), ein Abkömmling der Danae ist (V. 79).

2. Sie kann auch die Meder repräsentieren, die – durch Medos – von Aigeus – dem König von Athen – und Medeia abstammen (Apollod. 1.9.28, usw.).

3. Wenn sie *auch* die griechischen Untertanen des Xerxes repräsentieren soll, wird die »Schwesternschaft« offensichtlich.

Diese Überlegungen genügen für die Betrachtung dieser Erzählung *als Allegorie*. Bei der Untersuchung ihres latenten Inhalts wird eine andere Art von Schwesternschaft relevant werden.

Das Geschlecht der »Pferde« ist unmißverständlich. Es sind Frauen (181, usw.) und Schwestern (185); sie tragen Frauenkleider (182f.). Dies ist etwas anormal. Auf allen Monumenten, die ich kenne, werden die Wagen von Hengsten gezogen. Einige Texte, wie die *Ilias* (23.295, 409, 512, usw.) erwähnen eine oder zwei Stuten als Wagenpferde. In Maultierwagenrennen wurden weibliche Maultiere benutzt (Simon. 10P = 7Bgk = 19D). Sophokles spricht von dem (imaginären) *Gespann* des Orestes im femininen Genus (Stuten) – nennt aber die beiden Tiere individuell »Hengste«.[18] Wahrscheinlich *konnte* das Geschlecht eines unterjochten Pferdepaars zeitweise der Plural femininum sein, selbst wenn beide Einzeltiere Hengste waren.

Aber in diesem Traum *entschloß* sich Aischylos offensichtlich dazu, zwei streitende Nationen als Frauen darzustellen, obwohl die Griechen im Gegensatz zur römischen und modernen Gewohnheit[19] ihr Land und ihre Nation gewöhnlich offenbar *nicht* als Frau darstellten, auch wenn Ländernamen im Griechischen weiblich sind, weil γῆ (= Erde) weiblich ist (E. R. D.). Die einzige Erklärung für Aischylos' Wahl, Nationen als Frauen darzustellen, ist deshalb die, daß ihre Unterjochung auch ihre sexuelle Beherrschung

18 S.*El.* 703f., 734f., vs. 412f., 744; vgl. W. H. Barrett zu E.*Hipp.* 231 (*3*, S. 204f.).

19 Dea Roma, Britannia, Germania, Hungaria, La France = Marianne usw. Sogar: La mère patrie! Für frühere Perioden vgl. (*41*). Mutterland (μητρίς): Pl.*Rmp.* 575d; Plu. 792E; Paus. 10.42.2, usw.

bezeichnen konnte (infra). Der Wagen ist offensichtlich ein Siegeswagen, und ›Sieg‹ hat manifeste sexuelle Konnotationen.[20]

Die Bedeutung der Tatsache, daß dies der Traum der Königinmutter ist, wird später diskutiert werden.

Größe (184f.). Die beiden Frauen »überragen an Größe alle Frauen von heute«.[21] In der griechischen Vorstellung war Größe ein wichtiger Bestandteil weiblicher Schönheit.[22] Heldinnen und Helden waren immer groß.[23] Göttinnen in menschlicher Gestalt sind erstaunlich groß.[24] Körperliche Größe ist bei diesen Frauen also nur zu erwarten – aber was auch immer »von heute« (τῶν νῦν) an anderer Stelle[25] bedeuten mag, hier ist es, psychologisch gesehen, mehr als eine Redensart.[26] Diese großen Frauen sind Repräsentanten der Vergangenheit: der Welt der Kindheit.

Da in der Tat auch kleine Frauen schön sein können, verlangt die *wiederholte* Verbindung zwischen Schönheit und Größe in der griechischen Poesie nähere Betrachtung. Für den kleinen Jungen ist seine Mutter, so häßlich sie auch sein mag, Schönheit in Vollendung. Nur in einer Beziehung gleichen sich alle Mütter: sie sind größer als ihre kleinen Söhne. Später wächst der Sohn über seine Mutter hinaus und sieht zur selben Zeit, daß sie wegen ihres Alters keine perfekte Schönheit mehr ist, auch wenn sie früher einmal wunderschön war.[27] Dies kann ihm im Erwachsenenleben vielleicht helfen, die meisten seiner früheren ödipalen Wünsche zu überwinden.[28]

20 *33*. Vgl. Suet. *J. Caes.* 22. Am Vorabend einer Schlacht sagte Dschingis Khan zu seinen Truppen, daß sie nach dem Sieg die besten *Renner* – in der Steppe gewöhnlich *Wallache* (*15*) – und die *Frauen* der Besiegten besteigen würden.

21 Ob ein Superlativ oder ein Komparativ gemeint ist (Broadhead ad loc.), ist für die momentane Betrachtung irrelevant. Große Traumboten: Hdt. 5.56, 7.12; Pl. *Cri.* 44a; Tac. *Hist.* 4.83, usw. (E.R.D.).

22 Vgl. die Beispiele, die Groeneboom ad loc. zitiert; X. *Oec.* 10.2.

23 Nur eine Quelle bezeichnet Herakles als klein; Pi., *I.* 4.53 – »aber an der Stelle ist er dabei, den Kampf mit einem Giganten aufzunehmen« (K.J.D.). Hektor scheint größer zu werden, als er die Rüstung des Achilles anlegt, die er dem toten Patroklos abgenommen hatte (Hom. *Il.* 17.210ff.). (Vgl. Q. S. 7.445ff.)

24 Hom. *h. Cer.* 275f., *h. Ven.* 84f., usw.

25 Vgl. Fraenkel *ad* A. *Ag.* 532.

26 Nicht einmal die Annahme, daß menschliche Väter Abbilder des universalen Vaters Zeus sind (Plu. *fr.* 46 Sandb.), kann jedoch die Übersetzung rechtfertigen, die Murray wählt: earthly (= irdisch).

27 Zur Verbindung zwischen diesem Faktum und dem Mythos vom verlorenen Garten Eden vgl. Róheim (*55*).

28 Gerontophilie und eine merkliche Vorliebe für häßliche Frauen existieren, wenn auch selten, als Perversionen. Ein Multimillionär, der sich die schönsten Geliebten hätte leisten können, fühlte sich hauptsächlich von schmuddeligen Zimmermädchen aus schlechten Hotels angezogen.

Das ödipale Element kann jedoch in Form einer systematischen Verbindung von Größe und Schönheit fortbestehen. Perspektiven aus der infantilen Vergangenheit – die ewige »Gegenwart« des Unbewußten – geben dem erwachsenen Mann das *Gefühl*, daß die schönen Frauen seiner Generation weniger groß sind als die Mutter seiner frühen Kindheit. Es gibt überzeugende Beweise für das Weiterbestehen infantiler »Perspektiven« im Leben des Erwachsenen.[29]

Die Größe dieser Frauen reicht *für sich genommen* nicht aus, um die Anwesenheit ödipaler Elemente in diesem Traum zu beweisen. Aber sie verleiht den Schlußfolgerungen, die man aus anderen Aspekten des Traumes ziehen kann, ein nicht unbedeutendes Gewicht.

Der schon vorher bestehende Streit zwischen den Frauen repräsentiert – historisch gesehen – entweder die Revolte der Ionier, die von den Athenern unterstützt wurde (Hdt. 5.97ff.), oder die vorangegangene Invasion Griechenlands durch Dareios, oder beides. Was er psychologisch repräsentiert, wird später diskutiert. Ich möchte nur anmerken, daß dieser Streit Xerxes dazu zwingt, die Frauen durch *gemeinsames* Anjochen zu versöhnen zu versuchen. *Das Anjochen* muß diskutiert werden, bevor man »gemeinsam Anjochen« analysieren kann.

Daß das Anjochen – besonders von Menschen[30] – auch Unterwerfen bedeutet, braucht kaum erwähnt zu werden. Daß das Anschirren der Frauen auch einen sexuellen Sieg bedeutet, kann zwar nur indirekt, aber schlüssig über die Symbolik des Reitens statt die des Anschirrens nachgewiesen werden. Den Beweis, daß »*gemeinsames* Anjochen« für eine komplizierte sexuelle Beziehung steht, werde ich in Kürze antreten.

Ich beginne mit der Beobachtung, daß in der griechischen Poesie

29 Ich sah in meiner Kindheit ein Schwein, das ich für überlebensgroß hielt. In der Folgezeit wunderte ich mich, daß ich nie wieder ein ebenso großes Schwein sah ... bis ich merkte, daß ich die Größe dieses Schweins im Vergleich zu meiner eigenen kindlichen Statur geschätzt hatte. Derartige infantile Perspektiven erscheinen auch in Träumen, die man Brobdingnag-Träume nennen könnte. In einem Fall erlaubte die Disproportionalität zwischen der Statur des Träumers und den Objekten, die in seinem Traum erschienen, eine recht genaue Bestimmung der Kindheitsperiode, auf die sich der Traum des Erwachsenen bezog (*8*). Ein anderer erwachsener Patient reagierte mit Angst – und mit dem Gefühl, seine unglückliche Kindheit wiederzuerleben – auf eine Ausstellung von gigantischen Möbeln, die Eltern davon überzeugen sollte, ihren Kindern körpergrößengerechtes Mobiliar zu kaufen. Selbst infantile Erfahrungen von passiver Bewegung (getragen werden) können verkleidet in bestimmten Träumen wieder auftauchen (*14*). Die Vergangenheit ist immer bei uns.

30 Vgl. das immer noch sprichwörtliche Caudinische Joch.

Mädchen oft »Füllen«[31] genannt werden. Der Ausdruck für »Reitpferd« (κέλης) hatte wahrscheinlich schon bei Alcm. *fr.* 1.50P eine weibliche und sexuelle Bedeutung – so West (*63*), mit dem ich übereinstimme. Bei den Komödiendichtern bezeichnet er eine sexuell aktive oder promiskuöse Frau[32] oder sogar die weiblichen Genitalien (Eustath. 1539.34). Die Gleichung ›Reiten = Koitus‹ ist sozusagen universell. Einen der klarsten Belege stellt das Versprechen Dschingis Khans an seine Truppen dar (Anm. 20). Beispiele dafür, daß die Griechen gefangene Frauen als Konkubinen benutzten, brauchen wohl kaum zitiert zu werden.

Diese Daten legen nahe, daß eine angejochte Frau eine sexuell unterworfene Frau darstellt. Ein weiterer, indirekter, aber höchst überzeugender Hinweis besteht darin, daß für eine Frau die Anbindung an eine Wagen*deichsel* eine sexuelle Verbindung mit dem Wagenlenker bedeutet (infra).

Das anfängliche gemeinsame Anjochen bringt, wie gesagt, bestimmte historische Schwierigkeiten mit sich. Keiner der bereits »angejochten« Griechen rebellierte erfolgreich gegen Xerxes. Das anfängliche gemeinsame Anjochen muß daher symbolisch gedeutet werden. Politisch spiegelt es die uralte Idee, daß Eroberung und Koordinierung die beste Methode darstellt, Dauerkriege zu beenden. In poetischer Hinsicht scheint es der »jochähnlichen« Überbrückung des Hellespont (130ff.) zu entsprechen, der später sein »Joch« plötzlich zerbrach (Hdt. 7.34). Ich werde gleich auf diese Symbolik zurückkommen.

Im Rahmen der Traumdeutung repräsentiert das Anjochen eine zumindest beginnende Wunscherfüllung. In A.*Ag.* 420ff. gelingt es Menelaos beinahe, Helene in seine Arme zu *schließen*; dies entspricht dem anfänglichen Anjochen. Aber Helene entschlüpft ihm, und der Traum endet in Frustration. Auch in Atossas Traum frustriert letztlich eine bereits angejochte Frau Xerxes, indem sie den Wagen nicht *zieht*. Statt dessen *bricht sie los und schüttelt ihn ab*.[33]

Die engen strukturellen Parallelen zwischen dem manifest erotischen Traum von Menelaos und Atossas Traum über das Unglück

31 Auch wenn in den erhaltenen Werken des Aischylos kein Beispiel hierfür überliefert ist, findet man solche häufig bei Euripides (*54*, S. 232). A.*Choe.* 794 betrifft Orestes.

32 Oder vielleicht eine Frau, die beim Koitus eine spezielle Stellung einnimmt; coitus inversus: Ar.*Lys.* 60. *Vesp.* 501; Pl.Com.*fr.* 174.18. (K.J.D.).

33 Die Gleichung »Vom Pferd abgeworfen = von einer Frau abgeworfen« ist sogar im Witz ein Gemeinplatz.

des Xerxes ist einer unserer ersten Hinweise darauf, daß der latente Inhalt dieses Traumes ebenfalls erotischer Natur ist.

Nun bezeichnet »zusammen Anjochen« (συζεύγνυμι) im allgemeinen eine Heirat; griechische Eheleute sind »Jochgenossen«. In A. *Pers.* (133 ff.) wird eine einsame Frau, die sich erotisch nach ihrem in den Krieg gezogenen Ehemann sehnt, als »*allein*gejocht« (μονόζυξ) bezeichnet, vielleicht deshalb, weil sich ihr Ehemann im Feldlager eine Konkubine hielt.

Natürlich sind die Jochgenossen in diesem Fall *nicht* Mann und Frau. Ich werde später nachweisen, daß sie mit demselben König verheiratete Schwestern sind. Aischylos übertrug genial das relativ gleichberechtigte »zusammen Anjochen« der technisch monogamen griechischen Ehepaare (S. *Tr.* 539 f.) auf persische Zustände. Das Bild der Gattinnen, die an den Wagen ihres Herrn angejocht sind, spiegelt deutlich die Herrschaft des persischen Ehemannes über die Frauen seines Harems.

Es gibt aber noch weitere Hinweise. Ich werde bei passender Gelegenheit zeigen, daß das Bild der beiden zusammen angejochten Schwestern (als Mit-Ehefrauen) an ein historisches Faktum erinnert, das in bezug auf diesen Traum als Tagesrest fungiert.

Joch = Brücke = Vergewaltigung; See = Mutter. In persischen Begriffen spiegelt das Anjochen einer Frau an den Wagen ihres Mannes eine gewaltsame sexuelle Unterwerfung. Das »Jochen« des Hellespont repräsentiert die Gewalt, die ihm angetan wird. Man ist nicht überrascht, daß – sei es nun Absicht oder nicht – die Strophe, die die »Vergewaltigung« des Hellespont beschreibt (130 ff.) mit einer Gegenstrophe beantwortet wird, die das eheliche Anjochen persischer Damen beschreibt (133 ff.).

Nun ist das Zusammenfügen von Schiffen und Pferden – deren beider Herr Poseidon ist – von alters her bekannt (A. *PV* 467 f.; Tzetz. *Lyc.* 156 f.) – und der Hellespont wurde genau mittels des Zusammenbindens (Jochens) von Schiffen »gejocht«. Weiterhin vermengte Aristophanes (*Lys.* 60 ff.) in einer einzigartig verwirrenden – weil überschäumenden – Metapher das Besteigen eines Pferdes und das Betreten eines Schiffes, was durchaus eine Andeutung eines *coitus inversus* sein kann.[34]

34 An dieser Stelle werden sogar die sonst so unverblümten Übersetzungen und Kommentare von Coulon und Van Daele überraschend zurückhaltend und unklar. Und dem sollte man nicht entgegenhalten, daß die Stelle nur ein Komödienwitz ist. Wie bereits angemerkt (Allgemeine Einführung, Anm. 34), repräsentieren Komödie und Satyrspiele eine *humor-*

Daß die gewaltsame Überbrückung des Hellespont wie eine inzestuöse Vergewaltigung erfahren wurde, wird durch die Bezeichnung der See als »unbefleckt« nahegelegt (578).[35] In der Tat ist nach der Erde die See genau deshalb das am meisten benutzte mütterliche Symbol, weil die Mutter in der Vorstellung des Kindes »rein« und »unbefleckt« ist.[36]

Die Überbrückung = Jochung der »unbefleckten« See muß daher fast sicher als eine symbolische sexuelle Beschmutzung der Mutter durch ihren Sohn betrachtet werden.[37]

Die stolze Haltung der angeschirrten persischen Frau wird von Broadhead (ad V. 190-193) mit der eines hoch aufragenden Gardegrenadiers verglichen. Ich halte diesen Vergleich nicht für wirklich passend. Jeder, der Pferde kennt, weiß, daß die Haltung eines Pferdes, das nur so herumsteht, ausgesprochen schlaff ist, es sei denn, das Pferd steht unter Spannung oder wird stark stimuliert. Die feste, »stolze« (»gefaßte«) Haltung eines gerittenen oder angeschirrten Pferdes, *das die Zügel spürt*, hebt sich stark gegen diese normale »Schlaffheit« ab. Das konkreteste Modell für die Haltung der angeschirrten persischen Frau ist dies: sie spürt die Zügel (193).

Es gibt aber auch noch ein zweites Modell, das sich diejenigen, die den Satz »post coitum omne animal triste« für richtig halten, einfach nicht vorstellen können.[38] Dieses Modell wurde mir von Mitgliedern einer sexuell gesünderen Kultur vermittelt. Nach Ansicht der Mohave-Indianer »kann man immer sagen, wer in der vergangenen Nacht Verkehr gehabt hat: sie geben sich stolz und ihre Augen

volle Abwehr gegen das *gleiche* angsterregende Material, das die Tragödie mit *anderen* Mitteln erträglich macht. Es leuchtet ein, daß die Spannung der tragischen Trilogie durch das anschließende Satyrspiel entladen wird. Zur grundlegenden Verbindung von Angst und Humor vgl. Freud (*35*).

35 Groeneboom zitiert auch Hom. *Il.* 1.314; E.*IT* 1193. Mazon zitiert die *Avesta.*

36 Vgl. die Phantasien der Parthenogenese und die Überzeugung, denen man häufig bei der Analyse von Einzelkindern begegnet: »Mutter wohnte Vater nur einmal bei: um *mich* zu empfangen.« Das infantile Bedürfnis, die »Unkeuschheit« der Mutter zu verleugnen, erklärt, warum viele Kinder die ihnen gegebenen sexuellen Informationen (wiederholt) verdrängen (*37*). Einige reagieren auf jede Art von »Aufklärung« durch Spielkameraden über die sexuellen Aktivitäten der Eltern mit Wut. Wie Bertrand Russell mir einmal sagte: »Für den Mann aus dem Mittelmeerraum ist die Mutter eine Heilige – alle anderen Frauen sind Schlampen.« Ich bezweifle, daß die früheste Seegottheit Okeanos oder Poseidon war. Es muß eine (Mutter-) Göttin gewesen sein.

37 Die mythische Verbindung zwischen Wagenunfällen und gehemmter Sexualität wird unten erwähnt.

38 Ich weise darauf hin, daß dieses Diktum durch seine Zitierung in *dieser* gekürzten Form völlig entstellt wird. Das vollständige Zitat *nimmt* spezifisch den *Mann* und den Hahn von dieser Regel *aus.*

funkeln«. Wie in der letzten Anmerkung erwähnt, waren auch die Menschen der Antike dieser Ansicht. Die Haltung der persischen Frau ist stolz, denn ihr Anschirren symbolisiert ihre sexuelle Befriedigung und wäre von den nichtpuritanischen Griechen genauso verstanden worden.[39]

Die Wahl des Pferdesymbols ist stark überdeterminiert. Ich werde gleich zeigen, warum weibliche (menschliche) »Pferde« den Wagen ziehen.

Auf einem Wagen fahren symbolisiert klar den triumphalen Aufstieg Xerxes' zur Macht. In der Dareiosnachfolge zum Thron spielte ein Hengst – *in einem sexuellen Kontext* – eine entscheidende Rolle. Es war beschlossen worden, eine Versammlung zum Zweck der Wahl des neuen Großkönigs einzuberufen, auf der derjenige Anwärter berufen werden sollte, dessen Pferd wieherte (κληδών = Omen). Dareios' Pferdeknecht brachte den Hengst seines Herrn einen Tag vor der Versammlung an den festgelegten Platz und ließ ihn dort eine Stute decken. Als der Hengst am nächsten Tag von Dareios zur selben Stelle geritten wurde, wieherte er sofort nach der Stute, die er am vergangenen Tag gedeckt hatte. So wurde Dareios Großkönig der Perser (Hdt. 3.85-86).[40]

Und schließlich lieferte ein Reitunfall von Dareios (Hdt. 3.129f.), der eine indirekte Ursache seiner Invasion Griechenlands war (Hdt. 3.134), das Modell für den Wagenunfall.

Die Pferdesymbolik ist daher stark überdeterminiert und auch in dieser Hinsicht entsprechend traumartig.

Das ungleiche und doch ähnliche Gespann ist ein wichtiger Bestandteil des Traumes. Die Tendenz, zwischen den beiden Teilen eines Paares Unterschiede zu machen, scheint eine grundsätzliche zu sein – und nicht nur, weil Mann-und-Frau die prototypischen symbolischen »Jochgenossen« sind. Die Unterscheidung mag zeitweise willkürlich erscheinen; im *equus october*-Ritus wurde nur das

39 Daß eine Frau auf das Anlegen »sexueller« Zügel stolz sein kann, wurde von Freud sehr gut verstanden, der aus diesem Grund von modernen »Feministinnen« verabscheut wird. Die Modeerscheinungen dieses Zeitalters der »Befreiung der Frau« bestätigen die Ansichten Freuds: »Sklavenkettchen«, hundehalsbandähnliche Halsketten, deftige Kettengürtel usw. sind der letzte Schrei der gegenwärtigen Mode. Nach Zeitungsberichten nannten die zahlreichen »emanzipierten« weiblichen Mitglieder von Charles Mansons »Familie« ihren Führer »Gott« und »Teufel« und waren stolz darauf, seine »Sklavinnen« zu sein. Wie alle *grundlosen* Revolten ist auch die der Frauen nichts anderes als ein Schrei nach straffer, aber liebevoller Disziplin. Daß die Bewegung zur »Befreiung« der Frau im matriarchalischen Amerika entstanden ist, kann einen klardenkenden Menschen nicht überraschen.

40 Die Version in Hdt. 3.87 betrifft ebenfalls die Sexualität von Stuten.

rechte Pferd des siegreichen Gespanns geopfert.[41] Die *Ilias* unterscheidet zwischen Jochpferden und Zugpferden (*7*, S. 143ff.). Achilleus spannte zwei unsterbliche und ein sterbliches Pferd vor seinen Wagen.[42] Adrastos' Wagen wurde vom unsterblichen Pferd Areion und vom sterblichen Pferd Kairos gezogen.[43] Diese ungleichen Gespanne bilden das Modell für Xerxes' ungleiches Gespann in Atossas Traum und letztlich für das Modell der Seele in Pl. *Phdr.* 246.[44]

Das streitsüchtige Gespann, das den Wagenunfall verursacht, hat kein homerisches Vorbild. Ein homerisches Kriegspferd bringt nur dann ein Gespann in Verwirrung, wenn es tödlich verwundet ist. Selbst dann bricht es nicht aus und zerstört den Wagen; es wird nach seinem Tod losgeschnitten, um den Wagen zu retten.[45] Wagendeichseln usw. brechen in der *Ilias* zwar auch, aber niemals, weil *ein* Pferd ungehorsam ist.[46] Die leichte Ähnlichkeit zwischen diesem Traumunfall und den Unfällen bei Homer beruht also nicht darauf, daß Aischylos Homeros imitierte, sondern darauf, daß beide Dichter *reale* Unfälle beschrieben.[47] Die vielen Beispiele dafür, daß *beide* Pferde außer Kontrolle geraten[48], sind an dieser Stelle nicht relevant.

Wenn ein vor-aischyleisches Modell für ein streitsüchtiges Gespann überliefert ist, so habe ich es nicht gefunden. Aber Platon borgte mit leichter Hand aus der Bilderwelt der Dichter, die er doch verdammte. Der Aischyleische Traum könnte als Modell für die Allegorie in Pl. *Phdr.* 246 gedient haben – wenn auch mit einem Unterschied: Aischylos (wenn auch nicht Atossa) *billigt* das Verhalten der rebellischen Stute-Frau, während Platon das »schlechte« Pferd verurteilt. Wir werden auch sehen, daß bei Aischylos die rebellische Frau das Über-Ich repräsentiert, während bei Platon das

41 Plu. *Quaest. Rom.* 97, S. 287 A; Festus s. v. october equus, S. 178.5; vgl. *61*, 273ff.; *59*, S. 126ff.; *24*).

42 Hom. *Il.* 16.152 und meine Diskussion derartiger gegensätzlicher Gespanne in Skythien (*15*); vgl. auch die moderne Troika.

43 Antimach. ap. Paus. 8.25.9. Mit einem Hengst zusammen angejochte Stute: Hom. *Il.* 23.295.

44 Rousseaus Erwähnung von A. *Choe.* 1021ff. ist weit hergeholt: das dortige Gespann ist weder ungleich noch rebellisch (*58*).

45 z. B. Hom. *Il.* 8.85ff., 16.466ff.

46 z. B. Hom. *Il.* 16.370, 23.391ff.

47 Vgl. *7*, S. 98ff. für Unfälle bei Homeros im allgemeinen.

48 z. B. der Mythos, der in Aischylos' verlorengegangener Tragödie *Heliades* und im größtenteils verlorengegangenen *Phaeton* von Euripides nacherzählt wird.

ungehorsame Pferd die »niedrigere« Natur des Menschen (das Es) repräsentiert.

Ich muß jetzt eine Beobachtung anführen, die ich nicht befriedigend erklären kann. Wenn man die realen Wagenunfälle im Krieg oder während eines Rennens außer acht läßt, – die häufig genug vorgekommen sein müssen – läßt sich ein überraschend großer Anteil mythischer Pferde- und/oder Wagenunfälle darauf zurückführen, daß jemand einem sexuellen Impuls in die Quere kommt, sei es seinem eigenen (Hippolytos), dem einer anderen Person (Oionomaos) oder gar dem der Stuten selbst (Glaukos). Dabei führt einer dieser Unfälle zu einer Perforation der Weichteile (Sen. *Phaedr.* 1098 ff.); ein anderer Bericht eines Wagenunfalls ist eine Entstellung der Erzählung von der Entmannung des Ouranos (Orph. *fr.* 58 Abel = Athenag. s. 20, S. 940).[49]

Die Existenz eines statistisch signifikanten Zusammenhangs zwischen solchen Unfällen und der Sexualität ist auffallend und stärkt tendenziell die Glaubwürdigkeit meiner Ansicht, daß auch diesem Wagenunfalltraum die Sexualität zugrunde liegt.

Die Details des Unfalls werden insgesamt bei Broadhead (ad 194-196) gut diskutiert. Die rebellierende Frau befreit sich zuerst von den Zügeln und dem Geschirr; dann zerbricht sie das Joch, wahrscheinlich in der Mitte.

Aber Broadhead irrt, wenn er annimmt, daß die Deichsel in diesem Moment *nach oben* schwingt und Xerxes hintenüber fallen läßt. Broadhead ignoriert mit dieser Ansicht sowohl den homerischen Präzedenzfall, bei dem die Wagendeichsel des Eumelos nach unten fällt und ihn dadurch kopfüber stürzen läßt (Hom. *Il.* 23.393 ff.), als auch die physikalischen Gesetze. In der Tat lenkt Xerxes, der offensichtlich allein im Wagen ist, notwendigerweise das Gespann, wobei er ein *gutes Stück vor* der Achse steht: dies macht den Wagen zu einem Hebel zweiter Art. Daher zwingt das Gewicht des Xerxes die Deichsel in dem Moment, in dem das Joch bricht, *nach unten*, wodurch er nach vorne, *auf das Gesicht* fällt.

Daß die Deichsel eines Pfluges oder eines Wagens einen Phallos symbolisiert, wird von dem Ratschlag des Orakels für den alternden und kinderlosen König Erginos gezeigt: »... setze an die alte

49 Unvollständige Aufzählungen von Pferdeunfällen findet man in: Hyg. *fab.* 250; Tümpel (s.v. Myrtilos 57, coll. 3318, 3320); Cook (6, 1.225.4).

Pflugdeichsel eine neue Spitze« (Paus. 9.37.4). Er soll sich eine neue Frau nehmen.[50]

Wichtig ist hier, daß bis auf den heutigen Tag – sogar im Slang – vom Pferd (oder vom Wagen) geworfen zu werden eine Rebellion der Frau gegen ihren Sexualpartner symbolisiert und des letzteren »Entmannung« repräsentiert. Auch das spricht für die Annahme, daß die Wagendeichsel in einem Traum *nach unten* schwingen würde, *selbst wenn sie das aufgrund physikalischer Gesetze nicht tun müßte.* Daß in einem Traum das realistische Scheitern hoher Ambitionen durch das Äquivalent einer Kastration symbolisiert wird, kann nicht überraschen, denn Träume transformieren regelmäßig die Probleme der Erwachsenen in Symbole des Kindes. Daß eine infantile Repräsentation *politischer* Ambitionen auch aus anderen Gründen angemessen ist, wird weiter unten gezeigt werden.

Schließlich könnte der Wagenunfall des Xerxes den Reitunfall des Dareios widerspiegeln (Hdt. 3.129ff.), der mit einem Geschwür der *Brust* Atossas verknüpft ist (Hdt. 3.133ff.) und der seinerseits dazu führt, daß *sie* ihn dazu überredet, in Griechenland einzufallen (infra).

Dareios scheint in einer einem Traum angemessenen Weise plötzlich »da« zu sein. Zwei Punkte verdienen Beachtung:

1. Der Vater kann nichts anderes tun als dazustehen und seinen Sohn zu bemitleiden. Dies ist wahrscheinlich eine Parallele zur Unfähigkeit von Helios, den tödlichen Sturz Phaetons aufzuhalten. Keiner der beiden Väter kann seinem unglücklichen Sohn helfen.

2. Dareios erscheint in Atossas Traum. Nach der griechischen Traumtheorie sollte dies auch für seinen Geist eine »reale« Erfahrung sein. Es fällt daher auf, daß während der nekromantischen Szene der Geist des Dareios vom Mißgeschick des Xerxes *überhaupt nichts weiß*, bevor es ihm mitgeteilt wird (693ff.). Als er erfährt, was passiert ist, kann er nur jammern, kritisieren und Ratschläge geben, die zum größten Teil aus allgemeinen Moralisierungen bestehen und nur einige politisch unwichtige Empfehlungen für die Vorbereitungen auf Xerxes' Rückkehr enthalten. Nach allem, was geschehen ist, ist des Dareios' Geist in dieser großen und dramatisch eindrucksvollen Szene ebenso hilflos wie sein Traumbild: in beiden

50 Hier wird die Spitze der Deichsel mit einer Frau gleichgesetzt. Vgl. das 7. Kap. für eine Diskussion der symbolischen Gleichung ›Mädchen = Phallos‹ (*32, 22*). [Vgl. G. Devereux: *Baubo. Die mythische Vulva.* Frankfurt, 1981, S. 150ff., A.d.Ü.].

Szenen kann er letztlich nur Mitleid für seinen Sohn Xerxes empfinden, ihm aber nicht wirklich helfen.[51]

Xerxes zerreißt seine Kleidung mit einer Geste, die, auch wenn sie recht früh in Griechenland nachgewiesen worden ist, wahrscheinlich orientalischen Ursprungs ist. Sie ist vor allem eine natürliche Verzweiflungsreaktion. Wenn man etwas Verlorenem nachtrauert, *vergrößert* man *regelmäßig* seinen Verlust: Trauer ist von Selbstaggression untrennbar. Dieser Umstand wird im 3. Kapitel diskutiert.

Das Vogelzeichen, das gleichzeitig eine Wiederholung und eine Fortsetzung des Traums darstellt, stützt ebenfalls die sexuelle Interpretation des Traums. Das Reiten, auch das Fahren in einem Wagen, kann Fliegen symbolisieren; es gibt zahllose griechische Mythen über geflügelte Pferde und Gespanne.[52] Wie schon lange vor Freud entdeckt worden war (*34*, S. 40-41, usw.), sind Flugträume gewöhnlich Erektionsträume; eine Landung oder ein Fallen nach einem Traumflug symbolisiert Detumeszenz. Da Atossa eine Frau ist, ist das Flugmotiv – dementsprechend – *nicht* Teil ihres Traums, sondern des Omens, das ihm folgt.

Auch andere Ähnlichkeiten sind evident. Xerxes fällt zu Boden, der Adler landet auf dem Altar Apollons. Apollon schützt den Adler nicht; Dareios kann seinen Sohn nicht beschützen, der wie ein Schutzflehender zu seinen Füßen liegt. Die beiden enttäuschenden Beschützer sind männlich, denn eine starke und festhaltende Mutter fühlt sowohl im Wachen als auch im Schlafen, daß nur sie in der Lage ist, ihren Sohn zu beschützen. Das Vogelzeichen wiederholt sogar das Zerreißen der Kleider, denn der Falke rupft dem Adler die Federn aus (208 f.).

Es gibt jedoch auch eine Inversion: im Traum bedroht die Gefahr Xerxes von vorne; im Omen wird er von hinten bedroht und verfolgt. Vielleicht stellt der Traum seinen erfolglosen Angriff auf Griechenland und das Omen seine übereilte Flucht nach der Niederlage dar.

51 Es ist bemerkenswert, daß der Marathonkämpfer Aischylos kein einziges Mal Dareios' aggressiven Imperialismus erwähnt. Er stellt ihn halb als Weisen, halb als idealisierten, dem Augustus ähnlichen Herrscher dar. Daß er nach Salamis *von den Persern* so gesehen wurde, ist möglich; Stendhals junge Helden waren alle Bonapartisten, die die Fehler und den tragischen Zusammenbruch von Napoleons Herrschaft vergaßen. Aber die Idealisierung des Dareios durch Aischylos ist mehr als dichterische Empathie: sie zeigt *Spuren* einer Identifikation mit dem Aggressor (60), ein Phänomen, das im Laufe der Geschichte wiederholt beobachtet wurde (z.B. bei einigen der Opfer Hitlers, in einer zeitweise grotesken, exzessiven Form).

52 Pegasos, die Gespanne des Helios, des Triptolemos, der Medeia, usw.

Es sei auch angemerkt, daß der erste Teil des Traums Xerxes in Interaktion mit Frauen zeigt, die ihm den *Rücken* zukehren, im zweiten Teil liegt Xerxes *wahrscheinlich auf seinem Gesicht* (da er nach vorne fiel, supra), zu Füßen des Dareios. Soviel ist wahrscheinlich. Ob man etwas daraus machen kann, ist fraglich.[53]

Interpretation

Die Angemessenheit eines Traums – ob er zum Träumer und zur derzeitigen Situation des Träumers[54] paßt – ist das erste, was zu bestimmen ist.

Daß Atossa im »Traumraum« und im »Traumereignis« nicht selbst erscheint – nicht einmal als eine explizit eingeschlossene Beobachterin –, ist kein wirkliches Problem; Zuschauerträume (*17*, S. 67ff.) sind nicht selten. Ein großer Teil der weniger plausiblen homerischen Träume sind Zuschauer- oder vielmehr »Zuhörer«-Träume. Der Wortlaut von Penelopes Adler-Gänse-Traum (Hom. *Od.* 19.535ff.) legt jedoch die *Anwesenheit* Penelopes im »Traumraum« nahe, wenn auch nur als einer hilflosen, in ihrem Traum weinenden Zuschauerin (*12*). In Atossas Traum weint Dareios an ihrer Stelle.

Ich hatte zuerst angenommen, daß der Traum in A. *Pers.* eine Art homerischer Allegorie in der Maske eines Traums sei, weil Atossa zwar einen Traum *sah*, aber nicht wie Penelope *träumte*, daß *sie* diese Vorgänge *sah* oder darüber weinte.

Ich möchte als allgemeines Prinzip anmerken, daß der »Traumraum« immer eine Erweiterung des eigenen Körpers ist.[55] Dies impliziert, daß der Träumer in irgendeiner Weise im Traum stets präsent ist. Daß die Objekte und Personen, die man träumt,

53 *Coitus* [*per anum*] mit weiblichen »Eunuchen« wird zuerst aus Lydien berichtet: Xanth. *fr.* 19, *FHG* 1.39 = *FGH* 765 *fr.* 4 (Jacoby) = Athen. 12.11, S. 515; Hsch.Mil. *fr.* 47, *FHG* 4.171. Homosexuelle Prostitution des versklavten Phaidon: D.L. 2.105; Aul. Gell. 2.18. Homosexuelle Bedrohung der Besiegten: Suet. *J. Caes.* 22. Homosexueller Angriff auf Ehebrecher: Ar. *Nub.* 1083 (und Dover ad loc.), *Pl.* 168; X. *Mem.* 2.1.5; Catull. 15.19; Hor. *Sat.* 1.2.44; Val. Max. 6.1.13; Apul. *Met.* 12. Für eine allgemeine Theorie sexueller »Vergeltung« vgl. *27*, 7. Kap. Homosexueller »Angriff« durch eine Vaterfigur: Die Entführung des Ganymedes durch Zeus (Hom. *Il.* 5.265, 20.232, usw.) und des Pelops durch Poseidon (Pi. O. 24.ff.) (vgl. *26*, 6. Kap.). Ich zitiere diese *möglicherweise* relevanten Angaben, behaupte aber *nicht*, daß sie in der Tat relevant sind.

54 Ps.-Hp. *insomn.* 88; Arist. *insomn.* 462a 15f.; Emp. *fr.* 108 D-K; Hdt. 7.16; Cic. *de divin.* 2.67; Lucr. *nat. rer.* 4.963, 5. 724; vgl. auch Dodds *31*, S. 118, usw.

55 Häufig unter »Einschluß« des mütterlichen Körpers *wie er phantasiert wird.*

Facetten der eigenen Psyche sind, muß wohl kaum nachgewiesen werden.

Ich hatte zunächst angenommen, daß Atossa nur in diesem allgemeinen Sinn in ihrem Traum anwesend war. Aber die Arbeiten meiner Studenten und ein unveröffentlichter Aufsatz von Dr. Padel überzeugten mich, daß Atossa, obschon sie sich dessen nicht bewußt war, im Traum eindeutig (maskiert) anwesend war. Bevor ich das beweisen kann, muß ich die voreingenommene Bewertung der realen Ambitionen des Xerxes seitens Aischylos und seiner Atossa (und deren Repräsentierung im Traum) betrachten und sie mit einer objektiveren Darstellung von Xerxes' Politik vergleichen.

Sohnespietät und ödipale Rivalität spielen in diesem Drama für das reale und das geträumte Verhalten von Xerxes gleichgewichtige Rollen. Seine Berater sagen ihm, er müsse zeigen, daß er kein *effeminierter*, »häuslicher« König sei (753ff.). Es sei seine *Pflicht*, die Niederlage seines Vaters zu rächen und dessen Pläne durchzuführen. Xerxes' Mobilisierung einer weitaus größeren Streitmacht als der bei Marathon besiegten ist auf der einen Seite eine kluge Maßnahme, auf der anderen Seite aber das vernünftige Zugeständnis, daß nur außergewöhnliche Krieger Dareios besiegen konnten. Xerxes kann auf einen Sieg über die Vernichter seines Vaters nur mit Hilfe einer Armee hoffen, die unendlich viel größer ist als die Streitmacht, die Dareios für eine Art Kolonialexpedition für ausreichend hielt. Daher drängen vom persischen Gesichtspunkt aus sowohl die Königspflicht als auch die Sohnespietät Xerxes dazu, die Pläne seines Vaters durchzuführen und dessen Niederlage zu rächen.

Obwohl die Rache für Marathon eine *Verpflichtung* für den persischen Großkönig war, schließt das doch nicht aus, daß der *Wunsch*, seinen Vater zu übertreffen, beim Sohn die Form eines neurotischen *Zwangs* annahm (infra).[56]

Die Ansicht, der Angriff Xerxes' auf Griechenland sei nur durch Hybris motiviert gewesen, wird von den historischen Fakten einfach nicht bestätigt. Sie spiegelt nicht nur eine rein griechische Einstellung, sondern ebenso den persönlichen theologischen Standpunkt von Aischylos. Ansonsten ist die charakterliche Labilität des Xerxes wahrscheinlich ein historisches Faktum, das von Herodotos

56 Vgl. das *persönliche* Zögern Xerxes' (Hdt. 7.5f.), Griechenland anzugreifen; er wird dazu durch einen trügerischen Traum getrieben, der mit dem Agamemnons vergleichbar ist (Hom. *Il.* 2.1ff.).

oft hervorgehoben wird[57], die dazu noch bei dem Sohn eines großen, aus eigener Kraft emporgekommenen Vaters und einer so starken Mutter wie Atossa (infra) durchaus glaubhaft ist.

Man kann sein Traumverhalten deshalb *nur* dann als ungebührlich grandios deuten, wenn man es als Spiegelung einer *ödipalen* Rivalität mit Dareios betrachtet. Die Meinung, daß der zwanghafte Versuch des Sohnes, mit dem Vater zu rivalisieren – und ihn in *diesem* Fall zu übertreffen –, pietätlos und vermessen sei, ist mit Sicherheit Aischylos zuzuschreiben: Er ist unsere älteste bekannte Quelle für den Phaeton-Mythos, in dem ein Sohn seinen Vater Helios als Wagenlenker mit tödlichem Ausgang zu übertreffen versucht.[58]

Die Hauptaufgabe des Psychoanalytikers bei der Untersuchung dieses Traums besteht darin, zu zeigen, daß die Rivalität im Traum der Atossa als eine ödipale *repräsentiert* wird, wobei Atossa in einer typisch menschlichen und noch typischer mütterlichen Art das Äquivalent ihrer iokasteähnlichen Impulse auf ihren Sohn *projiziert*. Denn dies ist *ihr* Traum: *Sie* repräsentiert Xerxes *in einer Art*, die *ihren* verdrängten Impulsen und Wünschen angemessen ist, deren Natur durch ihre allgemeine Einstellung und besonders den Hinweis (851), daß Xerxes ihr Lieblingssohn ist, hinreichend offengelegt wird.

Wäre dies Xerxes' eigener Traum, so könnte man behaupten, es sei ein Traum, in dem ödipale Ambitionen zunichte gemacht werden. Aber es ist Atossas Traum. Ich gebe zu, daß man ab und an einen Fall trifft, in dem A das träumt, was man von B zu träumen erwarten würde: wo A *scheinbar* »stellvertretend« für B träumt (*11*, S. 369-372; vgl. auch 4. Kap.). Aber in solchen Fällen sind die Wünsche und Impulse von A und B *parallel*. Und man kann wohl kaum argumentieren, daß dieser Traum Atossas ödipale Bestrebungen und deren Zusammenbruch repräsentiert.

Atossa könnte *nur* dann von Xerxes' ödipaler Hybris und deren

57 Legrand (*46*, S. 55ff.) hat zahlreiche Stellen angeführt, die dies belegen, s.v. Xerxes, Unterkapitel *»Sa personnalité«*.

58 Ich erwähne nur *sehr vorsichtig*, daß Aischylos, da er auf seinem selbstgeschriebenen Epitaph nur seinen Mut als Soldat erwähnt, auf den Ruhm seines (älteren?) Bruders Kynegeiros neidisch gewesen sein *könnte*, der bei Marathon fiel, wo er sich durch äußerste Tapferkeit hervortat (Hdt. 6.114) – er kämpfte (*mit* Aischylos) gegen eben den Dareios, der in den *Persai* glorifiziert wird. Ich stütze diese vorläufige Interpretation auf einen modernen klinischen Fall, der abgesehen von Ruhm und Genie dem Kynegeiros-Aischylos-Modell ähnlich ist. In beiden Fällen wurde der überlebende Soldat und Bruder zum Alkoholiker (*26*, 1. Kap.; zum Alkoholismus des Aischylos vgl. 4. Kap., Anh. II).

katastrophalen Folgen träumen, wenn ihr Traum *ihre* (ambivalenten) »gegenödipalen«, iokasteähnlichen Impulse ausdrückte.[59] Ihre Ambivalenz wird durch den Kontrast zwischen dem triumphalen Beginn des Traums und seinem jämmerlichen Ende enthüllt.

Wenn es aber so ist, dann wird Atossa – d.h. ihr gegenödipaler Iokaste-Komplex und ihre Ablehnung desselben – von den beiden verschwisterten Frauen repräsentiert. Ihr Konflikt ist eine Reflexion von Atossas innerem Konflikt; dies ist eine sehr häufige Darstellung von Konflikten im Traum.

Die stolz angeschirrte persische Frau repräsentiert die nachgiebige weibliche Es-Komponente von Atossas gegenödipalem (Iokaste-)Komplex.[60] Und selbst wenn man den Aspekt des Iokaste-Komplexes außer acht läßt, kann man immer noch annehmen, daß die Atossa des Aischylos unbewußt noch keineswegs Abschied von ihrer Weiblichkeit genommen hat: Der Chor spricht deutlich genug von persischen (Stroh-)Witwen, die sich im Bett nach ihren Männern sehnen (133 ff.).

Wenn es so ist, repräsentiert die rebellische dorische Frau Atossas Über-Ich: Sie ist die *soziale* Mutter, die gegen die Wünsche ihres Es kämpft. Sie zieht ihren Status als Witwe des Dareios dem sexuell-mütterlichen Status vor.

In diesem Kampf gewinnen die Kräfte der Hemmung: Der Wagen wird umgeworfen und Xerxes bekommt Vorwürfe und wird bestraft – für Atossas Wünsche. Dies paßt zur Tendenz der Erwachsenen, ihre eigenen »unpassenden« Phantasien ihren Kindern zuzuschieben (*26*, 4. und 5. Kap.). Ich erinnere wiederum daran, daß Platon dieses Bild umdrehte, wobei er sich der Mittel des Dichters bediente. Ein solches Verhalten ist unter Philosophen häufig genug anzutreffen.[61] Was diese Jongliererei möglich gemacht haben könnte, ist der subtile Widerspruch zwischen Aischylos' und Atossas Einschätzung der gesamten Situation. Denn letztendlich war des griechischen Dichters »Gute« das »Böse« der persischen

59 Daß im Gegensatz zur herrschenden Meinung der elterliche Laius- oder Iokaste-Komplex den kindlichen Ödipuskomplex *auslöst*, habe ich in verschiedenen Veröffentlichungen nachgewiesen (*9*, *11*, *27*, 7. Kap., usw.).

60 Ich muß für den Augenblick eine Aufzählung historischer Argumente für diese Interpretation zurückstellen.

61 Der Platoniker Plutarchos (*de prof. virt.* 10, S. 81 D-E) zitiert einen Teil aus Sapph. *fr.* 31 LP, verdreht aber völlig die Bedeutung (*21*). Nietzsches Satz: »Alles Unvergängliche ist nur ein Gleichnis – und die Dichter lügen zu viel« [dt. i. Or.], verdreht Goethes Worte mit Hilfe des Präfixes ›un‹ absichtlich in ihr Gegenteil. Nicht der Dichter ist der freche Lügner, sondern der Philosoph.

Königin; denn auch wenn die rebellierende Frau realistischerweise den politischen Menschen in seinem Kampf für Freiheit, gesehen als »Natur« (φύcιc), zu repräsentieren *scheint*, – im Traum repräsentiert sie psychologisch das Über-Ich Atossas und »das Gesetz« (νόμοc).

An dieser Stelle muß ich mich dem historischen Hintergrund zuwenden, der die Rolle des Tagesrestes in *Aischylos'* Phantasie (= Atossas Traum) spielt. Ich bin überzeugt, daß Aischylos und wahrscheinlich die meisten gebildeten Athener die Fakten, die ich anführe, kannten.

Bis jetzt habe ich nur auf die Einheit der zusammengejochten, aber unverträglichen *Schwestern* hingewiesen, die Atossas Es, beziehungsweise ihr Über-Ich darstellen. Aber man muß sich auch fragen, warum Aischylos (unwissentlich) das Bild zusammengejochter *Schwestern wählte*. Die Frage verlangt genau deshalb nach einer Antwort, weil Aischylos dem Schwester*sein* eine große Bedeutung zumißt (v. 185).

Das eine Faktum, das die Kommentatoren übersehen zu haben scheinen, besteht darin, daß Atossa – wie Aischylos sicher wußte – *tatsächlich* zweimal eine »Jochgenossin« einer ihrer Schwestern war. Es ist besonders wichtig, daß sie und ihre Schwester Artystone mit Dareios verheiratet waren (Hdt. 3.88).

Ich möchte jetzt zeigen, daß Atossa und Artystone keine *guten* Mit-Ehefrauen waren. Herodotos (7.2-3) berichtet, daß Atossas ältester Sohn Xerxes um die Nominierung als Thronfolger mit dem Erstgeborenen des Dareios, der von einer *anderen* Frau als Artystone stammte, kämpfen mußte. Auch wenn Xerxes durch die gerissene – und typisch spartanische – juristische Beratung des Demaratos unterstützt wurde (*29*), stand sein Erfolg doch – wie Herodotos anmerkt – niemals in Frage, denn »Atossa war *allmächtig*«. Dennoch bemerkt Herodotos an anderer Stelle (7.69), daß Artystone die *meistgeliebte* Frau des Dareios war. Selbst wenn man nun annimmt, daß die beiden Söhne der Artystone nur deshalb nicht an dem Kampf um die Thronfolge teilnahmen, weil Xerxes der ältere war, muß man auf zwei Fakten hinweisen:

1. Die »meistgeliebte« Artystone und ihre beiden Söhne Artames und Gobryas werden nur je einmal von Herodotos erwähnt.[62] Artystones Söhne hatten nur geringe Stellungen inne und lebten offensichtlich, wie ihre Mutter, in einer Art prinzlichem Zwielicht.

62 Hdt. 3.88; 7.69; 7.72.

2. Die »allmächtige« Atossa wird – obwohl sie *nicht* die »meistgeliebte« ist – unzählige Male erwähnt. Es ist daher unmöglich, nicht zu schließen, daß Atossa erfolgreich mit der »meistgeliebten« Mit-Ehefrau und Schwester um die Vorherrschaft gekämpft hatte. Selbst wenn man das innere Funktionieren eines königlich persischen Harems nicht kennt, muß es einleuchten, daß ein Sieg über eine »meistgeliebte« (und das bedeutete in diesen Zeiten: die sexuell am meisten befriedigende) Mit-Ehefrau nicht ohne viel Kampf und Ränke errungen werden konnte, besonders dann, wenn die siegreiche Frau die ältere und darüber hinaus sexuell schon etwas abgenutzt war (infra).

Daher könnte Aischylos das Bild der zänkischen Schwestern und Jochgenossinnen – wissentlich oder unwissentlich – *zum Teil* deshalb gewählt haben, weil Atossa und Artystone sowohl Schwestern als auch Mit-Ehefrauen waren, von deren Zwistigkeiten bei Herodotos immer noch Spuren zu finden sind.

Aber auch diese Analyse ist noch nicht erschöpfend, denn wir haben noch eine große Menge zusätzlicher und sehr relevanter Informationen über Atossas Sexualleben.

Atossas erster Ehemann war ihr Bruder Kambyses II. (Hdt. 3.31), ein geisteskranker, aber legitimer König, Sohn von König Kyros dem Großen. In der Folge mußte sie Kambyses' Gunst mit einer *anderen* ihrer Schwestern teilen. Diese ungenannte Schwester, die es wagte, sich Kambyses entgegenzustellen, indem sie für ihren in Ungnade gefallenen Bruder Smerdis bat, wurde von Kambyses wegen ihrer Bemühungen ermordet (Hdt. 3.32). Diese Vorgänge deuten darauf hin, daß Atossa als Ehefrau und Geliebte auch an diese andere Schwester nicht heranreichte – wie sie ihr auch in Loyalität zur Familie, nicht aber in bezug auf Vorsicht und Schläue unterlegen war.

Nach dem Tod des Kambyses wurde Atossa gezwungen, den falschen Smerdis zu heiraten, der vorgab, ihr toter Bruder zu sein – und es fällt auf, daß sie *im Gegensatz* zu einer anderen Frau des Usurpators (Hdt. 3.68ff.) *nichts tat, um ihn bloßzustellen*. Wiederum kann man nur ihre Klugheit bewundern, wenn auch nicht ihre Integrität – denn der falsche Smerdis heiratete sie offensichtlich nur, um seine Chancen für eine erfolgreiche Usurpation zu vergrößern.

Nach der Ermordung des falschen Smerdis wurde sie die Frau des Dareios, dessen einziges Anrecht auf den Thron darin bestand, daß er den falschen Smerdis entthront (Hdt. 3.70ff.) und einen seiner Mitverschwörer, der sich ebenfalls Hoffnungen auf den Thron gemacht hatte, mit einem Trick ausgebootet hatte. Dareios festigte dann seine Herrschaft, indem er gleichzeitig (die schon zweimal verheiratete) Atossa, ihre jungfräuliche Schwester Artystone, ebenfalls eine Tochter des verstorbenen *wirklichen* Smerdis (d.h. Atossas Nichte) und schließlich die Tochter des Otanes heiratete, – d.h. die Tochter des Mannes, der am meisten dazu beigetragen hatte, den falschen Smerdis zu entlarven, und sich daher auch berechtigt fühlte, sich mit Dareios um den Thron zu bewerben. Mit diesen vier Eheschließungen sicherte Dareios seine Flanken, indem er sich über die Heiraten sowohl mit seinen legitimen als auch mit seinen usurpierenden Vorgängern und auch mit seinem Hauptrivalen um den Thron verband. Zwei seiner Frauen waren anscheinend noch unberührt. Die Tochter des Otanes war nur einmal verheiratet gewesen, während Atossa schon zwei Ehemänner gehabt hatte: ihren inzestuösen Bruder-Gatten und den mörderischen (pseudoinzestuösen) Darsteller ihres Bruders Smerdis. Atossa war also eine Frau, die ihre Interessen wohl zu wahren wußte; sie hatte ihre Ehemänner überlebt und sich gegen alle Mit-Ehefrauen durchsetzen können – einschließlich ihrer jungfräulichen Schwester, die dem Dareios zwei Söhne gebar und seine »meistgeliebte« Frau war. Das verlangte im mörderischen Klima eines dynastischen Chaos und intrigenreichen Harems viel Können.

Es ist ebenfalls bemerkenswert, daß Xerxes der erste Großkönig seit Kambyses II. war, der auf den Thron gelangte, ohne seinen Vorgänger ermordet oder von dessen »Selbstmord« profitiert zu haben, oder in einer sonst irregulären Weise Großkönig wurde (Hdt. 3.64). Er erreichte dies mit Hilfe einer verdrehten Interpretation des »Erstgeborenenrechts«, die weniger durch Demaratos' legalistische Winkelzüge (die nur einen Vorwand lieferten) als durch Atossas unwiderstehlichen Einfluß möglich gemacht wurde.[63]

Atossa wurde wenigstens mit dem Status einer Königin und mit einem königlichen Bettgenossen dafür belohnt, daß sie nacheinander zwei Männer heiratete, um sie zu Königen zu machen.[64] Einen

63 Vgl. (*29*) für Hinweise auf andere erfolgreiche Manipulationen der Thronfolgeregeln – sei es bei Erstgeburt oder bei Letztgeburt – in griechischen Quellen.

64 Es ist behauptet worden, daß Dareios legitim auf den Thron kam, da sein Vater Hystaspes, der in der Tat am ehesten zur Thronfolge berechtigt war, »wegen seines Alters« nicht an der Verschwörung teilgenommen hatte. Aber Herodotos erwähnt das nicht. Und das Alter hätte Hystaspes *nicht* daran hindern können, durch seinen Sohn und andere

König zu gebären und dann als Königinmutter alleine schlafen zu müssen, war weniger befriedigend. Irgend etwas in dieser Frau, die zuerst ihren wirklichen *Bruder* und dann den Usurpator, der behauptet hatte, ihr Bruder zu sein, geheiratet hatte, könnte sich schon (vorbewußt) gewünscht haben, *auch* ihres *Sohnes* Königin zu sein – Königin zum vierten Mal, und zum dritten Mal durch Inzest. Man sollte sich an dieser Stelle daran erinnern, daß Iokaste dem von Inzestangst gequälten Ödipus ganz ruhig sagte, daß Männer oft davon träumten, mit ihren Müttern zu schlafen. Diese Mutter eines ausgesetzten Sohnes nahm die Bedenken des Oidipous überraschend leicht (S. *OT* 980ff.) –, auch wenn ihr Abgang nach der unausweichlichen Entdeckung (V. 1056ff.) zeigte, daß sie sehr gut wußte, wen sie geheiratet hatte.

Selbst Psychoanalytiker scheuen sich zu erwähnen, daß eine Menge von Müttern – und besonders verwitwete Mütter – recht deutliche Iokaste-Komplexe haben, die seltsame Formen des Ausagierens bewirken – auch wenn derartige Aktivitäten für diese Frauen angeblich das einzige Mittel sind, mit denen sie ihre Söhne weiter unter Kontrolle halten können.[65] Atossa ist in der Tat genau der Typ Mutter, den die moderne soziologische Forschung als inzestgefährdet beschreibt (*62*, S. 85-93, 125).

Man wird mir vielleicht entgegenhalten, daß Aischylos *nicht* beabsichtigte, *diese* Atossa darzustellen. Aber es ist nun einmal ein Faktum, *daß* Atossa wirklich lebte – *ein Faktum, das Aischylos gewußt haben mußte*. Und ich kann nur noch einmal daran erinnern, daß die Wahrheit, wie sehr man sie auch verstecken möchte, immer wieder in irgendeiner Maske in die Lüge hineinschlüpft.[66] Es ist ein Zeichen für das Genie Aischylos', daß die historische Wahrheit gerade in der Form einer *Traum*erfahrung in sein Drama schlüpfte. Dies unterscheidet den Dichter von einem Journalisten.

Etwas vorsichtiger möchte ich nun ein historisches Datum präsentieren, das Aischylos unbewußt dazu inspiriert haben *könnte*, einen Traumunfall vom Kastrationstyp auszuwählen. Dareios hatte

Generäle und Satrapen zu herrschen. Hystaspes wurde offensichtlich *von seinem Sohn* beiseite geschoben, obwohl er keineswegs gebrechlich war: Inschriften bezeugen, daß Dareios später seinen eigenen Vater Hystaspes als General einsetzte, und daß auch sein Großvater noch am Leben war. Dies beweist, daß Hystaspes keineswegs senil war, und daß Dareios daher den Thron usurpiert hatte, auf den sein Vater ein größeres Anrecht hatte.

65 Agrippina und Nero (Suet. *Nero* 28). Es existieren reale Äquivalente.

66 Vgl. 6. Kap. für Hinweise; ebenso (*10*, *16*, *28*).

sein Bein (Knöchel) schwer verletzt, als er von seinem Pferd sprang (Hdt. 3.130f.). Er wurde von Demokedes geheilt, der kurz darauf auch Atossa von einem Brustabszeß heilte (Hdt. 3.133f.).[67]

Besser noch, es war Atossa, die – angestachelt von Demokedes, der gute Gründe dafür hatte, eine Invasion Griechenlands zu betreiben[68] – Dareios dazu drängte, Griechenland zu erobern. Dazu benutzte sie Argumente, die denen der »schlechten« Berater des Xerxes sehr ähnlich waren, als diese ihn dazu brachten, Griechenland anzugreifen. So appellierte Atossa an Dareios' Männlichkeit (Hdt. 3.134); die »schlechten« Berater des Aischyleischen Xerxes appellierten an die des Xerxes (753ff.). Diese Transposition ist zumindest seltsam. Wie so viele andere Entstellungen von Fakten hat auch diese (in der Form der Projektion) genau das bewahrt, was sie so sehr zu modifizieren trachtet.

Bibliographie

(1) Abraham, Karl: »Sollen wir die Patienten ihre Träume aufschreiben lassen?« In: *Klinische Beiträge zur Psychoanalyse.* Leipzig, Wien und Zürich, 1921.

(2) Alexander, Franz: »Über Traumpaare und Traumreihen«. In: *Internationale Zeitschrift für Psychoanalyse* 6: 446-452, 1925.

(3) Barrett, W.S.: *Euripides, Hippolytos.* Oxford, 1964.

(4) Baumann, H.H.: »Über Reihenfolge und Rhythmus der Traummotive«. In: *Zentralblatt für Psychotherapie und ihre Grenzgebiete* 9: 213-228, 1936.

(5) Behr, C.A.: *Aelius Aristeides and the Sacred Tales.* Amsterdam, 1968.

(6) Cook, A.B.: *Zeus,* 3 Bde. Cambridge, 1914-1940.

(7) Delebecque, Edouard: *Le Cheval dans l'Iliade.* Paris, 1951.

(8) Devereux, Georges: »The Psychological ›Date‹ of Dreams«. In: *Psychiatric Quarterly Supplement* 23: 127-130, 1949.

(9) –: »Why Oedipus Killed Laius. A Note on the Complementary Oedipus Complex«. In: *International Journal of Psycho-Analysis* 34: 132-141, 1953.

(10) –: *A Study of Abortion in Primitive Societies.* New York, 1955, ²1975.

(11) –: *Therapeutic Education.* New York, 1956.

(12) –: »Penelope's Character«. In: *Psychoanalytic Quarterly* 26: 378-386, 1957.

67 Zur Gleichung ›Brust = Phallos‹ vgl. 6. Kap.

68 Wäre dieser gefangene Arzt als Spion vorausgeschickt worden, hätte das seine Freiheit bedeutet.

(13) –: »Art and Mythology: A General Theory«. In: Kaplan, Bert (Hrsg.): *Studying Personality Cross-Culturally*. Evanston, Illinois, 1961. Auch in: *Tragédie et Póesie Grecques* (1. Kap.). Paris, 1975.
(14) –: »The Perception of Motion in Infancy«. In: *Bulletin of the Menninger Clinic* 29: 143-147, 1965.
(15) –: »The Kolaxaian Horse of Alkman's Partheneion«. In: *Classical Quarterly* 15: 176-184, 1965.
(16) –: »The Exploitation of Ambiguity in Pindaros O. 3.27«. In: *Rheinisches Museum für Philologie* 109: 289-298, 1966. Auch in: *Tragédie et Poésie Grecques* (8. Kap.). Paris, 1975.
(17) –: *Angst und Methode in den Verhaltenswissenschaften*. München, 1973; Frankfurt, Berlin und Wien, 1976 (1. engl. Ausg. Paris und Den Haag, 1967).
(18) –: »Observation and Belief in Aischylos' Accounts of Dreams«. In: *Psychotherapy and Psychosomatics* 15: 114-134, 1967: Auch in: *Tragédie et Poésie Grecques* (3. Kap.). Paris, 1975.
(19) –: *Reality and Dream: The Psychotherapy of a Plains Indian*. (2., erw. Aufl.) New York, 1969. (Dt. Ausgabe in Vorb.)
(20) –: *Mohave Ethnopsychiatry*. (2., erw. Aufl.) Washington, D.C., 1969.
(21) –: »The Nature of Sappho's Seizure in *Fr.* 31 LP«. In: *Classical Quarterly* 20: 17-31, 1970.
(22) –: »La Naissance d'Aphrodite«. In: Pouillon, Jean und Maranda, Pierre (Hrsg.): *Echanges et Communication* (Mélanges Lévi-Strauss), 2.1229-1252. Paris und Den Haag, 1970.
(23) –: »The Psychotherapy Scene in Euripides *Bacchae*«. In: *Journal of Hellenic Studies* 90: 35-48, 1970.
(24) –: »The *Equus October* Ritual Reconsidered«. In: *Mnemosyne* 23: 297-301, 1970.
(25) –: *Psychoanalysis and the Occult* (Hrsg. und Beitr.). Neudruck. New York, 1970.
(26) –: *Essais d'Ethnopsychiatrie Générale*. Paris, 1970, 4 1979. Dt. z. T. in: *Normal und Anormal*. Frankfurt, 1974.
(27) –: *Ethnopsychoanalyse*. Frankfurt, 1979. (1. franz. Ausg. Paris, 1972.)
(28) – (mit Devereux, J.W.): »Les Manifestation de l'Inconscient dans Sophokles: *Trachiniai* 923 sqq.« In: *Psychanalyse et Sociologie comme Méthodes des Phénomènes Historiques et Culturels*. Brüssel, 1973. Auch in: *Tragédie et Poésie Grecques* (5. Kap.). Paris, 1975.
(29) –: »Quelques Traces de la Succession par Ultimogéniture en Scythie«. In: *Inter-Nord* 12: 262-270, 1972.
(30) –: »Trois Rêves en Serie et une Double Parapraxie«. In: *Ethnopsychiatrica* 1: 243-251, 1978.
(31) Dodds, E.R.: *The Greeks and the Irrational*. Berkeley, California, 1951. Dt.: *Die Griechen und das Irrationale*. Darmstadt, 1970.

(32) Fenichel, Otto: »Die symbolische Gleichung Mädchen = Phallus«. In: *Internationale Zeitschrift für Psychoanalyse* 22, 1936.
(33) –: »Trophäe und Triumph«. In: *Internationale Zeitschrift für Psychoanalyse* 24, 1939.
(34) Freud, Sigmund: »Die Traumdeutung«. *GW* II/III.
(35) –: »Der Witz und seine Beziehung zum Unbewußten«. *GW* VI.
(36) –: »Zwangshandlungen und Religionsausübungen«. *GW* VII.
(37) –: »Zur sexuellen Aufklärung der Kinder«. *GW* VIII.
(38) –: »Die Handhabung der Traumdeutung in der Psychoanalyse«. *GW* VIII.
(39) –: »Das Unheimliche«. *GW* XII.
(40) Gahagan, L.: »The Form and Function of a Series of Dreams«. In: *Journal of Abnormal and Social Psychology* 29: 404-408, 1935.
(41) Hamdorf, F.W.: *Griechische Kultpersonifikationen der vorhellenistischen Zeit*. Mainz, 1964.
(42) James, Henry: *The Turn of the Screw*. London, 1898. Dt.: *Die Tortur*. Frankfurt, 1972.
(43) Kinsey, A.C. u.a.: *Sexual Behavior in the Human Male*. Philadelphia, 1948.
(44) –: *Sexual Behavior in the Human Female*. Philadelphia, 1953.
(45) Krauss, Friedrich und Kaiser, Martin (Übers.): *Artemidoros von Daldis: Traumbuch*. Basel, 1965.
(46) Legrand, Ph.-E.: *Hérodote: Index Analytique*. Paris, 1954.
(47) Lévi-Strauss, Claude: *Anthropologie Structurale*. Paris, 1954. Dt.: *Strukturale Anthropologie*. Frankfurt, 1967.
(48) –: *Le Cru et le Cuit*. Paris, 1964. Dt.: *Mythologica I: Das Rohe und das Gekochte*. Frankfurt, 1976.
(49) –: *Du Miel aux Cendres*. Paris, 1966. Dt.: *Mythologica II: Vom Honig zur Asche*. Frankfurt, 1976.
(50) –: *L'Origine des Manières de Table*. Paris, 1968. Dt.: *Mythologica III: Der Ursprung der Tischsitten*. Frankfurt, 1976.
(51) –: *L'Homme Nu*. Paris, 1971. Dt.: *Mythologica IV: Der nackte Mensch*. Frankfurt, 1976.
(52) Lincoln, J.S.: *The Dream in Primitive Cultures*². New York, 1970.
(53) Malinowski, Bronislaw: *The Sexual Life of Savages in North-Western Melanesia*. London, 1932. Dt.: *Das Geschlechtsleben der Wilden in Nordwest-Melanesien*. Frankfurt, 1979.
(54) Ritchie, William: *The Authenticity of the Rhesus of Euripides*. Cambridge, 1964.
(55) Róheim, Géza: »The Garden of Eden«. In: *Psychoanalytic Review* 27: 1-26, 177-199, 1940.
(56) –: *Psychoanalysis and Anthropology*. New York, 1950. Dt. [Teilübers.]: *Psychoanalyse und Anthropologie*. Frankfurt, 1976.

(57) Roscher, W.H. (Hrsg.): *Ausführliches Lexikon der griechischen und römischen Mythologie*. Leipzig, 1884-1937.
(58) Rousseau, G.S.: »Dream and Vision in Aeschylus' *Oresteia*«. In: *Arion* 2: 101-136, 1963.
(59) Scholz, U.W.: *Studien zum altitalischen und altrömischen Marskult und Marsmythos*. Heidelberg, 1970.
(60) Thompson, C.M.: »Identification with the Enemy and Loss of the Sense of Self«. In: *Psychoanalytic Quarterly* 9: 37-50, 1940.
(61) Wagenwoort, Hendrick: »Zur magischen Bedeutung des Schwanzes«. In: *Serta Philologica Aenipontana*. Innsbruck, 1962.
(62) Weinberg, S.K.: *Incest Behavior*. New York, 1955.
(63) West, M.L.: »Alcmanica«. In: *Classical Quarterly* 15: 188-209, 1965.

2. Kapitel
Ios Traum
(Aischylos: *Der gefesselte Prometheus*)

ΙΩ

αἰεὶ γὰρ ὄψειϲ ἔννυχοι πωλεύμεναι
ἐϲ παρθενῶναϲ τοὺϲ ἐμοὺϲ παρηγόρουν
λείοιϲι μύθοιϲ· »ὦ μέγ᾽ εὔδαιμον κόρη,
τί παρθενεύῃ δαρόν, ἐξόν ϲοι γάμου
τυχεῖν μεγίϲτου; Ζεὺϲ γὰρ ἱμέρου βέλει
πρὸϲ ϲοῦ τέθαλπται καὶ ϲυναίρεϲθαι Κύπριν
θέλει· ϲὺ δ᾽, ὦ παῖ, μὴ ᾽πολακτίϲῃϲ λέχοϲ
τὸ Ζηνόϲ, ἀλλ᾽ ἔξελθε πρὸϲ Λέρνηϲ βαθύν
λειμῶνα, ποίμναϲ βουϲτάϲειϲ τε πρὸϲ πατρόϲ
ὡϲ ἂν τὸ Δῖον ὄμμα λωφήϲῃ πόθου.« (Smyths Text)

Übersetzung:

Io: Denn häufig kamen Nachtgesichte zu mir in meine Mädchenkammer und sprachen mit schmeichelnder Stimme zu mir: »Höchst glückliches Mädchen; was bleibst du so lang Jungfrau, wenn du doch mit dem Höchsten Beilager halten kannst? Zeus ist vom Pfeil der Brunst nach dir entflammt und will mit dir die Gaben der Kypris genießen; stoß des Gottes Bett nicht von dir, mein Kind, nein, komm heraus nach Lernes tiefem Wiesengrund und zu deines Vaters Rinderhürden, damit Zeus das Schmachten von seinem Auge abtun kann.«

(Im Vers 648 schreibe ich mit Page usw. παρθενεύῃ.)

[Die Übersetzung wurde auf der Grundlage von Bogners Aischylosausgabe (Berlin, 1926) von G. D. neu eingerichtet.]

Einführung

Der *PV* enthält so viele subtil nuancierte Hinweise auf Träume und Orakel (*24*), daß man zunächst fast enttäuscht ist, nur den relativ geradlinigen ödipalen Wunscherfüllungstraum Ios zu finden, einen Traumtyp, den man häufig bei Heranwachsenden, Primitiven und selbst bei hochgebildeten Mitgliedern kulturell rückständiger

Nationen findet (*30*, 6. Kap.). In der Tat könnte man diesen Traum, wären V. 645-654 nur ein Fragment und auch sonst wenig über Io bekannt, auf einigen wenigen Seiten analysieren, denn seine Komplexität enthüllt sich erst durch die *Wachreaktionen* Ios und Inachos' auf diesen Traum.[1]

Dieses Kapitel konzentriert sich fast ausschließlich auf Ios Traum und seine unmittelbaren Konsequenzen. Ihre »Metamorphose« in eine Kuh – die Kouretas (*45*, 5. Kap.) als bouanthropische Psychose interpretiert[2] berührt mich nur insoweit, als sie eine Konsequenz ihres Traumes ist.

Text und Übersetzung

Da der Traum zumindest an der Oberfläche sehr transparent und daher nicht sehr beunruhigend ist, entstellten die Kopisten den Text nicht; sein Zustand ist recht gut. Die meisten modernen Ausgaben unterscheiden sich nur in der Schreibweise einiger Worte.[3] [Die deutsche Übersetzung beruht auf der von Bogner, ist aber auch denen von Smyth und Mazon angepaßt worden.]

Objektive Aspekte des Traumes

Die häufige Wiederholung des Traumes erweist ihn als teilweise Ichdyston. Jene Schicht in Ios Psyche, die sich nach einer sexuellen Vereinigung mit »Zeus« sehnt, wird von ihrem Über-Ich hartnäckig an die Kette gelegt. Psychologisch spiegelt der Traum diesen inneren Kampf; dramatisch ist er eine Art *Selbstgespräch* [dt. i. Or.] – eine Traumdebatte mit dem eigenen Selbst. Diese Feststellung reicht aus, Lennigs Ansicht (*48*, S. 82 f.) zurückzuweisen, daß Io der völlig passive Empfänger eines göttlichen Befehls ist und daß sie ängstlich versucht, ein absolut gehorsames Mädchen zu sein – oder die Rolle eines solchen zu spielen. Ich werde zeigen, daß Ios

1 Diese Feststellung ist, nebenbei gesagt, der Grund dafür, daß ich in diesem Buch keine Träume diskutiere, die nur in Fragmenten überliefert sind.

2 Ich stimme nur bei wenigen Details nicht mit Kouretas' Analyse überein.

3 z.B. v. 650: συναίρεσθαι (Smyth, Page), ξυναίρεσθαι (Mazon, Groeneboom). Die Unterschiede in der Schreibweise beeinflussen die Wortbedeutung nicht.

Verlangen, sich nach den Wünschen ihres Vaters zu richten[4], ein unbewußtes Verführungsmanöver ist.

Der Ort, an dem der Traum sich einstellt, wird stark betont: Er sucht Io in ihrem Mädchengemach heim (παρθενών) (646). Man könnte sagen, dies sei bloß eine poetische Art zu sagen: »Der Traum suchte mich heim, weil ich immer noch unverheiratet bin.« Aber es ist nicht völlig unwahrscheinlich, daß die Griechen das dunkle Gefühl hatten, daß bestimmte Traumtypen in bestimmten Räumen und in bestimmten Betten geträumt zu werden hatten. Ich muß mich mit dieser Hypothese ganz kurz befassen, um das Hauptargument nicht mit einer zu langen Abschweifung zu unterbrechen.

1. Die meisten frühen griechischen Träume wurden im Haus geträumt; der Traum von Rhesos' Wagenlenker (8. Kap.) ist eine auffällige Ausnahme.[5] Im Gegensatz dazu ereignen sich (übernatürlich verursachte) Visionen, Halluzinationen und Illusionen im allgemeinen außerhalb des Hauses.[6]

2. Die meisten frühen griechischen Träume stellen sich bei Personen ein, die entweder allein schlafen[7] oder zumindest nicht zusammen mit einer Person des *anderen* Geschlechts.[8]

4 Der Einfluß von Widerständen (selbst in wissenschaftlichen Arbeiten) wird hinreichend von der Tatsache belegt, daß Lennig (*48*, S. 81) »unerklärlicherweise« von Ios »Eltern« spricht, obwohl Aischylos nur ihren *Vater* erwähnt (*PV* 656, psychologisch in 653 vorweggenommen). Dieser Lapsus ist um so bemerkenswerter, als der *PV* Ios Mutter *überhaupt* nicht erwähnt – ebenso wie A. *Suppl.* eine Erwähnung der Mutter (Mütter) der Nachkommen Ios, der Danaiden, versäumt (9. Kap.). Indem Lennig irrtümlicherweise von Ios »Eltern« statt *nur* von Ios Vater spricht, schwächt er unwissentlich die unbewußte ödipale Herausforderung von Ios töchterlichem Bekenntnis ab. Solche Versprecher, die die Skotomisierung des Offensichtlichen »rechtfertigen«, plagen auch die Psychoanalytiker, mich selbst eingeschlossen (*30*, S. 161).

5 Ich konnte in keiner frühen griechischen Quelle einen Hinweis auf jene Art notorisch lebhafter »Schnappschuß«-Träume finden, die man tagsüber und gelegentlich außerhalb des Hauses, beim Dösen hat – vielleicht deshalb nicht, weil man annahm, *bedeutsame* Träume müßten während der Nacht (und im Haus?) geträumt werden. Der Traum des Rhesos (Hom. *Il.* 10.494ff.) erscheint wegen seiner Kürze zwar blitzartig, wird aber innerhalb des Zelts und bei Nacht geträumt.

6 Hes. *Th.* 1ff.; vgl. Q.S. 12.306ff. Auch viele Stellen der *Ilias*.

7 Agamemnon (Hom. *Il.* 2.1ff.; denn er erklärt später unter Eid, daß er niemals mit Briseis geschlafen habe: Hom. *Il.* 19.258ff.); Rhesos (Hom. *Il.* 10.494ff.); Nausikaa (Hom. *Od.* 6.13ff.); Penelope (Hom. *Od.* 4.787ff., 19.509ff., 20.87ff., usw.). In Tragödien: Io; Menelaos (3. Kap.); Atossa (1. Kap., indirekt hervorgehoben durch A. *Pers.* 133ff., usw.); Iphigeneia (8. Kap.); der Wagenlenker des Rhesos (8. Kap.). Vielleicht aus dramatischen Gründen erwähnt A. *Sept.* nirgends die Frau des Eteokles. Man kann sich nicht vorstellen, daß Aigisthos Klytaimestras Bett in der Nacht teilte, als sie ihren schicksalhaften Traum hatte (4. und 7. Kap.). Vgl. Heracl. *fr.* 89 und 73; ebenso Lennig (*48*, S. 226, Anm. 8).

8 Die Erinyen schlafen zusammen (4. Kap.). Hekabe teilt das Zelt mit anderen gefangenen Frauen (8. Kap.).

3. Heilungsträume stellen sich bei denen ein, die im Tempel des Asklepios übernachten (*34*, 2.145 ff.).

4. Man träumt Träume einer ganz besonderen Art, wenn man auf der Haut eines geopferten Widders schläft (Paus. 1.34.5; vgl. *33*, S. 126, Anm. 43).

5. Der skeptische Artabanos träumt »stellvertretend« den Traum des Xerxes, als er auf Xerxes' Thronbett schläft (Hdt. 1.17).[9]

6. *Bevor* Iphigeneia einen typisch jungmädchenhaften (ödipalen) Traum träumt (8. Kap.), träumt sie *zuerst* davon, in ihrem Mädchenzimmer zu Hause in Argos zu schlafen (E. *IT* 44 ff.).[10]

7. Es war zu erwarten, daß die lange allein lebende Penelope (im Zuge der Regression) fast jungfräuliche (ödipale) Träume haben würde. An *dieser* Stelle ist bedeutsam, daß sie diese Träume im oberen Teil des Hauses (Hom. *Od.* 19.53) praktisch in ihrem Mädchenzimmer hatte, denn während der Abwesenheit des Odysseus schlief sie nicht im Ehebett, das um einen immer noch im Erdboden verwurzelten Olivenbaumstumpf (Hom. *Od.* 19.190 ff.) herum gebaut war und das sich offensichtlich im Erdgeschoß befand.[11]

Ich stelle nicht die kühne Behauptung auf, man habe angenommen, daß ödipale Träume in jedem Mädchenzimmer lauerten und darauf warteten, der jeweiligen Bewohnerin zu erscheinen, sobald sie eingeschlafen war.[12] Aber es ist möglich, daß es einen Glauben gab, daß eine bestimmte Art von Träumen bei Personen aufzutreten pflegten, die an bestimmten Orten schliefen. Diese Hypothese hat den weiteren Vorteil, daß, wenn man den Aischyleischen Text wörtlich nimmt, der Traum ebenso sicher im »Raum« lokalisiert ist wie bestimmte homerische Träume, die ausdrücklich sagen, daß der Traum am Kopfende des Bettes des Schläfers steht (*33*, 4. Kap.).

Die Visionen (ὄψεις) werden wahrscheinlich nur deshalb im

9 Stellvertreterträume gibt es zwar (Hdt. 7.17., vgl. *17*, S. 369 ff.), aber sie sollten trotz des schlechten Beispiels einiger Psychoanalytiker nicht als telepathische interpretiert werden.

10 Träume, in denen man träumt zu schlafen, scheinen selten zu sein; bisher hat mir nur ein einziger Patient von einem derartigen Traum erzählt. Träume von Träumen (»ein Traum im Traum«) scheinen häufiger vorzukommen; ein solcher Traum wurde mir von einem älteren Mohave-Indianer berichtet (*26*, S. 168).

11 Man könnte argumentieren, daß die Träume der einsamen Penelope unwissentlich *spätere* Geschichten über ihre von Roscher (Art. Pan. *63*, 3, Sp. 1380; Gruppe *41*, 2.1846) aufgezählten Ehebrüche als Strohwitwe inspirierten. Aber es ist ebensogut denkbar, daß Homeros frühe Überlieferungen dieser Art säuberte (*55*). Penelopes Traum ist ebenfalls ödipal, denn er hätte auch von Hippodameia geträumt werden können.

12 Die Situation der Menschen bestimmt sowohl die Natur ihrer Träume als auch den Ort, an dem sie schlafen; eine Jungfrau hat ödipale Träume in ihrem Mädchenzimmer (J.W.D.).

Plural erwähnt, um die Wiederholung des Traumes zu betonen. Nichts deutet darauf hin, daß Io in ihren Träumen von mehr als einer Person angesprochen wurde oder daß in aufeinanderfolgenden Träumen verschiedene Personen sie zu überreden versuchten (zum Plural vgl. 3. und 8. Kap.).

Man kann in der Tat nicht einmal sicher sein, ob Io im Traum irgend etwas »sah«, denn diese »Erscheinungen« »handeln« nicht – sie sprechen nur. Aischylos nannte sie wahrscheinlich deshalb Visionen, weil die Griechen normalerweise sagten: »Ich sah einen Traum!«[13]

Noch wichtiger ist, daß die Gestalt, die Identität, das Geschlecht usw. dieser Visionen nicht einmal angedeutet werden; sie können noch nicht einmal an ihrer Stimme identifiziert werden. Dieser Mangel an Informationen unterstreicht den endogenen Charakter dieses Traumes noch mehr, denn sowohl klinische Daten wie Alltagserfahrungen und griechische Texte zeigen, daß auch sehr vertraute Personen im Traum getarnt auftreten können[14] oder zu verschwommen erscheinen, um erkannt zu werden.

Abschließend möchte ich bemerken, daß, auch wenn Dodds (*33*, 4. Kap.) zweifellos recht hat mit der Behauptung, die *meisten* Traumfiguren pflegten autoritäre Vaterfiguren[15] zu sein, der schmeichelnde Ton von Ios Traumgestalt andeutet, daß ihr (?) die Befehlsgewalt fehlt. Die Erscheinung ist nur eine Kupplerin (infra), deren Worte ihr geringes »Prestige« bloß aus dem Umstand gewinnen, daß sie *im Traum* »gehört« werden. Was sie so eindrucksvoll macht, ist nicht der erhabene Status der Traum*person*, sondern das allem Geträumten inhärente Prestige.

Der Sender des Traumes wird nicht genannt. Dies bestätigt weiterhin die endogene Natur des Traumes, auch wenn die Erscheinung als Kupplerin für Zeus agiert. Es gibt keinen Hinweis darauf, daß Zeus selbst Io diesen Traum so sandte, wie er Agamemnon einen Täuschungstraum schickte (Hom. *Il.* 2.1.ff.). Ich möchte insbesondere anmerken, daß in den meisten frühen griechischen Texten – einschließlich der Tragödien, *pace* Lennig (*48*, S. 199, 201, 291 ff.) – der Sender des Traumes gewöhnlich genannt wird.[16] Wenn

13 Vgl. auch Lennig (*48*, S. 247, Anm. 112).

14 Adler = Odysseus (Hom. *Od.* 19.548); Schlange = Orestes (A. *Choe.* 543 ff.; Wölfe = Odysseus und Diomedes (E. *Rh.* 783, vgl. 8. Kap.).

15 Oder virile Mutterfiguren (J.W.D.).

16 Zeus, supra. Der Traum des Eteokles wurde von den Flüchen des Oidipous gesandt (A. *Sept.* 709 ff.); der der Klytaimestra vom Zorn des Schattens Agamemnons (A. *Choe.*,

er – wie in diesem Fall – weder genannt wird noch klar zu erschließen ist, nimmt der Träumer die äußere Realität »hellseherisch« wahr (A. *Pers.*), oder er wird von im Schlaf wahrgenommenen Geräuschen stimuliert (E. *Rh.*).[17] Nur erotische Träume werden immer als endogen dargestellt; als vom Wunsch motiviert.[18] Solche Träume sind weder »gesandte« Besucher noch bloße Eindringlinge. Sie tauchen einfach auf, als Spiegelungen der eigenen Wünsche des Träumers.[19]

Selbst die Wiederholung des Traumes – seine hartnäckigen Bemühungen, Ios Hemmungen zu überwinden – deutet darauf hin, daß er einen Wunsch spiegelt. Das Auftreten eines verführerischen Befehls, um nicht von einer vollständigen Wunscherfüllung *im Traum* zu sprechen[20], beweist schlüssig, daß die tatsächliche Befriedigung des Wunsches *in der Realität* (noch) nicht möglich und/oder für das *Wach*bewußtsein (noch) nicht akzeptierbar ist.

Die Eröffnungsphase der Traumrede – der einzigen Traumrede bei Aischylos – unterscheidet sich von Dodds' Beschreibung des traditionellen homerischen Modells (*33*, 4. Kap.). Die Rede beginnt nicht mit: »Du schläfst, Io!« Diese Weglassung könnte zwei Gründe haben:

1. Im Gegensatz zu manchen Träumen in Homerischen Epen erzählt die Träumerin selbst ihren Traum.

2. Die Spezifikation, daß dieser sich wiederholende Traum Ios *Zimmer* heimsucht, reicht aus, um den Traum in Raum (Schlafzimmer) und Zeit (Nacht) zu plazieren. Das bedeutet, daß diese *signifikante* Traumerscheinung Io – wie es die griechische Konvention fordert – bei Nacht, in ihrem eigenen Bett und im Schlaf anspricht.

Die Botschaft, die praktisch gesehen den einzigen *manifesten*

S. *El.*); die Erinyen träumen, daß Klytaimestras Schatten, der auf der Bühne erscheint, ihnen Vorwürfe macht (4. Kap.); Hekabes Traum wurde vom Schatten des Polydoros »gesandt« (8. Kap.), usw.

17 Zur Wahrnehmung von Stimuli im Schlaf und zu ihrer Umwandlung in Träume vgl. Arist. *insomn.* 462a19ff.

18 Penelopes Traum (Hom. *Od.* 20.87ff.); Menelaos' Traum (A. *Ag.* 420ff.).

19 Die moderne Auffassung von exogenen griechischen Träumen ist tatsächlich zum großen Teil kaum haltbar. Griechische Traumdarstellungen weisen gewöhnlich zumindest implizit auf die Anwesenheit eines Wunsches für einen bestimmten Traumtyp hin. Dodds (*33*, 4. Kap.) hat dies für die angeblich im hohen Maße »exogenen« Inkubationsträume nachgewiesen.

20 Penelope koitiert tatsächlich mit Odysseus im Traum (Hom. *Od.* 20.87ff.). Das ist genau die Bedeutung, die παρέδραθεν für *Eheleute* hat, die ihr Bett teilen – auch wenn LSJ sie nicht zu kennen scheint.

Trauminhalt darstellt, scheint Io in einer psychologisch bemerkenswerten Weise vermittelt zu werden.

Ich betone auch an anderer Stelle (8. Kap.), daß Träume, die *richtige auditive Wahrnehmungen* enthalten, extrem selten sind, und daß es Träume, in denen man artikulierte Sprache *hört*, praktisch nicht gibt. Auch wenn manche Träumer darauf bestehen, im Traum Worte oder Sätze »gehört« zu haben, so enthüllt eine nähere Untersuchung doch fast immer, daß der Träumer einfach »irgendwie wußte«, was eine Figur im Traum ihm »sagte«.[21]

Die Griechen selbst wußten wohl, daß einem Träumer (oder einer Person in Trance) eine »Botschaft« übermittelt werden konnte, ohne daß dieser auditive Wahrnehmungen oder Halluzinationen *erleben* mußte. Eine solche »stimmlose« Kommunikation wurde in Verbindung mit Sokrates' Daimon gut beschrieben.[22]

Nichtsdestoweniger glaube ich, daß Aischylos den Eindruck vermitteln wollte, daß in Ios Traum auditive Wahrnehmungen die Botschaftsaufnahme begleiteten. Ich halte dies für richtig, obschon der Text eigentlich nur sagt: »Die Erscheinung sagte ... Ich verstand ...«, und nicht (vollständiger): »Die Erscheinung sagte ... *Ich hörte* ... Ich verstand.« Ich glaube, daß Aischylos das »ich hörte« wegließ, weil sein Text bereits einen *anderen* Hinweis auf auditive Wahrnehmungen im Traum enthält.[23]

Ich bin der Meinung, daß die Charakterisierung der Stimme als λεῖος (sanft, weich, geschmeidig) notwendigerweise *impliziert*, daß

21 An einem Abend im Januar 1970 diskutierte ich über diesen Sachverhalt mit einem psychologisch versierten Gräzisten, der behauptete, daß er im Traum Reden *gehört* hätte. Am nächsten Morgen erzählte er mir, daß er gerade einen solchen Traum gehabt habe, wobei er zu Recht hinzufügte, daß der Wunsch, mich zu widerlegen, die Ursache – oder der Zweck – dieses Traums war. Nachdem wir aber seinen Traum näher untersucht hatten, mußte er zugeben, daß er meine Ansichten vollständig bestätigte. Er hatte davon geträumt, er habe eine Rede aus einem Radio im Nachbarzimmer gehört – daß die Rede aber wegen der Dicke der Mauer *nicht verständlich* war. Kurz gesagt, er hatte im Traum lediglich den *Klang* einer Rede – und nichts als den Klang – gehört, denn er hatte nicht hören können, *was* gesagt wurde. Im Traum hatte er nur eine Art Murmeln »gehört«: eine Art Pseudosprache, deren Bedeutung ich an anderer Stelle analysiert habe (*21*), vgl. auch meinen Kommentar zu E.*IT* 52 (8. Kap.).

22 Plu. *de gen. Socr.* 20, S. 588E., vgl. Chalcidius 255, S. 288 Wrobel. Plu. *V.Lyc.* 23.2: Lykourgos hörte eine Stimme: da er den Sprecher nicht sehen konnte, zog er den Schluß, die Stimme käme vom Himmel.

23 D. h., Aischylos ließ das »ich hörte« hauptsächlich aus Gründen poetischer Kürze weg – auch wenn sich der Dichter vielleicht auch daran erinnert haben könnte, daß es in Wirklichkeit selten Träume gibt, in denen eine Rede gehört *und* verstanden wird, was dagegen in religiösen und literarischen Texten häufig vorkommt, in denen der Traumsprecher oft nicht gesehen wird. Vgl. Dodds (*33*, S. 109 und S. 125, Anm. 37), ebenso Lennig (*48*, S. 247, Anm. 112) der E.*IT* 1274, 1276, usw. zitiert.

Io im Traum auditive *Wahrnehmungen* hatte. Mazons Übersetzung: *mots caressants* (zarte Worte) scheint zu wörtlich zu sein; λείος paßt besser auf die *Stimme* als auf das *Wort*, das sie spricht.[24] Smyths Übersetzung: »verführerisch« (*seductive*) ist noch irreführender, denn eine verführerische *Stimme* würde Ios Sexualität *dann und dort* zu erregen und sie *auf den Sprecher* zu lenken versuchen. Aber in Ios Traum wird eine Erregung ihrer Sexualität erst *nach* dem Erwachen erwartet, und sie sollte dann nicht auf den Traumsprecher, sondern *auf Zeus* gerichtet sein, den der Sprecher in der Tat benennt und auf den er sich in der dritten Person bezieht.

Auch wenn ich noch einmal betone, daß sich λείος *primär* auf die Qualität der Traumstimme bezieht und sie als weich oder geschmeidig charakterisiert, so heißt das nicht, daß λείος sich sekundär nicht auch auf die geschickte Überzeugungskraft der Traumbotschaft beziehen kann. Wenn sich λείος allerdings auf die Botschaft selbst beziehen soll, erwirbt es eine weitere Nuance: die »weiche, geschmeidige« Stimme spricht »glatte, doppeldeutige« Worte, die von *täuschendem* Wohlwollen erfüllt sind – denn die Handlungsmöglichkeiten, die sie vorschlägt, werden voraussagbar (infra) katastrophale Folgen für Io haben.

Der letzte objektive Aspekt von Ios Traum besteht darin, daß er keine starken affektiven Reaktionen hervorzurufen scheint, *während* er geträumt wird. Dies steht in scharfem Kontrast zu der Aufregung und Verwirrung, die Io beim Erwachen erlebt, und ihrer etwas ungewöhnlichen Verhaltensreaktion auf den Traumbefehl. Für den Augenblick möchte ich nur auf diese Diskrepanz hinweisen, die im Zusammenhang mit Ios »Assoziationen« detailliert diskutiert werden wird.

Der manifeste Inhalt

Obwohl ich in der Regel die einzelnen Traumelemente in der Reihenfolge diskutiere, in der sie im Text erscheinen, muß ich in diesem Fall zunächst einige weniger wichtige Details vorziehen. Tatsächlich sollten die beiden hervorstechendsten Teile des Traums, die geschickte Argumentation der Erscheinung und ihre nachdrück-

24 Hunde reagieren auf den kosenden Klang einer Stimme so, als ob sie tatsächlich gestreichelt würden, und einige Personen neigen dazu, den Klang einer Stimme als *wirkliche* Botschaft aufzufassen. Vgl. 30, 4. Kap.

liche Forderung, Io solle sich mit Zeus bei Lerne paaren, zuletzt und im Zusammenhang besprochen werden, denn sie können nicht logisch voneinander getrennt werden und führen darüber hinaus direkt zur Analyse des latenten Trauminhalts.

Ios lange anhaltende Jungfräulichkeit (648) wird ausreichend betont, um zu beweisen, daß ihr Traum von ihrer sexuellen Frustration ausgelöst wurde. Aber das bedeutet nicht, daß Aischylos sich seine Io älter als sechzehn oder siebzehn Jahre vorstellte – und das nicht nur, weil er wußte, daß Mädchen aus der Oberschicht Athens heirateten, solange sie »noch Kinder« waren (X. *Oec.* 3.13), sondern auch, weil er annahm, daß dieser Brauch zu mythischen Zeiten ebenfalls gepflegt wurde. Die Hauptüberlegung besteht darin, daß die griechischen Götter, auch wenn sie bei der Entführung äußerst junger *Knaben* nicht zögerten[25], keine eben erst geschlechtsreifen *Mädchen* verführt zu haben scheinen. (Man kann dies auch aus dem Verhalten schließen, das solchen Mädchen vor und nach ihrer Verführung durch einen Gott zugeschrieben wurde.)

Einer der bedeutsamsten Aspekte dieser Stelle besteht darin, daß die Traumstimme nicht nur *Io* für ihre überlange Keuschheit verantwortlich macht, sondern auch darauf besteht, es liege in *Ios* Macht, diesen unerwünschten Zustand zu beenden. Die Traumstimme ist in dieser Beziehung sehr viel deutlicher als z.B. »Athene«, die Nausikaa nur Vorwürfe macht, sie träfe für die »bevorstehende« Hochzeit, die, nebenbei gesagt, niemals stattfindet, keine Vorbereitungen[26] (Hom. *Od.* 6.13ff.).

Eines ist jedenfalls sicher: Im Gegensatz zu Hippodameias

25 Ganymedes, der Pindarische (*O.* 1.25ff.) Pelops, usw.

26 Wenn man bedenkt, daß in der überlieferten Version der *Odyssee* Odysseus Nausikaa, die ihn zu lieben scheint, *nicht* heiratet, fällt auf, daß ihr Traum – im Gegensatz zu dem Agamemnons (Hom. *Il.* 2.1ff.) – nicht »Täuschungstraum« genannt wird. Statt dessen athetisierte Aristarchos 6.244f. – wie nicht anders zu erwarten war. Ich kann an dieser Stelle nicht auf die vielen Erzählungen eingehen, die eine Heirat von Odysseus' Sohn Telemachos mit Nausikaa attestieren. Sie werden von Wörner aufgezählt (*63*, s. v. coll. 32f.), der nicht merkt, daß all diese Erzählungen auf »Säuberung« hinweisen. Ich bin meinerseits der Ansicht, daß der Autor *unserer Odyssee* eine alte Geschichte gesäubert hat, die eine dritte »Überseeheirat« des Odysseus beschrieb, der, wie alle Seeleute, in jedem Hafen ein Mädchen zu haben schien. Die späteren Erzählungen machen einfach nur eine halbherzige Kehrtwendung und retten Nausikaas Ehe, ersetzen aber Odysseus durch seinen Sohn Telemachos, – der in der *Telegonia noch eine* verlassene Überseebraut seines Vaters heiratet: Kirke. Ich halte es für evident, daß *nur* die Hypothese einer Homerischen »Säuberung« einer frühen Erzählung, die sich mit Odysseus' *verlängertem* Aufenthalt in Phaiakia *als Nausikaas Ehemann* beschäftigt, erklären kann, warum z.B. Page (*59*, S. 33ff.) so viele chronologische Ungereimtheiten gerade in den Büchern der *Odyssee* finden konnte, die Odysseus' »kurzen« Aufenthalt in Phaiakia beschreiben.

langem Zölibat[27] war das der Io nicht *primär* dem Einwirken ihres Vaters noch, wie der sexuelle Charakter ihres Traums zeigt, auf eine Hippolytos-ähnliche Sexualphobie zurückzuführen, – die einige Keuschheit zu nennen wünschen.

Man könnte noch hinzufügen, daß der Traum und Ios und Inachos' Reaktionen auf ihn völlig plausible Hinweise auf die *Gründe* für Ios lange und selbstauferlegte sexuelle Frustration geben. Wie so oft im wirklichen Leben, liegt der Grund für Ios Zölibat in einer ödipalen Vaterfixierung, die – ebenfalls im Einklang mit dem wirklichen Leben – von Inachos' eigener unbewußter »gegenödipalen« Tochterfixierung stillschweigend verstärkt wird (infra).[28]

Die Begierde von Zeus' Auge (für Io) (654) soll durch Ios sexuelle Fügsamkeit befriedigt werden. Die konventionelle Erklärung dafür lautet, daß im griechischen Denken das Auge traditionsgemäß Sitz der Liebe war.[29] Aber es scheint mir, daß man in dem Moment, wo man diesen Ausdruck als Sprachfigur erkennt, sich fragen *muß*, *welchen* direkten Ausdruck diese Sprachfigur ersetzt, warum überhaupt eine Umschreibung gewählt wird, und *warum* in der griechischen Sprache ausgerechnet *das Auge* und nicht ein anderes Organ der Sitz der Liebe ist.[30]

Ich beginne, indem ich die auffälligen – und immer wieder übersehenen – Unterschiede zwischen A.*PV* 654 und *angeblich* parallelen Stellen aufzeige. Die letzteren verwenden entweder den Plural, um *beide* Augen zu bezeichnen, oder den Singular, um das (*einheitliche*) Sehen der (*beiden*) Augen zu beschreiben. Da Zeus kein einäugiger Zyklop ist, sollte die Tatsache, daß Aischylos vom »Auge« des Zeus *im Singular* spricht, bei der Interpretation dieser Sprachfigur in Rechnung gestellt werden. Dieser Singular fällt besonders in einem Mythos auf, der den vieläugigen Argos erwähnt (677ff.).

27 Und wahrscheinlich auch das des Mädchens Penelope, deren Vater sie nicht fortgehen lassen wollte (Paus. 3.20.10).

28 Nach Auskunft zahlreicher Quellen verschob Oinomaos Hippodameias Hochzeit, weil er sie selbst liebte oder tatsächlich geschlechtlich mit ihr verkehrt hatte (Apollod. *Ep.* 2.4ff.; Luc. *Charid.* 19; Hyg. *fab.* 253; Tzetz. *Lyc.* 156) (*20*).

29 Groeneboom ad loc. zitiert nur E.*Hipp.* 525. Barrett zitiert in seinem Kommentar zu E.*Hipp.* 525 weitere Beispiele. Thomson, der Fraenkels Interpretation von A.*Ag.* 418 zu widerlegen sucht, entfesselt einen wahren Sturzbach von »parallelen« Stellen in seiner Ausgabe. Vgl. auch Malten (*52*).

30 Wenn ich mich nicht irre, behauptet Balzac in seiner *Physiologie du mariage*, daß die Männer mit den Augen, die Frauen mit den Ohren lieben. Zur Gleichung ›Ohr = Vagina‹ vgl. Jones (*42*).

Darüber hinaus tritt dieser bildhafte Ausdruck in einem Traum auf. Nun ist aber anzunehmen, daß das, was im *wachen* Sprechen (in erster Annäherung) als *façon de parler* betrachtet werden kann, als nachdrücklich *konkretes* Symbol behandelt werden *muß*, wenn es Teil eines *Traums* ist.[31]

Die wichtigste Überlegung ist aber, daß die übliche Interpretation der »Sprachfigur« weder zum Io-Mythos noch zur klassischen griechischen Einstellung paßt, die zu skotomisieren uns unsere immer noch viktorianischen Denkgewohnheiten zwingen – und zwar obwohl jede Liebschaft eines Gottes (oder einer Göttin) mit einem Sterblichen dieselbe Geschichte erzählt und dieselbe Moral lehrt. Das ist so einleuchtend, daß ich keine Zeit auf den Beweis verwenden werde, daß Wörter mit der Bedeutung »lieben« in solchen Geschichten kaum jemals vorkommen.[32] Statt dessen wende ich mich direkt Ios Abenteuer zu.

Die Traumrede deutet darauf hin, daß die Begierde von Zeus' *Auge* nur durch *sexuelle* Hingabe Ios befriedigt werden kann, und Aischylos und auch andere Quellen, die Ios Affäre mit Zeus behandeln, erwähnen, oder implizieren eindeutig, *nur einen* Geschlechtsakt (infra). Das ist, wenn mir der Ausdruck erlaubt ist – guter Durchschnitt. Ich kann kaum alle Hinweise aufzählen, die beweisen, daß dies für fast jede *authentisch mythische* Darstellung derartiger Affären zutrifft – die Daten würden leicht ein ganzes Buch füllen.[33]

Wie jedes griechische Mädchen, das bei Verstand war, wußte – z. B. Marpessa (infra) –, war die »Liebe« eines griechischen Gottes nichts anderes als eine plötzliche, gebieterische Erektion. Seine »Liebe« verschwindet, sobald der sexuelle Akt vollzogen ist und die Detumeszenz einsetzt.[34]

31 Der amerikanische umgangssprachliche Ausdruck »*I rode her hard*« [etwa: »Ich habe sie mir vorgenommen«] bedeutet primär: »Ich habe sie hart arbeiten und Vorschriften beachten lassen.« Im Traum würde dieser Satz sicherlich einen gewalttätigen, dominierenden, sexuellen Akt symbolisieren. Im Tages-Erleben ist ein Flugzeug *primär* ein Transportmittel; im Traum primär ein Erektionssymbol.

32 Eine Ausnahme ist vielleicht Hom. *Il.* 14.317. Aber in S. (*Inach.*) (Page, *58*, S. 24, V. 10) wird das Wort »Liebe« gerade im Zusammenhang mit Zeus' Begierde nach Io sarkastisch verwendet.

33 Ich zitiere, zufällig herausgegriffen, das Leporelloalbum von Zeus' Amouren: Hom. *Il.* 14.313 ff.).

34 Die meisten Göttinnen verhielten sich nicht anders. Eos, auf dem senilen Tithonos »sitzen geblieben«, sperrt ihn in eine gepolsterte Luxuszelle und geht auf Männerjagd (Hom. *h. Ven.* 223 ff.). Thetis verläßt das Haus des Peleus lange bevor ihr Sohn Achilleus stirbt (Hom. *Il. passim*). Die Geschichte von Demeters langdauernder Zuneigung zu dem

Solches Verhalten wird auch von Sterblichen berichtet: ein einziger »feuchter« Traum beendete die verzweifelte Liebe eines Ägypters zur Hetäre Thonis, deren hohe Gebühren er sich nicht leisten konnte (Plu. *V. Dem.* 27.5 f.).

Der Punkt erfordert keine weiteren Ausführungen. Ich habe wiederholt gezeigt[35], daß in den meisten Gesellschaften romantische Liebe eher die Ausnahme als die Regel darstellt und, da sie kaum auf gesellschaftliche Zustimmung stößt, meistens Kummer und Ärger heraufbeschwört (vgl. Ps.-Sen. *Oct.* 557ff.).

Für alle diejenigen, die sich den Tatsachen stellen wollen, sprach Euripides das letzte Wort über die Liebesaffären von Göttern mit Sterblichen (*Ion* 436ff., 1557ff., usw.). Man muß die »Begierde von Zeus' Auge« im Lichte von klassischen Texten – und nicht von Groschenromanen – untersuchen.

Daß die »Begierde von Zeus' Auge« einfach eine göttliche Tumeszenz bedeutet, wäre schon dann offensichtlich, wenn ich nicht in der Lage wäre, überzeugende Beweise – die ich gleich vorlegen werde – zur Unterstützung meiner Interpretation zu zitieren. Ich behaupte darüber hinaus voller Zuversicht, daß Aischylos genau dies *gemeint* hat, und daß sein Publikum aus dem fünften Jahrhundert vor Christus diese Sprachfigur genau *so verstand* – auch wenn staubtrockene Kommentatoren, alt und neu, es nicht so verstanden.[36]

Nach diesen Bemerkungen möchte ich jetzt detailliert meine Ansicht belegen, daß Zeus' begieriges Auge seinen erigierten Penis bedeutet.

Zunächst hat der Symbolismus ›Auge = Penis‹ in Griechenland eine ausgesprochene Tradition. In der Tat zeigen einige griechische Monumente Phalloi mit Augen: *54*, S. 103 (Kyathos, Berlin Nr. 2095), S. 106 (Paris, Petit Palais, Nr. 307), S. 107 (Krater, Berlin Nr. 3206), usw.

Psychoanalytisch gesehen ist Freuds Gleichsetzung von Oidi-

alten Iasion (Ov. *Met.* 9.422 f.) ist kein Mythos, sondern ebenso reinstes Hollywood wie die Geschichte, daß Eos (Aurora) ihren Kopf auf der Schulter des alten Tithonos ausruht (Sen. *Ag.* 822 f.). Auch wenn des Odysseus Affären mit Kalypso und Kirke eine Zeitlang dauern, sind diese Damen keine authentischen Unsterblichen und gehören ins Reich der Volksmärchen (vgl. *8*, S. 18ff. und *passim*) und nicht der Mythen.

35 Vgl. *12*; *14*; *26*, S. 86, 92; *30*, 10. und 11. Kap., usw.

36 In bezug auf Aischylos' erdhafte Beziehung zur Sexualität stellt Ar. *Ran.* 1045ff. den wissentlich absurden Scherz eines Komödiendichters dar, der sicherlich z.B. A. *Ag.* 1222, *Choe.* 894ff., 917, (*Tox.*) *fr.* 243N², *Dict.* 810ff., usw. gelesen hatte. Aischylos mit einem Priesterkragen ist eine unhistorische und in der Tat widerliche moderne Vorstellung.

pous' Selbstblendung mit Selbstkastration[37] schlüssig von der Tatsache validiert, daß der »inzestuöse« Phoinix in der einen Überlieferung (Hom. *Il.* 9.453ff.) mit Sterilität (»Kastration«) bestraft, in einer anderen Version hingegen geblendet wird (E. [*Phoinix*] *fr.* 816N²; Appollod. 3.13.8, usw.). Bryas wird von dem Mädchen geblendet, das er vergewaltigt hat (Paus. 2.20.2), usw. (*32*).

Auf einer anderen Ebene wiederum exemplifiziert die griechische Gleichung ›Kind = Auge des Hauses‹[38] ebenfalls den Symbolismus ›Auge = Penis‹, denn die Gleichung ›Kind = Penis‹ tritt in der klinischen Praxis täglich auf. Man begegnet ihr darüber hinaus hauptsächlich gerade dann, wenn »Sehen« als eine aktive, nach außen gerichtete Tätigkeit begriffen wird (»Schauen«).[39] Dies macht die Gleichung ›Begierde des Auges = Erektion des Penis‹ zur Gewißheit.

Was *diesen* Text im besonderen betrifft, wird die Richtigkeit meiner Interpretation auch durch die anschließende – und eigenartige – Wiederkehr des Augenmotivs bestätigt. Wie bereits angedeutet, nimmt das *eine* (große?) Auge des Zeus die *Myriaden* (normalgroßen?) Augen des Argos vorweg (569, 677ff.). Die *gleichzeitige* Überwachung der (offensichtlich brünstigen) Io durch diese vielen Augen wird nach dem Tod des Argos von den *wiederholten* Stichen der Viehbremse (οἶστρος = Brunst) ersetzt.[40]

Die Vorwegnahme von Argos' vielen Augen durch das *eine* Auge des Zeus wurzelt in der symbolischen Gleichung ›groß = viele‹. Dieses Mittel der Symbolisierung findet sich gewöhnlich nicht nur im Traum, sondern auch in der Analyse bestimmter promiskuöser – weil ödipal fixierter – Frauen, für die die vielen Organe ihrer Liebhaber in der Summe (*16*) das Äquivalent des enormen väterlichen Penis der Phantasie des *kleinen* Mädchens darstellen – ein

37 Aber dies schließt nicht die zusätzliche Folgerung aus, daß Oidipous noch viele andere gute Gründe hatte – zusätzlich zu denen, die er selbst anführt (S. *OT* 1334ff.) – seine Augen zu zerstören (*32*).

38 Vgl. Dodds ad E. *Ba.* 1308, wo er A. *Pers.* 169, *Choe.* 934; E. *Andr.* 406, *Ion* 1467 (aber auch einige Ausnahmen zu dieser Regel) zitiert.

39 Vgl. *29*, S. 406ff. Vgl. Cartoons, bei denen aktives Sehen durch Strahlen repräsentiert wird, die *von* den Augen ausgehen. Wenn Sehen als passiv-rezeptive Tätigkeit begriffen wird, kann das Auge die Vulva repräsentieren (*18*). Die sexuelle Zweideutigkeit des Auges ist kein einmaliges Phänomen. Sie wird von jener der Nase dupliziert (*64*), deren weitgehende Ambiguität auf einer anderen Ebene von dem Rätsel unterstrichen wird: »Was hat seinen *Rücken* vorn, seine *Wurzel* oben und seine *Flügel* und *Spitze* unten?« [Alle Substantive i. Or. dt.]

40 Ich erinnere hier daran, daß Io sexuell erwacht ist – die Art von Mädchen, deren Leidenschaftlichkeit Aischylos selbst beschrieb (*fr.* 243N²). Mehr dazu weiter unten.

Penis, den sie niemals aufhören sowohl zu begehren als zu fürchten.[41]

Exkurs. Ein eher indirektes Argument, das für sich genommen nicht überzeugend wäre, aber in Verbindung mit den oben zitierten Daten meine Interpretation zu untermauern scheint: im Io-Mythos wird der Penis des Zeus auch durch ein anderes seiner Organe symbolisiert. In A.*PV* 849, usw., und in A.*Suppl.* 312, usw. hilft Zeus der Färse Io sowohl bei der Geburt des Epaphos als auch bei ihrer Rückverwandlung in ihre menschliche Gestalt, indem er ihre »Stirn« mit seiner »Hand« berührt oder streichelt.

Kouretas hat schon vor langer Zeit (*45*, S. 257) erkannt, daß in diesen Stellen die »Hand« von Zeus in Wirklichkeit sein Penis ist.[42] Aber Kouretas hätte sein Argument noch viel stärker machen können, wenn er darauf hingewiesen hätte, daß nach Cook (*10*, 3.448ff.) die »Neura« der Hand (Hände) des Zeus, die Typhon = Typhoeus herausschneidet, tatsächlich für seinen Penis stehen. Und Kouretas und Cook hätten ihre jeweiligen Interpretationen noch zwingender machen können, hätten sie auf *weitere* Ähnlichkeiten zwischen dem Io-Mythos und dem Typhoeus-Mythos hingewiesen:

1. Zeus herausgeschnittene »Neura« werden im (behaarten) Pelz einer Bärin[43] (= *vagina dentata*) versteckt.

41 Die Phantasie vom zerstörerisch-riesigen Penis, die bei Mädchen während der ödipalen Entwicklungsphase entsteht, verfolgt viele auch dann noch, wenn sie nicht mehr zu »klein« sind, um das Glied eines erwachsenen Mannes aufnehmen zu können. In einigen Fällen führt diese hartnäckige Phantasie im Erwachsenenleben zu (unbewußten) Versuchen, sie mit Hilfe *höchst selektiver* Anfälle von Vaginismus zu »bestätigen«: schmerzhafte Krämpfe, die eine Einführung fast unmöglich machen, können sich einstellen, wenn eine solche Frau mit einem Mann zu koitieren versucht, der für sie eine Vaterfigur darstellt. Ein Kollege gab mir eine besonders bemerkenswerte Information über eine Prostituierte, die – *per definitionem* – starke, ungelöste, ödipale Fixierungen besitzt: Sie hatte nur dann Anfälle von Vaginismus, wenn der Klient alt genug war, um ihr Vater zu sein. Das relative Alter des Mannes muß bei solchen Anfällen von Vaginismus allerdings nicht immer eine Rolle spielen: bei einer jungen Patientin begannen die Anfälle, als ihr ebenso junger Ehemann (unerwartet) zu einem Vaterersatz für sie wurde. Soviel ich weiß, wurde über *diese* Verbindung zwischen Vaginismus und der Phantasie vom »gewaltigen« väterlichen Penis in der psychoanalytischen Literatur noch nicht berichtet.

42 Daß Ios *Niederkunft* dadurch erleichtert werden sollte, ist nicht völlig absurd. Noch um 1900 beschleunigten einige Landärzte eine verzögerte Geburt dadurch, daß sie den Ehemann zum Beischlaf mit der kreißenden Ehefrau veranlaßten. Zum »Anhauchen« (A.*Suppl.* 16) = Quasi-Koitus, vgl. A.*Ag.* 1206.

43 Ich habe den Eindruck, daß die meisten Bären in griechischen Mythen weiblichen Geschlechts sind, – wie auch die jungen Priesterinnen der Artemis, die »jungen Bären«. (Aber K.J.D. weist darauf hin, daß Bärinnen mit Jungen aggressiver sind als männliche Bären.) Dies braucht nichts weiter zu bedeuten, als daß die Griechen etwas »Weibliches« bei

2. Die »Hand« des Zeus berührt (in einem den Koitus symbolisierenden Akt) die Stirn der Kuh Io, die die Griechen oft als »gelockt« beschrieben.[44]

Ich bin davon überzeugt, daß in beiden Mythen der Pelz der Bärin und die Stirnlocken der Kuh die weiblichen Schamhaare darstellen: das weibliche »Wappen« oder »Schild«.[45] Nur so kann ich die Neigung der Griechen erklären, die relativ unauffälligen »Stirnlocken« von Rindern (E.*Ba.* 1185ff.) zu betonen, ihre Beschäftigung mit den Stirnlocken von Pferden (X.*Eq.* 5.6, usw.) und ihre Überzeugung, daß ein fleischiger Klumpen auf der Stirn eines neugeborenen Fohlens auf Stuten wie ein starkes Aphrodisiakum wirkt.[46]

Zusätzliche Plausibilität erhält diese Interpretation dadurch, daß Zeus selbst Athene aus seinem gespaltenen *Schädel* gebar.[47] Hiermit kann ich meine Beweisführung abschließen, daß die »Begierde von Zeus' Auge« seine gebieterische Tumeszenz meint. Ich bin der Überzeugung, daß der Symbolismus für jeden Griechen der Antike selbstverständlich gewesen wäre (*32*).

Die Traumrede

Die Traumstimme. Wie bereits angemerkt, reicht das Wort »Erscheinungen« (*visions*) allein nicht aus, um zu beweisen, daß Io tatsächlich einen visuellen Traum hatte, noch gibt es einen Hinweis darauf, daß der (nichtidentifizierte) Traumsprecher von Zeus gesandt wurde.

Ich möchte jetzt zeigen, daß die überlieferten Fragmente von S.*Inach.* (*58*, S. 22ff.) uns *nicht* erlauben, den Traumsprecher als Hermes zu identifizieren. Ich gestehe zu, daß einige Anklänge an die Traumszene in A.*PV* in diesen Sophokleischen Fragmenten

allen Bären spürten – wie die meisten Leute fühlen, daß *alle* Katzen, gleich welchen Geschlechts, irgendwie »weiblich« sind. [Ein auffälliger Beweis für die spontane Neigung der Menschen, Katzen mit der Vulva gleichzusetzen, stammt von den Maori (*2*).]

44 Hausrinder haben manchmal Locken zwischen den Hörnern. Vielleicht hatten die griechischen Rinder, die dem Auerochsen näher waren als das heutige Rind, noch stärker gelockte Stirnen. (Ich erinnere mich, daß es vor einigen Jahren einem deutschen Zoologen gelang, Hausrinder zu einer Rinderform »zurückzuzüchten«, die dem Auerochsen ähnelte.)

45 Das kann auch auf die furchterregende Aigis der Athene zutreffen. Ferenczi (*37*) berichtet, daß eine Mutter regelmäßig ihren widerborstigen kleinen Sohn mit einer Zurschaustellung ihrer Pubes erschreckte und disziplinierte (was seine Kastrationsängste mobilisierte).

46 Arist.*HA* 572a21; Ael.*NA* 3.17, 14.18.

47 Alle Quellen werden bei Cook diskutiert (*10*, 3.656ff.).Vgl. 5. Kap.

spürbar sind. Ich bin aber auch der Ansicht, daß Sophokles' Geist so verschieden von dem des Aischylos arbeitete, daß er, was immer er auch von seinem großen Vorgänger übernommen hätte, vollständig transformiert hätte: Es genügt, den Traum der Sophokleischen Klytaimnestra mit dem ihres Aischyleischen Äquivalents zu vergleichen (6. und 7. Kap.). Darüber hinaus würde die Tatsache, daß *PV* eine Tragödie, *Inachos* hingegen ein Satyrspiel ist, automatisch die Unterschiede zwischen den beiden Darstellungen der »Verführung« Ios vergrößern.

Es ist offensichtlich, daß Hermes, nur weil er im *Inachos* des Sophokles – wo er verächtlich »Lakai des Zeus« genannt wird (V. 2,23) – als Zeus' Abgesandter fungiert, nicht auch im Traum der Aischyleischen Io »inkognito« aufgetaucht sein muß, und dies aus verschiedenen Gründen:

1. Auch wenn Hermes, der Schutzherr der Boten, im Prinzip ein überzeugender Sprecher ist, wird Io *nicht völlig* von ihrem Traum überzeugt. Dies gleicht dem Unvermögen des Sophokleischen Hermes, Inachos zu überreden. Es gibt aber entscheidende Unterschiede:

a) Der unsichtbare Traumsprecher versucht, Io zu überreden, der sichtbare Sophokleische Hermes versucht, *nur* Inachos zu überreden – das Fragment deutet nicht einmal an, daß er Io in irgendeiner Weise anspricht.

b) Im *PV* spricht nur die Traumgestalt – Io antwortet nicht. Soweit man das aus den erhaltenen Resten des *Inachos* beurteilen kann, führt Hermes mit Inachos in der Form von Stichomythien eine erfolglose und skurrile Debatte.

2. Der Inhalt von Ios Wiederholungstraum ist vermutlich jedesmal derselbe. Im Gegensatz dazu ist Hermes, auch wenn er zweimal im Palast des Inachos erscheint, das erste Mal sichtbar und das zweite Mal (theoretisch) unsichtbar.

3. Die oberflächliche Ähnlichkeit zwischen dem nicht identifizierten Traumsprecher und dem (theoretisch) unsichtbaren Hermes endet, wenn man bedenkt, daß die Traumgestalt und der sichtbare Hermes nur sprechen, während Hermes, als er »unsichtbar« wird, offensichtlich nicht auf Überredung, sondern auf einen Streich aus ist (V. 21): höchstwahrscheinlich eine Entführung.

4. Im A.*PV* bleibt der Traumsprecher unidentifiziert. Im *Inachos* wird Hermes (V. 5ff.) erkannt, obwohl er die Kappe des Hades trägt.

5. Die »sanfte Stimme« des Aischyleischen Traumsprechers erinnert an das »Geflüster, sehr schnell« (*Inach.* 20), das relativ traumartig ist.[48] Aber diese scheinbar auffallende Ähnlichkeit endet in dem Moment, in dem man sich erinnert, daß die (verständliche) Traumstimme *keine* Identifizierung des Sprechers erlaubt, während die (unartikulierten?) Laute des Hermes – die an die »Stimme« in E.*IT* 52 erinnern – prompt seine Identität enthüllen (V. 11).

6. Die von Hermes produzierten Laute stellen ein schwieriges Problem, besonders wenn man annimmt – und ich halte das für notwendig –, daß die Laute, die seine Identität verraten (V. 11), dieselben Laute sind, die die Zuhörer in den Wahnsinn treiben (V. 16: μανία). In diesem Zusammenhang erinnert Page (ad loc.) an den Ton der Flöte, die Io in A.*PV* 574 hört. Aber die Effekte, die diese beiden Tonreihen produzieren, sind diametral entgegengesetzt: die ersteren treiben den Zuhörer in den Wahnsinn; die letzteren beruhigen bis zum Punkt des Einschlafens (ὑπνοδότας). Aber ich räume sofort ein, daß schwer einzusehen ist, warum die brutal gequälte und getriebene Io die beruhigenden Töne der Flöte als eine weitere Heimsuchung ansehen sollte.[49]

Mich erinnern die zum Wahnsinn treibenden Töne des Hermes an einen anderen Ton, den Io hört: das wütende Summen der stechenden Viehbremse, die sie vorantreibt.[50]

Da ich mich nicht auf einen noch schlüpfrigeren Boden begeben möchte, indem ich die m. E. immer noch bei weitem nicht geklärten Beziehungen zwischen Argos, dem Doppelgänger des Argos, Hermes und der Viehbremse untersuche, möchte ich meine Bemerkungen zum *Inachos* des Sophokles mit der Wiederholung abschließen, daß dieses Satyrspiel, auch wenn es einige oberflächliche Ähnlichkeiten mit der Traumszene aus A.*PV* enthält, uns nicht erlaubt, die Traumstimme als die des Hermes zu identifizieren. Die Identität des Traumsprechers kann nur mit Hilfe einer psychologischen Unter-

48 Zum Hören von unverständlicher (verwaschener) Sprache im Traum vgl. supra, Anm. 21.

49 Eine gerade noch akzeptierbare Erklärung könnte darin bestehen, daß es die beruhigenden Laute ihr noch schwerer machen, wach zu bleiben und wegzulaufen. Aber ich weise darauf hin, daß nur ein einziges *domestiziertes* Tier darauf *abgerichtet* ist, selbst dann und besonders, wenn es erschöpft ist, mit erhöhter Geschwindigkeit auf den Ton einer *Flöte* zu reagieren: das Renndromedar. In der Regel spielen Hirten die Flöte, um ihre Herden zu beruhigen. (Die Schlange des Schlangenbeschwörers ist *kein* domestiziertes Tier: sie ist nur gezähmt.)

50 Selbst das Summen einer Mücke stört Klytaimestras leichten Schlaf (A.*Ag.* 891 f.). Ein (bildlicher) Stich weckt die Erinyen (A.*Eum.* 155 ff.).

suchung der »inneren Evidenz« bestimmt werden, die vom Aischyleischen Text selbst geliefert wird.

Über-Ich und Es. In der Regel sprechen halluzinierte und geträumte Stimmen entweder im Auftrag des Über-Ich – indem sie Gesetze proklamieren, Tabus aufrichten und dem Subjekt Vorwürfe machen – oder aber sie vertreten die Forderungen des Es. Aber selbst Psychiater machen selten ausreichend deutlich, daß in beiden Fällen zwischen Über-Ich und Es eine auffallende Komplizenschaft existiert.

1. Eine Stimme, die den Standpunkt des Über-Ich auszudrücken *scheint*, tendiert nicht nur dahin, die moralische Abwertung des Subjekts zu betonen, sondern kleidet ihre Vorwürfe auch *in äußerst obszöne Worte*.[51]

2. Wenn die Stimme im Auftrag des Es spricht, tendiert sie dahin, ihre Argumente in einer höchst heuchlerischen Weise vom Über-Ich zu borgen. Wie weiter unten gezeigt werden wird, bezieht die Erscheinung, auch wenn sie Io dazu drängt, ihre Defloration zuzulassen, alle Argumente aus dem Arsenal der »guten Gründe« des Über-Ich. So wird Ios Verlangen nach einem Beischlaf – und, wie noch gezeigt werden wird, nach einem *inzestuösen* Beischlaf – von der Traumgestalt als ein selbstloser Akt der Pietät gegenüber dem höchsten Gott *dargestellt*. Diese Traumrede ist daher offensichtlich das Werk eines überraschend klarsichtigen praktischen Psychologen.[52] Aber ich muß hinzufügen, daß ein so geschicktes Verbergen instinktiver Bedürfnisse hinter einer Fassade aus Gründen, die vom Über-Ich entliehen sind, im Wachzustand häufiger als im Traum auftritt – auch wenn es gelegentlich in einem Traum – wie dem der Io – angetroffen werden kann.

Dennoch darf die Rolle des Über-Ich in Ios Traum und ihrem darauf folgenden Verhalten nicht verkleinert werden. In A. *PV* werden sowohl (der immobilisierte) Prometheus als auch (die gejagte, umherirrende) Io (im Prinzip) als »unschuldige« Opfer des Zeus dargestellt. Dennoch nimmt Io als gegeben an, daß *Prometheus* für eine Untat bestraft wird (564f.), und sie wundert sich

51 z.B.: Halluzinierte Vorwürfe gegen perverse Praktiken, inzestuöse Neigungen usw. werden in der Tat häufig obszön formuliert – wodurch die »verurteilten« Neigungen der getadelten Person befriedigt werden.

52 Vgl. die frappante Bemerkung eines anderen guten praktischen Psychologen, des Bankiers J. P. Morgan: »Wenn immer jemand etwas tut, hat er zwei Gründe dafür: einen guten Grund und einen wirklichen Grund.« Diese geistreiche Bemerkung läßt sich direkt auf Ios Traum anwenden.

(578 ff.) zumindest, welche Untat Zeus *ihr* vorwirft. Ich kann einfach nicht einsehen, warum ihre Verwunderung rein rhetorisch oder aber allein von ihrer frommen Überzeugung motiviert sein sollte, daß die Götter niemals willkürlich einem Sterblichen schaden.[53] Indem Io diese Frage stellt (578 ff.), gesteht sie ihre noch unbewußte Schuld: ihr inzestuöses Verlangen.[54]

Das kindliche Bedürfnis, Götter und Eltern auf Biegen und Brechen zu entschuldigen, wird natürlich nicht geleugnet. Es verlangt ja nur eine doch recht naive Überlegung:

1. Ich bin schwach und muß von jemandem Allmächtigen und Guten beschützt werden (Eltern = Gott).

2. Wenn ich bestraft oder verletzt werde, muß das wegen meiner Bösartigkeit geschehen sein. – selbst wenn mir nicht bewußt ist, daß ich gesündigt habe.[55]

3. Es ist erträglicher und sicherer anzunehmen, daß ich (unwillentlich) gesündigt habe, als anzunehmen, daß meine Eltern (Götter) willkürlich grausam und schlecht sind.

4. Wenn ich bestraft worden bin, weil ich (selbst unwillentlich) gesündigt habe, dann kann ich etwas *tun*: Ich kann die Strafe annehmen und mich bessern. Wenn ich aber verletzt wurde, obwohl ich gut bin, dann kann ich mir nicht mehr helfen: Ich muß zugestehen, daß ich über mein Schicksal überhaupt keine Kontrolle habe.[56]

Kurz gesagt, obwohl im realen Leben die »normale« Abfolge ist: »Ich sündige ... Ich werde bestraft«, ist die Abfolge in den verborgenen Winkeln des Geistes: »Ich werde bestraft ... *also* muß ich gesündigt haben.«[57]

53 Die klugen Parallelen, die gewöhnlich zwischen Aischylos und dem *Buch Hiob* gezogen werden, mögen den Theologen und Moralphilosophen befriedigen – sie befriedigen zumindest *einen* Psychoanalytiker nicht: Den Verfasser dieses Werkes.

54 Vieles von dem, was J.-P. Vernant (*67*, 5. Kap.) zum selbstentlarvenden Verhalten des Oidipous in den ersten Teilen des S. *OT* sagt, kann, *mutatis mutandis*, auch auf Ios Verwunderung über ihr Vergehen angewendet werden.

55 Vgl. die oft belegte Bereitwilligkeit von Primitiven, die des Mordes durch Zauberei angeklagt werden, zu gestehen, sie könnten die Tat unbeabsichtigt und sogar ohne etwas davon zu bemerken begangen haben (*35*, S. 121 ff.).

56 Snells Theorie des »Handelns« im Aischyleischen Drama (*65*) übersieht diesen entscheidenden Punkt.

57 Ein heranwachsender Patient, dessen Mutter ihm fortwährend sagte, wie »schlecht« er sei, fühlte, er müsse beweisen, daß er tatsächlich schlecht *sei*, um seinen unbewußten, aber zwanghaften Glauben an die Unfehlbarkeit der Mutter zu bewahren. Seine Delinquenz sollte seiner Mutter recht geben. Dies ist ein perfektes Beispiel für das, was ich einen »Vertretungsneurotiker« nenne (*17*, *30*, 8. Kap.).

Die Kupplerin. Obwohl keine explizite Aussage die Identität oder auch nur das Geschlecht des Traumsprechers aufdeckt, nenne ich diese leise sprechende Gestalt eine Kupplerin, und zwar aus teils realistischen, teils psychologischen und teils literarischen Gründen.

1. Da dieser Traum deshalb eindeutig endogen ist, weil die Handlungen, die er nahelegt, von Ios lang zurückgehaltenen sexuellen Bedürfnissen motiviert sind, ist, psychologisch gesehen, die Traumstimme Ios eigene Stimme: Sie spricht für den Teil ihrer Psyche, der gegen das Zögern und die Zurückhaltung der konventionelleren – und in diesem Fall teilweise rationaleren – Schichten ihres Geistes kämpft. Kurz gesagt, obwohl die Stimme angeblich die Sache des Zeus vertritt, verlangt sie tatsächlich – mit typisch weiblicher Verschlagenheit (infra) – die Befriedigung von Ios eigenen erotischen Bedürfnissen.

2. Der Sprecher mit der weichen Stimme zählt unverkennbar die Argumente auf, die jede Frau, die verführt werden will – es aber nicht wagt –, hören möchte.[58] Besser noch, diese Argumente stimmen so genau mit denen der Kupplerin in einer der grimmig realistischsten Possen Herondas' überein, daß ich fast annehmen möchte, daß Herondas nicht nur die Realität imitierte – wie es Aischylos tat –, sondern auch den Aischyleischen Io-Traum parodierte.[59]

Kurz gesagt, obwohl ich nicht als Experte in dieser Sache sprechen kann, kann ich mir kaum einen männlichen Kuppler vorstellen, der in der Art der Traumstimme argumentiert.

Die Überredungsmethode der Traumstimme ist ebenso zeitlos wie wirkungsvoll. Wie einige Beichtväter der königlichen Mätressen verlangt die Stimme schlechtes Benehmen im Interesse einer »höheren Moral« – sie bevorzugt das »Bessere«, das der sprichwörtliche Feind des »Guten« ist.

Geht man in der Tat von der Annahme aus, daß der höchste Gott Anspruch auf *alles* hat, was er begehrt, und daß sein Wollen

58 Vgl. Freuds Bemerkung, daß selbst im Fall einer Vergewaltigung ein Teil der Psyche des »Opfers« das Attentat fördert.

59 »Oh Kind«: A.*PV* 651; Herond. 1.21. Nutzlos lange Keuschheit: A.*PV* 648; Herond. 1.21. Wohltaten: A.*PV* 648f.; Herond. 1.26ff. Gottheit: A.*PV* 649ff.; Herond. 1.26ff. Glorreicher Liebhaber: A.*PV* 648f.; Herond. 1.50. Kypris: A.*PV* 650; Herond. 1.62. Heilige Riten (ἱερὸς γάμος = heilige Heirat): A.*PV* 648; Herond. 1.82. Auge oder Sicht: A.*PV* 654; Herond. 1.56. Verlangen: A.*PV* 649ff.; Herond. 1.60. Obwohl Io und Metriche zu zögern vorgeben, hören sie der Kupplerin mehr als einmal zu: A.*PV* 645f.; Herond. 1.10., usw.

ausreicht, um es gut zu machen[60], ist der »moralische« Ton der Traumrede einwandfrei edel. Es ist darüber hinaus ein Gemeinplatz, daß es einem Gott Vergnügen macht, genau das, was er begehrt, dem Menschen zu verbieten. Dies ist tatsächlich ein *prima facie*-Beweis für die *göttliche* Natur seiner Wünsche.[61]

Jede Theologie scheitert letztlich am Versuch, die Götter *sowohl* als omnipotent wie als gut darzustellen, denn Omnipotenz kann *nur* durch das systematische Übertreten *aller* Regeln demonstriert werden. Aischylos wußte und akzeptierte dieses Faktum, das Sophokles zu ignorieren bevorzugte. Euripides, weiser als alle Theologen und Politologen vor ihm oder nach ihm, erfaßte unmittelbar – und voller Verzweiflung – die *absolute* Unvereinbarkeit von Gutsein und totaler Macht, die der Machtinhaber immer zu verlieren befürchtet: z. B. Zeus in A. *PV*. Das ist die wirkliche Aussage der *Bakchai*: Nur indem er wahnsinnig wird, kann der Mensch die totale und ewige Unvereinbarkeit von Gutsein und Fast-Omnipotenz ertragen. Ohne von seiner lebenslangen Suche nach der Wahrheit abzuweichen, zieht Euripides in den *Bakchai* die einzig richtige Schlußfolgerung, die keiner vor ihm oder nach ihm zu

60 Vgl. das Problem, ob die Götter das lieben, was heilig ist, oder ob ihre Liebe zu etwas es heilig macht (Pl. *Euthphr.* 10e und *passim*).

61 Vgl. Sen. *Ag.* 271: Dem Tyrann macht es Vergnügen, den anderen zu verbieten, was er als sein Privileg betrachtet. Diese Einstellung ist ebenso alt wie universell. Inzest ist das eifersüchtig gehütete exklusive Privileg der Götter und der göttlichen Könige von Ägypten, Peru, einem großen Teil Polynesiens, usw. Und wenn ein Individuum sich in der Weise verhalten würde, wie ein jeder Staat sich so häufig verhält, käme er ins Gefängnis, weil die »Staatsräson« *per definitionem* ethischen Regeln entgegengesetzt ist. Ich bin sogar der Ansicht, daß Kronos nicht deshalb die Nachfolge des Ouranos antrat, weil er dessen *Sohn* war, sondern weil er in krimineller Art und Weise seinen Vater *kastriert* hatte. Lord Actons Bemerkung, »Absolute Macht korrumpiert absolut«, muß durch die Einsicht ergänzt werden, daß absolute Macht *nur* mit solchen Handlungen errungen und immer wieder bestätigt werden kann, die im Fall gewöhnlicher Bürger gesetzlich Verbrechen wären. Ich zitiere ein Beispiel: In einer Erzählung aus der amerikanischen Arktis verwandelt der Endokannibalismus einer alten Frau sie *automatisch* in ein übernatürliches Wesen (*4*, S. 259; *60*, S. 16ff.). Diese Erzählung ist meiner Meinung nach paradigmatisch, denn selbst die griechischen Orakel waren dafür bekannt, daß sie (rituelle) Verbrechen denjenigen empfahlen, die das fast Unmögliche erreichen wollten (Orestes soll die Statue der Taurischen Artemis stehlen: E. *IT* 85 ff.; Thyestes muß mit seiner Tochter Inzest begehen: Apollod. *Ep.* 10.5, usw.; um einen Krieg zu gewinnen, mußten die Thebaner ein Sakrileg begehen: Ephor. *fr.* 30, *FHG* 1.241). Es gibt vergleichbare Beispiele aus primitiven Kulturen: Ein Angehöriger des Stammes der Ba-Thonga begeht Inzest, bevor er auf Nilpferdjagd geht, so daß seine Schrecklichkeit der des Wildes gleichkommt (*43*, 2, S. 68). Pädagogische, soziologische und politische Philosophien können nicht verstehen, daß der Mensch von Natur aus kein *soziales* Lebewesen ist (wie z. B. die Termiten) – sondern nur ein in Herden lebendes Säugetier, das sich in die Zwangsjacke des Insektengesellschaftsmodells zu zwingen versucht.

ziehen wagte. Auch wenn es Mode ist, Euripides nicht als echten Philosophen, sondern nur als einen von den Lehren der Sophisten verdorbenen Dichter zu betrachten, bin ich der Ansicht, daß die philosophische Bedeutung der *Bakchai* alles übertrifft, was Platon jemals geschrieben hat. Das »Rätsel« der *Bakchai* ist unsere eigene – nur zu verständliche – Weigerung, das zu verstehen.

Aber ich schweife von meinem Thema ab.

Ich habe bereits gesagt, daß die Argumente des Sprechers makellos »pietätvoll« sind, wenn man annimmt, daß die Götter ein Recht auf die sofortige Befriedigung ihrer heiligen Launen haben. Nach dem Eröffnungsvers wird kein weiteres Wort mehr über Ios sexuelle Bedürfnisse verloren, noch wird ihr durch des Gottes Umarmung ekstatische Wollust versprochen. Sie wird einfach dazu gedrängt, fromm die sexuellen Bedürfnisse des Gottes zu befriedigen.

Der schlaueste Trick der Traumstimme ist jedoch wahrscheinlich ihre relative Ehrlichkeit. Sie verspricht Io keine weitere Belohnung als die Befriedigung ihres eingestandenen – und in der Tat prinzessinnenhaften – Ehrgeizes, durch eine (einmalige) Vereinigung mit dem erhabensten aller Liebhaber unsterblichen Ruhm zu erlangen.[62] Die Argumente der Stimme wären *weniger* glaubhaft, wenn sie auch *andere* Belohnungen verspräche.

In der Tat war das tragische Schicksal der Mädchen, die sich mit einem Gott gepaart hatten, wohlbekannt. Selbst Zeus konnte seine Geliebten nicht vor Heras Zorn oder dem Mißbrauch ihrer eigenen Mitmenschen schützen. In frühgriechischen Texten galt das Risiko göttlicher Liebesaffären als erwiesen. Als Marpessa zwischen Apollons vergänglicher Leidenschaft und Idas immerwährender Liebe wählen durfte, entschied sie sich für den sterblichen Bewerber.[63] Die Versuche einiger Mädchen, sich gegen ihre göttlichen Vergewaltiger[64] zu wehren, beweisen auch, daß kluge Mädchen von der Aussicht göttlicher Paarungen nicht in Versuchung geführt wurden. Daphne läßt sich sogar lieber in einen Lorbeerbaum verwandeln[65], als sich Apollons Umarmungen zu unterwerfen (Paus. 10.7.8, usw.). Kassandra hatte Apollon überlistet, ihr etwas für nichts zu

62 Das Wort γάμος (Heirat) kann sogar für die Vergewaltigung eines Mädchens durch einen Gott gebraucht werden (E. *Ion* 941, usw.). Im Neugriechischen ist γαμῶ, auf Menschen bezogen, anstößig (K. J. D.).

63 Hom. *Il.* 9.557ff.; erklärt bei Apollod. 1.7.8.

64 Kreusa gegen Apollon (E. *Ion* 10f., usw.); Kainis gegen Poseidon (Nic. ap. Ant. Lib. 17, usw.).

65 Dadurch wurden allerdings ihre Beine und Genitalien zerstört (J. W. D.).

geben, aber indem er das Geschenk nutzlos machte, verursachte er ihren elenden Untergang (A. *Ag.* 1202ff., usw.).

Um zusammenzufassen: Eine griechische Heldin, die von einem Gott begehrt wurde, war mit dem konfrontiert, was man heute einen »double-bind« nennt: »Kopf – er gewinnt, Zahl – ich verliere.« Sie zog gewöhnlich den Kürzeren, ob sie Widerstand leistete oder nachgab.[66] Daher leisteten viele griechische Heldinnen Widerstand, oder es bedurfte zumindest langer Überredungsarbeit, bevor sie einem Gott nachgaben.[67] In der Tat fürchteten die mythischen Helden den Beischlaf mit einer Göttin fast ebensosehr wie die Heldinnen den mit einem Gott.[68]

Dies erklärt, warum die Kupplerin trotz ihrer Schlauheit auf genügend Widerstand trifft, um ihr Wiedererscheinen in Ios Traum Nacht für Nacht notwendig zu machen. Ich muß aber gleich hinzufügen, daß die Zuschreibung von Widerständen zu Io keineswegs die Ansicht, daß die wirkliche Quelle ihres Traumes *ihre* Sexualität ist, widerlegt, sondern sie stark unterstützt. Ios Sexualität trägt erst dann den Sieg davon, als es ihr gelingt, den Spieß umzudrehen und die heuchlerische Pseudomoral ihres Über-Ich zu übernehmen, die es – seit Anbeginn der Zeit – vielen Frauen möglich gemacht hat, eine der einträglichsten Betrügereien der Geschichte zu begehen, auch wenn sie dafür mit einer nicht wiedergutzumachenden Schädigung ihrer Weiblichkeit und menschlichen Würde bezahlen.

Manche Frau überzeugt ihren Mann – und sich selbst –, daß sie kein *spontanes* Interesse an Sexualität habe und, wenn überhaupt, nur wenig Lust aus ihr gewinne.[69] Sie kann sogar vorgeben, sich nur

66 Der heranwachsende Zauberer der Kuanyama Ambo fordert seine Mutter auf, mit ihm zu schlafen. Wenn sie zustimmt, wird sie von ihrer Sünde vernichtet. Lehnt sie ab, wird sie von ihrem Sohn zu Tode verhext (*50*). Nichts enthüllt die Krankheit unserer Zeit besser als die Überzeugung in gewissen subkulturellen Randgruppen, das »vollständige Bewußtsein« könne nur erreicht werden, wenn man sich dem Zen-buddhistischen »double-bind« unterwerfe. (Aber Marpessa wurde nicht bestraft, J. W. D.)

67 In dieser Beziehung waren sie vernünftiger als viele französische Damen am Hofe Ludwigs XIV. Die bekämpften sich gegenseitig, um den Titel einer königlichen Mätresse zu erhalten, obwohl sie alle voraussehen konnten, daß sie, wie ihre Vorgängerinnen, in Ungnade oder gar im Kloster enden würden. Aber dies hielt sie ebensowenig auf, wie Revolutionäre von dem Wissen gebremst werden, daß in der gesamten Geschichte Revolutionen – wie Kronos – die meisten ihrer eigenen Kinder verschlingen.

68 Odysseus: Hom. *Od.* 10.296ff.; Anchises: Hom. *h. Ven.* 180ff., vorweggenommen in V. 102ff., 145ff.

69 Vgl. Heras Vorwände und ihre wütende Blendung des Teiresias, der zu enthüllen gewagt hatte, daß die sexuelle Lust der Frau neun Mal größer als die des Mannes ist (Hes. *Melamp. fr.* 275 M.W.; Apollod. 3.6.7; Tzetz *Lyc.* 683; Ov. *Met.* 3.320; Hyg. *fab.* 75).

aus selbstloser Sorge um des Partners drängende Bedürfnisse hinzugeben. Dies erklärt, warum sich Ios eigener sexueller Trieb nur in der anfänglichen Anspielung der Rede auf ihre überlange Jungfräulichkeit verrät (648).[70]

Aber selbst das ist noch nicht die ganze Geschichte. Das Es – das sich in einer psychologisch erwachsenen Frau nach Liebe und Sexualität sehnt – kann nicht die hochtrabende Heuchelei des Über-Ich borgen, ohne von der berüchtigten – und immer *prä*genitalen – Bestechlichkeit des Über-Ich angesteckt zu werden. Dies erklärt, warum die Stimme, anstatt Io zu drängen, die Freuden der Liebe zu genießen, ihr den Rat gibt, ihre Jungfräulichkeit zu Geld zu machen. Io hört, daß sie einen höchst begehrten Rohstoff unklug hortet: ihr Hymen; der Moment, es auf einem verkaufsgünstigen Markt loszuwerden, ist gekommen. Dieses Argument beruhigt Ios Über-Ich, denn bei solch einer Handlungsweise werden die Gaben der Aphrodite dankenswerterweise mit dem prägenitalen Unrat Ploutos' angesteckt, dessen Name nicht umsonst dem des höllischen Plouton gleicht.[71]

Lerne

Lerne (652ff., 677ff.) ist aus vielen Gründen der geeignetste Ort für Zeus' und Ios Paarung.

I. *Mythologische Überlegungen* machen Lerne aufgrund zweier Aspekte zum angemessenen Platz. Aber leider muß ich diesen Umstand höchst summarisch abhandeln, denn der volle Beweis für das, was ich über Lerne zu sagen habe, könnte nur im Rahmen einer Monographie erbracht werden. Ich kann hier nur feststellen, daß die Ansichten, die ich in den folgenden beiden Unterabschnitten vorlegen werde – seien sie falsch oder richtig –, auf einer sorgfältigen Studie *aller* relevanten Beweisstücke basieren. Der Skeptiker kann also die Abschnitte, die der Mythotopographie und der Mythochronologie gewidmet sind, einfach überschlagen, besonders da ich nur einen Bruchteil der Quellen zitiere, die ich konsultiert habe.

70 Diese früher vom Klerus unterstützte Selbsttäuschung wird heutzutage von dessen natürlichen Erben aktiv weiter gepflegt: von den Theoretikerinnen der »Frauenbefreiungs«-bewegung – von denen wenigstens eine sich öffentlich als bisexuell bekannt haben soll.

71 Während der gesamten Geschichte hat das Über-Ich bequem mit Mitgift, Brautgeld, Alimenten und sogar Prostitution leben können. Aber es wird niemals lernen, Liebe, die frei gegeben und erwidert wird, zu tolerieren: die reinen Geschenke Aphrodites, die ἁγνή (= rein und heilig) zu nennen nur die Griechen Verstand genug hatten (*63*, Suppl. I, S. 54a).

1. *Die Mythochronologie.* A. *PV* 652 ff. impliziert, daß Lerne zur Zeit der Paarung von Zeus und Io gut bewässert war. Das bedeutet, daß sie sich *vor* einem anderen wichtigen Geschehen ereignet hat: Als zu Inachos' Zeit Poseidon erfolglos mit Hera um die Vorherrschaft in Argos wetteiferte, verwandelte er Argos heimtückisch in ein »durstiges« Land (sch. E. *Or.* 127). Ich bin überzeugt, daß dieser Mythos mit dem Io-Abenteuer in Verbindung steht. Jedenfalls ließ Poseidon Argos für lange Zeit unbewässert, bis er – *ebenfalls in Lerne* – mit einer von Ios Nachkommen, der Danaide Amymone[72], in einem, wie ich versuchsweise annehmen möchte, Wassersuchritual koitierte.[73]

2. *Mythotopographie.* Auf der Basis umfangreicher Voruntersuchungen lege ich als allgemeines Prinzip fest, daß bestimmte Örtlichkeiten mit bestimmten *Typen* mythischen Geschehens verknüpft sind. Aufgrund meiner Daten behaupte ich, daß Ios Abenteuer in verschiedenen signifikanten Aspekten genau die *Art* von Geschehen ist, das *in Lerne* wahrscheinlich ist. Ich zitiere hier – mit einem summarischen Hinweis auf die Hauptquellen – nur einen Mythos und ein Ritual: den, der laut Nilsson (56, I², S. 591) der obszönste griechische Ritus war. Die Tatsache, daß ein *solcher* Ritus in Lerne vollzogen wurde – wo sich auch ein Eingang zum Hades befand: der unergründliche alkyonische Teich (Paus. 2.37.5 f.) –, wird meine letzte Hypothese hoffentlich annehmbar machen, daß nämlich dem Io-Mythos ein (weitaus weniger obszöner) pastoraler Fruchtbarkeitsritus entsprach, der fast sicher ebenfalls im Weideland von Lerne lokalisiert war.[74] Der Mythos berichtet, daß Dionysos, der sein Versprechen an den toten Prosymnos (oder Polymnos) zumindest symbolisch halten wollte, einen Phallos aus dem Holz eines Feigenbaumes fertigte und ihn sich in den Anus einführte.[75]

72 Aischylos' verlorengegangenes Satyrspiel *Amymone* (*fr.* 13, 14 N²) behandelt diesen Mythos.

73 Vergleiche auch Heras jährliche Revirgination in der Quelle Kanathos *in Argos* (Paus. 2.38.2. ff.), die einer Neuuntersuchung bedarf.

74 Daß der gesamte Komplex des Io-Mythos keinen einzigen Bezug auf die Ackerwirtschaft enthält, ist offensichtlich. Daß für den ackerbauenden Griechen der Hirte in einer Beziehung vor-menschlich war, da er un-griechische Riten praktizierte, wurde von Vidal-Naquet (69) vortrefflich dargestellt.

75 Paus. 2.37.5; Arn. *Adv. nat.* 5.28; Clem. Alex. *protr.* 2.34. Für viele weitere Quellen vgl. Höfer, 63, s. v. Polymnos, coll. 2657 ff. Die Natur der jährlichen *geheimen* Riten von Lerne (Paus. 2. 17.1) kann man leicht aus den etwas abgemilderten Formen dieses Ritus schließen, der in Luc. *de dea Syr.* 16 und in den schol. ad loc. beschrieben wurde: Für die Ikonographie vielleicht Nilsson, 56 1. Taf. 35, Abb. 2,3 (so interpretiert von W. Burkert, pers. Mitteilung) (7).

Damit muß ich meine Diskussion der mythologischen Angemessenheit von Lerne als Ort für die (erzwungene)[76] Paarung Ios mit Zeus abschließen. Ich möchte mich jetzt den konkreten Eigenschaften Lernes zuwenden, die es auch zu einem geeigneten Ort für göttliche Amouren machen.

II. *Das Draußen.* Lerne ist das *Draußen* [dt. i. Or.], das so bewundernswert von Wilamowitz (*72*, 1.175 ff.) diskutiert wird: es verkörpert die nicht-soziale und damit nicht-menschliche Welt. Fern der von Gesetz und Brauchtum (νόμος) regierten Stadt (πόλις) ist es die Welt der Natur (φύσις), die von Haustieren repräsentiert wird (A. *PV* 652 ff.) – und sogar von Monstren wie der Hydra. Die ackerbauenden und in Städten lebenden Griechen stellten sich diese Welt gewöhnlich in einer unrealistischen, furchteinflößenden Weise vor (*68*, *70*).[77]

Es ist nur leicht übertrieben, wenn man sagt, daß nach griechischer Ansicht das gefährliche, mysteriöse, animalistische *Draußen* impulsive, gesetzlose und zeitweise widernatürliche sexuelle Praktiken unterstützte, wenn nicht hervorrief.[78] Griechische Belege für diese Ansicht sind nicht schwer zu finden.

1. Phaidra, geplagt von ihrem inzestuösen Verlangen, phantasierte, daß sie nur »draußen« Erleichterung finden könnte – d. h. auf dem unkultivierten Land (E. *Hipp.* 228 ff.), wo sie natürlich sehr wahrscheinlich dem Jäger Hippolytos begegnen würde. Dies ist keinesfalls eine ausschließlich griechische Reaktion.[79]

2. Zahlreiche (illegitime) Paarungen zwischen Göttern und Sterblichen fanden draußen statt.[80] All dies legt nahe, daß das »Draußen« den Menschen dekulturiert und in den Göttern ihr zutiefst göttlich-gesetzloses Selbst hervorruft.

76 Vgl. die Vergewaltigungs-Hochzeit der Danaiden – Aigyptiadai, den Versuch des Satyrs, Amymone zu vergewaltigen. Prosymnos' = Polymnos' Erpressung der Zustimmung des Dionysos, usw.

77 Diese Auffassung des »Draußen« könnte zum Teil die Abwesenheit eines »Naturgefühls« erklären, das im neunzehnten Jahrhundert einige städtische englische Gräzisten befremdete, für die der *Lake District* die rauhe Natur darstellte.

78 Vgl. den Prosymnos-Mythos, supra.

79 Ein islamisches Mädchen aus Malaya, das sich unbewußt, aber unwiderstehlich, zu einem verachteten Sakai-Dschungelbewohner hingezogen fühlte, glaubte, daß nur der nächtliche Dschungel – wo sie diesen Sakai wahrscheinlich treffen würde – ihr »unerklärliches« Fieber vertreiben und ihren Kummer beheben könnte (*9*).

80 Apollon vergewaltigte Kreusa in einer Höhle (E. *Ion* 17., usw. Poseidon paarte sich mit Tyro in der Nähe eines Flusses (Hom. *Od.* 11.235 ff., usw.) und mit der Nachfahrin Ios, Amymone, in den Sümpfen von Lerne, usw. Draußen stahl ein Lustknabe den Mantel des Sophokles (Ath. 13.605). Vgl. das Umherstreifen der Mainaden in den Bergen, usw.

3. Draußen zu leben, fern von der Stadt, wurde bestenfalls als ein Zeichen von Rückständigkeit betrachtet. Schlimmstenfalls war es ein Zeichen von an Wahnsinn grenzender Perversität.[81]

4. In Griechenland wurden rasende, ekstatische Gruppenriten meistens draußen vollzogen. In dieser Beziehung ist das In-den-Bergen-Umherschweifen (ὀρειβαcία) der Mainaden paradigmatisch (*6*). Kurz gesagt, Lerne ist, weil es das »Draußen« ist, der ideale Platz ebenso für ungesetzliche Paarungen wie für das Auftreten halluzinierter Erlebnisse, verursacht von Einsamkeit, die eine Form der sensorischen Deprivation darstellt.[82]

Aber Lerne ist nicht nur das »Draußen« im allgemeinen – es ist auch ein *Draußen* (dt. i. Or.) *einer besonderen Art*, das die Bedeutung von Ios Traum genauer bestimmt.

III. *Lerne dient nur als Weideland für das Vieh* des Inachos.[83]

81 Timon (Ar. *Av.* 1548, *Lys.* 809, usw.). Der angebliche Misanthrop Euripides soll in einer Höhle gearbeitet haben (*Eurip. Genos*, S. 4, 5. II. 23 ff., Schwartz). Seine Neider streuten wahrscheinlich das Gerücht aus, daß dieser Kritiker der Götter und des Establishments seinem eigenen höhlenbewohnenden Kyklops ähnelte. Bellerophon zog sich von den Menschen zurück, als er wahnsinnig wurde (Pi. *I.* 6.44, usw.). Burkert (*6*) hebt hervor, daß wahnsinnige Frauen in griechischen Mythen in der Wildnis umherwandern. Ruth Padel (*57*) fand heraus, daß sogar einige nicht-mythische griechische Psychotiker diese Neigung teilten. Es ist wahrscheinlich kein Zufall, daß unser Wort »Idiot« von ἰδιώτηc = eine Person, in einem privaten Stand, auch: »Individuum«, im Gegensatz zu πόλιc (Stadt) und sogar im Gegensatz zu »Handwerksmeister« (LSJ) stammt. Die übliche Vorstellung der Wolof (Senegal) von Wahnsinnigen besteht darin, daß diese von ihrer Gruppe getrennt leben (*47*). Aber die Tendenz, der Gemeinschaft zu entfliehen, ist keine allgemeine Eigenschaft der Psychotiker. Ein wahnsinniger Sedang Moi verschwindet tatsächlich im Dschungel und kommt dort um, wenn er nicht gefunden wird (*11*). Aber ein psychotischer Mohave-Indianer rennt kaum jemals weg (*26*), vielleicht deshalb, weil ein Mohave, im Gegensatz zu den Sedang Moi, die sich vor dem sie umgebenden Dschungel fürchten, vor seiner heimatlichen Halbwüste keine Angst hat. Die einzigen Mohave-Indianer, die absichtlich ihren Stamm verlassen, waren bestimmte tapfere Krieger, die, ihres Lebens müde, danach trachteten, bei der Durchführung einer Heldentat im Feindesland getötet zu werden (*26*, S. 426 ff.). Die nur »Verrückten«, die darauf bestehen, in der Gemeinschaft zu verbleiben, um *darin* ihren »sozialen Negativismus« bis zum äußersten zu verbreiten (*30*, 3. Kap.) [griechische Kyniker, mittelalterliche »Narren in Christo« (*3*), moderne Hippies, usw.], betteln in Wirklichkeit entweder darum, vertrieben zu werden oder Hilfe zur Selbstbeherrschung zu erhalten – was Gesellschaften, die kein Selbstvertrauen haben, zu tun sich weigern.

82 Hesiodos scheint die Musen beim Schafehüten halluziniert zu haben (Hes. *Th.* 1 ff.) Vgl. *30*, 1. Kap. für den Fall zweier Puebloindianer in den Vereinigten Staaten, die beim Schafehüten Halluzinationen hatten. *46*, S. 65, Anm. 27 gibt eine grundlegende Bibliographie zur sensorischen Deprivation; vgl. Dodds (*33*, S. 117) zur Relevanz dieses Zustandes für das Verständnis bestimmter griechischer Phänomene.

83 Mit Italie und Smyth bin ich der Ansicht, daß ποίμναc βουcτάcειc (653) (nur) ›Herden von Rindern‹ bedeutet. Mazons »parcs *à moutons* et à boeufs« ist sogar ökologisch falsch. Schafe, die das Gras kurz abfressen, ruinieren die Weiden für Rinder-Herden (aus diesem Grund prallten Schafhirten und Rinderzüchter im neunzehnten Jahrhundert im amerikanischen Westen in mörderischen Kämpfen aufeinander). Das tiefe Gras von Lerne (A. *PV* 653)

Ich weise besonders auf das Fehlen jeder Erwähnung von Pferdeherden hin, obwohl »rossenährend« ein normales Homerisches Beiwort für Argos ist.[84] Die Betonung liegt im A. *PV* und in A. *Suppl.* nur auf Rindern. Dies wird von einer ganzen Reihe von Fakten deutlich gemacht:

1. Io, die Priesterin der Hera (A. *Suppl.* 301), wird in eine Kuh verwandelt;
2. Hera selbst ist die Kuh-Gottheit (βοῶπις = kuhäugig, kuhgesichtig);
3. Zeus koitiert mit Io in der Gestalt eines Stieres (A. *Suppl.* 301);
4. Inachos ist nicht nur ein König, sondern auch ein Flußgott und als solcher gehörnt wie ein Stier;
5. Argos ist ein Viehhirte (A. *PV* 677, usw.);
6. Viehbremsen plagen Rinder (Apollod. 2.5.10, usw.).

All dies macht den Traumbefehl verständlich, daß Io mit »Zeus« in der Nähe oder zwischen dem Vieh des *Inachos* koitieren soll – sich sexuell wie eine Kuh verhaltend. Ob sie den Auftrag tatsächlich ausführt – und ich merke an, daß im A. *PV* die Stelle, die den Traum und seine direkten Folgen behandelt, den Beischlaf *nicht* erwähnt – und was die Konsequenzen ihres Gehorsams sind, ist für diese Studie nicht von Bedeutung.

Aus der Sicht der Traumanalyse beschäftigt mich nur die implizite Aufforderung, daß Io sich in einer sexuell animalischen Weise verhalten soll.[85]

Daher bedarf nur die Bedeutung und Bedeutsamkeit dieser Aufforderung *im Traum* einer Klärung.

Die einfachste Annahme ist, daß in dem Traum *irgendein* Umstand der verlangten Vereinigung nicht mit *menschlicher*, wohl aber mit *tierischer* Sexualität verträglich ist.[86]

weist ebenfalls darauf hin, daß es keine Schafsweide ist. Wieder einmal hilft die Annahme, daß der Dichter weiß, wovon er redet.

84 z. B. Hom. *Il.* 2.287 und viele weitere Stellen. Im A. *PV* werden Pferde überhaupt nicht erwähnt, und im A. *Suppl.* nur einmal: V. 183.

85 Es macht fast keinen Unterschied, ob man annimmt, daß der Traum Io dazu bringt, sich sexuell *wie* eine Kuh zu verhalten, oder ob sie in *ritueller* Weise koitieren soll, um die Fruchtbarkeit des Viehs zu fördern, denn auch die letzte Annahme würde einen möglichst viehähnlichen Vollzug des Beischlafs bedingen. Das zwingendste Argument für diese Sichtweise besteht darin, daß Demeters heilige Vereinigung mit Iasion, die die Fruchtbarkeit der Kornfelder sichern sollte, in einer Weise vollzogen wurde, die das Kornsäen imitierte: die beiden koitierten in einer dreimal gepflügten Furche (Hom. *Od.* 5.125 ff., Hes. *Th.* 969 ff.).

86 Ich erwähne nur nebenher die nach-Aischyleische, Platonische (*Phdr.* 250e) Erwägung, daß viele sexuelle Handlungen inhärent tierisch und nur Vierfüßlern angemessen sind.

Offensichtlich kann ich an dieser Stelle nicht alle Unterschiede zwischen menschlicher Sexualität und der Sexualität der Subprimaten – der Säugetiere – aufzählen und diskutieren. Ich erwähne daher nur übersichtmäßig einige Details (die ich vollständig analysiert habe, bevor ich dieses Kapitel schrieb): Details, die aus der Zeit nach Ios Traum und ihrer Vertreibung – oder vielleicht Flucht[87] – aus dem Palast des Inachos stammen.

1. *Die Viehbremse* repräsentiert Ios heftigen Brunstzustand[88], der, obwohl sie ihn nicht kontrollieren kann, ihren noch relativ menschlichen, obschon wahnsinnigen Geist, der ihre Metamorphose überdauert hat[89], zutiefst peinigt. Klinische Daten bestätigen ebenfalls die Gleichung ›Viehbremse = Brunst‹.[90]

Ich kann nur noch einmal betonen, daß *große* Dichter derartige Zusammenhänge unbewußt herstellen, auch wenn der Literaturkritiker – und manchmal auch der Psychoanalytiker – es zuweilen schwierig findet, die Logik der Dichterphantasien zu begreifen.

2. *Die Anonymität tierischer Sexualität* ist offensichtlich. Unterhalb der Primatenebene wird bei nahezu allen Säugetierarten fast jeder erreichbare Partner genügen. Begreiflicherweise trägt die übliche *a tergo*-Stellung des tierischen Koitus zu dieser Nichtdifferenzierung des Partners bei.[91] Beim Menschen kann eine ähnliche

87 Ich füge diese Spezifizierung hinzu, weil Io auch nach ihrer Vertreibung wie eine brünstige Färse herumgelaufen sein kann, um einen erregten Stier zu suchen – wie in der höchst seltsamen Metapher in Q.S. 10.438ff.

88 Vgl. LSJ s.v. οἰστράω = vor Brunst rasend sein.

89 Vgl. eine verwandte Erzählung in Callim.*fr.* 100h Schr. = 2, S. 356 Pf. Vgl. auch den Kummer gewisser Neurotiker, die sich trotz besserer Einsicht »getrieben« fühlen (*17*, S. 112ff.), und Fälle von unkontrollierbaren *imu*-Anfällen bei den Ainu (*66*, *73*), usw.

90 Ein sehr sinnliches Mädchen um die Zwanzig hatte eine Reihe von Angstträumen, in denen sie von einer Viehbremse angegriffen wurde; diese Träume hatte sie sowohl vor als auch nach ihrer Defloration. *Im Traum* fürchtete sie sich besonders davor, die Viehbremse zu *verschlucken* (ganz offensichtlich ein Echo kindlicher Phantasien von oraler Schwängerung, verstärkt durch die *reale* Erfahrung, daß eine Viehbremse einmal in eines ihrer Nasenlöcher eingedrungen war), oder aber, daß die Bremse ihr Auge angreifen könnte. (Dies erinnert an die vielen Augen des Argos, die in einer Version [A. *PV* 567ff.] nach seinem Tod durch *eine* Viehbremse ersetzt werden.) (Vgl. ›Auge = Vagina‹, *18*.) In ihren Träumen reagierte sie auf diese »Angriffe«, indem sie ihr Gesicht mit den Unterarmen bedeckte (»maskierte«) und indem sie ihren Körper heftig in einer Art und Weise nach vorne beugte, die an die sexuell »präsentierende« Stellung brünstiger Äffinnen erinnert (*74*). (Vgl. *19* für das Bedecken des Gesichtes anstelle der Pubes.) Besser noch, sie fügte *spontan* hinzu, daß der Stich einer Viehbremse ein Hitzegefühl verursacht, das der Hitze ähnelte, die sie im Zustand sexueller Erregung spürte, und daß das Jucken, das ein Kratzbedürfnis hervorruft, sich wie ein Verlangen nach Geschlechtsverkehr anfühlte. Ich füge hinzu, daß diese moderne Io weder Aischylos gelesen noch das Wort *oestrus* gehört hatte und daher nicht wußte, daß es in der Biologie sowohl die Viehbremse als auch die Brunst bezeichnet.

91 Die ventro-ventrale Stellung ist im menschlichen Verhalten so tief eingeprägt, daß eine

Anonymität und Wahllosigkeit durch den Rekurs auf die *a tergo*-Stellung erreicht werden, oder zumindest auf Stellungen, die ein Minimum an Körperkontakt verlangen (*40*, S. 170ff.), oder durch Gebrauch von Masken – wie im rheinischen und bayerischen Karneval (vor dem Zweiten Weltkrieg) und vielleicht auch in einigen alten sexuellen Riten.

3. »*Inzest*«. Mit dem Fortschritt der Forschung über das sexuelle Verhalten der Tiere wird immer deutlicher, daß diese spontan die meisten Perversionen zeigen können, die ein naiveres Zeitalter als exklusiv menschlich betrachtet hatte. Es gibt aber *eine* sexuelle »Abweichung«, die ein Tier weder lernen noch vermeiden kann: Inzest.[92] Denn ohne das Konzept der Verwandtschaft ist Inzest, im Unterschied zur Inzucht, nicht vorstellbar.[93]

Kurz, Aischylos (dessen unglaubliche Knappheit regelmäßig unterschätzt wird) sagt, wie er es gewohnt ist, das Wichtigste in den wenigstmöglichen Worten (673ff.): »Und alsbald war Leib und Seele mir verdreht.« Ios *mentale* Metamorphose war *conditio sine qua non* für ihre Fähigkeit, dem Traumbefehl zu folgen, der sie drängte, wie ich zeigen werde, »Inzest« zu begehen – wie eine Kuh.

Nach diesen Anmerkungen haben wir, m.E., keinen Grund zur Klage, daß Aischylos im *PV* sich nicht direkt auf Ios Paarung als Färse mit Zeus bezieht. Denn ich bin der Ansicht, daß uns gerade diese Auslassung zur Einsicht zwingt, diesen Vorfall, überdeterminiert wie er ist, im Rahmen *verschiedener* Bezugsysteme zu klären.[94]

alte Statue (Museo Nazionale, Neapel, vgl. *49*, Tafel 25) den Halbziegenbock Pan mit einer Ziege in einer quasi ventro-ventralen Stellung koitierend darstellt, die der traditionellen Stellung der Trobriander ähnelt (*52*, S. 283ff.), usw.

92 Man könnte vielleicht einem männlichen Labortier beibringen, den Verkehr mit seiner Mutter zu vermeiden, indem man ihm *nur* dann Elektroschocks verabreicht, wenn er versucht, ein weibliches Tier zu besteigen, dessen Besteigung der *Versuchsleiter* ihm verbieten möchte. Aber selbst dieses trainierte Versuchstier hätte nicht gelernt, den »Inzest« zu vermeiden – es hätte nur gelernt, einen Elektroschock zu vermeiden.

93 Ein Mensch kann sogar sozio-psychologischen Inzest *ohne* Inzucht begehen – indem er z.B. mit seiner Stiefmutter schläft (E.*Hipp.*; Plu. *V.Dem.* 38. Anders herum kann er Inzucht ohne sozio-psychologischen Inzest begehen, wenn er – wie es in einem Fall in den 50er Jahren geschehen ist – unwissentlich seine Schwester heiratet, von der er in der Kindheit getrennt worden war. Im Gegensatz dazu begehen Tiere Inzucht ohne sozio-psychologischen Inzest. Diese grundsätzliche Unterscheidung wurde zuerst von Lowie (*51*) getroffen, auch wenn ich ihre logischen Konsequenzen erheblich erweitert habe (*31*, 7. Kap.).

94 Ich habe auf der Grundlage rigoroser epistemologischer und logischer Überlegungen wiederholt gezeigt (*23*, *27*, *31*), daß ein Mythos – und in der Tat jede menschliche Aktivität –, der *nur* in den Begriffen *eines* Bezugsrahmens erklärt wird, sozusagen *überhaupt nicht* erklärt worden ist.

Die bisherigen Belege lassen sich konvergent in zwei verschiedenen Bezugsrahmen zusammenfassen.

1. Psychologisch impliziert Ios Traum, daß die sexuelle Vereinigung, nach der sie sich sehnt, *nicht* mit menschlicher, wohl aber mit tierischer Sexualität vereinbar ist: Sie wünscht den Inzest.

2. Soziokulturell trägt die Traumstimme Io auf, einen (rituellen?) Akt zu vollziehen, der dem Sexualakt von Rindern gleicht, in der »Gestalt« und der Art einer Kuh (vgl. Pasiphae und der »Stier«, Apollod. 3.15.8; ebenso: Die Tochter des Mykerinos, Hdt. 2.129-131).

In bezug auf Ios Wahnsinn legt die erste Erklärung nahe, daß sie anormal gewesen sein muß, um eine inzestuöse Vereinigung zu begehren. Nach der zweiten Erklärung mußte sie sich, um sich wie befohlen zu verhalten, in einen Zustand wilden (bouanthropischen) Wahnsinns hineinsteigern[95], oder zumindest einen derartigen Zustand simuliert haben, um ein normalerweise tabuisiertes Verhalten zeigen zu können, ohne von exzessiven Schuldgefühlen und Hemmungen behindert zu werden.[96]

Kurz gesagt bin ich der Ansicht, wenn Io *nicht* eine sexuelle Vereinigung der Art gewünscht hätte, die den Menschen verboten ist, von Tieren und griechischen Göttern jedoch frei praktiziert wird, d.h., nicht den Inzest begehrt hätte, dann:

1. wäre sie *nicht* so lange jungfräulich geblieben;

2. hätte sie *keine wiederholten* Angstträume gebraucht, um sich überzeugen zu lassen, und

3. hätte der Traum *nicht* näher spezifizieren müssen, daß die Paarung in der Nähe von Inachos' Viehherden stattfinden müsse – d.h. mitten unter Rindern und auf deren Art. Ich muß jetzt, um eine bequeme Erklärung zu ermöglichen, aufzeigen, daß »Zeus« in der Tat Inachos sein kann, denn indem ich dieses Problem sofort erledige, kann ich meine Diskussion von Ios Wachreaktionen auf ihren Traum und von Inachos' Antworten auf Ios Enthüllungen erheblich abkürzen:

IV. *»Zeus« = Inachos.*

1. Wie bereits angedeutet, ist Inachos, da er ein Flußgott ist,

95 Vergleiche die anfängliche »Aufwärm«-Reaktion der Madjapahit-Soldaten, denen befohlen wurde, gegen den Botschafter von Malacca *Amok* zu laufen (*1*).

96 Vgl. Solons Simulierung von Wahnsinn (Plu. *V. Sol.* 8), oder die selbstentlastende Simulierung von Wahnsinn der Kreter während der Gedächtnisriten anläßlich des Zerreißens des Kindes Dionysos (Firm. Mat. *de err. prof. rel.* 6). Es existieren vergleichbare Daten auch von Primitiven (*30*, 1. Kap. S. 39).

notwendigerweise wie ein Stier gehörnt – und Zeus besteigt die Färse Io in der Gestalt eines Stieres (A. *Suppl.* 301).

2. Selbst die naivsten Kritiker Freuds räumen gemeinhin ein, daß das *Bild* der Gottheit nach dem *Bild* geformt ist, das das Kind von seinen Eltern hat (*45*). Platon (*Legg.* 931 A) und Ploutarchos (*fr.* 46, 86 Sandb.) sahen beide im Elternteil ein Bild der Gottheit. Dies entspricht der griechischen Ansicht, daß Agamemnons Königtum dem des Zeus nachgebildet war, obwohl moderne Forscher wissen, daß das Gegenteil der Fall ist. Man sollte auch daran denken, daß »Vater« (der Götter und Menschen) einer der Hauptbeinamen des Zeus war, und das, obwohl er persönlich weder Poseidon, Hades, Hera, usw. noch z.B. Theseus, den Sohn des Poseidon, gezeugt hatte.

3. Nach bestimmten Überlieferungen (supra) beging Hippodameia, die ihre Jungfräulichkeit ebenfalls ungewöhnlich lange bewahrt hatte, Inzest mit ihrem Vater Oinomaos, und ihr Mythos ist offenkundig mit einem pastoralen (Pferd, Maultier) Fruchtbarkeitsritus verknüpft (*20*).[97]

4. Wenn man die Existenz eines Ritus annimmt, können der gehörnte Inachos den Zeus in seiner Stiererscheinung und die Färse Io die kuhäugige Hera verkörpern.[98]

5. Wenn man nur den Traum betrachtet, würde die Symbolisierung des Inachos als Zeus Ios inzestuöses Begehren nach ihrem Vater vor ihrem »Traumzensor« (Freud) angemessen verbergen.

Kurz gesagt, im gegenwärtigen Kontext und hinsichtlich der psychoanalytischen Betrachtung des Traumbefehls macht es nicht den geringsten Unterschied aus, ob Io mit »Zeus« oder mit Inachos koitieren wollte, ob sie das in menschlicher Gestalt oder in Gestalt einer Färse »tat«, oder ob das Ganze im Traum, in der Phantasie oder in einer Halluzination während eines Rituals oder einfach im Verlaufe eines nichtrituellen inzestuösen Aktes »geschah«. Wesentlich ist nur, daß der Auslöser all dieser Alternativen im A. *PV* einen ödipalen *Wunsch* Ios voraussetzt. Sobald das klar ist, wird auch einsichtig, warum Lerne im Traum explizit als der Platz definiert

97 Ich weise darauf hin, daß Nausikaa, deren Traum dem der Io in gewisser Weise glich (supra), einer königlichen Familie angehörte, die den Geschwisterinzest pflegte. Vgl. Vidal-Naquet (*69*) zu diesem Punkt und zur teilweisen Säuberung dieser klaren Aussage in der *Odyssee*.

98 Vgl., wie Semele auf Heras Rat hin von Zeus verlangt, mit ihr in *derselben Art* zu verkehren wie mit Hera (Apollod. 3.4.3; Hyg. *fab.* 167, 179).

wird, an dem *Inachos' Vieh* weidet. Denn der Inzest, der, wie gesagt, eine normale Person erheblich beunruhigt, stört Tiere[99] und, was das betrifft, Götter und ihresgleichen nicht. Genau weil Ios Traum eine *göttliche* Paarung befürwortet, muß diese Vereinigung notwendigerweise vom menschlichen Standpunkt aus inzestuös sein – was wiederum Ios Wahnsinn erklärt.

Assoziationen zu dem Traum

Assoziationen, die bei der Deutung des Traumes helfen, werden sowohl von Ios Reaktion auf ihren Traum als auch von Inachos' komplementären Reaktionen auf Ios Erzählung des Traumes geliefert. Diese Reaktionen – die paarweise reziproke »Aussagemuster« sind – erweisen sich als besonders hilfreich für das Verständnis des latenten Inhalts dieses Traumes.

Eines unserer vielsagendsten Daten ist der Kontrast zwischen Ios affektivem Zustand *während* ihres Traumes und ihre davon sehr verschiedene affektive Reaktion auf die *Erinnerung* des Traumes.

Ios affektiver Zustand während des Träumens ist nicht weiter spezifiziert; das ist in der griechischen Tragödie ungewöhnlich.[100] Dennoch kann man Ios Emotionen während des Traumes erschließen. Die Verwendung des Wortes λεῖος (weich, einschmeichelnd) garantiert praktisch, daß der Traumaffekt nicht völlig unerfreulich war; der im Traum erhaltene Befehl kam ihren – bereits vorbewußten – sexuellen Wünschen *sehr* entgegen. Nichtsdestoweniger legt die Tatsache, daß sie im Traum gedrängt werden mußte, wie auch die Verwirrung, die sie beim Erwachen spürte, nahe, daß sie sich vor ihren Wünschen fürchtete. Im Traum vermeidet sie, die Verantwortung für ihre *Wünsche* zu übernehmen, indem sie sie auf »Zeus« *projiziert* (supra), wie sie auch ihre *Zustimmung* zu einer solchen Paarung auf die Traumstimme projiziert, die Io nur die *Gründe* für das liefert, was sie bereits zu tun *wünscht*. Selbst die

99 Diogenes ap. D. Chr. 10.29; vgl. auch die Kommentare von Knox (*44*, S. 206) und Vernant (*67*, 5. Kap.). Diese realistische Sichtweise datiert aus der Zeit vor Berichten über Inzestvermeidung von Pferden (Arist. *HA* 9.47ff.; Plin. *HN* 8.156; Varro *RR* 2.7.9; Ael. *NA* 4.7) oder von Kamelen (Ael. *NA* 3.47). (Ich konnte keine Berichte über inzestvermeidende Rinder finden.) Diese späten Berichte sollten vielleicht den animalistischen Exhibitionismus der Kyniker verdammen.

100 So verwandelt sich die anfängliche Glückseligkeit des Menelaos während seines Traumes schnell in trauernde Frustration (3. Kap.). Atossa drückt durch das Träumen eines trauernden Dareios ihre *eigene* Trauer im Traum aus (1. Kap.), usw.

Tatsache, daß der Konflikt *im Traum* »gelöst« wird, ist ein Selbstentlastungsmechanismus der Träumerin (*39*).

Aber selbst diese Anzeichen eines Kampfes beweisen nicht, daß Ios Traum in erster Linie ein wirklicher Angsttraum war. Wäre der Traum *stark* ich-dyston gewesen, dann hätte er sie wahrscheinlich im Schlaf gestört – und eben dies tat Ios Traum nicht. Zur gleichen Zeit war er nicht völlig ich-synton, denn sonst hätte sie einfach davon geträumt, mit »Zeus« zu koitieren.

Ios Wachreaktionen auf ihren Traum sind, wie bereits angedeutet, affektiv weit intensiver und unangenehmer als der Affekt, den sie während des Traumes fühlte. Diese Feststellung ist für eine korrekte Interpretation ihres Traumes entscheidend.

Beim Aufwachen besteht Ios dominierende Reaktion in Verwirrung. Sie erhielt im Traum einen zweifachen Befehl:

1. »Höre auf, Jungfrau zu sein«, d. h., gehe eine Vereinigung ein.
2. Gehe eine Vereinigung ein mit »*Zeus*« (in Lerne).

Ich bin der Ansicht, daß Ios Verwirrung beim Erwachen darauf zurückzuführen ist, daß sie auf die beiden Komponenten des Traumbefehls affektiv unterschiedlich reagierte. Der Traum beunruhigte sie nicht *während* des Schlafes, denn im Schlaf und im Traum hat das Unbewußte, das vom Lustprinzip regiert wird, gewöhnlich die Oberhand. Erst beim Aufwachen wird Io verwirrt, denn das Wachbewußtsein ist dem Realitätsprinzip unterworfen (*38*), das auch die Berücksichtigung der Realität von Gesetz und Brauch (νόμος) umfaßt. Die meisten Menschen haben es erlebt, daß sie sich *beim Erwachen* von einem Traum verstört fühlen, dessen *manifester* Inhalt harmlos genug *erscheint*: ihr anschließendes Unbehagen wird vom *latenten* Inhalt des scheinbar harmlosen Traumes verursacht.[101]

In der mythischen Gesellschaft Griechenlands, die die Sexualität auch der Frauen nicht abwertete, hätte ein Traumbefehl, eine (normale) Vereinigung einzugehen, einer Prinzessin – besonders, wenn sie schon zu lange Jungfrau geblieben war – kein Unbehagen, sondern Freude bereitet.[102] Ja, eine griechische Prinzessin hätte überhaupt keines solchen Traumbefehls bedurft. Ihr Traum hätte ihr höchstens nahegelegt, einen bestimmten König oder Prinzen,

101 1956 entwickelte ich einen projektiven Test, in dessen drittem Teil die Angst erfaßt wird, die der *latente* Inhalt der Antworten auf die beiden ersten Teile hervorruft. Der Test wurde vor kurzem von meiner Schülerin Dr. Mathilde Boccara statistisch validiert (*5*).

102 Ich erinnere noch einmal daran, daß viele Mädchen aus der Oberschicht Athens kurz nach dem Eintritt der Pubertät heirateten.

den sie begehrte, zu heiraten.[103] Sie hätte sogar davon träumen können, mit einem geeigneten zukünftigen Gatten zu koitieren, und hätte sich wegen ihres Traums weder unbehaglich gefühlt noch geschämt. Das klassische Beispiel ist der Traum, den Athene der Nausikaa sandte (Hom. *Od.* 6.13-51), und der, wie gesagt, viele Elemente mit Ios Traum gemeinsam hat. Dennoch verwirrt Nausikaas Traum sie nicht im geringsten, denn implizit wird ihr ein *geeigneter* Ehemann versprochen: sie führt den Traumauftrag freudig aus, sobald sie erwacht ist.

Noch bessere Hinweise liefert der erotische Traum einer mythischen verheirateten Frau. Penelope schämt sich nicht, im Traum mit ihrem abwesenden Mann Odysseus koitiert zu haben. Sie bedauert nur, daß der Traum nicht Wirklichkeit war (Hom. *Od.* 20.87ff.). Selbst der erotische Traum der Klytaimnestra erschreckt sie nur deshalb, weil ihr Partner im Traum Agamemnon war, der Ehemann, den sie eigenhändig erschlagen hatte (7. Kap.).

Ich bin daher der Ansicht, daß Ios Traum kein Unbehagen hervorgerufen hätte, wenn er diese mehr als heiratsfähige Prinzessin – die ja einer Gesellschaft angehörte, die die Sexualität hoch bewertete –, dazu aufgefordert hätte, einen *geeigneten* Partner zu heiraten. Wäre *das* Ios Bedürfnis gewesen, hätte sie in der Tat wohl nicht nur einfach von der Aufforderung geträumt, ihre Jungfräulichkeit aufzugeben, sondern von einem tatsächlichen Beischlaf.

Dies deutet darauf hin, daß der verwirrende Teil des Traumes nicht in der Warnung bestand, es sei Zeit, ihre Jungfräulichkeit aufzugeben, sondern darin, daß sie ihre Jungfräulichkeit mit einem *ungewöhnlichen* Partner aufgeben soll: »Zeus« (vgl. 7. Kap.).

Die Verwirrung wird *nur* dann sofort verständlich, wenn man annimmt, daß »Zeus« einen *tabuisierten* Partner symbolisiert: Inachos. Das erklärt auch, warum im Traum der Erwähnung von Ios überlanger – und frustrierender – Jungfräulichkeit *sofort* eine genaue Beschreibung der sexuellen Frustration ihres zukünftigen Partners folgt. Dieser Wechsel des Blickwinkels liefert ein hervorragendes Beispiel für die selbstentschuldigende, das Über-Ich bestechende Abwehr durch Projektion (»nicht ich, sondern du begehrst tabuisierte Sexualität«), der man so oft sowohl im Traum als auch im Wachen begegnet.

Um zusammenzufassen: Eine mythische griechische Prinzessin

103 Bis zum heutigen Tage hat sich der europäische Volksglaube erhalten, daß ein Mädchen ihren zukünftigen Gatten im Traum oder in einem Spiegel sehen kann (*62*), usw.

brauchte keinen Traum, der sie belehrte, Sexualität sei gut – das war für sie selbstverständlich. Es hätte aber einer starken Traumunterstützung bedurft, um sich einem *tabuisierten* Sexualpartner hingeben zu können.

Diese Ansicht wird von Ios Wachverhalten vollständig bestätigt. Die normale griechische Reaktion auf einen störenden Traum war, ihn zu »sterilisieren«, indem man ihn dem Sonnenlicht erzählte oder manchmal apotropäische Riten vollzog.[104]

Aber Io tut nichts dergleichen. Statt dessen erzählt sie den Traum ihrem Vater Inachos. Dies stellt ein kompliziertes neurotisches Manöver dar – teils ausweichend, da sie ja Inachos die »Entscheidung überlassen wird«. Ihr Traumbericht an den Vater ist weniger eine Erzählung als eine »Beichte«, und noch dazu eine zweischneidige.

Dies ist in der Tat ein unbewußter (oder vielleicht schon vorbewußter) Versuch, den Vater zu verführen: Io folgt dem *latenten* Rat der Traumstimme, indem sie Inachos ihre »Verfügbarkeit« mitteilt. Derartige indirekte Verführungen sind nicht nur im normalen Leben häufig anzutreffen: Sie kommen auch während der Psychotherapie und sogar bei projektiven psychologischen Tests vor (vgl. 3. Kap., Anm. 108).

Auf einer anderen Ebene aber stellt Ios »Beichte« eine Bitte um Strafe dar. Eine Untersuchung der Reaktionen des Inachos auf Ios Erzählung ist daher unerläßlich.

Inachos beantwortet Ios Verwirrung und ihre Versuche, die Verantwortung ihm zu überlassen, seinerseits mit einer eigenen Verwirrungsreaktion. Anstatt sich zu entscheiden, befragt er *zwei verschiedene Orakel.*[105] Dies stellt wahrscheinlich den einzigen Fall dar, in dem ein *rituelles* Orakel befragt wurde, um ein *Traum*orakel zu klären. Aber die Antworten der mehrfach befragten Orakel sind zunächst rätselhaft und unverständlich (658 ff.).

An dieser Stelle muß ich einige allgemeine Bemerkungen über Orakel machen. Fenichel (*36*) meint, daß das Mißverstehen von Orakeln psychologisch bedingt sei. Dies ist soweit richtig, schließt

104 A. *Pers.* 200 ff.; E. *Hec.* 68; E. *IT* 43 ff. Vgl. E. *Ba.* 1264 ff. zum psychotherapeutischen Gebrauch des Sonnenlichts, der an anderer Stelle diskutiert wird (*28*). Zur Vorherrschaft des Sehens – dem einzigen Sinn, der vor der Geburt normalerweise niemals stimuliert wird – als dem hauptsächlichen Vermittler von Realität und als hauptsächlicher Abwehrmechanismus des Bewußtseins gegen die dunkle Welt der Instinkte und Phantasmen, vgl. *13*, *22* und 1. Kap., Anm. 3.

105 Die Athener befragten die Pythia zweimal, Hdt. 7.141 ff.

aber die irrige (implizite) Annahme ein, daß die Äußerungen eines Orakels nicht nur »bedeutungsvoll« sind, sondern daß sie auch nur *eine* »wirkliche« Bedeutung haben. Nun ist es aber eine Tatsache, daß *kein* Orakel eine reale, *inhärente* Bedeutung hat. Es hat keine *andere* Bedeutung als die, die der Klient ihm aufgrund seiner eigenen subjektiven Bedürfnisse, Ängste und Neigungen *zuschreibt* (25).[106]

Kurz gesagt fordert der Klient das Orakel bei einer Befragung dazu auf, ein zwar bedeutungsvolles, aber verwirrendes *reales* Dilemma durch ein *verbales* »Rätsel« zu ersetzen, *das inhärent jeden Sinnes bar ist*, und das die Problemlösungsarbeit immer noch – jetzt verkleidet als Rätselorakel – dem Klienten überläßt. In der Tat ist der einzige, zweifelhafte Vorteil, den der Klient von der Befragung des Orakels hat, der, daß er nachher das Orakel für seine eigenen Fehler verantwortlich machen kann (25).[107]

Ich bin der Ansicht, daß die ersten Antworten der Orakel an Inachos nicht dunkler waren als die letzten. Sie *schienen* Inachos nur deshalb rätselhafter, weil *er* sich noch nicht entschieden hatte. Als Inachos sich schließlich entschloß, Ios indirekten Verführungen zu widerstehen, konnte *er* das neue Orakel plötzlich »verstehen«. Denn an diesem Zeitpunkt brauchte er nur mehr eine Entschuldigung, um Io zu vertreiben, so *als ob* sie *offen* versucht hätte, ihn zu verführen, und es ihr zunächst gelungen wäre, ihn wenigstens in Versuchung zu bringen.[108]

Kurz gesagt, solange Inachos schwankt, ob er der Versuchung nachgeben oder ihr widerstehen soll[109], *scheinen* die Antworten der

106 Der furchtlose Themistokles griff nach dem Strohhalm eines einzigen Wortes: θείη (heiliges) Salamis, das in einem katastrophal ungünstigen Orakel vorkam, bot die Schlacht an und besiegte Persia (Hdt. 7.143). Der furchtsame Nikias sah nichts als Unglück in einer günstigen Mondfinsternis, die die Flucht der Athener vor ihren Gegnern hätte verbergen können: obwohl alles vorbereitet war, vergeudete er Zeit und verpaßte seine Chance (Plu. *V.Nic.* 23). Vgl. 6. Kap. und 8. Kap., Anm. 146.

107 Vgl. Kroisos, der das delphische Orakel für seinen eigenen katastrophalen Widerstand gegen Persia verantwortlich machte – und die selbstentlastende Antwort des Orakels, das die Schuld dem Kroisos selbst zuschob (Hdt. 1.90). Der Zynismus des delphischen Orakels, den ich als selbstverständlich betrachte, ist an dieser Stelle nicht von Belang.

108 Inachos sandte wiederholt Boten nach Delphi und Dodona, aber es ist *nicht* überliefert, *welches* Orakel schließlich eine »klare« Antwort gab. Ich glaube, daß diese Antwort von Dodona kam – teils, weil Dodona Zeus' eigenes Orakel war, teils, weil die Eichen in A. *PV* 830ff. zu Io »deutlich, allen Rätsels unverhüllt« sprechen, und schließlich, weil das Orakel in A. *PV* 668 dem Inachos droht, seine Befehle mit der für Zeus typischen Waffe durchzusetzen: dem Blitz.

109 Oder, kulturell gesprochen, dem Befehl Widerstand leistet, einen obszönen, pastoralen Fruchtbarkeitsritus zu vollziehen.

Orakel undurchsichtig – *für ihn*. Sobald er den Entschluß faßt, der Versuchung zu widerstehen, *scheint* die *letzte* Antwort des Orakels plötzlich verständlich – *für ihn*. Ich bin der Ansicht, daß sie ihm selbst dann verständlich erschienen wäre, wenn sie aus hebräischen Buchstaben oder aus Multiplikationstabellen bestanden hätte. Ich weise hier auf eine gut untermauerte Tatsache hin: Wiederholte Befragungen eines Orakels konnten den Tenor seiner Antworten *nicht* ändern (Hdt. 7.141); was sie ändern konnten, war nur die Stimmung *des Klienten*.

Um auf Io zurückzukommen, Inachos *zwang* sie buchstäblich, den *manifesten* Befehlen der Traumstimme zu folgen, als er sie aus seinem Haus vertrieb, denn der natürlichste Zufluchtsort für die vertriebene Io war eben das halbwilde Weideland von Lerne.[110]

Die obigen Überlegungen setzen voraus, daß die ödipalen Annäherungsversuche der Tochter vom Vater stillschweigend, *aber richtig* verstanden wurden, und daß dieser zunächst von der Stimulierung seines sogenannten »gegenödipalen« (Laius-)Komplexes in Versuchung gebracht wird.[111] Da er aber einen Boten nach dem anderen zu *zwei* Orakeln sandte und mit der Zeit sein Ich die Überhand über seinen Laiuskomplex gewann, entscheidet er sich, die Versuchung ein für alle Male loszuwerden. Anders ausgedrückt straft er, indem er Io vertreibt, nicht nur ihre inzestuöse »Verfügbarkeit«, sondern er schützt sich auch gegen ihre versucherischen »Verführungen«. Hätte er nicht die Versuchung verspürt, hätte er – voraussagbar – die Orakel völlig anders »verstanden«.

Als letzter Punkt soll angeführt werden, daß Inachos zu diesem Zeitpunkt offenbar Witwer ist, denn Ios Mutter wird im A.*PV* ebensowenig erwähnt wie die Mütter der Danaiden in A.*Suppl.* oder Hippodameias' Mutter in den nicht-genealogischen Teilen der sie betreffenden Mythen. Wie der gesunde Menschenverstand und

110 Man tut gut daran, sich an dieser Stelle an die Berichte von all den Helden zu erinnern, die in ihrer Kindheit ausgesetzt und von Hirten gerettet oder sogar von weiblichen Haustieren gesäugt worden sind. Solche Berichte enthüllen gut die Art und Weise, in der sich Griechen die pastorale »Wildnis« *vorstellten*.

111 Ich sage deshalb »sogenannt«, weil ontogenetisch und logisch der Laiuskomplex den ödipalen Reaktionen des Kindes vorausgeht und sie hervorruft (*15*, *31*, 7. Kap.). Meine Theorie hat den Vorteil, daß sie nicht auf Phantasien des Erwachsenen beruht, sondern auf experimentell verifizierbaren, biologischen und physiologischen Fakten. Sie wird daher – unnötig zu sagen? – von den Schülern Melanie Kleins nicht akzeptiert. Aber ich glaube, daß Ferenczi, der sich harten Fakten und Tatsachen verpflichtet fühlte – was bei bestimmten Analytikern, die mehr an »Philosophie« als an Wissenschaft interessiert sind, zunehmend unmodern geworden ist –, sie akzeptiert haben könnte.

die Alltagserfahrungen zeigen, stärkt eine solche familiale Situation die Zuneigung zwischen einem verwitweten oder geschiedenen Vater und seiner unverheirateten Tochter. Und wie jeder Sozialarbeiter, Psychiater und sogar Polizist weiß, ist in solchen Situationen Inzest eine durchaus nicht seltene Konsequenz dieser intensivierten Bindung.[112]

Zusammenfassung. Ios Wiederholungstraum spiegelt einen Durchbruch der Triebe im Traum. Nur im Wachen erlebt sie hemmende Angst. Der Kampf zwischen diesen beiden Kräften wird mit großem Einfühlungsvermögen beschrieben. Im Traum erkennt Ios Wunsch – dem die Traumgestalt Stimme verleiht – explizit die Existenz hemmender Kräfte und drängt sie von der Bühne, auf der der Traum sich abspielt. Die Traumstimme drängt sie, ihren Impulsen nachzugeben und ihre Skrupel zu überwinden: die hemmende Kraft wird im Traum jedoch nicht direkt repräsentiert. Sie manifestiert sich nur im Wachzustand, wo sie Angst hervorruft und Io dazu zwingt, selbstbestrafend in der Form einer für sie schädlichen Beichte auszuagieren.

Anhang

Ich habe absichtlich eine auffällige Parallele von Vater-Tochter-Inzest unerwähnt gelassen, in der die Quasiverwandlung der Tochter in eine Kuh eine Konsequenz ihres Inzestes ist. Der Pharao Mykerinos vergewaltigte seine Tochter, die sich dann aus Scham erhängte; ihr Vater ließ ihre Leiche in einer schön gefertigten künstlichen *Kuh* bestatten, die offenkundig als ihr Sarg fungierte (Hdt. 2.129ff.). Es ist genau diese Modifikation der Erzählfolge – die Ersetzung der präinzestuösen Verwandlung in eine Kuh durch eine postinzestuöse Einsargung in einem Sarkophag in Gestalt einer Kuh –, die die für das Verständnis von Ios Traum wichtige Vorstellung hervorhebt, daß Inzest ein animalisches, nicht-menschliches Verhalten ist. Die Erzählung von Pasiphae (die sich sexuell

112 Vgl. *61, 71.* Zwei meiner Studenten, Elisabeth Pimare, eine Sozialarbeiterin in der Psychiatrie, und Annick Le Guen, M. A., eine Psychoanalytikerin, haben vor kurzem eine Gruppe von Mädchen studiert, die inzestuös geschwängert worden waren. Die Ergebnisse ihrer Untersuchungen bestätigen die oben ausgedrückten Ansichten.

113 Vgl. Paus. 5.27.3, wo zur Prüfung ihrer Lebensechtheit die Bereitschaft eines männlichen Tieres genommen wird, die Statue eines weiblichen Tieres zu besteigen; *diese* Statue stellte jeodch eine *häßliche* Stute dar.

einem Stier hingibt, indem sie sich *in* einer künstlichen Kuh versteckt) dient in gewissem Sinn als Brücke zwischen der Erzählung von Io und der von der Tochter des Mykerinos.[113]

Bibliographie

(1) Anonymus: *Hikayat Hang Tuah* (Übers. H. Overbeck). München, 1922.

(2) Baker, S. J.: »Language and Dreams«. In: *International Journal of Psycho-Analysis* 31: 171-178, 1950.

(3) Besançon, Alain: *Le Tsarevitch immolé*. Paris, 1967.

(4) Boas, Franz: »The Eskimo of Baffin Land and Hudson Bay«. In: *American Museum of Natural History, Bulletin* 15, 1. Teil. New York, 1907.

(5) Boccara, Mathilde: *L'Image des Rapports Interpersonnels à Travers un Nouveau Test*. Dissertation. Paris, 1969.

(6) Burkert, Walter: *Homo necans*. Berlin, 1972.

(7) –: Persönliche Mitteilung, 1970.

(8) Carpenter, Rhys: *Folk Tale, Fiction and Saga in the Homeric Epics*³. Berkeley, California, 1958.

(9) Clifford, Sir Hugh: »Tûkang Bûrok's Story«. In: *The Further Side of Silence*. New York, 1922.

(10) Cook, A. B.: *Zeus*, 3. Cambridge, 1940.

(11) Devereux, Georges: *Sedang Field Notes* (MS), 1933-1935.

(12) –: »Social Structure and the Economy of Affective Bonds«. In: *Psychoanalytic Review* 29: 303-314, 1942.

(13) –: »A Note on Nyctophobia and Peripheral Vision«. In: *Bulletin of the Menninger Clinic* 13: 83-93, 1949.

(14) –: »Heterosexual Behavior of the Mohave Indians«. In: Róheim, Géza (Hrsg.): *Psychoanalysis and the Social Sciences* 2. New York, 1950.

(15) –: »Why Oedipus killed Laïus: A Note in the Complementary Oedipus Complex«. In: *International Journal of Psycho-Analysis* 34: 132-141, 1953.

(16) –: »Anthropological Data Suggesting Unexplored Unconscious Attitudes Toward and In Unwed Mothers«. In: *Archives of Criminal Psychodynamics* 1: 564-576, 1955.

(17) –: *Therapeutic Education*. New York, 1956.

(18) –: »A Note on the Feminine Significance of the Eyes«. In: *Bulletin of the Philadelphia Association of Psychoanalysis* 6: 21-24, 1956.

(19) –: »The Displacement of Modesty from Pubis to Face«. In: *Psychoanalytic Review* 52: 391-399, 1965.

(20) –: »The Abduction of Hippodameia as ›Aition‹ of a Greek Animal

Husbandry Rite«. In: *Studi e Materiali di Storia delle Religione* 36: 3-25, 1965.
(21) –: »Mumbling«. In: *Journal of the American Psychoanalytic Association* 14: 478-484, 1966.
(22) –: »Rapports Cliniques et Phylogénétiques entre les Odeurs et les Emotions dans la Névrose Caractérielle d'un Hottentot Griqua«. In: *Psychopathologie Africaine 2* (Nr. 1): 65-76, 1966.
(23) –: *Angst und Methode in den Verhaltenswissenschaften*. München, 1973, Frankfurt, Berlin und Wien, 1976 (1. engl. Ausg., Paris und Den Haag, 1967).
(24) –: »Observation and Belief in Aischylos' Accounts of Dreams«. In: *Psychotherapy and Psychosomatics* 15: 114-134, 1967. Auch in: *Tragédie et Poésie Grecques* (3. Kap.). Paris, 1975.
(25) –: »Considérations Psychanalytiques sur la Divination, Particuliérement en Grèce«. In: Caquot, A. und Leibovici, M. (Hrsg.): *La Divination* Bd. 2, S. 449-471. Paris, 1968.
(26) –: *Mohave Ethnopsychiatry* (2., erw. Aufl.). Washington, D.C., 1969.
(27) –: »La Naissance d'Aphrodite«. In: Pouillon, Jean und Maranda, Pierre (Hrsg.): *Echanges et Communications (Mélanges Lévi-Strauss)*, 2.1229-1252. Paris und Den Haag, 1970.
(28) –: »The Psychotherapy Scene in Euripides' *Bacchae*«. In: *Journal of Hellenic Studies* 90: 35-48, 1970.
(29) –: *Psychoanalysis and the Occult* (Hrsg. und Beitr.). Neudruck (Hardcover und Paperback). New York, 1970.
(30) *Essais d'Ethnopsychiatrie Générale*. Paris, 1970, [4]1979. Dt. z. T. in: *Normal und Anormal*. Frankfurt, 1974.
(31) –: *Ethnopsychoanalyse*. Frankfurt, 1979. (1. franz. Ausg., Paris 1972.)
(32) –: »The Self-Blinding of Oidipous (Festschrift für Dodds)«. In: *Journal of Hellenic Studies* 93: 36-49, 1973.
(33) Dodds, E.R.: *The Greeks and the Irrational*. Berkeley, California, 1951. Dt.: *Die Griechen und das Irrationale*. Darmstadt, 1970.
(34) Edelstein, E.J. und Edelstein, Ludwig: *Asclepius*, 2 Bde. Baltimore, 1945.
(35) Evans-Pritchard, E.E.: *Witchcraft, Oracles and Magic among the Azande*. Oxford, 1937. Dt.: *Hexerei, Orakel und Magie bei den Zande*. Frankfurt, 1977.
(36) Fenichel, Otto: »The Misapprehended Oracle«. In: *The Collected Papers of O. Fenichel*, 2. New York, 1954.
(37) Ferenczi, Sandor: »Nacktheit als Schreckmittel«. In: *Bausteine zur Psychoanalyse*, Bd. 2. Bern und Stuttgart, 1964.
(38) Freud, Sigmund: »Formulierungen über die zwei Prinzipien des psychischen Geschehens«. *GW* I.
(39) –: »Die sittliche Verantwortung für den Inhalt der Träume«. *GW* I.
(40) Gorer, Geoffrey: *Himalayan Village*[2]. New York, 1967.

(41) Gruppe, Otto: *Griechische Mythologie und Religionsgeschichte*, 2 Bde. München, 1906.
(42) Jones, Ernest: »The Madonna's Conception through the Ear«. In: *Essays in Applied Psycho-Analysis*, 2. London, 1951.
(43) Junod, H.: *The Life of a South African Tribe*. London, 1927.
(44) Knox, B.M.W.: *Oedipus at Thebes*. New Haven, 1957.
(45) Kouretas, Demetrios: Ἀνώμαλοι Χαρακτῆρες εἰς τὸ Ἀρχαῖον Δρᾶμα. Athen, 1951.
(46) La Barre, Weston: *The Ghost Dance*. New York, 1970.
(47) Le Guérinel, E.N.: *Contribution à l'Etude des Mécanisme de Défense et de l'Adaptation chez les Consultants Africaines en Voie de Développement Rapide* (M.A. Arbeit, MS). Paris, 1971.
(48) Lennig, R.: *Traum und Sinnestäuschung bei Aischylos, Sophokles, Euripides*. Berlin, 1969.
(49) Licht, H.: *Sexual Life in Ancient Greece*[8]. London, 1956. Dt.: *Sittengeschichte Griechenlands*. Wiesbaden, o.J.
(50) Loeb, E.M.: Persönliche Mitteilung.
(51) Lowie, R.H.: »The Family as a Social Unit«. In: *Papers of the Michigan Academy of Science, Arts and Letters* 18: 53-69, 1933.
(52) Malinowski, Bronislaw: *The Sexual Life of Savages in North-Western Melanesia*[3]. London, 1932. Dt.: *Das Geschlechtsleben der Wilden in Nordwest-Melanesien*. Frankfurt, 1979.
(53) Malten, Ludolfus: *Die Sprache des menschlichen Antlitzes im frühen Griechentum*. Berlin, 1961.
(54) Marcadé, Jean: *Eros Kalos*. Genf, 1965.
(55) Murray, Gilbert: *The Rise of the Greek Epic*[4]. Oxford, 1960.
(56) Nilsson, M.P.: *Geschichte der griechischen Religion I*[2]. München, 1955.
(57) Padel, Ruth: Unveröffentlichtes Manuskript, 1970.
(58) Page, D.L.: *Literary Papyri, Poetry* (Loeb Classical Library). London, 1950.
(59) Page, D.(L.): *The Homeric Odyssey*. Oxford, 1955.
(60) Rasmussen, Knud: *Across Arctic America*. New York, 1927.
(61) Riemer, Svend: »A Research Note on Incest«. In: *American Journal of Sociology* 45: 566-575, 1940.
(62) Róheim, Géza: *Spiegelzauber*. Leipzig, 1919.
(63) Roscher, W.H. (Hrsg.): *Ausführliches Lexikon der griechischen und römischen Mythologie*. Leipzig, 1884-1937.
(64) Saul, L.J.: »Feminine Significance of the Nose«. In: *Psychoanalytic Quarterly* 17: 51-57, 1948.
(65) Snell, Bruno: *Aischylos und das Handeln im Drama* (Philologus Supplement 20.1). Leipzig, 1928.
(66) Uchimura, Y. Akimotot, H. und Ishibashi, T.: »On the Imu of the Ainu Race I.« [Japanisch mit einer englischen Zusammenfassung.] In: *Psychiatria et Neurologia Japonica* 42: 1-69, 1-3, 1938.

(67) Vernant, J.P.: »Ambiguité et Renversement«. In: Vernant, J.-P. und Vidal-Naquet, Pierre: *Mythe et Tragédie en Grèce Ancienne*, 5. Kap. Paris, 1972.
(68) Vidal-Naquet, Pierre: »The Black Hunter and the Origin of Athenian Ephebeia«. In: *Proceedings of the Cambridge Philological Society* 194: 49-64, 1968.
(69) –: »Valeurs Religieuses et Mythiques de la Terre et du Sacrifice dans l'Odyssée«. In: *Annales: Economies, Sociétés, Civilisations* 25: 1278-1297, 1970.
(70) –: »Chasse et Sacrifice dans l'Orestie d'Eschyle«. In: Vernant, J.-P. und Vidal-Naquet, Pierre: *Mythe et Tragédie en Grèce Ancienne* 6. Kap. Paris, 1972.
(71) Weinberg, S.K.: *Incest Behavior*. New York, 1955.
(72) Wilamowitz-Moellendorff, Ulrich von: *Der Glaube der Hellenen*^{2}. Basel, 1959.
(73) Winiarz, Wiktor und Wielawski, J.: »Imu. A Psychoneurosis Occuring among the Ainus«. In: *Psychoanalytic Review* 23: 181-186, 1936.
(74) Zuckermann [Sir] Solly: *The Social Life of Monkeys and Apes*. London, 1932.

3. Kapitel

Die reaktive Depression und der Traum des Menelaos (Aischylos: *Agamemnon* 410-426)

Präambel

Aischylos' Bericht über den Traum des Menelaos und der auf diesen Bericht hinführende Passus stellen selbst für einen der größten Dichter aller Zeiten eine unvergleichliche Leistung dar. Die perfekte, musikalische Vermischung von Versmaß und Bedeutung, der Wechsel scharf umrissener Bilder mit angemessen verschwommenen, verbinden sich zu einer blendend komplexen und alles mitreißenden dichterischen Eloquenz, in der mit sparsamsten Mitteln Bild auf realistisches Bild getürmt wird. Jedes neue Wort eröffnet der Wahrnehmung neue Schneisen, erklärt und vervollständigt notwendig, was vorher geschehen ist, und deutet auf Kommendes hin. Poetische Aufzählungen, deren Wirkung durch ihr makelloses Arrangement noch verstärkt wird, bewirken eine Erweiterung der Bedeutungshöfe von einzigartigem Reichtum. Im völligen Realismus aller Details und in der Art, in der ihre Beschreibung sich mit der inhärenten Struktur des objektiven Vorgangs deckt, zeigt sich die perfekte Logik des gesamten Texts. Es ist für jede Art von Dichtung außergewöhnlich, alle diese Qualitäten in sich zu vereinen; große Dichter leisten selbst auf dem Höhepunkt ihrer Schaffenskraft oft weniger.

Aber Aischylos erreichte mehr: Diese Chorstrophe, schimmernd mit facetten- und anspielungsreichen Obertönen, ist fast mehr als Dichtung – sie ist zuweilen reinste archaische Magie, die aus den Tiefen der menschlichen Psyche aufwallt. Sie ist außerdem die psychologisch überzeugendste Traumerzählung bei Aischylos, die durch die Art der Erzählung noch zwingender wird: Sie ist praktisch ein Abriß von Freuds großer Studie *Trauer und Melancholie* (*71*). Es gibt im Schatz der Weltliteratur nur wenige Stellen, die so wie diese Freuds wiederholte Aussage bestätigen, daß die Dichter einen Großteil seines Werkes *intuitiv* vorweggenommen hätten. Dies ist eine andere Redeweise dafür, daß jede große Dichtung deshalb *psychologisch realistisch* ist, weil sie objektive Realität durch das Medium psychischer Realität (Phantasie, Traum und Affekt) spiegelt. Selbst wenn ein nur guter – kein großer – Dichter bloß äußere Realität zu beschreiben sucht, sind seine Schriften nicht deshalb Poesie, weil die von ihm beschriebene Realität schön ist, sondern weil er in ihrer Beschreibung – zuweilen unabsichtlich und sogar gegen seinen Willen – seine eigenen Reaktionen auf sie enthüllt.

Ich will damit nicht sagen, daß Aischylos die Symptomatologie und die Psychodynamik einer reaktiven Depression umreißen wollte, noch ihm das Verdienst zuschreiben, genau das in dichterischer Form getan zu haben. Meine Analyse dieser Stelle will mehr als nur die Psychopathologie der Trauer des Menelaos und den latenten Inhalt seines Traumes interpretieren. Ich versuche auch so gut wie möglich zu erhellen, wie der Geist eines großen Dichters arbeitet: Die fast unglaubliche Sicherheit, mit ein paar wunderbar arrangierten Worten ebenso verschiedenartige wie bewegende Dinge zu sagen, um ihren Zusammenhang zu verstärken und zugleich ihren Bedeutungsraum zu erweitern.

Indem ich behaupte, daß man viel Geduld und einige Vertrautheit sowohl mit den Dingen, die der Dichter zu beschreiben sucht, wie mit dem Funktionieren des menschlichen Geistes benötigt, um fast alle Stränge seines Netzes zu identifizieren und ihre gegenseitige Verknüpfung zu bestimmen, behaupte ich auch die Verständlichkeit künstlerischer Kreation und Kreativität und des Geistes eines Genies[1]; denn ich glaube, daß ein großer Dichter – *spontan* und simultan – zu *allen* seinen inneren Ressourcen Zugang hat, gewöhnliche Menschen hingegen nur zuweilen. Ich glaube, die meisten Komponenten dieses Texts identifiziert und den größten Teil ihrer gegenseitigen Beziehungen bestimmt zu haben. Aber während Aischylos diese Verse wahrscheinlich in wenigen Minuten niederschrieb, brauchte ich drei Jahre, um jedes Wort und jede Wortverbindung sowohl in kultureller wie in psychologischer Perspektive einzeln zu erforschen.[2]

Bei jedem neuen Lesen entdeckte ich neue Details und aus jedem Textkommentar lernte ich etwas Neues. Ich glaube, *fast* alles

1 In diesem Punkt stimme ich nicht mit Freud (69) überein, der m. E. seinen Versuch zu früh aufgab (30).

2 Der große Dichter braucht sich allerdings nur auszudrücken – er muß nicht jeden seiner »Züge« identifizieren und etikettieren. Da dies die Aufgabe eines schöpferischen psychologischen Kritikers ist, ist seine Aufgabe in einer gewissen Beziehung schwieriger als die des Dichters, den er studiert (J.W.D.).

entdeckt zu haben, was eine gewisse philologische und eine nicht unbeträchtliche klinische Kompetenz entdecken kann, wenn sie von einer Leidenschaft für die Dichtkunst beseelt ist. Aber ich habe sicherlich nicht alles entdeckt, was dieser Text enthält, weil das Genie des Dichters, ähnlich wie die Psyche des einfachsten Patienten, *per definitionem* unerschöpflich ist (*74*). Meine Analyse dieser Stelle wird niemanden lehren, gute Dichtung zu schreiben, aber sie wird vielleicht den Glauben an die Verständlichkeit selbst der größten Dichtung und des kreativsten Geistes vergrößern. Ich analysiere hier weder den Mann Aischylos, noch habe ich im klinischen Sinn etwas über seine Persönlichkeit zu sagen. Ich erforsche eine seiner größten Leistungen. Ich versuche, den unendlichen Reichtum und die Subtilität zu beleuchten, und sage bloß: So arbeitet der Geist eines großen Dichters. Der Leser kann selbst entscheiden, wieviel von dem, was ich sage, Literaturkritik und wieviel psychologische Analyse der Funktionsweise eines genialen Geistes ist. Für mich sind diese beiden Aspekte nicht nur untrennbar, sondern fast identisch.

Der große Mathematiker K. F. Gauß bemerkte einmal: »Meine Resultate habe ich schon längst; ich weiß nur noch nicht, wie ich zu ihnen kommen werde.« Sophokles sagte über Aischylos, daß er das Richtige getan habe, ohne zu wissen, was er tat (Ath. 10.428 F). Diese beiden Bemerkungen erklären nicht nur die Natur des Genies, sie garantieren auch seine Verständlichkeit.

Methodologische Einführung. Da der Traum des Menelaos das zugespitzte Symptom seiner Depression ist, muß ich ausnahmsweise ebenso sorgfältig auch die Stelle untersuchen, die seine Trauer beschreibt. In der Tat stellte bereits Pseudo-Longinus (10.1) fest, daß Dichter eine Gruppe miteinander verbundener Symptome beschreiben, die ein Syndrom bilden, und eine Analyse von Sapph. *fr.* 31 LP bestätigt seine Ansicht (*43*, *contra 110*).

Die Länge des untersuchten Texts – und seine Schwierigkeiten – bewirken eine unvermeidbare Ausdehnung dieses Kapitels. Aber was Lagrange über die Natur sagte, trifft auch auf die große Dichtung zu: Sie kümmert sich nicht darum, wie schwer sie es dem Forscher macht.

Ich möchte darüber hinaus zeigen, daß nicht nur der Inhalt, sondern auch die Erzählweise des Erzählten psychologisch überzeugend ist. In einem echten Sinn ist seine dichterische Vollkommenheit auch ein *prima facie*-Beweis für seine Glaubwürdigkeit.

Wenn ich bestimmte Probleme diskutiere, muß ich immer wieder Dinge berühren, die einem Forscher nicht vertraut sind, der das griechische Drama als Literatur untersucht. Ich würde mich so verteidigen: Wenn Fraenkel eine große Seite Anmerkungen der Erläuterung der metallurgischen Glaubhaftigkeit einer nebensächlichen und metaphorischen Anspielung auf schlechte Bronze (ad A. *Ag.* 391) widmen mußte, ist es einleuchtend, daß die bei weitem komplexeren und wichtigeren Feinheiten eines trauernden Geistes einen noch detaillierteren Kommentar erfordern.

Der Text ist mit zwei Ausnahmen – die eine 413 ἀφημένων Dindorf und die andere 426 – derjenige Fraenkels[3], auch wenn ich meine Anführungszeichen etwas anders setze (infra). Ebenso arrangiere ich 421 f. wie Fraenkel, um es dem Nicht-Gräzisten leichter zu machen, denn ich beziehe mich regelmäßig auf diesen Autor. Anders als einige Herausgeber setze ich keinen Teil des Textes zwischen Kreuze, denn ich glaube nicht, daß er einen *locus desperatus* enthält.

Ich möchte schließlich bemerken, daß ich mit Ausnahme von 426 keine eigenen neuen Emendationen vorschlage, da in jedem Fall mindestens eine der bereits vorgeschlagenen Emendationen einen psychologisch befriedigenden Sinn gibt.

Die Entstellungen dieses Texts bestätigen seine klinische Glaubwürdigkeit: Aischylos' Text scheint zumindest einen Kopisten genug verstört zu haben, um Irrtümer hervorzurufen. Nun zeigt die klinische Erfahrung, daß die Natur eines Fehlers nicht nur zur Wiederherstellung der korrekten Bedeutung hilft, sondern auch Licht auf ihren *latenten* Inhalt wirft – denn ein Irrtum ist immer ein Kompromiß zwischen dem, was der Dichter schrieb, und dem, was der Kopist ertragen konnte. In diesem Sinn ähnelt der Fehler eines Kopisten manchmal einem schlechten Wortspiel oder einem Mischwort, wie meine Diskussion des korrumpierten Wortes in 412-413 (ΑΔΙCΤΟC) zeigen wird.

Kurz gesagt, auch wenn der Philologe die Defekte des Textes nur beklagen kann, fördert ihre psychologische Untersuchung das psychoanalytische Verständnis des Textes im ganzen.[4]

Gleichzeitig muß man beim Versuch, Irrtümer zu berichtigen,

3 Ich lasse hier Fraenkels versuchsweise Emendation des letzten Wortes von 426, die er selbst in seinen *apparatus criticus* verbannte, außer acht.

4 Für eine formale Theorie der wissenschaftlichen Verwertbarkeit von Irrtümern vgl. (*39*).

äußerst wachsam sein, denn Fehlleistungen sind zuweilen in fast schon grotesker Weise ansteckend.[5]

Die Interpretation und Emendation des Textes einer »psychiatrischen« Beschreibung, die den Leser auch heute noch überzeugen und bewegen kann, muß kontroverse Worte und Bedeutungen klinischen Realitäten anpassen, denn die Natur von Depressionen hat sich seit Aischylos' Zeiten so wenig verändert wie die von schlechter Bronze. Ich möchte nur betonen, daß ich, so wie Fraenkel (ad A.*Ag.* 391), zu diesem Punkt die Ansicht eines Elektrochemikers zitieren konnte, ohne damit anzudeuten, daß Aischylos eine Bronzegießerei besessen oder geleitet habe, auch nicht behaupten will, Aischylos habe Freud gelesen. Ich nehme nur an, daß er seine Augen und seine Empathie einsetzte, denn nach Marathon und Salamis herrschte kein Mangel an Trauernden. Darüber hinaus sind die Symptome einer Depression ebenso sichtbar wie eindrucksvoll, und Depressive bestehen auch oft darauf, ihre Gedanken und Gefühle jedem mitzuteilen, der bereit ist, zuzuhören (*71*). Diese letzte Anmerkung ist angesichts der textkritischen Regel von P. Maas entscheidend: »Für die Beurteilung des Inhaltlichen ist die vermutliche Sachkenntnis (oder Anschauung) des Autors maßgebend.« Maas fügt auch hinzu, daß der Herausgeber eines Textes bei bestimmten Sachverhalten Experten von außerhalb hinzuziehen muß (wie Fraenkel es tat). Einfach gesagt, wenn ich Aischylos' Beschreibung einer *beobachtbaren* Depression diskutiere, ist die Frage nicht die, ob Aischylos Freud gelesen hatte – sondern ob ich es getan habe.[6]

Obwohl ich diesen Umstand noch einmal erwähnen werde, weise ich hier schon darauf hin, daß Aischylos selbst einen schmerzlichen persönlichen Verlust erfahren hatte. Sein Bruder Kynegeiros fiel unter sehr ruhmvollen Umständen bei Marathon, und ich neige zu der Annahme, daß Aischylos – wie auch einige andere Trauernde – sich teilweise mit seinem heldenhaften Bruder identifizierte.[7] Dies

5 Bakers Diskussion (*3*, S. 406) der falschen Aussprache von Fremdwörtern in Australien bezieht sich auch auf die *falsche Aussprache* eines Namens – Courvoisier –, den Baker selbst falsch *buchstabiert*: Courvoissier. X. streitet mit einem gebürtigen Brooklyner über die korrekte Aussprache von »oyster« [Auster]. Am Ende sagte X., irritiert von den Einwürfen des anderen: »At any rate, I never oyder örsters.« [Ich bestelle sowieso nie Austern], wobei er die Aussprache der Wörter »order« und »oyster« so miteinander verwechselte, wie es auch die Brooklyner zu tun scheinen.

6 Da Thomson das nicht getan hat, nennt er (ad A.*Ag.* 416) Fraenkels überzeugende psychologische Kommentare »absurd«.

7 Vgl. meinen Kommentar zu dem zweideutigen Phantom in 415. Zum Tod des Kynegeiros vgl. Hdt. 6.114.

könnte eine Eigentümlichkeit des Epitaphs erklären, den Aischylos für sich selber schrieb. Er erwähnt nur sein (Kynegeiros-ähnliches) Heldentum in der Schlacht mit dem persischen Heer, spielt jedoch auf seinen Ruhm als Dichter nicht einmal an.[8] Aischylos' Fähigkeit, extreme Furcht und Schmerz zu beschreiben, braucht nicht mehr demonstriert zu werden (*18*). Kurz, ich schreibe Aischylos keine Kenntnisse zu, die er nicht offenkundig gehabt hat.

Dennoch scheint ein Vorbehalt angebracht zu sein. A.*Pers.* 249ff. (und *passim*) ist Dichtung und keine Abhandlung über Seekriegstaktik, obwohl die Stelle einem Historiker oder einem Admiral Informationen über Seekriegstaktik geben kann. Obwohl auch A.*Ag.* 410-426 primär Dichtung und keine Monographie über Depression ist, vermittelt die Stelle dem Psychiater, daß Depressionen sich seit der Zeit des Aischylos nicht sehr geändert haben. Da die nicht-entstellten und nicht-kontroversen Teile des Textes perfekt auf klinische Realitäten passen, muß deshalb die erste Arbeitshypothese in bezug auf den Rest des Texts lauten, daß er *auch* psychiatrisch sinnvoll sei.[9] Diese Technik unterscheidet sich nicht von der des Emendierens, wenn man z.B. einen hypothetischen Defekt in der Aischyleischen Salamisbeschreibung unter Berücksichtigung von Kenntnissen aus der Seefahrt berichtigt.

Das letzte Argument zugunsten der klinischen Genauigkeit dieses Textes ist, daß er einen *extremen* emotionalen Zustand beschreibt, der psychologisch »einfacher« ist als (kulturgebundene) logische Denkvorgänge oder Klassifikationssysteme.[10]

Wir können Menelaos' elementaren Kummer in unserem eigenen Inneren spüren, denn er schreibt über zeitlose menschliche Wesen, wie es jeder Tragödiendichter tun muß, wenn sein Werk »philosophischer« sein soll als die Geschichtsschreibung.[11] Aber wir reagieren weniger stark auf Stratons Liebes»kummer«, da er eine Äußerung aus der Zeit der homosexuellen Dekadenz Griechenlands und sowohl auffällig (und neurotisch) idiosynkratisch wie auch eng kulturgebunden ist. Und dennoch ist der Menelaos des Aischylos,

8 Wenn man annimmt, daß Aischylos aus seiner eigenen Trauererfahrung Hinweise zog, unterstellt man Selbstbeobachtung. Vgl. Pages (*118*, S. 27) Kommentar zu Sapphos Fähigkeit zur Selbstbeobachtung, ebenso (*43*), vgl. auch 4. Kap., Anhang II.

9 Für eine ähnliche Rechtfertigung einer psychiatrisch angemessenen alten Emendation von Sapph.*fr.* 31.9 LP vgl. (*43*).

10 Vgl. die bewundernswerten und bis ins kleinste Detail ausgearbeiteten Studien von J.-P. Vernant und seinen Kollegen über die kulturgebundenen Aspekte griechischer bewußter Denkprozesse und Klassifikationssysteme.

11 Arist.*Poet.* 1451b5.

obwohl er menschlich gesehen universeller ist, differenzierter als Straton, dessen individuelle Differenziertheit, wie die vieler Menschen, die in Zeiten eines soziokulturellen Verfalls leben, künstlich, unkreativ und sogar selbstzerstörerisch ist (52, 6. Kap.).

ΧΟΡΟϹ
»ἰὼ ἰώ, δῶμα δῶμα καὶ πρόμοι, 410
ἰὼ λέχος καὶ cτίβοι φιλάνορες.«
πάρεcτι cιγὰc ἀτίμουc ἀλοιδόρουc ἀπί-
cτουc ἀφημένων ἰδεῖν.
πόθῳ δ' ὑπερποντίαc
φάcμα δόξει δόμων ἀνάccειν. 415
εὐμόρφων δὲ κολοccῶν
ἔχθεται χάριc ἀνδρί,
ὀμμάτων δ' ἐν ἀχηνίαιc
ἔρρει πᾶc' Ἀφροδίτα.
ὀνειρόφαντοι δὲ πενθήμονεc 420
πάρειcι δόξαι φέρουcαι χάριν ματαίαν· 421-422
μάταν γάρ, εὖτ' ἂν ἐcθλά τιc δοκῶν ὁρᾶν,
παραλλάξαcα διὰ
χερῶν βέβακεν ὄψιc, οὐ μεθύcτερον 425
πτεροῖc ὀπαδοῖc ὕπνου †κέλευθοιc†. 426
[πτερώτ' ὀπαδοῦc' ὕπνου κέλευθα.] (coni. G. D. et K. J. D.) [426]

Fraenkels Text, *modifiziert*

411: Ende der direkten Rede. Viele Herausgeber setzen die Anführungszeichen ans Ende von 426.

413: ἀφημένων Dindorf wird gegenüber ἀφειμένων der Vorzug gegeben.

426: Meine *versuchsweise* Emendation steht in eckigen Klammern. Siehe den Kommentar zu diesem Vers.

Paraphrase

Angesichts der Multivalenz zahlloser Wörter und Ausdrücke in diesem Text wie auch seiner extremen Dichte, kann keine wörtliche Übersetzung dem Leser, der des Griechischen nicht mächtig ist, dessen Bedeutung adäquat vermitteln. Dies zwingt mich, ausnahmsweise keine Übersetzung, sondern eine Paraphrase vorzulegen.

»Weh, Weh, dem Palast, dem Palast und seinem Haupt. Wehe dem Ehebett und den Abdrücken, die Helenes Körper auf ihm hinterließ, während sie mit ihrem Beischlaf ihre Liebe zu ihrem Gatten zeigte.«

Man kann das Schweigen der (sozial und subjektiv) Entehrten, der Nichtschmähenden, der Ungläubigen (und Mißtrauischen) sehen, welche abseits (von den anderen) sitzen.

Das Verlangen nach ihr, die jenseits der See weilt, läßt den Palast wie von einem Phantom (miß-)regiert erscheinen (und läßt sogar Menelaos selbst gespensterhaft erscheinen). Die schönen Formen der Statuen (von lieblichen Mädchen) scheinen dem Gatten widerwärtig. Im leblosen (aber vielleicht auch hungrig suchenden) Starren seiner Augen ist Aphrodite (Libido) gänzlich dem Untergang und Verderben verfallen.

Trauervolle Traumerscheinungen scheinen trügerische Freude zu bringen, denn nichtig schlüpft die Erscheinung, wenn man in der Phantasie etwas Gutes zu sehen vermeint, seitwärts aus des Träumers (Umarmungen) Armen und ist verschwunden – um niemals wieder den geflügelten Gang (»allure«, Haltung) des Schlafes anzunehmen (zu folgen, zu imitieren). [Übers. G. D.]

Die Informationsquellen des Chors sind ebenso bestimmbar wie die Gelegenheiten zur direkten Beobachtung, die Aischylos hatte. Dies verstärkt sehr die psychologische Glaubwürdigkeit eines Berichtes, der sich auf zehn oder zwölf Jahre zurückliegende Ereignisse bezieht. Dieser Zeitunterschied muß nicht unbedingt die Genauigkeit der Erinnerung des Chors an ein (auffälliges) *königliches* Verhalten oder einen königlichen Traum[12] in Zweifel ziehen, besonders in einer Kultur, die Träume für wertvoll hielt und in der Menelaos' persönliche Tragödie jeden berührte (427ff.).

Es ist ästhetisch gesehen kaum notwendig, die Herkunft der Informationen, die uns der Chor gibt, zu erforschen. Aber ich bin der Ansicht, daß die psychologische Überzeugungskraft der Erzählung vergrößert wird, wenn man die Informationsquellen des Chors bestimmt.

409f.: Die Seher des Palastes klagen öffentlich.

12 Kroeber (*93*, 51. Kap.) nennt die Kultur der Mohave eine »Traumkultur«. In einer solchen Kultur konnte mir einmal ein Schamane einen Traum eines seiner früheren Patienten mit fast denselben Worten im Jahr 1932 und im Jahr 1938 erzählen. Studien moderner schriftloser Volkssänger (*105*) zeigen ebenfalls, daß Menschen, die sich nicht routinemäßig auf das geschriebene Wort verlassen, beeindruckende Gedächtnisleistungen vollbringen können.

411f.: Das Verhalten des Menelaos ist nicht nur beobachtbar, sondern entspricht auch kulturellen Erwartungen. Die vollständige Kongruenz zwischen dem, was der Chor zu sehen erwartete, und dem, was er in der Tat sah, unterstützt die Annahme einer korrekten Erinnerung eines korrekt beobachteten Geschehens.

413-419: Festzuhalten ist, daß Depressive nach Überwindung der Stuporphase *beharrlich* ihre Gefühle und Gedanken erzählen (*71*). Die (ableitbare) Beharrlichkeit von Menelaos' Selbstenthüllungen würde ebenfalls ihre korrekte Erinnerung sicherstellen.

420-426: Wir wissen nicht, ob Menelaos seinen Traum dem gesamten Haushalt oder nur einigen ihm nahestehenden Personen erzählte. Aber in einer Träume schätzenden Kultur würde die korrekte Erinnerung dieses Traums besonders erleichtert, wenn er ein *typischer* Traum über Trauer oder sexuelle Frustration wäre.

Es ist selbstverständlich, daß die Erzählung des Chors – und die Figur des Menelaos – von Aischylos erfunden wurden. Ich versuche nur hervorzuheben, daß man – wäre die Situation real – der Erzählung des Chors Glauben schenken könnte – was wiederum die Plausibilität der Aischyleischen Fiktionen vergrößert.

Man muß aber eine wichtige Schlußfolgerung aus dem eben Gesagten ziehen. Der Traum des Menelaos ist so »passend« (und traumartig), daß wir ebensowenig annehmen müssen, daß Aischylos – auch wenn er sicherlich die *Ilias* kannte – in A.*Ag.* 420ff. Hom.*Il.* 23.65ff. imitierte, wie wir annehmen müssen, daß Miltons *23. Sonett* eine Imitation des Menelaostraums ist.[13] Die Erfindungen eines Seneca sind größtenteils geschraubt, selbst wenn er keinem Vorbild folgt. Die Inspiration eines großen Dichters ist das Leben, und dies gilt nie stärker, als wenn ein Aischylos den Traum des trauernden Homerischen Achilleus wiedererinnert.

Allgemeiner Kommentar: Struktur und Verlauf (410-419)

Die Verse 410-426 bilden eine organische Einheit. Jeder Teil ist mit jedem anderen Teil verbunden, und die Verbindungspunkte sind gleichzeitig auch natürliche Trennungspunkte; sie entsprechen den »Gelenkverbindungen« (»articulations«) in Angyals (*2*) holistischer

13 Im Alter von 16 Jahren kannte ich diese beiden Träume noch nicht – was mich nicht davon abhielt zu versuchen, im Traum die flüchtige Traumgestalt meines jüngst verstorbenen Bruders zu umfassen und festzuhalten.

Psychologie. Gerade die Interdependenz der Teile setzt ihre Unterschiedenheit voraus: Man kann ebenso berechtigt von verbindenden Trennungen wie von trennenden Verbindungen sprechen.

Ich kenne darüber hinaus nur wenige poetische Texte, die so klar enthüllen, was Meyerson: *Le Cheminement de la Pensée* (*112*) nennt – jene großartige und realistische innere Logik, die jede große Dichtung durchdringt, aber selten so sichtbar ist wie in diesem Fall.[14] Dies zwingt mich, der Struktur dieser Erzählung, die ich unter verschiedenen Gesichtspunkten untersuchen will, einen großen Raum zu widmen. Obwohl alle diese verschiedenen Untersuchungen mit einem weiteren Glanzlicht auf dem Genie des Aischylos enden, glaube ich nicht, an irgendeiner Stelle der Versuchung nachgegeben zu haben, jener rein lyrischen Literaturkritik zu frönen, die von Kitto zu Recht verurteilt wird (*91*, S. V). Denn m. E. ist es die außerordentliche dichterische Qualität dieser Stelle, die sie psychoanalytischen Interpretationen so zugänglich macht. Nicht daß Aischylos Freuds *Trauer und Melancholie* (*71*) kannte! Es war die Erfahrung *eigener* (Hdt. 6.114) und nationaler Trauer, unverzerrt in Dichtung verwandelt, die diesen Text vielen Beschreibungen von reaktiven Depressionen überlegen macht, die man in psychiatrischen Lehrbüchern finden kann.

Schließlich möchte ich darauf hinweisen, daß diese fein gewobene Passage für den Metalinguisten von speziellem Interesse ist. Die fortwährende Wiedererinnerung dessen, was geschehen war, und die Vorwegnahme dessen, was geschehen wird, verleihen dem Text eine polyphone Qualität, die der wissenschaftliche Diskurs nicht besitzt.[15]

Prophezeiung, Voraussicht, Antizipation. Die Verse 408 f.: »Während des Hauses Seher (προφῆται) unter lautem Stöhnen sprachen« [Übers. G. D.] haben gewisse Kommentatoren in die Irre geführt und zu der Annahme verleitet, daß einige oder alle der nächsten siebzehn Verse von den Sehern gesprochen werden und propheti-

14 Ich habe an anderer Stelle betont, daß ein Wissenschaftler ständig zwei verschiedenen Verzerrungseinflüssen ausgesetzt ist: Unkritischer Überempathie und defensiver Unterempathie (*39*). Ich habe – hoffentlich nicht ohne Erfolg – mein möglichstes versucht, beide Fallgruben bei der Diskussion dieses Textes, der auf mich eine einzigartige Anziehung ausübt, zu vermeiden (Anm. 13, supra).

15 Lévi-Strauss (*98*) beklagt zu Recht den unvermeidlich homophonen Charakter des wissenschaftlichen Diskurses, er bemerkte jedoch nicht, daß seine überzeugende und vielschichtige Analyse eines Gedichtes von Baudelaire (*87*) unwillentlich die (implizit) polyphone Qualität großer Dichtung beleuchtet.

schen Charakter haben.[16] Dies ist für die Plazierung der Anführungszeichen von einiger Bedeutung (infra).

Aber ebenso wie *non semper arcum tendit Apollo* [nicht immer spannt Apollon den Bogen], prophezeiten auch die griechischen Seher nicht unablässig. Der wirkliche Hinweis ist, daß sowohl im S. *OT* wie in E. *Ba.* Teiresias, der Seher *par excellence,* hauptsächlich die Situation oder das Problem bestimmt und sinnvolle Ratschläge erteilt, die nicht-prophetisch die *logisch* voraussehbaren Konsequenzen einer Streßsituation vorhersagen. Nach anderen Quellen führt der Wahrsager das, was der Klient als *Omen* begriffen hatte[17], auf einen pragmatischen Umstand zurück. Die Heranziehung externer Informationen zur Erläuterung von 408f. wird unnötig, wenn man annimmt, daß die Hausseher oft nur als Sprecher des Haushalts und Ratgeber in Streßsituationen fungierten.

Es gibt sogar Hinweise darauf, daß sich diese Seher nicht in Trance befinden: Sie *beklagen* das Unglück des Menelaos. Obwohl nun massive anthropologische Hinweise belegen, daß Trancezustände peinigend sind, ist Kassandra die einzige im Trancezustand emotional leidende Seherin, die von dem von ihr prophezeiten Unglück *persönlich* betroffen wird.[18] Mir fällt kein früher griechischer Bericht über einen Seher ein, der *anderen* im Trancezustand Unglück voraussagt und dabei »klagt«. Auch wenn das Delphische Orakel verräterisch pro-persisch war, kann man die kühle Art, in der es den Athenern eine Katastrophe prophezeite, kaum übersehen (Hdt. 7.140ff.).

Die Ansicht, daß die Seher nicht prophezeien, weil sie nicht im Trancezustand sind, wird von der Tatsache untermauert, daß ihre Worte, so wie sie im Text zitiert werden, grammatikalisch einwandfrei sind. Sie sind an dieser Stelle eindeutig nicht glossolalisch.[19]

16 Fraenkel, ad loc., erwähnt sogar die Verwendung von Traumdeutern in einigen modernen griechischen Haushalten.

17 Mäuse nagten ein Loch in den Mehlsack eines abergläubischen Mannes; der Wahrsager, den er konsultierte, riet ihm, das Loch von einem Flickschuster reparieren zu lassen (Thphr. *Char.* 16.6). Für Parallelen bei den Mohave vgl. *42,* S. 175; *111,* S. 150.

18 In A. *Ag.* 1072ff. ist sie verzweifelt. In E. *Tr.* 308ff. ist sie manisch (außer sich vor fröhlicher Erregung) ... eine Abwehr gegen Depression, die in jedem Lehrbuch der Psychiatrie beschrieben wird (*63*).

19 Dodds (*55,* S. 92, Anm. 68) ist der Überzeugung, daß die Bestechung der Pythia durch Kleomenes (Hdt. 6.66) beweist, daß sie nicht glossolalisch war. Es scheint einfacher, anzunehmen, daß die Pythia, wenn sie wußte, was man von ihr zu sagen erwartete, *nicht* glossolalisch war, sondern nur künstlich rätselhaft – ebenso wie Lykophrons Alexandra (= Kassandra). Die Simulierung von Trance trifft man häufig in Gesellschaften an, die diesen Zustand hochschätzen.

Man muß diese Überlegungen bei der Entscheidung, wo die Anführungszeichen zu setzen sind, mit einbeziehen. Ich bin der Überzeugung, daß die Seher, indem sie für den Haushalt sprechen, einfach die Flucht Helenes beklagen und als vernünftige, mit normaler Voraussicht begabte Männer wissen, daß Menelaos die Entführung seiner unvergleichlichen Frau nicht ungerächt lassen und seine eigenen Ressourcen wie die seiner Verbündeten mobilisieren wird, um ohne Rücksicht auf Verluste Rache zu nehmen (427ff.).

Wenn man absolut darauf besteht, könnte man die »die ... welche«-Formulierungen aus 412-419 auch als *logische* Voraussagen betrachten. Wenn man sich vorstellt, daß sich die Seher mit reaktiven Depressionen auskennen, könnte man diese Verse – wenn auch nur unter größten Schwierigkeiten – als Vorhersagen oder Prognosen auffassen: »Wer einen solchen Verlust erleidet, wird sich so und so verhalten.« Es gibt mehr als genug Beispiele für »wenn-dann«-Prognosen eines Krankheitsverlaufs im Hippokrateischen Corpus.

Aber auch wenn ein Psychoanalytiker *vielleicht* die Vermutung aussprechen könnte, daß ein betrogener Ehemann einen Traum des *Typs* haben würde, wie er in 420ff. beschrieben wird, muß ich darauf bestehen, daß es kein frühgriechisches Beispiel dafür gibt, daß jemand einen Traum vorhersagt, den ein anderer haben *wird*.[20] Selbst die umgekehrte Prozedur – der Versuch, mit Hilfe einer Orakelbefragung die Bedeutung eines Traums zu erhellen (A. *PV* 658ff.) – wird, soweit ich weiß, nur einmal erwähnt.

Insgesamt ist die Annahme logisch einfacher und poetisch befriedigender, daß 412ff. nur das beschreiben, was zumindest die Seher – die als Krisenspezialisten die Vertrauensleute des depressiven Menelaos sein würden – beobachten konnten und was ihnen von Menelaos selbst erzählt worden war, und was sie dann öffentlich machten.

Was den Eindruck hervorgerufen haben könnte, daß 412ff. eine Prophezeiung enthalten, ist ein glänzend verwendeter dichterischer Kunstgriff: die Antizipation. Eine Prophezeiung setzt ein inspiriertes Vorwissen über die Zukunft voraus. Die künstlerische Antizipation setzt nur voraus, daß der *Dichter* wußte oder »ahnte«, was *er* als nächstes schreiben würde. Antizipation strafft die Struktur und die Kohärenz der Erzählung; sie verstreut Hinweise, deren volle

20 Hdt. 7.15 ist keine echte Prophezeiung, sondern eine Arbeitshypothese.

Bedeutung erst dann deutlich wird, wenn die Erzählung ihren Höhepunkt erreicht.[21]

Die Natur der dichterischen Antizipation kann man am besten an der Antizipation in der Musik erläutern: Die Melodie enthält eine Note, die auf einen unbetonten Taktteil fällt und in bezug auf den begleitenden Akkord dissonant ist. Die »vorzeitige« Melodienote wird dann auf dem betonten Taktteil *wiederholt* (oder gehalten), während in der Begleitung ein *neuer* Akkord angeschlagen wird, der mit der ursprünglich »vorzeitigen« Note konsonant ist. Die Spannung, von der Diskordanz auf dem unbetonten Taktteil erzeugt, wird auf dem nächsten, betonten Taktteil in Harmonie aufgelöst.

Man findet in diesem Aischylostext viele solcher Antizipationen, von denen hier nur eine diskutiert werden kann. Doppelgänger (*Eidolon*) verschiedener Art werden erwähnt: die Spuren (411), das Phantom (415) und die Statuen (416) antizipieren die (Traum-) Erscheinung (425). Besser noch, obwohl »Traumerscheinungen« (im Plural, 420) eindeutig anzeigen, daß der Traum des Menelaos ein Wiederholungstraum ist, schließt dieser Plural in seiner weiten Umfassung in gewisser Weise auch die drei eben erwähnten antizipatorischen Bezüge auf die »Doppelgänger« ein.

Aber ich muß darauf bestehen, daß diese Hinweise Aischyleische Antizipationen des Traums sind und keine prophetischen Aussagen der Palastseher. Auch wenn schon Homeros wußte, daß hungrige Pferde von Hafer träumen (Hom. *Od.* 20.88 ff.), führen die »Spuren Helenes« (411) weder zu einer prophetischen Vorhersage noch zu einer psychiatrischen Diagnose des Menelaostraums. Die Antizipation ist eine künstlerisch und psychologisch überzeugende Erfindung des *Dichters*: Der »Tagesrest« (411)[22] wird erwähnt, bevor der Traum erzählt wird.

Ich versuche hier nur, ein Prinzip zu formulieren: Ich analysiere nicht alle Antizipationen in diesem streng strukturierten Text.[23]

Wesentlich ist lediglich, daß diese Antizipationen das unaufhaltsame Fortschreiten der Passage unwiderstehlich machen: Die Macht

21 Vgl. F. L. Lucas' Kommentar (*107*, S. 83) zu einer Eintragung in den Notizbüchern des jungen Napoleon Bonaparte: »Ste. Hélène, petite île.« Die Anzahl der antizipatorischen Hinweise in S. *OT* ist sprichwörtlich.

22 Hdt. 7.16; Arist. *insomn.* 461a14ff. Vgl. 1. Kap., Anm. 6.

23 Vgl. meinen Kommentar zu »nichtschmähend« (412). Ich weise auch darauf hin, daß πάρεστι (412) πάρεισι (421) antizipiert.

ihrer Logik ist auch die einer emotionalen Krankheit, die ihren Höhepunkt erreicht – und die des Schicksals.

Logische und chronologische Abfolge. Sobald man die unhaltbare Prophezeiungshypothese aufgibt, wird die Abfolge der Erzählung sowohl logisch wie chronologisch makellos.

408-411: Als Sprecher des Haushalts klagen die betrübten Propheten, als sie Helenes Flucht während der Abwesenheit Menelaos' entdecken.

410f. bestimmen den Ort und die Personen (Menelaos und der geisterhafte Abdruck Helenes). Aber indem sie »Weh« rufen, ahnen die Seher auch (nicht-prophetisch) die Wirkung der Flucht auf Menelaos voraus. Der Chor übernimmt Verantwortung nur für die genaue Wiedergabe der Worte der Seher.

412f. beschreiben die ersten sichtbaren Reaktionen des Menelaos bei seiner Rückkehr – die meisten sind kulturell vorhersagbar.

414-419 verfolgen die allmähliche Umwandlung der ursprünglichen psychomotorischen (und teilweise kulturell determinierten) Symptome in die affektiv-vorstellungsmäßigen Symptome einer anhaltenden reaktiven Depression.

420-426 beschreiben ein frustriertes Restitutionsmanöver in der Form eines Traums, der (vergeblich) den *status quo ante* wiederherzustellen versucht.

Eine Bemerkung noch zu Menelaos' »Verwandlungen« im Verlauf dieser Erzählung.

In 410f. ist er König.

In 412f. ist er immer noch König genug, um selbst in seinem betäubten Zustand mit sozial privilegierten Symptomen zu reagieren (Entehrung, Abseitssitzen).

In 414ff. verwandelt sich der König in einen depressiven Menschen, der sich zusehends von der Realität, die seinen königlichen Zustand mit einschließt, entfremdet.

In 420ff. hat er den Gipfel des privaten Zustands erreicht – (Heracl. *fr.* 89 D-K) – er schläft und träumt wie ein gewöhnlicher verlassener Liebhaber.[24]

Die psychologische Abfolge muß aus einem anderen Blickwinkel betrachtet werden. Man stelle sich vor, daß 412-426 von Menelaos

24 Auch Artemidoros schreibt königlichen Träumen bloß einen speziellen Status zu; er sagt nicht, daß ihre Träume nicht denen eines Mannes im privaten Stand gleichen (vgl. Hdt. 7.17). Und die Griechen sind auch keine Malayen, die ein besonderes Wort für den Schlaf von Königen haben.

selbst erzählt werden. Würde er diese Details seinem Psychotherapeuten *in dieser Reihenfolge* erzählen?[25] Wenn diese Frage bejaht werden kann, würde das die psychologische Plausibilität der *Struktur* und *Sequenz*, die von dem Inhalt der Erzählung zu unterscheiden sind, erhöhen.

Wahrscheinlich beginnen die meisten Patienten eine psychoanalytische Sitzung, indem sie einen Traum der letzten Nacht erzählen. Einige wenige andere, und insbesonders diejenigen, die einen Widerstand gegen die Behandlung entwickelt haben, füllen neun Zehntel der Sitzung mit Hintergrundmaterial und Kommentaren zu einem Traum aus, den sie erst dann erzählen, wenn für seine Analyse keine Zeit mehr übrig ist. Sie bereiten Material für einen *nicht verwertbaren* Höhepunkt vor.[26]

Sosehr man so ein Verhalten in einer psychoanalytischen Sitzung bedauern muß, es ist ein hervorragendes literarisches Mittel. Sobald der Traum erzählt ist, verschiebt sich die Aufmerksamkeit des Chors vom König auf Hellas als Ganzes. Was in einer Psychotherapie ein negativistischer, den Therapeuten ärgernder Widerstand ist, wird hier sublimatorisch in einer charakteristisch archaisch-griechischen Weise zur Erzeugung von Spannung benutzt.[27] Der Dichter macht einfach in kreativer Weise das, was der Patient (selbst-) destruktiv macht. Der letztere ist ebenso hartnäckig »verstopft« wie ein Dreijähriger; der erstere ist ein Meister der Spannung. Von einem, der die Entschiedenheit dieser Unterscheidung nicht begreifen kann, kann man nicht erwarten, daß er zwischen einem Nachttopf und dem Dionysos-Theater unterscheiden kann – oder das Ausmaß erkennt, in dem die Analyse, wie der Dichter sublimatorisch *denselben* Mechanismus anwendet, den der Neurotiker destruktiv benutzt, zu unserem Verständnis des Genies eben dieses Dichters beiträgt.

Kurz gesagt, genau weil die psychologische Abfolge – die hier zur Erzeugung einer herrlichen Spannung benutzt wird – die gleiche ist wie die Verzögerungstaktik eines Neurotikers, fesselt die Abfolge als solche den Leser und macht es ihm möglich, ihren psychologi-

25 Ich habe an anderer Stelle (*45*) Beweise für die Existenz einer richtigen (erinnerungs- und einsichtorientierten) Psychotherapie im fünften Jahrhundert vor Christus in Griechenland angeführt.

26 Eteokles (A. *Sept.* 709 ff.) tut das gleiche – und erzielt eine herrliche poetische Wirkung. In einem gewissen Sinn stellt jenes Drama selbst die Erzählung und Analyse von Eteokles' nie erzähltem Traum dar.

27 Zur Hintansetzung wesentlicher Details vgl. Fraenkel *64*, 3, S. 805 ff.

schen Realismus zu erleben. Dies ist eben das Mittel, mit dem ein großer Dichter in unseren vergleichsweise mittelmäßigen Köpfen Echos erwecken kann.

Die soziokulturellen und die subjektiven Elemente von psychiatrischen Krankheiten und die Weise, in der sie aufeinander einwirken, ist eines der Hauptthemen meiner Lebensarbeit. Ich muß daher selbst auf Kosten einiger Überschneidungen mit Anmerkungen an anderer Stelle diesem Aspekt des Textes einen kurzen Abschnitt widmen. Ich hoffe, daß der Gräzist – der sich so oft mit Fragmenten von Tragödien und Gedichten befassen muß – fühlen wird, daß die wenigen unvermeidlichen Wiederholungen durch das Ergebnis des Experiments aufgewogen werden, das ich vorschlage.

Ich beginne mit der willkürlichen Annahme, daß 412f. nur als Fragment überliefert sind, und werde diese zwei Verse jetzt einmal so analysieren, als seien sie in der Tat nur ein Fragment. Die »Handlungen«, die in diesen Versen aufgezählt werden, bestehen im wesentlichen aus »Nicht-Verhalten«; das erste aufgeführte Symptom ist Schweigen, und alle weiteren bis auf das letzte beginnen mit einem *alpha privativum*, was Nicht-Verhalten andeutet.

Schweigen *per se* hat keine direkt erkennbare psychologische oder interpersonale Dimension. Wir können uns vorstellen, daß der schweigende Menelaos die Situation vor seinem geistigen Auge »vorüberziehen« läßt und ihre soziale Bedeutung einschätzt; vielleicht auch ihre persönliche Relevanz.

Sein Sich-»entehrt«-Fühlen ist auf dieser Ebene der Analyse nur eine soziokulturelle Einschätzung seines Status als gehörnter Ehemann – eine Feststellung, die mit der Realität übereinstimmt.

Nicht-schmähend liefert den ersten Hinweis auf abweichendes Verhalten. Er zeigt kein sozial zu erwartendes Verhalten wie Achilleus, der von Agamemnon[28] beleidigt und seiner Konkubine beraubt worden ist. Darüber hinaus impliziert diese Eigenschaft, daß sich Menelaos zum ersten Mal auf einen anderen Menschen hin orientiert: auf die abwesende Helene.

Unglauben und Mißtrauen erweitern das Blickfeld des Menelaos, da sein Haushalt darin eingeschlossen ist. Diese »Erweiterung« von Menelaos' »Interesse« wird allerdings auf Kosten einer vorübergehenden Abwendung von seiner Beschäftigung mit Helene (deren

28 Hom. *Il.* 1.106ff. Ich weise darauf hin, daß der Trojanische Krieg voraussetzt, daß Menelaos seiner Frau beraubt ist; die *Ilias* setzt dasselbe für Achilleus voraus. Die strukturale Parallele ist auffällig.

Flucht sein restitutiver Unglauben neurotisch verneint) und einer Zuwendung auf seinen Haushalt hin möglich, den er – mit typischer Mißachtung der gegenseitig sich ausschließenden Ansichten, wie sie regelmäßig in der Wirkungsweise des Unbewußten angetroffen wird – der Komplizenschaft bei einer Flucht verdächtigt, die er gleichzeitig nicht für real halten kann.

Das Abseitssitzen ist eine sozial voraussagbare typische Konsequenz seines Mißtrauens, aber auch seines Gefühls, sozial entehrt worden zu sein.

In diesem imaginären »Fragment« tritt also ein Schwanken auf zwischen idiosynkratischen (»improvisierten«) Trauerreaktionen auf einen persönlichen Verlust und der Zurschaustellung typischer sozio-kulturell bestimmter Reaktionen auf denselben Stimulus. So würde die Situation in psychologischer Sicht erscheinen, wenn 412f. ein isoliertes Fragment wäre: Das dort aufgeführte Nicht-Verhalten scheint größtenteils sozial vorgeformt zu sein und ist beispielhaft für den Störungstyp, den ich als »ethnisch« bezeichne (*48*, 1. Kap.).

Aber wenn wir dieses *Gedankenexperiment* [dt. i. Or.] beenden und 412f. in ihrem überlieferten Kontext lesen, bemerken wir sofort, daß Menelaos nicht *primär* »Traueretikette« zeigt. Seine negativen Symptome, insbesondere sein Abseitssitzen (und sein Schweigen) besitzen nicht nur die Qualität echter persönlicher Symptome, sondern Menelaos' Selbstisolierung ist auch eine *conditio sine qua non* für die Deflektion seiner Aufmerksamkeit von der greifbaren Realität auf Helenes Phantom, das offenbar nur in seinem Kopf existiert ... und letzten Endes für einen völligen Interesseverlust an der – für einen Abzug der Besetzung von der – äußeren Realität.

Auch wenn ein Erforscher typischer Reaktionen der Griechen auf einen Verlust 412f. innerhalb seines Begriffsystems zu Recht nur als sozial vorgeformtes Trauerverhalten begreifen würde, erscheinen sie im Licht der folgenden Verse *auch* als eine subjektive Trauerreaktion. Die gesamte Passage illustriert in bewundernswerter Weise das subjektive Erleben und die symptomatische Nutzung dessen, was auf einer kulturellen Ebene eindeutig »Traueretikette« ist. Diese wird ihrerseits durch den impersonalen Wortlaut (»die ... welche«) des Chors, insbesondere in 412f., und auch durch die Art erläutert, in der im Laufe des Textes aus »die ... welche« zunächst der Ehemann und dann der höchst individuelle Träumer wird –

denn im Traum leben selbst Könige in einer privaten Welt. Schließlich werden nach 413 die Menelaos zugeschriebenen Symptome zugleich weniger sozial vorgeformt und zusehends schlimmer. Auch das deckt sich mit einer Feststellung, die ich an anderer Stelle (*48*, 1. Kap.) gemacht habe: Eine psychische Störung, die ihre Symptome zum größten Teil von der Kultur (»Traueretikette«) ausborgt, ist weniger schlimm als eine Störung, wo kulturell vorgeformtes Trauer- (oder Störungs-)Verhalten nicht mehr zur Erleichterung[29] genügt – wodurch die stark gestörte Person gezwungen wird, ihre *eigenen* Symptome zu improvisieren und so ihren »sozialen Negativismus« zu manifestieren (*48*, 3. Kap.).

Ich beende diesen Exkurs mit dem Hinweis, daß der eben angeführte Beweis, daß die Verse 412f. eine bestimmte Bedeutung haben, wenn man sie als Fragment betrachtet, aber wichtige zusätzliche Bedeutungen erhalten, wenn man sie im Kontext liest, mein Vorgehen zusätzlich rechtfertigt, in diesem Buch keine Träume zu diskutieren, die nur als Fragmente erhalten sind.

Symmetrie ist in zweifacher Hinsicht evident:

1. Die Erzählung beginnt und endet mit *Phantombildern*: Mit dem Abdruck des Körpers der geflohenen Helene auf dem Bett und mit der Erinnerung an ihr Verschwinden im Traum.

2. 410f. sind offenbar ein direktes *Zitat* der *Worte der Seher*. (In 412-419 ist Menelaos völlig inaktiv. Sein Verhalten ist »negativ«: drei der ihm zugeschriebenen Symptome beginnen mit einem *alpha privativum*, das die *Abwesenheit* von Verhalten unterstreicht. Diese Stelle ist rein deskriptiv.) Der erste *positive* Akt, den der Text (implizit) Menelaos zuschreibt, ist sein *Erzählen* des Traumes, von dem sonst niemand Kenntnis gehabt hätte. In diesem eingeschränkten Sinn sind 420-426 ein *Quasi-Zitat*, da sie – vielleicht aus dritter Hand – Menelaos' eigenen Bericht reproduzieren.

Angeführte Symptome

412-419 zählen folgende klinische Symptome auf:

1. Negativistischer Mutismus;

2. subjektive Selbstherabsetzung, die einen sozialen Gesichtsverlust spiegelt;

29 Ich erinnere an das allgemeine Prinzip, daß jedes Symptom ein Kompromiß zwischen dem ungehemmten Wunsch und den intrapsychischen Kräften ist, die seinen offenen und sofortigen Ausdruck verhindern.

3. Hemmung des Zorns durch residuale Liebe;
4. Weigerung zu glauben, daß das »Unbegreifliche« wirklich geschehen ist, und Mißtrauen;
5. physischer Rückzug;
6. eine restitutive Halluzination der Abwesenden, was den Halluzinierenden selbst einem Gespenst ähnlich macht;
7. negative Reaktionen auf Schönheit;
8. den typischen starren Blick der stuporös Depressiven;
9. den Abzug der Besetzung von der äußeren Realität – deren Nicht-Besetzung durch Libido (was Halluzinationen begünstigt);
10. das kulminierende realitätsfremde Symptom: Ein *frustrierender* erotischer Traum.

Kurz, Menelaos' Zustand setzt sich aus Trauer, Melancholie und dem von einigen Psychiatern »schizo-affektiv« genannten Zustand zusammen. Hin- und hergerissen zwischen Liebe und Haß, balanciert er auf dem Grat zwischen dem Realen und dem Imaginären, reagiert jetzt auf die Außenwelt mit inneren Bedürfnissen und ordnet dann wieder seine inneren Erlebnisse den Ansprüchen der Außenwelt unter. Die »Grenze« zwischen dem Realen und dem Imaginären, auch zwischen dem »Innen« und dem »Außen« materialisiert und entmaterialisiert sich in genau derselben Weise, wie dieser Prozeß in einer anderen Arbeit in bezug auf rein epistemologische Überlegungen beschrieben wurde, die an dieser Stelle nicht wiederholt werden können (*39*, 24. Kap.; *52*, 2. Kap.).

Allgemeiner Kommentar: Die Traumerzählung (420-426)

Ich muß wohl kaum noch einmal darauf hinweisen, daß der Traum des Menelaos einer der überzeugendsten Träume der griechischen Literatur ist. Ich gehe daher direkt zur Untersuchung seiner Hauptmerkmale über.

Das Schlafverhalten des Menelaos wird in keiner Weise angedeutet. Dies ist deshalb bemerkenswert, weil das beobachtbare Verhalten träumender Schläfer Aischylos stark beschäftigte (*40*); in A. *Eum.* wird der unruhige, traumgeplagte Schlaf der Erinyen sogar auf der Bühne dargestellt. Diese augenfällige Weglassung *scheint* anzudeuten, daß Menelaos einen (abgeschlossenen) Schlafraum hatte, der eine direkte Beobachtung seines Schlafverhaltens durch Dritte unmöglich machte. Aber diese Erklärung ist unzureichend, denn in einigen Fällen (*40*) erwähnt die Träumerin selbst ihren leichten und unruhigen Schlaf, während in anderen die Schreie der traumgeplagten Träumerin durch den Palast hallen (6. Kap.).

Die einfachste und künstlerisch befriedigendste Hypothese lautet, daß der Dichter es absichtlich dem Publikum überließ, sich den Schlaf des traumgeplagten Menelaos vorzustellen.[30]

Die Plausibilität des Traumes wird sowohl von positiven als auch negativen Einzelheiten verdeutlicht.

1. *Positive Elemente:*

a) Jedermann konnte sich Menelaos' Traum aufgrund eigener Erfahrungen vorstellen.

b) Er enthält nichtsdestoweniger höchst individuelle Elemente, die nur zu Menelaos passen.[31]

c) Anders als einige von Menelaos' Symptomen hat sein Traum fast keinen kulturellen Inhalt. Dies offenbart den Vorgang einer fortschreitenden »Privatisierung« (*48*, 15. Kap.).

d) Der Traum ist fast vollständig visuell und nur am Rande – wenn überhaupt – taktil [Housmans ἒς θιγὰς (423) ist nicht überzeugend].

e) Die Wachrealität wird nicht mechanisch reproduziert; es treten einige symbolische »Verzerrungen« auf.

f) Erinnerung und Erzählung des Traums sind realistisch (infra).

g) Der Text ist stärker entstellt als jeder andere Aischyleische Traum. Dies deutet darauf hin, daß sein latenter Inhalt den (die) Kopisten beunruhigte.

h) Selbst philologisch befriedigende Emendationen und Interpretationen beseitigen nicht alle Mehrdeutigkeiten, denn es handelt sich um einen richtiggehend »überdeterminierten« Traum.

i) Die wesentlichen Elemente und Prozesse des Träumens sind unterscheidbar.

30 Ich weise darauf hin, daß, ganz abgesehen von der experimentell belegten Tatsache, daß Männer gerade vor Beginn eines Traumes eine kurze Erektion haben (*10*), erotische Träume normalerweise von sichtbaren Erektionen und manchmal sogar von Samenergüssen begleitet sind. Unter dieser Hypothese erhält der »Abdruck« (Spur) in 411 eine zusätzliche antizipatorische Nuance – eine Nuance, die Thomson (ad loc.) in Verbindung mit den Spuren eines Ehebruchs erwähnt: Liv. 1.58 »*vestigia* alieni viri, Collatine, in lecto sunt tuo« (Die *Spuren* eines fremden Mannes finden sich in deinem Bett, Collatinus) – wobei es aber in diesem Fall auch *denkbar* ist, daß der »Abdruck« (Spur) Menelaos' eigene (hypothetische) Traumejakulation antizipieren könnte.

31 Eine Analogie: *Der* »Ödipuskomplex« (eine induktive Generalisierung) *ist nicht* analysierbar – die subjektive Erfahrung dieses Komplexes bei einem Patienten *ist* es. Ebensowenig kann man die »Cholera« behandeln, sondern bloß einen Cholerakranken heilen.

2. *Negative Elemente:*

a) Der Traum entbehrt »gekünstelter« oder »exotischer« Anklänge. Besonders fällt die Abwesenheit konventioneller, aber unrealistischer Details auf, die von einer retroaktiven Fälschung (»sekundäre Bearbeitung«) herrühren. In einigen Fällen wird auf diese Weise versucht, die Traum*erzählung* kulturellen Kriterien anzupassen, die ihr »Autorität« verleihen sollen.[32] Die traditionelle Traumrede ist ein solches, realistischerweise *ausgeschlossenes* Element.

b) Der Traum ist nicht prophetisch, denn die wirkliche Helene wird schließlich in Menelaos' Arme zurückkehren. Wie wirkliche Träume ist auch dieser Traum des Menelaos in Vergangenheit und Gegenwart verwurzelt – sein einziges zukunftsbezogenes Element ist der Traum*wunsch*, den *status quo ante* wiederherzustellen.

Weitere realistische Aspekte dieser Erzählung werden im Laufe dieses Kapitels in verschiedenen Zusammenhängen diskutiert.

Erinnerungs- und Erzählungstechnik besitzen ebenfalls eine klinisch makellose Überzeugungskraft.

Die Details sind lebendig, aber nicht zu scharf umrissen; dies stimmt sowohl mit der alltäglichen Erfahrung als auch mit wissenschaftlichen Beobachtungen überein. Fast alle Details von Atossas Traumerzählung sind scharf umrissen (1. Kap.). Hier wie im täglichen Leben werden *wir* aufgefordert, uns die Szene vorzustellen; daher erfahren wir erst in 426, daß die Erscheinung geflügelt war. Die Verwischungen und Lücken realer Traumerzählungen werden hier aus künstlerischen Erwägungen »provokativ« nachgebildet: Wir werden aufgefordert, die Unschärfen zu bereinigen und die Lücken in Übereinstimmung mit unseren persönlichen Erfahrungen auszufüllen.

Ein Kliniker kann sich leicht vorstellen, daß Menelaos selbst sich in dieser Art an seinen Traum erinnert und ihn erzählt hat. Denn wenn der vom Traum ausgelöste Affekt so *kongruent* mit der Realität ist, daß er beim Erwachen die Beschäftigung mit *realen* Problemen wieder in Gang setzt, löschen diese den Traum praktisch aus: Zuweilen erinnert sich eine Person kaum daran, wovon ihr

32 Knaben des Diegueño-Indianerstammes, die nicht die »richtige« Art eines machtverleihenden Traumes träumen, werden aufgefordert, den Traum das nächste Mal »richtig« zu träumen (*133*). Ein Sänger der Mohave-Indianer stritt sich im Traum mit seinem Traumlehrer (denn man lernt Lieder angeblich im Traum) darüber, *wie* ein bestimmtes Lied gesungen werden sollte (*52*, 9. Kap.).

Traum »handelte« oder was er »implizierte«.[33] In solchen Fällen kann die Trauer oder die Frustration – was unter Umständen *alles* ist, woran man sich erinnert – den größten Teil des folgenden Tages durchziehen.

Ich möchte besonders darauf hinweisen, daß wir, obwohl das Verschwinden der Traumgestalt berichtet wird, nicht erfahren, welche reale Gestalt sie dann *ersetzt* (Arist. *insomn.* 458b20ff.) – denn in 427 wendet sich der Chor vom Kummer des Menelaos ab und dem des verwitwet und verwaist zurückgelassenen Hellas zu. Kurz, wir erhalten keine »Assoziationen« zum manifesten Inhalt des Traumes. Wir können nur die Intensivierung der Traumfrustration beim Erwachen beobachten ... bis die Verzweiflung eines Mannes ganz Griechenland ins Unglück stürzt.

Kurz, die Qualität der Erzählung verstärkt auch die Glaubwürdigkeit des Traumes.

Der Tagesrest[34] – der schon mehrfach erwähnt wurde – kann mit wenigen Worten abgehandelt werden. Es ist offenbar der konkrete Abdruck, den Helenes Körper zurückließ. Dieses Vakuum – das »die Natur verabscheut« – wird von dem Phantom und den schönen Statuen nur unzureichend ausgefüllt. Daher läßt sich voraussagen, daß auch die Traumgestalt sich als unbefriedigend erweisen wird. Nur die Rückkehr der wirklichen Helene – und vielleicht auch die Tötung Paris' – würden Menelaos tatsächlich befriedigen; der unvollendete erotische Traum ist nur eine weitere Quelle der Frustration.

Der Traumwunsch ist ebenso manifest wie der (ambivalente) Gegenwunsch, der in diesem Traum praktisch die Rolle des Traumzensors usurpiert und das fast vollständige Fehlen der Symbolisierung erklärt. Ich merke nebenbei an, daß diese *Ersetzung* des Traumzensors durch den Gegenwunsch in der psychoanalytischen Literatur kaum erwähnt wird, obwohl sie in vielen Träumen und besonders in Frustrationsträumen evident ist. Der Traumzensor (oder das Über-Ich) wird gewöhnlich als völlig autonome Instanz behandelt, wobei dem Problem ihrer *Mobilisierung* durch einen (ambivalenten) Gegenwunsch, der *nicht* aus dem Über-Ich stammt, wenig Aufmerksamkeit geschenkt wird.

33 Eteokles' Anspielungen auf seine *nicht* erzählten bösen Träume (A. *Sept.* 709ff.) können vielleicht diesen Vorgang verdeutlichen.

34 Hdt. 7.16; Arist. *insomn.* 461a14ff.; usw.

»Frustrationsträume« gehören zu mehr als einer Kategorie. Die beiden Typen, die uns hier interessieren, sind:

1. Träume, in denen die Frustration Teil des *manifesten* Inhalts ist. Der Menelaostraum gehört, wie die Textanalyse zeigt, in diese Kategorie und ist den Inhibitionsträumen verwandt, in denen das angestrebte Ziel nicht erreicht wird.[35] Aber ich möchte sofort feststellen, daß nur wenige griechische Träume in diesem Sinne frustrierend sind ... es sei denn, man träumt von Helene (infra). Der junge Mann, der aufhörte, die kostspielige Hetäre Thonis zu lieben, nachdem er einen befriedigenden erotischen Traum über sie hatte (Plu. *V. Dem.* 27.5 f.), ist besonders deshalb ein gutes Beispiel, weil es andeutet, daß die Liebe des jungen Mannes nicht die der »Seelen« war. Tatsächlich erinnert dieser befriedigende Traum an die Bemerkung des Diogenes, es sei ein Jammer, daß man seinen Hunger nicht durch Reiben des Bauches stillen könne, so wie man seine sexuellen Bedürfnisse durch Masturbation befriedigt (D. L. 6.68-70). Man hat den Eindruck, daß ebenso wie einige moderne Sexualforscher, die ich nicht nennen will, weder Diogenes noch der erwähnte junge Mann spürten, daß ein Orgasmus eine wichtige interpersonale psychologische Dimension haben muß, wenn er befriedigend sein soll.[36]

Obwohl ich Platons vielen Hinweisen, die körperliche Liebe sei mit der Liebe der »Seele« unvereinbar, kaum zustimmen kann – denn wirklich erwachsene Menschen, die »Liebe *machen*«, *erschaffen* dadurch ja ihre Liebe –, weisen Platons Bemerkungen zusammen mit den eben erwähnten Geschichten doch auf bestimmte Mangelerscheinungen in allen oder zumindest in vielen griechischen Liebesbeziehungen hin.[37] In der Tat wurden sogar Zeus, Poseidon und Hephaistos völlig befriedigende spontane Ejakulationen zugeschrieben (*44*). Aber ich gebe ohne weiteres zu, daß in einigen wenigen Fällen, in denen eine starke emotionale Bindung vorhanden war, sogar symbolischer Geschlechtsverkehr (E. *Alc.* 354, usw.,

35 Vgl. die Traummetapher in Hom. *Il.* 22.199 f. und V. *Aen.* 12.908. Andere Beispiele finden sich in Cook (*14*, 3.401.1), der Bolls Anspielung auf den Oknos-Mythos zustimmend zitiert, von dem er annimmt, daß er einem Inhibitionstraum nachgebildet ist. In der Tat bin ich der Meinung, daß Hom. *Il.* 22.199 f. in einer gewissen Weise Achilleus' Frustrationstraum über Patroklos (Hom. *Il.* 23.99 ff.) vorwegnimmt.

36 Die Ähnlichkeit zwischen den oben erwähnten »Sex«geschichten und der Geschichte vom Bettler, der sein Brot im angenehmen Geruch einer Küche aß – wofür der Koch bezahlt werden wollte –, ist m. E. übersehen worden.

37 Es gibt auffallende Ausnahmen: Hom. *Il.* 6.429 f., 22.447 ff.; sie werden an anderer Stelle diskutiert (*43*). Vgl. auch Teile von X. *Oec.*

der Laodameia-Mythos) lustvoll erlebt wurde. Sogar ein einfacher Kuß (Theocr. 2.126f.) konnte eine fast vollständige Befriedigung von Körper und Seele mit sich bringen.[38] Das scheint aber nur auf heterosexuelle Liebe zuzutreffen. Skythinos (*AP* 12.22) findet durch Masturbation keine Erleichterung, denn er ist in einen *Knaben* verliebt. Ich bestreite die Ansicht von Professor Lloyd-Jones, daß Theocr. 12 eine authentische Ausnahme von dieser Regel ist.

2. Andere Träume haben einen befriedigenden manifesten Inhalt, der erst beim Erwachen Frustration auslöst. Ein gutes Beispiel für diese Art von Träumen ist Penelopes erotischer Traum vom abwesenden Odysseus (Hom. *Od.* 20.88ff.), der, obschon er fast sicher einen Traumorgasmus auslöste, sie beim Erwachen bitter enttäuscht ließ: Der Text nennt den Traum schlecht (κακά) (vgl. Theocr. 2.58: Ein Liebestrank ist »schlecht«). Sapphos Reaktion in Ov. *Her.* 15.125ff. ist offensichtlich diesem Homerischen Traum nachgebildet. Sein Äquivalent im Mythos ist das Verschwinden der *fast* geretteten Eurydike – eine Szene, die mit dem Erwachen aus einem angenehmen Traum vergleichbar ist, wenn man merkt, daß die Realität nicht dem Traum entspricht.[39]

Aber Aischylos' Erzählung bewirkt mehr, als irgendeiner dieser beiden Frustrationstraumtypen erreichen könnte. Menelaos wird bereits *im* Traum frustriert: Die Gestalt entweicht ihm. Daß die Fast-Befriedigung seines Verlangens im Traum beim Erwachen eine Frustrationsquelle sein wird, ist selbstverständlich – und die Flucht der wirklichen Helene vergrößert diese Frustration. Und wenn ich 426 richtig auslege (infra), liegt darin auch der weitere Hinweis, daß seine folgenden Träume sogar noch frustrierender sein werden.

Wenn man diese Ansicht akzeptiert, erhält man einen ersten Eindruck davon, wie »dicht« der Text eines großen Dichters wirklich sein kann: Ein einziger Traum von großer Einfachheit und Überzeugungskraft impliziert vier verschiedene Frustrationsebenen. Dies allein reicht aus, um die in der allgemeinen Einführung erwähnte Ansicht zu rechtfertigen, daß die äußerliche solide Einfachheit eines großen dichterischen Textes eine blendende Komplexität seiner inneren »Anlage« voraussetzt.

38 Was dadurch bestätigt wird, daß ihm unmittelbar der Schlaf folgt. Vgl. Legrand, ad loc.

39 Das Rettungsmotiv der Eurydike hat unbezweifelbare Äquivalente bei den amerikanischen Indianern (*76, 22*). Dies könnte darauf hindeuten, daß es dem unerfreulichen Erwachen aus einem erfreulichen Traum nachgebildet ist.

Sich verschlimmernde Wiederholungsträume kommen bei Aischylos öfter vor.[40] Ich werde an geeigneter Stelle auf die beiden Texthinweise (420, 425 f.) eingehen, die nahelegen, daß Menelaos' Traum lediglich der erste in einer Reihe sich verschlimmernder Träume ist. An dieser Stelle führe ich nur klinische Erwägungen an.

Selbst aufmerksame Laien merken, daß Träume, die von kurz zuvor erlittenen Traumata ausgelöst wurden, die Tendenz haben, sich zu wiederholen.[41] In Anbetracht des schweren Traumas, das Menelaos erlitten hatte, und des zehn Jahre dauernden Krieges, den er führen mußte, um den *status quo ante* wiederherzustellen, ist eine Nicht-Wiederholung dieses Traumes – in einer zunehmend enttäuschenderen Form – psychologisch nicht vorstellbar. Die Tatsache, daß der ursprüngliche (erzählte) Traum selbst schon frustrierend war, macht die eben gezogene Schlußfolgerung noch wahrscheinlicher.

Das räumliche Arrangement läßt sich am besten analysieren, wenn man annimmt, der träumende Menelaos sehe sich realistischerweise, wie in vielen frühen griechischen Traumerzählungen (*55*, 4. Kap.), in seinem Bett liegend. Wenn das so ist, dann schwebt Helenes Traumbild *über* ihm, und wäre selbst dann über ihm, wenn sie nicht geflügelt wäre.

Obwohl dieser *coitus inversus* offensichtlich den alptrauminspirierten Darstellungen der Vergewaltigung junger Männer durch die Sphinx oder gewisse andere weibliche Monstren nachgebildet ist – die abgesehen von einigen unwichtigen anatomischen Details oft lebensecht und schön sind (wie auf dem Frontispiz dieses Buches), repräsentiert dieses Arrangement doch auch akkurat eine »moralische« Realität. Die entflohene und triumphierend verliebte Helene

40 *PV*: Ios Traum wird zusehends zwingender. *Pers.*: Atossa erzählt den letzten und schlimmsten einer Reihe von Träumen. *Sept.*: Die Träume des Eteokles scheinen sich zu verschlimmern. Die beiden »Einmalträume« findet man in *Choe.* und *Eum.* (siehe die betreffenden Kapitel).

41 Sogar Erwachsene, die ihre Universitätsexamina bereits bestanden haben, haben manchmal noch »Abitur«-Träume. Professor Lloyd-Jones erzählte mir, er hätte geträumt, daß er das Oxford-Schlußexamen (Greats) abzulegen hatte, lange nachdem er Regius-Professor für Griechisch an dieser Universität geworden war. Die markante Wiederholung von Kriegsträumen (1914-1918) *schien* so unvereinbar mit der Wunscherfüllungstheorie der Träume zu sein, daß Freud die Theorie eines *primären* »Todestriebs« entwickelte (*72*), die ich klinisch nicht für notwendig halte (*47*, S. 399), obwohl die Theorie des »Wiederholungszwangs«, die sie begleitet, zweifellos solide ist. Ich bin der Meinung, daß die Wiederholung eines realen Traumas im Traum einfach die psychologischen Nachwirkungen des Traumas zu überwinden sucht, indem für das Unabänderliche ein »Happy-end« gesucht wird. Daß die Griechen das Vorkommen solcher »Rettungsaktionen« im Traum kannten, wird von den an anderer Stelle erwähnten Inkubationsträumen und den Träumen des Ailios Aristeides (*5*) belegt.

ist ebenso deutlich der »überlegene« Partner, wie der verlassene und entehrte Menelaos in dieser gespenstischen Umarmung der »unterlegene« ist.[42]

Kurz, das räumliche Arrangement zeigt, daß Helene die Oberhand hat; Menelaos ist hilflos und nicht einmal in der Lage, ihre vorzeitige Flucht zu verhindern.[43]

Zitate: Nur 410-411 zitieren ausdrücklich die Worte der Seher. Drei weitere Argumente – zusätzlich zu den bereits erwähnten psychologischen – können zur Stützung dieser Annahme herangezogen werden.

1. Die Symptome, die in 412-413 aufgezählt werden, sind angeblich sichtbar (ἰδεῖν). Dies bedeutet wahrscheinlich, daß der Chor seine eigenen Beobachtungen und nicht die der Seher berichtet.

2. Meines Erachtens ist langes Zitieren, besonders von Träumen, eher ein episches[44] als ein dramatisches Stilmittel. So gibt Zeus in Hom. *Il.* 2.8ff. dem (personifizierten) Traum den Auftrag, Agamemnon eine bestimmte Traumbotschaft *genau* zu übermitteln. In 2.23ff. führt der Traum diesen Auftrag gewissenhaft aus. In 2.60ff. erzählt Agamemnon selbst seinen Traum genau so, wie er ihn geträumt hat.

Dagegen wird der Traum in der Tragödie entweder tatsächlich auf der Bühne dargestellt (A. *Eum.*, Traum der Erinyen) oder sonst vom Träumer persönlich berichtet.[45] Nur in drei Fällen wird der Traum von jemand anderem erzählt: In A. *Ag.* vom Chor, in A. *Choe* ebenfalls vom Chor und in S. *El.* von Chrysothemis, wobei in einigen dieser Fälle (A. *Choe*) die Berichterstatter den Traum von der träumenden Person selbst gehört zu haben scheinen.[46]

Zugegebenermaßen erwähnt A. *Ag.* nicht, wem Menelaos den Traum erzählt hat. Fraenkels Vermutung, er habe ihn den Palastse-

42 Vgl. das 9. Kap. für die untere bzw. obere Stellung beim Geschlechtsverkehr, besonders im Traum. Für Darstellungen lüsterner Frauen, die Männer besteigen, vgl. (*109*): Tafel 137 (Nationalmuseum Athen); Tafel 152 (Berliner Museum, F. 2414; Tschawalow-Maler; usw.

43 Daß die *coitus inversus*-Stellung die Überlegenheit der Frau bestätigt, wurde vor einigen Jahren ausdrücklich von einer Feministin im nationalen Rundfunk Frankreichs (ORTF) behauptet. Es ist die Standardstellung beim Geschlechtsverkehr in einer von Robert Graves (*81*) erfundenen Matriarchie.

44 Und nahöstliches (*116, passim*).

45 In A. *Pers.* von Atossa, in A. *Sept.* (sehr kurz) von Eteokles, in A. *PV* von Io; in E. *Hec.* von Hekabe, in E. *IT* von Iphigeneia, in E. *Rh.* vom Wagenlenker.

46 Ich möchte nebenbei darauf hinweisen, daß zwei der drei Träume »aus zweiter Hand« Träume Klytaimnestras sind und daß in A. *Choe* Orestes den Traumbericht im Laufe einer raschen Stichomythie »entlockt«.

hern erzählt, ist anziehend, aber nicht zwingend, zum Teil, weil Menelaos' Traum zu transparent ist, als daß er einer Interpretation durch Experten bedürfte (obwohl diese Praktik häufig genug war, E. *Hec.* 87ff.), und zum Teil, weil sein Traum eindeutig *nicht* prophetisch ist und auch an keiner Stelle von ihm behauptet wird, er sage die Zukunft voraus. Die im Traum dargestellte Szene wird nie in der Realität stattfinden. Sie spiegelt ausschließlich die affektive Frustration des immer noch verliebten Menelaos.

Die naheliegendste Alternative wäre, die Verse 410-411 und 420-426 zwischen Anführungszeichen zu setzen. Allerdings scheinen zwei wörtliche Zitate im selben Chorgesang, nur von acht Versen getrennt, der tragischen Diktion und besonders einer lyrischen Passage in einer Tragödie fremd zu sein.

Trotz des eben Gesagten beeinflußt die Plazierung der Anführungszeichen die Deutung von 410-426 keineswegs. Dies erklärt, warum Gewißheit in dieser Frage nicht möglich ist.

Die strukturale Analyse von 410-411 gibt wichtige Hinweise auf die Weise, in der ihr Inhalt und besonders die Bedeutung der letzten beiden Worte interpretiert werden sollte.[47] Das fundamentale Datum ist, daß 408 angibt, daß 410-411 eine *Klage* sind. Dies bedeutet – sowohl prinzipiell wie auch aufgrund beobachtbarer klinischer Fakten –, daß der allgemeine Inhalt und die Struktur des ersten Klageverses mit größerer Spezifität und mit bestimmten Variationen im zweiten Vers verdoppelt werden. Man kann auch als sicher annehmen, daß die Affinitäten und Kontraste zwischen den beiden gepaarten Versen um so zahlreicher und komplexer sein werden, je größer der Dichter ist.

Das konzeptuelle Echo ist klar unterscheidbar. 410 erwähnt zuerst ein Objekt, das gleichzeitig ein materielles Behältnis und eine soziale Matrix ist: den Palast, und bezieht sich dann auf dessen beseelten Inhalt: den (die) Prinzen. 411 erwähnt ebenfalls zuerst ein materielles Behältnis, das zugleich eine soziale Matrix darstellt (das Ehebett), und bezieht sich dann auf seinen quasi-beseelten Inhalt: Den Abdruck von Helenes Körper.[48] Man bemerkt auch, daß 411 spezifischer ist als 410: Es gibt einen Übergang vom Allgemeinen zum Besonderen; von der sozialen zur individuellen Ebene.

47 Die folgenden Abschnitte verdanken vieles der exemplarischen Analyse von Baudelaires Gedicht »Les Chats« von R. Jakobson und Cl. Lévi-Strauss (*87*).

48 Diese Deutung und die Ansicht, daß der Abdruck als quasi-beseelt empfunden wird, werden weiter unten gerechtfertigt.

Als zweites wird in 410 Menelaos (infra) erwähnt, der sich in dem besonderen Moment, der von der Klage beschrieben wird, körperlich nicht in dem Bett befindet, das er vorher mit Helene teilte. Wenn man allerdings in dem Rahmen denkt, den die im folgenden dargelegte Interpretation von στίβοι φιλάνορες nahelegt, dann bedurfte die *Art* des Abdrucks, den die entflohene Helene auf dem Bett zurückließ, vorher der liebevollen Kooperation seitens Menelaos': das Gewicht seines beim Beischlaf auf Helene drückenden Körpers war dazu nötig. Daher war, auch wenn das Bett in der Tat nur den Abdruck *eines* Körpers – Helenes – bewahrte, dieser Abdruck vom *kombinierten* Gewicht zweier Körper während eines oft wiederholten Aktes produziert worden.[49] Dies rechtfertigt völlig den Gebrauch eines echten – nichtgenerischen – Plurals, der gleichwohl einige Affinitäten mit dem (generischen) Pseudoplural am Ende von 410 hat.

Und schließlich ist die Syntax der beiden Verse dieselbe:

a) 410: Wiederholtes Expletiv, wiederholtes Substantiv im Singular, Konjunktion (»und«), generischer (Pseudo-)Plural.

b) 411: Expletiv, Substantiv im Singular, Konjunktion (»und«), Substantiv-und-Adjektiv im wirklichen Plural (mit einigen Obertönen eines Singulars).

Die Variationen und Reziprozitäten zwischen den beiden Versen sind so zahlreich und subtil, daß sie trotz einer gewissen Wiederholungstendenz, die diese Darstellungsweise mit sich bringt, einzeln aufgeführt werden müssen:

a) 410: Ein Singular, gefolgt von einem generischen (Pseudo-) Plural.

411: Ein Singular, gefolgt von einem echten Plural.

b) Das wiederholte Expletiv und das wiederholte (Singular-) Substantiv zu Beginn von 410 werden von dem zweiwortigen (Substantiv-und-Adjektiv) Pluralende von 411 ausbalanciert.

c) Der abschließende Einwort-Pseudoplural von 410 balanciert den einleitenden Einwort-Singular von 411 aus.

d) Wenn man die Expletive und die Konjunktionen nicht beachtet, die in 410 zur internen Verdoppelung von 411 beitragen, bemerkt man, daß

α) 410-411 keinen einzigen gemeinsamen Konsonanten haben;

β) sie nur die Vokale α und ο und einen einzigen Diphthong

49 Genau das gleiche trifft auf den Abdruck zu, den die verschlungenen Körper Sapphos und Phaons (wiederholt) im Gras zurückgelassen hatten, vgl. Ov. *Her.* 15.147f., und infra.

– οι – gemeinsam haben, der darüber hinaus eine simple Kasusendung ist.

e) Die Versmaße der beiden Verse sind identisch (–ανο ist ein in »◡◡« aufgelöster »–«-Versfuß; –εc ist ein Anceps).

Ein vollständigeres und gleichzeitig variantenreicheres und komplexeres Zusammenspiel von Widerhall und Balance der beiden Verse 410 und 411 ist schwer vorstellbar. Dies bedeutet natürlich nicht, daß Aischylos diese Entsprechungen und Kontraste absichtlich und mühsam ausarbeitete, ebensowenig wie Baudelaire diejenigen plante, die Jakobson und Lévi-Strauss in seinem Gedicht »Les Chats« hervorheben (*87*). So subtile und vielfältige Entsprechungen und Kontraste sind die charakteristischen Merkmale großer Dichtung – und *nur* großer Dichtung. Der Literaturkritiker, der mühsam den Flug des Pegasos durch die Luft verfolgt, kann sie zwar manchmal entdecken – aber niemals vorhersagen. Es ist das Kennzeichen großer Kunst, daß sie das Nichtvoraussagbare im nachhinein als zwingend erscheinen läßt.

410 δῶμα bezeichnet primär ein wichtiges Gebäude: Einen Palast, dessen große Halle oder gar die Stadt.[50] Aber die klagenden Seher sehen nicht den Einsturz seiner Mauern und Säulen voraus, es sei denn in einem übertragenen Sinn.[51] Daher muß δῶμα hier *auch* in einem soziologischen Sinn aufgefaßt werden. Es bezeichnet *alle* diejenigen, die »das Leid des Herdes im Haus« (427f.) – die *persönlichen* Probleme der wichtigsten Palastbewohner – ebenso direkt und unvermeidlich betrifft, als ob sie selbst auch in dem Palast *lebten*. Die privaten Sorgen des Königs »betreffen« sie, ganz gleich wie sehr sie auch murren und sich beklagen (448ff.).[52] Soviel kann man mit Sicherheit auch von der griechischen Gesellschaft behaupten, in der ein »*fiktiver* Wohnort« nicht die soziale Identität eines Mannes bestimmte.[53] Ein königliches δῶμα schloß sicherlich auch solche Leute ein, die, obwohl sie tatsächlich nicht innerhalb seiner Mauern *lebten*, sich so *verhalten* mußten, als ob sie dort

50 Die Bedeutung »Haus-Kuppel« oder Dach scheint relativ späten Datums zu sein.

51 Der Einsturz eines Palastes kann im Traum eine dynastische Katastrophe symbolisieren (E. *IT* 46ff.); die umgekehrte Symbolik scheint nicht so häufig zu sein.

52 Dies ist eine griechische Sichtweise: Die privaten Beschwerden eines Königs können einen Krieg verursachen (Hom. *Il.*; Hdt. 1.3); Aristophanes (*Ach.* 526ff.) stellt diesen Vorgang sogar satirisch dar.

53 Der *Körper* eines Sedang Moi-Junggesellen wohnt im Dorfgemeinschaftshaus; seine »Herd*seele*« – die Grundlage seines Menschseins und seiner sozialen Zugehörigkeit – wohnt in den Herdsteinen seiner Eltern (*21*).

lebten; sie waren Teil des Gefolges.[54] Kurz, δῶμα stellt eine Art »Gravitationsfeld« dar; aber selbst dies stützt die Annahme einer Ko-Residenz, die scheinbar in 400 erwähnt wird, keineswegs.

Eine andere Überlegung spricht zumindest indirekt für die Ansicht, daß *dieses* δῶμα primär im soziologischen Sinn aufgefaßt werden sollte. Obwohl die Wände des Palastes eindeutig das Ehebett beherbergen (411), ist es m. E. nicht sicher, wo genau der Palast gelegen war.[55]

Ästhetisch wichtig ist die Verbindung von (sozialem) δῶμα und den πρόμοι sowie der Nexus zwischen dem tatsächlichen Gebäude und dem Ehebett. Es ist diese zusammenwirkende Nutzung verschiedener Matrizen oder Bedeutungen eines Wortes, die der poetischen Diktion ihren dauerhaften Glanz verleiht (*30*, *46*).

410 πρόμοι = Fürst(en) ist morphologisch ein Plural, funktional aber ein Singular: ein sogenannter allusiver oder generischer Plural eines Typs, den man auch in 412-413 antrifft.[56] Ein guter Grund für die Annahme, daß πρόμοι ein derartiger Plural ist, bildet der Umstand, daß die Plurale in 412f. sich eindeutig *nur* auf Menelaos beziehen. Dies legt nahe – wie mir Dr. C. A. Behr sagte –, daß der Pseudoplural in 410 zu den im folgenden diskutierten Pseudopluralen in 412-413 überleitet, die auch Fraenkel als solche erkennt.

Ich beginne mit dem Beweis, daß Schwierigkeiten entstehen, wenn man πρόμοι als echten Plural auffaßt, der sowohl Menelaos als auch Agamemnon bezeichnet.[57]

54 Der genaue »Zensus« des fraglichen δῶμα kann und muß nicht bestimmt werden. Ich bezweifle, daß Helenes eidgebundenen (Hes. *fr.* 204.78 M.W. = *Pap. Berol.* 10560; vgl. Paus. 3.24.10) ehemaligen Freier – von denen zwei (Odysseus und Achilleus) versuchten, sich dem »Kriegsdienst zu entziehen« – als Teil des δῶμα betrachtet werden sollen, das die Seher zu diesem Zeitpunkt im Sinn hatten.

55 Vers 400 (»Haus der Atreidai«) wirft m. E. kein Licht auf dieses geographische Problem. Ich bin in der Tat noch nicht einmal sicher, ob *Vers 400* wirklich bedeutet, daß Agamemnon und Menelaos unter demselben Dach wohnten. Obwohl ich diesen Punkt hier nicht ausführen kann, ist es sicherlich von nicht geringer Bedeutung, daß Aischylos trotz seines Prestiges keine Nachahmer für seine (*angebliche*) Innovation in bezug auf das Domizil der Brüder fand. Zu Nicht-Imitation vgl. (*53*). V. 410 deutet keine Ko-Residenz an, denn »Fürsten« ist ein Pseudoplural.

56 Vgl. Fraenkel zu den allusiven Pluralen in 412, 1618, 1625; A. *Choe.* 886; S. *OT* 366 (und Jebb ad loc.); S. *Ant.* 1263; E. *Her.* 1309; E. *Phoin.* 40 (und Pearson ad. loc.). Aber Fraenkel erkennt nicht, daß πρόμοι ebenfalls ein solcher Pseudoplural ist. (Zu Pluralen dieses Typs im allgemeinen vgl. Wackernagel *137*, 1.94ff.) Warum Aischylos, abgesehen von metrischen Gründen, hier einen generischen Plural verwendet, wurde in der strukturalen Analyse von 410-411 (supra) erörtert.

57 Er kann wohl nicht die eidgebundenen Freier bezeichnen (Hes. 204.81 ff.), obwohl sie in marginaler Weise Mitglieder des »Hauses« der Atreidai sind (supra). Ich habe sogar die entfernte Möglichkeit erwogen, daß sich dieses Wort auf das »königliche Paar« beziehen

1. Das würde einen nämlich zunächst verpflichten – wie Denniston und Page –, jeden Zusammenhang zwischen πρόμοι und dem Ehebett von Menelaos und Helene zu verneinen. Ich bin nicht bereit, eine derartig abrupte Diskontinuität des dichterischen Diskurses bei Aischylos zu vermuten, der weder schizophren noch ein moderner »Dichter« war – zwei Begriffe, die in Zeiten kulturellen Verfalls praktisch austauschbar sind. In deren Fall kann keine normale Person – und manchmal nicht einmal der Psychoanalytiker – die unbewußte Verbindung zwischen zwei aufeinanderfolgenden, aber logisch nicht verknüpften Gedanken rekonstruieren. Im Fall großer Dichter, aber auch einiger Quasi-Simulanten, kann die Existenz der inneren Verknüpfung der Glieder einer Ideenfolge immer gespürt werden.[58] Es ist fast ein Sakrileg, Aischylos für fähig zu halten, das Ehebett[59] so total von dem isoliert zu haben, was vorher geschah und nachher kommt. Ich räume ein, daß dieses Bett in einem *sozialen* Sinn das Zentrum all dessen ist, wofür δῶμα steht. Aber das δῶμα wurde bereits beklagt; das Bett nur als *pars pro toto* des Palastes zu nehmen, führt daher zu einer trivialen Redundanz.

Die Tatsache, daß in *diesem* Drama[60] Agamemnon und Menelaos angeblich denselben Palast teilen, könnte ausreichen, die Atreidenbrüder mit dem *Palast* zu verbinden, aber keineswegs, um *beide* mit dem *Bett* zu verbinden. In der Tat zerstört die Betonung des gemeinsamen Hauses – um dadurch den Plural in πρόμοι als

könnte. Eine sorgfältige Prüfung aller Quellen und Möglichkeiten zeigt aber, daß in der Sicht der Dichter Helene aus anderer Leute Auseinandersetzungen und Kämpfen intakt geschminkt, jedes Härchen an seinem Platz und bereit, zur Göttin zu werden (bes. E. *Tr.*, *passim*), hervorging. Außerdem kann man einen so eindeutigen Plural Maskulinum nicht als einen »Genus-bezeichnenden« Plural Femininum in dem Sinne betrachten, in dem »Hirschkuh« volkssprachlich die Spezies Hirsch oder »Stuten«, manchmal ein Paar Hengste bezeichnet, die vor denselben Wagen geschirrt sind (vgl. *4*, S. 204f.). Kein Plural wie πρόμοι bezeichnet einen Helden und seine *kriegerische* Braut, z.B. Theseus und Hippolyte oder Herakles und Deianeira (*53*). Nicht einmal Lykophron hätte Menelaos und seine ostentativ – (und daher unechte) – weibliche Königin πρόμοι genannt.

58 Ein Neurotiker, der »Angst« (= Hoffnung) davor hatte, als ein (psychoanalytisch nicht behandelbarer) Schizophrener diagnostiziert zu werden, unterdrückte regelmäßig einige seiner »verrückten« Ideen. Daher klang sein unzusammenhängender Diskurs fast schizophren – wenn auch nicht schizophren genug, um in mir *nicht* den Verdacht auf absichtliche Auslassungen zu wecken, denn ich konnte (undeutlich) spüren, daß es eine (unterdrückte) Verbindung zwischen zwei aufeinanderfolgenden, aber scheinbar unverknüpften Ideen gab (*34*).

59 Das primär *erotische* Bett steht hier (wie in A. *Pers.* 133, 543 usw.) im scharfen Kontrast zum primär *ehelichen* Bett in E. *Phoin.* 14; vgl. infra.

60 Aber offensichtlich sonst nirgends, vgl. Anm 55. Auch Sophokles gelang es nicht, eine seiner systemfremden Innovationen durchzusetzen (*53*).

wirklichen Plural zu erklären – die offensichtliche Verknüpfung von δῶμα und dem Bett, das dessen sozialen Kern bildet.

2. Wenn man annimmt, daß πρόμοι Menelaos und Agamemnon bezeichnet, *und* wenn man einen Nexus zwischen den beiden und dem Ehebett postuliert, steht man zunächst vor der Tatsache, daß von allen griechischen Helden Agamemnon mit Helenes Bett am *wenigsten* zu tun hatte. Da er keiner ihrer Freier war, strebte er auch nicht danach. Es gibt auch nicht den geringsten Hinweis auf ein Sororat – sei es sukzessiv oder simultan –, obwohl es griechische Präzedenzfälle für solche Paarungen gibt.[61]

Fast der einzige Hinweis auf einen (höchst indirekten) »sexuellen« Nexus zwischen Agamemnon und Helene ist die marginale Überlieferung, daß Iphigeneia, das illegitime Kind Helenes und Theseus', von Agamemnon und Klytaimestra aufgezogen wurde.[62] Ich halte diesen Nexus sowohl für zu unsexuell als auch für zu indirekt, um den Sprung – von den *zwei* Atreidai zu Helenes Bett – zu rechtfertigen, den diese Ansicht Aischylos unterstellen würde.

S.*Aj.* 1311[63] (Teukros zu Agamemnon): »Deine Gattin – oder soll ich sagen, die deines Bruders?« ist ebenfalls kaum ein Beweis für Agamemnons erotisches Interesse an Helene. Der verbitterte Teukros macht sich über den (in *seinen* Augen exzessiven) Eifer Agamemnons lustig, Helene zurückzubekommen – wovon später noch die Rede sein wird. Die Spitze von Teukros' Sarkasmus besteht freilich darin, daß sich Agamemnon, obwohl er *nicht* Helenes Gatte ist, so gebärdet, als sei er es. Was aber Aischylos anbelangt, schilderte er weder hier noch an anderer Stelle – in absurder oder sonstiger Weise – das Verhalten Agamemnons als Gattenverhalten.

Der einzige Zweck der vorstehenden Abschnitte war, zu zeigen, daß auch eine willkürliche Verdrehung nicht-Aischyleischer Stellen keine irgendwie geartete erotische Verbindung zwischen Agamemnon und Helenes Bett heraufbeschwören kann.

Eine weitere wesentliche Überlegung ist, daß, obwohl dieser Text den erotischen Kummer *des Mannes* Menelaos betont, weder die

61 Herakles und die fünfzig Töchter des Thestios; Theseus, Ariadne und Phaidra; Tereus, Prokne und Philomele usw.

62 Paus. 2.22.7; Douris *FHG* 2.470.3 = Tzetz.*Lyc.* 103; Ant.Lib. 27 und Papathomopoulos ad loc.; sch.Hom.*Il.* 13.626; *EM* s.v. Ἶφις, usw.

63 Den Eustath. 754.21 seltsamerweise mit Hom.*Il.* 9.327 (vgl. Jebb ad S.*Aj.* 1310ff.) anstatt mit Hom.*Il.* 9.338-341 verbindet: Die Atreidai erklärten um der schönhaarigen Helene willen den Krieg. Sind sie die einzigen, die ihre [eigenen] Frauen (Plural!) lieben?

frühe epische Dichtung noch die griechische Tragödie noch Herodotos explizit behaupten, daß der Trojanische Krieg *erotisch* motiviert gewesen sei: Daß sein *Haupt*zweck die Wiedererlangung Helenes *als Quelle erotischer Freuden* war. In Hom. *Il.* 2.70ff., 90ff., 255, 285, usw. wie auch in A. *Ag.* 534ff. ist die Wiedergewinnung des gestohlenen Schatzes fast ebenso wichtig wie die Helenes, die in E. *Tr.* 860ff. abgeurteilt und bestraft werden soll. In der Tat sind die einzigen – abgesehen von Paris (Hom. *Il.* 7.350ff.) –, die anklingen lassen, daß die *wahre* Ursache des Krieges Helene *als Quelle erotischer Befriedigung* war, die über die vorbeigehende Helene sinngemäß bemerkenden trojanischen Ältesten: »Es lohnt sich, für so viel Schönheit zu kämpfen.«[64]

Was den Krieg wirklich auslöste – sogar für Menelaos und daher *a fortiori* auch für Agamemnon und das griechische Heer –, war, daß sich in alten Zeiten niemand leisten konnte, eine Beleidigung seiner selbst oder eines Verbündeten ungerächt zu lassen, weil der Gegner sonst auf den Gedanken hätte kommen können, er könne mit Mitgliedern dieser Gruppe nach Belieben umspringen.[65]

All dies hat sehr wenig mit Menelaos' privatem Verlangen nach seiner sinnlichen Bettgenossin zu tun, und noch weniger mit einer hypothetischen persönlichen Verbindung zwischen Agamemnon und Helene.

Eine weitere Schwierigkeit besteht darin, daß sich die Plurale von 412-413 eindeutig nur auf Menelaos beziehen, denn wie tief auch Agamemnon für seinen Bruder fühlte, er würde kaum wegen des

64 Hom. *Il.* 3.156ff.; A. *Ag.* 448ff. widerlegt diese Ansicht nicht: die Stelle bezieht sich auf das Murren der Unzufriedenen, die versuchen, die wichtigeren Themen abzuwerten – wie in Ar. *Ach.* 523ff. Ähnlich hat Achilleus seinen Wutausbruch in Hom. *Il.* 9.338ff. trügerisch formuliert, um den *casus belli* der Atreidai mit seinen eigenen Beschwerden über Briseis zu verknüpfen; er spiegelt nicht die allgemeine griechische Ansicht über die Ursachen des Trojanischen Krieges, die z.B. in Hdt. 1.1ff. dargestellt wird.

65 Kurz nachdem ich in ein Dorf der Sedang Moi adoptiert worden war, feuerte ich eines Nachts meinen Revolver ab, um eine Wildkatze zu vertreiben, die versuchte, den Hühnerstall zu plündern. Im nächsten Augenblick stolperten alle Männer des Dorfes, bis an die Zähne bewaffnet, aus ihren Hütten, um mich vor dem Angriff eines – wie sie glaubten – nicht allzuweit entfernten Sedang-Dorfes zu schützen, dessen Bewohner Grund zur Klage über die Franzosen hatten. Da die Sedang meines Dorfes vor meiner Adoption sich mir gegenüber ausgesprochen feindselig verhalten hatten – sie hatten ebenfalls Grund, den Franzosen gram zu sein –, fragte ich sie, warum sie *jetzt* zu meinem Schutz herbeigeeilt waren. Sie antworteten: »Du bist jetzt einer von uns, und wenn Fremde auf den Gedanken kämen, sie könnten uns ungeschoren angreifen, käme ihnen auch der Gedanke, daß wir nicht zusammenhalten, und sie würden dann jeden von uns in der Überzeugung angreifen, daß wir nicht gemeinsam zurückschlagen würden.« Es braucht nicht hinzugefügt zu werden, daß Agamemnon und Iphigeneia in E. *IA* (1274f., 1374ff.) genauso und Hdt. 1.3 sehr ähnlich argumentieren.

erotischen Unglücks seines Bruders in eine stuporöse Depression verfallen. Dies macht es sogar logisch unwahrscheinlich, daß sich der Text mit einem einzigen Wort auf Agamemnon (gepaart mit Menelaos) beziehen und ihn dann im Verlauf zahlloser Verse vergessen würde.

Dem könnte natürlich entgegengehalten werden, daß die Verse 410f., weil sie von den Sehern gesprochen werden, eine Prophezeiung *stricto sensu* darstellen: daß nämlich die Seher *ihre besondere Gabe benutzen* und den letztlichen Untergang Agamemnons und nicht nur die *logisch* voraussagbaren Härten des Krieges voraussehen. Diese Annahme ist nicht haltbar. 408-409 spezifizieren (supra), daß die Seher *klagen*; sie prophezeien *nicht*. Sie beklagen, was *ist*; sie beklagen nicht, was ihr Zweites Gesicht – oder ihre Logik – sie *vorherzusehen* veranlaßt.[66] Obwohl 410 in der Tat – gerade noch – entweder eine Prophezeiung oder eine logische Vorhersage implizieren könnte, kann sich 411 nur noch auf die Gegenwart beziehen – auf das Hier und Jetzt. Dies weist darauf hin, daß auch 410 nur die Gegenwart betrifft; daß auch Seher nicht *immer* prophezeien. Hier handeln sie nur als Sprecher für das gesamte Gefolge des Menelaos.[67]

Daher rechtfertigen sowohl die Logik der Affekte (»Primärprozeßdenken«) als auch die der Begriffe (»Sekundärprozeßdenken«) die Ansicht, daß πρόμοι nur Menelaos bezeichnet, denn nur diese Annahme macht Aischylos' dichterischen Diskurs wirklich kohärent. Und ich bin der Überzeugung, daß der *Agamemnon* – grundsätzlich und ausnahmslos – als große Dichtung behandelt werden muß, in der kein Wort in der Leere vor sich hin klappert. Wenn man, wie Denniston und Page, jede Verbindung zwischen πρόμοι und λέχοc verneint, wird das Ehebett zu einem Möbelstück, das, wie Mohammeds Sarg, zwischen Himmel und Erde schwebt. Da schließlich die Essenz großer Dichtung in ihrer inneren Kontinuität besteht, verlangt die Tatsache, daß die gesamte Stelle (die Plurale von 412-413 inbegriffen) von 410-426 sich *nur* auf Menelaos bezieht, daß Agamemnon nicht in ihn einbezogen wird.

Kurz, πρόμοι – ein allusiver oder generischer Plural – bezeichnet nur Menelaos, denn zu *diesem* Zeitpunkt ist er der einzige Mann, der ein legitimes Interesse an Helenes wahllos gastlichem Bett hat.

66 Contra: Thomson ad loc., der Pl. *Tim.* 72a-b zitiert.

67 Wie bereits erwähnt, deutet dies an, wie Aischylos den Status mykenischer Hausseher beurteilte.

411 λέχος ist kein aus dem Palastinventar willkürlich ausgewähltes Möbelstück. Die Seher klagen über ein im Kontext relevantes Bett – nicht über den erstbesten Stuhl oder über eine Bratpfanne. Sie beklagen das *Ehe*bett, das, eben weil es von einem der Gatten verlassen ist, intensive erotische Sehnsüchte weckt.[68] Selbst die erotischen Träume der Griechen schienen sich hauptsächlich im Bett und fast nie, wenn man draußen schlief, einzustellen.

Für Aischylos hat das Bett fast immer eine sexuelle oder parasexuelle Konnotation.[69] Das gleiche gilt auch für viele andere griechische und römische Schriftsteller[70]: Hier ist besonders Q.S. 14.151ff. relevant.

Der Text von 411 spezifiziert nicht, ob das Bett *primär* das Bett des Menelaos war, in dem Helene ihn besuchte[71], oder *primär* das Helenes, zu dem Menalaos freien Zugang hatte[72], oder ob es zu gleichen Teilen beiden Gatten gehörte.[73] Da der Text zur Frage des »Eigentums« nichts sagt, will ich sie auch hier nicht diskutieren. Ich halte einfach fest, daß in vielen griechischen Quellen Daten zu diesem Punkt zu finden sind, die eine Systematisierung verdienen.

Wie das δῶμα hat auch das Bett, das die Seher beklagen, zwei Aspekte oder Dimensionen. In einem Sinn gleicht es dem greifbaren Gebäude, da es das Kernpaar beherbergt, dessen Ko-*Habitation* (und Ko-*Itus*) die Kerngruppe erzeugt und zusammenhält. In einem anderen Sinn symbolisiert es diese menschliche Dyade in genau dem

68 Vgl. A.*Pers.* 133, 543. Da Humor (z.B. Komödie) das angsterregende Material der Tragödie anders und defensiver behandelt, fühle ich mich berechtigt, Dover zu zitieren (S. 119, ad Ar.*Nub.* 734): Im vulgären griechischen Witz wird unterstellt, ein allein im Bett liegender Mann werde wahrscheinlich masturbieren. [Ich bezweifle aber, *pace* Dover (S. 183), daß sich Ar.*Nub.* 676 auf Masturbation bezieht.]

69 Λέχος: Sexuell: A.*PV* 557, 895; *Ag.* 1224 (trotz der Zweifel von Wilamowitz und Fraenkel; vgl. Denniston und Page). Parasexuell: Ein Nest mit Jungen: *Ag.* 50(51); *Sept.* 292 (wo der Chor auch eine Vergewaltigung befürchtet). Λέκτρον: *Pers.* 133, 543; *Suppl.* 39 (antisexuell); *fr.* 242 N². Εὐνή: *Ag.* 27 (indirekt: Das Bett ist das Ehebett), 193, 1447, 1626; *Eum.* 217; *Pers.* 543; *Sept.* 364 (Vergewaltigung?); *Suppl.* 141, 151. Nicht-sexuell (im Kontext): *Ag.* 13 (Feldbett des Wächters), 559 (Feldbett vor Troja); *Choe.* 318 (Grab). Unsicher (verstümmelter Text): *Pap.Oxy.* 2249.14.

70 Vgl. die sich ständig wiederholende Gleichung ›Bett = Koitus‹ in Ov.*Her.* 16.20, 35, 156, 264, 268, 318; 17.22, 195 usw. Page meint, daß in E.*Med.* 140 λέκτρα zu δῶμα entstellt worden ist.

71 In diese Richtung zielt Fraenkels Theorie der »gattenliebenden Schritte«.

72 Eine vertretbare Annahme, da Menelaos nach Sparta zog; aber vgl. E.*Ph.* 14, wo Laios das Bett Iokastes »besitzt«.

73 Als Kliniker beeindruckt mich die psychologische Bedeutung der Tendenz von Gatten, ein Doppelbett als »das«, »mein«, »dein« oder »unser« Bett zu bezeichnen, und im Fall von zwei Einzelbetten die Präferenz, sich im Bett des Mannes oder der Frau zu lieben (vgl. Plu. *V.Dion.* 3.3).

Moment, da ihre Mitglieder sich dem Akt widmen, der ihre Interdependenz erzeugt und bestätigt ... ebenso wie δῶμα den Haushalt in eben dem Akt symbolisiert, der die Essenz ihrer Interdependenz ausmacht: dem Akt des Zusammenlebens. Ebenso wie δῶμα zugleich das Gebäude und das Zusammenleben des Haushalts »ist«, »ist« das Bett zugleich Ehebett und die liebende Vereinigung derer, die es teilen.

Man muß dieses Bett also im Rahmen sexueller Begriffe betrachten. Dies bedeutet wiederum, daß πρόμοι *nur* Menelaos meinen kann, und daß στίβοι φίλάνορες mit dem verknüpft werden muß, was in *diesem* Bett geschah. Wenn man diese beiden zwingenden Folgerungen zurückweist, klappert λέχος in 410-411 unverbunden mit dem, was vorher und nachher geschieht, herum. Ich befürchte sogar, daß, falls diese Trennung des Bettes von seinem Kontext weitergeht, der nächste Schritt sein wird, es durch die Annahme völlig loszuwerden, daß es aus einem auf die Rückseite eines Papyrus geschriebenen Möbelkatalog in den Text hineingerutscht ist – und dann durch eine »keuschere« Fußmatte ersetzt wird, auf der hübsche Ahrenssche Fußabdrücke hinterlassen werden können, ohne bei jemandem Anstoß zu erregen.

411 στίβοι φιλάνορες: Die Bedeutung dieser Worte ist von Kontroversen unnötig verdunkelt worden. Dies verpflichtet mich, ausnahmsweise mit der Untersuchung des zweiten Wortes zu beginnen.

Φιλάνορες hat nur eine Bedeutung und wird immer in einer sehr spezifischen Weise angewendet. Gäbe es nicht unberechtigte Zweifel an der Bedeutung von στίβοι, würde sich niemand gezwungen fühlen, φιλάνορες, wie es in A. *Ag.* 411 verwendet wird, eine Bedeutung zuzuschreiben, die es an keiner anderen Stelle hat. Aus Gründen bequemerer Darstellung unterscheide ich zwischen der manifesten Bedeutung des Wortes und dem Gebrauch, dem es unterzogen wird.

Im wörtlichsten – und einzig echten – Sinn bedeutet dieses Wort »Mann (Gatten) liebend«. Es bezeichnet entweder die *Frau*, die ihren Mann liebt[74], oder eine ihrer (gewöhnlich erotischen) *Handlungen* als Manifestation ihrer Liebe. Es kann bei allem Einfallsreichtum nicht die Liebe eines Ehemannes zu seiner Frau bedeuten – nicht einmal den Teil seiner Liebe, der eine Antwort (ἀντέρως) auf

74 Es wird niemals auf die Liebe eines Knaben zu seinem Liebhaber, d. h. auf homosexuelle Affären angewendet.

das liebevolle Verhalten seiner Frau darstellt. Es gibt keine Ausnahme von dieser Regel, und die transparente Etymologie dieses Wortes macht auch jede Ausnahme unmöglich. Daher ist Smyths Übersetzung: »The imprint of *her* body so *dear*« (Der Abdruck *ihres* so *lieben* [d.h. dem Ehemann] Körpers) nicht zulässig.

Das Wort kann offensichtlich auch keine Handlung der liebenden Frau bezeichnen, die nicht *ausdrücklich* ihre Liebe spiegelt. Obwohl eine Frau, um ihren Mann lieben zu können, lebendig genug sein muß, um zu atmen, kann man auch bei allem Einfallsreichtum ihr Atmen nicht als »gattenliebend« bezeichnen. Die Hypothese von Denniston und Page, daß στίβοι φιλάνορες »Gattenliebende Spuren« bedeute und eine Kondensation der Bedeutung »Orte, an denen die, die ihren Mann liebte, zu wandeln pflegte« darstelle, ist daher nicht plausibel, denn so erfreulich es für Menelaos auch gewesen sein mag, Helenes Spaziergang zu beobachten, war ihr Wandeln keineswegs eine Manifestation ihrer Liebe zu ihm. Ähnlich war ihr Vorübergehen, obwohl es den trojanischen Ältesten den Atem verschlug (Hom. *Il.* 3.154ff.) weder eine Manifestation ihrer Liebe zu den Ältesten noch ein Ausdruck ihrer Liebe zu Paris. Ich kann keinen Text finden, in dem eine Ehefrau »gattenliebend« genannt wird, *während* sie mit einer Tätigkeit beschäftigt ist, die nicht ihre Liebe zu diesem Gatten spiegelt. Daher kann weder der Spaziergang einer noch treuen Helene noch die Spuren, die sie beim Umhergehen hinterließ, noch der Ort, wo sie spazierenzugehen pflegte, »gattenliebend« genannt werden.

Auch literarische Überlegungen sprechen gegen eine solche Annahme. Die Vorstellung einer Dame, die charmant in einem – sagen wir – Watteauschen Garten herumspaziert, paßt einfach nicht in die Bildwelt des Aischylos, und ebensowenig sind Spaziergänge – *amoureuses* oder sonstige – ein antikes oder gar mythisches Thema. Ich kenne keine mythische Dame, die spazierengeht. Wenn sie ausgeht, tut sie es in einer bestimmten Absicht: Sie geht irgendwohin, um etwas Bestimmtes zu tun. Die Spaziergangshypothese führt eine Rokoko-Nuance in einen herben und strengen Text ein.

Auch die Annahme einer Kondensierung, die so extrem ist, daß sie praktisch ein Rätsel darstellt, ist fragwürdig. Eine solche verbale Intensität *à propos* eines sentimentalen *Tableaus* ist mit dem klassischen Geschmack innerlich unvereinbar[75] und wäre höchstens von

75 Nur Sapphos stahlharte Objektivität hätte einen solchen Spaziergang darstellen können, ohne den Kanon des antiken Geschmacks zu verletzen.

Lykophron, Moschos oder Ovidius zu erwarten – oder von den Dichtern der *Anthologia Palatina*; ein Aischylos schießt nicht mit Kanonen auf Kolibris.

Fraenkels Ansicht, daß Helenes »gattenliebende« Schritte sie einst zum Ehebett trugen, ist weder sentimental noch unvereinbar mit der wirklichen Bedeutung von φιλάνορες, Fraenkel hätte seine Hypothese sogar stärken können, wenn er diese Schritte mit der Art und Weise verknüpft hätte, in der Helenes Traumbild sich dem schlafenden Menelaos nähert (420ff.). Fraenkels Hypothese ist nur unnötig kompliziert, weil er versucht, Ahrens' falsche Annahme zu berücksichtigen, στίβοι müsse sich auf eine Aktivität oder Spur der *Füße* beziehen. (Siehe *1*, infra.)

Was den Gebrauch betrifft, scheint φιλάνορες nur auf die Liebe einer Ehefrau *zu ihrem Gatten* angewendet worden zu sein. Dies trifft für Aischylos und, soweit ich feststellen kann, auch für andere Dichter zu. Es scheint niemals die Liebe einer Frau zu ihrem *Liebhaber* zu bezeichnen, und dies trotz der Tatsache, daß die Griechen kein Wort hatten, das ausschließlich »Ehemann« bedeutete; die primäre Bedeutung von ἀνήρ ist einfach »Mann«.[76] Es ist gerade diese spezifische Bedeutung des Wortes ἀνήρ – und von φιλάνορες, das von ihm abgeleitet ist –, die Klytaimestras lügenhafte Erwähnung ihres »gattenliebenden« Freudentaumels (A. *Ag.* 856) so unverschämt macht. Die verzerrte Anwendung eines Wortes hilft bekanntlich bei der Bestimmung seiner authentischen Bedeutung.

Schließlich möchte ich betonen – aus Gründen, die im weiteren Verlauf offensichtlich werden –, daß φιλάνορες bei Aischylos *erotische* Konnotationen hat. In A. *Pers.* 136 beschreibt das Wort das erotische Verlangen der sehnsüchtig traurigen persischen Damen nach ihren abwesenden Ehemännern, zu einer Zeit, wo sie allein *im Bett* liegen (A. *Pers.* 133).

Diese genau umschriebene Anwendung von φιλάνορες macht die Bemühungen von Klausen, Wilamowitz und Mazon um so unverständlicher, das Wort auf Helenes Liebe zu Paris anwenden zu wollen, sei es vor oder während ihrer eigentlichen Flucht.[77]

76 Aischylos benutzt dieses Wort sogar, um zwischen Mann und Frau zu unterscheiden; vgl. G. Italie, *Index Aeschyleus*, s.v., I, (*86*).

77 Die Bezugnahme auf die Flucht vor dem Ehemann in 404 – besonders durch das Wort λιποῦσα, das an λιπεσάνορας bei Stesich. *fr.* 46P und das λειψάνδρους der sch. E. *Or.* 249 erinnert, macht ebenfalls eine weitere Bezugnahme auf die eigentliche Flucht in 411 unwahrscheinlich.

In der Tat beschäftigen sich 410-411 aus rein literarischer Sicht ausschließlich mit dem Chaos, das die entflohene Helene *hinter sich ließ*.

Aus soziologischer Sicht muß man das griechische Ehekonzept vom jüdisch-christlichen unterscheiden. Anders als amerikanische Scheidungsgerichte, die es für rechtens halten, daß die bloße Eheschließung einer Frau genügt, um ihr Anspruch auf ruinöse Unterhaltszahlungen zu geben, selbst wenn die Ehe niemals vollzogen wurde, betrachteten die Griechen eine Ehe erst nach einem vollzogenen Beischlaf als gültig.[78]

Diese letzte Feststellung ist von entscheidender Wichtigkeit, denn nach griechischer Tradition koitierten Helene und Paris *nicht* – nicht einmal ehebrecherisch – *vor* ihrer Flucht. Der Beischlaf (μίξις) fand erst statt, nachdem sie den Palast des Menelaos verlassen hatten.[79] Daher kann man mit Recht bezweifeln, daß Helene und Paris sich *vor* ihrem Beischlaf als »verheiratet« fühlten. Ich glaube, sie betrachteten sich wahrscheinlich erst nachdem sie Troja erreicht hatten als verheiratet, wo vielleicht ein trojanischer Hochzeitsritus vollzogen wurde. Hier halte ich bloß fest, daß Ovidius den Unterschied zwischen einer Affäre und einer Ehe *ad nauseam* breitwalzt, und zwar besonders in Verbindung mit Helene und Paris.[80]

Die Tatsache, daß der flüchtige Beischlaf eines griechischen Gottes mit einer Sterblichen und auch deren Vergewaltigung durch den Gott γάμος genannt werden, widerspricht dieser Ansicht nicht, denn dieses Wort kann auch einfach den Koitus bezeichnen. Obwohl A. S. Owen (in seiner Ausgabe des E. *Ion*) (*117*) versucht, die Bezeichnung der Vergewaltigung Kreusas durch Apollon (im

78 In E. *El.* 1284ff. befehlen die Dioskouroi Elektra, den Pylades zu heiraten, weil ihre Ehe mit dem guten Bauern nie vollzogen worden war; sie machen deutlich, daß sie eine Jungfrau ist, die fälschlich »Ehefrau« genannt wird. Die von Herodotos (2.181) erwähnte Heirat, die wegen der *selektiven* Impotenz (vgl. Freud, *70*) des Mannes eine Zeitlang nicht vollzogen wurde, war *keine griechische* Ehe.

79 Vgl. Paus. 3.22.2; sch. Lyc. 87; V. *Aen.* 1.651 und Roscher (*129*) Art. Helene, Sp. 1939. Lehrs' (*97*, S. 16) Versicherung, daß in der *Kypria* bereits *vor* der Flucht ein ehebrecherischer Beischlaf stattfand, ist ungenügend belegt. Ov. *Her.* 17 und 18 implizieren vielleicht den *Wunsch*, den Ehebruch bereits im Palast des Menelaos zu begehen, aber es wird nicht gesagt, daß der Ehebruch vor der Flucht vollzogen wurde. Daher deuten wohl die endlosen Anspielungen auf Flucht*pläne* unter Umständen darauf, daß selbst Ovidius nicht glaubte, daß es zum Ehebruch vor der Flucht kam, auch wenn seine barocke Beredsamkeit in diesem Punkt keine sichere Aussage erlaubt.

80 Ov. *Her.* 16.297, 329f.; 17.195 usw. Er beschreibt sowohl Hypsipyle als auch Ariadne als verführt, aber unverheiratet (*Her.* 16.297).

V. 10) als γάμος (= Heirat) zu rechtfertigen, indem er E.*Hel.* 190 zitiert, wo Pans unregelmäßige Paarungen so genannt werden, übersieht er eine wesentliche Tatsache: Griechische Götter *heiraten* einfach keine Sterblichen, ja nicht einmal Nymphen und ähnliche Wesen, obschon sie von ihren »tieferstehenden« Partnern Treue erwarten.[81] Aus diesem Grund zog Marpessa den sterblichen Idas, der sie heiraten wollte, dem Apollon vor, der das nicht vorhatte (Hom.*Il.* 9.557; Apollod. 1.7.9). In der Tat *heirateten*, so paradox das auch erscheinen mag, nur Göttinnen Sterbliche oder ehemalige Sterbliche; Götter taten das nicht.[82] Die Tatsache, daß sowohl Aischylos als auch Euripides das Wort γάμος benutzen, um genau die Verführung und/oder Vergewaltigung eines *sterblichen* Mädchens durch einen *Gott* zu bezeichnen, entspricht, so A.*Ag.* 1207, »dem Brauch«. Dies stimmt mit einer Feststellung überein, die ich vor langer Zeit getroffen habe (*42*, S. 356ff., *52*, 7. Kap.): Ein Heiratsritus konsekriert nur, was letzten Endes ein verbotener Akt bleibt; daher kann der Ritus nicht alle neurotischen Schuldgefühle aufheben.[83]

Aber selbst wenn man entgegen der Tradition annimmt, daß Helene und Paris bereits in Sparta koitierten und daß sie sich danach – wiederum entgegen dem Brauch – als »verheiratet« betrachteten und man daher Helenes Schritte, die denen des Paris folgten, als »gattenliebend« bezeichnete, würde das *dem V. 411* immer noch nicht *diese* Bedeutung verleihen – und hier ist die Bedeutung *dieses* Verses wichtig.

Der wesentliche Umstand besteht darin, daß V. 411 weder von Helene noch von Paris gesprochen wird. Er wird vom Chor gesprochen – von Agamemnons treuesten Gefolgsleuten –, die nur wiederholen, was die loyalen Seher des Menelaos gesagt haben. Ich halte es für unvorstellbar, daß *diese* Männer Helene und Paris als

81 Wie Apollon, der niemanden – nicht einmal eine Göttin – heiratete, von Koronis Treue erwartete (vgl. *Testt.* 21-35 in *57.* I., S. 22-25). Zu göttlichen Vergewaltigungen vgl. 8. Kap., Anm. 175.

82 Eos und Tithonos, *h.Hom. in Ven.* 218ff.; Hebe und Herakles; möglicherweise Demeter und Iasion, obwohl die einzige »Quelle« zum »späten Biedermeier« gehört (Ov.*Met.* 9.422); Peleus und Thetis; Odysseus, Kalypso und Kirke usw. Zeus scheint sich mehr über die Neigung der Göttinnen, *richtige hypogame* Ehen zu schließen, geärgert zu haben als über ihre beiläufigen Liebschaften mit Männern (Hes.*Pap.Berol.* 10560 = *fr.* 204.96ff. M.W.).

83 In den gerade zitierten Werken habe ich besonders die Tatsache hervorgehoben, daß bei den Mohave-Indianern nur verbotene (inzestuöse) Vetternehen ein Hochzeitsritual erfordern und daß nur sie als unauflöslich *gelten*.

verheiratet betrachtet haben könnten, und das, was Helene *Paris zu Liebe* getan hat, als Beweis ihrer *gattenliebenden* Natur aufgefaßt haben könnten ... und zwar ohne Rücksicht darauf, was Helene und Paris darüber gedacht haben könnten. Es sollte nicht vergessen werden, daß derselbe Chor sich hartnäckig weigert, Klytaimestras langes Konkubinat mit Aigisthos als eine richtige »Ehe«[84] zu betrachten – obwohl Aigisthos und Klytaimestra, anders als Helene und Paris, sie für ihre Widerspenstigkeit bestrafen konnten.[85]

Um zusammenzufassen: *ungeachtet* der Bedeutung von ϲτίβοι – und die ist recht durchsichtig – kann sich φιλάνορεϲ nur auf einen Akt – oder die Spur eines Aktes – beziehen, der von Helene vollzogen wurde und der eine direkte Manifestation ihrer Liebe zu ihrem rechtmäßig angetrauten Gatten Menelaos war.

ϲτίβοι muß im Detail diskutiert werden, weil dieses Wort Anlaß zu einigen unnötig komplizierten Erklärungsversuchen gab, die auf jene Herausgeber zurückgehen, die unkritisch Ahrens' allumfassende Feststellung übernommen hatten, daß *alle* Worte, die von derselben Wurzel wie ϲτίβοι abgeleitet sind, Aktivitäten der *Füße* und deren *Spuren* bezeichnen. Dennoch erkannten Schütz, Headlam, Thomson, Verrall und Smyth, daß sich ϲτίβοι hier auf den Abdruck eines Körpers bezieht – aber sie rechtfertigen ihre (oft teilweise falschen) Übersetzungen nicht. Diese Ansicht möchte ich hier verteidigen.

1. Abdruck eines Körpers

1. S.*Ph.* 33: ϲτιπτή γε φυλλὰϲ ὡϲ ἐναυλίζοντί τῳ. (ein Pflanzenhaufen mit einem Abdruck darin, als ob sich jemand dort eingerichtet hätte). Jebb (ad loc.) kommentiert richtig: »ϲτιπτή bedeutet: hinuntergepreßt vom Körper einer Person, die darauf geschlafen hat«.[86]

84 Vgl. auch Aischylos' Unterstreichung der Unverfrorenheit Klytaimestras, wenn er sie sich selbst als »gattenliebend« bezeichnen läßt (A.*Ag.* 856).

85 Trotz der Bedeutung des Unterschieds zwischen virilokalen und uxorilokalen Ehen im alten Griechenland (*136*, S. 97-143) bezweifle ich, daß wir hier beachten müssen, daß Klytaimestras Ehe virilokal und Helenes Ehe uxorilokal war.

86 Daher irrt sich LSJ, wenn er diesen Ausdruck zitiert, um den Sinn »hinuntergetreten« zu belegen. Ein Feldbett (ϲτίβαϲ) hätte nicht mit den Füßen zusammengetreten werden können. Der wandernde Sänger Homeros (*Od.* 11.193f.; vgl. 24.255), Aischylos der Soldat (A.*Ag.* 411), Sophokles der General (S.*Ph.* 33) und Euripides der Landbesitzer und Soldat

2. Das weiche[87] und unelastische griechische Bett behielt den Körperabdruck eines Schläfers so lange, bis es gemacht wurde (vgl. für einen schwachen Anklang: Q.S. 10.131f.).

3. cτίβοι ist genau das, was die Seher am Morgen nach Helenes Flucht sahen, und was Menelaos bei seiner Rückkehr gesehen haben *könnte.*[88]

Ich muß nun das Adjektiv φιλάνορες und den Gebrauch der Pluralform erklären.

1. Die Beziehung zwischen cτίβοι und φιλάνορες ist die gleiche wie die zwischen dem Traumbild (ὄψιc, V. 425) und dem (illusorischen) sexuellen Vergnügen (χάριν, V. 421), das es verschafft.[89]

Ich erinnere daran, daß φιλάνορες bei Aischylos (*Pers.* 133ff.) *direkt* mit Ehebetten und Sexualität verknüpft ist. Verrall schreibt daher zu Recht – wenn auch in einer etwas viktorianischen Sprache – »yet printed with her embraces« (etwa: doch bedruckt mit ihren Umarmungen). Deutlicher gesagt bezeichnet cτίβοι φιλάνορες den Abdruck, den *Helenes* Körper auf dem Bett im Laufe des oft wiederholten Beischlafs mit Menelaos hinterlassen hatte. Es braucht nicht weiter erwähnt zu werden, daß *nur* Helenes Körper einen Abdruck auf dem Bett hinterlassen würde.[90] Dies bedeutet, daß sich die Abdrücke, die Helene während des ehelichen Beischlafs hinterließ, sich nur in der *Tiefe* von denen unterschieden, die sie während Menelaos' Abwesenheit im Bett *allein* hinterließ.

Der Plural stellt kein besonderes Problem dar, und es ist auch nicht notwendig, einen »generischen Plural« der Art anzunehmen, den man in 410 und 412f. findet. Der letzte Abdruck, den Helene hinterließ, *ruft* einfach in kondensierter Form die vielen Abdrücke

(*Rh.* 9, *Tr.* 507) kannten – ebenso wie ich, der ich während meiner anthropologischen Feldforschungen wiederholt auf solchen Betten geschlafen habe – den Grund dafür: Gebrochene Zweige haben spitze Bruchstellen.

87 Hom. *Od.* 24.255: μαλακῶν.

88 Man könnte etwas grundlos spekulieren, daß das Bett bis zur Rückkehr des Menelaos nicht gemacht wurde, um zu beweisen, daß Helene vor ihrer Flucht *in ihm* keinen Ehebruch begangen hatte (supra), und auch damit Menelaos – wie viele Trauernde (*80*, S. 86f.) – befehlen konnte, daß nichts, was Helene gehörte, verändert werden solle. Diese »Pietät« versucht, die Realität des Verlustes zu leugnen – ein psychologischer Abwehrmechanismus, der im Zusammenhang mit ἀπίcτουc (infra) noch erwähnt werden wird. Obwohl man auf derartige Hilfshypothesen, seien sie auch noch so plausibel, verzichten kann, scheint doch bedenkenswert zu sein, daß eine *physische* Veränderung des Bettes den Verdacht hervorrufen kann, es sei auch ehebrecherisch »verändert« worden. Dies könnte Odysseus' Groll in Hom. *Od.* 23.183ff. (Liv. 1.58) erklären.

89 Vgl. infra den Kommentar zu V. 421 für sexuelle Nuancen von χάριν.

90 Ein solcher Realismus darf Aischylos, der für seine (notwendigerweise »obszönen«) Satyrspiele bekannt war (*114*, S. X), sicherlich zugeschrieben werden.

in Erinnerung, die sie im Laufe ihrer Liebesjahre mit Menelaos dort hinterließ. Daher rechtfertigt die *Fähigkeit* des *letzten* Abdrucks, die *vielen vorangegangenen* Abdrücke vorstellungsmäßig *heraufzubeschwören*, den Gebrauch des Plurals.

Bevor wir die beschwörenden Kräfte des letzten Abdrucks diskutieren, den die Seher – und vielleicht auch Menelaos – tatsächlich sahen, muß ich zeigen, daß die Spuren der körperlichen Liebe schon seit Homeros (*Il.* 14.346ff.) die Menschen der Antike interessierten.

1. Ov.*Her.* 15.148f.: »Agnoui pressas noti mihi caespitis herbas;/ de *nostro* curuum pondere gramen erat.« Sappho beobachtet, daß die gebogenen Grashalme immer noch die Spuren ihres *Liebesaktes* mit Phaon zeigen, zusammengedrückt vom *vereinten* Gewicht ihrer ineinander verschlungenen Körper.[91] Der Anblick dieses Abdrucks bringt sie dazu, sich in das immer noch niedergedrückte Gras zu legen, um sich die früheren erotischen Freuden[92] lebhafter *ins Gedächtnis rufen* zu können.

2. Theocr. 2.136f. beschwört eine sehr viel flüchtigere Spur: die noch fortdauernde Wärme, die der Körper des Gatten im Bett hinterließ.[93]

Das Interesse der Menschen der Antike an diesen erotischen Spuren wird noch stärker durch die Existenz von Regeln belegt, die ihre *Verwischung* verlangen.

1. Pythagoräer mußten morgens nach dem Aufstehen ihr Bett machen und so den Abdruck verschwinden lassen, den ihr Körper in ihm hinterlassen hatte.[94] (Schutz gegen Hexerei?)

2. Ar.*Nub.* 973. Ein wohlerzogener nackter Bursche mußte im Gymnasion beim Sitzen seine Geschlechtsteile verbergen. Beim Aufstehen mußte er den konkaven Abdruck (εἴδωλον), den sie im

91 Die Anspielung auf das *vereinte* Gewicht ineinander verschlungener Körper kontrastiert mit der darauffolgenden (178ff.) Erwähnung der Schwerelosigkeit ihres nun einsamen Körpers (»Haec mea non magnum corpora pondus habent«), der sich aus Liebesleid so verzehrt hat, daß ihn die Luft, spränge sie ins Meer, sofort aufgrund seiner Leichtigkeit nach oben treiben würde [vermutlich wird auf den Brauch angespielt, Vögel an die Körper derjenigen zu binden, die ins Meer sprangen, in der Hoffnung, daß die Flügelschläge der Vögel den Fall bremsen würden. Vgl. C. Gallinis Studie des Katapontismos (*75*) zu diesem Brauch].

92 Diese Verse könnten letztlich von Aischylos' cτίβοι φιλάνορες inspiriert worden sein.

93 Shakespeare erwähnt den »rank sweat« (»stinkenden Schweiß«), der die Liebesstatt von Hamlets mörderischer Mutter und Onkel durchtränkt.

94 Vgl. P.-M. Schuhl (*132*, S. 255); W. Deonna (*17*, S. 171); O. Weinreich (*140*, S. 180). (Diese Hinweise verdanke ich Professor W. Burkert.)

Sand hinterlassen hatten, verwischen, um seine Liebhaber oder Bewunderer nicht zu stimulieren.[95]

Diese Aristophanesstelle ist für das Verständnis des hier diskutierten Aischyleischen Ausdrucks entscheidend.

1. Aischylos benutzt cτίβοι in einem etwas ungewöhnlichen Sinn; Aristophanes' Gebrauch des Wortes εἴδωλον, um einen *hohlen* (»negativen«) Abdruck zu kennzeichnen, ist so einzigartig, daß LSJ für εἴδωλον die Bedeutung »*hohler* Abdruck« überhaupt nicht angibt.[96]

2. Sowohl Aischylos wie auch Aristophanes beschreiben *hohle* Abdrücke, die sowohl erotische Gefühle als auch Frustration hervorrufen können.[97]

3. Es war bekannt, daß Helene ein sexuell erregendes εἴδωλον hatte; allerdings ist der Gedanke an eine Doppelgängerin, wie Fraenkel zeigt, hier nicht angebracht.[98]

4. A.*Ag.* 418-426 ist voller Anspielungen auf Doppelgänger (cτίβοι, φάcμα, ὄψιc und mit einigen Einschränkungen κολοccόc).[99]

5. Der voraussehbare Einwand, daß sich Aischylos auf den Abdruck eines *weiblichen Körpers*, Aristophanes aber auf den des *männlichen Geschlechtsteils* beziehe, untermauert den postulierten Nexus zwischen den beiden Stellen mehr, als daß er ihn schwächt. Die Existenz der symbolischen Gleichung ›Mädchen = Phallos (ihres Vaters oder ihres Liebhabers)‹ wird von sicheren klinischen Erkenntnissen gestützt (*62*, *37*). Massen von griechischen mythologischen Daten bestätigen das Vorkommen dieser symbolischen Gleichung im antiken Griechenland (*44*).[100]

95 975 ... καί προνοεῖcθαι; 976 εἴδωλον τοῖcιν ἐραcταῖcιν ἥβεc μὴ καταλείπειν. Vgl. auch Dover ad Ar.*Nub.* 973. Ein rechter griechischer Liebhaber war nur am Geschlechtsteil des Knaben interessiert (*38*).

96 Ich frage mich oft, ob Aristophanes, wenn er sich über die kühne Komplexität der tragischen Diktion des Aischylos (Ar.*Ran.* 818ff. und *passim*) lustig macht, nicht auch gleichzeitig über die Exzesse seiner eigenen komischen Diktion lacht.

97 Vgl. Dover ad loc. für ἀπηνέc in Ar.*Nub.* 974.

98 Der Mythos von Helenes εἴδωλον muß von Beginn an neu untersucht werden, denn die wertvollen Aufsätze von Premerstein (*124*), Pisani (*122*), Zielinski (*143*), Vernant (*136*) und Davison (*15*) greifen nicht auf alle erhaltenen (direkten und indirekten) Quellen (*54*) zurück und sind nicht psychoanalytisch orientiert.

99 Vgl. Vernant (*136*, S. 257), obwohl ich mit seiner Interpretation der Aischyleischen κολοccοί nicht übereinstimme (infra).

100 Das Aristophaneische hohle *Eidolon* der konvexen männlichen Geschlechtsteile könnte *vielleicht* im weitesten Sinne von der *weltweiten* Phantasie (*25*, *44*, *48*, 16. Kap.) des »umstülpbaren« männlichen Geschlechtsteils inspiriert worden sein, die für die Antike ausreichend durch Ael.*NA* 6.34 belegt wird (9. Kap., Anm. 58).

Der εἴδωλον (»Doppelgänger«)[101]-Aspekt von cτίβοι – die Äquivalenz des Abdrucks eines Organs und des Organs selbst – wird bezeichnenderweise von der Tatsache belegt, daß ἴχνοc sowohl den Fuß als auch die Fußspur bezeichnet.[102]

2. cτίβοι *und der Traum*

Man wird von dem Abdruck auf dem Bett und der zumindest affektiven *Eidolon*rolle, die er spielt, daran erinnert, daß Admetos die Statue der Alkestis mit *in* sein Bett nehmen wollte (E. *Alc.* 348), um (partielle) erotische Befriedigung durch Umarmung der Statue *und* durch erotische Träume zu erzielen: diese Statue war ja dazu bestimmt, erotische Träume über Alkestis hervorzurufen.

Nun sind Helenes cτίβοι ebenso wie die Statue der Alkestis, aber nicht wie Helenes Erscheinung (φάcμα und ὄψιc), nicht nur sichtbar, sondern auch *real*. Man kann daher annehmen, daß sie in bezug auf Menelaos' Traum die Rolle eines »Tagesrestes« spielen (vgl. 1. Kap., Anm. 6). Daß sie *in* einem Bett lokalisiert sind, in dem früher *realer* Beischlaf stattgefunden hat, erinnert daran, daß Artabanos, als er im Bett des Xerxes schlief, denselben Traum hatte, den auch der König dort hatte (Hdt. 7.17).[103] Kurz, Menelaos' Traum füllt Helenes hohlen Abdruck mit ihrem Traumbild aus.

3. *Die Wahl des Wortes* cτίβοι

Dies ist das einzige Problem, das noch zur Diskussion ansteht, denn Worte gleichen Stamms beziehen sich *gewöhnlich*, wie Ahrens bemerkte – allerdings nicht *immer*, wie wir gesehen haben –, auf Fußspuren, auf das Gehen, auf ›über etwas Schreiten‹, auf ›etwas mit den Füßen treten‹. Nun lösen rhythmische Bewegungen im allgemeinen und auch schwindelerregende Drehungen und Schwingungen nicht nur sexuelle Erregung aus – oder sind im Fall von Schwindelgefühlen deren Begleiterscheinung –, sondern sie können

101 Zur psychologischen Bedeutung des »Doppelgängers« [dt. i. Or.] vgl. O. Rank (*126*).

102 Vgl. E. *Ba.* 1134. Dodds (ad loc.) zitiert auch E. *fr.* 350, Catull. 64.162. Grégoire zitiert E. *Hec.* 1058-1059. Vgl. auch Ov. *Her.* 15.186, wo »pedem« für Phaon steht. Vielleicht ist es diese Doppelbedeutung von ἴχνοc, die Aischylos dazu bewegte, hier cτίβοι in einer etwas spezielleren Bedeutung zu gebrauchen.

103 Vgl. Ov. *Her.* 15.148 ff. (supra).

diese auch im Traum, in der Phantasie, in der Magie und sogar im Humor symbolisieren.[104]

1. *Die Psycholinguistik* kann viel zur Klärung der Bedeutung von στίβοι beitragen, denn Treten hat in vielen Sprachen eine koitale Bedeutung. Um diesen Punkt zu illustrieren, habe ich absichtlich lateinische Beispiele ausgewählt:

calco = die koitale Aktivität des Hahnes (Col. 8.5.24). Im Dialekt der Picardie bezeichnet das Wort *cauquer* (von *calcare*) die Koitusaktivität und ruft *qua* Gleichklang die Assoziation an das Wort »coq« (= Penis und Hahn) hervor. Aber *calco* heißt auch treten (um zu zerquetschen, wie z. B. die Trauben in der Kelter)[105] oder sogar in einem Mörser zerdrücken (Apic. 2.3) – was in vielen Kulturen ein bekanntes Koitussymbol ist.[106]

»Treten« oder »auf etwas trampeln« hat darüber hinaus eine spezifisch triumphale Konnotation, die den »betretenen« Partner

104 Es ist ein psychologischer Gemeinplatz, daß rhythmische Bewegungen im Traum den Koitus symbolisieren können. Dies wirft wahrscheinlich ein neues Licht auf die griechischen Rituale, die Schaukeln beinhalten, und insbesondere auf das Problem der »Phaidra auf der Schaukel« – das von Picard (*121*) ohne jede wirkliche Wahrnehmung der damit verbundenen Sexualsymbolik diskutiert wird. Es könnte auch erklären, warum im Verlauf des griechischen Liebeszaubers ein Wendehals auf ein Rad gebunden und gedreht wurde (Theocr. 2.17) – eine Praktik, die an den auf ein sich drehendes Rad gebundenen Ixion erinnert (Pi. *P.* 2.40ff.). (Schwindelähnliche Gefühle können sich während des Orgasmus oder beim Aufstehen nach dem Beischlaf einstellen.) Was spezielle Arten passiver rhythmischer Bewegung betrifft, ist es nicht uninteressant, daß die erste in der griechischen Mythologie erwähnte Kavallerietruppe die Amazonen waren. Wie ich an anderen Stellen (*24, 29, 36*) konstatierte, gibt es eine merkwürdige Äquivalenz des Reiters und des Gerittenen im Traum, in der Phantasie und selbst im Besessenheitsglauben, und diese Äquivalenz besteht ungeachtet des tatsächlichen Geschlechts des Reiters und des Reittiers. In der Tat spreizen auch Männer beim Reiten die Schenkel wie koitierte Frauen. In bezug auf das Reittier habe ich in den oben erwähnten Veröffentlichungen die zwanghafte Phantasie eines Patienten angeführt, die ein phallosartiges Objekt betraf, das aus dem Rücken des Pferdes hervorragte und in den Schritt des Reiters eindringt. Herr Jean-Luc Mercier, einer meiner Studenten, zeigte mir eine Witzzeichnung: sie stellt eine Frau auf einem Pferd dar, dessen *dorsaler* »Phallos« in ihre Scheide eindringt (vgl. Ael. *NA* 6.15 und *78*, S. 21). In einem pornographischen Magazin wird ein Damenfahrrad abgebildet, dessen Sattel mit einem beweglichen, von den Pedalen angetriebenen Penis ausgerüstet ist. Weitere Hinweise auf den Nexus zwischen rhythmischer Bewegung und sexueller Erregung liefert der fernöstliche ὄλιcβoc (Dildo), der die Frau nur dann stimuliert, wenn sie geht oder schaukelt. Er besteht aus einer leichten, dünnwandigen Silberhohlkugel, die eine kleine, schwere metallene Kugel enthält. Wenn sich die Frau rhythmisch bewegt, rollt die letztere umher, was die sie umgebenden dünnen Wände vibrieren läßt. Es sei auch darauf hingewiesen, daß mindestens ein griechisches Wort (πίτυλος) wiederholte rhythmische Bewegungen bezeichnet (E. *Hipp.* 1464 und Barrett ad loc.). Selbst ein rhythmisch anschwellender und leiser werdender (»pulsierender«) *Ton* kann im Traum den Koitus symbolisieren, vgl. 8. Kap., Anm. 124. Die menschliche Phantasie ist in ihrer edelsten und gemeinsten Form überall ziemlich gleich.

105 Cato *RR* 112 fin.; Varr. *RR* 1.54.2, usw.

106 Vgl. 7. Kap., Anm. 66.

degradiert.[107] Sogar »steigen« und *a fortiori* »besteigen« sind klare Koitussymbole.[108]

Von »auf etwas treten« zu »auf etwas drücken« (oder: komprimieren) ist nur ein kleiner Schritt. Im Lateinischen steht *compressio* für Koitus (Hyg. *fab.* 187, usw.). Aber *compressio* ruft auch das Bild eines erdrückenden Gewichts auf der Brust hervor, das den Träumer erstickt – wie es typischerweise in einem richtigen Alptraum (*Alpdruck*) [dt. i. Or.] (*88*) geschieht. Dieses Merkmal eines Alptraums wird auch durch seinen griechischen Namen ἐφιάλτης = »der Springer«: »der, der auf etwas springt« verdeutlicht.[109]

2. *Die Psychologie* untermauert ebenfalls die von mir vertretenen Ansichten. In der Phantasie, im Traum und sogar im Slang repräsentiert der Fuß den Penis[110], und auch Mimnermos (*fr.* 15 D.) und

107 Suet. *V. XII Caes.* 1.22: Caesar scheint anzudeuten, daß er seine besiegten Widersacher zwingen will, ihn symbolisch oral zu befriedigen. In den *Trophées* (»Medaille« V. 14) von J.-M. de Hérédia scheint »L'éléphant triomphale foule les primevères« (*16*) anzudeuten, daß die Malatestas (deren Quasi-Wappentier der Elefant war) ihr *ius primae noctis* rücksichtslos ausübten. In Stat. *Theb.* 3.208 bedeutet *calco* einfach »verachten« und hat keine *offenkundigen* sexuellen Konnotationen. Ich werde auf die verachtenden Aspekte des Koitus im Zusammenhang mit dem Traum des Menelaos zurückkommen. Für den Augenblick möchte ich nur feststellen, daß Fraenkels Euphemismus »verachten« für »spucken« (A. *Ag.* 1192) *unwillentlich* den sexuellen Implikationen eines »verächtlichen« Ausspuckens aus dem Wege geht – und damit eben diese Verbindung indirekt unterstreicht (infra).

108 Eine Patientin hatte die Phantasie, daß sie und ihr Psychotherapeut auf einen Baum kletterten, daß sie aber immer 3 Äste weit (3 = männliches Geschlechtsteil, Plu. *Quaest. Rom.* S. 263 F) unter ihrem Psychotherapeuten blieb. Schließlich wurde ihr schwindelig und sie kletterte vorzeitig herab. Ihre expliziten Assoziationen zu ihrer Unfähigkeit, den höchsten Ast zu erreichen, enthüllten ihr Unvermögen, einen vaginalen Orgasmus zu erleben. (Frigidität = Kastration.)

109 Vgl. Sch. B. *Il.* 5.385 und *EM* 403.32 für diese Etymologie. Vgl. französisch: *Saillir* »ein männliches Tier besteigt ein Weibchen«. Natürlich ist es im Mythos manchmal das *weibliche* Ungeheuer, das den Mann, dessen (Angst-)Erektion auf einigen Monumenten nur zu deutlich sichtbar ist, besteigt und vergewaltigt. Eines der interessantesten dieser Ungeheuer ist die Sphinx = »Würger« – d. h. die Erstickende. Es ist von beachtlicher psychologischer Bedeutung, daß den meisten dieser vergewaltigenden weiblichen Ungeheuer unterstellt wurde, sie täten Kindern Leid an (Rohde, *128*, Anhang VI) – denn der Alptraum ist der kindlichen Furcht nachgebildet, von der phantasmagorischen sexuellen Mutter im Bett erdrückt (= vergewaltigt) zu werden. Der griechische Humor – oder Galgenhumor [dt. i. Or.] – bestätigt dies: Wenn eine Prostituierte den Spitznamen »Sphinx« trägt (LSJ, s. v., 2), stellt dieser Name sie eindeutig als »Vergewaltigerin« dar – als einen Typus, der in der Lage ist, »erotisierte Angst« (*95*) in denjenigen hervorzurufen, die psychosexuell *unreif* genug sind, mit Prostituierten zu verkehren. In der Tat manifestieren sich sowohl psychosexuelle Unreife als auch eine Neigung zur Erotisierung von Angst bei den Männern, die ein Beispiel für das abgeben, was Freud (*70*) die allgemeinste Form der Erniedrigung des Liebeslebens genannt hat.

110 »Drittes Bein« »Trouver chaussure à son pied« = eine passende Geliebte finden. Charakteristischerweise findet sich Fußfetischismus bei den Männern, die im hohen Maße von der Phantasie eines »weiblichen Phallos« besessen sind (*39*, S. 240). Es gibt sogar eine sonderbare Verbindung zwischen dem Fuß und der Kastration der hermaphroditischen

ein Sprichwort rumänischer Bauersfrauen postulieren einen Nexus zwischen einem Hinken und außergewöhnlicher männlicher sexueller Leistungsfähigkeit.[111]

Und wie der Fuß den Penis repräsentieren kann, so kann sein Abdruck oder seine Spur die Spuren des Koitus repräsentieren:

a) *Sprüche* 30.19 beschreibt vier Arten unsichtbarer Spuren: »Des Adlers Weg am Himmel, der Schlange Weg auf einem Felsen, des Schiffes Weg mitten im Meer und eines Mannes Weg an einer Jungfrau.«

b) Zwei miteinander befreundete Mädchen, die bei verschiedenen Analytikern in Behandlung waren, träumten ungefähr zur gleichen Zeit, daß ihre Bettlaken mit (männlichen) Fußspuren bedeckt waren. Beide waren vor relativ kurzer Zeit defloriert worden und schämten sich, rasch hintereinander mehrere Liebhaber gehabt zu haben.

Aber die Spuren eines ungesetzlichen Beischlafs können auch durch (symbolische) Samenflecken repräsentiert werden, die *nicht notwendigerweise* von einem Mann stammen müssen. In A.*Ag.* 1192 »spucken« die Erinyen (ἀπέπτουσαν) auf das Bett, das ehebrecherisch vom Bruder des Gatten »betrampelt« worden war (πατοῦντι). Wieder finden wir, daß »Trampeln« einen verbotenen, feindseligen Beischlaf bezeichnet, und es ist ein psychoanalytischer – und psycholinguistischer – Gemeinplatz, daß ›Spucke = Sperma‹ und ›spucken = ejakulieren‹ ist.[112] Ich gebe zu, daß in dieser Textstelle Thyestes Ehebruch begeht und die Erinyen auf das Bett »spucken«, das er befleckt hat. Aber ich bin der Überzeugung, daß ihr Spucken in der Tat *für* Thyestes' ehebrecherische Ejakulation *steht*. Man kann sagen, daß die Erinyen *mit Hilfe* von Thyestes' Samenausscheidung auf das Bett »spucken«, denn letzten Endes kann Thyestes' Tat eine Konsequenz des Fluches sein, der auf den Nachkommen des Pelops lastete[113] und daher auch eine Folge des

Agdistis. Im Schlaf wurde eine Schlinge, deren Ende an ihren Fuß gebunden war, um ihre männlichen Teile gelegt. Als sie beim Aufwachen ihr Bein ausstreckte, riß die Schlinge ihre männlichen Geschlechtsteile ab (Arn.*adv.nat.* 5.5).

111 »Gott behüte dich davor, von einem blinden Mann geschlagen [der nicht sehen kann, wohin er trifft] und von einem Hinkebein koitiert (aggressives Slangwort) zu werden [der in schweren Stößen auf dich niederkommt].«

112 In bestimmten Gegenden nannte man, wenn ich richtig informiert bin, den Ehebruch: »Auf des Gatten Bett spucken.«

113 Bei einer ausschließlichen Beschäftigung mit dem Fluch des Thyestes, den Atreus dazu verleitete, seine eigenen Kinder kannibalisch zu verzehren (A.*Ag.* 1219ff., usw.), vergißt man gelegentlich, daß auch Pelops selbst für seinen Mord an Myrtilos verflucht war (vgl. Roscher, *129*, s.v.).

Einflusses der Erinyen auf ihn: sie bewirken, daß der Fluch, der auf der Dynastie lastet, wie eine Lawine anwächst, indem sie weitere fluchbeladene Taten des Thyestes, des Atreus und deren Nachkommen anstacheln.[114]

Zusammenfassung:

1. Im V. 411 bezeichnet στίβοι den Abdruck des ganzen Körpers Helenes *während* des ehelichen Geschlechtsverkehrs (φιλάνορες).

2. Die sichtbaren στίβοι sind zugleich im mythologischen Sinn eine Art Doppelgänger und ein Tagesrest, der Menelaos' erotischen Traum auslöst.

3. Aischylos verwendet dieses Wort wahrscheinlich, weil tendenziell Gehen und andere »rhythmische« Bewegungen im Traum koitale Aktivität, und Fußabdrücke die Spuren solcher Handlungen symbolisieren.

Wenn die eben vorgebrachten Argumente einen wirklichen Vorzug haben, dann den, daß sie es unnötig machen, Aischylos eine *Rätsel*verdichtung zu unterstellen, die jeder psychologischen Gültigkeit entbehrt. Denn Aischyleische Verdichtungen verstärken immer die Wirkung seiner Worte – während hier die verschiedenen *angeblichen* Verdichtungen die Wirkung dieser Worte stark verringern und sie aller psychologischen Relevanz berauben.

412-413: Plurale oder Singulare? In unseren Handschriften stehen durchweg Singulare, die aus metrischen Gründen – und anderen Überlegungen – unannehmbar sind. Die Herausgeber, die sich weigern, diese Verse als *locus desperatus* zu betrachten, modifizieren immer die Kasusendungen – wobei sie gewöhnlich die Nominative Singular in Akkusative Plural verwandeln. (Aber die Skansion dieser Strophe und ihrer Gegenstrophe ist immer noch umstritten.)

Als erstes muß man sich fragen, *wie* die Aischyleischen Plurale sich unter den Händen eines nicht allzu aufmerksamen Kopisten in Singulare verwandelt haben können. Ich unterstelle, daß dies von der *richtigen* Annahme des Kopisten herrührt, πρόμοι als nur auf

114 Meine Formulierung des Sinns, in dem Thyestes' Akt *in einer bestimmten Weise* ein Akt der Erinyen ist, wird von Lloyd-Jones' (*104*) Diskussion des *Sinnes* bestärkt, in dem die übernatürlichen Wesen die Menschen »veranlassen«, Böses zu tun, und insbesondere durch seine Kommentare zu A. *Niobe* v. 15f.: »Ein Gott läßt Schuld im Sterblichen aufkeimen, wenn er ein Haus ganz und gar ins Unglück stürzen will.«

Menelaos bezogen aufzufassen (supra). Nachdem er diese korrekte Schlußfolgerung gezogen und wahrscheinlich erkannt hatte, daß Agamemnon nicht die Symptome einer stuporösen Depression gezeigt hätte, mißverstand er die Plurale – und daher auch den Sinn – dieser Verse; daher änderte er die Akkusative Plural in grammatisch und metrisch monströse Nominative Singular. Ich bin mit Thomson (ad loc.) der Ansicht, daß die Korruption dieser Verse nicht mit der Entstellung des Wortes begann, das als AΔICTOC überliefert ist, sondern mit der Entstellung der Kasusendungen, wobei der Kopist annahm, daß πάρεστι ... ἰδεῖν den Nominativ Singular verlangt (vgl. E. *Tr.* 36f.).

Welchen Sinn hat es, daß der Chor den Plural verwendet? Der Chor merkt, daß Menelaos eine bemitleidenswerte und unheroische Figur macht, und daher erscheint ihm als beste und taktvollste Lösung (*45*), sein Verhalten nicht in einer eindeutig persönlichen Weise zu beschreiben. So sagt der Chor praktisch: »Trauernde Menschen zeigen sichtbar die folgenden Symptome.«[115] Menelaos wird nicht namentlich erwähnt, und es werden ihm auch keine spezifischen – und unheroischen – Symptome direkt zugeschrieben. Statt dessen erhalten wir eine »Lehrbuchbeschreibung« einer stuporösen Depression, die das Verhalten des Menelaos beispielhaft belegt.

Dieses Vorgehen ist mehr als taktvoll: es ist auch unterstützend. Jeder Psychotherapeut hatte sicher schon einmal die Gelegenheit, eine peinigende Konfrontation oder Interpretation durch die Worte: »Dies bedeutet *gewöhnlich* ...« abzumildern, denn der Neurotiker neigt im allgemeinen zum Glauben, er *allein* sei mit diesem Leiden behaftet oder sei so verkommen; eine Erwähnung ähnlicher Mängel bei anderen hilft sein Gefühl totaler Isolation zu verringern.[116]

Kurz, die Gewalt, die die Kopisten den Kasusendungen und Versmaßen antaten, ist ebenso verständlich wie der Grund des Chors, einen taktvollen Plural (»die ... welche«) an Stelle des

115 In S. *OT* 1186ff. bilden die »Generationen von Sterblichen« ein abgeschwächtes Äquivalent (aber auch gnomisch auffaßbar).

116 Eine junge Patientin bestand hartnäckig darauf, daß nur sie verdorben genug war, um zu masturbieren – aber ich wies sie darauf hin, daß die Existenz eines Wortes für diese Aktivität beweise, daß sie nicht als einzige der Selbstbefriedigung frönte. Nur nachdem sie diese Versicherung erhalten hatte, konnte sie zugeben, was sie ihrer Meinung nach *wirklich* von anderen unterschied: Gewisse, in der Tat ungewöhnliche Masturbations*phantasien* (*45*).

genaueren, aber auch weniger taktvollen Singulars (»Menelaos zeigt folgende Symptome ...«) zu verwenden.

Die Plurale sind überdies sowohl stilistisch wie ästhetisch angemessen. Sie bewirken einen Übergang von dem »allusiven« Plural in 410 (πρόμοι) und den Singularen, die von 411 an verwendet werden. Und während die in 412-413 aufgezählten Symptome unheroisch sind, sind die von 414 an beschriebenen poetisch und »heroisch« genug, um die Verwendung des Singulars und die direkte Erwähnung von Menelaos als Person – und nicht bloß als Fall aus der »Menge aller Depressiven« – ästhetisch akzeptabel und sogar wünschenswert zu machen.

412 πάρεστι [... ἰδεῖν] (= man kann, es ist möglich zu [sehen]) wird von den meisten Herausgebern akzeptiert, obschon es hier und da in Frage gestellt wird, weil in 421 πάρεισι vorkommt. Dazu muß man als erstes anmerken, daß dieses ähnlich aussehende Wort in 421 eine völlig andere Bedeutung hat: »sind anwesend«. Die Verwendung ähnlich aussehender und ähnlich klingender Worte mit unterschiedlicher Bedeutung ist ein akzeptables Stilmittel, das an die alte Affinität zwischen Dichtung und Wortspiel erinnert. Wenn man darüber hinaus, wie es notwendig scheint, den Traum als nächtliches Äquivalent von Menelaos' Wachsymptomen betrachtet[117], zeugt es von stilistischer Eleganz, die Aufzählung der Wachsymptome und die Erzählung des Nachtsymptoms – des Traums – mit ähnlich klingenden, aber begrifflich ganz verschiedenen Verben zu beginnen.

Kurz gesagt halte ich πάρεστι aus genau den Gründen für solide, aus denen eine kleine Minderheit der Gräzisten es anzweifeln würde.[118]

412: σιγὰς = Schweigen. Es ist das erste Symptom der Liste und das einzige, dem das privative Präfix ἀ- fehlt. Es ist daher ein »positives« Symptom (»still sein«) und kein »negatives« (»der Sprache beraubt«). Es unterscheidet sich von dem negativen Symptom ἀλοιδόρους = nicht-schmähend.

Nun würde ein entehrter oder beleidigter Grieche normalerweise entweder klagen oder fluchen, oder beides tun. Menelaos aber schweigt, teils, weil er zweifelsohne wie gelähmt ist (»psychomotorische Retardation«), teils aber auch, weil sein Schweigen psychologisch angebracht ist und auch ein kulturell geformtes »Trauer-

117 Vgl. meine Kommentare zu V. 420: πενθήμονες.
118 Vgl. auch A. *Choe* 253: ἰδεῖν πάρεστί. Thomson zitiert E. *Tr.* 36f.

verhalten« darstellt. Sein Mutismus unterscheidet sich radikal von der unwillentlichen Aphasie oder Aphonie der Sappho (*fr.* 2B = 2D = 31 LP), deren Anfall nicht ein einziges Symptom mit der Depression des Menelaos gemeinsam hat (*43*).

Aischylos, der sich als Schöpfer sturzbachähnlicher Klagereden auszeichnete (*18*), hat sich wohl kaum außerstande gefühlt, eine solche für Menelaos zu schreiben. Wenn sein Menelaos schweigt, dann schweigt er, weil der Dichter es so will: weil er den Mutismus der stuporös-depressiven Trauernden beobachtet hatte – an denen es nach Marathon und Salamis wohl nicht mangelte (vgl. Hom. *Il.* 7.425 ff.). Es sollte auch nicht vergessen werden, daß einige trauernde Aischyleische Figuren ausgedehnte Jammertiraden von sich geben, während andere sich in langes, ominöses Schweigen hüllen.[119]

Menelaos' gelähmtes, negativistisches, psychologisch angemessenes und kulturell passendes Schweigen ist daher unverwechselbar Aischyleisch. Die Erwähnung des Schweigens an *erster* Stelle antizipiert Menelaos' *letztes* (*sichtbares*) Symptom: Sein Abseitssitzen (ἀφημένων, infra), das nicht nur Mutismus voraussetzt, sondern auch der Eröffnungszug eines Manövers ist, mit dem Menelaos sein »Gesicht« zurückzugewinnen versucht (infra).[120]

412 ἀτίμουϲ bezieht sich nicht in erster Linie auf die öffentliche Verachtung für den gehörnten Gatten, der immer noch zu verliebt in seine Frau ist, um sie zu schmähen (ἀλοιδόρουϲ), obwohl das Wort sowohl Ehr- als auch »Gesichts«-Verlust impliziert. Die Verse 412 f. betonen eben nicht *primär* die *sozialen* Schwierigkeiten, sondern Menelaos' *subjektive* Symptome. Das Gefühl seiner Wertlosigkeit ist ein auffallendes Symptom seiner »Trauerreaktion«[121], denn jeder Verlust – selbst wenn aufrichtige Trauer fehlt – wird als

119 Ar. *Ran.* 911 ff. erwähnt die langen Schweigeperioden der trauernden Achilleus und Niobe. Weitere Hinweise in Nauck *TGF*², S. 50f.

120 In den meisten Kulturen ist genau festgelegt, unter welchen Umständen man sich stoisch verhalten oder seinen Kummer zeigen sollte. Der (sich immer noch entwickelnde und adaptive) Schöpfungsmythos der Mohave-Indianer wirft den Vorfahren der Amerikaner vor, als einzige nicht bei der Einäscherung des verstorbenen Gottes Matavilye geweint zu haben. Aber ein von seiner Frau verlassener Mohave soll seinen Kummer nicht zur Schau stellen (*42*, S. 90ff.).

121 Freud kontrastiert irrtümlicherweise die Selbstherabsetzung des Melancholikers mit dem »Fehlen« der Selbstverachtung in der Trauer (*71*). Jede Trauerhandlung ist eine *rituelle* Selbstherabsetzung und daher ein Zeichen subjektiver Selbstabwertung. Ich hoffe, die Psychologie der Trauer an anderer Stelle diskutieren zu können, denn hier kann ich nicht einmal ihre Umrisse andeuten.

narzißtische Kränkung empfunden.[122] Helenes Flucht »beweist« dem selbstgefälligen Menelaos, der anders als Agamemnon nicht einmal daran dachte, *seiner* Frau während seiner Abwesenheit von zu Hause einen Anstandswächter beizugeben, die »Überlegenheit« des Paris. In Kulturen, in denen es als selbstverständlich gilt, daß ein Mann und eine Frau *automatisch* miteinander schlafen, sobald sie alleingelassen werden (*39*, S. 108), ist das Fehlen antizipatorischer Eifersucht nicht nur sozial unschicklich (Hom. *Od.* 11.441 ff.), sondern auch eine Brüskierung des Gefühls der Frau, begehrenswert zu sein.[123]

Kurz gesagt ist vom klinischen Standpunkt aus an dieser Stelle nicht wichtig, daß der gehörnte Menelaos *sozial* entehrt ist, sondern, daß er sich durch seinen Verlust entehrt *fühlt*. Nebenbei bemerkt würden viele angebliche Probleme Homerischer und griechischer »Psychologie« einfach verschwinden, wenn die Kommentatoren sich der Reziprozität – der Komplementaritätsrelation zwischen den sozio-kulturellen und den psychologischen *Erklärungen* einer bestimmten Einstellung oder eines Verhaltens stärker bewußt wären (*39*, *48*, *52*).

412 ἀλοιδόρους (= nicht-schmähend) wiederholt nicht einfach mit einer zusätzlichen Nuance, was bereits in Menelaos' Schweigen (σιγὰς) implizit ist. Der Chor geht wieder über eine rein deskriptive Feststellung hinaus; er bewertet die Bedeutung dessen, was er sieht. In der gefühlsbetonten homerischen Gesellschaft (*115*) waren Schmähungen ein ebenso akzeptiertes und sogar erwartetes Verhalten wie hochmütiges oder zorniges Schweigen und Zurückhaltung (vgl. infra). Diese beiden Reaktionen waren im Sinne Lintons (*102*, S. 273 ff.) akzeptable Alternativen; sie konnten sogar nacheinander auftreten: Achilleus verflucht zuerst Agamemnon und zieht sich dann schmollend in sein Zelt zurück. Er wählte erst die eine und dann die andere kulturell akzeptierte Reaktion auf einen bestimmten soziokulturellen Stimulus.

Im Gegensatz dazu ist Menelaos' Nicht-Schmähen keine kultu-

122 Trotz der rhetorischen Frage: »Sind denn die Atreidai die einzigen, die ihre Frauen lieben?« (Hom. *Il.* 9.338 ff.), trauert Achilleus nicht über den Verlust seiner Briseis; er ist nur wegen des Schlages erbost, der seinem grenzenlosen Narzißmus versetzt wurde (Sch. Hom. *Od.* 3.267, usw.). Für die Kwakiutl-Indianer ist jeder Verlust oder Kummer ein »Gesichtsverlust« (*6*, 6. Kap.).

123 Vgl. Paris' Behauptung, Menelaos habe ihm Helene praktisch nachgeworfen (Ov. *Her.* 16.299).

rell akzeptierte Alternative, sondern abweichendes Verhalten: ein Symptom und/oder ein Defekt.[124]

Der Chor, der offensichtlich erkennt, daß Menelaos Gründe dafür hatte, Helene zu hassen, schien von ihm zu *erwarten*, daß er sie schmähte. Seine Unterlassung wird daher in einer Weise festgestellt, die seine »Zurückhaltung« als Symptom definiert, dessen Ursachen fast sofort klargemacht werden (414ff.). Der verbitterte Menelaos ist immer noch zu sehr in Helene verliebt und zu sehr mit ihr befaßt, um die Ehebrecherin gebührend verfluchen zu können. Sein Zorn hindert ihn daran, seinen Verlust zu beklagen, während seine Liebe den Impuls, sie zu verfluchen, hemmt. Dies ist eine klassische Ambivalenz, die schon von Catullus (*85*) beschrieben wird: »Odi et amo« (Ich liebe und hasse zugleich). Die Verzweiflung des Hin- und Hergerissenwerdens zwischen zwei widerstreitenden Emotionen wird von Catullus' Wortwahl bewundernswert unterstrichen: *excrucior*, dessen Etymologie an Kreuzigung erinnert.[125]

In Depressionen und in der Trauer tritt Ambivalenz stets deutlich auf: Der Tod der betrauerten Person wird auch als willentliches Verlassen betrachtet.[126] Die gleiche Ambivalenz findet sich auch bei schizo-affektiven Zuständen, in denen eine generalisierte Inaktivität (psychomotorische Retardation) auch von der gegenseitigen Hemmung widersprechender Impulse herrührt, die miteinander um die Benützung des Skelett- und Muskelsystems kämpfen.[127]

Ebenso muß betont werden, daß »nicht-schmähend« in *diesem*

124 Vgl. die bekannte Geschichte eines spanischen Ritters, dem die Ritterschaft aberkannt wurde, weil er *inadäquat* auf einen Reiz reagiert hatte: Anstatt den Liebhaber seiner Frau zu töten, kastrierte er ihn »nur«.

125 Da das Gewicht eines gekreuzigten Mannes von seinen ausgebreiteten Armen getragen wird, wird sein Atem ebenso gehemmt wie bei bestimmten Angstanfällen.

126 E.*Alc.* 386 λείψεις, 391 προλείπεις; vgl. die Hopi-Indianer, (*89*): Totenklagen enthalten oft vorwurfsvolle Untertöne. Grabbeigaben werden trotzig-böse gegeben (*42*, S. 442ff.); sie scheinen sagen zu wollen: »Du hast mir so viel weggenommen, daß du jetzt genausogut alles mitnehmen kannst.« Selbstaggression im Zuge von Trauerverhalten ist eine direkte Folge der gehemmten Aggression dem »Deserteur« gegenüber, die durch Freuds *erste* Theorie der Selbstaggression – von Dollard *et al.* (*56*) gut dokumentiert – verständlich gemacht wird. Die kannibalischen Phantasien und Handlungen von Trauernden (Hdt. 3.38; vgl. den kannibalischen Verzehr des Pelops durch die trauernde Demeter) stellen Versuche dar, den Verlust ungeschehen zu machen. Vgl. infra: ἀχηνίαις.

127 Der Kampf zwischen aggressiven und passiven Impulsen um die Dienste des Körpers kann sogar die Gelenke traumatisieren und psychosomatische Arthritis hervorrufen. Euripides könnte das gespürt haben: Sein Iolaos ist der klassische »arthritische Persönlichkeitstyp« (*50*).

Fall als Ergebnis einer einfachen *Unterdrückung* und nicht einer totalen *Verdrängung* der Wut betrachtet werden sollte.[128]

Das Wort ἀλοιδόρους liefert den Schlüssel zu Menelaos' Traum. *Gleichzeitig* verliebt und wütend im *Wach*zustand, manifestieren sich im Traum seine widerstreitenden Gefühle *nacheinander*: die Liebe, die er immer noch empfindet, beschwört Helenes Phantom herauf, aber seine Wut jagt die Erscheinung in die Flucht, *bevor* die sexuelle Vereinigung im Traum vollzogen werden kann (infra).[129]

412-413 ἀπίστους = ungläubig (mißtrauisch) ist Wilamowitz' Emendation (1885), die auch Fraenkel übernahm.[130]

Die Kodizes (FTr) haben ἅδιστος = der erfreulichste[131], was im vorliegenden Kontext keinen Sinn ergibt, auch wenn Sch.Tr. diese Lesart zu rechtfertigen sucht, indem die Bedeutung von 412-413 völlig entstellt wird. Seine absurden Interpretationen werden im allgemeinen ignoriert; Sch.Tr. beweist bloß, daß die Entstellung schon alt sein muß.

Die einzig akzeptable Emendation ist m.E. ἀπίστους. Meine Vorbehalte gegenüber anderen Verbesserungen werde ich im folgenden vorbringen.

ἄπιστος (im Nominativ) wurde zuerst von Hermann vorgeschlagen und dann fallengelassen. Margoliouth behielt sie bei, pfuschte dann aber gewaltsam an beiden Versen herum. Sein Text ist ein typisches Produkt seiner Zeit:

πάρεστι σῖγ', ἄτιμος, ἀλλ' ἀλοίδορος
ἄπιστος ἐμφανῶν ἰδεῖν.

Denniston und Page widersprechen dieser Emendation aus zwei Gründen:

128 *Unterdrückung*: »Da ich sie trotz meiner Wut immer noch liebe, will ich sie nicht verfluchen, obwohl sie es verdiente.« *Verdrängung*: »Ich bin *nicht* wütend, ich liebe sie so wie immer.« Ich glaube, es ist nötig, diesen Unterschied klarzumachen, da sogar der psychologisch scharfsichtige Winnington-Ingram (*141*) diese beiden Begriffe verwechselt. Er behauptet, daß Hippolytos seine Sexualität *unterdrückt*, während Phaidra die ihre *verdrängt*: Genau das Gegenteil ist richtig. Phaidra ist sich ihrer Sexualität nur allzu schmerzlich gewahr und versucht bewußt, sie zu unterdrücken. Hippolytos behauptet, keinen sexuellen Trieb zu verspüren – aber seine Zunge, die von den Schwierigkeiten spricht, die seine Lebensweise mit sich bringt, verrät ihn sofort (1367f.).

129 Die Situationen hier in 420ff. und in E.*Androm.* enthalten Unterschiede im Verhältnis zwischen Liebe und Haß. Hier koexistieren Liebe und Haß, wobei aber der Haß von der Liebe kontrolliert wird. In 420ff. wird die Liebe vom Haß gefolgt (infra). In E.*Androm.* 627ff. stellt sich der Haß vor der Erneuerung von Menelaos' Liebe zu Helene ein.

130 Groeneboom schreibt mit Schwerdt ἀπίστως.

131 Der dorische Superlativ von ἡδύς.

1. Sie behaupten, ἀτίμους ἀλοιδόρους ἀπίστους »are not comfortable yokefellows« (»bilden kein harmonisches Gespann«). Aber Fraenkel zitiert andere typisch Aischyleische Adjektivtripel, und ich bin davon überzeugt, daß drei klangvolle, akustisch und morphologisch[132] ähnliche Worte gut zu einer feierlichen, typisch griechischen und typisch Aischyleischen Aufzählung schwerwiegender Symptome passen.

2. Sie halten die Bedeutung dieses Wortes für unpassend: »There is no question of Menelaos *not believing* that Helene has left him.« (»Es kann keine Rede davon sein, daß Menelaos *nicht glaubte*, Helene habe ihn verlassen.«) *Das aber ist genau, was Menelaos tun würde.*[133] Dennistons und Pages Verwunderung deutet geradezu darauf hin, daß *auch der Kopist*, der dieses Wort entstellte, ein derartiges Verhalten nicht für glaubhaft und angemessen hielt. Dennoch kann in der griechischen Tragödie sogar ein Mann, der weitaus weniger persönlich betroffen ist als Menelaos, auf schlechte Nachrichten mit betäubtem Unglauben reagieren und diese sogar (fast) nicht verstehen. Theseus' entsetzter Ausruf: »*Was* erzählst du mir?« (S. *OC* 896) ist psychologisch glaubhaft; es ist kein willkürlicher oder konventioneller Kommentar, dessen einziger Zweck darin bestünde, eine Stichomythie in Gang zu halten und sie zu beschleunigen.

Aber ἀπίστους hat noch eine zweite Nuance: Es hat nicht nur die Bedeutung von Unglauben, sondern auch von *Nicht-Vertrauen* (Mißtrauen). Eine solche Reaktion ist ebenfalls von Menelaos zu erwarten, dessen Liebe seinen Zorn Helene gegenüber unterdrückt (ἀλοιδόρους). Der Kopist, der die Angemessenheit auch dieser *zweiten* Reaktion nicht sah und von den beiden übereinstimmenden und miteinander verwobenen Bedeutungen von ἀπίστους verwirrt war, beging (fast wie vorauszusehen war) einen *lapsus calami*. Die Tatsache, daß von allen vorgeschlagenen Emendationen *nur* ἀπίστους *den Kopisten hätte verwirren können*, erhöht ihre Plausibilität nur noch.

Die Angemessenheit beider Nuancen von ἀπίστους im vorliegenden Kontext ist einfach zu zeigen.

1. *Unglauben:* Menelaos findet die Realität unerträglich. Was

132 Alle drei beginnen mit einem *alpha privativum*, und selbst Denniston und Page glauben, daß das korrekte Wort mit einem *alpha privativum* begann.

133 Freud fragte einen Besucher nach Neuigkeiten von seinem verstorbenen Schüler K. Abraham – womit er dessen Tod leugnete. Wilamowitz (1885) verstand diesen Unglauben.

passiert *ist*, hätte *nicht* passieren *sollen*, und *konnte* deshalb auch *nicht* passiert sein: »Denn nicht sein kann, was nicht sein darf« [dt. i. Or.]. Diese Einstellung wird von 408 explizit vorweggenommen: Helene wagt das Unwagbare (ἄτλατα τλᾶcα).[134] Die Leugnung der Flucht Helenes mittels eines ausgefallenen »Wegerklärens« der wirklichen Tatsachen geht sogar mindestens bis auf Stesichoros zurück.[135]

Ich möchte sofort betonen, daß Stesichoros' Bericht hier *nicht* deshalb wichtig ist, weil er eine alternative »Erklärung«[136] anbietet, sondern *nur*, weil auch Stesichoros *die Realität* der Eskapade Helenes *leugnete*.

Die folgenden Kommentare sollen die psychologischen Prozesse klären, die einen »Unglauben« an beobachtbare und beobachtete Realität ermöglichen:

a) Was einem als »möglich« erscheint, stimmt allzuoft nur mit den eigenen Vorurteilen über das »Schickliche« überein.[137]

b) Was einem als »möglich« erscheint, kann daher die eigene Wahrnehmung (und/oder das Erkennen) dessen, was man sieht, radikal entstellen.[138]

c) Der gesunde Menschenverstand, die alltägliche Erfahrung und die klinische Praxis deuten alle darauf hin, daß die Leugnung schmerzlicher Sinneseindrücke eine Art Magie ist, mit deren Hilfe man versucht, emotional unerträgliche Geschehnisse defensiv anzuhalten und ungeschehen zu machen.[139]

d) Umgekehrt kann auch ein betrüblicher Verlust mit Hilfe einer fausse-reconaissance geleugnet werden.[140]

134 Ein Aischyleisches Denkmuster, vgl. A. *Choe* 929f.

135 Stesich. *fr.* 15P=32B=11D: οὐκ ἔcτ' ἔτυμοc λόγοc οὗτοc: »Diese Geschichte ist nicht wahr« (*54*).

136 Fraenkel weist für 415 mit Recht die Interpretation ›φάcμα = εἴδωλον‹ (infra) zurück.

137 Hom. *Il.* 3.423-426 wurde von Zenodotos abgelehnt, weil er es als unschicklich erachtete, daß eine Göttin einem Sterblichen einen Stuhl brachte, vgl. Leaf ad loc.

138 Ich habe verschiedene Fälle von »fausse non-reconnaissance« analysiert (von denen sich eine im Traum ereignete), die aus der Weigerung resultierten, zuzugeben, daß man Zeuge eines »unmöglichen« (= unschicklichen) Ereignisses gewesen war (*36*).

139 Nach einem tödlichen Unfall schrieen die Eltern des Opfers: »Nein! Nein!«, als sie sich auf die Leiche warfen. Zeitungen berichten oft darüber, daß sogar unbeteiligte Zuschauer »Nein!« rufen, *während* der Körper eines Selbstmörders bereits aus einem hochgelegenen Fenster stürzt. Professor Lloyd-Jones erinnerte mich daran, daß nach dem Attentat auf Präsident Kennedy Mrs. Kennedys erstes Wort »No!« war.

140 Nach dem Tode eines engen Freundes erlebte ich wiederholt den Schock eines (Pseudo-) Wiedererkennens, wenn ich auf der Straße einen großen und beleibten Mann sah, der sich in der für meinen verstorbenen Freund charakteristischen Gangart bewegte.

e) Bestimmte Formen privater Trauer-»Pietät« negieren ebenfalls die Realität des Verlustes.[141]

Zunächst negiert Menelaos die Realität seines Verlustes, indem er einfach mit verblüfftem Unglauben reagiert; später negiert er sie mit Hilfe eines Traumes, dessen *erste Hälfte* offensichtlich den *status quo ante* wiederherzustellen beginnt.

Solche Beobachtungen zeigen, daß Fraenkel völlig recht hat zu behaupten, daß Menelaos sich in einem Zustand verblüfften Unglaubens befindet. Indem Menelaos die Realität seiner tragischen Erfahrung bezweifelt, wehrt er einen *Teil* ihrer Wirkung auf seine Psyche ab. Solche Verzögerungstaktiken erklären auch die Fälle von »verspäteter Trauer«[142], die sogar in primitiven Gesellschaften vorkommen (*11*). Diese Verzögerungstaktiken machen den tragischen Vorfall erträglicher, wenn dessen Realität schließlich vollständig ins Bewußtsein dringt, denn ein Teil der »Trauerarbeit« (dt. i. Or.) (Freud, vgl. *96*) wurde (vom Unbewußten) bereits während der Periode *partieller* Leugnung geleistet. Ich verwende das Wort »partiell« mit Bedacht, denn eine fausse non-reconnaissance ist keine *Primär*reaktion. Der Beobachter erkennt *zuerst* die Person und/oder den Vorgang, und dann löscht er, unfähig, die Realität zu ertragen, seine ursprüngliche, unerfreuliche Wahrnehmung und/oder sein Wiedererkennen aus, indem er diese manchmal sogar durch einen akzeptierbaren, beruhigenden Traum oder eine Phantasie[143] ersetzt. Kurz, da Helene das *Un*wagbare wagte (408), floh sie »offensichtlich« *nicht*. Dies rechtfertigt Menelaos' defensive Weigerung, dem Zeugnis seiner Sinne und den Berichten seines Gefolges zu glauben. Auf diese Weise arbeitet der menschliche – und der mythopoeische und poetische – Geist. Der logisch und realistisch denkende Psychologe muß den unlogischen und unrealistischen *modus operandi* der Emotionen *akzeptieren* – und ihn dann verständlich machen.

2. *Argwohn* (Mißtrauen) ist der zweite Aspekt von Menelaos' Reaktion; sie kann auf zwei Arten verdeutlicht werden:

141 Vgl. Königin Victorias sorgfältige Leugnung des Todes von Prinz Albert (*80*, S. 86f.). In E. *Alc.* 348ff. beabsichtigt Admetos, den Tod Alkestis' zu negieren, indem er sich ihre Porträtstatue in sein Bett legt.

142 Gut analysiert von H. Deutsch (*20*).

143 Bomberpiloten, deren Mannschaft bei einem Absturz getötet wurde, wurden so lange in Schlaf gehalten, bis es ihnen gelang, im *Traum* dem Absturz ein *glückliches* Ende zu geben (*94*). Psychologisch ist dieser effektive therapeutische »Happy-end-Traum« mit dem εἴδωλον (Doppelgänger)-Hilfsmittel des Stesichoros verwandt, das ebenfalls ein »Happy end« möglich macht.

a) Paris raubte nicht nur Helene, sondern auch Menelaos' Schatz und mindestens zwei ihrer Dienerinnen.[144] Es ist hochinteressant, daß keine wirklich alte Quelle zu erklären versucht, warum dieser große Diebstahl und der Gruppenexodus nicht entdeckt und verhindert wurde. Daher ist es völlig »logisch«, wenn Menelaos einen Teil seines Haushalts der Komplizenschaft verdächtigt[145]; das erlaubt dem immer noch verliebten Gatten aber auch, einen Teil seines Zorns von Helene abzuwenden und auf den Haushalt zu richten.

b) Man trifft bei Depressionen häufig paranoide Reaktionen (Mißtrauen) an, die von dem betrüblichen Verlust verursacht werden und oft sogar ritualisierte Konsequenzen haben können.[146]

Paranoides Mißtrauen nach einem Verlust wird explizit in E.*Alc.* erwähnt (338 ff., 368 ff.): Admetos mißtraut jetzt jedem. In einem rätselhaften Passus (A.*Ag.* 838) drückt auch Agamemnon – den kein Freund betrogen zu haben scheint – sein Mißtrauen gegenüber den ihm Nahestehenden aus.[147]

Um zusammenzufassen: ἀπίϲτουϲ bezeichnet zwei *klar getrennte*, aber simultane Einstellungen: Einen defensiven Unglauben *und* ein (psychiatrisch vorhersagbares) Mißtrauen. Da der Kopist dies nicht begreifen konnte, schrieb er das Wort falsch ab. Auch ist ἀπίϲτουϲ die einzige Emendation, deren Entstellung in ἄδιϲτοϲ mit Hilfe der psychoanalytischen Theorie der Fehlleistungen (Schreibfehler, Versprecher usw.) rekonstruiert werden kann (infra).

144 Der Diebstahl wird wiederholt in zweifelsfrei alten Passagen der *Ilias* erwähnt. Selbst wenn der Hinweis auf die Dienerinnen in Hom.*Il.* 3.144 eine Interpolation sein sollte, geht sie zeitlich fast sicher A.*Ag.* voraus.

145 Ich möchte hier keine Frage aufwerfen, die sich den alten Griechen nicht stellte. Es ist eindeutig überliefert, daß Menelaos seine Frau ohne einen Aufpasser während seiner Abwesenheit allein ließ, was auf der einen Seite zu der Ansicht führte, daß er Helene dem Paris praktisch nachgeworfen habe (Ov.*Her.* 16.299), und auf der anderen Seite der Geschichte Nahrung gab, daß Agamemnon, bevor er nach Troja aufbrach, Klytaimestra in die Obhut eines Sängers gab (sch. Hom. *Od.* 3.267; Eustath. ad Hom. *Od.* 1466.55).

146 Einige Eingeborenenstämme Australiens erleichtern ihren Kummer mit Hilfe einer paranoiden Projektion: Sie schreiben auch den natürlichsten Todesfall einem Zauber zu und töten ein beliebiges Mitglied des Stammes, das sie der Hexerei verdächtigen (*58*). Dies erlaubt dem Trauernden, seine Wut von dem »Deserteur« (dem Verstorbenen), den er nicht mehr *effektiv* bestrafen kann – obwohl er manchmal genau das zu tun versucht (*89*) –, auf den greifbaren, hypothetischen »Mörder« zu verschieben.

147 Zum Wortlaut dieses Verses vgl. Fraenkel, Groeneboom, Denniston und Page. Agamemnons Bemerkung, daß *nur* Odysseus ihm *stets* treu war, könnte allerdings auf Aias' rebellischen Versuch anspielen, eine grobe Ungerechtigkeit zu rächen. Danach könnte A.*Ag.* 838 »prophetisch« oder bloß gnomisch gemeint sein. Vgl. E.*HF* 111 ff.

Ich werde mich jetzt mit einigen anderen in der Vergangenheit vorgeschlagenen Emendationen befassen, wobei ich sofort darauf hinweise, daß diejenigen, die *nicht* mit einem *alpha privativum* beginnen, von vornherein weniger wahrscheinlich sind als die mit diesem Anlaut. Die paläographische Wahrscheinlichkeit (oder Unwahrscheinlichkeit) der vorgeschlagenen Emendationen werde ich nicht diskutieren, denn sie ist für den Gräzisten offensichtlich, während sie für meine anderen Leser von keinem Interesse ist.

I. Einige Emendationsvorschläge wiederholen einfach ein anderes, bereits erwähntes Symptom oder Zustand teilweise oder vollständig.

1. Scham, Ehrlosigkeit (αἴcχιcτ', Hermann) verdoppelt in schwacher Form das viel angemessenere ἀτίμουc.

2. Nicht-merkend, nicht-sehend, unbewegt, nicht-fühlend, unnahbar (αἴcτουc Dindorf, ἀδήκτουc Blass) können sich m. E. nur auf die Unfähigkeit des Haushalts beziehen, zu Menelaos »durchzudringen« – das aber ist im direkt darauffolgenden Wort (ἀφημένων) impliziert.

II. Nicht-betend (zu den Göttern, vermutlich für Helenes Rückkehr) (ἀλίcτωc, Denniston und Page) ist, wie Professor Sir Denys Page zugibt, »a very long shot« (»höchst unwahrscheinlich«), obwohl die Übersetzung von Lloyd-Jones diese Emendation akzeptiert (*103*): »not beseeching« (»nicht anflehend«). Die Kombination: »Nicht schmähend, nicht flehend« ist poetisch attraktiv. Leider hat ἄλιcτοc normalerweise die Bedeutung: nicht *an*gebetet werden.[148] Auf Hades (im Gegensatz zu Olympiern) angewendet bedeutet es: unerbittlich, nicht Gebeten nachgebend.[149] Aber obwohl Menelaos in V. 415 (wahrscheinlich) gespensterhaft aussieht, macht ihn das noch nicht dem Hades ähnlich. Kurz, ich kann diese Emendation nicht akzeptieren.

III. Fastend, (sich) aushungernd würde der Aufzählung zugegebenermaßen ein weiteres realistisches und spezifisches Symptom anfügen. Aber Worte mit dieser Bedeutung hätten den Kopisten *nicht* verwirrt, denn in griechischen Texten ist Fasten ein häufiges Symptom der Depression und der Trauer.

148 Codex Fr gibt es in Hom. *h. Merc.* 168 als Alternative zu ἄπαcτοι: Hermes und Maia, die in der Einsamkeit leben und noch nicht als Gottheiten bekannt sind, hungern nach Opfern, bzw. es wird nicht zu ihnen gebetet. Vgl. den *apparatus criticus* der neuen Aischylosausgabe von Page: ἀλίcτωϛ.

149 Euph. 98; *AP* 7.643; *IG* 14.1909.3.

1. ἀcίτουc (Wecklein, Thomson): Hom. *Od.* 4.788 (die angstvolle Penelope); E. *Med.* 24f.; E. *Hipp.* 277; E. *Suppl.* 1105 usw. (vgl. LSJ s. v.).

2. ἄδαιτουc (Killeen, *90*, S. 253, zitiert bei Italie, *86*, Addendum, s. v. ἡδύc; vgl. Hdt. 1.162). Aber Fraenkel zeigt, daß Aischylos in A. *Ag.* 151 dieses Wort auf menschliches Fleisch anwendet – auf das Iphigeneias –, das *per definitionem* für den menschlichen Verzehr ungeeignet ist. Fraenkels Argument wird nicht durch die klinische Tatsache geschwächt, daß während der Trauer kannibalistische Phantasien auftreten.

3. ἀπάcτουc wurde, glaube ich, von niemandem vorgeschlagen, obwohl es Homerischen Ursprungs ist und mit einer Ausnahme Depressionen und Trauer betrifft.[150]

Ein kleiner, aber nicht zu vernachlässigender weiterer Einwand gegen alle Emendationen mit der Bedeutung von Fasten ist, daß es ein Verhaltenssymptom ist, während Menelaos' andere Symptome vorwiegend intrapsychisch sind.

IV. Schmerz, Kummer (ἄλγιcτ', Enger, Smyth) ist aus verschiedenen Gründen nicht akzeptabel:

1. Anders als die anderen Symptome ist es eher allgemein und nicht spezifisch.

2. Als solches sollte es entweder am Anfang (mit der Implikation: Seine Trauer ruft *folgende* Symptome hervor)[151] stehen, oder am Ende (mit der Implikation: Die *eben erwähnten* Symptome zeigen seine Trauer. Aber es ist das vorletzte Symptom, das erwähnt wird, denn »Abseitssitzen« ist technisch gesehen ebenfalls ein Symptom.

3. Smyth, der diese Emendation übernimmt, schlägt eine irreführende Übersetzung vor: »In the anguish of his grief« [in der Qual seines Kummers] läßt an eine *unruhige* Depression eines Typs denken, den Aischylos oft beschrieb (*18*). Menelaos' Depression ist aber *stuporös* – ein Zustand, den Aischylos *ebenfalls* gut beschrieb, z. B. durch Perioden langen Schweigens (vgl. Ar. *Ran.* 911 ff.).

V. Wie Dampf (ἄτμοc ὡc, Murray) ist mehr oder weniger Hom. *Il.* 23.100 nachempfunden, und man kann argumentieren, daß es A. *Ag.* 415 (Gespenst, Geist) vorwegnimmt. Hätte aber

150 Ausnahme: Hom. *Od.* 6.250: Odysseus hat seit einiger Zeit nichts mehr gegessen. Hom. *Il.* 19.346 (Achilleus trauert); Hom. *Od.* 4.788 (Penelope ängstigt sich um ihren Sohn); Hom. *h. Cer.* 200 (Demeter trauert um Persephone).

151 Smyths *Übersetzung* stellt es in der Tat voran.

Aischylos tatsächlich geschrieben: wie Dampf, wäre er kaum mißverstanden worden, und der Homerische Hintergrund des Wortes hätte es unter Umständen sogar vor Entstellung bewahren können. Nur wenige haben Murrays Emendation angenommen.

Ich übergehe Mazons αὔτως; es trägt nichts zur inhaltlichen oder syntaktischen Klarheit dieser Verse bei.

Um zusammenzufassen: Keine der aufgeführten Emendationen ist psychologisch so angemessen wie ἀπίστους; dies ist für mich eine entscheidende Feststellung.

Über den Prozeß der Entstellung von ἀπίστους in ἄδιστος kann man durchaus Vermutungen anstellen, auch wenn der Leser gebeten wird, jeder Feststellung, die in bezug auf *diesen bestimmten Prozeß* gemacht wird, ein »vielleicht« oder »wahrscheinlich« hinzuzufügen.

Die Transformation des Akkusativ Plural in einen Nominativ Singular wird nicht diskutiert, denn ich habe bereits gesagt, daß ich Thomsons Erklärung für diese Entstellung akzeptiere. Der Einfachheit halber verwende ich in diesem Abschnitt nur die Nominativ Singular-Form der Worte; dies impliziert *nicht*, daß ich davon überzeugt bin, daß die Entstellung der Kasusendungen der Entstellung der fraglichen Worte vorangegangen ist.

Zunächst nehme ich an, daß wir hier keinen vorsätzlichen Versuch vor uns haben, den Text zu »verbessern«. Wäre dies der Fall gewesen, dann hätte der Kopist nicht das wirklich unpassende »erfreulichste« für das – ihm rätselhafte – »nicht-glaubend+mißtrauisch« eingesetzt. Denn hätte er den Text »verbessern« wollen, hätte er sicherlich eines der Worte, die Fasten, (in sich) zurückziehen, usw. bedeuten, eingesetzt, die auch moderne Herausgeber vorschlagen.

Meine zweite Annahme ist, daß der Kopist, wäre der Schreibfehler auf Müdigkeit oder Unaufmerksamkeit zurückzuführen, *wahrscheinlich* ein bedeutungsloses Wort produziert hätte (*vox nihili*), das einem gewöhnlichen »Druckfehler« entspräche: Eine Haplographie, eine Dittographie, einen Anagrammatismus usw. Diese Annahme ist zwar ziemlich plausibel, wenn auch zugegebenermaßen etwas weniger einleuchtend als die erste. Sie ist aber immer noch gut genug, um die Untersuchung der aus ihr abgeleiteten Implikationen zu rechtfertigen.

Diese beiden Annahmen führen mich zur dritten und entscheidenden: Der Kopist glaubte wahrscheinlich, wie Denniston und

Page, »daß keine Rede davon sein kann, daß Menelaos *nicht glaubt*, daß Helene ihn verlassen hat«, obwohl ich gezeigt habe, daß er genau dies *als erstes* tun *würde*.

Es gibt einen guten indirekten Beweis dafür, daß die Griechen, wie alle Menschen, erwarteten, ein begonnener Satz ende in *voraussehbarer* Weise. Die Komödiendichter nützen diese Erwartung oft aus, indem sie sie enttäuschen: sie schreiben das unerwartete Wort anstelle des erwarteten.[152] Technisch scheint der bereits begonnene Satz in dem Sinn »Prägnanz« [dt. i. Or.] zu haben, daß an *dieser* Stelle nur ein (erwartetes) »Schließungselement« angemessen zu sein scheint. Der Komödiendichter zerreißt diese Prägnanz, indem er ein unerwartetes Schließungselement verwendet, das manchmal das Antonym oder Quasi-Antonym des erwarteten Wortes darstellt.

Ich schließe daraus, daß im Bewußtsein des Kopisten, wenn er »ungläubig« als unpassend empfand, nach der psychoanalytischen Theorie der Fehlleistungen[153] das Antonym des Wortes aufgetaucht wäre: *Nicht*-bezweifelnd = *nicht-un*gläubig.[154] Ein solches Wort würde passenderweise mit einem *alpha privativum* beginnen: ἀδίcταcτοc.[155] Aber es würde das bereits entstellte Wort ἄπιcτοc, das der Kopist las, nicht *völlig* auslöschen. Das Ergebnis wäre ein »Kompromiß« – ein sogenanntes Mischwort.[156] Die Bildung eines echten Mischworts wurde in diesem Fall dadurch erleichtert, daß ἄπιcτοc und ἀδίcταcτοc nicht gleich skandiert werden: das letztere

152 Der *locus classicus* ist Ar. *Ran.* 1206ff.: Aischylos beendet alle Deklamationen des Euripides mit: »Er verlor seine Ölflasche.«

153 Selbst Gegner der Psychoanalyse bezweifeln selten Freuds Theorie (*67*, 6. und 7. Kap.), daß Fehlleistungen oft sehr subtil und stark überdeterminiert sind (*73*). Einige Fehlleistungen korrigieren sogar eine zuvor aufgetretene (*41*): Ein dittographischer Fehler beim Numerieren der Abschnitte wird manchmal unabsichtlich durch *Überspringen* der nächsten Zahl korrigiert: 1, 2, 3, 4, (4), 6.

154 Griechische Dichter drücken oft einen positiven Zustand mit Hilfe einer *doppelten* Verneinung aus: »*Nicht un*aufmerksam« für »aufmerksam«.

155 Vgl. für diese Schreibweise Thphr. *Metaph.* 31; sch. Hom. *Od.* 1.100; *Pap. Tebt.* (II v. Chr.) 124.26. Sie paßt besser auf die Fehlleistung als die häufigere Schreibweise.

156 Eine Fehlleistung dieser Art, die zu einem Mischwort führte, wurde von T. B. L. Webster produziert (*138*, S. XV): Er verwandelte den Namen des Malers A(rnold) Böcklin in Boeckhlin, wobei er zweifelsohne vom Namen des berühmten Gräzisten A(ugust) Boeckh beeinflußt wurde. Die Zeitschrift *Time* bildet absichtlich Neologismen aus Mischwörtern, »globaloney« (global & baloney = Erdball-Blödsinn) entstand mit Hilfe einer beabsichtigten Haplographie. Manchmal verbinden Mischwörter entgegengesetzte Bedeutungen: Heinrich Heine: famillionär (»familiär« und »Millionär«) [dt. i. Or.] (mit dem man selten »familiär« ist, zitiert nach Freud). Ein ambivalenter Schizophrener nannte einen Mann, den er »loben« wollte: »Prink« (= prince & prick; Prinz und Schwanz).

hat eine Silbe zuviel. Das Kompromißwort mußte, um richtig skandiert zu werden, ein wirkliches Wort sein – das (fast voraussagbar) *nicht* mit einem *alpha privativum* beginnt.

Dem könnte man jetzt entgegenhalten, daß ἄδιστος *kein* richtiges Mischwort ist, weil es kein (sinnloser) Neologismus ist. Aber allein die Tatsache, daß es *in diesem Zusammenhang* sinnlos ist, macht es psychologisch und syntaktisch zu einem Neologismus.[157]

Mein Argument wird noch weiter durch die Feststellung untermauert, daß ἄδιστος ganz leicht entstellt werden und daß ἄπιστος eine andere Rechtschreibung desselben Wortes ersetzen kann.

E. *HF* 675: ἁδίσταν. Ploutarchos schreibt: καλλίστην. Stobaios schreibt: ἡδίσταν. Hier handelt es sich selbstverständlich um Synonyme.

S. *fr.* 570 N^2: ἄπειστος wird hier ἄπιστος buchstabiert (Hsch. I, S. 242); Nauck ist der Ansicht, daß das ἀπαράπιστος des Hesychios eine Entstellung von ἀπαράπειστος (Bernard) ist.

Obwohl diese Befunde eher anregend als zwingend sind, verdienen sie mindestens eine beiläufige Erwähnung.

Mein Hauptargument läßt sich schematisch wie folgt darstellen:

Ausgangsworte		*ihre Antonyme*
πίστος (Vertrauen, Glauben)	⟷ (gekreuzt)	ἄπιστος
διστασμός (Unglauben)	⟷ (gekreuzt)	ἀδίσταστος

Die *dazwischen geschaltete* (mentale) Entstellung (die zu der tatsächlichen Entstellung ἄδιστος führt), war ἀδίσταστος, das

1. viele Buchstaben des korrekten Wortes beibehielt, aber
2. seine Bedeutung ins Gegenteil verkehrte (Antonym).

Das Wort wurde dann zurechtgestutzt, um in das (bereits falsche) Versmaß zu passen, und wurde zu dem logisch absurden ἄδιστος. Ich möchte daraus vorläufig den Schluß ziehen, daß es der Paläographie nutzen würde, wenn ihre Vertreter mit Freuds Theorie der Fehlleistungen vertraut wären.

413 ἀφεμένων muß hauptsächlich aus metrischen Gründen verbessert werden. Zwei Lösungen sind vorgeschlagen worden.

1. ἀφειμένων (Hermann, Fraenkel) = der im Stich gelassene, der Verlassene. Diese Emendation ist kaum akzeptabel. Sie trägt nichts zu unserem Verständnis von Menelaos' Zustand bei, und dies wäre in einem so dichten und reichen Text überraschend. Eine psychologische *facilior*-Lesart kann man in einem Text von Bakchy-

157 Vgl. »Schüttelreime«: Pudelnackt – Nudel packt.

lides akzeptieren. In einem Aischylostext ist die *difficilior*-Lesart vorzuziehen: die Lesart, die *neues* Licht auf die Situation wirft. Vor allem müßte man beim Festhalten an dieser Lesart die Degradierung rechtfertigen von einem verwirrten, quasi-negativistischen Schweigen, das für eine Depression charakteristisch ist, auf eine gelähmte Sprachlosigkeit, die für einen Zustand psycho-physiologischen Schocks charakteristisch ist; wie Sapphos (*fr.* 31 LP) Sprachlosigkeit, die charakteristisch ist für einen schweren Angstanfall, der, wie bereits erwähnt, kein einziges Symptom mit Menelaos' Depression gemeinsam hat (*43*).

2. ἀφημένων = abseits sitzen (Dindorf, Wecklein, Sidgwick, Smyth) ist in jeder Beziehung befriedigender: es setzt Menelaos' zuvor aufgezählte Symptome voraus und bildet in einem bestimmten Sinn den Höhepunkt der Aufzählung. Es deutet sowohl auf ein weiteres klinisches Symptom als auch auf eine kulturell geformte Reaktion hin. Mit beidem werde ich mich nach der Erörterung von Fraenkels Einwänden beschäftigen.

Fraenkel fragt sich, von wem Menelaos sich wohl isoliert; offenbar von seinem Haushalt. Wenn man sich das Arrangement Homerischer Paläste – selbst wie es sich die Tragödiendichter vorstellten – vor Augen führt, konnte ein König, besonders wenn er zornig war, nur so abseits sitzen, daß er andeutete, er wolle nicht gestört werden. In Hom. *Il.* 1.498 ist Zeus weder beleidigt noch gedemütigt: er ist höchstens über Heras Parteilichkeit erzürnt und wünscht, allein gelassen zu werden.[158]

Fraenkel ist der Ansicht, daß Hom. *Il.* 15.106f. und Hdt. 4.66 mit dem Abseitssitzen des Menelaos nicht vergleichbar sind. Meiner Meinung nach ist die Situation wie folgt: Hom. *Il.* 15.106f.: Zeus, beleidigt von der Aufsässigkeit der anderen Götter, sitzt in hochmütiger Isolierung abseits. Obwohl er beleidigt ist, weiß er – und Athene erinnert die anderen Götter daran –, daß er, wenn es hart auf hart geht, immer noch der Herr im Hause ist. In Hom. *h. Cer.* ist die trauernde und rachsüchtig zurückgezogene Göttin gleichfalls in der Lage, gegen ihre Beleidiger zurückzuschlagen. Das kann Menelaos natürlich auch: Obwohl gehörnt, ist er immer noch König: Er kann Rache sowohl phantasieren wie ausführen, um dadurch den *status quo ante* wiederherzustellen. Vgl. Q.S. 3.130ff.

Hdt. 4.66: Bei der jährlichen Siegesfeier muß ein skythischer Krieger, der sich im Laufe des verflossenen Jahres nicht sonderlich

158 Vgl. Hom. *h. Cer.* 354ff. und *passim* für Demeter.

hervorgetan hat, abseits von den schmausenden Helden sitzen.

Sein Geisteszustand wird nicht beschrieben, und das ist auch nicht nötig. Obwohl er *zur Zeit* gedemütigt ist und sich nicht direkt wehren kann, erwartet er zweifelsohne – wie Zeus –, den Spieß in der nächsten Zeit umdrehen zu können. Im Augenblick besteht seine beste Taktik darin, eine geringschätzige Hochnäsigkeit denjenigen gegenüber zu zeigen, die ihn verachten oder bemitleiden. Seine Haltung drückt aus: »Mir ist das schnuppe!«[159]

Es braucht nicht besonders erwähnt zu werden, daß ein *ostentatives* Abseitssitzen darüber hinaus auch noch ein verhülltes – und zeitweilig sogar nur teilweise bewußtes – Aufmerksamkeit heischendes Mittel ist: Je mehr sich ein Mensch zurückzieht, desto mehr werden die anderen sich darum bemühen, von ihm bemerkt und angehört zu werden.[160] Schließlich hat die brütende Zurückhaltung eines Gottes oder eines Königs einen drohenden Unterton: Sie legt die Möglichkeit plötzlicher und gewalttätiger Vergeltung nahe – in diesem Fall gegen diejenigen gerichtet, die durch ihre Nachlässigkeit Helenes Flucht ermöglicht hatten. Menelaos' zurückhaltendes Schmollen ist ebenso unheilverkündend wie das des Achilleus (Hom. *Il.* 15.106f., vgl. Thomson ad 412f.).

Dieses Verhalten ist eindeutig eine kulturell akzeptierte und kulturell strukturierte »alternative« (*102*, S. 273ff.) Reaktion auf einen beschämenden Verlust: Da sich Menelaos in Schweigen (σιγάς) zurückzieht, kann er nicht laut klagen[161]: Da Liebe seinen Zorn hemmt, kann er nicht fluchen (ἀλοιδόρους). Sein Abseitssitzen ist also nicht nur kulturell strukturiert und daher annehmbar; es erlaubt ihm darüber hinaus auch, einen Teil seines verlorenen

159 Es gibt ausgezeichnete Belege von einer anderen nomadischen Reitergruppe, die diese Interpretation stützen: die Crow-Indianer (*106*, S. 35-43, bes. 37-38). Zwei Kriegergruppen, die Holzklötze und die Füchse, wetteifern jedes Jahr um die höchste »Zahl« von Kriegsehren. Jedes Mitglied der Gruppe, die das beste Ergebnis erzielte, konnte sich die Frau jedes Mitglieds der unterlegenen Gruppe nehmen, wenn er jemals zuvor mit ihr sexuell intim gewesen war. Einmal erhob ein skrupelloser Mann Anspruch auf die stets treu gebliebene Frau eines Mitglieds der Verlierergruppe. Obwohl die Frau unter Tränen abstritt, untreu gewesen zu sein, und obwohl der Ehemann und der Stamm wußten, daß sie die Wahrheit sprach, befahl ihr Mann streng, dem Lügner in sein Zelt zu folgen. Sein Stoizismus wurde voraussagbar sehr bewundert und dadurch verlor der Betrüger sein Gesicht, das ihm seine Mitgliedschaft in der siegreichen Gruppe verschafft hatte. Genau dies schien der Zweck des Stoizismus des Verlierers gewesen zu sein: Er stellte in der Sprache der Psychiater einen »passiv-aggressiven« Gegenangriff dar.

160 Rückzug kann sogar verführerisch sein (*39*, S. 157), oder eine implizite Forderung darstellen (Hom. *Il.* 9.464ff.) (*60*, S. 460).

161 Das taten an seiner Stelle bereits die Seher (V. 409); *ihre* Wehklagen sind kulturell annehmbares Verhalten.

»Gesichts« wiederzuerlangen, denn selbst in einer überschwenglichen Kriegerkultur wird das stoische Ertragen von Trauer oft bewundert (A. *Sept.* passim).

Wenn man das Abseitssitzen des Menelaos in diesem sozialen Kontext betrachtet, stellt es ein Prestige gewinnendes und Ehrverlust negierendes Manöver dar.

Aber man kann das Abseitssitzen auch als ein psychiatrisches Symptom betrachten: Ein Zeichen des Rückzugs und des Sich-nach-innen-Wendens. Wenn seine vier zuvor aufgezählten Symptome als kulturell »normale« Reaktionen auf einen extremen Verlust betrachtet werden, stellt sein Abseitssitzen bloß ein Schmollen dar: eine soziale Reaktion. Wenn man sie aber *auch* als Symptome der Depression betrachtet, wird das Abseitssitzen, das die vier vorhergehenden Symptome »krönt«, aus klinischen Gründen vorhersagbar und balanciert das erste Symptom herrlich aus: Menelaos' Schweigen[162], auf das es zurückverweist. Die Alternative, ἀφειμένων, leistet nichts Vergleichbares.[163]

Die Tatsache, daß *dieselbe* Haltung *gleichzeitig* einen soziokulturellen *und* einen psychiatrischen Sinn haben kann, ist nicht überraschend. Sie verdeutlicht in reinster Form eine Ansicht, die ich vor langer Zeit vorgebracht habe (*48*, 1. und 2. Kap.): Die meisten Manifestationen (Symptome) psychologischen Stresses (Krankheit) sind kulturell strukturiert. Diese Reaktion wird von zahllosen Figuren des alten Griechenland sowohl in sozialen als auch in psychiatrischen Kontexten manifestiert; neben den sozialen Reaktionen von Zeus, Demeter, Achilleus und vom skythischen Krieger läßt sich ein symptomatischer Rückzug im Fall des wahnsinnigen Bellerophontes, des Phoinix (*26*), des von Schmerz und Schuld in den Wahnsinn getriebenen Oidipous (S. *OT* fin.), des sprichwörtlichen Misanthropen Timon und Alexanders des Großen (Plu. *V. Alex.* 71.2f.) usw., feststellen.

Dieses Verhalten wird darüber hinaus – höchst kunstvoll – ans Ende des Satzes gestellt. Es faßt die beiden vorangegangenen Verse zusammen, bevor der nächste Abschnitt dazu auffordert, sie retroaktiv (infra) *neu zu beurteilen*. Ihre stilistische Rolle kann man mit der eines plagalen Schlusses in der klassischen Musik des neunzehn-

162 Der Gräzist wird merken, daß ἀφημένων logisch eine engere Verbindung mit ϲιγὰϲ hat als die drei anderen Symptome.

163 Ein verlassener Ehemann ist keineswegs immer schweigend und nicht-schmähend. Einer, der abseits sitzt und verächtlich schmollt, ist das immer.

ten Jahrhunderts vergleichen: zur Hälfte ein Schluß, zur anderen Hälfte eine Vorbereitung auf das Kommende. Denn die Verse 414 bis 419 zeigen, daß der distanzierte Menelaos sich nicht nur von seinem (verdächtigten) Haushalt, sondern auch von der Realität ab- und der Phantasiewelt zuwendet.

Die unglaubliche Komplexität von Bedeutungen, die Aischylos hier mit nur fünf Worten erzielt, findet außerhalb der Musik wahrscheinlich keine Parallele.[164] Sie bauen sich zu einem Höhepunkt auf: Man glaubt, verstanden zu haben – und schon der nächste Vers zwingt einen wieder dazu, das meiste von dem bereits verstanden Geglaubten rückwirkend zu revidieren.

Kurz, ἀφημένων bereichert diese Verse ungemein; ἀφειμένων tut das nicht. Im Fall eines Aischylostextes sollte diese Feststellung großes Gewicht haben, auch wenn eine endgültige Gewißheit in dieser Frage unmöglich ist.

414-419: Allgemeiner Sinn. Diese sechs Verse zählen die letzten – und extremsten – Wachsymptome Menelaos' auf. Auch wenn scheinbar zwei verschiedene Symptome erwähnt werden, stellt das zweite doch eine direkte Konsequenz des ersten und seine Erweiterung vom Besonderen (schöne Statuen) auf alles, was das Auge sehen kann, dar: die *Außen*welt als *Ganzes*. Nach 418-419 kann den *Wach*reaktionen Menelaos' nichts mehr hinzugefügt werden: Die Szene ist für die Traumreaktion vorbereitet.

Bei der Interpretation von 416-419 muß man – woran zu erinnern sich noch die Gelegenheit bieten wird – stets daran denken, daß die *gesamte* Stelle 410-426 sich auf Person und Verhalten des Menelaos richtet. Alles andere wird nur erwähnt, um Licht auf Menelaos' Reaktionen zu werfen, und wird daher nur beiläufig angedeutet. Keiner der »Reize«, auf die er reagiert (zeitweilig durch Nicht-Reagieren) wird in *irgendeiner* Weise um *seiner selbst willen* ausgearbeitet. Wie sehr das stimmt, kann man am besten daran zeigen, daß ein jedes von den Dingen, die Menelaos *äußerlich* sind – ein jeder »Reiz« –, und die in 414-419 erwähnt werden, Anlaß zu Kontroversen gab, sogar hinsichtlich ihrer Zuschreibung zu einer bestimmten Person; dies trifft auf das Phantom (415) und die

164 Das Hauptmotiv des ersten Satzes der Fünften Symphonie von Beethoven und das des letzten Satzes der Jupitersymphonie von Mozart bestehen nur aus je vier Noten. Darüber hinaus kommt das Motiv bei Beethoven mit nur zwei Tönen in einer einfachen rhythmischen Anordnung aus: 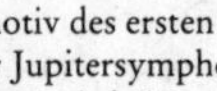, während bei Mozart die vier verschiedenen Töne sogar gleich lang sind.

Statuen (416) wie auch auf die Augen (418) zu. So viel *angebliche* Unbestimmtheit im Verlauf von nur sechs Versen und immer in bezug auf etwas, was Menelaos »äußerlich« ist[165], und auf das er reagiert, ist im Fall eines großen Dichters einfach nicht glaubwürdig. Nicht unerwartet verschwindet jede Unbestimmtheit oder jeder Zweifel in dem Moment, in dem man erkennt, daß sich jedes Wort auf Menelaos' *Reaktionen auf* Reize bezieht und *nicht* auf die *Reize* selbst. Die Verse 412-426 sind nicht nur makellos; sie sind auch extrem knapp und immer zur Sache gehörend: zu dem Zustand des Menelaos. Wenn man sie betrachtet, wie sie betrachtet werden müssen, nämlich als eine exquisit arrangierte Liste von Menelaos' symptomatischen Reaktionen auf verschiedene *Segmente* der Realität, die in seiner *Un*empfänglichkeit (die selbst ja *auch* eine Reaktion ist) für die Realität *als Ganzes* gipfelt, kann man verstehen, warum sich in 420 der Dichter von Menelaos' Wachreaktionen auf die äußere Realität seiner Traumreaktion auf »innere« Reize zuwendet.

Die richtige Interpretation ist daher diejenige, die am meisten zu einem *psychiatrischen* Verständnis von Menelaos' Trauer beiträgt. An diesem Kriterium scheitern alle Lösungsversuche außer denen Fraenkels, denn sie richten ihre Aufmerksamkeit niemals auf Menelaos' *Reaktionen*, sondern auf den *Reiz*, der sie hervorruft.[166]

414-415 πόθωι δ' ὑπερποντίας / φάσμα δόξει δόμων ἀνάσσειν. (= Das Verlangen nach ihr, die jenseits der See weilt, läßt den Palast wie von einem Phantom regiert erscheinen.)[167]

πόθωι δ' ὑπερποντίας. Ebenso wie 410-411 die *konkreten* Ursachen von Menelaos' *sichtbarem* Verhalten feststellen, das in 412-413 beschrieben wird, spezifiziert 414 den *psychologischen* Grund für einen *schwer faßbaren* Zustand, der in 415 beschrieben wird. Die kursiv gesetzten Worte sind für eine korrekte Interpretation von 415 entscheidend, denn mit 414-415 geht man vom *Beobachtbaren* zu *Folgerungen* über: von Sinnesdaten zu psychologischen Interpretationen.

165 Ich betrachte die Augen als »äußerlich«, weil sie für das stehen, was sie *wahrnehmen*. Das wirkliche Schlüsselwort von 418-419 ist 'Αφροδίτα (infra).

166 Diejenigen, die Fraenkels Interpretationen *nicht* annehmen, könnten mit den Psychologen verglichen werden, die ihre Aufmerksamkeit ausschließlich auf die Tonhöhe der Glocke richten, die bei Pawlows Hunden den Speichelfluß auslöste – oder auf die Fleischpulvermarke, die er bei der Konditionierung seiner Hunde verwendete – und nicht auf deren *als Reaktion* auf den Glockenton konditionierten Speichelfluß. Daher sind nicht Fraenkels, sondern Thomsons Interpretationen von 418-419 »absurd«.

167 Mazon nimmt sich bei der Übersetzung des ersten Wortes nicht zu rechtfertigende Freiheiten heraus. Er übersetzt: »L'amour le veut.«

415 gab wohl deshalb Anlaß zu divergierenden Interpretationen, weil die Kommentatoren ihre Aufmerksamkeit hauptsächlich auf φάςμα lenkten und erst in zweiter Linie auf δόξει. Es wurde dem, was das φάςμα zu tun *scheint*, nur wenig Beachtung geschenkt, obwohl genau dies den Schlüssel zu dem verwirrenden φάςμα-Problem liefert.

Aus diesem Grunde muß ich meine Diskussion mit den beiden letzten Worten beginnen.

δόμων ἀνάςςειν. Der Chor deutet an, daß der Palast *nicht normal* regiert wird – *nicht* so, wie er vor Helenes Flucht und Menelaos' Fall in eine stuporöse Depression regiert wurde. Es bedarf keiner großen Vorstellungskraft, sich das Chaos vor Augen zu führen, das zu diesem Zeitpunkt im Palast herrschte. Gezwungen, eine nie dagewesene Krise zu bewältigen, zeigte der Haushalt eine »Katastrophenreaktion«[168]: Nur die allernötigsten Aufgaben wurden erledigt – wahrscheinlich unzureichend.

Nun ist recht interessant, daß ein Teil des entstellten A. *Choe.* 131: πῶς ἀνάξομεν δόμοις = Wie werden wir Herrscher des Palastes sein (werden)?«[169] sich auf einen schlecht oder sogar gesetzlos regierten Palast bezieht – auf den Palast des erschlagenen Agamemnon, der von Usurpatoren mißregiert wird – den Orestes und Elektra zu übernehmen trachten, um eine zweck- und rechtmäßige Regierung zu installieren.

Während diese Parallelstelle an sich noch kein Beweis ist, verstärkt sie doch die Annahme, daß *einer* der Gründe, warum der Palast des Menelaos von einem φάςμα regiert zu sein scheint, der ist, daß er sich in einem zeitweilig chaotischen Zustand befindet.[170]

Ich bin, kurz gesagt, der Ansicht, daß sich die Herrschaft eines Phantoms über das Haus auch auf die *Miß*herrschaft bezieht, die eintritt, wenn nicht eine tüchtige Königin, sondern ein nichtsubstantielles Phantom die Zügel in der Hand hält. Der Chor *zieht*

168 Dieser von Goldstein (*79*) eingeführte Begriff (*catastrophic reaction*) bezeichnet das verwirrte Verhalten von Patienten mit gewissen Gehirnläsionen, wenn sie mit einer zwar relativ unwichtigen, aber *unerwarteten* Situation konfrontiert werden. Auch Gruppen von normalen Versuchspersonen, die extremem und beispiellosem Streß ausgesetzt werden, zeigen »Katastrophen-Reaktionen« (*23*).

169 Aber dieser Vers ist entstellt.

170 Fraenkel zitiert E. *Androm.* 897, in dem Hermione δόμων ἄναςςα genannt wird. Obschon das Zufall sein könnte, ist es klar, daß Hermione den Palast des Neoptolemos elendig schlecht regierte.

den Schluß, daß ein Phantom regiert, zum Teil deshalb, *weil* Mißherrschaft und allgemeine Verwirrung herrschen.[171]

Soviel scheint sicher, sowohl auf der Basis der Erwartungen des gesunden Menschenverstandes und der alltäglichen Erfahrungen mit Haushalten, die kürzlich von der Frau verlassen wurden oder durch ihre Krankheit bzw. ihren Tod in Unordnung gerieten, berücksichtigen die oben genannten Erwägungen nur einen – etwas prosaischen – Aspekt der lebhaften Bilderwelt von 415. Gleichwohl kann man diese praktische Seite der Situation bei der Interpretation der beiden Verse nicht gänzlich vernachlässigen.

δόξει = »es [das Phantom] wird scheinen«, muß als nächstes erörtert werden. Wie so oft, weist Fraenkel auf das wirklich Wichtige hin, indem er die Aufmerksamkeit auf die Parallele zwischen φάσμα δόξει und ὀνειρόφαντοι ... δόξαι lenkt und betont, daß das φάσμα dem wachen Menelaos das gleiche bedeutet wie das Traumbild dem schlafenden.[172]

Ich möchte eine Diskussion der Implikationen dieses Hinweises zum Verständnis des Worts φάσμα zurückstellen und betone hier nur, daß Fraenkel implizit den *nicht-konkreten* Charakter dessen hervorhebt, was in einer bestimmten Weise zu sein und zu handeln »scheint«.

Im Hinblick darauf, daß 414 eine *psychologische* Ursache oder ein Motiv für die in 415 beschriebene Situation nennt, behaupte ich: das Futur in δόξει bedeutet, daß – in Übereinstimmung mit den (gefolgerten) psychologischen Ursachen, die in 414 erwähnt wurden – *zwangsläufig* eine Schlußfolgerung aus den *beobachtbaren* Verhaltensweisen und Situationen gezogen werden wird.[173]

Der Hauptpunkt ist eben, daß die Schlußfolgerungen des Chors, auch wenn sie metaphorisch und psychologisch überzeugend sind, *objektiv falsch* sind. Der Chor behauptet nicht, daß ein *objektiv* reales Phantom den Palast regiert; er sagt, daß der Palast in dem unordentlichen Zustand sei, in dem er wäre, wenn ein Phantom ihn

171 Daß ein Homerischer königlicher Haushalt von seiner Königin erfolgreich geführt wurde, sollte jedem Leser der *Odyssee* bekannt sein, auch wenn die Schwerarbeit von der Dienerschaft geleistet wurde (A. *Choe.* 84).

172 Aber das rechtfertigt nicht, dem V. 415 – wie mir ein bedeutender Gräzist vorschlug – die Bedeutung zu unterstellen: »Er wird fälschlich *träumen*, daß Helene immer noch Königin in seinem Hause ist«.

173 Mazons Ansicht, das Futur in δόξει bedeute, daß die Seher (schon in 412-413) im *voraus* beschreiben, wie Menelaos reagieren *wird*, wenn er bei seiner Rückkehr erfährt, daß Helene entlaufen ist, fand kaum Zustimmung. Auch Professor Sir Denys Page lehnt sie ab (pers. Mitteilung).

regierte. Seine Aussage ist *auf einer Ebene* eine »als-ob«-Aussage. Aber selbst dies beleuchtet nicht den vollen Umfang der Vorstellungen, die Aischylos mit der Benutzung des Wortes φάσμα heraufbeschwört. Ich muß mich daher jetzt der umstrittenen Bedeutung dieses Wortes zuwenden.

φάσμα bezieht sich nach Meinung der meisten Gräzisten auf Helene[174]; andere glauben jedoch, daß Menelaos gemeint ist.[175] Smyths Übersetzung läßt diesen Punkt ebenso unentschieden wie der Kommentar von Denniston und Page.

Sowohl Fraenkel, der sich entscheidet, wie auch Denniston und Page, die das nicht tun, weisen auf die grammatischen Schwierigkeiten hin, die entstehen, wenn man φάσμα auf Menelaos bezieht. Denniston und Page erwähnen auch grammatische Schwierigkeiten, die aufkommen, wenn man φάσμα auf Helene beziehen will.

Dies zwingt dazu, Aischylos entweder eine pfuscherhafte Zweideutigkeit anzukreiden oder ihm eine meisterhaft entworfene gutzuschreiben. Ich entscheide mich für die zweite Alternative, zum Teil aufgrund eines methodischen Prinzips, das ich an anderer Stelle formuliert habe (*39*): Am produktivsten ist das Datum, das die meisten Schwierigkeiten zu verursachen scheint.

1. φάσμα = Helene ist, laut Fraenkel, nicht nur poetisch befriedigend, sondern entspricht auch der menschlichen Erfahrung: Die ersehnte Frau *scheint* im Palast zu spuken und alles darin erinnert Menelaos an sie. Man könnte fast sagen, daß Menelaos ihre Anwesenheit in der Weise »spürt«, wie ein Amputierter zeitweise sein »Phantomglied« spürt: Er scheint dort Schmerzen zu haben, wo sich früher das jetzt amputierte Glied befand. Nun ist es aber eine entscheidende Tatsache, daß das φάσμα Helenes *nur* deshalb »den Palast beherrschen« kann, weil *Menelaos* von ihr besessen ist: Sie beeinflußt das Leben im Palast nur *durch* das Verlangen, das sie in dem bekümmerten Gatten weckt.

Denn es ist klar, daß Helenes φάσμα nicht »äußerlich« und »real« ist. Es ist ein verbreiteter Irrtum, anzunehmen, daß bei Aischylos alle Phantome und ähnliche Erscheinungen so »real« sind wie die

174 Triclinius, Stanley, Pauw, Heath, Brumoy, W. von Humboldt, Klausen, Welcker, Bamberger, Sewell, Conington, Paley, D. Milman, L. Campbell, Wilamowitz, Platt, Murray, Mazon, Fraenkel usw.

175 Schütz, Blomfield, Scholefield, Ahrens, Nägelsbach, Wecklein, Plüss, Headlam, Groeneboom. Thomson scheint unentschieden zu sein.

Erinyen in seinen *Eumeniden*; *einige* sind ebenso subjektiv und psychogen, wie die Erinyen des Euripideischen *Orestes*.[176]

Diese Ansicht, die von meiner Interpretation der Implikationen von δόξει unterstützt wird, erlaubt die entschiedene Ablehnung der gelegentlich immer noch vorgebrachten Theorie, daß das φάσμα Helenes wohlbekanntes Stesichoreisches εἴδωλον sei. Fraenkel stellt diese Theorie zu Recht in Frage, indem er betont, daß das Stesichoreische εἴδωλον ein »mythisches Wunder« ist, dieses φάσμα hingegen ein »allgemeines und rein menschliches Erlebnis«.

Ein weiteres Argument wird von zwei – offensichtlich übersehenen – Aspekten der εἴδωλον-Geschichte geliefert: Keine Version aus noch so alter oder neuer Quelle deutet auch nur an, daß Helenes εἴδωλον *nach* ihrer Flucht noch im Palast des Menelaos blieb – aus dem einfachen Grunde, weil es erst nach ihrer Flucht entstand. Darüber hinaus ist der erste noch erhaltene Text, in dem behauptet wird, daß Menelaos Helenes εἴδωλον – wenn auch nur bei Troja und während eines Teils seiner Heimreise – getroffen habe, die *Helene* von Euripides (582ff.), und es gibt kein Anzeichen dafür, daß Euripides *dieses* Detail von jemand anderem übernommen hat.

Ich weise allerdings darauf hin, daß Menelaos erschrickt und Helene für ein Phantom (φάσμα, E. *Hel.* 359) hält, als sie sich ihm zuerst zu erkennen gibt.[177]

Wie dem auch sei, es ist möglich – aber nicht mehr als möglich –, daß Aischylos das *Wort* φάσμα benutzte, weil er sich an die Erzählung von Helenes εἴδωλον erinnerte. Es ist aber nicht nur logisch absurd, sondern auch völlig unpoetisch, zu behaupten, er habe andeuten wollen, daß Helenes *reales Eidolon* den Palast weiterhin in einer operational sinnvollen Weise regiert habe.

Nach diesen Anmerkungen möchte ich einen Schritt weiter gehen als Fraenkel, wobei ich innerhalb der Grenzen einer psychologischen Auffassung der Genese dieses φάσμα bleibe.

Menelaos ist pathologisch depressiv, sein physischer (ἀφημένων) und psychologischer Rückzug und die dadurch bedingte Unempfänglichkeit gegenüber äußeren Reizen (416-419, infra) bewirken die Entstehung eines psychologischen Äquivalents einer experimentell erzeugten »sensorischen Deprivation«, die bekanntlich selbst bei normalen Versuchspersonen Halluzinationen auslöst (7,

176 Dies wird von den im 4. Kapitel zitierten Daten bestätigt.

177 Ist es ein Echo von Aischylos' ὀνειρόφαντοι, wenn die Euripideische Helene Menelaos sofort versichert, sie sei keine nächtliche Erscheinung (νυκτίφαντος, E. *Hel.* 570)?

83, *99*, *100*). Kurz, ich bin der Meinung, daß Menelaos als die begehrte abwesende Helene tatsächlich *halluzinierend* dargestellt wird.

Derartige »restitutive« Halluzinationen, die unbewußt den Verlust zu leugnen versuchen (ἀπίστους, supra), treten zuweilen sogar bei normaler, aber tiefer Trauer auf. Die Aufmerksamkeit des Trauernden wird von der äußeren, sinnlich wahrnehmbaren Welt, die die über alles wichtige Geliebte nicht mehr enthält, auf die innere Welt abgelenkt, die ihr Bild aufbewahrt und »verfügbar« hält – ein Bild, daß dann in der Form einer Halluzination restitutiv in die »Außen«welt »re-projiziert« wird.[178]

Diese Auffassung des φάσμα, wie *Menelaos* es erlebt, kann bequem mit der Vorstellung koexistieren, daß für den *Chor* die Bezeichnung φάσμα bloß eine metaphorisch formulierte Folgerung aus der Unordnung des unregierten Palastes ist. In der Tat kontrastiert mehr als nur eine Stelle von 410-426 implizit die normale Wahrnehmung und Situationsdefinition des Chors mit der des pathologisch depressiven Menelaos.[179]

2. φάσμα = *Menelaos*, der nur noch ein Schatten seines früheren Selbst ist. In einem so *engen* Sinn gefaßt, scheint der Gedanke prosaisch (Fraenkel), aber es *braucht nicht* so eng gefaßt zu werden. Fraenkel ist auch der Ansicht, daß die Parallelstellen, die zur Stützung dieser Interpretation gewöhnlich herangezogen werden, und besonders S.*Phil.* 994 und S.*OC* 109 – »nicht relevant« sind.[180] Fraenkel meint ebenso wie Denniston und Page, daß man dem *isolierten* Wort φάσμα diese Bedeutung nur unter Schwierigkeiten beimessen könne; Fraenkel führt weiter aus, daß in den angeführten Parallelstellen der Wortlaut komplizierter sei. Ich glaube nicht, daß diese Argumente wirklich stichhaltig sind, selbst wenn man φάσμα in dem sehr prosaischen Sinn auffaßt, daß Menelaos, von Trauer *erschöpft*, jetzt nur mehr ein Schatten seiner Selbst ist.

Ich glaube, daß φάσμα, nicht nur in dieser Passage, sondern auch allgemein, viel weitere Implikationen hat – Implikationen, deren Wahrnehmung kulturell determinierte Skotomata verhindern. Was ich damit sagen möchte, ist unseren Denkgewohnheiten so sehr

178 Während ich Professor R. Lintons postumes Buch herausgab, »beriet« ich mich mit ihm wiederholt im Traum.

179 Vgl. insbesondere 416-417.

180 Andere mögliche Parallelen dieser Art sind: Pi.*P.* 8.95f.; A.*Ag.* 79, 839; S.*Aj.* 125f.; E.*Phoin.* 1543, usw. In Theocr. 2.110 vergleicht sich Simaitha mit einer Wachspuppe (δαγύς).

entgegengesetzt, daß ich meine Interpretation Schritt für Schritt durchführen muß. Ich beginne mit einem Hinweis auf eine selbstverständliche Tatsache: Im griechischen Denken ist das Verhalten der *nicht*-gewalttätigen Geisteskranken dem der Schatten sehr ähnlich. Das Verhalten des Tithonos – ein bewundernswert beschriebener Fall von seniler Demenz (Hom. *h. Ven.* 233 ff.) – erinnert stark an das Verhalten von Patroklos' Geist am *Ende* des Traums von Achilleus (Hom. *Il.* 23.99 ff.) oder an das der schwirrenden Schatten der *Nekyia* (Hom. *Od.* 11, *passim*). Ein Seher kann sogar Menschen, die noch am Leben sind, deren unverantwortliches Handeln sie aber dem Tod geweiht hat, als schwirrende Schatten sehen (Hom. *Od.* 20.345 ff.) – und es ist von besonderem Interesse, daß sich ihre Schatten nach ihrem Tode in der Tat so verhalten, wie es der Seher *antizipatorisch* gesehen hatte (Hom. *Od.* 24.1 f.).

Diese Ähnlichkeit zwischen der Vision des Sehers, dem Verhalten der Todgeweihten und dem tatsächlichen Verhalten ihrer Schatten auf dem Weg in den Hades läßt sich im Rahmen eines spezifisch griechischen Denkmusters erklären.

a) Der Zustand *der* Todgeweihten wird dem Zustand, *zu dem* sie verdammt sind, gleichgesetzt[181];

b) selbst von einem Ausgang, der durch ein *Omen* erst vorhergesagt wurde (Hom. *Od.* 20.121 f.), oder von einer bloß geplanten, aber niemals vollzogenen Handlung, wird manchmal so gesprochen, als sei sie ausgeführt worden[182];

c) eine Person, die *fälschlich* für tot gehalten wurde, muß symbolisch wiedergeboren werden (Plu. *Quaest. Rom.* 4, S. 264C ff.; vgl. auch 8. Kap.).

Man kann dem nicht einmal entgegenhalten, daß die todgeweihten Freier der *Odyssee* sterblich sind, während Menelaos lebend in die Elysischen Gefilde aufgenommen wurde (Hom. *Od.* 4.560 ff.), denn Tithonos war sozusagen noch unsterblicher als Menelaos.

Wichtiger ist noch, daß in einigen griechischen Texten das Verhalten und die Stimmung, die bestimmten Schatten *zugeschrieben* werden, sich kaum, wenn überhaupt, vom *tatsächlichen* Verhalten und von der tatsächlichen Stimmung *realer* Trauernder unterscheiden (E. *Alc.* 347, usw.). Das beste Beispiel hierfür ist

181 E. *Alc.* enthält verschiedene Beispiele. In V. 387 sagt Alkestis: »Du kannst sagen, daß ich nicht mehr existiere«; in V. 527 erklärt Admetos: »Der Todgeweihte *ist* tot.« In V. 434 sagt er über die noch lebende Alkestis: »... sie allein *starb* an meiner Stelle« [übers. G. D.].
182 Vgl. 1. Kap., Anm. 17.

Achilleus' Stimmung und Zustand im Hades (Hom. *Od.* 11.488ff.). Umgekehrt ist das unvermeidliche Resultat – und der implizite Zweck – vieler Trauerbräuche, das Leben der Trauernden ebenso freudlos zu machen, wie man das Leben der Schatten sich vorstellte.[183]

Die letztliche Äquivalenz des Trauernden und des Betrauerten wird von dem Glauben hervorgehoben, daß man an Stelle eines anderen sterben könne. Diesen Glauben spiegeln nicht nur Mythen[184], sondern auch die Überzeugungen historischer Gestalten.[185] Solche Überzeugungen sind nicht auf die griechische Kultur beschränkt; man begegnet ihnen auch in der klinischen Praxis.[186]

Nachdem ich die Ähnlichkeit zwischen dem Verhalten von Trauernden und dem der Schatten, und die Äquivalenz des Trauernden und des Betrauerten aufgezeigt habe, muß ich jetzt das Verhalten der Schatten näher untersuchen, das dem der *nicht*-gewalttätigen depressiven Geisteskranken, wie z.B. dem Tithonos, stark ähnelt. Die Fakten können sogar noch direkter benannt werden: Bereits in der Homerischen Dichtung verhalten sich die Schatten, nach menschlichen Normen beurteilt, »anormal«; sie schwirren, sie trinken frisches Blut[187] usw. Kurz, die Schatten verhalten sich wie menschliche Geisteskranke.[188] Da das Verhalten von Trauernden dem der Schatten ähnlich ist – mit denen sie sich so sehr identifizieren, daß sie zeitweise wie von ihnen besessen erscheinen[189] –, ist es kulturell und »psychologisch« angemessen, auf einen depressiven Trauernden den Ausdruck φάσμα, der auch einen Schatten bezeichnen kann, anzuwenden. Mit anderen Worten,

183 Vgl. Admetos' ausführliche Trauerpläne in E. *Alc.* 328ff.

184 Alkestis stirbt an Stelle von Admetos (E. *Alc.*); Cheiron gibt seine Unsterblichkeit zugunsten des Prometheus auf (Apollod. 2.5.4).

185 Der neurotisch chronisch kranke Ailios Aristeides glaubte fest daran, daß verschiedene, ihm nahestehende Personen an seiner Stelle gestorben seien – eine Tatsache, die Behr (*5*, S. 9, 97; vgl. Arist. 5.25, usw.) wiederholt erwähnt.

186 Ein Patient berichtete, daß er als Heranwachsender davon überzeugt war, daß aus komplizierten statistischen Gründen entweder er oder sein bester Freund vorzeitig sterben müßten. Er konnte sich nicht erinnern, ob er diese Überzeugung vor oder nach dem frühzeitigen Tod seines Freundes geformt hatte.

187 Das Trinken frischen Stierbluts wurde als todbringend betrachtet. (Plu. *V. Them.* 31.5).

188 Ich habe bei zwei Gelegenheiten (*49, 51*) gezeigt, daß das Verhalten *aller* übernatürlicher Wesen, an gewöhnlichen *menschlichen* Normen gemessen, explizit oder implizit als »verrückt« betrachtet wird, wie auch das Verhalten von Sterblichen, die in *direktem* Kontakt mit den Übernatürlichen stehen, als wahnsinnig angesehen wird. (In A. *Eum.* 17 ist Apollon selbst besessen; in Hdt. 4.179 ist es Triton.)

189 Eine symmetrische Ansicht wird Cato von Ploutarchos (Plu. *Amat.* 16, S. 759C) zugeschrieben: »Die Seele des Liebenden ist immer in der des Geliebten anwesend.«

Menelaos kann nicht nur deshalb als φάσμα betrachtet werden, weil er, erschöpft und von Trauer gelähmt, nur noch »ein Schatten seiner selbst« ist, sondern, was noch wichtiger ist, weil seine *pathologisch* intensive Trauer ihn so »anormal« macht, wie nach dem Glauben der Griechen die Schatten waren.

3. φάσμα = *Helene, wie sie durch Menelaos vergegenwärtigt wird*. Es sei dazu bemerkt, daß ich nicht meine: »Es wird den Anschein haben, daß aufgrund seines (Menelaos') Verlangens nach ihr (Helene), die jenseits der See weilt, das Haus von einem Phantom (Helene) regiert wird.« (Denniston und Page behaupten etwas zu nachdrücklich, daß die griechische Sprache diese Bedeutung nicht zuläßt.)

Wie ich bereits angedeutet habe, bestehen unsere Schlüsseldaten – unsere ergiebigsten Daten – in folgendem:

a) Gleichermaßen kompetente Gräzisten konnten *für* die Interpretation φάσμα = Helene und die Interpretation φάσμα = Menelaos argumentieren, und

b) Grammatische Einwände (von zugegebenermaßen beschränkter Überzeugungskraft) können *gegen* beide Interpretationen geltend gemacht werden.

Da die beiden existierenden Alternativen als gleichermaßen wahrscheinlich und (grammatikalisch) fraglich erscheinen, deuten diese Feststellungen darauf hin, daß Aischylos – der das Griechische besser als irgendein moderner Gräzist beherrschte – einen Grund dafür hatte, einen doppeldeutigen Wortlaut zu wählen.

Ich wiederhole, es ist sicherer, Aischylos eine herrlich konstruierte Zweideutigkeit gutzuschreiben, als ihm eine Pfuscharbeit anzukreiden. Ich behaupte, daß Aischylos in dieser Passage einfach einen Zustand beschreibt – oder heraufbeschwört –, den jeder Leser und jeder Theaterbesucher in der Art verstehen kann, die *ihn* am tiefsten berührt. Für den einen ist das bewegendste Bild ein pathologisch depressiver Menelaos, der einem Schatten gleicht: verrückt, schattenhaft, ineffektiv. Ein anderer wird am meisten von der Vorstellung bewegt, daß eine restitutiv *halluzinierte* Helene den Palast regiert.[190] Es gibt Hinweise darauf, daß griechische Dichter bestimmte Stellen absichtlich so formulierten, daß der Leser sie *seinen* Präferenzen entsprechend verstehen konnte.[191]

190 Vgl. meine Argumente gegen die Annahme, daß ein »reales« Phantom Helenes gemeint sein könnte.

191 Vgl. meine Diskussion von Pi. O. 3.27 (*35*).

Für mich ist die logischste – und bewegendste – Auffassung, daß Menelaos Helene (als einen internen Parasiten) halluziniert, wobei er, *indem* er sie halluziniert, nicht nur selbst einem Phantom ähnlich wird, sondern seine Halluzinationen auch seinem Haushalt *vermittelt*. In einem negativen Sinn bedeutet das, daß der Haushalt steuerlos treibt, als ob wirklich ein bloßes Phantom das Kommando hätte: Nur wenig von dem, was normalerweise getan werden sollte, wird gemacht – und noch weniger wird richtig gemacht. In einem positiven Sinn aber wird vieles von dem, was getan wird, als Reaktion auf – als Konsequenz von – Menelaos' totaler Beschäftigung mit dem halluzinierten Phantom Helenes getan. Anders ausgedrückt, die Vernachlässigung der *üblichen* Hausarbeit läßt sich auf die Abwesenheit der Helene aus Fleisch und Blut und auf Menelaos' Stupor zurückführen. Aber es stellen sich viele *ungewöhnliche* Aktivitäten als Reaktion auf Menelaos' Halluzinieren der Helene ein. Sowohl die Vernachlässigung gewöhnlicher Aufgaben wie auch die Durchführung nicht-routinemäßiger Handlungen in Reaktion auf die neue Situation: Auch Menelaos' Trauer und seine Halluzination Helenes können metaphorisch als Ergebnis der Herrschaft eines φάσμα über den Palast beschrieben werden.[192] Auf jeden Fall muß die Vorstellung vermieden werden, daß *auch andere* das φάσμα *sehen*. Sie können es nicht sehen, denn *nur* Menelaos halluziniert Helene.[193] Die Feststellung dieser Doppelbedeutung von φάσμα beweist die exquisite psychologische Präzision der scheinbar unpräzisen Formulierung von Aischylos: Sie reproduziert beobachtbare klinische Fakten, die der Dichter offenbar besser spürt als der Literaturkritiker.

Die Tatsache, daß Menelaos' krampfhafte Beschäftigung mit diesem halluzinierten Phantom tief in das Palastleben eingreift, richtet die Aufmerksamkeit des Betrachters darauf, wie Menelaos die *reale* Welt wahrnimmt – und genau dies beschreibt Aischylos in den nächsten vier Versen.

Exkurs: Da der entscheidende Punkt darin besteht, daß das Phantom – selbst wenn es *nur* das der Helene ist – von niemand

192 Eine etwas prosaische Analogie soll verdeutlichen, was ich meine: Die Dienstboten eines seit kurzem verwitweten Mannes werden Routineaktivitäten vernachlässigen: Sie werden nicht die Räume fegen oder regelmäßige Mahlzeiten kochen. *Statt dessen* werden sie viele nicht-routinemäßigen Aufgaben übernehmen, wie den Trauernden trösten, aufdringliche Besucher abweisen usw.

193 Diese Ansicht schließt *a priori* Verralls Interpretation aus, daß *Menelaos* glauben wird, Helene regiere den Palast.

anderem als Menelaos selbst »gesehen« wird, könnte es an dieser Stelle von Nutzen sein, zumindest *en passant* eine Auslegung von Menelaos' »Bewußtsein« der »Anwesenheit« Helenes zu durchdenken, die *keine* richtige Halluzination voraussetzt.

Man könnte annehmen, daß Menelaos aufgrund der stuporösen Form seiner Depression, und auch, *weil* er im folgenden Helenes Bild (ὄψις) im Traum sieht, sie *nicht* im Wachzustand halluziniert: Daß er nicht ihr (intrapsychisches) Bild in der Form einer visuellen Halluzination in die Außenwelt projiziert.[194] Kurz, es könnte argumentiert werden – wenn auch nicht sehr überzeugend –, daß, wenn Menelaos fähig wäre, Helene im Wachzustand zu *halluzinieren*, er möglicherweise – jedoch nur möglicherweise – nicht auch noch von ihr *träumen* würde. Nach meiner Erfahrung schließen sich diese beiden Verhaltensweisen nicht gegenseitig aus. Gleichwohl ist es möglich, eine psychologische Erklärung der Vorgänge in 415-416 zu geben, die nicht auf echte Halluzinationen zurückgreift, sondern diese Verse mit dem »Abdruck« in 411 verbindet.

Helenes Phantom wäre in diesem Bezugsrahmen lediglich ein Bild (Eindruck), das nur in Menelaos' Geist (Gedächtnis) existiert, obwohl kulturelle und subjektive Faktoren erklären, warum dieses Bild subjektiv als »existierend« erlebt wird.

Im griechischen Glauben ist die einzige posthume Existenz, die an den Charakteristika eines richtigen »Lebens« teilhat, das Zeichen, das der Verstorbene im Gedächtnis der Menschen hinterlassen hat: sein Ruhm. Dieser gemeinsame (kulturelle) Glaube machte es dem Trauernden besonders leicht, zu glauben, daß eine verstorbene oder verschwundene Person in seinem Gedächtnis immer noch »lebte«. Daher konnte Menelaos dieses (interne) »lebende« Bild Helenes als ihr »Phantom« – wenn auch nicht als ihr εἴδωλον (Doppelgänger) – erleben.

Psychologisch ist diese Angelegenheit nur wenig komplizierter. Wenn man einen Verlust erleidet, versucht man den Schlag zu mildern, indem man ihn implizit leugnet (supra): man »besetzt«[195] defensiv das Bild der verlorenen Person und beschäftigt sich fast

194 Grundsätzlich besteht eine Halluzination in einer Übertragung innerer Erfahrungen auf die Außenwelt. Diese Definition soll für den Moment genügen. Das komplizierte Problem, was »innen« und was »außen« ist, wurde an anderer Stelle behandelt (*39*, 22. und 24. Kap.; *52*, 2. Kap.).

195 Richtet seinen Affekt darauf, befaßt sich intensiv damit.

zwanghaft mit ihm. In einer gewissen Weise »introjiziert« man – rekonstituiert intrapsychisch – die verschwundene Person und verwandelt die Verlorene in ein »inneres Objekt«. Dies verringert nicht nur das eigene Verlustgefühl und hält die Verlorene (teilweise) »verfügbar«, sondern kompensiert auch *zum Teil* die »Demütigung«, die *jeder* Verlust mit sich bringt. In der Tat, da die Verlorene jetzt – als Introjekt – »im« Selbst des Trauernden »existiert«, aus dem man die Verschwundene jederzeit evozieren kann, wird die Demütigung zeitweise durch eine Art Grandiosität ersetzt, weil das (innere) Selbst jetzt das »enthält«, was es zuvor als den wertvollsten Bestandteil der (Außen-)Welt betrachtet hatte.[196]

Aber die Entstehung eines solchen Introjekts setzt natürlich den *Abzug* der Besetzungsenergie von äußeren Reizen voraus, die die Psyche weiterhin zu bewegen suchen, den Kontakt mit der Realität wiederaufzunehmen. Es verlangt auch ein fast zwanghaftes Anklammern an dieses von Natur aus flüchtige (vgl. den Traum) Bild der Verlorenen, das mit den von der realen Welt ausgehenden Reizen um die Besetzung des psychischen »Raumes« kämpfen muß. Auch in diesem Sinne ist Menelaos' Entfremdung von der äußeren Realität eine Art restitutives Manöver, da seine geliebte »innere« Helene zwangsläufig jedesmal einen Teil ihrer starken psychologischen Realität verliert, wenn er der Außenwelt seine Aufmerksamkeit zuwendet.

Nicht zuletzt würde der Kliniker bei einem *realen* Menelaos erwarten – und konstatieren –, daß er sich teilweise mit diesem introjizierten Bild identifiziert hätte.[197] Insoweit dieses Introjekt sozusagen ein »Phantom« ist, hat auch Menelaos, der es beherbergt und sich (teilweise) mit ihm identifiziert, etwas von der Natur eines Phantoms. Es genügt, in diesem Zusammenhang an das zu erinnern, was oben über die Ähnlichkeit zwischen dem Verhalten, das die

196 Dies ist ganz wörtlich zu nehmen. Als die hochidealisierte Freundin eines gewissen jungen Mannes sich in recht unidealer Weise benahm, sagte er ihr: »Geh weg und störe nicht meine glücklichen Träume von dir.« Man vergleiche auch den Stolz derer, die einen verstorbenen, bedeutenden Menschen persönlich kannten, ebenso die Herabkunft des Heiligen Geistes auf die Apostel.

197 Vgl. infra meine Diskussion von V. 418. Ein primitiver Jäger konnte das Herz eines erlegten Löwen essen, um selbst löwengleich zu werden. Vgl. auch das pietätvolle Verzehren der Leichen verstorbener Verwandter bei Hdt. 3.99 und bei zeitgenössischen Primitiven (77). Diese archaische Vorstellung scheint gewisse moderne Experimente inspiriert zu haben, die angeblich zeigen, daß Lernen zumindest erleichtert wird, wenn man dem Versuchstier das Gehirn eines bereits trainierten Tieres zum Fressen gibt. Ich beeile mich hinzuzufügen, daß die Ergebnisse dieser Experimente höchst umstritten sind.

Griechen den Toten *zuschrieben*, und dem Verhalten, das sie von den Trauernden *erwarteten*, gesagt worden ist.

Kurz, ob man nun wie ich der Ansicht ist, daß Menelaos Helene tatsächlich halluziniert, oder ob man annimmt, daß er ihr Bild »introjiziert«, ohne es (halluzinatorisch) in die »äußere« Welt zu reprojizieren, in beiden Fällen ist Aischylos' Wahl des Wortes φάcμα in diesem Text aus psychiatrischer Sicht völlig gerechtfertigt.

416 εὐμόρφων δὲ κολοccῶν = die schönen Formen der Statuen; dies ist die natürlichste und angemessenste Übersetzung. Die Reihenfolge der Worte betont *mehr* die *Qualität* der Statuen als ihre *Natur*, und eine Analyse von V. 417 wird diese Betonung rechtfertigen. Daher ist die *Natur* der Statuen von sekundärer Bedeutung, obwohl einige Kommentatoren ihre Aufmerksamkeit nur auf κολοccῶν richten und sich in komplizierten Spekulationen hinsichtlich ihrer Natur ergehen. Wie bereits erwähnt, ist die wirkliche Absicht von 416f. die, etwas über Menelaos und nicht über die Statuen auszusagen. Dies paßt, wie gesagt, zu der Tatsache, daß 412-426 sich ausschließlich mit Menelaos beschäftigen; sie zählen seine Symptome auf, die durch die Situation, in der er sich befindet, und durch die Personen und Dinge, die ihn umgeben und auf die er reagiert, kenntlich gemacht werden.

Aus diesen Gründen befasse ich mich nur kurz mit Spekulationen hinsichtlich der Natur dieser κολοccοί. Fraenkel gibt die korrekte Definition: Es sind Statuen von schönen Mädchen: attische κοραί, wie sie besonders zur Jugendzeit des Aischylos Athen schmückten.[198] Es ist wichtig, daß diese Statuen, obwohl die Bildhauer der κοραί Modelle benutzt haben können, *nicht* als Porträtstatuen aufgefaßt wurden. Alle anderen Interpretationen der Natur dieser Statuen sind nicht überzeugend.

1. Porträtstatuen von Helene.[199] Mythische *Paläste* enthielten keine Porträtstatuen ihrer *lebenden* Bewohner, und man kann sich Menelaos nicht auf einem Spaziergang vorstellen. Admetos plante, *nach* dem Tod der Alkestis ihre Porträtstatue anfertigen zu lassen (E. *Alc.* 348ff.). Laodameia ließ eine Porträtstatue von Protesilaos herstellen, *nachdem* sie von seinem Tod erfahren hatte (Hyg. *fab.* 104). Ich kenne keinen Hinweis, daß Aischylos' Zeitgenossen oder Vorgänger derartige Porträtstatuen in ihren Häusern hatten. Es könnte das Scheinargument angeführt werden, daß Menelaos – wie

198 Vgl. Fraenkel ad loc.

199 Schütz, Picard (*120*), Denniston und Page, Vernant (*136*).

in einer Version Laodameia[200] – Statuen von Helene anfertigen ließ, sobald sie ihn verlassen hatte. Aber die Herstellung einer solchen Statue – und *a fortiori* mehrerer – hätte viele Monate gedauert, und der Chor beschreibt offensichtlich Menelaos' *unmittelbare* stuporöse Reaktion auf das Geschehene. Aufgrund des einfachen gesunden Menschenverstandes sollte man annehmen, daß Menelaos' anfängliche extreme Reaktion nicht lange gedauert haben kann, denn er hätte in diesem Zustand keine Armee ausheben und organisieren können. Darüber hinaus stellt Fraenkel zu Recht nachdrücklich fest, daß es zwischen Menelaos' und Laodameias Situation einen radikalen Unterschied gibt; selbst wenn man die Version akzeptierte, daß sie eine Porträtstatue ihres Gatten hatte anfertigen lassen, sobald er in den Trojanischen Krieg aufgebrochen war. Es war bekannt, daß Protesilaos dem Tod geweiht war[201], während Helene stets für lebendig und gesund gehalten wurde.[202] Es gibt, kurz gesagt, in diesem – oder in einem anderen – Text nicht den leisesten Hinweis, der die Hypothese rechtfertigte, daß die fraglichen κολοccοί Statuen der Helene waren – eine Feststellung, die einen direkten Einfluß auf das Augenproblem in V. 418 (infra) hat.

2. Es ist durchaus nicht klar, ob Groenebooms Erwähnung der Porträt-κολοccοί der zwanzig Lieblingskonkubinen des Pharao Mykerinos (Hdt. 2.130) als eine Andeutung gemeint ist, daß die Aischyleischen κολοccοί Porträts von Menelaos' Konkubinen darstellen sollten. *Wenn* Groeneboom *das* andeuten wollte – was ich bezweifle –, gibt es dagegen zwei entscheidende Einwände:

a) Für einen mythischen griechischen König war der Ehemann der überaus schönen Helene überraschend keusch.[203]

b) Es ist kaum glaubhaft, daß er zu der Zeit, als Helene noch bei ihm lebte, seinen Palast mit Statuen seiner (nicht existierenden) Konkubinen vollgestellt hätte.

3. Ich muß jetzt die Ansicht diskutieren, daß diese κολοccοί

200 Ov.*Her.* 13, *passim.*

201 Tzetzt.*Lyc.* 245; Ov.*Her.* 13.90ff.

202 E.*Hel.* 289 – ein schwieriger und vielleicht entstellter Vers – bezieht sich auf einen viel späteren Vorgang.

203 Die *Odyssee* gibt sich (4.11ff.) die größte Mühe, seine Vaterschaft eines unehelichen Sohnes zu erklären und zu rechtfertigen. Sein anderer unehelicher Sohn scheint während seiner langen Trennung von Helene gezeugt worden zu sein (Eumel.*fr.* 7 Kinkel=Apollod. 3.11.1). In der *Ilias* hat er, im Gegensatz zu Agamemnon und Achilleus, keine Lagerkonkubine.

magische Doubles, vermutlich von Helene, waren. Ich kann hier keine vollständige Diskussion des κολοccoί-Problems *per se* leisten[204]: Ich muß mich hier auf das Wesentlichste beschränken.

Zu Beginn erinnere ich kurz an einige Fakten:

a) κολoccóc scheint ein vor-griechisches Wort zu sein.

b) Es erhielt die Bedeutung »kolossal« erst, nachdem der κολoccóc von Rhodos gebaut worden war, lange nach Aischylos' Tod.

c) Herodotos wendet dieses Wort nur auf bestimmte *ägyptische* Statuen an[205] – niemals auf griechische.

d) Abgesehen von ägyptischen und späteren griechischen »kolossalen« Statuen weiß man, daß das Wort in frühen Zeiten *nur* auf die improvisierten, groben Figuren angewendet wurde, die bei Kyrene zur Beschwörung der *Toten* benutzt wurden[206], und auf grobe Wachsfigürchen, die bei Thera im Laufe ritueller Vereidigungen verbrannt wurden, welche einen bedingten *Todes*fluch enthielten. Nichts beweist, daß die begrabenen Steinplatten von Mideia (Dendra) oder Grabstelen jemals κολoccoί *genannt* wurden (vgl. LSJ s.v.).

Im vorliegenden Kontext sind diese zuletzt erwähnten Daten am relevantesten.

Εὐμόρφων bedeutet hier und an anderen Stellen[207] wohlgeformt (= schön). Aber die griechischen κολoccoί der Frühzeit waren in *keiner* Weise schön – nicht einmal in dem Sinn, in dem einige Produkte Primitiver oder Volkskunst aus *spezifizierbaren* psychologischen Gründen für »schön« gehalten werden (*30*).

Picard (*120*) versuchte diese Schwierigkeit zu umgehen, indem er εὐμόρφων als »exakt« übersetzte, womit er ein »akkurates« Porträt implizierte. Aber die wirklichen κολoccoί waren *keine* akkuraten Porträts; die κολoccoί von Kyrene *konnten* sogar keine Porträts gewesen sein, denn sie stellten *unbekannte* Tote dar. Vernant (*136*, S. 257) versucht die Sache zu erledigen, indem er annimmt, daß die Aischyleischen κολoccoί keine Porträts, sondern »Doubles« waren. Wenn dem so ist, erfüllt das stark betonte Wort »εὐμόρφων« keinen richtigen Zweck. Dies ist eine Hypothese, die ich schon aus rein ästhetischen Gründen nicht zu akzeptieren bereit

204 Vgl. Fraenkel, Vernant (*136*, S. 251-264) für Daten, für antike Quellen und für moderne Fachveröffentlichungen.
205 Vgl. auch D.S. 1.67.1 und 1.47.2, sowie C. H. Oldfather ad loc.
206 Admetos will Alkestis' Namen ausrufen, wenn er die Statue umarmt (E.*Alc.* 351).
207 Auch in bezug auf A.*Ag.* 454, wie Fraenkel anmerkt.

bin – und die Analyse von 417 wird zeigen, daß dieses Wort von größter Bedeutung für das Verständnis dieses Textes ist.

Das Problem besteht meiner Ansicht nach nicht darin, was die *wirklichen* κολοccοί waren, sondern darin, welche *Qualität* Aischylos den Statuen des attischen κοραί-Typs zuschreiben wollte, indem er sie, in einem eindeutig *metaphorischen* Sinn, *so* bezeichnete. Denn wie wir wissen, schließt εὐμόρφων die Möglichkeit aus, daß er an die groben, wirklichen κολοccοί dachte, wie auch die Abwesenheit jeglicher Anspielung auf magische Praktiken die Möglichkeit ausschließt, daß es sich bei den Aischyleischen κολοccοί um »magische Doubles« gehandelt haben könnte.[208]

Noch ein weiteres Argument, das jemand vorbringen könnte, der die Psychoanalyse nur flüchtig kennt, muß erledigt werden. Dieses Argument könnte so lauten: Menelaos weigert sich, Helene untreu zu werden, und schaut deshalb noch nicht einmal schöne Statuen an; mit diesem Verhalten sucht er ihr zu zeigen, wie sie sich ihm gegenüber hätte verhalten sollen. Ich hoffe, daß das bisher Gesagte und die folgenden Abschnitte genügen, einen solchen Einwand zu widerlegen.

417 ἔχθεται χάριc ἀνδρί = sind dem Ehemann verhaßt, d.h. dem Menelaos ... und niemand anderem, denn niemandem sonst ist die Frau nach Troja entlaufen.

Bevor ich diese Reaktion diskutiere, weise ich darauf hin, daß sie weiteres Material gegen die Theorie von »Helenes Double« liefert, denn im griechischen Mythos kann die Porträtstatue (Double) eines Verstorbenen nicht nur Zeus (Firm. Mat. *de err. prof. rel.* 6, S. 15 Z), Admetos (supra) und Laodameia (supra) trösten, sondern sogar trauernde Hunde (Apollod. 3.4.4).

Der betrübte, aber nicht pathologisch depressive Chor erkennt die objektive Schönheit der Statuen, die jede normale Person erfreuen würde. Es ist daher genau die Anormalität – die paradoxe Reaktion – des Menelaos, die der Chor hervorhebt, indem er durch die Wortfolge betont, daß es die Schönheit der Statuen ist, die Menelaos nicht ertragen kann. Man kann an dieser Stelle nur Murrays Bemerkung zitieren, die dieser in einem anderen Zusam-

208 Ebensowenig ist einzusehen, da man sich hier nur einen Liebeszauber vorstellen kann, wie mehrere κολοccοί benutzt werden konnten, um nur *eine* Frau zurückzubringen. In Theocr. 2.110 wird nur ein Figürchen (δαγύc) benutzt. Darüber hinaus ist nicht vorstellbar, daß κολοccοί ein »generischer Plural« sein könnte, wie er in 410, 412-413 auftritt. E. *Alc.* 351 impliziert weder Magie noch eine *rituelle* Totenbeschwörung.

menhang gemacht hat (*113*, S. 33): Wenn man Gelbsucht hat, schmeckt sogar Honig bitter.

Natürlich muß man Aischylos nicht als Vorläufer der Protagoreischen Theorie betrachten, daß der Mensch das Maß aller Dinge sei. Man braucht ihm nur die Fähigkeit anzuerkennen, ein *allgemeines Symptom* schwerer Trauerreaktionen beschreiben zu können. Und er wollte sicherlich ein Symptom beschreiben, denn ich habe vor langer Zeit gezeigt (*48*, 3. Kap.), daß ein Symptom, um (partielle) Erleichterung von einer pathologischen inneren Spannung oder einem Konflikt verschaffen zu können, sozial »negativistisch« sein *muß*: paradox, entgegen dem Brauch und herausfordernd, sei es auch nur aufgrund seiner »Absurdität«. Des Chores objektive Definition der Statuen als »schön« kontrastiert mit Menelaos' subjektiver und »absurder« Reaktion.[209]

Kulturell vorgeschriebene Trauerriten tabuisieren oft alles Schöne und Erfreuliche, wobei sie manchmal etwas inhärent Schönes durch sein absichtlich *degradiertes* Äquivalent ersetzen.[210] Admetos verbietet in E.*Alc.* 430ff. alles Erfreuliche für ein Jahr. Solche zwar kulturell auferlegte Tabus kommen jedoch psychologischen Bedürfnissen mehr als entgegen. Meines Erachtens betrifft E.*Alc.* 434ff. nicht nur das Unvermögen, sich zu freuen, sondern auch eine negative Reaktion auf Schönheit, die im Fall extremer Trauer als unerträglich schmerzhaft empfunden werden kann.[211]

Obwohl selbst in Menelaos' Fall solche Reaktionen zum Teil nichts als ein Zeichen eines »mürrischen Vergnügens« sind, das zuweilen auch zu einer bitteren und fast trotzigen Zuspitzung des Kummers führt[212], gründet die Reaktion des Trauernden auf Schönheit in der eigentlichen Natur und Bedeutung von Schönheit.

209 Derselbe Kontrast zwischen den objektiven Erwartungen des Chors und Menelaos' tatsächlicher subjektiver Reaktion zeigt sich auch in ἀλοιδόϱους (supra).

210 E.*Alc.* 425ff.: Menschen und sogar Pferde sollen häßlich gemacht werden, indem man ihnen die Haare schert. Am Karfreitag ersetzen die griechisch-orthodoxen Kirchen das musikalische Glockenläuten durch ein nicht-musikalisches (»tonloses«) Gehämmer auf Holzplanken. Vgl. auch die »gedämpfte Trommel« bei militärischen Beerdigungen.

211 Ein hervorragender und sehr musikalischer Wissenschaftler verlor nach fast fünfzigjähriger glücklicher Ehe seine Frau. Viele Monate lang konnte er nicht nur keine Musik mehr hören, sondern er hatte darüber hinaus sogar die Angewohnheit aufgegeben, beim Rasieren klassische Melodien zu summen. Meine eigenen Reaktionen auf Musik waren nach dem Tod eines geliebten Hundes ähnlich.

212 Vgl. den König, der – »wenn schon, denn schon« – selbstzerstörerisch und trotzig seinen letzten überlebenden Leibwächter auf seiner überstürzten Flucht tötet. Wichtig ist nicht, ob diese Erzählung wahr ist, sondern daß ein derartiges Verhalten den Griechen bekannt und verständlich war.

Schönheit scheint auf dem *Höhepunkt* großer Trauer unerträglich zu sein (obwohl sie später tröstlich wirken kann), weil sie zum Teil tiefe Emotionen zu einem Zeitpunkt mobilisiert, wenn das beste Mittel gegen den Schmerz in der Selbstbetäubung besteht – in einem Zustand völliger psychischer Unempfindlichkeit. Wie Hanns Sachs (*131*) sagte: Das Problem der Schönheit ist nicht, wie man sie verstehen, sondern wie man sie ertragen kann. Die Unerträglichkeit von Schönheit in Zeiten großen Kummers enthüllt besser als alles andere die Macht großer Kunst – und der Sexualität in ihrer besten Form –, die Menschheit zu bewegen. Denn ich bin der Ansicht, daß nicht die Pietät, sondern die Fähigkeit des zutiefst empfundenen Liebesakts, stärkste Emotionen zu mobilisieren, erklärt, warum in vielen Kulturen der Beischlaf während Trauerperioden tabuisiert ist.[213]

In einem bestimmten Sinn erweitern die eben gemachten Feststellungen das Anwendungsgebiet von Fraenkels feinfühliger Bemerkung: »Jede Statue einer schönen Frau ist mehr, als ein verlassener Ehemann ertragen kann, denn er wird durch sie an die erinnert, die er verloren hat.« In der Tat kann man nur auf der Grundlage psychologischer Überlegungen, und ohne Aischylos anachronistisch eine echte Antizipation von Platons Theorie der Formen[214] zu unterstellen, behaupten, daß *insoweit* Helenes hauptsächliche – und beinahe einzige – Qualität darin bestand, der perfekte *Prototyp* weiblicher Schönheit zu sein, Menelaos *jede* Statue eines schönen Mädchens als ein verwässertes Abbild der wahren Helene betrachten würde. Sie würde, wenn auch mit einem Gefühl der Sehnsucht[215] nach dem edleren Original, die gleiche Reaktion wie die wirkliche Helene hervorrufen. Da aber die wirkliche Helene Menelaos schmerzlich beleidigt hat, kann man seine negative Reaktion auf diese Statuen *zum Teil* auch als eine unbewußte Manifestation seines unterdrückten Zorns (ἀλοιδόρους) betrachten, die sich, wie man gleich sehen wird, auch in seinem Traum manifestiert. Die

213 Diese Hypothese soll Freuds Theorie weiter untermauern, daß das Erlebnis: »Dies ist schön« von dem Erlebnis »Dies ist sexuell anregend« abgeleitet ist (*68*, S. 55, Anm 1). Ein interessantes Ereignis soll dies bestätigen. Vor einigen Jahren wurde ich im letzten Moment gebeten, vor einem professionellen Publikum einen Vortrag über die Liebe zu halten. Da ich keine Zeit hatte, den Vortrag vorzubereiten, las ich mit nur geringfügigen Änderungen meinen Aufsatz über Kunst (*30*), wobei ich einfach das Wort »Kunst« durch das Wort »Liebe« ersetzte.

214 Die ich total ablehne.

215 Vgl. infra: ἀχηνίαις.

Tatsache, daß auch ein Witwer – der nicht von einer geliebten, aber verachtenswerten Frau zynisch verlassen worden ist – ebenfalls negativ auf Schönheit reagieren kann, ist kein Gegenargument, denn das *irrationale* Unbewußte – und manchmal sogar die Kultur (*89*) – können den Tod als eine (bitteren Groll auslösende) »willentliche« Desertion betrachten. Diese Feststellung ist im vorliegenden Kontext höchst relevant, denn ein unbewußter Groll gegenüber einem richtigen »Deserteur« – oder gar gegenüber einer Person, deren Tod das Unbewußte als »Desertion« *definiert* – äußert sich häufig in offener oder symbolischer Aggression gegenüber Objekten, die mit dieser Person verbunden sind.[216] Eine solche »Gegenaggression« erlaubt es einem, seinen Zorn zu äußern und gleichzeitig jede Feindschaft gegenüber der »Geliebten« (ἀλοιδόρους) zu leugnen.

Kurz, Menelaos *erlebt* diese Statuen auf der *subjektiven* (psychologischen) und *nicht* auf der *kulturellen* (magischen) Ebene als echte – aber unzureichende – »Doubles« von Helene.

Dies erklärt, warum Aischylos den Begriff κολοccοί *wählte*, um sie zu beschreiben – er wendete einen *kultur*orientierten Begriff auf *subjektiv atypisch erlebte* Objekte an.[217] Anzumerken ist, daß in der klinischen Praxis die Wahl eines ungewöhnlichen, wenn auch angemessenen Begriffs an Stelle des gewöhnlichen Wortes immer schon deshalb auffällig ist, weil er andere »Obertöne« hat.[218] Kurz, das Wort κολοccοί bezeichnet hier nicht eine *bestimmte* Art von Statuen. Es unterstreicht einfach die *Ungewöhnlichkeit* von Mene-

216 Ein verlassener oder enttäuschter, aber immer noch verliebter Liebhaber verliert, verlegt oder zerstört oft »absichtlich unabsichtlich« die Geschenke oder Photographien der ungetreuen Geliebten – oft in einer Art und Weise, die große Ungelegenheiten bereitet: (1) Ich habe an anderer Stelle (*41*) das Verlegen einer Photographie analysiert, die nur durch das *gleichzeitige* Verlegen eines dringend benötigten Buches möglich wurde. (2) Ein von seiner launischen und promiskuösen Freundin gequälter junger Mann verlegte zuerst eine Zigarettenspitze, die sie ihm geschenkt hatte; nachdem er sie wiedergefunden hatte, biß er »zufällig« so fest auf sie, daß sie zerbrach – wobei auch noch ein Stückchen eines Zahnes abbrach. Der Trauernde identifiziert sich mit dem Toten – er macht den »Deserteur« leiden, indem er sich z.B. auf die eigene Brust schlägt.

217 Ein borderline-Jazzmusiker hielt den verstorbenen Jazz-Saxophonisten Charlie Parker für Gott und betete sogar zu ihm. Sein *subjektives* und abweichendes Verhalten kann im wörtlichen Sinne nur mit dem *kulturellen* Begriff »Anbetung« beschrieben werden.

218 Ein in Großbritannien geborener, aber in Amerika aufgewachsener Patient sagte eines Tages »beetle« (»Käfer«), wo ein Amerikaner »bug« gebraucht hätte. Auf Nachfrage schrieb er seine Wahl zunächst seiner britischen Herkunft zu. Allerdings machte seine nächste Assoziation *sogar ihm* klar, daß er »beetle« gesagt hatte, um das Aussprechen von »bug« zu *vermeiden*, welches Wort für ihn angstbesetzte Obertöne hatte (»bugger«, ein *britischer* Ausdruck für »Sodomit« oder »Päderast«).

laos' Reaktionen auf *gewöhnliche* Statuen. Dies ist ein Fall, in dem das affektive Klima einer Szene die Wahl des Wortes bestimmt, dessen »Bedeutungs*hof*«, auch wenn er nicht auf die greifbare Realität paßt, doch die »Stimmung« trifft, die die *Reaktionen* auf diese Realität bestimmt.[219]

Der letzte Punkt betrifft die literarische Funktion von Menelaos' negativer Reaktion auf diese schönen Statuen: Sie scheint *zum Teil* die trügerische Freude vorwegzunehmen, die im Traum zu Menelaos' Frustration führt.[220]

Diese Interpretation von 417 erleichtert in großem Ausmaß das Verständnis von 418-419, die den Höhepunkt der Wach-Symptomatik von Menelaos beschreiben.

418 ὀμμάτων δ' ἐν ἀχηνίαιϲ bezeichnet irgendeinen Mangel der Augen des Menelaos.[221] Einige Kommentatoren behaupten allerdings, die Augen seien jene:

1. der Statuen[222] oder

2. der abwesenden Helene – Augen, die normalerweise ihre Schönheit ausstrahlen (A.*Ag.* 742)[223], oder

3. jene der Helene und des Menelaos.[224]

Ich werde weiter unten meine Ansicht rechtfertigen, daß Menelaos' Augen gemeint sind.

Es herrscht auch keine Übereinstimmung über die *Natur* des Mangels, den das Wort ἀχηνίαιϲ bezeichnet – ein Wort, dessen Gebrauch in diesem Text Groeneboom als »seltsam« bezeichnet. Antike Lexikographen kommentieren es als ἀπορία oder πενία (Engpaß, Schwierigkeit, Bedürfnis, Not). Dieses Wort bezeichnet oft nur einen partiellen oder relativen Mangel.[225]

1. Mazon übersetzt: »[les statues] n'ont pas d'yeux«; aber die Statuen *haben* Augen.

2. Denniston und Page meinen, daß die Augen der am wenigsten lebensechte Teil einer Statue seien. Aber die *gemalten* Augen

219 Ähnlich beklagte sich eine junge Frau darüber, daß ihr *schizoider* und *depressiver* Liebhaber ihren Körper handhabe, als sei er nichts als »meat« (= Fleisch als Nahrungsmittel, tierisches Fleisch) und *nicht*: »flesh« (= lebendiges und auch menschliches Fleisch).

220 Diesen Hinweis verdanke ich meinem Schüler Alain Sotto.

221 Butler, Ahrens, Kennedy, Nägelsbach, Wecklein, Wilamowitz, Smyth, Fraenkel.

222 Klausen, Hermann, Schütz, Mazon, Thomson, Denniston und Page.

223 Heath, Sidgwick, Headlam, Groeneboom.

224 Verrall; er postuliert eine *gewollte* Unbestimmtheit mit einer Begründung, die ich anscheinend nicht begreife und daher auch nicht diskutieren kann.

225 Vgl. LSJ: ἀπορία ist nur dann absolut, wenn es weiter qualifiziert wird (ἀπορία τινόϲ). Aber vgl. A.*Choe.* 185: Durstige (δίψιοι) Tränen (= Tränen des Verlangens).

griechischer Statuen waren lebensecht genug, um den griechischen Bildhauern die Erfindung der Aushöhlungstechnik der Iris zu ersparen.[226]

3. Andere Gräzisten sind der Ansicht, daß die Augen der abwesenden Helene gemeint seien – eine Abwesenheit, die Menelaos als Bedürfnis erlebt. Dies scheint viel zu kompliziert, und ich bin nicht einmal sicher, daß dieser Gedanke mit dem Text vereinbar ist.

Alle diese alternativen Interpretationen sind von der leicht dokumentierbaren[227] griechischen Ansicht beeinflußt, daß die Augen Liebe erwecken. Für den Moment bringe ich nur einen Einwand vor: *Trotz* – oder wegen – der Abwesenheit oder der Leblosigkeit *dieser* »Augen« wird Menelaos' feuriges Verlangen nicht gestillt: Sein Traum ist erotischer Natur.

Ich muß meine Erörterung vorbereiten, indem ich zwei allgemeine Prinzipien formuliere:

1. Wenn der Dichter in einer deskriptiven (nicht-gnomischen) Passage *scheinbar* vernachlässigt, das »Ding«, das er erwähnt, explizit zu identifizieren, dann erlaubt gewöhnlich seine Aussage *über* das »Ding« dessen Identifikation.[228]

2. Wenn ein großer Dichter tatsächlich mehrdeutig ist, dann dient seine Mehrdeutigkeit einem poetischen Zweck (*35*, *59*). Da man in diesem Text keinen poetischen Zweck für eine Mehrdeutigkeit angeben kann, wird Verralls Mehrdeutigkeitshypothese unhaltbar.

An diesem Punkt ist eine logische Analyse dessen angebracht, was Aischylos in diesem Text wirklich sagt – weil er als ausgezeichneter Realist und Psychologe nichts anderes sagen konnte.

1. Alle Aussagen von 410-426 bestehen aus nur zwei Versen. Man kann sich daher überlegen, ob das Komma am Ende von 417 – zumindest geistig – durch einen Punkt zu ersetzen ist.

226 Eine weniger wichtige Merkwürdigkeit der Interpretation »Augen der Statuen« ist ihre Unvereinbarkeit mit der alltäglichen Erfahrung, denn sie impliziert stillschweigend, daß die Augen der Statuen – und nicht die Helenes – Menelaos' Leidenschaft erregten, auch als Helene noch da war. Nur wenn die geliebte Frau abwesend ist, wird der Gatte von ihren »Porträts« stimuliert. Jedoch gilt bei Frauen die Gleichung ›Erweiterte Pupillen = Sexuelle Erregung‹ (*84a*).

227 Die Liste der von Thomson zitierten Texte ist höchst eindrucksvoll – wenn auch leider im vorliegenden Kontext nicht relevant (infra). Vgl. auch L. Malten (*108*).

228 Da das Kolaxaische Pferd in Alcm.*fr.* 1.59 ein *schönes* Mädchen repräsentiert, kann dieses Pferd kein *schlichtes* mongolisches Pony gewesen sein; es muß sich um einen *schönen* Renner vom Ferghana-Typ handeln (*32*).

2. Das *Subjekt* (im Nominativ) des Satzes ist »Aphrodita«. Was immer »ihr« geschieht, geschieht aufgrund eines Mangels der (oder in den) Augen. Die Logik dieser Verse ist die gleiche wie von 414-415; der erste Vers spezifiziert den fortlaufenden (affektiven) Grund der im zweiten Vers beschriebenen Entwicklung.

3. Die Verse 418-419 beschreiben einen *fortlaufenden Prozeß*. Etwas geschieht *jetzt mit* der »ganzen Aphrodita«, weil *in* (δ' ἐν) den Augen etwas passiert *ist* – und immer noch passiert. Allerdings:

a) Geschah Helenes Augen nichts – sie leuchten jetzt einfach nur in Troja. Der Ausdruck δ' ἐν paßt nicht zu der Ansicht, daß ihr Verschwinden aus *Menelaos'* Gesichtsfeld gemeint ist.

b) Die Augen der Statuen veränderten sich *nicht*, denn sie *können* sich *objektiv nicht* verändern. Wenn sie jetzt nicht Liebe ausstrahlen, strahlten sie die Liebe noch nie aus, denn was nicht ist, kann nicht aufhören zu sein. Zwei denkbare Einwände können leicht erledigt werden:

α) Die Augen hörten, wie die Statuen als Ganze, plötzlich auf, Menelaos zu gefallen. Wenn dem so ist, haben sich *nur* Menelaos' »Augen« verändert. Dies impliziert darüber hinaus, daß die V. 418 bis 419 einfach die V. 416-417 duplizieren, die die rein *wahrnehmungsmäßige* Degradierung der (objektiv immer noch schönen) Statuen beschreiben.

β) Helenes Flucht macht ihre Statuen einer »leeren« Statue vergleichbar, in der die Gottheit nicht wohnt. Aber es gibt keinen Hinweis darauf, daß eine *lebende* mythische Person jemals seine oder ihre Porträtstatue »beleben« konnte.[229] Ein Bezug auf eine »leere« Statue wäre auch anachronistisch. Diese Vorstellung scheint aus nach-Aischyleischer und wahrscheinlich hellenistischer Zeit zu stammen (Suid. s.v. Heraiskos).

4. In 410-426 gibt es eine betonte logische *Progression*: Obwohl jedes Detail das vorhergehende voraussetzt und den Boden für das nachfolgende vorbereitet, geht der Dichter niemals zurück. Wenn aber

a) Helenes Augen gemeint sind, würden sich die V. 418-419 direkt auf die V. 414-415 zurückbeziehen, und

b) wenn die Augen der Statuen gemeint sind, würden die V. 418 bis 419 nur die V. 416-417 erklären, die – nebenbei gesagt –

229 Keine mythische Statue »verhielt« sich jemals *spontan* in einem *operational* bestimmbaren Sinn. Selbst die Statuen des Protesilaos und der Alkestis mußten durch Träume und physischen Kontakt »belebt« werden.

keiner Erklärung bedürfen. Diese Vorstellung würde auch die logische Progression in ziemlich absurder Weise durchbrechen: Die Unattraktivität der Statuen in ihrer Gesamtheit würde durch den relativen Mangel *eines* Teils der Statuen erklärt: ihrer Augen.[230]

Die Logik verlangt, daß 418-419 die in 416-417 getroffenen Aussagen über Einzelnes (die Statuen) nicht enger fassen und partikularisieren, sondern *verallgemeinern* und *erweitern*. 416-417 »erklären« 418-419 – und nicht umgekehrt.

5. Die Passage zählt insgesamt *immer schwerwiegendere* Symptome auf. Wenn nun 416-417 Menelaos' *Haß* auf die Statuen beschrieben, würde sich die Spannung *vermindern*, wenn 418-419 nur eine *Gleichgültigkeit* den *Augen* der Statuen gegenüber beschrieben. Diese *Gleichgültigkeit* könnte nur dann eine »Steigerung« von Menelaos' Abneigung den Statuen gegenüber bedeuten, wenn sie die *gesamte* äußere Realität umfaßte.[231]

Kontextuelle Überlegungen zwingen zu dem Schluß, daß Menelaos' »Augen« in irgendeiner Weise »mangelhaft« *geworden* sind – und dies ganz abgesehen von der Tatsache, daß nur *seine* »Augen« sich »verändern« *können*.

1. 410-426 beschreiben *nur* Menelaos' Zustand: seine Reaktionen oder sein Nicht-Reagieren – welches psychologisch gesehen auch eine Art »Antwort« ist. Andere Umstände werden nur erwähnt, um die Anormalität von Menelaos' Reaktionen *auf* sie hervorzuheben.[232]

2. Sie machen keine *psychologische* Aussage über jemand anderen. So wird in 414-415 Helenes *physische* Abwesenheit nur erwähnt, um Menelaos' Reaktion darauf zu unterstreichen. Es wird noch nicht einmal beiläufig auf Helenes psychologischen Zustand in Troja angespielt.[233] Selbst die frühere Liebe der entlaufenen Helene zu Menelaos (φιλάνορες) wurde nur erwähnt, um die Größe von Menelaos' Verlust zu unterstreichen.

3. 412-419 befassen sich nur mit psychiatrischen Symptomen –

230 Man kann sinnvoll sagen: »Ich mag Kritias nicht – ich hasse übrigens alle Tyrannen.« Es zeugt aber von schwacher Logik zu sagen: »Ich hasse Tyrannen – Kritias hat Euthydemos gegenüber verwerflich gehandelt« (X. *Mem.* 1.2.29f.).

231 Vgl. meinen Kommentar zu 419 für diese Bedeutung von πᾶσ' Ἀφροδίτα.

232 Es ist die »Schönheit« der Statuen, die es offenkundig macht, wie pathologisch Menelaos' Reaktion auf sie ist.

233 Dies ist bedeutsam, denn 406-407 stellen sie als unverantwortlich oberflächlich dar, während Hom. *Il.* 3.171ff. (und *passim*) ihre Reue und ihre Scham betonen.

und man kann nur über Menelaos etwas »Psychiatrisches« aussagen.

4. Man *kann* allerdings etwas ganz Auffälliges über die Augen eines zutiefst verstörten Menschen sagen: Ein griechischer Dichter hätte zugleich ungewöhnlich unaufmerksam und der Tradition gegenüber blind sein müssen, um den anormalen Blick einer emotional gestörten Person nicht zu bemerken.[234]

5. Das Fehlen eines so auffälligen Details in einer Symptom*liste* würde der Tendenz griechischer Dichter zuwiderlaufen, *alle* wesentlichen Symptome einer verwirrten Person[235] aufzuzählen und sie gut zu beschreiben (Ps.-Long. 15.1) – sogar zu gut für Platons Geschmack (Pl.*Rmp.* 396af.).

6. Der Augenausdruck einer schwer depressiven Person ist durch einen »Mangel« charakterisiert. Die Augen sind stumpf[236] und gewöhnlich unbewegt. Sie scheinen auch »blicklos«[237] zu sein, denn die Aufmerksamkeit eines depressiven Trauernden ist vollständig – und sogar zwanghaft – auf das »verinnerlichte« Bild der verlorenen Geliebten konzentriert[238], mit der er sich selbst identifiziert. Kurz, es *mangelt* den Augen (als Organen) an Glanz und Leben, und ihr Blick ist ebenfalls mangelbehaftet, denn er erinnert an den einer blick*losen* Person.[239] Ein Depressiver kann in der Tat unter der Einwirkung eines plötzlichen und brutalen Verlustes wie ein Blinder umherstolpern. Obwohl der Depressive, der sich neurophysiologisch gesehen in einem Schockzustand befindet,

234 *Iliou Persis fr.* 5: Aias' Augen; E.*HF*: Herakles' Augen, gut diskutiert von Blaiklock (*9*, 7. Kap.); E.*Alc.* 385: καὶ μὴν σκοτεινὸν ὄμμα μου βαρύνεται (es verdunkeln sich zunehmend meine schwerer werdenden Augen). Vgl. Roscher für die Augen verrückter Tiere (*130, passim*). Englisch: »to see red«. Französisch: »les yeux foux«. Malaiisch: »mata gelap« bezeichnet das Auftreten der »schwarzen Augen« des Amokläufers, seine vermutlichen visuellen Eindrücke in diesem Zustand und den Zustand des »Amok« selbst.

235 Sappho *fr.* 31 LP ist, *pace* Ps.-Long. 10.1, eine nicht-selektive, erschöpfende Symptomliste (*118*, S. 27; *43*). Contra: Marcovich (*110*). E.*Hipp.* zählt ungefähr dreißig Symptome Phaidras auf. E.*HF* erwähnt alle wesentlichen Symptome der Epilepsie (*9*, 7. Kap.). E.*Ba.* beschreibt die wichtigsten Symptome der Besessenheit (*55*, Anh. I) oder der Hysterie (*8*), usw. Zur Fähigkeit griechischer Dichter, die Kohärenz – das Muster – eines Symptombündels (= Syndrom) zu bemerken, vgl. Ps.-Long. 10.1 und (*43*). Ich kann zwei Kritiker meiner Ansichten an dieser Stelle nicht widerlegen.

236 LSJ s.v. ἀχηνία übersetzt v. 418 als: leerer Blick.

237 Aber dies rechtfertigt Vernants Versuch nicht (*136*, S. 261, Anm. 32), den blinden Seher Teiresias ins Bild zu bringen.

238 Vgl. meinen Kommentar zu 414-415 und zu 419.

239 Ich betone diese Mängel hauptsächlich deswegen, weil Professor Lloyd-Jones zu Recht der LSJ-Übersetzung widerspricht, in der im *literarischen* Sinn der »leere« Blick eine positive (wenn auch schlechte) »Eigenschaft« und keinen »Mangel« darstellt.

»sieht«, stößt er mit Menschen und Gegenständen zusammen, als ob er sie nicht sähe.

Ich merke nur beiläufig an, daß die Augen Depressiver manchmal vorübergehend belebt werden und gierig[240] nach der Geliebten (oder ihrem φάcμα) zu suchen scheinen – da aber die Geliebte nicht zu sehen ist, wendet er seinen Blick wieder nach innen.

Auch dies führt uns poetisch und logisch zu der richtigen Bedeutung von 419; der Ausdruck von Menelaos' Augen verrät seine Interesselosigkeit an dem, was ihn umgibt. Es *mangelt* ihnen an Funkeln und Leben, denn ihr Blick ist nach innen gerichtet: auf das verinnerlichte Bild der abwesenden Helene.

Diese Interpretation wäre auch dann korrekt, wenn man behaupten würde, 414f. beschreibe eine Re-projektion von Helenes Bild in die »Außen«-Welt, in der Form eines φάcμα – was übrigens eine Verwischung der Grenze zwischen »innen« und »außen« implizieren würde[241] –, einer Grenze, die beim normalen psychologischen Funktionieren eine wesentliche Rolle spielt (supra).

Wichtig ist jedoch, daß auch eine Re-projektion von Helenes verinnerlichtem Bild in Form einer visuellen Halluzination (φάcμα) in die »Außen«-Welt nicht genug *realen* Affekt in Menelaos wecken könnte, um seine Augen zu »beleben«.[242] Man kann sogar annehmen, daß Menelaos' Beschäftigung mit dieser Halluzination seinen depressiven »Mangel an Belebtheit« (allgemeine psychomotorische Retardation) verstärkte.

Anhang

1. Smyth und Fraenkel übersetzen ἀχηνίαις mit »Hunger« oder »hungernd«. Auch wenn diese Übersetzung semantisch nicht zu rechtfertigen ist, reflektiert sie die grundsätzliche *psychologische* »Nebenbedeutung« beim *Erlebnis* von Trauer (und Verlust) im

240 »Hunger« (Smyth), »hungernd« (Fraenkel).

241 Schon Edward Tylor (*134*) wies darauf hin, daß der Glaube an (»äußere«) Geister von (»inneren«) Träumen von den Toten abgeleitet ist.

242 Ein affektiv eingefrorener, depressiver und schizoider Patient behauptete, daß seine visuellen Phantasien – zugleich obszön, pervers, sadistisch und »monströs« im gruselig-grotesken Sinn – ihn mit Entsetzen erfüllten. Er beschrieb sie aber mit einer mechanischen, *affektlosen* Stimme; sein Gesichtsausdruck blieb hölzern, und wenn man ihn drängte, diese Phantasie zu kommentieren, antwortete er: »Diese Phantasien und Visionen bedeuten mir nichts; sie scheinen wie alles andere sehr weit von mir entfernt zu sein« (*34, 37*).

Trauernden. Man erfährt den Liebesverlust *regressiv* als eine (prägenitale) orale Frustration: als *Hunger*.[243] Bei Trauernden können sogar kannibalistische Phantasien auftreten (*33*), denn die »Internalisierung« der verlorenen Person wird als eine restitutive »orale Einverleibung« erlebt. Bei neurotischen Depressionen (*71*) und sogar bei Beerdigungsriten (Hdt. 3.99) wird der »Liebesverlust« oft durch übermäßiges Essen kompensiert; der Affekthunger wird regressiv durch einen Hunger nach Speise ersetzt, der oft kannibalistische Anklänge hat.[244] Freiwilliges Hungern während der Trauerzeit[245] kann als eine unbewußte Abwehr »restitutiver« kannibalistisch-nekrophager Bedürfnisse interpretiert werden.

Diese zusammenfassende Aussage reicht für den vorliegenden Zweck aus, da auf den Nexus zwischen Trauer und anormalem Eßverhalten (inklusive Hunger) nicht durch Aischylos' eigenen Text, sondern durch deren interpretierende Übersetzung aufmerksam gemacht wird.[246]

2. Es gibt eine – zumindest teilweise und vorläufige – Erklärung dafür, warum Aischylos – abgesehen von metrischen Gründen – das Wort ἀχηνία den Worten ἀπορία oder πενία vorzog. Seine Wahl scheint *zum Teil* von einer »Klangassoziation« bestimmt worden zu sein.[247]

Wenn man die Verwandtschaft der Dichtung – und besonders der Chorlieder des griechischen Dramas – mit der Musik bedenkt, dann liegt es auf der Hand, daß ein Dichter Wörter nicht nur auf der Grundlage ihres begrifflichen Inhalts wählen wird, sondern auch aufgrund ihrer *akustischen* Verwandtschaft mit anderen Wörtern, deren *Bedeutung* bestimmte *konzeptuelle* Verwandtschaften mit dem schließlich ausgewählten Wort hat. Dieser Vorgang hat nichts mit den »Klangassoziationen« des schizophrenen Diskurses gemein, in der die (scheinlogische) Verknüpfung aufeinanderfol-

243 Die Griechen wußten von diesem Regressionsmechanismus: A. *Ag.* 75 vergleicht die Alten mit Kindern. Platon (*Leg.* 672c) scheint sogar gespürt zu haben, daß alle psychologischen Störungen zum Teil eine Regression auf frühere Entwicklungsstufen beinhalten.

244 So erklärt Demeters Trauer ihren kannibalischen Verzehr des Pelops (Pi. *O.* 1.40ff.), usw. Eine Frau liebte Äpfel; ihr Mann verabscheute diese Früchte. Aber während ihrer einzigen langen Abwesenheit aß er sie mit Freuden – »an ihrer Stelle«.

245 Achilleus: Hom. *Il.* 19.346; Demeter: Hom. *h. Cer.* 200ff., usw.

246 Ich hoffe, in einer späteren Studie einmal die umfangreichen klassischen, primitiven und klinischen Daten zu veröffentlichen, die ich zu rituellen, mythischen, phantasierten und realen Eßstörungen bei tatsächlicher, aufgeschobener und neurotischer Trauer gesammelt habe.

247 Man trifft dies in der griechischen Dichtung häufig an, auch wenn ich hier keine anderen Beispiele zitieren kann.

gender Wörter *nur* aufgrund ihrer *akustischen* Affinitäten eine fast ausschließlich akustische »Kontinuität« des Textes erzeugt. Diese wiederum produziert einen irrationalen und verarmten, weil konzeptuell diskontinuierlichen Diskurs.[248] Im Gegensatz dazu wird die Wahl eines Wortes aufgrund *akustischer* Anklänge an relevante und verwandte *Ideen* den Diskurs des Dichters erweitern und vertiefen, auch wenn die Bevorzugung eines bestimmten Wortes vor einem anderen (mit ähnlicher *Bedeutung*) *sekundär* von der akustischen Affinität mit einem konzeptuell *ebenfalls* angemessenen Wort bestimmt wird. Es ist daher möglich, daß Aischylos das Wort ἀχηνίαιϲ wegen seiner akustischen Affinität mit ἀχεύω (oder ἀχέω) = voll Kummer sein, trauern auswählte.[249]

419 ἔρρει πᾶϲ' Ἀφροδίτα ist psychologisch reinster Freud, da Aphrodite hier für genau das gleiche steht wie bei Empedokles (*frr.* 16-18, 71-75, 86-87, 95, 98, 128, 151 D-K), und wofür Eros oder Libido bei Freud stehen: das, was der Welt um uns nicht nur die Eigenschaft der Schönheit, sondern auch die Eigenschaft der *Realität* und *Relevanz* verleiht. Es bedeutet, daß die Affektresonanz den Sinneswahrnehmungen emotionale Realität verleiht. Im technischen Sinn ist eine Welt, die von *dieser* Aphrodite belebt ist, eine Welt, »die mit Libido besetzt ist«. Eine nicht-besetzte Welt – wie der Hades – ist farblos, irrelevant und selbst intellektuell kaum begreifbar (Luc. *Cat.* 22). Wie einer meiner Patienten sagte: »Ich kann sehen – ich weiß –, daß dieser Sessel rot ist, aber ich *fühle* sein Rotsein nicht. Es ist alles sehr entfernt von mir.«[250] Die vorangehenden Verse – die Menelaos' Interesseverlust an einer Realität enthüllen, die so »flach« geworden ist, daß sie den Hunger seiner Augen nicht mehr stillen kann – bereiten uns auf diese bittere Zusammenfassung vor.

Diese Reaktion ist nicht nur psychiatrisch voraussagbar; sie ist auch offenkundig griechisch. Admetos sagt der sterbenden Alkestis ziemlich das gleiche: »Du hast mir alle Lebensfreude genommen.«[251]

248 Ein selbstdiagnostizierter Schizophrener veröffentlichte sogar eine Art schizophrener Theorie der Sprache (*142*).

249 Es ist recht unwahrscheinlich, daß er (sei es bloß unbewußt) von der extrem geringen akustischen Affinität von ἀχηνία mit ἀχέρωιϲ (= die weiße Pappel, von höllischer Herkunft), oder mit Ἀχέρων (= ein Fluß in der Unterwelt) angeregt wurde.

250 Solche Bemerkungen werden im allgemeinen von depressiven Patienten gemacht.

251 E. *Alc. 347:* ϲὺ γάρ μου τέρψιν ἐξείλου βίου.

Das Wort ἔρρει verleiht dieser Interpretation Gewicht: Fraenkel besteht mit Recht darauf, daß ἔρρει eine Abwertung und ein ruinöses – und manchmal gewaltsames – Verschwinden impliziert. Daher erinnert es zugleich an Helenes Entführung – die Menelaos zweifelsohne am liebsten als eine unfreiwillige betrachten würde[252] – und es antizipiert ihre »Flucht« im Traum (425-426). Diese Degradierung der Realität, ihr Relevanzverlust, ist ein unvermeidliches Ergebnis von Menelaos' Wendung nach innen.

Aischylos macht sogar klar, daß das Verschwinden Aphrodites kein objektives Ereignis ist. Es ist eine Konsequenz der Reaktion von Menelaos. *Nur für ihn* ist Aphrodite verschwunden. Die Welt hat keine andere *psychoaffektive Relevanz* als die, die unsere Besetzung mit Libido ihr zuschreibt. Dieser Vers ist der eigentliche Höhepunkt von 415-419 und bereitet die Szene für Menelaos' Traum vor – für den Traum eines Mannes, der nicht mehr in *affektivem* Kontakt mit der Realität steht.

Aber so, wie ich diesen Vers lese, deutet er auch auf 426 voraus: die Degradierung Aphrodites antizipiert die Degradierung von Helenes Traumerscheinung.[253]

420 ὀνειρόφαντοι = Traumerscheinungen, erinnert eindeutig an cτίβοι (411) und φάcμα (415) sowie an κολοccῶν (416) (Fraenkel). Auch dies ist ein Zeichen für die außergewöhnlich große Kohärenz der gesamten Stelle. Der wiederholte Rückbezug auf bereits Geschehenes und die Antizipation des Kommenden verleihen dem gesamten Text die straffe und vielfältige innere Logik einer strengen Fuge. Darüber hinaus wird gleich gezeigt werden, daß schon das nächste Wort – wenn man es so wie Fraenkel auffaßt – den inneren Zusammenhang von 410-426 noch weiter verstärkt, indem es den Traum mit der Depression des Menelaos verknüpft.

420 πενθήμονεc = trauervoll.[254] Die entscheidende Wahl besteht zwischen:

1. der Ansicht, daß dieses Wort Helenes Erscheinung im Traum beschreibt (Denniston und Page), und

252 Diese Vorstellung steht hinter Stesich.*fr.* 15P und allen Mythen über ihr »*Eidolon*« (E.*Hel.*, usw.), und auch hinter den Stellen, die betonen, daß sie ein hilfloses Opfer von Aphrodites Willen war (Hom.*Od.* 23.222ff., dazu (*28*); E.*Tr.* 948ff., 1042f., usw. Gorg.*Hel.fr.* 11 D.-K.).

253 Orph.*fr.* 347 (χειρῶν δ' ὀλλυμένων ἔρρεν πολύεργος Ἀθήνη), zitiert von Thomson, unterstützt nicht seine, sondern meine Ansicht: mit dem Verlust der Hände (des Handwerkers) verschwindet auch das personifizierte Können (Athene).

254 Meine Einwände gegen Housmans willkürliche Emendation dieses Wortes sind in die Anmerkung 262 relegiert.

2. der Ansicht, daß es den Traum als Konsequenz (Symptom) der reaktiven Depression Menelaos' beschreibt (Fraenkel) ... und als einen Grund für deren Intensivierung. Es kündigt gleichfalls die Frustration und V. 426 an.

Ich werde nun diese Ansichten diskutieren, wobei ich sofort meine Präferenz für Fraenkels Interpretation bekenne.

1. Denniston und Page haben psychologisch gesehen recht, wenn sie darauf bestehen, daß Helene dem Menelaos so erschien, »wie er sie haben wollte«. Unglücklicherweise spezifizieren sie dann im folgenden, daß Menelaos sie nicht so sieht, wie sie wirklich ist, glücklich mit Paris vereint, sondern ... kummervoll, unter Tränen zu ihrem verlorenen Gatten zurückkehrend: und das ist auch befriedigend (χάριν), wie irreal es auch sein möge (ματαίαν). (Aber vgl. infra, V. 426.)

Ich will nicht abstreiten, daß Menelaos, besonders im Wachzustand, gewünscht haben könnte, eine reuige Helene käme unter Tränen zu ihm zurück. Wie ich aber schon oben angedeutet habe (ἀλοιδόρους), ist Menelaos, wie alle Männer in seiner Lage, ambivalent. Sein bewußter und relativ rationaler Wunsch wird *im Traum* von einem weniger rationalen, eher instinktiven Wunsch ersetzt. Entscheidend bei dieser Überlegung ist der erotische Charakter der Eröffnungsszene des Traumes, der mit dem Versuch einer sexuellen Vereinigung beginnt. Dies deutet darauf hin, daß Menelaos nicht von einer *zukünftigen* Szene träumt, für die es keinen Präzedenzfall gibt. Er träumt von einer bestimmten, pseudozukünftigen Szene: der Wiederherstellung des *status quo ante*, dessen *erotischer* Charakter der V. 411 antizipiert. Ich nenne diese Szene pseudo-zukünftig, weil das Unbewußte (das die Träume speist) »zeitlos« ist (Freud): die ersehnte erotische Vereinigung *beginnt* in der Tat im Traum. Da Helenes Traumbild erotische Reaktionen auslösen kann, sind der Art, in der man sich die Erscheinung dieses Bildes vorstellen kann, Grenzen gesetzt.

Denniston und Page scheinen sich, *mutatis mutandis*, die Art schicklicher Szene vorzustellen, die in Plu. *V. Dion* 51.1 beschrieben wird: Dion nimmt die weinende Arete zärtlich in die Arme, deren Ehebruch – anders als der Helenes – ungewollt war. Eine solche Szene könnte zu einer erotischen Vereinigung führen, mit der die Versöhnung besiegelt würde. Es lassen sich aber schwerwiegende Gründe gegen eine solche Vorstellung des *Aischyleischen* Traumbildes der Helene ins Feld führen.

Man muß sich eine »kummervolle«, »in Tränen aufgelöste« zurückkehrende Helene *in der Aischyleischen Art* vorstellen. Bei Aischylos sind Trauerreaktionen fast immer extrem (*18*). Aischylos würde sich eine reuige und kummervolle Helene nicht als eine sanft und demütig trauernde Frau vorstellen. Er hätte Helene als wahnsinnig vor Verzweiflung phantasiert! Mit aufgelösten Haaren und zerrissenen Kleidern, die Augen rot vom Weinen. Er hätte sie sich wie seine Kassandra (A.*Ag.* 1072ff.) oder wie die Kassandra des Euripides (E.*Tr.* 306ff.) vorgestellt. Sie hätte auch an Euripides' Phaidra erinnert (E.*Hipp.* 170ff.), und noch mehr an dessen Antigone (E.*Phoin.* 1485ff.). Ich unterstelle, daß eine Frau, die an eine »Bakchantin des Todes« erinnert (E.*Phoin.* 1489f.), nicht einmal im Traum eine normale *erotische* Reaktion hervorrufen könnte. Noch weniger ist das von einer »schicklich« bußfertigen Euripideischen Helene (E.*Tr.* 1025ff.) vorstellbar – einer, die Hekabes Normen genügt.

Ich räume selbstverständlich ein, daß mykenaische Krieger, wie sie von Dichtern dargestellt werden, tatsächlich verzweifelte weibliche Gefangene vergewaltigten.[255] Aber solche Taten werden von haßerfüllten, blutrünstigen Männern begangen und nicht von trauernden Ehegatten wie Menelaos – am wenigsten in einem freudebringenden erotischen Traum, so nichtig diese Freude auch sein mag.[256]

Kurz, χάριν schließt – trotz ματαίαν – eine beginnende erotische Traumszene mit einer (charakteristisch Aischyleischen) verzweifelten Helene oder auch mit einer sittsam weinenden Ploutarchischen Arete aus. Helenes Traumbild ist, zumindest zu Beginn des Traumes, so verführerisch wie immer.[257] Die Interpretation von Denniston und Page kann daher weder auf der Grundlage literarischer Überlegungen noch auf der Basis psychologischer Erfahrung beibehalten werden.

2. Fraenkel ist der Ansicht, daß dieses Wort dazu dient, den Traum als eine der *Konsequenzen* von Menelaos' Trauer darzustel-

255 Vgl. die Vergewaltigung Kassandras durch den kleinen Aias (*Iliou Persis fr.* 1 E.-W.), die Furcht der thebanischen Frauen vor Vergewaltigung (A.*Sept.* 292, 364), usw.

256 Beispiele, in denen unglückliche und ungekämmte Frauen, gelähmt von einem gerade erlittenen Unglück, von einem gütigen Mann tröstend ins Bett genommen werden, repräsentieren kaum Vorgänge, die als psychologisch analog zu Menelaos' geradlinigem und zumindest anfänglich lustvollem erotischem Traum gelten können.

257 Die Abwertung Helenes in *folgenden* Träumen wird im Zusammenhang mit V. 426 diskutiert.

len. Dies ist psychologisch unvermeidlich, denn Menelaos' Traum ist *nur* dann psychologisch plausibel, wenn er das nächtliche Gegenstück zu den depressiven Symptomen seines Wachzustandes bildet: Wenn er in einer subtil *kontrastierenden* Weise den Höhepunkt der vorangegangenen Symptomliste bildet. Darüber hinaus erlaubt er es – ja er verpflichtet fast dazu –, sich Helenes Traumbild als durchaus bezaubernd und verführerisch vorzustellen, denn wie gesagt besteht Menelaos' *erster* »Traumwunsch« (Freud) darin, den *status quo ante* mit all seinen Freuden wiederherzustellen.

Fraenkel untermauert seine Interpretation, indem er betont, daß E. *Alc.* 354 nicht direkt von dieser Aischyleischen Stelle inspiriert war. Er besteht darauf, daß beide Stellen einfach eine grundlegende menschliche Erfahrung widerspiegeln. Damit wendet Fraenkel, der sich der Psychologie gegenüber als Skeptiker bekennt, genau die Art *realistischer* Psychologie an, die die Kommentatoren *großer* Dichter anwenden sollten – und so selten anwenden.

Ich räume natürlich ein, daß Fraenkels Übersetzung stärker als Aischylos' griechischer Text den Kausalnexus zwischen Trauer und Traum unterstreicht und daß ihr auch die syntaktische Ambiguität des Wortes πενθήμονες fehlt. Aber der Fehler – wenn es überhaupt ein Fehler ist – liegt nicht bei Fraenkel; er ist eine Konsequenz der Eigenart und der Beschränkungen der englischen[258] Sprache; Englisch [und Deutsch, A. d. Ü.] erlauben es einfach nicht, den Kausalnexus so anspielungsreich – und schwer faßbar – wie die griechische Sprache darzustellen.

Ich muß mich jetzt kurz mit den Stellen beschäftigen, die einige Kommentatoren in Verbindung mit diesem Wort zitieren.

Verweise auf E. *Alc.* 348 (oder 343-347) sind legitim, obwohl die entlaufene Helene der fast toten Alkestis völlig unähnlich ist. Admetos braucht *sowohl* Alkestis' Statue im Bett *als auch* erotische Träume, um zumindest vorübergehende affektive und erotische Tröstung zu erhalten. Der Rückgriff auf eine Doppelgänger-Skulptur von Alkestis ist im Rahmen der griechischen Eschatologie vernünftig, denn wie ich schon vor langer Zeit dargelegt habe (27, S. 268.0), verhalten sich die Schatten der Toten wie Trauernde[259]

258 Ich versuchte sogar, die Übersetzung Fraenkels zu »verbessern«, erst in Englisch, dann in Französisch, Deutsch und Ungarisch. Aber keiner meiner Versuche war auch nur um Haaresbreite genauer als Fraenkels Übersetzung; die meisten waren ihr bei weitem unterlegen.

259 Obwohl Dale (ad E. *Alc.* 343-347) E. *Hipp.* 1131ff. zitiert, wo *nicht* das künftige Verhalten eines *Trauernden* sondern das künftige *Nicht*-Verhalten der *Toten* beschrieben

und wirken daher erotisch nicht anregend. Dies erklärt, warum Laodameia in Hyg.*fab.* 104 mit der Statue des Protesilaos geschlechtlich verkehrt und nicht, wie in anderen Überlieferungen, mit seinem zurückgekehrten Schatten oder sonst auch im Traum. Sowohl in Admetos' wie in Laodameias Fall stellte die Porträtstatue vermutlich sicher, daß der tote Gatte im Traum weder als ein εἴδωλον noch als ein blutleerer, schwirrender Schatten erschien, sondern so, wie er zu Lebzeiten aussah: in einer Verhüllung, die zumindest im Traum eine sexuelle Reaktion hervorrufen konnte.[260]

Im Gegensatz dazu sind eine Reihe anderer Stellen, die von gewissen Kommentatoren zitiert werden, irrelevant.

Bei Meleagros (*AP* 5.166)[261] erscheint niemand in einem erotischen Traum, noch wird das von jemandem erwartet. Der Dichter fragt sich nur (hoffnungsvoll), ob die ungetreue Heliodora sehnsüchtige und tränenreiche erotische Träume *von ihm* hat. Diese Situation unterscheidet sich so radikal von der bei Aischylos, daß Denniston und Page wohlweislich davon Abstand nehmen, diese Stelle zur Stützung ihres Konzepts einer *ge*träumten – *nicht* träumenden! – Helene zu zitieren. In der Tat weist nichts in dem Meleagros-Text darauf hin, daß Heliodora von einem reuigen Meleagros träumen könnte, der mit der Helene von Denniston und Page vergleichbar wäre – aus dem guten Grund, weil Meleagros nichts zu bereuen hat. Die Heranziehung dieses Textes ist nur ein weiterer Beleg für Veralls habituelle psychologische Unsensibilität, die direkt mit dem verbunden ist, was Fraenkel dessen Geschmack für die Literatur der Silbernen Latinität nennt (*64*, I, S. 57).

Die beiden anderen Verrallschen »Parallel«-Stellen sind auch nicht besser oder relevanter.

Prop. 4.7.5 bezieht sich in einer Weise auf eine Beerdigung, die jeden Anklang an die symbolische Gleichung ›Abschied = Tod‹ vermissen läßt (vgl. »partir, c'est mourir un peu«).

In Prop. 4.11.81 spricht eine liebende, verstorbene Gattin mitleidig ihren Ehemann an und spricht von den Träumen, die *er* von ihr

wird, dachte sie offensichtlich nur an die »objektiven« konzeptuellen Ähnlichkeiten zwischen den beiden Stellen. Sie sah nicht, daß die Trauernden durch Selbstverleugnung die dumpfe Existenz der Toten imitieren, oder daß sich die Homerischen Toten wie Trauernde verhalten; sie betrauern den Verlust ihres eigenen Lebens.

260 Ich weise darauf hin, daß die von mir herangezogenen Kommentare nicht Ov.*Her.* 13.105 ff. zitieren, eine Stelle, die zumindest in Verbindung mit E.*Alc.* relevant ist.

261 Vgl. Housman (*85*, S. 269).

hat. Auch diese Situation ist von der bei Aischylos beschriebenen psychologisch völlig verschieden.

Groenebooms Hinweis auf Milton (XXIII. Sonett) ist möglicherweise noch irrelevanter. Obwohl sich auch das Traumbild von Miltons Frau seiner Umarmung entzieht, scheint mir die heraufbeschworene Szene eher zärtlich als erotisch zu sein; darüber hinaus war Miltons Frau ein Ausbund an Tugend. Dieses Sonett könnte psychologische Affinitäten mit Hom. *Od.* 11.204ff. haben; es hat nur wenig Bezug auf die Träume des Menelaos.

Künstliche, psychologisch nicht verwandte »Parallelen« dieser Art erhellen einen Text nicht – sie verdunkeln ihn nur. Daher versagte sich Fraenkel das Zitieren solcher Pseudo-Parallelen, wodurch er ebensoviel literarischen Geschmack wie psychologische Feinfühligkeit bewies.[262]

422-423: Die Syntax dieser Verse wird als verwirrend bezeichnet. Denniston und Page sprechen – gewiß überbetont – von »schlagender Inkohärenz« und emendieren den Text. Andere, einschließlich Professor Lloyd-Jones, sind bereit, zwei Anakoluthe oder einen unvollständigen Satz zu tolerieren, hauptsächlich, weil dies ganz dramatisch wäre.

Ich habe nicht die Absicht, einen Syntaxstreit beizulegen, den bei weitem kompetentere Experten als ich nicht beenden konnten. Als Liebhaber der Dichtkunst sympathisiere ich stark mit dem Argument, daß ein plötzlich abbrechender Satz eine dramatische Wirkung hat. Aber das ist nebensächlich, denn ich muß hier als Psychologe sprechen.

Zu Beginn weise ich darauf hin, daß ein Traum ein »unlogisches« Erlebnis ist, während die Sprache eine vorherrschend logische Struktur ist. Dies erklärt, warum Patienten, die einen Traum erzählen, oft stockend sprechen und nach Worten suchen. Auch hörte der Chor wahrscheinlich, wie der depressive Menelaos den Traum erzählte, und Depressive neigen dazu, ihre Sätze in der Luft

262 Housman konjiziert πειθήμονες = überzeugend für πενθήμονες. Diese Konjektur ist überflüssig, denn πενθήμονες in Fraenkels Interpretation ist ausgesprochen sinnvoll. Housmans Vorschlag ist darüber hinaus psychologisch redundant, denn fast alle Träume sind überzeugend, *solange sie andauern.* Ausnahmen von dieser Regel sind Träume, die der Träumer als Träume erkennt, während er noch träumt, und sogenannte »Träume in Träumen«. Headlams Versuche, diese Emendation zu rechtfertigen, indem er A. *Ag.* 274: »Glaubst du etwa einem überzeugenden Traumgesicht?« [Übers. G. D.] zitiert, überzeugen nicht; das relativ skeptische εὐπειθῆ des Chors impliziert eine *erfolgreiche* Täuschung, und Klytaimestra wischt Träume in ihrer Antwort als Täuschung »schlaftrunkener Sinne« weg (V. 275). Darüber hinaus ist es sehr wahrscheinlich, daß Klytaimestras erste Feststellung

hängenzulassen und sie nicht zu beenden. Obwohl der Traum in der dritten Person berichtet wird, ist daher die Annahme nicht allzuweit hergeholt, daß die Syntax des Chors von der des ursprünglichen Erzählers, Menelaos, beeinflußt wurde. Ich habe oft genug gehört, wie Schamanen der Mohave – und selbst Psychoanalytiker – nach Worten suchten, wenn sie die Träume eines ihrer Patienten erzählten, besonders wenn der Traum, wie in diesem Fall, eine plötzliche Wendung nimmt.

Noch ein weiterer allgemeiner Punkt kann angeführt werden. Ich habe wiederholt antike Beurteilungen der Fähigkeit von Dramatikern zitiert, die gestörte Sprache bekümmerter oder geisteskranker Personen korrekt wiederzugeben. Es ist daher möglich, daß bestimmte Teile solcher Stellen, die moderne Philologen als *loci desperati* betrachten, genau so aussehen, wie Aischylos oder Euripides sie geschrieben haben. Andere können durch den Versuch antiker Kritiker und Kopisten, einen ursprünglich relativ inkohärent geschriebenen Diskurs in die Zwangsjacke strikter Grammatik und Syntax zu zwängen, entstellt worden sein. Aber ich räume sofort ein, daß bewußt inkohärent geschriebene Passagen während des Kopierprozesses leicht noch unzusammenhängender *werden* können.[263]

Wichtig ist hier, daß *trotz* der relativen Inkohärenz des Satzes der *psychologische* Sinn nicht nur klar ist, sondern von Verbesserungsversuchen nicht einmal wesentlich verändert wird. Nach dieser Feststellung kann ich mich den Details dieser Verse zuwenden.

422 χάριν = (sexuelle) Freuden oder Wonnen. Daß der Kontext nach einer sexuellen Konnotation verlangt, scheint selbstverständlich; daß dieser Begriff oft sexuelle Konnotationen hat, wurde von Barrett (ad. E. *Hipp.* 513 ff., 4, S. 433) gezeigt. Das Wort ἐcθλά

(V. 273), daß man sich auf ihren Beweis für den Fall Trojas stützen könne, »wenn ein Gott mich nicht betrog«, dem Chor den Gedanken eingab, sie hätte die Art eines von Zeus gesandten, überzeugenden, aber täuschenden Traums träumen können, die Agamemnon in Hom. *Il.* 2.5 ff. hat. Schließlich würde sich die Art Traum, den sich der Chor in V. 274 vorstellt, erst *nach* dem Erwachen als richtig oder falsch herausstellen, wenn er der unerbittlichen Realitätsprüfung unterzogen würde, während Menelaos bereits *im* Traum eine Frustration erlebt, auch wenn das Frustrationsgefühl bis in den Wachzustand hinein verlängert wird – an welcher Stelle auch das Trügerische der *gesamten* Traumerfahrung offenbar wird. Kurz, die konzeptuelle und faktische Affinität zwischen V. 274 und V. 420 (in der Emendation von Housman) ist zu oberflächlich, um diese unnötige Emendation eines soliden Textes zu rechtfertigen.

263 Wer das bezweifelt, möge versuchen, ein Beispiel für einen schizophrenen »Wortsalat«, den man in den meisten Psychiatrielehrbüchern findet, schnell abzuschreiben.

(423), das »das Gute« allgemein bedeutet, verallgemeinert nur das Trügerische der im Traum erlebten *erotischen* Freuden auf alle geträumten guten oder lustvollen Erlebnisse. Dies war zu erwarten, denn für einen Griechen war jede sexuelle Freude »ein Gut«. Der Psychoanalytiker wird dieser Ansicht gern zustimmen.[264]

422f.: ματαιάν· μάταν γάϱ = eitel, vergeblich. Der springende Punkt ist der: während sich Penelope erst *beim Erwachen* aus dem Traum, in dem sie mit dem abwesenden Odysseus geschlechtlich verkehrt hatte (Hom. *Od.* 20.87ff.), getäuscht fühlt, ist Menelaos bereits im Traum frustriert, denn die Vereinigung wird nicht einmal im *Traum* vollzogen.[265]

An dieser Stelle greift eine entscheidende Überlegung ein: In allen mir bekannten antiken und auch in vielen nach-antiken Texten werden erotische Träume als befriedigend beschrieben, *solange sie andauern*; das beweiskräftigste Beispiel ist der Traum eines jungen Mannes von Thonis (Plu. *V. Dem.* 27).[266] Die Ausnahmen von dieser Regel sind der vorliegende Traum und auffallenderweise auch die erotischen Träume *anderer* Männer über *Helene*.[267] Dies kann bei einer Frau, von der Stesichoros (*frr.* 15, 16 P) und andere behaupten, daß nur ihr *Eidolon* mit Paris (und mit Deiphobos) koitiert habe, nicht überraschen. Im Mythos und in der Dichtung der Griechen ist Helene die Art narzißtische, männerzerstörende Frau (V. 689ff.), die ihr Liebhaber dann am wenigsten besitzt, wenn er sie am vollständigsten umarmt.[268] Niemand hält jemals mehr als ihr »*Eidolon*« in seinen Armen. Ein undeutliches Verständnis dieser Tatsache mag Stesichoros dazu veranlaßt haben, *gerade* ein »*Eidolon*« und nicht irgendein anderes Mittel erfunden zu haben, das Helene in den Augen der Nachwelt entlastet hätte. Psychologisch gesehen verdammt diese Rechtfertigung – nicht überraschend – die oberflächliche Helene *mehr*, als eine Darstellung einer freiwilligen, tief verliebten Flucht mit Paris sie hätte verurteilen können. So

264 Vgl. Freud (*68*, S. 156, Anm. 2) und supra.

265 Mazon behauptet ad loc. willkürlich, daß Menelaos' Enttäuschung auf sein *vorzeitiges Erwachen* zurückzuführen sei. Sowohl πενθήμονες als auch V. 426 widerlegen diese Ansicht. Die Enttäuschung ist Teil des Traums.

266 Wäre Menelaos' Traum befriedigend gewesen, hätte der Trojanische Krieg möglicherweise nicht stattgefunden.

267 Lyc. 820ff. (Menelaos), 112ff. (Paris), 171ff. (Achilleus).

268 Vgl. Catullus' Lesbia, die Manon Lescaut des Abbé Prévost, die Carmen P. Mérimées, usw. In Hom. *Od.* 4.277ff. spielt Helene mit der Stimme die »Doppelgängerinnen« der Frauen der im Trojanischen Pferd verborgenen Krieger, um sie dazu zu bringen, sich zu verraten.

gesehen ist die Betonung des trügerischen Aspekts des Traumes legitim, besonders, wenn man bestimmte Denkmäler mit Darstellungen erotischer Träume von Männern in seine Überlegungen einbezieht. Ein Blick auf das Frontispiz dieses Buches zeigt drei Fakten.

1. Der Winkel des erigierten Penis ist recht anormal. Anstatt nach oben zu zeigen, wird er nach unten gedrückt. Dies wäre nicht nur schmerzhaft, sondern würde auch nicht mit dem Winkel übereinstimmen, mit dem der erigierte Penis (korrekt) auf »obszönen« Vasen dargestellt ist.

2. Wahrscheinlich hat eine Einführung weder stattgefunden noch ist sie zu einem späteren Zeitpunkt wahrscheinlich. Die Spitze des Penis berührt kaum den Eingang der Vagina oder die Klitoris. Doch ist die Möglichkeit einer Einführung, die vom Verschwinden der Seirene unterbrochen wird, nicht ganz auszuschließen.

3. Die Flügel der Frau sind fast ausgebreitet, und ihre Schwimmfüße sind fest gegen den Boden gestemmt. Dies deutet zusammen mit ihrer allgemeinen Körperhaltung, mit der Kontraktion ihres Bizeps (die für die *nicht darstellbare* Kontraktion ihrer Flügelmuskeln steht) und mit dem Spiel der Beinmuskeln darauf hin, daß sie *nicht* auf den Schläfer herabsteigt, sondern sich in die Luft schwingt und sich von ihm erhebt. Auch läßt die weiterbestehende Erektion vermuten, daß sie ihn *vorzeitig* verläßt.

Nun riskiert man, dieses Basrelief mißzuverstehen, wenn man annimmt, daß der Phallos absichtlich, aus »obszönen« Gründen, abgebildet wird – wobei man vielleicht darauf bestehen könnte, daß auf vielen in der Tat obszönen Vasen der Penis *auch* gerade im Augenblick seiner Einführung gezeigt wird[269] – und dies ganz abgesehen von der Tatsache, daß Vasen dieser Art *keine* Träume darstellen und daß dieses Basrelief *keine beginnende* Einführung zeigt, die noch vollendet werden wird. Man muß dieses Basrelief mit den Bildern von weiblichen Monstren mit *Krallen-* (oder sonstwie nicht-menschlichen) Füßen vergleichen, die in einer Alptraumszene einen Mann zu vergewaltigen *beginnen*. Auch in solchen Bildern ist der erigierte Penis gewöhnlich sichtbar – und wiederum *nicht* aus obszönen Gründen. Diese Darstellungsweise einer Vergewaltigung (im Alptraum) unterstreicht, daß ein *wirklicher* Koitus *nicht* vollzogen wird. Was solche Vasen (psycholo-

269 Z.B. Sphinx: Lekythos, Nationalmuseum Athen, 450 v.Chr. Nach Kouretas (92) ist die Vereinigung auf *dieser* Vase kaum angedeutet.

gisch) abbilden, sind Angsterektionen, die *höchstens* zu einer (Traum-)Ejakulation *ante portas* führen – wie im Fall des Hephaistos, der vom plötzlichen Verschwinden oder der Dematerialisierung Athenes, die er zu vergewaltigen versuchte, frustriert wurde.[270]

Dies bedeutet nicht, daß es keine erotischen Träume gibt, die vorzeitig durch das *Erwachen* des Träumers unterbrochen werden. Ein solches Aufwachen läßt sich gewöhnlich auf »moralische« Skrupel bei z.B. furchtsamen und unberührten Heranwachsenden zurückführen. Wenn jedoch die »Frustration« auf eine starke, aber latente Feindseligkeit gegenüber dem (ambivalent begehrten und verhaßten) Traumpartner zurückgeht, ist sie gewöhnlich Bestandteil des Traums: sie wird nicht durch ein vorzeitiges Erwachen verursacht. In solchen Fällen wacht der Schläfer gewöhnlich erst dann auf, nachdem sich der Traumpartner ihm entzogen hat. Das ist in diesem Fall offenkundig geschehen. In der Tat erfahren wir, daß es Menelaos *fast* gelang, Helenes Traumerscheinung zu umarmen, *nur* weil erzählt wird, wie sie sich plötzlich seiner Umarmung entzog.[271] Abschließend möchte ich die Beobachtung erwähnen, daß das unerwartete »Gut« (ἐcθλά) illusorisch und flüchtig ist – oder *zuerst* dafür gehalten wird (Luc. *Gall.* 5 f., *Tim.* 20, 41, usw.). Die Menschheit, die tragische Gattung, hat früh gelernt, der Hoffnung skeptisch gegenüberzustehen. Prometheus (A. *PV.* 928) ist stolz darauf, der Menschheit Hoffnung *gegeben* zu haben; in A. *Ag.* 491 ff. bezweifelt der Chor die gute Nachricht, daß Troja gefallen sei, usw. (Eitel Entsetzen: A. *Choe.* 287.) Polykrates' andauerndes Glück wurde als ein Vorbote letztlichen Unheils betrachtet (Hdt. 3.43). Das Thema braucht nicht weiter ausgewalzt zu werden (Luc. *Gall.* 25).

423: δοκῶν ὁρᾶν (ὁρᾷ): Mit oder ohne Emendation dieser Worte[272] wird ihre grundsätzliche psychologische Bedeutung nicht verändert: Der Träumer *denkt nur*, daß er etwas Gutes sieht (Helene). Dies schließt von Anfang an die Möglichkeit aus, daß eine »reale und äußere«, d.h. Homerische Traumgestalt in Menelaos' Traum eingedrungen ist. Was er zu sehen *vermeint*, ist ein Bild

270 Alle Texte in Powell (*123*).

271 Dasselbe trifft auf die verschiedenen Berichte über die Art und Weise von Athenes Flucht vor Hephaistos zu.

272 δοκῶν ὁρᾶν (Fraenkel, Mazon); δοκῶν ὁρᾷ (Smyth, Groeneboom), δοκοῦνθ' ὁρᾷ (Denniston und Page, Page, Thomson).

seiner eigenen Wünsche, das aus seinem schlafenden Geist aufsteigt.

Exkurs: Nichts veranlaßt Helene selbst dazu, in Menelaos' Traum von außen einzudringen, und auch kein Gott sendet ihm ihr *Eidolon.*[273] Wenn Helene erscheint, dann erscheint sie, weil Menelaos ihr Erscheinen wünscht – und träumt, sie erschiene. Dies mag nicht mit der frühesten griechischen Traumtheorie übereinstimmen, aber man sollte bedenken, daß Aischylos psychologisch plausible – und daher große – Dichtung schrieb. Er beabsichtigte nicht, Fallmaterial zur Illustration einer Abhandlung über griechische Oneiromantie zu liefern. Dies ist einer der Gründe, weshalb dieser Traum so sehr vom Typ eines *routinemäßigen* griechischen Literatur- und »Traumbuch«-Traumes abweicht und warum er wirklichen Träumen so ähnlich ist.

Die Fähigkeit der Menschen, ihre eigenen Träume anzuziehen und sogar hervorzurufen (*55*, S. 110, 294), wird von der griechischen Tragödie (E. *Alc.* 354 ff.), von Inkubationsriten (*19*, *57*, *84*, *139*), von klinischer Erfahrung und sogar Redewendungen wie »Ich will das überschlafen« bestätigt.[274]

Aber sobald man einräumt, daß Helene in Menelaos' Traum aufgrund *seiner* unbewußten Wünsche erschien, muß man auch zugeben, daß sie sich ihm dann aufgrund eines *anderen seiner* Wünsche entzog. Dies verbietet es, sich auf die griechische Traumtheorie der Externalität und Autonomie der Traumfiguren zu berufen, um Helenes Entweichen in diesem außergewöhnlich plausiblen Traum zu erklären. Man kann ihr Erscheinen nicht einmal der Wirkung eines Liebeszaubers zuschreiben. Es wird kein derartiger Zauber erwähnt, und hätte es einen solchen gegeben, hätte er wahrscheinlich die richtige Helene und nicht ihr Traumbild zurückgebracht. Hätte darüber hinaus ein Zauberer versucht, nur Helenes Phantom heraufzubeschwören – um Menelaos einen erotischen Traum zu verschaffen –, dann wäre dies kein frustrierender Traum geworden.[275]

273 Man sollte nicht einwenden, daß ein Gott den Traum verursachte, um Menelaos dazu zu verleiten, den Trojanischen Krieg zu beginnen, der nach dem Willen des Zeus das Geschlecht der Helden vernichten sollte (*Cypr.* fr. 1, Allen). Weder die *Ilias* noch Helenes Verhalten in Troja deuten darauf hin.

274 Ob man den Traum als Wunscherfüllung (Freud, *66*), Problemlösung (Rivers, *127*) oder Realitätsprüfung (French, *65*) betrachtet, es liegt auf der Hand, daß man von etwas träumt, weil man bewußt oder unbewußt wünscht, davon zu träumen. Vgl. infra.

275 Im Eurydike-Mythos ist das Geschenk real genug – Orpheus' Verletzung einer der mit dem Geschenk verknüpften Bedingungen läßt es verlorengehen. Vgl. einen Mythos vom Typus Orpheus und Eurydike bei den Mohave-Indianern (*22*).

Und obwohl Aischylos zweifelsohne die Theorie von der Autonomie der Traumerscheinungen kannte, war er als Dichter groß genug, um zu spüren, daß das Verhalten solcher Erscheinungen in *jeder* Beziehung den irrationalen und unbewußten Wünschen des Träumers entsprach. Wenn er wußte, daß Menelaos' Verlangen Helene in seinem Traum erscheinen ließ[276], dann mußte er auch gespürt haben, daß sie von Menelaos' Zorn in die Flucht geschlagen wurde, *denn diese Einsicht steht hinter der Theorie der angeblichen Autonomie von Traumfiguren*. Wie alle anderen Menschen, hatten auch die Griechen (*101*) schlimme Träume und Träume, die den *bewußten* Wünschen des Träumers zuwiderliefen. Mit diesem Problem beschäftige ich mich im letzten Abschnitt dieses Kapitels.

424: παραλλάξασα διά χερῶν = (schlüpft) zur Seite, aus seinen Armen. Wie gesagt deutet das zweimal erwähnte Trügerische (422f.) der Freude darauf hin, daß die Traumvereinigung *nicht* vollzogen wurde.[277] Wäre Helene nun eine Traumgesandte, dann wäre es denkbar, daß ihre Flucht ihren eigenen Wunsch spiegelt, Menelaos zu quälen. Dies ist aber selbst an den strengen griechischen Maßstäben gemessen eindeutig ein endogener Traum. Das bedeutet, einfach gesagt, daß Helenes Bild nicht flieht, sondern von Menelaos selbst *in die Flucht geschlagen* wird: sein Begehren bringt sie in seinen Traum, wie sein Zorn sie aus ihm vertreibt, *bevor* die Vereinigung vollzogen ist. Ich habe bereits gesagt, daß »nichtschmähend« (ἀλοιδόρους) (412) Menelaos' Ambivalenz spiegelt: Liebe und Haß *koexistieren* im Wachzustand. Im Traum treten diese widersprüchlichen Gefühle *nacheinander* auf: Liebe und Verlangen bewirken zwar Helenes Erscheinen im Traum, aber eine Woge des Hasses zwingt sie zu verschwinden, bevor die Vereinigung vollzogen ist – denn wie die alltägliche Erfahrung zeigt, mißlingen Versuche, mit einer Person, über die man verärgert ist[278], zu koitieren. In diesem Fall brauchen wir uns nicht mit Vermutungen zu begnügen: V. 419 (die gesamte Libido ist untergegangen) sagt praktisch: Menelaos wird von seinem Zorn impotent gemacht. Dies erklärt auch Helenes »Flucht«: sie erlaubt Menelaos' (temporärer) Impotenz, im Traum nicht manifest zu werden.

276 Wie der Hunger von Penelopes Schoß Odysseus in ihrem Traum erscheinen ließ – denn der Hunger ihrer Seele sollte nicht überschätzt werden (*28*).

277 Für das vergebliche Grabschen eines Betrunkenen nach einem Flötenmädchen vgl. Luc. *Tim.* 55.

278 In E. *Tr.* geht Menelaos' Haß seiner wiederaufkeimenden Liebe voraus (supra).

Darüber hinaus ist es psychologisch nur zu erwarten, daß ein »gerechtfertigter« Widerwille (V. 412), dem im Wachzustand jedes Ventil versagt ist, seinen Ausdruck im Traum findet, auch *ohne* Bewußtsein davon, daß die Traumvorgänge *irgendeine* Verbindung mit der gehemmten Verärgerung haben. Daher träumt Menelaos, daß sich Helene ihm entzieht, aber er ist unfähig zu begreifen, daß es *sein* eigener Haß ist, der sie im Traum in die Flucht schlägt.

Die Tatsache, daß Menelaos im Traum Helene nicht ausdrücklich zum Verschwinden auffordert – daß sie aus eigenem Willen zu entfliehen *scheint* – ist nicht nur echt traumartig, sondern paßt auch besonders gut in einen Traum über eine Frau wie Helene, die, frustrierend in der Realität, auch im Traum frustrierend *gemacht* wird.[279] Besser noch, indem Menelaos Helenes Flucht im Traum verursacht, verschafft er sich noch einen weiteren Grund für Beschwerden.[280] Anders ausgedrückt, der Traum bestätigt nochmals Menelaos' Selbstdefinition als nobles und ergebenes Opfer.[281]

Ich brauche auf diesen Punkt nicht weiter einzugehen: Der verliebte, aber immer noch grollende Menelaos *holt* Helene zuerst in seinen Traum und *vertreibt* sie dann aus ihm. Und indem er träumt, daß *sie* sich ihm entzieht,

a) wiederholt er das wirkliche Verlassen im Traum,

b) macht er Helene *auch* für seine Traumfrustration verantwortlich,

c) sammelt er neue Beschwerden gegen sie und

279 Eine psychoanalytische Anekdote soll dies verdeutlichen. Eine alte Jungfer träumt, daß sich ein sichtbar erregter, nackter Mann ihrem Bett nähert. Ängstlich fragt sie ihn: »Was werden Sie mit mir tun?« Worauf der Mann antwortet: »Gute Frau, woher soll ich das wissen? Dies ist *Ihr* Traum!«

280 Der griechische Tyrann Dionysios (Plu. *V. Dion* 9.5) konnte im Wachzustand, wie jeder Primitive, diejenigen verantwortlich machen, die ihm im Traum ein Leid antaten (*82*, S. 129f.). Aber selbst moderne »Normale« beginnen manchmal diejenigen zu hassen, die ihnen in ihren Träumen ein Leid angetan oder sie frustriert haben. Bekanntlich machen einige Patienten ihren Analytiker für das verantwortlich, was er ihnen im Traum »antut«.

281 Es sollte nicht eingewendet werden, dies sei keine griechische Haltung. Die Maxime, daß man seinen Freunden das höchste Gut und seinen Feinden das größte Übel zukommen lassen soll, hätte nicht erfunden werden können, wenn kein Grieche masochistisch genug gewesen wäre, die andere Wange hinzuhalten: Sokrates verkündete, es sei besser zu leiden, als Unrecht zu tun. Aber dieser »moralische Sieg« erniedrigt Helene noch mehr und häuft in sadistischer Weise glühende Kohlen auf ihr Haupt. Er erlaubt Menelaos, seinen latenten Zorn zu leugnen: In dieser Beziehung handelt es sich hier um die wohlbekannte »Inversion von Affekten« im Traum (*66*, S. 471ff.).

d) schafft es, vor sich selbst *seine* Ablehnung der treulosen Helene zu verbergen.

Eines ist klar: In dem beschriebenen Traum (oder Träumen) entkommt die Erscheinung – sie verändert *nicht im Verlauf* des Traumes ihre Gestalt.[282] Diese Veränderung findet *hier* nur zwischen den aufeinanderfolgenden Träumen statt.

425: βέβακεν ὄψις = fort ist die Erscheinung. Der Wortlaut erinnert an βέβακεν ῥίμφα (V. 407), das den leichten, sorglosen Schritt der entlaufenden Helene beschreibt. Beide Ausdrücke rufen die Vorstellung eines zufälligen und absichtslosen Verschwindens hervor. Weder die reale Helene noch ihr Traum*eidolon* werden von Skrupeln über den Kummer, den ihr Verschwinden verursacht, geplagt. Der Tagesrest dieses Traumdetails ist das Entlaufen der richtigen Helene.

Aber dieser Ausdruck kann auch noch eine andere Dimension haben. Er könnte auf das völlig überzeugende (A.*Ag.* 274) Gefühl der Unausweichlichkeit sogar der fremdartigsten Traumsequenzen hindeuten. Wie seltsam auch die Traumvorgänge sich verändern mögen, *im Traum* selbst erscheinen sie unvermeidlich. Die plötzliche Feststellung: »Fort ist die Erscheinung« erzeugt ein Gefühl der Endgültigkeit, das die folgenden Worte noch verstärken.[283]

425: οὐ μεθύστερον hat angeblich zwei mögliche Bedeutungen. Es braucht nicht betont zu werden, daß von der Wahl der Bedeutung dieses Ausdrucks die Bedeutung von V. 426 radikal beeinflußt wird.

1. »*Sogleich*« ist vollkommen gegenwartszentriert. Es schließt weder eine freudlose, traumlose Zukunft noch die Wiederkehr ähnlicher Träume aus. Der einzige Vorteil dieser Übersetzung besteht darin, daß sie gut das Gefühl der Unausweichlichkeit heraufbeschwört, das man in Träumen so oft erlebt. Diese Alternative bedarf keiner weiteren Untersuchung, denn sie verpflichtet zur Ansicht, daß V. 426 eine Absurdität beschreibt (siehe den Schluß des nächsten Abschnitts).

2. »*Niemals wieder*« eröffnet einen Ausblick auf die Zukunft,

282 Wie gesagt, bezieht sich Arist.*insomn.* 458 b 20ff. auf eine Veränderung der Traumbilder *beim* Erwachen (retroaktive Verfälschung? Sekundäre Bearbeitung?).

283 Im Denken der Griechen scheint nur ein geringer Unterschied zu bestehen zwischen der Vorstellung, einen Traum oder etwas einem Traum Vergleichbares zu »verlassen« und davon »verlassen zu werden«. Luc.*Gall.* 6 sagt, daß es schwerfällt aufzuwachen, wenn die Augen mit der Süße eines Traumes *zurückgelassen* werden. Aber Luc.*Cont.* 17 sagt, daß der Mensch das Leben *verläßt*, als wäre es ein Traum.

wie freudlos sie auch immer sein mag. Es drückt eine typische Trauerreaktion aus, wobei es dem οὐ ... δεύτερον (niemals wieder) (Hom. *Il.* 23.46) des trauernden Achilleus entspricht. Wichtig ist aber, daß Achilleus nur behauptet, daß keine seiner zukünftigen Sorgen ihn *so tief* treffen wird wie seine Trauer über Patroklos' Tod. Das »niemals wieder« ist nur qualitativ: es bezieht sich auf die einzigartige Intensität einer Erfahrung. Achilleus' »niemals wieder« zwingt dazu, die entscheidende Frage zu stellen: *Was* ist es denn, das »niemals wieder« passieren wird?

Die Vorstellung, daß ein Mann in Menelaos' Position niemals wieder *irgendeine* Art Traum von Helene haben wird, ist sogar im Rahmen der alltäglichen Erfahrung absurd. Ihr wird auch vom Text widersprochen: In 420 steht ὀνειρόφαντοι im Plural – obwohl nur Helene im Traum erscheint. A. *PV* 645 liefert den Schlüssel zu diesem Plural: ὄψεις (Erscheinungen) steht auch im Plural, obwohl es in jedem einzelnen von Ios Wiederholungsträumen nur einen Traumsprecher gibt. In beiden Fällen deuten die Plurale auf das *wiederholte* Erscheinen einer Person in immer wieder auftretenden Träumen hin (2. Kap.).

Aber wenn Menelaos wiederholt von Helene träumt, dann kann sich das »niemals wieder« – wie das des Achilleus – nur auf eine Degradierung zukünftiger Traumerlebnisse beziehen – höchstwahrscheinlich auf eine Verschlechterung von Helenes Traumbild.[284] Kurz, so trügerisch Menelaos' beschriebener Traum auch sein mag, seine zukünftigen Träume werden schlimmer sein, was ich später ausführen werde.

Die Bedeutung »niemals wieder« hat auch einen rein literarischen Vorteil. Anders als »sogleich« erklärt sie, wieso V. 426 der letzte ist, der sich mit Menelaos beschäftigt; mit V. 427 wendet sich Aischylos den Sorgen des Haushalts und denen aller Griechen zu, die in die Wirren des Trojanischen Krieges hineingezogen worden sind.

426: Allgemeiner Sinn. Die meisten Altphilologen halten diesen Vers für mehr oder weniger entstellt. Sogar Fraenkel, der bereit ist, ihn fast so zu übernehmen, wie er überliefert ist, ist der Meinung, daß eine Emendation des letzten Wortes der Sache dienlich wäre.[285] Andere schlagen radikalere Maßnahmen vor.

284 Admetos erwartet in einer gänzlich anderen Situation nicht, daß sich seine rein beruhigenden Träume von Alkestis verschlechtern (E. *Alc.* 348 ff.).

285 Professor Fraenkel wies mich freundlicherweise auf ein anderes Beispiel für drei aufeinanderfolgende Dative Plural in A. *Sept.* 747f. hin.

Obwohl es m. E. keinen Präzedenzfall für dieses Vorgehen gibt, schlage ich vor, V. 426 *momentan* so anzugehen, als sei er vollständig aus dem Text verschwunden, so daß ich versuchen muß, seinen wahrscheinlichen begrifflichen Inhalt *ex nihilo* zu konjizieren.[286]

I. Wenn οὐ μεθύστερον »sogleich« bedeutet, dann kann sich V. 426 nur auf die *Art und Weise* des Verschwindens der Traumerscheinung oder aber auf Menelaos' sofortige *Reaktion* auf das Verschwinden beziehen. Aber da es – trotz gewisser Herausgeber und LSJ – nicht diese Bedeutung hat, braucht diese Alternative nicht weiter erörtert zu werden.

II. »Niemals wieder« erlaubt verschiedene Konjekturen.

1. Menelaos wird niemals wieder von Helene träumen. Diese Annahme wurde aus psychologischen und textlichen Gründen bereits verworfen.

2. Menelaos wird wiederholt denselben Traum haben, wobei er jedesmal fühlen wird, daß Helenes Erscheinung ihm für immer entgleitet. Ich bezweifle, daß Aischylos eine derartige Bedeutung mit »niemals wieder« eingeleitet hätte. Auch zwei alltägliche psychologische Beobachtungen widersprechen dieser Ansicht.

a) Da jeder aufeinanderfolgende wiederholte Traum als Tagesrest die (*variablen*) Erfahrungen des vorhergehenden Tages verwendet, können zwei Träume einer Serie niemals *vollkommen* gleich sein – *eine Tatsache, die selbst Psychoanalytiker selten genügend betonen.*

b) Wenn man einen Wiederholungstraum hat, ist man sich im allgemeinen bereits während des Traumes darüber klar, daß man diesen Traum schon früher geträumt hat, und man kennt bereits in groben Zügen sein Ende. Dies macht eine totale »niemals wieder«-Reaktion *im* Traum unwahrscheinlich.[287]

3. Menelaos' künftige Träume werden noch enttäuschender oder noch schlimmer sein. Atossas Traum ist eindeutig der letzte und traumatischste einer immer stärker beunruhigenden Serie von

286 Ich habe versucht, den allgemeinen Gehalt der in der Tat fehlenden Antwort auf E. *Ba.* 1300 aus ihrer *Wirkung* auf Agaue zu erschließen (*45*).

287 Ein Patient erzählte einen Wiederholungstraum aus seiner Kindheit, der den Tarzangeschichten nachgebildet war. Er wurde von Löwen verfolgt und von großen Affen gerettet. Aber die Details unterschieden sich jedesmal, und er erinnerte sich, daß er *während* jedes Traums neugierig war, *wie* er *dieses* Mal gerettet werden würde. Ein Grieche, der den Elektra-Mythos kannte und A. *Choe.* gesehen hatte, wäre ähnlich gespannt gewesen, *wie* das Thema in S. *El.* oder E. *El.* behandelt werden würde. Ich frage mich oft, ob die *Idee* des Theaters von Träumen inspiriert wurde, die ja in einer gewissen Weise als Privataufführungen eines Dramas betrachtet werden können.

Angstträumen (1. Kap.). Dies beweist, daß die allmähliche Verschlimmerung von Wiederholungsträumen Aischylos bekannt war. Mir scheint daher als die vom psychologischen und philologischen Standpunkt plausibelste Hypothese die, daß Menelaos' zukünftige Träume noch enttäuschender sein werden, *weil Helenes Bild degradiert werden wird.*[288]

Diese Überlegungen werden in der Tat durch einen berühmten Präzedenzfall für eine derartige Traumverschlechterung plausibel gemacht: Von Achilleus' Traum über den toten Patroklos. In Hom.*Il.* 23.65 ff. sieht Achilleus im Traum ein perfektes *Eidolon* des Patroklos, wie er einmal war: lebendig und schön. Aber in dem Augenblick, in dem er versucht, ihn zu *berühren*, verwandelt sich Patroklos' *Eidolon* in einen rauchartigen, schwachen, schwirrenden Schatten, wie jene, die in der *Odyssee* (11. Gesang) den Hades bewohnen. Wie degradiert solche Schatten sind, wird am besten von ihrer Ähnlichkeit mit den nicht-aggressiven Geisteskranken gezeigt.[289] Der blutgesättigte Geist von Odysseus' Mutter scheint zunächst auch lebensecht zu sein, aber in dem Moment, in dem ihr Sohn versucht, sie zu *umarmen*, wird auch sie zu einem typischen unglücklichen Schatten degradiert (Hom.*Od.* 11.204).

Ich kann nicht innehalten, um die psychologischen Gründe für die Degradierung von Patroklos' *Eidolon* und Odysseus' zeitweilig wiederbelebter Mutter zu erläutern. Ich weise nur darauf hin, daß beide in dem Moment degradiert werden, da die Männer, die indirekt für ihren Tod verantwortlich sind, sie zu berühren versuchen. Ich zitiere diese Vorfälle nur, um zu zeigen, daß die Degradierung von Traum*eidolons* und ihresgleichen mindestens bis zu Homeros zurückverfolgbar ist. Es existieren auch klinische Beispiele dafür, daß im Traum das Bild untreuer, geliebter Frauen entstellt wird.[290]

288 Die Gründe und Traumkonsequenzen von Menelaos' Ambivalenz wurden im Zusammenhang von V. 424 beschrieben.

289 Hom.*Od.* 20.345 ff., Hom.*h. Ven.* 233 ff. usw. (supra).

290 Ein Mann, der von seiner schönen und geliebten Freundin mutwillig verlassen worden war, hatte zunächst Träume, die sehr an den Traum des Menelaos erinnerten. Als seine Freundin aber im Laufe der Zeit sogar versuchte, ihm zu schaden, begann ihre Traumerscheinung zu entarten. Sein bemerkenswertester Traum während dieser Zeit verlief folgendermaßen: Er wollte seine Freundin besuchen, die, in seinem Traum, im Kerker schmachtete. Nach vielen Schwierigkeiten und einer langen Diskussion mit der Gefängnisdirektorin durfte er sie schließlich in einer großen, leeren, überwölbten Betonrotunde sehen, deren Fenster (im Gewölbe) mit einem schweren Stahlgeflecht bewehrt waren. Das Mädchen selbst hatte sich stark verändert. Ausgemergelt und stark geschminkt, ähnelte sie einem

Eine neue Emendation von V. 426 wird bedingt vorgeschlagen. Sie ist *nicht* notwendig, *wenn* man die Übersetzung dieses Verses von Franz akzeptiert – wenn auch *nicht* sein ὀυ μεθύστερον als »nicht zum *zweiten* Mal« – und wenn man

a) »beflügelt« betont und

b) daran denkt, daß das deutsche Wort »Gang« [dt. i. Or.] nicht nur das »Gehen«, sondern im strengen Sinn auch die charakteristische Art der Fortbewegung von jemandem bedeuten kann.

Läßt man Franzens Übersetzung der letzten beiden Worte des vorhergehenden Verses außer Betracht, so schreibt er: Das (nie wieder) *beflügelt* nachschwebt dem *Gang* des Schlummers. (Meine Hervorhebung.)

So betont, kann die Übersetzung implizieren, daß Helene niemals wieder *beflügelt, schwebend* (wie der Schlaf) erscheinen wird, aber sehr wohl *ohne Flügel* erscheinen und daher unfähig sein wird, *in der Weise* des Schlafs zu »schweben« und ihm »nachzuschweben«.

Wenn man *diese* Auslegung von Franzens Übersetzung akzeptiert, ist, aufgrund von psychiatrischen Überlegungen, die von der Alltagserfahrung gestützt werden, keine Emendation notwendig. Da Fraenkel sie jedoch ablehnt, paßt nur die im folgenden vorgeschlagene Textverbesserung zu den Erfahrungen derjenigen, die verlassen worden sind, und damit auch zu den psychiatrischen Erwägungen, die sich aus der Untersuchung solcher menschlichen Erfahrungen ergeben. Man sollte dies bei der Beurteilung der Stichhaltigkeit meines Vorschlags im Gedächtnis behalten.

Zur Urheberschaft der Emendation: Ich entwickelte zwar die *Vorstellung*, daß V. 426 bedeuten sollte, »beflügelt folgt (nimmt an) die Gangart des Schlafs«, aber den *Entwurf* der tatsächlichen Emendation verdanke ich Professor K. J. Dover. Er kommentiert: »Es würde sich niemand daran stoßen, wenn die Fortbewegungsart eines Vogels so beschrieben würde.« Zu der kurzen letzten Silbe zitiert er A. *Ag.* 208 und 239.

Strichmädchen mittleren Alters und trug nur einen giftgrünen, schmutzigen Bikini aus schäbiger Kunstseide. (Dieses Bild wurde von einer Buchillustration inspiriert, die der Traum *ebenfalls* degradierte.) Im Traum war das Verhalten des Mädchens darüber hinaus so vulgär, provokativ und schmollend, daß der Träumer das Gespräch abbrach und fast sofort wieder wegging. Ich frage mich, ob Dennistons und Pages Vorstellung, daß πενθήμονες eine unter Tränen bereuende Helene betrifft, nicht eine relativ korrekte intuitive Einschätzung der Bedeutung von V. 426 spiegelt, die sie irrtümlich V. 420 zuschreiben.

426: Das retroaktive Modell: Dieser vieldiskutierte Vers ist meines Wissens noch nie im Lichte von E. *Rh.* 211ff. untersucht worden.

.... τετράπουν μιμήcομαι
λύκου κέλευθον πολεμίοιc δυcεύρετον,
τάφροιc πελάζων κ. τ. λ.

Dolon schlägt vor, in einem Wolfsfell verkleidet die Griechen auszuspionieren, und sagt: »ich werde des Wolfs vierfüßige Gangart nachahmen, den Feinden schwer erkennbar, den Gräben nähernd, usw.« [übers. G.D.].

Ich beginne mit den äußeren Ähnlichkeiten zwischen A. *Ag.* 426 und den ersten vier Worten des Euripidestextes.

1. Die beiden Anfangsworte beziehen sich auf eine Fortbewegungsart (geflügelt, vierfüßig), die einer *nicht*menschlichen Bewegungsart nahekommt: der eines »Vogels«[291] oder eines Wolfes.

2. Das zweite Wort hat in beiden Fällen die Funktion eines Verbums im Futur, das diesen ungewöhnlichen »Gang« auf das bezieht, was nachher kommt.

3. Das dritte Wort steht in beiden Fällen im Genitiv und steht für eine »Spezies« im allgemeinen: *der* Wolf, *der* Schlaf (»Schlaf«).

4. Die vierten Worte haben sogar dieselbe Wurzel: κέλευθ-. In E. *Rh.* 212 bezeichnet es eindeutig die artspezifische *Gangart* des Wolfes.

5. Ich bin der Ansicht, daß sich 426 auf eine Degradierung von Helenes Traumbild bezieht, und weise darauf hin, daß sich E. *Rh.* 211f. manifest auf die »Degradierung« Dolons zu einem Wolf beziehen.

6. In beiden Fällen geht es um Täuschung: Die beginnenden Traumwonnen wie auch die Spionagepläne mißlingen.

Es können auch einige indirekte Ähnlichkeiten erwähnt werden:

1. Das Verschwinden von Helenes Traum*eidolon* und vielleicht sogar das *Nicht*-Wiedererscheinen ihres *zu Beginn lieblichen* Traumselbst werden zum Teil von der *Nicht*-Erkennbarkeit, der *Nicht*-Unterscheidbarkeit des verkleideten Dolon wiederholt.

2. Die Bedeutung von ὀπαδοῖc (ὀπαδοῦc') = folgen (nahe herankommen) ist auch in E. *Rh.* 213 präsent: Dolon will sich den Gräben der Griechen nähern.

291 Zum geflügelten Schlaf, vgl. Sauer in *129*, Stichwort Hypnos; zu Hypnos als Vogel, vgl. Hom. *Il.* 14.290.

So viele Ähnlichkeiten sind wahrscheinlich nicht zufällig.

Darüber hinaus ist die *radikale* Euripideische Verwandlung des Aischyleischen Bildes und seines Kontextes (Traum in Spionage) genau das, was man erwartet, wenn die Verse eines großen Dichters – vielleicht unbewußt – im Kopf eines Ebenbürtigen nachklingen.[292]

Wir wollen nun die einzelnen Wörter von 426 im Lichte des Euripideischen »Modells« untersuchen – wobei die »Kopie« dazu dienen soll, die Bedeutung des entstellten Originals aufzudecken.

426: πτεροῖϲ ist fast das einzige Wort, das sich auf eine mögliche künftige Veränderung von Helenes Traumgestalt beziehen könnte. Es wird gewöhnlich als Dativ *instrumentalis* aufgefaßt: [winged] = mit Hilfe von Flügeln. Aber Franz übersetzt: *beflügelt*, und behandelt es wie ein adjektivisch gebrauchtes Partizip Perfekt (Geflügelter Traum: Luc. *Gall.* 6; vgl. E. *Phoin.* 1545).

Wenn das so ist, *könnten* die künftigen Träume von einer *ungeflügelten* (flügellosen) Helene sein. Dies würde der Forderung genügen, daß der Vers eine Degradierung andeuten soll. Es ist an dieser Stelle offensichtlich nicht möglich, eine Übersicht über alle Dinge und Wesen zu liefern, die sich die Griechen als geflügelt vorstellten. Ich räume ein, daß einige Ungeheuer und auch die Doppelgänger der Toten geflügelt waren – aber ich füge sofort hinzu, daß in der *Nekyia nicht alle* blutleeren, schwirrenden Schatten des Hades geflügelt erscheinen (Hom. *Od.* 11). Ich neige daher dazu, Patroklos' Traumdouble als *zunächst* geflügelt anzusehen, das dann aber, wenn es in einen rauchartigen Schatten entartet und wegschlüpft, ungeflügelt *wird*. Ob ich nun mit dieser Annahme recht habe oder nicht, beeinflußt die gegenwärtige Diskussion nicht sehr.

Fälle, in denen Flügel als Zeichen der Schönheit gelten, sind recht häufig. Wie Pegasos ist auch das Alkmanische Traumpferd, dessen Schönheit alle anderen überstrahlt, geflügelt (Alcm. *Parth. fr.* 1.49 P). Das *Fehlen* von Flügeln bei den Erinyen scheint Teil ihrer Monstrosität zu sein – gerade bei Aischylos (*Eum.* 250). Die Peleiaden, deren Gewicht die Last vergrößert, die ihr Vater Atlas tragen muß, sind flügellos (A. *fr.* 312 N²), obwohl sie in der Überlieferung gewöhnlich als geflügelte Wildtauben dargestellt

292 Zum Irrtum, daß ein großer Dichter wie Euripides konkrete Ereignisse *direkt* wiedergibt, statt sie radikal umzuwandeln, vgl. (*31*).

werden. Schließlich ist »geflügelt« ein häufiges Homerisches Epitheton laudans für Worte.[293]

Unter Berücksichtigung des bisher Gesagten scheinen diese Verse »(niemals wieder) *geflügelt*« zu betonen.[294] Dies schließt nicht die textlich und psychologisch stichhaltige Annahme aus, daß Menelaos in der Zukunft von einer *ungeflügelten* (degradierten, vielleicht schattenartigen) Helene träumen wird.[295]

Man kann zusammenfassend sagen, daß einer der Gründe für einen Wiederholungstraum die Bewältigung eines Traumas ist. Anders als die Schlaftherapie der Bomberpiloten (*94*) war für Menelaos die beste Methode, *sein* Trauma zu überwinden, Helene im Traum so lange zu degradieren, bis sie nicht mehr begehrenswert war. Und das konnte leicht geschehen, wenn ihr zunächst geflügeltes, liebliches Traum*eidolon* wie das des Patroklos im Laufe der Zeit zu einem (*flügellosen*) schwirrenden Schatten entartete. Dies würde ebenso zu Menelaos' latentem Zorn (der Todeswünsche enthält) wie auch zu dem auf die Traumerscheinungen angewandten Wort πενθήμονες (420) passen.

Schließlich enthüllt die übernatürliche, »ätherische«, geflügelte Schönheit Helenes im *ursprünglichen* Traum (oder Traumserie?) selbst destruktive Wünsche. Nicht nur geben manche von verdeckter Aggressivität motivierte Schizophrene beim Thematischen Apperzeptions-Test (TAT) »ätherische« Antworten, sondern ein Moment des Nachdenkens zeigt auch, daß Idealisierung letztlich eine Manifestation von Feindseligkeit ist: sie stellt eine Zurückweisung der Geliebten, so *wie sie* (tatsächlich) *ist*, dar.[296]

293 Es ist ein eigentümlicher Zufall, daß Odysseus seine Mutter in dem Moment, in dem sich ihr Schatten seiner Umarmung entzieht, mit (formelhaften) geflügelten (πτερόεντα) Worten anspricht (Hom. *Od.* 11.204). Hätte irgendeine verschwommene Erinnerung an diese Stelle *aufgrund freier Assoziation* zur Formung dieses Aischyleischen Textes beitragen können? Solche Dinge kann man regelmäßig sogar in der Lehranalyse von begabten und normalen Kandidaten beobachten.

294 Die griechische Sprache legt das Gewicht gewöhnlich auf das erste Wort.

295 Brelich (*13*) unterstreicht die Affinität zwischen den Toten und dem »Volk der Träume«. Vernant (*136*, S. 257) betont, daß man hinter Helene immer Persephone lauern sehen kann; der Nexus zwischen den beiden wird auch durch die Tatsache hervorgehoben, daß beide entführt worden sind. Helene könnte sogar noch eine weitere Verbindung mit den Toten haben: Da D. Chr. *or.* 11.40 sagt, daß Helene nicht mit einem Schiff *segelte*, schließt Bowra (*12*), daß Hermes sie *durch die Lüfte* getragen hat. Aber im Gegensatz zu den anderen Olympiern trug (leitete) der geflügelte Hermes Psychagogos (*125*) *nur* die Toten. Wenn Hermes Helene hinwegtrug, muß man sie sich als geisterhaftes *Eidolon* vorstellen. Ich habe auch an eine (neue) Alternative gedacht: Helene ging durch den Tunnel, den Proteus unter dem Meeresgrund von Ägypten nach Thrakien gegraben hatte (Lyc. 120). Auch dies würde sie den Geistern ähnlich machen, die ja bekanntlich unterirdisch hausen.

296 Dies wird eindrucksvoll von der alltäglichen Feststellung untermauert, daß einige

426: ὀπαδοῖς wird von Fraenkel so, wie es in den Handschriften überliefert ist, für akzeptabel gehalten. Es bedeutet sinngemäß: »folgend den Wegen des Schlafs«.[297] Aber Dobrees weithin akzeptierte Emendation ὀπαδοῦς' gibt den Sinn: »folgend auf Flügeln den Wegen des Schlafs«.[298] Eine der Schwierigkeiten hier besteht darin, daß ὀπαδοῖς mit einer großen Zahl anderer Worte verwandt ist, die andere Formen bilden[299] – ein Umstand, den ich an dieser Stelle nicht erörtern kann.

Fraenkel ist gegen ὀπαδοῦς', weil dieses Verb die Person oder das Ding regieren sollte, dem gefolgt wird, und nicht dessen Weg. Aber Denniston und Page sind der Ansicht, daß eine solche Erweiterung keiner Rechtfertigung bedarf. Das Problem erledigt sich, wenn man annimmt, daß κελεύθοις (κέλευθα) (emendiert) nicht »Pfad«, sondern »*Gangart*« bedeutet – was ein »Ding« ist, dem man *nur* folgen kann, indem man es nachahmt. Die Sinngebung ›folgen = nachahmen, so tun als ob‹ wird vertretbar, wenn κελεύθοις (κέλευθα) (emendiert) bedeutet: »Gang« oder »*Art und Weise* des Bewegens«. Dies verlangt nicht einmal eine radikale Erweiterung der Grundbedeutung des Wortes, das als ὀπαδοῖς überliefert ist.[300]

Und insgesamt gesehen ist es ungefährlicher, die *Nuance* eines Wortes als eine grammatische *Regel* zu erweitern, besonders hier, wo πτεροῖς (wenn korrekt) ein Dativ *instrumentalis* ist.

Kurz, vieles spricht für ὀπαδοῦς', besonders wenn man annimmt, daß sich der gesamte Vers auf eine *Art und Weise* des Seins oder Verhaltens (in Übereinstimmung mit einem Modell) bezieht, das nicht wieder auftreten wird.[301]

Aber es sollte noch ein Wort zu den Übersetzungen gesagt werden, die den Traum (die Traumerscheinung) zu einem »Gefährten des Schlafs« machen. Bisher habe ich nur einen literarischen

Männer ihre »geliebten« Frauen so sehr »idealisieren« und »maternalisieren«, daß sie *bei ihnen* impotent sind – nicht aber bei »degradierten« Schlampen (70). Dies dient natürlich dem Zweck, die »idealisierte« Frau zu frustrieren.

297 LSJ s.v. ἀπήεις II.

298 LSJ ibid. Auch Professor Lloyd-Jones ist der Ansicht, daß ὀπαδοῦς' wahrscheinlich richtig ist.

299 Z.B mit ἕπομαι. Ich weise auf einen seltsamen Zufall hin: In X.*An.* 7.3.43 wird dieses Verbum mit Hufspuren in Verbindung gebracht: τῷ στίβῳ τῶν ἵππων ἕπεσθε = Folge der *Spur* der Pferde.

300 Vgl. LSJ s.v. ἕπω II. 4, wo er Pi.*O.* 2.22 zitiert: (Diese Aussage) paßt auch; Pi.*O.* 13.47: angemessen; Pl.*Leg.* 632c: stimmen mit überein; Pl.*Rmp.* 406d: die diesen ähnlich sind; Pl.*Leg.* 835c: Folge der Stimme der Vernunft.

301 Denniston und Page weisen darauf hin, daß das »niemals wieder« in 425 automatisch das Futur impliziert, so daß kein Partizip Futur notwendig ist.

Text entdeckt, der die Existenz einer solchen Begleitung belegt. In Luc. *bis accus.* 1 bleibt der Traum mit dem Schlaf wach und spielt dessen Dolmetscher. Aber die Vorstellung, daß »Flügel« (wessen?) die »Gefährten« des Schlafs sind, kann ich nur unter Schwierigkeiten nachvollziehen – insbesondere, da der Schlaf weitaus häufiger als der Traum geflügelt dargestellt wird.

Es ist ebenfalls bemerkenswert, daß die Flügel des Traums und sein Fliegen in literarischen Texten weitaus häufiger im Zusammenhang mit seinem plötzlichen *Verschwinden*[302] erwähnt werden als im Zusammenhang mit seiner *Annäherung*. Dies *beweist* nicht, daß Aischylos sich den Traum *nicht* wie den Schlaf als auf Flügeln *sich nähernd* vorgestellt hat – aber es ist ein weiterer kleiner Hinweis, der Anlaß zum Nachdenken geben könnte.

Auch die Vorstellung, daß der Traum dem sich *zurückziehenden* Schlaf *folgen* könnte, scheint schwer nachvollziehbar zu sein – und dennoch würde die (für mich nicht akzeptierbare) Übersetzung »sogleich« (supra) fordern, sich die Dinge so vorzustellen. Soweit ich feststellen kann, entfernten sich bis zu Aischylos' Zeiten der Schlaf und der Traum gleichzeitig, oder aber der Traum endete, *bevor* sich der Schlaf zurückzog. Selbst Aristoteles sprach nicht, wie ich schon wiederholt angemerkt habe, von einer Fortsetzung des Traums, nachdem man erwacht war: Er sprach nur von einer *Umwandlung* der Traumbilder in *andere* Bilder. Kurz, ich sehe nicht ein, wie man »sogleich (verläßt)« akzeptieren *und* sich vorstellen kann, daß sich der Schlaf *vor* dem Traum entfernt (aufhört). Ich brauche wohl kaum hinzuzufügen, daß ich diese Feststellung nicht treffe, um die Bedeutung von 426 weiter zu erläutern, sondern um ein weiteres Argument gegen die Interpretation »sogleich (verläßt)« anzubringen.

426: ὕπνου = des Schlafs. Dieses Wort könnte groß geschrieben sein, um den Schlaf als personifiziert oder den Gott des Schlafes zu bezeichnen. Aber das ist nicht unbedingt notwendig, denn der Kontext zeigt, daß ein *allgemeines* Merkmal des Schlafes gemeint ist. Denn der Gott des Schlafes wird in Beschreibungen und plastischen Repräsentationen oft als zierlich-geflügelt dargestellt: sein Flug ist ein sanftes Schweben (Hes. *Th.* 763, usw.).[303] Kurz, Schlaf hat einen *charakteristischen* »Gang« sowohl, wenn er sich

302 Luc. *Gall.* 6. Vgl. den langsamen Erwerb und den schnellen Verlust von Reichtümern (Luc. *Tim.* 20, 25, 29), die mit Träumen verglichen werden (Luc. *Tim.* 20, 41).
303 Vgl. auch Sauer, ap. *129*, Stichwort Hypnos.

nähert als auch, wenn er sich entfernt. Und obwohl Traum(-gestalten) und Schlaf nicht dasselbe sind, kann man sich schlecht vorstellen, daß Traumgestalten schwerfällig hinter der leichten, schwebenden Annäherung oder Entfernung des Schlafs hertrampeln.

Dies *zwingt* uns zugegebenermaßen nicht dazu, sich *alle* Traumgestalten als geflügelt vorzustellen, obwohl geflügelte Traumwesen keineswegs selten sind.[304]

Ich bin jedoch der Ansicht, daß Helenes Bild in *diesem* Traum geflügelt *ist*, denn ich habe bereits oben darauf hingewiesen, daß gewisse Monumente Träumer als von *geflügelten* weiblichen Wesen verführt oder vergewaltigt darstellen. Zur Unterstützung meiner Ansicht gibt es aber noch ein gewichtigeres Argument, das von dem gelehrten, verseschmiedenden Bibliothekar Lykophron geliefert wird, der fast sicherlich den richtigen Text vor sich hatte und, besser noch – dessen Metaphern *alle absichtlich abgeleitet* sind, da sie Teil einer Serie dichterischer Rätsel sind, die den Gebildeten herausfordern wollen.

Lykophron spaltete die Bildwelt von A.*Ag.* 420-426 in drei teilweise überlappende Bilder:

1. Paris' traumartige leer-armige Umarmung von Helenes traditionellem *Eidolon* (112ff.). Bezeichnenderweise enthält V. 112 das Äquivalent des Aischyleischen οὐ μεθύϲτερον und des Homerischen οὐ ... δεύτερον: Niemals wieder (δεύτεραν ... οὐκ).
2. Achilleus' verstörender und frustrierender Traum von Helene (171ff.).
3. Menelaos' Verlangen nach dem *geflügelten* Phantom (φάϲμα πτηνὸν) seiner flüchtigen Helene (820ff.).

Genau weil Lykophron derivativ ist, ziehe ich den Schluß, daß der Text, den er vor sich hatte, die Vorstellung erweckt haben muß, daß Helenes (*erstes* Traum-) Bild geflügelt war und sich in einer Weise bewegte, die an die Gangart des Schlafes erinnerte.

Dies bringt mich zum letzten Wort.

426: κελεύθοιϲ (codd.) wird von Fraenkel für den Ausgangspunkt der Entstellung gehalten: Er meint, daß ein Kopist das Wort ἀκόλουθοϲ vielleicht in einem Kommentar gelesen hat. Thomson (ad loc.) weist darauf hin, daß im Codex Tr ἀκολούθοιϲ in der Tat

304 Alcm. *Parth. fr.* 1.49 P: Geflügeltes Traumpferd (Bowra; ich stimme zu, denn »unter den *kleinen* Steinen« ergibt keinen Sinn: Es würde noch nicht einmal genügen, den Traum als chthonisch zu betrachten); das *Eidolon* des Patroklos (supra), usw.

über ὀπαδοῖς geschrieben worden ist – und daß ἀκολουθέω und ihm verwandte Worte implizieren: sich richten nach. Daher könnte Fraenkel mit seiner Annahme recht haben, daß die Entstellung mit κελεύθοις ihren Ausgang genommen hat – allerdings nicht in der Weise, wie er sich das vorstellt.

Bevor ich diese Frage erörtere, weise ich darauf hin, daß ich nirgendwo die Spur eines Hinweises finden konnte, daß der Schlaf eine Straße, einen Weg oder auch nur ein eigenes Kielwasser hat. Es gibt keine Daten, die es erlauben würden, dem Schlaf – oder dem Traum – einen Pfad zuzuschreiben. Das Volk der Träume hat sein eigenes Land, und die echten Träume kommen aus den Toren aus Horn, während die falschen Träume aus den elfenbeinernen Toren kommen. Aber diese Daten berechtigen nicht zu der Behauptung, daß der Schlaf – vom Traum ganz zu schweigen – eine Straße oder einen eigenen Pfad hat, nicht einmal in dem flüchtigen Sinn, in dem man von der »Straße« ziehender Wildgänse sprechen kann.

Der Schlaf besitzt aber etwas anderes, das das Wort κέλευθος in der Tat auch bezeichnet: eine Art des Gehens, einen Gang, oder allgemeiner in einer Metapher: einen Weg oder eine Art (des Handelns). Es hat *diese* Bedeutung *genau* an der Stelle in E. *Rh.* 211f., an der die Nachahmung der *Gangart* eines Wolfes beschrieben wird.[305] Das letzte Wort sollte daher κέλευθα lauten – denn die letzte Silbe muß nicht lang sein[306], obwohl die Meinungen in dieser Beziehung auseinandergehen.[307]

Ich jedenfalls finde das Bild, das von der Bedeutung »Pfad« oder »Weg« (Mazon) heraufbeschworen wird, ästhetisch weniger ansprechend als die Bedeutung »Gang«, »Bewegungsart«. Darüber hinaus stimmt dieser Sinn besser mit den Traumerfahrungen *wirklicher* verlassener Gatten oder Liebhaber und auch mit der psychoanalytischen Theorie der Frustrationsträume, die aufgrund von Verlassen entstehen, überein.

Ich bin daher der Ansicht, daß sich κέλευθα auf den beflügelten »Gang« des Schlafs/Traums bezieht, den Helenes ungeflügeltes,

305 τετράπουν μιμήσομαι / λύκου κέλευθον = ich werde des Wolfs vierfüßige(n) Gang(art) nachahmen (supra).

306 Vgl. A. *Ag.* 208, 428 (K.J.D.).

307 Ich weise auf ein seltsames Detail hin: Fraenkel dachte vorübergehend daran, κελεύθοις in πελῶσα zu verbessern (*exempli gratia*). Nun findet man in der relevanten Passage von E. *Rh.* (V. 213) τάφροις πελάζων = sich den Gräben nähernd. Hallten diese Klänge der Euripides-Stelle schwach und *unwissentlich* in Fraenkels Bewußtsein nach, oder ist es ein reiner Zufall?

degradiertes Bild in Menelaos' zukünftigen Träumen niemals wieder annehmen wird.

Aber ich erinnere noch einmal daran, daß man auf diese versuchsweise Emendation *verzichten* kann, wenn man Franzens Übersetzung akzeptiert, die *beflügelt* und nach*schwebt* betont und den *Gang* als sich auf des Schlafs (beflügelte) »Gangart« beziehend auffaßt[308]; kurz, wenn man der Ansicht ist, daß diese Worte genau das meinen, *was* »nie wieder« in Menelaos' Träumen von der flüchtigen Helene vorkommen wird. Ich meinerseits bestehe nur auf *dieser Bedeutung* von 426 und überlasse es besseren Grammatikern, zu entscheiden, ob der nicht emendierte Vers – wie Franz zu glauben scheint – diese Bedeutung haben kann. Der altphilologisch nicht bewanderte Leser sollte einfach bedenken, daß bedeutende Gräzisten in ihrer Beurteilung der grammatischen Akzeptierbarkeit einer schwierigen Stelle oft nicht einer Meinung sind.

426 Zusammenfassung. Wenn dieser Vers die perfekte klinische Angemessenheit der sechzehn vorangehenden Verse erreichen soll, muß er folgendermaßen lauten: (Niemals wieder) wird Helene, erscheinend in zukünftigen Träumen, die liebliche, geflügelte »Gangart« des Schlafes haben. Diesen *Sinn* liefert auch die paläographisch mögliche Emendation: πτέρωτ' ὀπαδοῦς' ὕπνου κέλευθα, die ich zwar mag, aber weder stark befürworte noch wirklich in Frage stelle.[309]

Jedenfalls hat die vorgeschlagene Bedeutung die angemessene Aischyleische »Dichte«, und die Schwierigkeiten, die man bei der (»geistigen«) Interpunktierung in Verbindung mit dem »niemals wieder« hat, scheinen darauf hinzudeuten, daß Aischylos, wie es seine Art war, eine Vielzahl von Bedeutungen in wenigen Worten verdichtet hat.

Schlußfolgerungen

Die Theorien und Glaubensvorstellungen der Griechen – und anderer –, die die Externalität und Autonomie von Traumgestalten behaupten, entstammen wahrscheinlich dem – vielleicht unbewuß-

308 Fraenkel zitiert die Übersetzung, interpretiert sie aber nicht.

309 Der Hauptgrund für mein Zögern besteht darin, daß ὀπαδοῦς' hier einen »inneren Akkusativ« regiert, der besonders als Emendation eine Vielzahl von Sünden verdecken kann. Einer meiner hervorragenden Berater hält die Emendation für grammatisch unmöglich; ein anderer hält sie für korrekt.

ten – Versuch zu erklären, warum zum Beispiel in »schlimmen« Träumen das Verhalten der Traumgestalten weder der rationalen Erfahrung des Träumers noch seinen bewußten Wünschen entspricht, und auch warum einige Träume »trügerisch« sind.[310] Es muß nicht besonders darauf hingewiesen werden, daß man einen Traum nur dann als trügerisch betrachten kann, wenn man allgemein *erwartet*, daß Träume wahrheitsgetreu sind.[311] Einige Kulturen, die anders als die Griechen, die zwischen der Vorstellung eines vollständig geordneten und der eines relativ kapriziösen Universums hin- und herschwankten, an eine perfekt geordnete Welt glaubten, lösten das Problem solcher verwirrender Träume auf zwei Wegen:

1. Sie postulierten, daß alle Träume etwas bedeuten, daß man aber ihre Bedeutung oft nicht erkennen kann (*42*), oder

2. sie waren der Ansicht, daß *alle* Träume das Gegenteil dessen bedeuten, was sie zu bedeuten *scheinen*.[312] In bestimmter Hinsicht hat diese Theorie der Bedeutung von Träumen deutliche Ähnlichkeiten mit einer radikal pessimistischen Auffassung von Leben und Schicksal.[313]

Jedenfalls waren die Griechen, anders als Freud, nicht in der Lage, den entscheidenden Schluß zu ziehen, daß Traumgestalten in Übereinstimmung mit den *unbewußten* – d.h. verdrängten und verleugneten – Wünschen des Träumers handeln, die *per definitionem* mit seinen bewußten Wünschen in flagranter Weise *unvereinbar* sind. Wäre dem nicht so, würden solche Wünsche in der Tat nicht verdrängt und bedürften auch keines Ventils und keiner Befriedigung in der Form eines Traumes. Denn der Mensch träumt nicht über etwas, was *kein* Teil seines Selbst – und sei es nur

310 Trügerische Träume: Hom. *Il.* 2.1 ff.; Hom. *Od.* 19.560 ff. Prometheus behauptet von sich selbst, als erster trügerische von wahrhaftigen Träumen unterschieden zu haben. [A. *PV* 484 ff., vgl. (*40*).]

311 Dieses Problem ist mit der Beobachtung verbunden, daß man dazu neigt, Sinneserfahrungen zu leugnen, die nicht in den Bezugsrahmen dessen passen, was man als »möglich« betrachtet. Dies führt manchmal zu einer fausse non-reconnaissance (*36*).

312 Artemidoros gibt sowohl Beispiele für falsch interpretierte Träume (z.B. 5.72) wie auch für Träume, die »umgekehrt« interpretiert werden müssen (1.4, 2.53, usw.). Man hat aber den Eindruck, daß er das Vorkommen beider Arten als recht ungewöhnlich betrachtete.

313 Sedang Moi: Das ungeborene Kind wird von den übernatürlichen Wesen gefragt, was es werden will: Mann oder Weib, reich oder arm, usw. Es wird das Gegenteil dessen werden, was es wünschte (*21*). Zaghawa: In einem Volksmärchen muß ein Mann, der haben will, was er möchte, um etwas Unangemessenes oder Nutzloses bitten; er muß auch das Gegenteil dessen glauben, was ihm die Übernatürlichen sagen (*135*). Ich habe in einem ähnlichen Geist die Nachrichtenmedien jahrzehntelang verfolgt und mich selten geirrt.

unbewußt und sogar gegen seinen bewußten Willen gerichtet – begehrt.[314]

Griechische Mythen stellen Menelaos als konfliktzerrissenen, unentschiedenen Mann dar. Der Traum, den Aischylos ihm zuschreibt, paßt ganz genau zu so einem Mann. Er beginnt mit einer fast vollständigen Erfüllung seines bewußten Wunsches, Helene in seinen Armen zu halten, aber er endet mit der Erfüllung seines unbewußten, zornigen Wunsches, Helene aus seinem Leben zu verbannen.

Diese Aussage bedeutet keineswegs, daß ich auch nur für einen Moment daran glaube, daß Aischylos all dies bewußt in Verfolgung eines künstlerischen Ziels ausgearbeitet hat. Hier wie auch an anderer Stelle trifft Sophokles' Beurteilung die richtige Note: Aischylos tat das Richtige, wobei er oft nicht wußte, warum und wie er es tat (Ath. 10.458f.). Das ist das Kennzeichen eines jeden großen Dichters.

Bibliographie

(1) Ahrens, H.L.: »Studien zum Agamemnon des Aeschylus«. In: *Philologus, Supplementband* 1: 213ff., 477ff., 535ff., 1860.

(2) Angyal, András: *Foundations for a Science of Personality*. New York, 1941.

(3) Baker, S.J.: *The Australian Language*². Melbourne, 1966.

(4) Barrett, W.S.: *Euripides, Hippolytus*. Oxford, 1964.

(5) Behr, C.A.: *Aelius Aristeides and the Sacred Tales*. Amsterdam, 1968.

(6) Benedict, Ruth: *Patterns of Culture*. Cambridge, Massachusetts, 1934.

(7) Bexton, W.H., Heron, W. und Scott, T.H.: »Effects of Decreased Variation in the Sensory Environment«. In: *Canadian Journal of Psychology* 8: 70-76, 1954.

(8) Bezdechi, Stefan: »Das psychopathische Substrat der ›*Bacchantinnen*‹ Euripides'«. In: *Archiv für die Geschichte der Medizin* 25: 279-306, 1932.

(9) Blaiklock, E.M.: *The Male Characters of Euripides*. Wellington, N.Z., 1952.

314 Obwohl dies die entscheidende Stelle in Freuds Traumtheorie ist (*66*), hatte selbst Freud mit bestimmten Träumen dieser Art Schwierigkeiten. Dies führte ihn zur Entwicklung der logisch fragwürdigen und klinisch unbrauchbaren Theorie eines »primären« Todestriebs (*72*).

(10) Bourguignon, André: »Recherches Récentes sur le Rêve«. In: *Les Temps Modernes* 238: 1603-1628, 1966.
(11) Bowers, U.G.: *The Hidden Land.* New York, 1953.
(12) Bowra, C.M.: The »Two Palinodes of Stesichoros«. In: *Classical Review* 13: 245-252, 1963.
(13) Brelich, Angelo: »The Place of Dreams in the Religious World Concept of the Greeks«. In: von Grunebaum, G.E. und Callois, Roger, Hrsg.: *The Dream in Human Societies.* Berkeley und Los Angeles, 1966.
(14) Cook, A.B.: *Zeus*, 3. Cambridge, 1940.
(15) Davison, J.A.: »De Helena Stesichori«. In: *Quaderni Urbinati* 2: 80-90, 1966.
(16) de Hérédia, J.M.: *Les Trophées*. Paris, 1895.
(17) Deonna, Waldemar: »Quelques Croyances Superstitieuses de la Grèce Ancienne«. In: *Revue des Etudes Grecques* 2: 169-180, 1929.
(18) de Romilly, Jacqueline: *La Crainte et l'Angoisse dans le Théâtre d'Eschyle*. Paris, 1958.
(19) Deubner, Ludwig: *De Incubatione*. Leipzig, 1900.
(20) Deutsch, Helene: »Über versäumte Trauerarbeit«. In: *Almanach der Psychoanalyse*, S. 194-207, 1938.
(21) Devereux, Georges: *Sedang Field Notes* (MS.), 1933-1935.
(22) –: »Mohave Coyote Tales«. In: *Journal of American Folklore* 61: 233-255, 1948.
(23) –: »Catastrophic Reactions in Normals«. In: *American Imago* 7: 343-349, 1950.
(24) – (mit Mars, Louis): »Haitian Voodoo and the Ritualization of the Nightmare«. In: *Psychoanalytic Review* 38: 334-342, 1951.
(25) –: »Primitive Genital Mutilations in a Neurotic's Dream«. In: *Journal of the American Psychoanalytic Association* 2: 483-492, 1954.
(26) –: »A Counteroedipal Episode in Homer's *Iliad*«. In: *Bulletin of the Philadelphia Association for Psychanalysis* 4: 90-97, 1955.
(27) –: *Therapeutic Education*. New York, 1956.
(28) –: »Penelope's Character«. In: *Psychoanalytic Quarterly* 26: 378-386, 1957.
(29) –: »Obsessive Doubt«. In: *Bulletin of the Philadelphia Association for Psychoanalysis* 10: 50-55, 1960.
(30) –: »Art and Mythology: A General Theory«. In: Kaplan, Bert (Hrsg.): *Studying Personality Cross-Culturally*. Evanston, Illinois, 1961. Auch in: *Tragédie et Poésie Grecques* (1. Kap.). Paris, 1975.
(31) –: »The Enetian Horses of Hippolytos«. In: *Antiquité Classique* 33: 375-383, 1964.
(32) –: »The Kolaxaian Horse of Alkman's Partheneion«. In: *Classical Quarterly* 15: 176-184, 1965.
(33) –: »The Abduction of Hippodameia as ›Aition‹ of a Greek Animal

Husbandry Rite«. In: *Studi e Materiali di Storia delle Religioni* 36: 3-25, 1965.
(34) –: »Loss of Identity, Impairment of Relationships, Reading Disability«. In: *Psychoanalytic Quarterly* 35: 18-39, 1966.
(35) –: »The Exploitation of Ambiguity in Pindaros O. 3.27«. In: *Rheinisches Museum für Philologie* 109: 289-298, 1966. Auch in: *Tragédie et Poésie Grecques* (8. Kap.). Paris, 1975.
(36) –: »Fausse Non-Reconnaissance«. In: *Bulletin of the Menninger Clinic* 31: 69-78, 1967.
(37) –: »La Renonciation à l'Identité: Défense contre l'Anéantissement«. In: *Revue Française de Psychanalyse* 31: 101-142, 1967.
(38) –: »Greek Pseudo-Homosexuality«. In: *Symbolae Osloenses* 42: 69-92, 1967.
(39) –: *Angst und Methode in den Verhaltenswissenschaften*. München, 1973; Frankfurt, Berlin und Wien, 1976 (1. engl. Ausg. Paris und Den Haag, 1967).
(40) –: »Observation and Belief in Aischylos' Accounts of Dreams«. In: *Psychotherapy and Psychosomatics* 15: 114-134, 1967. Auch in: *Tragédie et Poésie Grecques* (3. Kap.). Paris, 1975.
(41) –: »Orthopraxis«. In: *Psychiatric Quarterly* 42: 726-737, 1968.
(42) –: *Mohave Ethnopsychiatry* (2., erw. Aufl.). Washington, D.C., 1969.
(43) –: »The Natur of Sappho's Seizure in *Fr.* 31 LP.« In: *Classical Quarterly* 20: 17-31, 1970.
(44) –: »La Naissance d'Aphrodite«. In: Pouillon, Jean und Maranda, Pierre (Hrsg.): *Echanges et Communications (Mélanges Lévi-Strauss)*, 2.1229-1252. Paris und Den Haag, 1970.
(45) –: »The Psychotherapy Scene in Euripides' *Bacchae*«. In: *Journal of Hellenic Studies* 90: 35-48, 1970.
(46) –: »The Structure of Tragedy and the Structure of the Psyche in Aristotle's *Poetics*«. In: Hanly, Charles und Lazerowitz, Morris (Hrsg.): *Psychoanalysis and Philosophy*. New York, 1970. Auch in: *Tragédie et Poésie Grecques* (2. Kap.). Paris, 1975.
(47) –: *Psychoanalysis and the Occult* (Hrsg. und Beitr.). Neudruck (Hard Cover und Paperback). New York, 1970.
(48) –: *Essais d'Ethnopsychiatrie Générale*. Paris, 1970, ^{4}1979. Dt. z.T. in: *Normal und Anormal*. Frankfurt, 1972.
(49) –: *Wahnsinnige Götter* (Vorlesung an der Universität Basel), 1970.
(50) –: »The Psychosomatic Miracle of Iolaos«. In: *La Parola del Passato* no. 138: 167-195, 1971. Auch in: *Tragédie et Poésie Grecques* (6. Kap.). Paris, 1975.
(51) –: »Drogues, Dieux, Idéologies«. In: *Medica* no. 103: 13-20, 1972.
(52) –: *Ethnopsychoanalyse*. Frankfurt, 1978 (1. franz. Aufl. Paris, 1972).
(53) –: (mit Devereux, J.W.): »Les Manifestations de l'Inconscient dans

Sophokles: *Trachiniai* 923 sqq«. In: *Psychanalyse et Sociologie comme Méthodes d'Etudes des Phénomènes Historiques et Culturels*. Brüssel, 1973. Auch in: *Tragédie et Poésie Grecques* (5. Kap.). Paris, 1975.
(54) –: »Stesichoros' Palinodes: Two Further Testimonia and Some Comments«. In: *Rheinisches Museum für Philologie* 116: 206-209, 1973.
(55) Dodds, E.R.: *The Greeks and the Irrational*. Berkeley, California, 1951. Dt.: *Die Griechen und das Irrationale*. Darmstadt, 1970.
(56) Dollard, John et al.: *Frustration and Aggression*. New Haven, 1939.
(57) Edelstein, E.J. und Edelstein, Ludwig: *Asclepius*, 2 Bde. Baltimore, 1945.
(58) Elkin, A.P.: *The Australian Aborigines*. Sydney, 1964.
(59) Empson, William: *Seven Types of Ambiguity*³. New York, 1964.
(60) Evans-Pritchard, E.E.: *Witchcraft, Oracles and Magic Among the Azande*. Oxford, 1937. Dt.: *Hexerei, Orakel und Magie bei den Zande*. Frankfurt, 1977.
(61) Fenichel, Otto: »Zur Kritik des Todestriebes«. In: *Imago* 21: 458-466, 1935.
(62) –: »Die symbolische Gleichung Mädchen = Phallus«. In: *Internationale Zeitschrift für Psychoanalyse* 22: 299-314, 1936.
(63) Flashar, Hellmut: *Melancholie und Melancholiker in den medizinischen Theorien der Antike*. Berlin, 1966.
(64) Fraenkel, Eduard: *Aeschylus, Agamemnon*². Oxford, 1962.
(65) French, Th.M.: »Reality Testing in Dreams«. In: *Psychoanalytic Quarterly* 6: 62-77, 1937.
(66) Freud, Sigmund: »Die Traumdeutung«. *GW* II/III.
(67) –: »Zur Psychopathologie des Alltagslebens«. *GW* IV.
(68) –: »Drei Abhandlungen zur Sexualtheorie«. *GW* V.
(69) –: »Eine Kindheitserinnerung des Leonardo da Vinci«. *GW* VIII.
(70) –: »Über die allgemeinste Erniedrigung des Liebeslebens«. *GW* VIII.
(71) –: »Trauer und Melancholie«. *GW* X.
(72) –: »Jenseits des Lustprinzips«. *GW* XIII.
(73) –: »Die Feinheit einer Fehlhandlung«. *GW* XVI.
(74) –: »Die endliche und die unendliche Analyse«. *GW* XVI.
(75) Gallini, Clara: »Katapontismos«. In: *Studi e Materiali di Storia delle Religioni* 34: 61-90, 1963.
(76) Gayton, A.H.: »The Orpheus Myth in North America«. In: *Journal of American Folklore* 48: 263-293, 1935.
(77) Glasse, Robert: »Cannibalisme et Kuru chez les Fore de Nouvelle Guinée«. In: *L'Homme* Bd. 8, no. 3, 22-36, 1968.
(78) Glueck, Nelson: *Deities and Dolphins*. New York, 1965.
(79) Goldstein, Kurt: *The Organism*. New York, 1939.
(80) Gorer, Geoffrey: *Death, Grief and Mourning*. New York, 1965.
(81) Graves, Robert: *The Golden Fleece*. London, 1951.

(82) Grubb, W.B.: *An Unknown People in an Unknown Land.* London, 1911.
(83) Heron, W., Bexton, W.H. und Hebb, D.O.: »Cognitive Effects of Decreased Variation in the Sensory Environment«. In: *American Psychologist* 8: 366, 1953.
(84) Herzog, R.: »Die Wunderheilungen von Epidauros«. In: *Philologus, Supplementband* 22, no. 3. Leipzig, 1931.
(84a) Hess, E.H.: »Attitude and Pupil Size«. In: *Scientific American* 212: 46-54, 1965.
(85) Housman, A.E.: »The *Agamemnon* of Aeschylus«. In: *Journal of Philology* 16: 244-291, 1888 (S. 269).
(86) Italie, Gabriel: *Index Aeschyleus*². Leiden, 1964.
(87) Jakobson, Roman und Lévi-Strauss, Claude: »›Les Chats‹ de Charles Beaudelaire«. In: *L'Homme* 2, no. 1: 5-21, 1962.
(88) Jones, Ernest: *On the Nightmare.* London, 1931. Dt. z.T. in: *Schriften zur angewandten Seelenkunde.* Nendeln, Liechtenstein, 1970.
(89) Kennard, E.A.: »Hopi Reactions to Death«. In: *American Anthropologist* 39: 491-496, 1937.
(90) Killeen, J.F.: »Aeschylus, *Agamemnon* 412f.«. In: *Classical Philology* 55: 253-254, 1960.
(91) Kitto, H.D.F.: *Greek Tragedy.* Garden City, New York, 1954.
(92) Kouretas, Demetrios: »L'Homosexualité du Père d'Œdipe et Ses Conséquences«. In: *Annales Medicales* (Athen) nos. 5-6, 1963.
(93) Kroeber, A.L.: Handbook of the Indians of California (*Bureau of American Ethnology*, Bulletin 78). Washington, D.C., 1925.
(94) Kubie, L.S.: »Manual of Emergency Treatment for Acute War Neuroses«. In: *War Medicine* 4: 582-598, 1943.
(95) Laforgue, René: »On the Erotization of Anxiety«. In: *International Journal of Psycho-Analysis* 11: 312-321, 1930.
(96) Lagache, Daniel: »Le Travail du Deuil: Ethnologie et Psychanalyse«. In: *Revue Française de Psychanalyse* 10: 693-708, 1938.
(97) Lehrs, K.: *Populäre Aufsätze.* Leipzig, 1896.
(98) Lévi-Strauss, Claude: *Mythologiques 1: Le Cru et le Cuit.* Paris, 1964. Dt.: *Mythologica 1: Das Rohe und das Gekochte.* Frankfurt, 1976.
(99) Lilly, J.C.: »Effects of Physical Restraint and of Reduction of Ordinary Levels of Physical Stimuli on Intact, Healthy Persons«. *Group for the Advancement of Psychiatry, Symposium* 2: 13-20, 1956.
(100) –: »Mental Effects of Reduction of Physical Stimulation on Intact, Healthy Persons«. In: *American Psychiatric Association Research Report* 5: 1-28, 1956.
(101) Lincoln, J.S.: *The Dream in Primitive Culture*² (mit einem neuen Vorwort von Georges Devereux). New York, 1970.

(102) Linton, Ralph: *The Study of Man*. New York, 1936.
(103) Lloyd-Jones, Hugh (Übersetzer): *Aeschylus, Agamemnon*. Englewood Cliffs, New Jersey, 1970.
(104) –: *The Justice of Zeus*. Berkeley, California, 1971.
(105) Lord, A.B.: »Homer and Other Epic Poetry«. In: Wace, A.J.B. und Stubbings, F.H.: *A Companion to Homer*. London, 1962.
(106) Lowie, R.H.: »A Crow Woman's Tale«. In: Parsons, E.C. (Hrsg.): *American Indian Life*. New York, 1925.
(107) Lucas, F.L.: *Tragedy*². New York, 1962.
(108) Malten, Ludolfus: *Die Sprache des menschlichen Antlitzes im frühen Griechentum*. Berlin, 1961.
(109) Marcadé, Jean: *Eros Kalos*. Genf, 1965.
(110) Marcovich, M.: »Sappho *Fr.* 31: Anxiety Attack or Love Declaration?« In: *Classical Quarterly* 22: 19-32, 1972.
(111) McNichols, C.L.: *Crazy Weather*. New York, 1944.
(112) Meyerson, Emile: *Du Cheminement de la Pensée*. Paris, 1931.
(113) Murray, Gilbert: *Euripides and His Age*². London, 1955.
(114) –: *Aeschylus, the Creator of Tragedy*. Oxford, 1962.
(115) Nilsson, M.P.: »Götter und Psychologie bei Homer«. In: *Archiv für Religionswissenschaft* 22: 363-390, 1923-1924.
(116) Oppenheim, A.L.: »The Interpretation of Dreams in the Ancient Near East«. In: *Transactions of the American Philosophical Society* 46 (3. Teil): 177-373, 1956.
(117) Owen, A.S. (Hrsg.): *Euripides, Ion*. Oxford, 1939.
(118) Page [Sir] Denys: *Sappho and Alcaeus*². Oxford, 1959.
(119) –: *Euripides, Medea*². Oxford, 1964.
(120) Picard, Charles: »Le Cénotaphe de Midéa et les Colosses de Ménélas«. In: *Revue de Philologie* 59: 341-354, 1933.
(121) –: *Les Religions préhelléniques*. Paris, 1948.
(122) Pisani, Vittore: »Elena e l'εἴδωλον«. In: *Rivista di Filologia e di Istruzione Classica* 6: 476-499, 1928.
(123) Powell, Benjamin: »Erichthonius and the Three Daughters of Cecrops«. In: *Cornell Studies in Classical Philology* 17. New York, 1906.
(124) Premerstein, A. von: »Über den Mythos in Euripides' Helene«. In: *Philologus* 55: 634-653, 1896.
(125) Raingeard, P.: *Hermès Psychagogue*. Paris, 1935.
(126) Rank, Otto: »Der Doppelgänger«. In: *Psychoanalytische Beiträge zur Mythenforschung*. Leipzig und Wien, 1919.
(127) Rivers, W.H.R.: *Conflict and Dream*². London, 1926.
(128) Rohde, Erwin: *Psyche*. London, 1925. *Psyche. Seele und Unsterblichkeitsglaube der Griechen.* Darmstadt, 1974 (¹1893).
(129) Roscher, W.H. (Hrsg.): *Ausführliches Lexikon der griechischen und römischen Mythologie*, 6 Bde. Leipzig, 1884-1937.

(130) –: »Das von der ›Kynanthropie‹ handelnde Fragment des Marcellus von Side«. In: *Abhandlungen der philologisch-historischen Classe der Königlich Sächsischen Gesellschaft der Wissenschaften*, Bd. 17, No. 3. Leipzig, 1896.
(131) Sachs, Hanns: *The Creative Unconscious*. Cambridge, Massachusetts, 1942.
(132) Schuhl, P.-M.: *Essai sur la Formation de la Pensée Grecque*. Paris, 1934.
(133) Toffelmier, Gertrude und Luomala, Katherine: »Dreams and Dream Interpretations of the Diegueño Indians of Southern California«. In: *Psychoanalytic Quarterly* 2: 195-225, 1936.
(134) Tylor, E. B.: *Primitive Culture*, 2 Bde. London, 1871.
(135) Verheyt, Paul: *Pour une Approche Synthétique – Psychanalytique et Fonctionelle – des Contes* (M. A.-Arbeit, MS.). Paris, 1971.
(136) Vernant, J.-P.: *Mythe et Pensée chez Les Grecs*². Paris, 1966.
(137) Wackernagel, Jacob: *Vorlesungen über Syntax*. Basel, 1920 und 1924.
(138) Webster, T. B. L.: *Greek Art and Literature, 700-530 B. C.* Otago, N. Z., 1959.
(139) Weinreich, Otto: *Antike Heilungswunder* (Religionsgeschichtliche Versuche und Vorarbeiten 8, No. 1), 1909.
(140) –: »Ein Spurzauber«. In: *Archiv für Religionswissenschaft* 28: 183-184, 1930.
(141) Winnington-Ingram, R. P.: »Hippolytus: A Study in Causation«. In: *Euripide*, Entretiens Hardt, 6. Bd. Genf, 1960.
(142) Wolfson, Louis: *Le Schizo et les Langues*. Paris, 1970.
(143) Zielinski, Th.: »De Helenae Simulacro«. In: *Eos* 30: 54-81, 1927.

4. Kapitel
Der Traum der Erinyen
(Aischylos: *Die Eumeniden*)

ΚΛΥΤΑΙΜΗϹΤΡΑϹ ΕΙΔΩΛΟΝ(v. 94-116)
(Klytaimestras Geist erscheint auf der Bühne und macht den schlafenden Erinyen Vorwürfe.)
ὁρᾶτε πληγὰϲ τάϲδε καρδίαϲ ὅθεν. (Hermann) 103
[Sie fährt fort, ihnen Vorwürfe zu machen.]
ὄναρ γὰρ ὑμᾶϲ νῦν Κλυταιμήϲτρα καλῶ. 116
ΧΟΡΟϹ
(μυγμόϲ.)
ΚΛΥΤΑΙΜΗϹΤΡΑϹ ΕΙΔΩΛΟΝ
μύζοιτ' ἄν, ἁνὴρ δ' οἴχεται φεύγων πρόϲω·
φίλοι γάρ εἰϲιν οὐκ ἐμοῖϲ προϲεικότεϲ.
ΧΟΡΟϹ
(ὠγμόϲ.)
ΚΛΥΤΑΙΜΗϹΤΡΑϹ ΕΙΔΩΛΟΝ
ἄγαν ὑπνώϲϲειϲ κοὐ κατοικτίζειϲ πάθοϲ·
φονεὺϲ δ' Ὀρέϲτηϲ τῆϲδε μητρὸϲ οἴχεται.
ΧΟΡΟϹ
(ὠγμόϲ.)
ΚΛΥΤΑΙΜΗϹΤΡΑϹ ΕΙΔΩΛΟΝ
ᾤζειϲ, ὑπνώϲϲειϲ· οὐκ ἀναϲτήϲῃ τάχοϲ;
τί ϲοι πέπρωται πρᾶγμα πλὴν τεύχειν κακά;
ΧΟΡΟϹ
(ὠγμόϲ.)
ΚΛΥΤΑΙΜΗϹΤΡΑϹ ΕΙΔΩΛΟΝ
ὕπνοϲ πόνοϲ τε κύριοι ϲυνωμόται
δεινῆϲ δρακαίνηϲ ἐξεκήραναν μένοϲ.
ΧΟΡΟϹ
(μυγμὸϲ διπλοῦϲ ὀξύϲ.)
λαβὲ λαβὲ λαβὲ λαβέ, φράζου.
ΚΛΥΤΑΙΜΗϹΤΡΑϹ ΕΙΔΩΛΟΝ
ὄναρ διώκειϲ θῆρα, κλαγγαίνειϲ δ' ἅπερ
κύων μέριμναν οὔποτ' ἐκλείπων πόνου.
τί δρᾷϲ; ἀνίϲτω, μή ϲε νικάτω πόνοϲ,
μηδ' ἀγνοήϲῃϲ πῆμα μαλθαχθεῖϲ' ὕπνῳ.

ἄλγηϲον ἧπαρ ἐνδίκοιϲ ὀνείδεϲιν.
(V. 136-139: Weitere Vorwürfe und Anstachelung zu Verfolgung. Klytaimestras Geist verschwindet.)

ΧΟΡΟϹ

(V. 140-154: Die Erinyen wachen auf und ermuntern sich gegenseitig zum Erwachen. Sie fühlen sich verletzt, weil Orestes ihnen entkommen ist, während sie schliefen. Sie machen Apollon, der Orestes beschützt, verantwortlich.)

ἐμοὶ δ' ὄνειδοϲ ἐξ ὀνειράτων μολὸν
ἔτυψεν δίκαν διφρηλάτου
μεϲολαβεῖ κέντρῳ
ὑπὸ φρέναϲ, ὑπὸ λοβόν. –
πάρεϲτι μαϲτίκτοροϲ δαΐου δαμίου
βαρὺ τὸ περίβαρυ κρύοϲ ἔχειν. (Smyths Text)

Übersetzung

Klytaimestras Geist: Seht diese Wunden in meinem Herzen und woher sie stammen (V. 103) (V. 104-115: Sie macht den Erinyen weitere Vorwürfe).

Klytaimestras Geist: Es ist im Traum, daß ich, Klytaimestras Schatten, euch jetzt anrufe. (V. 116.)

Chor: (Beginnt, sich unruhig zu bewegen und wimmernde Laute von sich zu geben.)

Klytaimestras Geist: Ja, wimmert, wenn ihr wollt! Doch der Mann ist weg – entflohen – in die Weite. Denn er hat Freunde, nicht wie die meinen!

Chor: (Wimmert weiter.)

Klytaimestras Geist: Ihr seid zu schlafbeschwert und habt mit meiner Qual kein Mitleid, Orestes, der Mörder dieser seiner Mutter, ist entkommen!

Chor: (Beginnt zu stöhnen.)

Klytaimestras Geist: Ihr stöhnt und schlaft! Wollt ihr nicht gleich aufstehn? Was habt ihr denn für eine andere Aufgabe, als Böses zu tun?

Chor: (Stöhnt weiter.)

Klytaimestras Geist: Schlaf und Ermattung haben sich verbündet und die Macht dieses (weiblichen) Drachens (Schlange) gebrochen.

Chor: (Unter verdoppeltem, verstärktem Gestöhn): Pack ihn! Pack ihn! Pack ihn! Pack ihn! Zeichne ihn!

Klytaimestras Geist: Im Traum nur hetzest du dein Wild und winselst dazu, dem Spürhund gleich, dessen Eifer für die Jagd sich nie vermindert. Welche *Arbeit* sollst du aber wirklich tun? Auf, bezwinge deine Müdigkeit und laß dich vom Schlaf nicht so mürbe machen, daß du das mir angetane Unrecht vergißt. Stachele dein Herz (Leber) mit gerechtem Vorwurf an. (V. 136-139: Klytaimestras Geist macht den schlafenden Erinyen weitere Vorwürfe und stachelt sie zur Jagd an.)

Choros: (V. 140-154.) (Die Erinyen erwachen und ermuntern sich gegenseitig zum Aufstehen. Sie fühlen sich verletzt, weil Orestes ihnen während ihres Schlafs entkommen ist. Sie machen Apollon, der Orestes beschützt, Vorwürfe.): Mich verwundete (schlug) im Traum ein Vorwurf, eines Rosselenkers fest gepackter Stachel, in meine lebenswichtigen Eingeweide (Leberlappen). Mein Schicksal ist es, das heftige, das überaus heftige Brennen der Peitsche des Scharfrichters zu fühlen.

[Die Übersetzung wurde auf der Grundlage von J. Mähly, Berlin und Stuttgart 1883, von. G.D. neu eingerichtet. Die Worte in Klammern sind genauere Alternativen für die etwas hochtrabenden Ausdrücke in Smyths englischer Übersetzung.]

Einführung

Die herrliche Kühnheit, mit der der Traum der Erinyen als Theater in Szene gesetzt wird, lenkt unsere Aufmerksamkeit leicht von seiner eschatologischen Komplexität und psychologischen Plausibilität ab. Dennoch ist es die Kombination dieser beiden Faktoren, die in eine Szene voll unerreichter Spannung verwandeln, das bloß ein Melodram hätte sein können.

Die Erscheinung von Klytaimestras *Eidolon* (εἴδωλον, Doppelgänger) wird durch den Genieblitz, die Träumer und ihre gemeinsame Traumvision zugleich auf die Bühne zu stellen, sowohl zu einem Traum als auch zu einer Heimsuchung. Im Gegensatz dazu bewirkt das ebenfalls dramatisch wirksame Erscheinen von Dareios' Geist (A. *Pers.* 681 ff.) keinen tiefen emotionalen Widerhall, denn ein reines Spektakel, so glänzend und bewegend es auch sein mag, kann nicht den eindringlichen und zwingenden psychologischen Realismus des Traums der Erinyen erreichen.

Ich kann die psychologische Authentizität dieses Traumes nicht demonstrieren, ohne mich zunächst mit den rein objektiven Aspekten der Szene zu befassen und dann ihre eschatologischen Implikationen, d.h. die weitreichenden und auffälligen Reziprozitäten zwischen den Erinyen, Klytaimestra und sogar Orestes selbst neu zu erwägen. Denn ein eschatologisch zufriedenstellendes Verständnis dieser Szene setzt ihre psychologische Untersuchung voraus, und ihre psychologische Erfassung verlangt eine eschatologische Analyse.

I. Objektive Merkmale

Der Schlaf der Erinyen, von Apollon herbeigeführt, gibt Orestes Zeit, seine endgültige Entlastung vorzubereiten. Das Thema, daß ein Gott den anderen in Schlaf versenkt, um Zeit für seinen Schützling zu gewinnen, ist sehr alt.[1]

Die Erinyen selbst vergleichen ihr In-den-Schlaf-versenkt-Werden mit der Art und Weise, in der Apollon die Moirai betrunken machte, um ihnen besondere Vorteile für Admetos zu entreißen (723ff., 727ff.). Auch dies ist ein altes Motiv: Dionysos nötigt den wütenden Hephaistos zum Trinken, um ihn dazu zu bringen, zum Olympos zurückzukehren.[2]

Die Erinyen, die auf Thronen im Heiligtum Apollos eingeschlafen sind (46ff.), schnarchen, und aus ihren Augen trieft Schleim (53ff.).[3] Als sie für die Zuschauer sichtbar werden, wimmern und stöhnen sie im Schlaf.[4] Daß Klytaimestra sie mit Hunden vergleicht, die von der Jagd träumen (131ff.), legt nahe, daß ihre Glieder zucken (infra). Es ist dieser Vergleich, der eine Analyse ihres (sichtbaren) Traumes erlauben wird.

1 Hera überredet Hypnos, Zeus in Schlaf zu versetzen (Hom. *Il.* 14.231ff.).
2 Paus. 1.20.3, usw. Vgl. die François-Vase.
3 In A. *Choe.* 1058 triefen ihre Augen Blut. Ich merke nebenbei an, daß in Athen, glaubt man den Komödien des Aristophanes, Entzündungen der Augenlider häufig gewesen sein müssen. Ein Ophtalmologe bestätigte Professor Dover, daß bei schwerer chronischer Bindehautentzündung die Augenlider bluten können.
4 μυγμός, ὠγμός, V. 120-129.

1. Der sichtbare Traum bildet eine enge Parallele zu Homerischen Präzedenzfällen: Dem Schläfer erscheint eine Traumfigur, steht in seiner Nähe und sagt: »Du schläfst.«[5] Der Hauptunterschied ist, daß diese Aussage in A. *Eum.* 94 vorwurfsvoll und ironisch ist: εὕδοιτ' ἄν.

2. Die Tatsache, daß *alle* Erinyen *denselben* Traum haben, ist im Gegensatz dazu einmalig[6], wenn auch psychologisch plausibel: Den Erinyen fehlt Individualität – und nicht nur in diesem Drama. Ihr »Ich« stellt mehr als eine Chorliedkonvention dar. Im Mythos treten sie gewöhnlich als Gruppe ins Leben und funktionieren auch als Gruppe. Kollektiv betrachtet führen sie in der Praxis kein separateres und unterscheidbareres Eigenleben als die vielfachen Köpfe des Kerberos oder die drei Körper des Geryones, obwohl eine einzelne Erinys existieren kann (Hom. *Il.* 9.571, usw.).

II. Die Natur der Erinyen

Das Aussehen von Aischylos' Erinyen wird recht ausführlich beschrieben. Nach der Überlieferung verursachte ihr erschreckendes Aussehen bei schwangeren Frauen im Publikum Fehlgeburten (*Vita*, S. 4, Dind.). Aber ihr *tatsächliches* Aussehen – das Kostüm, das sie auf der Bühne trugen – ist für das Verständnis ihrer Rolle und ihres Traumes weitaus weniger relevant als die Tatsache, daß Aischylos sie der Tradition entsprechend als Hatzhunde und Schlangen zugleich betrachtete.

1. Die Erinyen wurden oft »Hatzhunde« genannt – aber eher aufgrund ihres Verhaltens als ihrer tatsächlichen Gestalt.[7] Sie spüren den Verbrecher an dem Geruch des Blutes auf, das an ihm klebt[8], und dieser fürchterliche Geruch erfüllt sie mit Freude (253). Man könnte von ihrem Gewimmer während der Traumjagd schließen, daß sie, wie Spürhunde, ungeduldig winseln, wenn sie einer Blut-

5 Vgl. Dodds, *17*, 4. Kap. zu diesem Detail.

6 Verralls Behauptung (*40*, S. 168ff.), daß der Chor in E. *HF* 815ff. einen kollektiven Traum hat, wird nicht allgemein akzeptiert.

7 A. *Choe.* 924f., 1054; *Eum.* 131ff., 246f.; S. *El.* 1388; E. *El.* 1342; Ar. *Ran.* 472, usw. (Elektra als Hündin: A. *Choe.* 447.)

8 A. *Eum.* 230; E. *El.* 1342; Ar. *Ran.* 472.

führte folgen.[9] Sie saugen das Blut aus den (blutenden?) Gliedern ihres lebendigen Opfers[10] und lassen keinen Tropfen übrig.

Den Verbrecher stellt man sich als gejagtes Tier vor: Orestes ist ein Kitz oder ein Hase[11], dessen Verfolgung durch die Erwähnung von Pentheus' Schicksal, das dem eines gehetzten Hasen entsprach (26f.), vorbereitet wird. Auch dies zeigt, daß die Erinyen nur funktional Hatzhunde waren, denn die menschlichen Mainaden, die Pentheus nachspüren und ihn zerreißen, waren ebenfalls »Hatzhunde« (E. *Ba.* 731, 977) – aber nur in diesem Sinn.

Gleichzeitig sind die Erinyen nicht nur Hatzhunde, sondern auch Jäger, genauer »Hundeführer«.[12]

Am wichtigsten für das Verständnis dieses Traumes ist der Vergleich der schlafenden Erinyen mit Hunden, die von der Jagd träumen. Der alte und weitverbreitete Glaube, daß schlafende Hunde, die winseln und zucken, von der Jagd träumen, hat jetzt gewichtige experimentelle Unterstützung erfahren: Elektroenzephalogramme, die auf Träume hinweisen (und die den EEGs im Wachzustand nicht unähnlich sind), sind weitaus häufiger bei schlafenden Raubtieren (Hunde, Katzen, Menschen) als bei Pflanzenfressern festzustellen (*2*, *25*).

Obwohl Aischylos sicherlich nicht als erster das Verhalten schlafender Hunde so interpretierte, verwendete er diese Interpretation mit vollendetem dramatischen Können und psychologischer Überzeugungskraft.

2. Die Schlangennatur der Erinyen wird natürlich ebenfalls erwähnt (126f.), denn die Vorstellung, daß sie Schlangen sind (A. *Choe.* 1050) oder Schlangen besitzen und handhaben, oder daß Schlangen aus ihnen wachsen, ist althergebracht und spiegelt sich auch in der Kunst.[13] Es ist allerdings interessant, daß A. *Eum.* ihr Gift oft und ihre Schlangennatur nur einmal (126f.) erwähnt. Diese wiederholte Anspielung auf ihr Gift könnte als Erinnerung an den

9 Das wird von A. *Eum.* 424 bestätigt, wo sie während der Jagd kreischen. Träumende Hunde: Lucr. 4.991-998.

10 A. *Eum.* 183, 264; *Ag.* 1189.

11 A. *Eum.* 111, 147f., 246, 326; E. *El.* 836.

12 A. *Eum.* 231, vgl. Nonn. *Dion.* 32.100; in der Kunst werden sie als Jägerinnen dargestellt, vgl. Rapp, s.v., *35*, col. 1335. In E. *Ba.* ist Agaue als Repräsentantin des Dionysos (731, 872), oder der Lyssa (977), die Führerin der Mainadischen Hunde. Aber es gibt auch eine seltsame Reziprozität zwischen den Mainadischen Hunden und ihrer Beute. In E. *Ba.* 731 werden sie selbst verfolgt; in 872 »sind« sie eine Hirschkuh, die von Pentheus' Hatzhunden gejagt wird. Dieses Detail ist für meine folgende Diskussion des Zusammenhangs zwischen den Erinyen und Orestes relevant.

13 Rapp., s. v., *35*, coll. 1314ff.

giftigen Biß des Orestes als Schlange im Traum Klytaimestras gedacht sein (6. Kap.).

Interessanter noch ist, daß Apollon den Erinyen mit seinen eigenen »geflügelten Schlangen« (= Giftpfeilen) droht (181). So ergibt sich der Fall der Bedrohung einer Schlange durch eine Schlange, was ebenfalls Klytaimestras Traum entspricht. Denn sie, die in A. *Choe.* (994, 1047) wiederholt eine Schlange und in A. *Ag.* 1233 eine Amphisbaina (Schlange mit einem Kopf an jedem Ende) genannt wird, träumt davon, von einem schlangenhaften Orestes in die Brust gebissen zu werden (A. *Choe.* 527ff., 928), auch wenn in Wirklichkeit ihr Nacken oder ihre Kehle durchschnitten werden wird (s. Anhang I).

Der Schlangencharakter der Erinyen, der Klytaimestra (die Iphigeneias Tod rächt) und des Orestes (der Agamemnon rächt) unterstreicht noch, daß die Erinyen nicht nur Geister, sondern auch quasi-menschliche Wesen sind, die den Blutsverwandtenmörder töten. Eine seltsame Passage (A. *Choe.* 119) will dies vielleicht andeuten: Agamemnons Rächer könnte entweder ein Daimon oder ein Mann sein.

III. Erinyen = Klytaimestra

Es wird oft behauptet, daß Aischylos, wenn er die Erinyen Töchter der Nacht nennt (322, 416, 745, 792), implizit die ältere Überlieferung zurückweist (Hes. *Th.* 185), daß sie aus dem auf die Erde tropfenden Blut des kastrierten Ouranos geboren wurden. Aber dies ist m. E. ganz nebensächlich. Aischylos könnte auf diese Weise einfach versucht haben, eine fundamentalere Schwierigkeit zu *lösen*: Das Problem der Existenz der Erinyen *in der Zeit.*

Die Hesiodeische Überlieferung enthält ein Paradoxon. Da die Erinyen *aus* einem Quasi-Vatermord geboren wurden – aus Ouranos' Blut – sollte man annehmen, daß sie *Kronos* plagen. Aber obwohl Kronos in einigen Überlieferungen[14] später von seinem eigenen Sohn Zeus kastriert wird, so daß man von einer »gerechten Vergeltung« sprechen kann, fehlt dennoch auffälligerweise ein *zu erwartendes* Element: Ich kenne keinen Text, in dem behauptet wird, daß die *Erinyen* den Vatermörder Kronos plagen.

14 Tim. *fr.* 54, *FHG* 1.203; Lyc. 761, 869; sch. Lyc. 869 und Tzetz. ad loc.; Porph. *antr.* 16; Lyd. *de mens.* 4.44, S. 78.13 Bekk., usw.

Dies deutet darauf hin, daß Kronos' Verbrechen nur eine *Klasse* oder einen *Typ* von Rachegottheiten ins Leben rief, die sich *in praxi* nicht um den ursprünglichen Vatermord des Kronos, sondern nur um *Sterbliche* kümmern, die ein äquivalentes – d.h. *göttliches* – Verbrechen begehen. Ich kann hier nicht ausführlich einen selbstverständlichen, aber oft übersehenen Umstand diskutieren: Die Begehung »göttlicher« Verbrechen ist ein grundlegendes Charakteristikum von Göttern, Gottkönigen und sogar Sterblichen, die sich zeitweilig übernatürliche Kräfte erwerben, um Taten zu vollbringen, die den Menschen verboten sind. Einige dieser Personen *wurden* in der Tat gerade deshalb übermenschlich (oder erwarben *zeitweilig* die Macht, das Fast-Unmögliche zu erreichen), *weil* sie ein (rituelles) Verbrechen begingen (2. Kap.). Die bedeutendsten Griechen der klassischen Periode konnten diese charakteristisch archaische Vorstellung offensichtlich nicht mehr begreifen und versuchten, mit den »Untaten« der Gottheiten ins reine zu kommen, indem sie sie säuberlich entstellten und damit die Voraussetzung für den Niedergang der Religion schufen.[15]

Aber die Hauptschwierigkeit liegt anderswo. Ungeachtet dessen, ob die Erinyen aus Ouranos' Blut geboren wurden oder Töchter der Nacht sind, deuten Aischylos und andere *auch* an, daß sie, wie die *Gelegenheitsgötter* [dt.i.Or.], *jedesmal dann* ins Leben gerufen werden, wenn jemand ein Mitglied seiner Familie unverzeihlich beleidigt oder dessen Blut vergießt. Ich weise besonders darauf hin, daß in solchen Fällen der Name Erinys manchmal *im Singular* verwendet wird[16], und dies trotz der Tatsache, daß Hesiodos, Aischylos und viele andere von den Erinyen im Plural sprechen: Es treten gewöhnlich *drei* Erinyen auf, denen die Individualität fehlt und die als Gruppe handeln.

Diese Feststellung rechtfertigt die Ansicht[17], daß die Erinys (die Erinyen) ursprünglich einfach der rächende Geist (die rächenden Geister) dessen war(en), oder zumindest aus dem Blut eines Verwandten geboren wurde(n), dessen Tod nicht gerächt werden

15 Ich hoffe, dieses umfangreiche Material an anderer Stelle erörtern zu können. Hier führe ich nur an, daß die Aischyleischen Erinyen selbst vernichtend über Zeus' Behandlung des überwundenen Kronos sprechen (A.*Eum.* 641ff.), indem sie darauf hinweisen, daß dieser Präzedenzfall keineswegs Orestes' Tat rechtfertigt.

16 A.*Sept.* 791 (Oidipous' Erinys); A.*Choe.* 651, usw. Plurale bei Homeros: Hom.*Il.* 21.412, *Od.* 2.135. 11.280; Hes.*Th.* 472.

17 Vorgeschlagen von Rohde (*34*, S. 178ff., 451f.); vgl. Nilsson (*32*, 1.100). Contra (*17*, S. 21, Anm. 37).

konnte, eben weil der Mörder derjenige war, der seinen Tod hätte rächen müssen.[18] Erst später wurden die rächenden Geister als höllische Wesen re-definiert, die in gewisser Weise »kontinuierlich« in der Zeit existieren, aber völlig inaktiv sind, bis sie von einem Blutsverwandtenmord wiederbelebt, mobilisiert und dem Opfer *zugeordnet* werden. Dies, und nicht die beiden alternativen »Genealogien« der »ursprünglichen« Erinyen ist das wirkliche Problem.

Es sieht so aus, als ob die Griechen gleichzeitig *zwei unvereinbare* Überzeugungen hinsichtlich der »Entstehung« der Erinys (Erinyen) hegten. Derartige Doppelüberzeugungen sind recht häufig.[19] Man kann aber, wie im Fall der beiden Glaubenssysteme der Mohave hinsichtlich der Entstehung von Zwillingen, auch zwischen den beiden griechischen Theorien über die Entstehung der Erinyen einen Zusammenhang entdecken.[20]

Die grundlegende Überlegung besteht darin, daß die Erinyen, ob sie nun »kontinuierlich in der Zeit existieren« oder nicht, *nur dann »wirksam«* werden, wenn Verwandtenblut vergossen wurde, und daß sie in dem Moment *aufhören, »wirksam« zu sein*, da der Mörder bestraft wird.[21]

18 Ich lehre seit vier Jahrzehnten, daß das Strafgesetz nicht geschaffen wurde, um die Blutrache zu unterdrücken, sondern um der Gesellschaft zu erlauben, einen Blutsverwandtenmord zu bewältigen, bei dem Blutrache unmöglich ist. Sogar im Albanien des neunzehnten Jahrhunderts fehlte ein Mechanismus für die Behandlung eines Blutsverwandtenmords, und es gibt einen Beleg für den ersten Versuch der Cheyenne-Indianer, Abtreibung (= Blutsverwandtenmord) sozial zu bewältigen (*24*, S. 436; kürzer noch einmal dargestellt in *27*, S. 119)!

19 Vgl. die beiden Theorien der Mohave-Indianer über die Entstehung von Zwillingen (*4*) und Lintons (*26*, S. 362) Diskussion der wechselseitig unvereinbaren Glaubensansichten des modernen Menschen über die Geister. Diese Befunde implizieren, daß die Diskrepanz zwischen der Eschatologie der Homerischen *Nekyia* (Hom. *Od.* 11) und dem Rest der Homerischen Epen als Beweis für den äußerlichen, eindringenden Charakter der *Nekya* nicht hinreicht. Der Beweis muß auf *andere* Weise geführt werden.

20 Ich übergehe hier das Problem, ob meine Interpretation einfach die »Wiederentdekkung« eines tatsächlichen, vereinheitlichenden Glaubens der Griechen in dem Sinn ist, in dem Lévi-Strauss postuliert, daß die Gedankenmuster, die *er* in Mythen entdeckt, *tatsächlich* (in latenter Form) im Bewußtsein Primitiver vorhanden sind, oder ob ich nur ein vereinheitlichtes Konzept der Entstehung der Erinyen »konstruiert« habe, das auch die Griechen hätten entwickeln *können*, wenn sie gewollt hätten. Es genügt die Anmerkung, daß die »Konstruktionen« des Psychoanalytikers (*21*) in der Regel früher oder später durch die Aufdeckung verdrängter Erinnerungen und/oder das Auftreten vorher unbewußter Phantasien bestätigt werden.

21 A. *Eum.* 603: Klytaimestras Ermordung sühnt die Ermordung Agamemnons. Dies bedeutet, daß Agamemnons Erinys (Erinyen) aufhört (-hören), in einem wirksamen Sinne zu »existieren«. Man kann auch nicht übersehen, daß es Orestes wiederholt als gesichert annimmt, daß die Ermordung seiner Mutter automatisch seinen eigenen Tod bewirken wird (A. *Choe.* 438, usw.).

Ich denke, es wäre anachronistisch zu glauben, die »kontinuierlich existierenden« Erinyen seien vergleichbar mit den Platoschen »idealen Formen«, denen die »wirksamen« Erinyen, die nach dem Verwandtenmord ins Leben gerufen werden, *nachgebildet* und *von denen* sie »abgeleitet« sind. Die wirkliche Beziehung zwischen den nicht wirksamen und den »wirksamen« Erinyen läßt sich von weitaus konkreteren eschatologischen Daten ableiten.

Die Homerische *Nekyia* macht klar, daß die schattenhaften und sinnenlosen Geister der Sterblichen im Hades einfach »Winterschlaf halten«; nur wenn man ihnen Blut zu trinken gibt (Hom. *Od.* 11.36ff.), werden sie wiederbelebt und »wirksam«.[22]

Genau das gleiche scheint für die Erinyen zuzutreffen. Sie »existieren in der Zeit« in einer vagen und schattenhaften Weise, selbst wenn es keinen Blutsverwandtenmord zu rächen gilt.[23] Ebenso wie die Schatten des Hades von Blut wiederbelebt werden, werden die Erinyen vom erregenden Geruch des Bluts (supra) wiederbelebt und sind gerade dann außergewöhnlich aktiv, *wenn* sie Blut trinken. Sobald aber der Blutsverwandtenmörder ausgesaugt ist, scheinen die Erinyen – wie die Homerischen Geister – in eine schattenhafte Pseudo-Existenz zurückzufallen.

Es gibt direkte Hinweise auf diesen Wechsel der Erinyen zwischen einem aktiven und einem passiven Zustand. Wenn wir für den Augenblick ihren Schlaf und ihr Erwachen (A. *Eum.* 46ff.) nicht beachten, verdeutlichen V. 313ff., daß sie nur dann aktiv werden, wenn sie von einem Blutsverwandtenmord erzürnt werden. Wenn ein Mensch ihren Groll nicht erregt, schenken sie ihm keine Aufmerksamkeit und bleiben ruhig.[24] Es gibt sogar eine Andeutung, daß selbst das Blut des Opfers durch Reinigungsriten zur Ruhe gebracht oder wirkungslos gemacht werden kann (280ff.).[25]

Kurz gesagt ähneln die Erinyen, wenn sie nicht vom vergossenen Blut eines Blutsverwandten erregt sind, dem Schwert, das über

22 Die Wiederbelebung von Wesen, die normalerweise im Hades wohnen, ist alltäglich. Persephone verbringt einen Teil des Jahres außerhalb des Hades. Die Diouskouroi pendeln zwischen Olympos und Hades hin und her (Hom. *Od.* 11.301ff.). Nur Herakles' Schatten haust im Hades; der »wirkliche« Herakles schmaust mit den Göttern (Hom. *Od.* 11.601ff.).

23 Auch wenn es heißt: »non semper tendit arcum Apollo«, existiert *dieser* Gott selbst dann, wenn er kein bestimmtes Ziel verfolgt. Der Fall der Erinyen liegt völlig anders.

24 Dies hat auch Einfluß auf ihre Rolle in bezug auf Sterilität und Fruchtbarkeit (infra).

25 Aber der wirkungslose Zustand der Erinyen ist weitaus vollständiger als der des schlafenden Zeus (Hom. *Il.* 14.231ff.), denn Zeus existiert tatsächlich auch im Schlaf, während die nicht-aktiven Erinyen kaum existieren.

Damokles' Haupt schwebt.[26] Wenn ein Blutsverwandtenmord geschieht, reißt das Haar, an dem das Schwert aufgehängt ist, und es wird – wie die aktiven Erinyen – »wirksam«. Aber sobald das Schwert sein Opfer durchbohrt hat, hört es (bis zur nächsten Gelegenheit) auf, wirksam zu sein; ebenso die gesättigten Erinyen.

Auch eine physikalische Analogie könnte helfen. Wenn es keinen Blutsverwandtenmord zu rächen gilt, »existieren« die Erinyen nur in dem Sinn, in dem die »potentielle« Energie eines Blumentopfes auf der Fensterbank »existiert«. Wenn ein Blutsverwandtenmord zu rächen ist, werden sie »wirksam« – so wie die unspürbare potentielle Energie des Blumentopfes, wenn er durch einen Stoß von der Fensterbank geworfen wird, in (spürbare) kinetische Energie transformiert wird.

Das beste Anzeichen dafür ist, daß es keinen Mythos *von* den Erinyen gibt – sie erscheinen nur (als Rächer) in den Mythen, die sich mit den großen Sündern beschäftigen.

Aber es gibt noch mehr in diesem Zusammenhang zu sagen. Wenn die Erinyen eines ermordeten Verwandten rachedurstig das Blut des Mörders aussaugen, ist das Blut, das sie trinken, mit dem Blut des Opfers *identisch*. In der Tat besteht das Schlüsselthema in A. *Eum.* gerade darin, ob der Sohn mit seiner Mutter blutsverwandt ist (606 und *passim*).[27] Indem sie ihn seines Bluts entleeren und ihn so in einen blutleeren Schatten verwandeln[28], scheinen sie das vom Opfer verlorene Blut durch das dem Blutsverwandtenmörder entzogene, *identische* Blut zu *ersetzen*; dies repräsentiert eine Art vergeltende Blutre-transfusion.

Diese Tatsache beweist zusammen mit dem (wirksam) Werden der Erinyen *aufgrund* eines Blutsverwandtenmordes und *aus* dem Blut des Opfers, daß, wie Rohde bemerkte, die Erinys (besonders im Singular) ursprünglich das Opfer ist oder eher ein *Produkt* des Opfers darstellt. Dies erklärt wiederum, warum das Wort αὐτόφοvoc (= Selbst-Töter) in erster Linie *nicht* den Selbstmörder, sondern den Blutsverwandtenmörder bezeichnet.[29]

Mein letztes Argument ist, daß die Erinyen *selbst dann* keine

26 Cic. *Tusc.* 5.21.61; Hor. *Od.* 3.1.7.

27 Ich merke (infra) an, daß ihr Blutsaugen dem μαςχαλιςμόc ähnelt; vgl. A. *Eum.* 230, 253, 261, 264f., 354ff., 607, 647ff.

28 A. *Eum.* 267, 299ff., 302, 647ff.

29 Vergleiche Orestes' Bedauern, daß Klytaimestra und Aigisthos nicht von ihren eigenen Blutsverwandten ermordet wurden, anstatt daß sie Agamemnon erschlugen (A. *Choe.* 367). Vgl. auch A. *Choe.* 438: »Laß mich sie töten und dann sterben.«

aktive, kontinuierliche Existenz erreichen, *nachdem* sie sich in die Eumeniden verwandelt haben. Ich werde weiter unten zeigen, daß sie auch weiterhin nichts als potentielle Abschreckungsmittel bleiben (696ff.), die es einfach nur *unterlassen*, die Fruchtbarkeit zu zerstören, solange sich der Mensch gut benimmt, die aber nichts dazu tun, die Fruchtbarkeit *aktiv* zu fördern, um so den Gerechten und Frommen zu belohnen. Dies ist eine kulturell primitive Vorstellung.

Diese etwas lange Vorbemerkung über die Existenz der Erinyen *in der Zeit* ist für ein vollständiges Verständnis der Reziprozität zwischen Klytaimestras Geist und den schlafenden Erinyen unentbehrlich.

Rohdes Theorie, die meine Argumente lediglich verschärfen und unterstützen wollen, impliziert, daß die Erinyen in einem bestimmten Sinn Klytaimestras Geist und in einem anderen Sinn ein Produkt ihres vergossenen Blutes sind.[30]

Dies führt zu der *scheinbar* verwirrenden Einsicht, daß die *geträumte* Klytaimestra *ein Produkt ihrer eigenen Produkte* – der Erinyen – ist. Ihr rachedurstiger »Geist« (»Geister«) träumt (träumen) ihren rachedurstigen Geist.

Ich beginne mit dem Hinweis, daß der Träumer im alten Griechenland gewöhnlich von Dingen und Personen träumt, die existieren, *bevor* er von ihnen träumt. Daher muß Athene eine Persönlichkeit schaffen, *bevor* diese Traumperson in den Schlaf Penelopes eindringen – von ihr geträumt werden – kann (Hom. *Od.* 4.795 ff.). Klytaimestras Geist existiert ebenfalls, bevor er in den Traum ihres eigenen Geistes (ihrer Geister) eindringt.

An dieser Stelle kann man eine seltsame Reziprozität entdecken: Wenn Klytaimestras Geist nicht (dem Über-Ich ähnlich) in den Traum der Erinyen eingedrungen wäre, wären die Erinyen inaktiv geblieben, da Apollon sie in Schlaf versenkt hatte.

Wenn die Erinyen aber nicht von Klytaimestras Geist geträumt hätten, wäre *ihr* (Klytaimestras) Geist unwirksam geblieben. Der Traum der Erinyen von Klytaimestra befähigt *sie* (Klytaimestra), »aktiv« zu existieren.

Dies ist eindeutig eine »verschachtelte« Situation, die den Puppen in den Puppen gleicht; das Bild in einem Spiegel verdoppelt das Bild in einem anderen und umgekehrt. Jedes verwandelt die »potentielle« Energie des anderen in »kinetische« Energie.

30 A. *Choe.* 400 deutet dies in der Tat an.

Logisch ist diese Situation in der Nähe des Cartesischen »cogito, ergo sum« angesiedelt, denn der, dessen Existenz durch sein Denken bewiesen wird, ist eben der, der das Denken leistet, das seine Existenz beweist. Es ist nicht sicher, ob dieser *circulus vitiosus* durch einen Rückgriff auf Bertrand Russells »Typentheorie« (*37*, S. 523 ff.) befriedigend aufgelöst werden kann, aber selbst wenn er gelöst werden könnte, ist der Umstand entscheidend, daß Aischylos lebte, bevor die Russellsche Theorie formuliert wurde. Diese »Puppen-in-Puppen«-Aussage ist demnach eine, die in der Theologie und in der Metaphysik als »Weisheit« gilt. Sie stellt jene Art eitler »Weisheit« dar, die Kinder und Erwachsene gleichermaßen fasziniert, weil sie ein geistiges Schwindelgefühl hervorruft.[31]

In diesem Kontext ist nur wichtig, daß das *Bild* eines von seinem Produkt (re-)produzierten Produzenten auch an anderen Stellen bei Aischylos gefunden werden kann. Aber ich betone zu seinen Gunsten, daß er es nur als ein frappantes poetisches Bild und nicht als bauchrednerische Weisheit präsentiert. In A.*Ag.* 839 finden wir den bewegenden Ausdruck: εἴδωλον σκιᾶς (= der gespensterhafte Doppelgänger eines Schattens), das, soweit ich das feststellen kann, in der klassischen Literatur einzigartig ist[32], und der mit Hilfe einer Konstruktion »sich selbst reflektierender Spiegel« ein Gefühl von *emotionaler* Tiefe – nicht von philosophischer Abgründigkeit – erzeugt. Wie so oft, enthüllt des Dichters korrekte (emotional-ästhetische) Anwendung einer affektiv verwurzelten Symbolik am grausamsten die Schäbigkeit der mißbräuchlichen Versuche des Philosophen, (reale) *affektive* Elemente in (metaphysische) Tiefgründigkeit zu verwandeln.

31 Als Kind wurde ich vom Bild eines Mädchens gefesselt, das ein Bild eines Mädchens in der Hand hielt, das ein Bild eines Mädchens in der Hand hielt, usw. Im Gymnasium war ich von der Vorstellung fasziniert, daß unsere Himmelskörper die Atome größerer Körper, und unsere Atome die Himmelskörper kleinerer Universen bildeten. In einem Roman von James Branch Cabell haben die Götter selbst eigene Götter, usw. – eine Vorstellung, die bereits in Luc.*J. Conf.* (Zeus und die Moirai) implizit ist. Auch Platons Formenlehre kann ein »Puppen-in-Puppen«-Schwindelgefühl hervorrufen: bei der Vorstellung, daß die Formen (denen die erkennbare Welt angeblich nachgebildet ist) eine absolute, »vollkommene« Form voraussetzen (vielleicht die Kugel). Aber wenn dem so ist, sollte es eine noch esoterischere »Form« der Vollkommenheit geben, usw. Ich kann mir die verbalen Widerlegungen, die Platoniker vorbringen könnten, vorstellen, aber ich weigere mich, mit der Widerlegung von *Scheinproblemen* [dt. i. Or.] Zeit zu verschwenden. Ich bin der Ansicht, daß jede endlose Perspektive einer »Weisheit« vom Typ der »Puppen-in-Puppen«, die nicht durch Anwendung von Russells Theorie adäquat gelöst werden kann, *a priori* unsinnig ist.

32 Fraenkel (ad loc.) zeigt, daß die Ähnlichkeiten mit S.*fr.* 598 N² rein verbal sind. Andere, noch willkürlichere »Parallelen« werden von Thomson ad A.*Ag.* 839 zitiert. Vgl. Denniston und Page, ad loc., zu den inhärenten grammatischen Schwierigkeiten dieses Verses.

Ich erinnere – immer noch auf der rein poetisch-dramatischen Betrachtungsebene – an eine Feststellung, die ich ganz am Anfang getroffen habe: Von dem, was die Zuschauer mit ihren körperlichen Augen als eine gespenstische Heimsuchung *sahen*, von dem *wußten* sie, daß es *für* die Erinyen eine Wahrnehmung des inneren Auges war. Diese Feststellung spricht nebenbei entscheidend gegen eine Einklammerung von A. *Eum.* 104ff.[33], denn sie weist auf den ausgesprochen notwendigen Punkt hin, daß gewisse Dinge nur im Traum sichtbar sind.[34]

Kurz, da die Erinyen Klytaimestras Geist(er) ist (sind) – aus ihrem Blut und ihrem Zorn geboren –, wird ihr Geist (*Eidolon*) von ihrem Geist (ihren Geistern) geträumt. Bis jetzt habe ich nur darauf hingewiesen, daß bestimmte Probleme, die mit der »Existenz in der Zeit« und mit »unabhängiger Existenz« zu tun haben, gelöst werden müssen, bevor man den rein poetischen zwingenden Aspekt dieser Szene vollständig erfassen kann. Und das Verständnis, und sogar das Nacherleben dieser Szene als poetisches Drama ist eine unentbehrliche Voraussetzung für ihre psychologische Interpretation als Traum.

IV. Die Erinyen = Orestes

Während die Affinität zwischen Klytaimestra und den Erinyen, die sie »produziert«, gewöhnlich als selbstverständlich betrachtet wird, besteht die Tendenz, die fundamentale Ähnlichkeit zwischen Orestes und den Erinyen mehr oder weniger zu übersehen, was vielleicht auf die immer wieder wiederholte Behauptung zurückzuführen ist, die Aischyleischen Erinyen seien »objektiv« real, die Erinyen des Euripideischen Orestes hingegen bloß Halluzinationen (E. *Or.* 396). Diese Ansicht ist nicht nur deshalb fragwürdig, weil in A. *Eum.* 417 die Erinyen einfach als (vielleicht fleischgewordene) »Flüche« (ἀϱαὶ), die auf Orestes einwirken, oder sonst als strafende Wahnideen (ἄτη) (A. *Choe.* 467) definiert werden. Wichtiger ist, daß der Chor in A. *Choe.* 1051ff. darauf besteht, daß sie Einbildun-

33 So Schuetz, gefolgt von Thomson.

34 Vielleicht deshalb, weil sie verschwinden, wenn sie mit den körperlichen Augen »wahrgenommen« werden, so wie Patroklos' *Eidolon* verschwindet, als Achilleus ihn umarmen will (Hom. *Il.* 22.99ff.; vgl. *Od.* 11.204ff.). Vgl. auch ps.-Hp. *insomn.* 86f. und Arist. *de div. somn.* 463a17ff. zu der Möglichkeit, eine beginnende Krankheit *nur* im Traum wahrnehmen zu können – ein Detail, das ich andernorts in diesem Buch erörtere. Mazon zitiert unangemessenerweise A. *Ag.* 179.

gen sind, und wenn man den Text genau liest, merkt man, daß auch Orestes nur behauptet, *er* sähe sie und sie seien *für ihn* real (A. *Choe.* 1048ff., 1053f.). Die Spezifizierung: οὐκ εἰcὶ δόξαι τῶνδε πημάτων ἐμοί läßt die Möglichkeit offen, daß er der Subjektivität seiner »Wahrnehmungen« *teilweise* gewahr ist – wie auch halluzinierende Patienten manchmal *teilweise* der Subjektivität dessen, was sie zu sehen scheinen, gewahr sind, obwohl sie auf ihre Halluzinationen so *reagieren*, als ob sie real wären. Ich kann nicht dogmatisch behaupten, daß dieses Hintertürchen eine objektive Einsicht Aischylos' reflektiert, denn die Zweideutigkeit dieses Texts kann sehr wohl nur die der Dichtung sein. Aber selbst wenn das zuträfe, würde das nur wieder die Richtigkeit einer wiederholten Aussage Freuds beweisen: Viele Einsichten des Psychoanalytikers sind unwissentlich von den Dichtern vorweggenommen worden.[35]

Man kann der Ansicht, daß die Erinyen in einem gewissen Sinn Halluzinationen sind, teilweise sogar bei der Interpretation ihres tatsächlichen Erscheinens auf der Bühne zustimmen, denn der *geträumte* Doppelgänger Klytaimestras erscheint *ebenfalls* auf der Bühne. Ich glaube, die Ansicht Xenophanes' (*fr.* 15 D-K), daß übernatürliche Wesen Projektionen des menschlichen Geistes sind, lauert sogar hinter Aischylos' bewußtem Denken und »Willen zum Glauben«.

Ebenso wichtig ist, daß die Eumeniden selbst nach ihrer »Transformation« niemals völlig die Ansicht akzeptieren, daß die Mutter mit ihren Kindern nicht blutsverwandt ist – daß sie nicht dasselbe Blut haben. Diese Theorie wird nur von Apollon vertreten (657ff.). Die Eumeniden akzeptieren sie nicht *explizit*; sie werden nur bestochen, so zu tun, als ob sie sie akzeptierten. *In praxi* bedeutet das nur, daß sie das Recht behalten, den Muttermörder unter einer *neuen* Ordnung zu bestrafen: Nicht als ein Blutsverwandtenmörder, sondern als den Mörder eines Mitglieds der sozialen »*Ingroup*« – die Eumeniden handeln nun als Bewahrer des Friedens innerhalb der *Stadt* (infra). Und der Soziologe wird daraus folgern, daß sie selbst in *dieser* Kapazität *weiterhin* den Muttermörder *härter* als den Mörder eines bloßen Mitbürgers bestrafen – wie Zeus den Mord an einem Gastfreund härter bestraft als den an irgendeinem

35 Trotz A. Greens (*23*) allgemeiner Einstellung und seiner Rhetorik, die ich als unannehmbar betrachte, steckt sehr viel Wahrheit in seiner Behauptung, daß zwischen der Weltsicht der Tragödie und der psychoanalytischen Einstellung eine tiefe und besondere Verbindung besteht.

hergelaufenen Fremden. *In der Praxis* können sogar beachtliche Unterschiede zwischen der aufgrund formaler Abstammungsverhältnisse geforderten »Nähe« (Verwandtschaft) und jener »Nähe« bestehen, die aus dem entsteht, was Befu (*1*) »persönliche Verwandtheit« nennt. Darüber hinaus ist es kein Zufall, daß in einem offenkundig nicht-matrilinearen Mythos Ixions Ermordung seines Schwiegervaters der erste *Verwandten*-Mord genannt wird (Pi. *P.* 2.32, usw.). Kurz, auch Apollons Abstammungstheorie vermag nicht die *soziale* Nähe von Mutter und Kind, die den Muttermord so abscheulich macht, zu negieren.

Die offenkundige Tatsache, daß die Eumeniden niemals *explizit* die Ansicht übernehmen, daß Mutter und Sohn nicht von gleichem Blut sind, impliziert, daß die Erinyen, die aus dem Blut der ermordeten Mutter *entstehen*, in einem gewissen Sinn ebenfalls Blutsverwandtenmörder (Kindesmörder) sind, denn – für sie – ist das Blut der Mutter, dem sie entstammen, *identisch* mit dem Blut des Muttermörders, das sie zu trinken beabsichtigen. In diesem Sinn sind sie das Produkt sowohl von Klytaimestras als auch von Orestes' (identischem) Blut.

Aber es gibt noch greifbarere Ähnlichkeiten zwischen Orestes und den Erinyen:

1. Wenn Orestes' Hände blutbefleckt sind (280; vgl. A. *Choe.* 1055 f.), so sind es auch die der Erinyen (41 f.) und des Aigisthos (A. *Choe.* 72 ff.).

2. Wenn die Erinyen Schlangen sind (supra), dann ist auch Orestes eine Schlange in Klytaimestras Traum; ihr Gift entspricht ebenso wie ihr Blutsaugen dem giftigen Biß des rächenden – und daher Erinys-ähnlichen – Orestes und seinem blutigen Saugen im Traum von A. *Choe.* (6. Kap.).

Noch bedeutsamer sind einige funktionale Äquivalenzen:

1. Wie der fliehende Orestes sind auch die Erinyen *Ausgestoßene*. Auch sie verbreiten rituelle Unreinheit, beeinträchtigen die Fruchtbarkeit all dessen, was sie berühren (infra) und werden von Göttern und Menschen gleichermaßen verachtet und verabscheut.[36] Eine Stelle ist besonders aufschlußreich: Wie Orestes geben sie ihrem (weiblichen) »Elternteil« – dem Land, das sie geboren hat (58 f.)[37] – Grund zur Reue, sie aufgezogen zu haben. Auch scheinen

36 z.B. 69 f., 194 f., 347 f., 365 ff., 377 ff., 644 ff., 721 ff., 884 usw.

37 Es sei daran erinnert, daß die Erinyen geboren wurden, nachdem das Blut des kastrierten Ouranos auf die (weibliche) Erde tropfte.

sie, wie ausgestoßene, flüchtende Blutsverwandtenmörder, kein Zuhause zu haben. Davon wird noch mehr in Verbindung mit dem Umstand zu sagen sein, daß sie ein Zuhause *erwerben*, nachdem sie die Eumeniden wurden.

2. Wie oben gesagt, verhalten sich die Erinyen wie (Blutsverwandten-)Mörder.

a) Als Repräsentanten Klytaimestras läuft *ihre* Aggression gegen Orestes auf Kindsmord hinaus – ein Kindsmord, den Klytaimestra versucht hatte, aber nicht durchführen konnte (A. *Choe.* 888f.): Daher sind auch sie wirkliche Blutsverwandtenmörder.

b) Eine Person, die einen niederträchtigen Mord begeht, nimmt das geronnene Blut des Opfers in den Mund und spuckt es dann aus (6. Kap.). Auch die Erinyen saugen das Blut ihrer Opfer und können dazu *gebracht* werden, es auszuspucken oder herauszuwürgen (183ff.); es tropft ihnen auch giftiger Geifer (= Blut, vgl. 7. Kap.) aus dem Mund (477, 780ff.).

c) Solche Mörder hacken die Glieder – und gewiß auch die Genitalien[38] ihrer Opfer ab (7. Kap.), und den Erinyen wird explizit die Schutzherrschaft über verschiedene Verstümmelungen[39] – und insbesondere über die Kastration von Knaben[40] – zugeschrieben. Ihre symbolische Verweiblichung von Männern wird auch von dem Umstand beleuchtet, daß sie die Schutzherrinnen des Pfählens sind (189f.).[41] Ich werde auf diesen Sachverhalt in Verbindung mit meiner Diskussion von Sterilität und Fruchtbarkeit zurückkommen.

Weitaus wichtiger noch als diese funktionalen Äquivalenzen zwischen Orestes und den Erinyen ist eine oft übersehene Tatsache: A. *Eum.* beschreibt nicht *ein, sondern zwei* Reinigungsrituale und soziale Reintegrationen: die des rächenden Muttermörders Orestes und die der rächenden »Kindesmörder« Erinyen (= Klytaimestra):

Der ausgestoßene Orestes erhält sein Land und seinen königlichen Status zurück. Die umherwandernden, heimatlosen (58f.) Erinyen finden in Athen ein Zuhause und verwandeln sich von verachteten, Unreinheit verbreitenden Ausgestoßenen in geehrte

38 Für ›Brustknospe = Phallos‹, vgl. 6. Kap.

39 A. *Eum.* 188: ἀκρωνία, vgl. Thomson ad loc.

40 Dieses Detail ist nicht nur orientalischen Ursprungs: Periandros sandte griechische Knaben nach Lydien, um sie dort zu Eunuchen machen zu lassen (Hdt. 3.48, vgl. *13*).

41 Vgl. Pl. *Rmp.* 361e, *Grg.* 473c. Für Aggression gegen den Anus des Ehebrechers als eine vergeltende »Verweiblichung«, die manchmal von Kastration begleitet wird, vgl. *12* (Ar. *Nub.* 1083; Ar. *Pl.* 168; X. *Mem.* 2.1.5; Catull. 15.19; Hor. *Sat.* 1.2.44; Val. Max. 6.1.13; Apul. *Met.* 12). Vgl. auch *18*.

Gottheiten. Und das ist noch nicht alles. Der unreine Mörder Orestes ist *per definitionem* dazu verdammt, kinderlos zu bleiben (354ff.; vgl. A.*Choe.* 1006), denn eine derartige Unreinheit macht jeden nicht-gereinigten (Blutsverwandten-) Mörder steril. Nur sch.S.*Ant.* 126 behauptet, daß die Erinyen nicht kinderlos sind. Sobald Orestes allerdings entlastet ist, ist er davon überzeugt, Nachkommenschaft zu bekommen – oder zumindest, daß sein Volk, das zuvor durch seine Tat unrein und steril gemacht worden war, nun *nicht* aussterben wird (762ff.). Diese »Wiedergewinnung« kann direkt mit der Transformation der Erinyen, den Göttinnen der Sterilität, in die Eumeniden, die (angeblichen) Göttinnen der »Fruchtbarkeit« (infra), verknüpft werden.

Eine Parallelentwicklung läßt sich auch in Verbindung mit Orestes' Genesung vom Wahnsinn feststellen.

Orestes ist am Anfang der *Eumenides* (378ff.) eindeutig wahnsinnig, so wie er bereits am Ende der *Choephoroi* wahnsinnig war. Aber zunächst sind die Erinyen *ebenfalls* wahnsinnig[42]; *weil* sie wahnsinnig sind, *können* sie auch ihre Opfer in den Wahnsinn treiben.[43] Sobald sie sich allerdings »gebessert« haben, wird von ihnen nicht mehr *erwartet*, mörderische Wut einer Art, die *nicht* durch Trunkenheit ausgelöst wird, zu provozieren (858ff.).[44] Dies impliziert, daß die Erinyen deshalb aufhören, gewalttätigen Wahnsinn zu erzeugen, weil sie selbst (vorübergehend) aufhören, wahnsinnig zu sein. Daher repräsentieren die Entlastung des Orestes und die Beschwichtigung der Erinyen auch eine Art ritueller »Psychotherapie«, die die Wut des Mörders *wie* des Rächers besänftigt.[45]

Kurz, die grundsätzliche Ähnlichkeit zwischen Orestes und den Erinyen wird während der gesamten A.*Eum.* in verschiedenster Art manifestiert. Dies trifft auf die Ähnlichkeit zwischen dem noch nicht entlasteten Orestes und den Erinyen ebenso zu wie auf die Ähnlichkeit zwischen dem entlasteten Orestes und den Eumeniden.

Aber wie in jedem Fall ritueller Psychotherapie (die nicht zu wirklicher Einsicht führt)[46], hat man auch hier Grund zu der Annahme, daß ihre günstigen Effekte nur vorübergehend oder

42 A.*Eum.* 67: μάργους.

43 A.*Eum.* 306, 328ff., 341ff. Ich habe andernorts gezeigt (*11*), daß regelmäßig nur jene Götter, die gelegentlich selbst wahnsinnig sind, dazu neigen, Sterbliche in den Wahnsinn zu treiben.

44 Dieses Detail könnte auf die Trunkenheit der Moirai zurückverweisen (723ff.).

45 Der Zorn des Orestes, der immer noch Reinigung sucht, scheint sogar Apollon zu erschrecken (232ff.). Vgl. seinen Zorn über seine Verarmung (A.*Choe.* 274f.).

46 Zu diesem Punkt vgl. allgemein (*15*, 1. Kap.); für griechische Äquivalente vgl. (*14*).

zeitweilig sein werden. Soweit es Orestes betrifft, wird dies bereits in A. *Eum.* 443ff. angedeutet: Obwohl er *wiederholt* gereinigt wurde, ist er gesetzlich *noch nicht* entlastet. Daher setzen sich – trotz einiger Augenblicke der Erleichterung (280ff.), die psychiatrisch plausibel sind – seine Beschwerden und sein Wahnsinn unvermindert fort. Nach seiner Entlastung durch den Areopagos geht es ihm nicht viel besser. Andere Mythen beschreiben seine *späteren* Wahnanfälle (E. *IT*, usw.). Er erholt sich erst *vollständig*, nachdem er sich zumindest symbolisch selbst »*kastriert*« – eine typische von den Erinyen zugemessene Strafe (188) – indem er einen seiner Finger abbeißt.[47] Und schließlich starb Orestes, die Traumschlange (6. Kap.), letztlich an Schlangenbiß (sch. E. *Or.* 1640).

Die »unvollständige« oder »vorübergehende« soziale Rehabilitation ist ein verwickelteres Problem. Es wird im nächsten Abschnitt näher untersucht werden, der weniger ein Exkurs ist, als es zunächst scheinen mag.

V. Erinyen = Eumeniden

Sterilität/Fruchtbarkeit: Verwandter/Fremder: Unnötig komplizierte theologische Theorien versuchen die Rolle zu erklären, die die Erinyen – die im allgemeinen Sterilität verursachen – *angeblich* bei der Sicherung von Fruchtbarkeit spielen. Selbst wenn diese Rolle eine aktive wäre, genügte es zu betonen, daß im primitiven Denken derjenige, der die »Kontrolle« über etwas hat, diese Kontrolle ebenso für wohltätige wie für übelwollende Zwecke ausnutzen kann; seine »Kontrolle« ist sowohl absolut wie ethisch neutral.[48] In diesem Bezugsrahmen entsprechen die Erinyen dem Schamanen als Hexer; die Eumeniden entsprechen ihm in seiner Funktion als Heiler.

Wenn man nur von Aischylos' ›Erinyen = Eumeniden‹ spricht, betont der erste Teil des Dramas ausschließlich ihre Fähigkeit, steril zu machen[49], was sowohl von ihnen als auch von ihren Gesprächs-

47 Paus. 8.34.2. Für reale und mythologische Fälle von Kastration durch Beißen vgl. (*13*). Für Fingerverlust als »Kastration« vgl. Dodds (*17*, S. 130, Anm. 79). (Mythische) Beschneidung durch Beißen: *22*, S. 245.

48 Der Schamane der Mohave kann die Krankheit X heilen, weil er auch töten kann, indem er *diese* Krankheit jemandem anhext – und umgekehrt natürlich (*10*, *passim*).

49 188ff., 345ff., 780ff., 810ff., 824ff., 830ff. Dieselbe Betonung findet man in A. *Choe.* 188, 262f., (vielleicht 280), 503, 612ff. (?), 631, 1005f.

partnern erwähnt wird. Dies ist zu erwarten, denn sie entehren öffentlich Kypris, die Göttin der Liebe (215).

Die Dinge stellen sich anders dar, wenn es sich um ihre die Fruchtbarkeit fördernde Rolle handelt. Nur Athene spricht von ihr (895, 907, usw.) als einer positiven Tat, die die Eumeniden *aktiv* durchführen werden. Die Eumeniden selbst sprechen von ihrer Rolle bei der Fruchtbarkeit *anders*: In V. 921 ff. schlagen sie vor, um Fruchtbarkeit zu *beten*; im V. 938 *hoffen* sie, daß Sterilität abgewendet wird; und in V. 958 *beten* sie, daß Mädchen lang genug leben, um einen Gatten zu *finden*.[50] All dies deutet nicht darauf hin, daß die Eumeniden Fruchtbarkeit anders fördern können als durch Gebete zu höheren Mächten. Noch wichtiger ist, daß sie in der zweiten von diesen Äußerungen – und implizit auch in der dritten – hauptsächlich davon sprechen, *abzuwenden*, was die Fruchtbarkeit *beeinträchtigt*.

Der springende Punkt besteht kurz gesagt in folgendem: Die sehr primitiven Eumeniden werden bestochen, ihre die Fruchtbarkeit *beeinträchtigenden* Kräfte *nicht* zu entfesseln. Sie werden als im Grunde übelwollende Gottheiten dargestellt, von denen man sich loskaufen kann. Die ihnen dargebrachten Opfer und Ehrungen sind nichts als »Schutzgeld«. Kurz, die Eumeniden sind gut bestochene Erinyen; man gibt ihnen etwas ab, damit sie nicht alles verderben, was man hat. Man begegnet einem solchen Götterbild in vielen primitiven Gesellschaften.[51]

Selbst in Beziehung auf die Bestrafung von Verbrechen ist die »Rehabilitation« der Erinyen nur bedingt. In dem Moment, in dem ein Mensch einen Blutsverwandten ermordet, verwandeln sich die Eumeniden in die Erinyen zurück und bestrafen ihn so grausam wie früher (696ff., 930ff.).

Sie entsprechen, kurz gesagt, dem Damoklesschwert, denn die Furcht vor der Vergeltung ist eine notwendige Voraussetzung für das Funktionieren der Stadt (696ff.). Man kann sagen, daß der den Erinyen von Athene angebotene »Gesamtvertrag« das Versprechen

50 Mazon irrt sich, wenn er übersetzt: »Sie werden an der Seite ihrer Gatten leben.« Die Aischyleische Wortwahl schließt nicht *a priori* den Tod im Kindbett aus, obwohl diesem Umstand nicht zuviel Bedeutung zugemessen werden sollte.

51 Die Sedang »kaufen« mit ihren Ackerbauriten einfach die Gottheiten, die ohne diese Bestechung die Ernte schädigen würden. Keine Sedang-Gottheit begünstigt aktiv die Fruchtbarkeit (*3*). Die Opfer der Haussa scheinen ebenfalls die Götter nur zu kaufen, die in erster Linie Verderber sind (*31*, *39*).

einschließt, daß sie, wenn die Bedingungen erfüllt sind, ihren Zorn in ihrer alten Erinyenart manifestieren dürfen (927ff., 952ff.).

Insgesamt gesehen sind es Aischylos und *seine* Athene, und nicht die (bestochenen) Eumeniden *selbst*, die ihre Rolle bei der Förderung von Fruchtbarkeit betonen. Und es ist meine persönliche Meinung, daß Aischylos sich als guter Psychologe erweist, wenn er das Recht der Eumeniden, bei passender Gelegenheit als Erinyen zu fungieren, in den »Vertrag« einschließt. Ohne diese Hintertür hätten die Erinyen den Pakt nicht akzeptiert. Hätten sie ihn akzeptiert, so wäre ihre Zustimmung psychologisch nicht plausibel gewesen, denn: »Kann auch ein Mohr seine Haut wandeln, oder ein Leòpard seine Flecken?«[52]

Und dies bringt mich zu einer Aischyleischen Einsicht, die sowohl Freud als auch Frazer in der Annahme neu formulierten, daß sie unbekannt sei. Es muß ein strenges Gesetz *gerade* gegen den Blutsverwandtenmord geben, wenn *dieses* Verbrechen nicht alltäglich werden soll (496ff., 513ff.), denn der ödipale Mord ist eine dauernde Versuchung.

Ebenso auffallend und sozial noch relevanter ist die Tatsache, daß Aischylos zweimal (545ff., 270ff.) Verbrechen gegen Blutsverwandte mit Verbrechen gegen Fremde verbindet.[53] Diese scheinbar paradoxe Gleichsetzung des Blutsverwandten mit dem Fremden ist noch nicht einmal spezifisch griechisch; sie ist eine menschliche Eigenart.[54] Und es sollte nicht argumentiert werden, daß die Tatsache, daß bei Homeros »Fremder« (ξένος) – besonders im Vokativ – meistens »Freund« bedeutet, entscheidend sei, denn der Name eines xenophobischen Spartanischen Gesetzes (ξενηλασία) enthüllt die feindseligen Nuancen dieses Wortes. Die Beziehung zwischen ξένος = Freund und ξένος = Fremder (= Feind)[55] ist ziemlich die gleiche wie die zwischen den Eumeniden und den Erinyen. Beide spiegeln die grundlegende Ambivalenz des Menschen wider: Seine Schopenhauersche »normalneurotische« Unfähigkeit, weder exzessive Distanz (Fremdheit) noch vollständige Nähe tolerieren zu können. Die frühe Tilgung der xenophobischen

52 Jer. 13.23.

53 In 270ff. werden diese Verbrechen auch mit Verbrechen gegen die Götter verknüpft. Die V. 544ff. verknüpfen Eltern und Gäste: Den ersteren schuldet man Ehrfurcht, den letzteren Respekt.

54 Für die Gleichung ›Blutsverwandter = Fremder‹ bei den Mohave vgl. *10*, S. 128ff.

55 Aber die Bedeutung »Fremder« könnte auch eine spätklassische Entwicklung sein (K.J.D. und E.R.D.); vgl. jetzt jedoch *36*, S. 32.

Nuance von ξένος durch seine euphemistische Nuance »Freund« spiegelt – wie die Erfindung des Zeus Xenios – das Bedürfnis, die *automatische* (furcht-erzeugte) Feindseligkeit gegenüber dem Fremden zu zügeln.[56] Die Grundbedeutung des Wortes – selbst wenn es gebraucht wird, um einen Freund zu bezeichnen – verliert niemals die Bedeutung: »Mitglied der Außengruppe (*outgroup*)«; es bezeichnet diejenigen, die weder Blutsverwandte noch Mitbürger sind.

All dies zeigt, daß der Fremde das Ziel von Feindseligkeiten ist, die (unter Druck) von dem Blutsverwandten abgelenkt *werden*, der, weil er uns nahe ist, uns mehr verwunden kann als ein Fremder. Aischylos impliziert daher zu Recht, daß dasselbe Gesetz beide beschützt, denn ein Blutsverwandten- und ein Fremdenmord sind psychologische Äquivalente.

Diese Pseudo-Dichotomie läßt sich leicht verbinden mit der Dichotomie Sterilität–Fruchtbarkeit, wie sie *von den Erinyen-Eumeniden »regiert« wird*, denn auch im sexuellen Bereich muß der Mensch versuchen, einen Mittelweg zwischen extremer Endogamie (Inzucht) und extremer Exogamie (Rassenmischung) zu finden, die beide in Griechenland verboten waren.[57] Wie bei der Äquivalenz Aggression gegen den Verwandten = Aggression gegen den Feind lenkt der Mensch auch im Laufe seiner psychosexuellen Entwicklung regelmäßig seine erotischen Impulse erst von der Mutter auf die Schwester (A. *Choe.* 240f.) und dann erst auf den »Außenseiter« – die Gattin –, und man braucht hier kaum zu erwähnen, wie sehr in A. *Eum.* die Außenseiterposition der Ehefrau betont wird (657ff.).[58]

Um zusammenzufassen: Die Eumeniden können nur im Sinne einer hoffnungsvollen Frömmigkeit als fruchtbarkeitsbeschützende, »gebesserte« Verderber betrachtet werden. Unter dieser euphemistischen Fassade, und trotz Athenes hartnäckiger Betonung des Guten, das sie tun *werden*, sind die Eumeniden nichts anderes als gut bestochene Erinyen, Verderber der *natürlichen*

56 Genau dieselbe Ambivalenz spiegelt sich im Verb δέχομαι, das entweder einen freundlichen Empfang oder einen feindlichen Hinterhalt bezeichnen kann (*7*).

57 Zum letzteren Tabu vgl. meine Erörterungen über Hippodameia (*6*).

58 Rohde argumentiert sogar (*34*, S. 451.75), daß unter dem Aspekt der Patrilokalität der griechischen Ehe die Frau (= Mutter) in besonderer Weise einer Erinys bedurfte, um sie vor ihrem Ehemann und dessen Verwandtschaft zu schützen. Die Melanesier von Dobu lösten dieses Problem gerechter. Das Paar lebt abwechselnd im Heimatdorf des Mannes und der Frau, wodurch beide Gatten nacheinander der Bosheit und der Hexerei der jeweiligen Verwandtschaft ausgesetzt werden (*19*, S. 2ff. und *passim*).

Fruchtbarkeit der guten Erde, die reiche Erträge nur dadurch fördern, daß sie sie *nicht* ruinieren, solange die Menschen sie ehren und sich gut benehmen. In dem Moment, da der Mensch sündigt, nehmen die Eumeniden prompt ihre alte Funktion als Erinyen wieder auf. Und es ist in diesem Zusammenhang von entscheidender Bedeutung, daß das *Aussehen* auch der gebesserten Eumeniden so abstoßend bleibt wie das der Erinyen (990).

Kurz, jede andere Vorstellung der Eumeniden ist mehr von moderner Frömmelei und alten Hoffnungen als von Aischylos' gnadenlos logischem Drama geprägt.

VI. Analyse des Traums der Erinyen

Die Deutung des Traums der Erinyen ist ein Kinderspiel. Ihre Natur, ihre Funktion und ihr Blutdurst bewegen sie dazu, Orestes zu jagen. Von Apollon – der so geschickt den Alten Göttern[59] ins Handwerk zu pfuschen weiß, wenn sie seine Günstlinge bedrohen – in den Schlaf versenkt, *träumen* die Erinyen von der Fortsetzung ihrer Jagd (A.*Eum.* 131 ff.) und benehmen sich wie schlafende Hunde. Dieses Detail ist psychologisch höchst realistisch. Ein Traum, in dem man eine Aufgabe vollbringt, die man im Wachzustand[60] nicht zu vollenden vermochte, ist ein »Wächter des Schlafs« (Freud, *20*, 691 ff. und *passim*). Das Über-Ich – das hier sowohl von der Pflicht der Erinyen wie auch von Klytaimestra repräsentiert wird – wird zeitweilig von der *geträumten* Ausführung einer Aufgabe, die im Wachzustand *nicht* durchgeführt wurde, »bestochen«; dies enthebt den Träumer der Notwendigkeit, aufzuwachen und seine Pflicht tatsächlich zu erfüllen.[61]

59 A.*Eum.* 172, 723, 728; E.*Alc.* 10ff.

60 Versuchspersonen, die im Wachzustand das Rätsel: EZDVFSSANZ nicht lösen konnten, lösten es im Traum. Diese Buchstaben entsprechen den Anfangsbuchstaben der ersten zehn Zahlen.

61 Die Ersetzung der tatsächlichen Ausführung durch einen symbolischen Akt trifft man auch im täglichen Leben häufig an. Gute Wünsche und Segnungen werden oft anstelle effektiver Hilfe angeboten. Das *Geben* eines Versprechens wird manchmal als Äquivalent des *Haltens* dieses Versprechens behandelt. Als ich einmal jemanden an ein Versprechen erinnerte, das er mir wiederholt gegeben, aber nicht gehalten hatte, erhielt ich die verletzte Antwort: »Aber habe ich das nicht *versprochen*?« Dieses Manöver wird von einem ungarischen Sprichwort prägnant zusammengefaßt: »Hier hast du Nichts – halte es gut fest (sonst geht es dir verloren).« Seine sublimierte und logische Form ist die wissenschaftliche Annahme oder Voraussage, von der man erwartet, daß sie durch die Erfahrung bestätigt werde. James Clerk Maxwell machte seine Gleichungen symmetrischer, indem er ihnen einen kleinen Ausdruck beifügte, der von keiner praktischen Erfahrung gerechtfertigt war.

Die Effektivität solcher Selbsttäuschungen oder Scheinleistungen im Traum wird gewöhnlich durch die extreme Lebhaftigkeit der entsprechenden Träume verstärkt, was zu einer abgeschwächten oder schematischen Ausführung der *gröberen* Bewegungen und Vokalisierungen im Schlaf führen kann, die normalerweise bei der Ausführung des geträumten Aktes im *Wachzustand* auftreten (*5*) (vgl. 8. Kap., Anm. 146). Ich glaube, daß diese bloß angedeuteten Bewegungen im Traum dem entsprechen, was die Experimentalpsychologen »Vorbereitungshandlungen« (*»preparatory set«*) nennen (*29*). Ich weise hier auf einen seltsamen Zufall hin. Die Erinyen jagen im Schlaf. In A. *Choe.* 897 wird von dem Säugling Orestes gesagt, er habe gesaugt, *während* er praktisch bereits schlief – eine Anomalie, die im 6. Kapitel erörtert wird.

Konkret gesprochen verhalten sich die Erinyen, die Hatzhunde *»sind«*, im Traum *wie* Hunde, die von der Jagd träumen.[62]

Natürlich kann das Über-Ich nicht für immer mit der *geträumten* Ausführung der zugeteilten Aufgabe bestochen werden. Früher oder später wird es verkleidet in den Traum eindringen: Hier *zwingt* das ungeduldige und rachsüchtige Double Klytaimestras die Träumer, aufzuwachen und sich ihrer Aufgabe zu widmen. Aber da diese Repräsentantin des Über-Ichs tatsächlich Teil der eigenen Psyche der Träumer ist, werden die Erinyen von einem Teil ihres Selbst zum Aufwachen angestachelt.

Auch dies wird in der Aischyleischen Dramatisierung des Traumes eindeutig repräsentiert. Klytaimestras Double vergleicht seine Vorwürfe mit einem Stachelstock (κέντρον), und nach dem Erwachen vergleichen die Erinyen selbst den im Traum erlittenen Vorwurf – denn sie erwähnen *nicht*, von Klytaimestra geträumt zu haben! – mit einem Stachelstock, der ihnen in die lebenswichtigen Organe schlägt (156).

Man kann leicht sehen, daß das Antreiben der Erinyen mit einem Stachelstock für Selbstanstachelung steht.

H. Hertz *nahm an*, daß in der Realität diesem Ausdruck etwas entsprechen müsse – und entdeckte die Hertzschen Wellen (*33*). Vgl. Thales' (logische?) Vorhersage einer Sonnenfinsternis (vielleicht auf der Grundlage babylonischer Unterlagen) und Leverriers ausschließlich mathematische Entdeckung des Planeten Neptun. Aber es ist höchst wahrscheinlich, daß solche wissenschaftlichen Aktivitäten sowohl historisch als auch subjektiv Verfeinerungen und praktische Sublimierungen der archaischen Tendenz darstellen, Worte, Symbole, Prophezeiungen und ähnliches als vollständige Äquivalente der Realität zu behandeln. Man wird in diesem Zusammenhang auf die Häufigkeit der Aktivitäten aufmerksam, die unwillentlich *bewirken*, daß Prophezeiungen wahr werden (*8, 28*).

62 Vgl. oben für experimentelle Nachweise.

Der Stachelstock (κέντρον, Sporn) ist die ursprüngliche und charakteristischste Waffe der Erinyen, die schon in Hom. *Od.* 15.234 erwähnt wird. Erst in späteren Texten benutzen sie nicht mehr den Stachelstock, sondern die Peitsche.[63] Dies läuft mit der Entwicklung der Technik des Fahrens mit Pferdewagen in Griechenland parallel.[64] Daß Stachelstöcke nur in Verbindung mit dem Traum der Erinyen erwähnt werden, stellt ein archaisches Merkmal von A. *Eum.* dar, denn in den V. 136 und 156 *schwingen* sie nicht den Stachelstock gegen ihre Opfer; es wird ihnen vielmehr gesagt, *sich selbst* mit dem Stachelstock der Selbstkritik anzutreiben (136), und sie geben beim Erwachen zu (156), daß der Stachelstock des Vorwurfs sie ins »Lebenswichtige« (φρήν) geschlagen habe.

Die Analogie zwischen diesen beiden Stellen, in denen die *eigene* Waffe der Erinyen gegen sie selbst gerichtet wird, und der Stelle, in der Apollon die (schlangenhaften) Erinyen mit *seinen eigenen* (vergifteten) *schlangenhaften* Pfeilen bedroht, ist recht auffällig. Auch diese Parallele bestätigt meine Beweisführung, daß die Erinyen in vielerlei Hinsicht ihren ausgewählten Opfern ähnlich sind (supra).

All dies deutet darauf hin, daß der Traum psychologisch höchst plausibel ist.

Anhang I

Die Kehle oder der Nacken spielen in A. *Eum.* eine auffallend wichtige Rolle. Apollon beschuldigt die Erinyen, mit Köpfungen befaßt zu sein (186). Orestes behauptet, Klytaimestra in die Kehle gestochen zu haben (592), was von A. *Choe.* 883 f. und 1047 bestätigt wird. Dies könnte vielleicht erklären, warum er in der Folge äußert, daß das zu fällende Urteil zwischen seinem Leben und seinem Selbstmord (?) durch *Erhängen* entscheiden wird (746). Es ist immerhin möglich, daß diese wiederholten Erwähnungen der Kehle von dem oralen Saug-Inhalt von Klytaimestras Traum in A. *Choe.* 531 ff. und den vielen Erwähnungen von Blut*trinken* und

63 Rapp, s.v. Erinyen, *35*, coll. 1314 ff.

64 Eine neue Untersuchung Homerischer Stellen, in denen Stachelstöcke *oder* Peitschen benutzt werden, ist wahrscheinlich vielversprechend, denn die Peitsche wurde später als der Stachelstock erfunden. Ich weise hier auf eine interessante und vielsagende Tatsache hin: Das *einzige* Zugtier, das mit einem Stachelstock angetrieben werden muß, ist das Rentier, denn sein dickes Fell schützt es vor der Peitsche.

Blut*saugen* aus den Gliedern des Opfers[65] in A. *Eum.* motiviert wurden. Diese Interpretationen erinnern eindeutig daran, daß Klytaimestras Brust im Traum gebissen wurde, und sie werden von zwei Überlegungen stark untermauert:

1. Obwohl Orestes behauptet, Klytaimestras Kehle durchschnitten zu haben – was zu der in A. *Choe.* (883 f., 1047) erwähnten Enthauptung paßt –, zeigt Klytaimestras Geist den Erinyen eine Wunde in ihrer *Brust* (Herz) (A. *Eum.* 103)[66], was an den Traum in A. *Choe.* erinnert.

2. Orestes sieht sich offensichtlich als am Hals aufgehängt, obwohl dies *für einen Mann* eine *höchst* ungewöhnliche Form des Selbstmords ist.[67]

Ich vermute, daß das Thema des Halsabschneidens in letzter Konsequenz als ein Echo der Geschichte von der Enthauptung der männlichen Echidna durch das Weibchen betrachtet werden muß – eben weil es dem Hinweis auf die gebissene Brust im Traum und auch der Brustwunde widerspricht, die Klytaimestras Geist zeigt.[68]

Anhang II

Trunkenheit. Aischylos kannte verschiedene Arten des Rausches: den, der die wahren Gedanken des Menschen enthüllt (*fr.* 393)[69]; den, der die Urteilsfähigkeit verdunkelt (A. *Suppl.* 409), und den, der mörderische Wut hervorruft (A. *Eum.* 859 ff.).[70]

Dies deutet darauf hin, daß, anders als man in *einigen* primitiven Gruppen beobachten kann, die Wirkung des Alkohols in der griechischen Kultur variabel war.[71]

65 264 f., 299 ff. (?), 357 f.

66 Nach Smyth. Andere übersetzen: »Seht diese Wunden mit eurem Herzen«, womit sie Hermanns Emendation zurückweisen: Murray, Thomson, Groeneboom, Mazon, Rose (auch E. R. D. und H. Ll.-J.). Ich könnte mich deshalb sehr wohl irren, wenn ich diese Emendation aus psychologischen Gründen akzeptiere. Aber es steht nichts für mein Argument Entscheidendes auf dem Spiel.

67 Dies wird an anderer Stelle belegt und erörtert (*16*).

68 Die Tatsache, daß der Geist einer toten Mutter immer noch die Wunden trägt, die ihren Tod verursachten, wird gerade im Zusammenhang mit einem *anderen* vaterrächenden Muttermord erwähnt. In der Unterwelt sind Eriphyles Wunden immer noch sichtbar (V. *Aen.* 6.445).

69 Ein allgemeines griechisches Thema: Alc. *fr.* Z.9LP (= 104D = 53 Bgk.), *fr.* Z.43LP (= 66D = 57 Bgk.); Thgn. 500; Ion Ch. *fr.* 1D; Pl. *Tim.* 60a, usw.

70 Bes. von jüngeren griechischen Autoren werden oft Zänkereien im Trunk geschildert.

71 Bei den kriegerischen Mohave schlafen viele Betrunkene friedlich ein (*10*, S. 505 ff.). Im Gegensatz dazu neigen betrunkene Plains-Indianer dazu, gewalttätig zu werden (9^2, S. 13 ff.), usw.

Wenn ich schon bei dem Thema bin, möchte ich gleich hinzufügen, daß ich den griechischen Überlieferungen hinsichtlich Aischylos' Alkoholismus Glauben schenke.[72] Einige moderne Gräzisten bestehen pietätvoll darauf, daß man dies in übertragener Bedeutung verstehen müsse[73], aber ich glaube, daß dies eine ebenso überflüssige wie zimperliche *Ehrenrettung* [dt.i.Or.] ist wie die Leugnung von Sapphos lesbischer Neigung (*12*). Wäre Kratinos ein größerer Dichter gewesen – oder wäre mehr von seinen Werken erhalten geblieben – hätten Viktorianer zweifelsohne auch seinen notorischen Alkoholismus[74] geleugnet, obwohl Kratinos ihn in seinem Stück Πυτίνη (*Der Weinkrug*), mit dem er Aristophanes den ersten Preis für Komödie vor der Nase wegschnappte, selber zugab.

Als Kliniker halte ich Aischylos' stürmische Beredsamkeit nicht für unvereinbar mit seinem Alkoholismus – ganz im Gegenteil! Die Tatsache, daß er in seinen *Myrmidones* die Beziehung zwischen Achilleus und Patroklos – die bei Homeros als nicht-sexuelle Kameradschaft geschildert wird – in eine homosexuelle Affäre verwandelt, erhärtet diese Ansicht weiter, denn der Zusammenhang zwischen Alkoholismus und Homosexualität – und besonders latenter Homosexualität – ist bekannt. Spitzenleistungen intellektueller Art im Rausch sind nicht ungewöhnlich[75], und ich bin in dieser Beziehung schwerlich voreingenommen, denn ich habe meinen fast irrationalen Ekel vor Alkohol und Alkoholikern in meinen Schriften zugegeben.

Es ist an der Zeit, aufzuhören, die meisten griechischen Biographen als böswillige Klatschtanten zu behandeln und, anstatt Zeit mit der »Rehabilitierung« großer Dichter wie Sappho und Aischylos zu verschwenden, die Weise zu studieren, in der die sexuelle Perversion (*12*) oder der Alkoholismus eines großen Dichters sein Werk beeinflußten.[76]

72 Plu.*fr.* 130 Sandb. (= Stob. 3.18.32); *Q.Conv.* 1.5. S. 622E., 7.10 S. 715D-E; Chamael.ap.Ath. 1.22a, 10.428f. (Ploutarchos hatte Zugang zu den Werken von Stesimbrotos und Ion von Chios, K.J.D.).

73 Murray *30*, S. 47; Schmid *37*, 1.2.184.5 usw. Daß sie die Frage der Quellen nicht beachten, ist unhistorisch.

74 Ar.*Eq.* 526ff.; vgl. Crat.*frr.* 182, 183, usw.

75 Ich war selbst dabei, als zwei glänzende junge mathematische Physiker einen noch brillanteren jungen Mathematiker, der in einer alkoholischen Betäubung vor sich hin schnarchte, lange genug rüttelten, um ihn aufzuwecken und von ihm eine gemurmelte – und *korrekte* – Lösung eines schwierigen mathematischen Problems zu erhalten, das sie selbst nicht lösen konnten.

76 Dies bedeutet nicht, daß ich der ›Genie=Wahnsinn‹-Absurdität beipflichte.

Bibliographie

(1) Befu, Harumi: »Patrilineal Descent and Personal Kindred in Japan«. In: *American Anthropologist* 65: 1328-1341, 1963.

(2) Bourgouignon, André: »Recherches Récentes sur la Rêve«. In: *Les Temps Modernes* no. 238, 1603-1628, 1966.

(3) Devereux, Georges: *Sedang Field Notes* (MS.). 1933-1935.

(4) –: »Mohave Beliefs Concerning Twins«. In: *American Anthropologist* n.s. 43: 573-592, 1941.

(5) –: »Acting out in Dreams«. In: *American Journal of Psychotherapy* 9: 657-660, 1955.

(6) –: »The Abduction of Hippodameia as ›Aition‹ of a Greek Animal Husbandry Rite«. In: *Studi e Materiali di Storia delle Religioni* 36: 3-25, 1965.

(7) –: »The Exploitation of Ambiguity in Pindaros *O.* 3.27.« In: *Rheinisches Museum für Philologie* 109: 289-298, 1966. Auch in: *Tragédie et Poésie Grecques* (8. Kap.). Paris, 1975.

(8) –: »Considérations Psychanalytiques sur la Divination, Particulièrement en Grèce«. In: Caquot, André und Leibovici, Marcel (Hrsg.): *La Divination*, Bd. 2, S. 449-471. Paris, 1968.

(9) –: *Reality and Dream: The Psychotherapy of a Plains Indian.* (2., erw. Aufl.) New York, 1969. [Dt. Ausg. in Vorb.]

(10) –: *Mohave Ethnopsychiatry*. (2., erw. Aufl.) Washington, D.C., 1969.

(11) –: *Wahnsinnige Götter* (Vorlesung an der Universität Basel, MS.), 1970.

(12) –: »The Nature of Sappho's Seizure in *Fr.* 31 LP.« In: *Classical Quarterly* 20: 17-31, 1970.

(13) –: »La Naissance d'Aphrodite«. In: Pouillon, Jean und Maranda, Pierre (Hrsg.): *Echanges et Communications (Mélanges Lévi-Strauss)*, 2.1229-1252. Paris und Den Haag, 1970.

(14) –: »The Psychotherapy Scene in Euripides' *Bacchae*«. In: *Journal of Hellenic Studies* 90: 35-48, 1970.

(15) –: *Essais d'Ethnopsychiatrie Générale*. Paris, 1970, [4]1979. Dt. z.T. in: *Normal und Anormal*. Frankfurt, 1974.

(16) – (mit Devereux, J.W.): »Les Manifestations de l'Inconscient dans Sophokles: *Trachiniai* 923 sqq.« In: *Psychanalyse et Sociologie comme Methodes d'Etude des Phénomènes Historiques et Culturels*. Brüssel, 1973. Auch in: *Tragédie et Poésie Grecques* (5. Kap.). Paris, 1975.

(17) Dodds, E.R.: *The Greeks and the Irrational*. Berkeley, Cal., 1951. Dt.: *Die Griechen und das Irrationale*. Darmstadt, 1970.

(18) Fehling, D.: »Ethnologische Überlegungen auf dem Gebiet der Altertumskunde«. In: *Zetemata* 61: 18ff., 1974.

(19) Fortune, R.F.: *Sorcerers of Dobu*. London, 1932.

(20) Freud, Sigmund: »Die Traumdeutung«. *GW* II/III.

(21) Freud, Sigmund: »Konstruktionen in der Analyse«. *GW* XVI.
(22) Green, André: *Un Œil en Trop*. Paris, 1969.
(23) Griaule, Marcel und Dieterlen, Germaine: *Le Renard Pale*, Paris 1965.
(24) Hoebel, E. A.: »Associations and the State in the Plains«. In: *American Anthropologist* 38: 433-448, 1936.
(25) Jouvet, Michel: »The States of Sleep«. In: *Scientific American* 216, no. 2: 62-71, 1967.
(26) Linton, Ralph: *The Study of Man*. New York, 1936.
(27) Llewellyn, K.N. und Hoebel, E.A.: *The Cheyenne Way*. Norman, Oklahoma, 1941.
(28) Merton, R.K.: *Social Theory and Social Structure*. Glencoe, Illinois, 1949.
(29) Mowrer, O.H.: »Preparatory Set (Expectancy): Some Methods of Measurement«. In: *Psychological Monographs*. Bd. 52, no. 2, 1940.
(30) Murray, Gilbert: *Aeschylus*². Oxford, 1962.
(31) Nicolas, Jacqueline: »Les Juments des Dieux«. In: *Etudes Nigériennes*, no. 21, IFAN-CNRS (o.J., o.O.).
(32) Nilsson, M.P.: *Geschichte der griechischen Religion* I². München, 1955.
(33) Poincaré, Henri: *The Foundations of Science*. Lancaster, Pennsylvania, 1913.
(34) Rohde, Erwin: *Psyche. Seele und Unsterblichkeitsglaube der Griechen*. Darmstadt, 1974 (¹1893).
(35) Roscher, W.H.: *Ausführliches Lexikon der griechischen und römischen Mythologie*. Leipzig, 1884-1937.
(36) Roux, J.: *Euripide: Les Bacchantes I*. 1976.
(37) Russell, Bertrand: *Principles of Mathematics*². New York, 1938.
(38) Schmid, Wilhelm: *Geschichte der griechischen Literatur*, 1.2. München, 1934.
(39) Tremearne, A.J.N.: *The Ban of the Bori*. London, 1914.
(40) Verrall, A.W.: *Four Plays of Euripides*. Cambridge, 1905.

5. Kapitel
Klytaimestras Traum
(Stesichoros: *Oresteia*)

Einführung

Wir besitzen eine Stesichoreische, eine Aischyleische und eine Sophokleische Version von Klytaimestras Traum. Im Verlauf dieses und der nächsten beiden Kapitel werden die inneren Beziehungen zwischen diesen drei Varianten beleuchtet. Ich möchte hier kurz erörtern, ob es klinisch möglich ist, daß eine Traumerzählung, die von einer oder gar zwei älteren Erzählungen eines Traumes inspiriert wurde, dennoch authentisch traumähnlich sein kann. Diese Frage läßt sich aus verschiedenen Gründen bejahen.

1. Man kann mit der Annahme beginnen, daß Stesichoros einen (traumartigen) Traum für seine Klytaimestra *erfand*, der dann die Erfindung (verwandter) traumartiger Träume seitens seiner beiden großen Nachfolger *hervorrief*. Der Prozeß ist der gleiche wie der, den man beobachten kann, wenn Y, nachdem X ihm einen seiner Träume erzählt hat, den auslösenden Traum von X in einem eigenen »entsprechenden« Traum teilweise echoartig wiederholt. Ich beobachtete dieses Phänomen einmal während meiner ethnopsychiatrischen Feldarbeit bei den Mohave-Indianern (*15*, S. 182ff.). Ein Traum meiner Dolmetscherin (in der Nacht vom 16. auf den 17. November 1938) beeinflußte stark einen Traum, den mein Informant E. S. (der zugehört hatte, als meine Dolmetscherin mir ihren Traum erzählte) in der darauffolgenden Nacht hatte.

2. Man kann alle drei Träume auch als glaubwürdige Reaktionen auf denselben *starken* Stimulus betrachten – als Traumreaktionen, die viele interne Affinitäten haben. Dieser Prozeß wird von den Träumen illustriert, die verschiedene Patienten als Reaktion auf den Tod König Georges V. (*23*) oder Präsident Roosevelts (*31*, *35*) träumten, oder auch von den Träumen von Psychoanalytikern und Psychiatern, die am vorhergehenden Abend einen Film über die Subinzisionsriten australischer Buschmänner gesehen hatten (*13*, 6. Kap.).

3. Da Aischylos zweifelsohne den Traum der Stesichoreischen Klytaimestra, und Sophokles die Stesichoreische und Aischyleische

Version kannte, können die drei Erzählungen auch mit »Traumreihen« verglichen werden (*1*, *2*, *24*, *14*, S. 472ff., *21*). In Traumreihen wird ein Schlüsselproblem des Patienten auf verschiedene und dennoch eng verwandte Weisen durchgearbeitet – oder zumindest angegangen.

Kurz, die Hypothese, daß eine von einer früheren Traumerzählung inspirierte Traumerzählung trotz ihres derivativen Charakters immer noch authentisch traumartig sein kann, wird von drei völlig unabhängigen Reihen klinischer Überlegungen validiert.[1]

Der Stesichoreische Vorläufer

Stesichoros fr. 42 P (= 42B = 15D) – der einzige erhaltene vor-Aischyleische Bericht von Klytaimestras Traum – beeinflußte sowohl Aischylos wie auch Sophokles. Deren Versionen erlauben es daher ein für alle Male, die Auseinandersetzung um die genaue Bedeutung des kristallklaren Stesichoreischen Textes beizulegen, die von einigen haarspalterischen Interpretationen unnötig verdunkelt wurde.

Der Text wird von Page korrekt gedruckt, dessen *apparatus criticus* alles Wesentliche enthält; willkürliche Manipulationen (*36*, S. 52) an der handschriftlichen Überlieferung werden zu Recht nicht beachtet:

τᾶι δὲ δράκων ἐδόκηcε μολεῖν κάρα βεβροτωμένος ἄκρον,
ἐκ δ' ἄρα τοῦ βαcιλεὺc Πλειcθενίδαc ἐφάνη.

Ploutarchos, der diesen Text zitiert[2], betrachtet ihn als dem Leben und der Realität nachgebildet; dies rechtfertigt eine realistische psychologische Analyse dieses Fragmentes.

Übersetzung: [Klytaimestra] träumte, daß eine Schlange mit blutigem Haupt käme, und daß aus ihm [dem Haupt] ein Pleisthenidischer König [Orestes] erschiene.

Kommentar: Die beiden Verse zusammen beschreiben einen

1 Ich merke nebenbei an, daß die Überlegungen 2. und 3. ein Theorem vollständig erfüllen, das ich an anderer Stelle formuliert habe (*10*, S. 76ff.; *18*, 16. Kap.; *20*, 3. Kap.): Man erhält das gleiche Resultat, wenn man einen Menschen oder eine Kultur erschöpfend, oder wenn man eine große Zahl von Menschen oder Kulturen querschnittmäßig untersucht. Dieses Theorem ist von der »Ergodenhypothese« der Mathematiker ableitbar, die in der Wahrscheinlichkeitsrechnung eine wesentliche Rolle spielt.

2 Plu. *sera num. vind.* 10, S. 555.

Traum über das Erscheinen des Pleisthenidischen Königs.[3] Wer Pleisthenes sein könnte, ist nicht wichtig – hier interessiert uns nur die Identität seines Nachkommen – und diese Identität kann allein aufgrund der *Art und Weise* seines Erscheinens bestimmt werden.

Das Schlüsselproblem besteht also darin, *wie* der Pleisthenidische König erscheint – und *woraus*.

Hierzu scheint es drei Theorien zu geben:

1. Delcourt (*4*, S. 22) übersetzt: »et brusquement[4] ce fut [Agamemnon]«.

a) Dies könnte eine oneirische »fausse *non*-reconnaissance« (*12*, und mein Kommentar zu A.*Ag.* 412-413) implizieren, die bereits im Traum berichtigt wird. Es gibt fausse *non*-reconnaissance-Träume (*14*, S. 415ff.), aber es ist fast unvorstellbar, daß ἐκ δ' ἄρα einfach bedeuten sollte: ἐκ τοῦ = ἐκτότε (= dann, demnächst), oder daß der komplexe Vorgang einer Falschwahrnehmung und ihrer folgenden Berichtigung so kurz beschrieben werden sollte; Hom. *Il.* 13.70ff. beschreibt etwas ähnliches sehr ausführlich.

b) Es könnte das Erscheinen der Schlange und dann das des Pleisthenidischen Königs (mit oder ohne dem gleichzeitigen Verschwinden der Schlange) implizieren.

c) Es könnte die Metamorphose der Schlange in Agamemnon implizieren. Aber mit ἐκ δ' wird man höchstwahrscheinlich keine Metamorphose beschreiben, selbst wenn ἐφάνη = ἐξεφάνη sein sollte. Grundsätzlich bedeutet ἐκ δ' das Herauskommen von »etwas« aus »etwas anderem«. Ich kenne darüber hinaus keinen vor-Aischyleischen Präzedenzfall einer *Traum*metamorphose. Die in Hes. *Th.* 190-191 (*16*) beschriebene analoge Metamorphose ist kein *Traum*ereignis. Ich räume ein, daß »Schlange–Mensch«-Metamorphosen andernorts in kulturell signifikanten, wirklichen Träumen vorkommen.[5] Ich gebe auch zu, daß in einigen Mythen als

3 Wilamowitz ist der Ansicht, daß der erste Vers einen Warntraum und der zweite die *dementsprechende* [dt. i. Or.] *sofortige* Realisierung beschreibt. Der einzige vor-Aischyleische Traum, der sich *sofort* erfüllt, ist der des Rhesos, den er kurz vor seiner Ermordung träumte (*32*, S. 75). Aber in Hom. *Il.* 10.496ff. wird die Ermordung vor dem Traum, der sie ankündigt, erwähnt. Darüber hinaus war Stesichoros' Gedicht (wie man annehmen kann) lang genug, um eine Kondensierung fast des halben Orestes-Mythos in zwei Zeilen unwahrscheinlich zu machen.

4 Diese Übersetzung impliziert die Akzeptierung von Hartungs Theorie über die Bedeutung von ἄρα, die Denniston zu Recht in Frage stellt (*5*, S. 32ff.).

5 In Träumen der Mohave-Indianer kann der hikwīr (der der zweiköpfigen Amphisbaina in A.*Ag.* 1233 usw. gleicht) das Aussehen eines Menschen annehmen – oder sogar ein Mensch sein – und könnte einem Schamanen gleichen, der Einäscherungsriten leitet (*15*, S. 118ff.).

Vorbereitung auf eine effektive Handlung eine Tierform aufgegeben und die »wirkliche« menschliche Form angenommen werden muß,[6] aber dieses Argument ist nicht angebracht, denn Klytaimestra wird schließlich nicht von Agamemnon, sondern von Orestes ermordet.

2. Wenn man annimmt, daß ἐκ δ' ἄρα bedeutet: ἐκ τούτου τοῦ δράκοντος (aus der *ganzen* Schlange), dann entstand der Pleisthenidische König (auf nicht spezifizierte Art und Weise) aus der Schlange *als Ganze* – möglicherweise aus ihrer (abwerfbaren) Haut. Aber diese Vorstellung läßt uns in der unbequemen Lage, daß die Haut der Schlange (die für das Tier als Ganzes steht) dann übrigbleibt.[7]

3. Der Pleisthenidische König entsteht aus dem blutigen (und gespaltenen) Haupt der Schlange. Wenn das so ist, dann steht ἐκ δ' für ἐκ τούτου τοῦ κάρατος. Dr. C.A. Behr bestätigte mir, daß diese Ansicht syntaktisch wahrscheinlich ist, weil κάρα (Haupt) direkt davorsteht.[8] Ich beabsichtige, diese Interpretation zu rechtfertigen, und zwar weniger aus syntaktischen Gründen[9] als deshalb, weil sie nicht nur zu griechischen Denkmustern und Überzeugungen paßt, sondern auch zu den verschiedenen Kontexten von Klytaimestras Traum in der Aischyleischen und Sophokleischen Version, denn das ist die *einzige* Art und Weise, in der dieses Problem angegangen werden kann.[10]

Es scheint daher am besten, zu analysieren, was der Text sagt und impliziert; dies sollte zusammen mit Stesichoros' Interesse an kephalischen Geburten (*fr.* 56 P. und *fr.* 62 Bgk.) genügen, um aufzuzeigen, daß die alternativen Interpretationen unzureichend sind.

6 Proteus: Hom. *Od.* 4.417ff. Thetis: Pi. *N.* 3.60; Apollod. 3.13.5; Paus. 8.18.1.

7 Man darf sich keine normale (Eier- oder Lebend-) Geburt vorstellen, denn diese Schlange ist offensichtlich männlich.

8 Aber Professor E. R. Dodds warnt mich, daß dies keine absolute Regel ist. Professor Sir Denys Page schrieb mir, daß κάρα nur ein Akkusativ der Beziehung ist.

9 Professor K. J. Dover sagte mir, daß die Entscheidung zwischen »der Schlange als Ganzes« und dem »Kopf« der Schlange nicht aufgrund grammatischer Überlegungen getroffen werden kann.

10 Professor Sir Dennys Page schrieb mir, daß die fehlenden Verse, die diesem Fragment folgten, die *Art und Weise* des Erscheinens des Pleisthenidischen Königs erklärt haben *könnten*. Ich halte das für unwahrscheinlich. Nicht einmal in seiner *Palinoidia* (192/15 P.), sondern nur in *fr.* 280/103 P. ging Stesichoros ein Stück zurück, um ein bereits erwähntes Detail zu erklären. Nachdem er das Erscheinen dieses Königs in Klytaimestras Traum berichtet hat, bestünde seine nächste Aufgabe logischerweise darin, die Wirkung dieses Traums auf Klytaimestra und seine Folgen zu beschreiben. Ich bin nicht der Ansicht, daß *Pap. Oxy.* 2617 *fr.* 4 eine hilfreiche syntaktische Parallele darstellt.

1. Die Schlange ist eine chthonische Kreatur, die den zornigen Toten repräsentiert (A. *Choe.* 37ff.): Agamemnon.

2. Der Kopf der Schlange ist blutig, und bei Sophokles (7. Kap.) ist Agamemnons Kopf blutbefleckt, weil er gespalten ist und die Mordwaffe – die Axt – an den Haaren abgewischt wurde. Keine andere bedeutende Figur des Orestes-Mythos hat bis zu oder zu dieser Zeit einen blutbefleckten Kopf.[11] Am wichtigsten ist aber, daß keine der bisher vorgeschlagenen Alternativinterpretationen die entscheidende und stark betonte Blutigkeit des Schädels in Betracht zieht, die in A. *Choe.* 546 beibehalten, aber auf ein anderes hervorspringendes Organ verschoben wird: auf die Brustknospe, und die in S. *El.* 445 ohne Umschweife mit Agamemnons Kopf verbunden wird.

3. Die Schlange mit dem blutigen Haupt muß auch deshalb Agamemnon sein, weil Ailianos (*NA* 1.24) diesen Mythos explizit mit dem (angeblichen) Fortpflanzungsverhalten der ἔχιδνα (Viper) vergleicht: Das Weibchen *enthauptet* während des Koitus das Männchen, aber die Jungen rächen ihren ermordeten Erzeuger (vgl. Anhang).

4. Das Entstehen oder Erscheinen des Pleisthenidischen Königs aus dem gespaltenen Schädel seines Erzeugers findet eine Parallele in der kephalischen Geburt Athenes aus Zeus' *gespaltenem* Schädel.[12] Es werden auch andere, quasi-kephalische »Geburten« erwähnt:

a) Ael. *NA* 9.33 (= Hippys *fr.* 8, *FHG* 2.12 = *22, test.* 422): In Epidauros enthaupten die Priester des Asklepios eine Frau; einer von ihnen zieht mit der Hand ihren Bandwurm aus ihrem Nackenstumpf. Ihr Kopf wird dann von dem Gott wieder auf den Hals gesetzt.

b) *IG* IV², no. 123.23 (= *22, test.* 423): Eine Erzählung von Träumen und Erscheinungen: Die Priester des Asklepios versuchen vergeblich, Aristagoras Bandwurm (durch den Nacken) zu entfernen, indem sie sie enthaupten. Der Gott selbst setzt ihren Kopf wieder an, öffnet ihre Bauchhöhle, entfernt den Wurm und näht sie wieder zu.

c) *IG* IV², no. 123.25 (= *22, test.* 422): Ein – vielleicht in einer Vision gesehener – Mann (Asklepios?) entfernt mittels einer Bauch-

11 Es wäre albern, an dieser Stelle Orestes' *nachfolgende* Purifikation mit Schweineblut ins Spiel zu bringen.

12 Alle Quellen werden bei Cook (*3*, 3.656ff.) vollständig analysiert. Könnte dieser Parallelismus vielleicht etwas Licht auf einen immer noch rätselhaften Kultnamen werfen: Zeus Agamemnon? (Lyc. 335, 1123f., 1369f.).

operation die Riesenmengen von Bandwürmern, mit denen Sostrata ἐκύηcε = schwanger war.

d) *IG* IV^2, no. 122.21 (= *22, test.* 423): Der Traum einer Mutter: Asklepios öffnet den Kopf ihrer wassersüchtigen Tochter und hängt ihren Körper kopfüber auf, wodurch die Flüssigkeit aus ihr herausläuft. [Aus dem amputierten Penis des *equus october* wird das Blut abgelassen, indem man ihn aufhängt. (*17*).]

Einige Details verdienen Beachtung:

α) Alle vier Personen, aus deren Körper etwas herausgezogen wird, sind weiblich, obwohl die Schlange im Traum der Stesichoreischen Klytaimestra männlich ist.

β) Vor der Extraktion ist die Frau sozusagen »schwanger«; explizit im Fall c), implizit in den drei anderen Fällen.

γ) (Schlangenartiger) Bandwurm = Foetus: explizit im Fall c). Dies ist verständlich: physiologisch gesehen ist der Foetus eine Art Parasit oder Tumor. Der Abfluß der Körperflüssigkeit im Fall d) erinnert an den Abzug von Fruchtwasser; seine sexuelle Bedeutung wird von der *equus october*-Analogie noch verstärkt.

δ) Enthauptung = Kaiserschnitt. Dies ist in allen vier Fällen offensichtlich.

ε) Kaiserschnittgeburten erinnern an die Vorstellungen der Griechen über die Art, wie junge Vipern geboren werden.

ζ) Etwa wie bei Stesichoros ist im Fall d) der Träumer nicht die Patientin, sondern ihre Mutter.

5. Orestes' Entstehung aus dem Schlangenschädel wird von Sophokles in einer zwar symbolischen, aber strukturell identischen Form beibehalten: Ein gewaltiger Ast (Orestes) sprießt aus dem *einen Ende* von Agamemnons Zepter, und ich werde zeigen, daß Agamemnons Zepter = Phallos = Schlange ist (7. Kap.).

6. Die generativen Kräfte des Kopfendes einer Schlange werden im Hydra-Mythos offenbar, da aus deren enthaupteten Hälsen so lange neue Köpfe hervorsprießen, bis sie mit Feuer ausgebrannt werden. Auch dieses Motiv ist, wenn auch in *aufgespaltener* Form – bei Sophokles zu finden, wobei Sprießen und Ausbrennen in einer sowohl dem Psychoanalytiker als auch dem Strukturalisten wohlbekannten Weise miteinander *verknüpft* werden. Das *eine* Ende des Zepters sprießt, während das *andere* Ende in die Feuerstelle gestoßen – d.h. versengt – wird. Die Aufspaltung und Wiedervereinigung dieses Motivs bei Sophokles könnte einerseits von der Aischyleischen (*Choe.* 607 ff.) Erwähnung der Verbrennung eines (zepter-

ähnlichen) Holzscheits, das Meleagros' »Außenseele« repräsentierte, in einem Herd inspiriert sein, und andererseits von dem Glauben, daß Phalloi, die man in brennenden Herden findet, Mädchen schwängern können (7. Kap.).

7. Die Gleichung ›Schlange = Phallos‹ ist nicht nur alltäglich, sondern der gespaltene und blutüberströmte Schädel einer Schlange gleicht auch sehr stark der Glans: Der Meatus ist wie eine Spalte geformt, und die Glans ist rötlich und feucht.[13]

8. Die Ansicht, daß Orestes aus dem Schädel einer phallischen Schlange entsteht, wird durch bestimmte zusätzliche Überlegungen noch plausibler gemacht:

a) Gift = Samen.[14]

b) Gift = Blut.[15]

Aischylos behält (*Choe.* 545 f.) das Thema Gift + Blut + Milch (= Samen)[16] bei: Dieses Motiv wird später erörtert werden.

c) Das sexuelle Element des Gift = Samen = Blut-Motivs, das durch die angebliche aphrodisiakische Qualität dieser Mischung[17] offensichtlich gemacht wird, nimmt den latenten erotischen Inhalt des Traums der Aischyleischen Klytaimestra (6. Kap.) vorweg.

d) Das Stesichoreische Bild impliziert, daß Orestes ebenso fertig geformt aus dem Schlangenkopf entsteht wie Athene aus dem Schädel des Zeus. Nun aber behauptet A. *Eum.* 658 ff., daß nur der Vater das Kind erzeugt. Dies könnte bildlich gesprochen implizieren, daß der Vater eine Art Homunkulus ejakuliert (Hp. *Genit.* 1.1.7, S. 470 Littré).[18]

e) Selbst die Blutigkeit der Schlange deutet (in der Umkehrung) auf ihre generativen Kräfte hin, denn die vorsorgliche Verstümme-

13 Vgl. den »blutigen Bräutigam« einer entstellten Bibelstelle, die sich auf Moses' (?) Beschneidung bezieht (*Exod.* 4.24 ff.).

14 Abfall = Samen: Eine Ansicht, die in Arist. *GA* 18, S. 724b 26ff. erwähnt, aber abgelehnt wird. Minos ejakuliert giftige Insekten (Apollod. 3.15.1 und Frazer ad loc.; Ant. Lib. 41 und Papathomopoulos ad loc.). Die Gleichung ›Kleines Tier = Foetus oder Säugling‹ ist überall verbreitet. Nessos' Ejakulat ist giftig, da es vom Gift der Hydra verseucht wurde: Apollod. 2.7.6; D.S. 36.4-5. Quilling (in Roscher, *34*, s. v. Nessos, col. 280) entdeckt eine ähnliche Andeutung in S. *Tr.* 580: προcβαλοῦc' ὅcα ȝῶν κεῖνοc εἶπε, aber seine Ansicht scheint nicht allgemein akzeptiert zu werden.

15 Das giftige Blut der Hydra infiziert das des verwundeten Nessos (Apollod. 2.5.2; Paus. 2.37.4; D.S. 4.11.38; Hyg. *fab.* 30). Selbstmord durch das Trinken von Stierblut: Plu. *V. Them.* 31.

16 Vgl. 6. Kap. für ›Milch=Gift=Samen‹.

17 Vgl. den Bezug zu Nessos, oben, Anm. 14.

18 Eine Theorie, die in Arist. *GA* 1.17, S. 721b12ff., 1.18, S. 724b36f. erwähnt, aber abgelehnt wird. Auch die *matrilinearen* Hopi-Indianer glauben an sie (*6*), vgl. 7. Kap., Anm. 55.

lung von Agamemnons Leiche (7. Kap.) schloß sicherlich auch die Amputation seines *Penis* mit ein, wahrscheinlich aus Furcht, daß sein Geist (oder sein chthonisches Schlangenäquivalent) einen Rächer erzeugen könnte.[19]

9. Die Annahme, daß der Schädel-Phallos des Vaters einen Homunkulus ejakuliert, kann leicht mit Hippokrates' Glauben verknüpft werden (*Genit.* 1.1.7, S. 470 Littré), daß der Samen letztlich aus dem Kopf (Gehirn) kommt (*30*, S. 108ff.).

10. Es ist nicht völlig unwahrscheinlich, daß selbst das Wort »König« keine bloß hochtrabende Bezeichnung ist. Orestes konnte erst *nach* Agamemnons Tod »König« genannt werden: Sein »Königtum« war sozusagen aus Agamemnons gespaltenem Schädel »geboren«. Selbstverständlich trage ich diese Ansicht *höchst vorsichtig* vor, auch wenn solche (quasi-wortspielerischen) Andeutungen von einem antiken griechischen Dichter zu erwarten sind.

11. Eine weitere *vorläufige* Bemerkung ist die, daß der ausgesprochene Zweck vieler prähistorischer Kraniotomien darin bestanden haben könnte, »etwas« herauszulassen, was sich im Schädel des Patienten befand.[20] Dies hat *möglicherweise* (indirekt) zu dem stillschweigenden Glauben geführt, ein rächender Alastor könne in einer Art »Kopfkaiserschnitt« aus einem gespaltenen Schädel entstehen. In diesem Licht betrachtet wurde der Mann Orestes normal von Klytaimestra geboren, während der Rächer Orestes, der Erbe (und König), aus Agamemnons gespaltenem Schädel »entstand«.[21]

Um zusammenzufassen: Der Stesichoreische Traum zeigt Aga-

19 Der tote Heros Astrabakos zeugte Demaratos (Hdt. 6.69), usw. Für eine direkte, wenn auch (vermutlich) sarkastische Erwähnung dieses Glaubens vgl. E.*Suppl.* 545. (Aber ich bezweifle mit Wilamowitz die Stichhaltigkeit von Dümmlers, Weickers, Samters und Nilssons [*29* I². 100] weitreichenden Schlußfolgerungen aus dieser Stelle und aus Hom.*Il.* 22.72ff. und Tyrt. 10.25 [Bergk].) Geschichten über Schlangenvaterschaften gibt es nicht nur in Griechenland (Alexander der Große), sondern auch in vielen primitiven Kulturen im Überfluß.

20 Die Sedang trepanierten eine Person, die in selbstmörderischer Absicht Tabaksaft getrunken hatte, um das Gift herauszulassen (*7*, *19*).

21 Vgl. die »Kaiserschnitt«-Geburten der beiden potentiellen Nachfolger von Zeus: Athene, die Erbin (ἐπίκληρος) (Ar.*Av.* 1653) aus seinem gespaltenen Schädel, und Dionysos, der zuerst aus Semeles Leib und dann aus Zeus' »Schenkel« (was wahrscheinlich ein Euphemismus ist) herausgeschnitten wurde. Es fällt auf, daß sowohl die Schädelnähte (Hdt. 9.83 usw.) als auch (bis auf den heutigen Tag) die Nähte des unteren Teils des Penis und des Skrotums ῥαφή genannt werden. Man könnte viel über die Rolle des letzteren Nahttyps in der Embryologie, in angeborenen genitalen Deformationen (*27*), bei rituellen Verstümmelungen (*33*), bei pervertierten rituellen Praktiken (*33*), in Träumen (*9*) usw. sagen, was Licht auf die Natur von Zeus' »väterlichem Schoß« werfen würde (Nonn. 9.11). Leider würde eine adäquate Diskussion zu sehr ausufern. Meines Erachtens impliziert A.*Ag.* 1569ff. auch, daß ein neuer Alastor noch zu kommen hat: Orestes.

memnon in Gestalt einer bedrohlichen chthonischen Schlange, die sich mit blutüberströmtem Haupt Klytaimestra nähert; dann erscheint, König weil Rächer und Rächer weil König (S. *OT* 132 ff.), Orestes aus dem blutüberströmten (und gespaltenen?) Schädel. Die Phallussymbolik der Schlange und der Nexus zwischen dem Ausströmen von Blut = Gift = Samen und der Geburt Orestes' aus einem männlichen Kopf fügen der durch das Erscheinen der Schlange erregten Angst ein erotisches Element hinzu. Derselben erotisierten Angst kann man auch in der Aischyleischen und Sophokleischen Version dieses Traumes begegnen, denn der latente Inhalt eines Traumes oder eines Mythos ist ebenso widerstandsfähig gegenüber Veränderung – so invariant (*8, 10, 11*) – wie seine Struktur (*28*). Die allgemeinere Beziehung zwischen dem Stesichoreischen Thema und der Aischyleischen und Sophokleischen Variante wird im Lauf der Analyse der beiden letzteren Träume deutlich werden.

Zum Schluß weise ich darauf hin, daß die Darstellung Agamemnons im Stesichorostext als Schlange mit gespaltenem Schädel psychologisch und eschatologisch angemessen ist, da in der Phantasie ein Mord regelmäßig mit einer Kastration, und die Ermordung eines Mannes durch eine Frau mit der Phantasie der *vagina dentata* gleichgesetzt wird. Agamemnon ist eine (chthonische) Schlange, weil er tot ist und weil – wie bei den Geistern einiger anderer meuchlings Ermordeter – die tödliche Wunde immer noch an seinem Geistleib sichtbar ist.[22] Daß die »kastrierende«, mörderische Klytaimestra Schuldträume hat, sollte nicht überraschen. Eine alte isländische Saga erzählt, daß ein Mann, der seinen Sklaven Gilli kastrieren ließ, dreimal prophetisch träumte, sein Sklave würde ihn töten – was auch tatsächlich geschah (*26*). Das Konzept der »Kastrationsangst« hat ein psychologisches Gegenstück und eine Ergänzung: »Die Angst des Kastrierenden« – die die Psychoanalytiker bis jetzt zu ignorieren beliebten.

22 Dieser Glaube hält sich hartnäckig: Eriphyles Geist zeigt immer noch die tödliche Wunde (V. *Aen.* 6.445). Vgl. 4. Kap.

Die Fortpflanzung der Echidna

Griechische Vorstellungen über die Fortpflanzung der Viper, die – anders als z. B. die Kobra – lebendgebärend ist, sind, wie bereits Ailianos (*NA* 1.24) wußte, für das Verständnis der dichterischen Bearbeitung der Orestes- und Alkmaion-Mythen relevant.[23]

Drei Aspekte des Fortpflanzungsmusters sind relevant:

1. Das männliche Tier wickelt sich um das weibliche (Ael. *NA* 1.24).

2. Das Weibchen beißt während des Koitus den Kopf des Männchens ab (Hdt. 3.109).

3. Die Jungen töten die Mutter, indem sie nicht durch die Vagina, sondern durch die Bauchwände hinauskommen. Ich werde jetzt diese drei Elemente diskutieren:

1. In A. *Choe.* 1049f. werden die Erinyen als mit Schlangen verwoben beschrieben. Das Umwickeln der weiblichen Schlange durch die männliche Schlange steht somit in einer symmetrischen Beziehung zu der Geschichte, daß Klytaimestra Agamemnon mit Hilfe eines Netzes bewegungsunfähig machte.[24] Derartige Symmetrien sind psychoanalytisch und struktural wichtig.

2. Die Enthauptung des Männchens während des Koitus – bei der notwendigerweise Blut ausströmt – wird von vielen Quellen erwähnt.[25] Nur Nikandros weist darauf hin, daß es einigen Männchen gelingt, verwundet, aber lebend zu entkommen. Die Ähnlichkeit mit dem Stesichorostext ist offenkundig.

3. Es gibt zwei Versionen darüber, wie die jungen Vipern geboren werden:

a) Sie beißen sich einen Ausweg durch die Bauchwand des

23 Schlangen sind mit dem Alkmaion-Amphiaraos-Mythos eng verknüpft. Der Tod des Opheltes verbindet Schlange und Kind. Eriphyle wurde mit Harmonias Halsschmuck bestochen, der wie eine Amphisbaina geformt war (Nonn. *Dion.* 5.144ff.); Harmonia selbst wurde zu einer Schlange (E. *Ba.* 1330ff.). Wenn man Amphiaraos' Untergrunddasein bedenkt, überrascht es, daß er *nicht* regelmäßig als Schlange repräsentiert wird. Es gibt in seinem Mythos sogar eine Enthauptung und einen gespaltenen Schädel: Er bringt Tydeus den Schädel des Melanippos, dessen Gehirn Tydeus verschlingt (Apollod. 3.6.8). Mütterliches Blut wird in E. (*Alcm.*) *fr.* 71 N² erwähnt. Obwohl diese Daten kärglich genug sind, rechtfertigen sie dennoch Ailianos' Verknüpfung von Alkmaion mit viperartigem Fortpflanzungsverhalten – und meine Verknüpfung des letzteren mit dem gespaltenen Schädel der Stesichoreischen Schlange. Das Muster scheint veränderungsresistent zu sein.

24 A. *Ag.* 868, 1115; vgl. A. *Choe.* 506, 999, usw.

25 Hdt. 3.109; Ps.-Arist. *Mir.* 846b18; Nic. *Ther.* 128ff. und scholia ad loc.; Ael. *NA* 1.24.

Weibchens; dadurch rächen sie ihren Erzeuger.[26] Dies erinnert an die Geschichte, daß ungeborene Löwenjunge, obwohl sie scheinbar aus der Vagina der Löwin herauskommen, deren Gebärmutter mit ihren Krallen zerstören (Hdt. 3.108). Diese letztere Geschichte wird von Arist. *GA* 4.5, S. 773a angezweifelt.

b) Die dünnen Flanken der weiblichen Viper platzen einfach unter dem Druck[27] – wie das auch vermeintlich bei den Flanken der weiblichen Seenadel geschieht (Ael. *NA* 9.60, 15.16).

Ein Grund für die absurden Geschichten über die Geburt der jungen Vipern könnte darin liegen, daß das Weibchen lebend gebärt, wodurch es sich, wie Hdt. 3.109 und Nic. *Ther.* 135f.[28] anmerken, von den meisten anderen Schlangen, die Eier legen, unterscheidet. Dies könnte erklären, warum Orestes in A. *Choe.* 543ff. so sehr seine und der Traumschlange Geburt aus Klytaimestras Schoß betont. Am auffallendsten an diesem Teil der Geschichte ist die Vorstellung der Vipernvagina als »Einbahnstraße«: Sie kann den Penis herein-, aber ihre Jungen nicht hinauslassen.

In bezug auf die beiden Themen der Geschichte ist anzumerken, daß beide den *Vipern* ein Verhalten zuschreiben, das bei *Insekten* auftritt:

1. Am Ende des Koitus verschlingt die Gottesanbeterin ihren Partner, wobei sie mit dessen Kopf beginnt. Auch bei anderen Insekten kann man ein ähnliches androphages Sexualverhalten beobachten (*37*, 7. Kap.).

2. Die Jungen einiger Insekten kommen in der Tat durch die Bauchwände des Weibchens heraus: Eines dieser Insekten ist die Miastormücke, deren Junge bereits schwanger geboren werden (Paedogenese) (*37*, 7. Kap.).

Ich weise hier zum ersten und letzten Mal darauf hin, daß menschliche *Phantasien* über sexuelles Verhalten gewöhnlich eine Entsprechung in einem *tatsächlichen* Verhalten bei anderen Spezies, wie den Insekten, finden.

26 Hdt. 3.109; Ael. *NA* 1.24 (angezweifelt in Ael. *NA* 15.16).

27 Ael. *NA* 15.16 zitiert Theophrastos, dessen Lehrer Aristoteles die Fortpflanzung der Vipern richtig beschrieb (Arist. *HA* 558a25, usw.

28 Und die sch. ad loc. (Bussemaker). In diesen Fragen geben die scholl. 129ff. wenig Hilfe. Vgl. auch *25*, S. 173 zu Nic. *Ther.* 128ff.

Bibliographie

(1) Alexander, Franz: »Über Traumpaare und Traumreihen«. In: *Internationale Zeitschrift für Psychoanalyse* 6: 446-452, 1925.

(2) Baumann, H.H.: »Über Reihenfolge und Rhythmus der Traummotive«. In: *Zentralblatt für Psychotherapie und ihre Grenzgebiete* 9: 213-228, 1936.

(3) Cook, A.B.: *Zeus* 3. Cambridge, 1940.

(4) Delcourt, Marie: *Oreste et Alcméon*. Paris, 1959.

(5) Denniston, J.D.: *The Greek Particles*[2]. Oxford, 1959.

(6) Devereux, Georges: *Hopi Field Notes* (MS.), 1932.

(7) –: *Sedang Field Notes* (MS.), 1933-1935.

(8) –: »Why Oedipous Killed Laïos: A Note on the Complementary Oedipus Complex«. In: *International Journal of Psycho-Analysis* 34: 132-141, 1953.

(9) –: »Primitive Genital Mutilations in a Neurotic's Dream«. In: *Journal of the American Psychoanalytic Association* 2: 483-492, 1954.

(10) –: *A Study of Abortion in Primitive Societies*. New York, [2]1955, 1975.

(11) –: »The Exploitation of Ambiguity in Pindaros. *O.* 3.27«. In: *Rheinisches Museum für Philologie* 109: 289-298, 1966. Auch in: *Tragédie et Poésie Grecques* (8. Kap.). Paris, 1973.

(12) –: »Fausse Non-Reconnaissance«. In: *Bulletin of the Menninger Clinic* 31: 69-78, 1967.

(13) –: *Angst und Methode in den Verhaltenswissenschaften*. München, 1973; Frankfurt, Berlin und Wien, 1976. (1. engl. Ausg. Paris und Den Haag, 1967.)

(14) –: *Reality and Dream: The Psychotherapy of a Plains Indian* (2., erw. Aufl.). New York, 1969. [Dt. Ausgabe in Vorb.]

(15) –: *Mohave Ethnopsychiatry* (2., erw. Aufl.). Washington, D.C., 1969.

(16) –: »La Naissance d'Aphrodite«. In: Pouillon, Jean und Maranda, Pierre (Hrsg.): *Echanges et Communications (Mélanges Lévi-Strauss)*, 2.1229-1252. Paris und Den Haag, 1970.

(17) –: »The Equus October Ritual Reconsidered«. In: *Mnemosyne* 23: 297-301, 1970.

(18) –: *Essais d'Ethnopsychiatrie Générale*. Paris, 1970, [4]1979. Dt. z.T. in: *Normal und Anormal*. Frankfurt, 1974.

(19) –: *Sedang Suicide* (MS.). Vorlesung am Institute for Social Anthropology, Universität Oxford, 1972.

(20) –: *Ethnopsychoanalyse*. Frankfurt, 1979. (1. franz. Aufl. Paris, 1972.)

(21) –: »Trois Rêves en Série et une double Parapraxie«. In: *Ethnopsychiatrica* 1: 243-251, 1978.

(22) Edelstein, E.J. und Edelstein, Ludwig: *Asclepius* I. Baltimore, 1945.

(23) Fairbairn, W.R.D.: »The Effects of the King's Death upon Patients in

Analysis«. In: *International Journal of Psycho-Analysis* 17: 278-284, 1936.

(24) Gahagan, L.: »The Form and Function of a Series of Dreams«. In: *Journal of Abnormal and Social Psychology* 29: 404-408, 1935.

(25) Gow, A.S.F. und Scholfield, A.F.: *Nicander*. Cambridge, 1953.

(26) Kelchner, G.D.: *Dreams in Old Norse Literature and their Affinities in Folklore*. London, 1935.

(27) Kreisler, Léon: »Les Intersexuels avec Ambiguité Génitale«. In: *La Psychiatrie de l'Enfant* 13: 65-127, 1970.

(28) Lévi-Strauss, Claude: *Anthropologie Structurale*. Paris, 1958. Dt.: *Strukturale Anthropologie*. Frankfurt, 1967.

(29) Nilsson, M.P.: *Geschichte der griechischen Religion* I². München, 1955.

(30) Onians, R.B.: *The Origins of European Thought*. Cambridge, 1951.

(31) Orlansky, H.: »Reactions to the Death of President Roosevelt«. In: *Journal of Social Psychology* 26: 235-266, 1947.

(32) Ritchie, William: *The Authenticity of the Rhesus of Euripides*. Cambridge, 1964.

(33) Róheim, Géza: »Psycho-Analysis of Primitive Cultural Types«. In: *International Journal of Psycho-Analysis* 13: 1-244, 1932.

(34) Roscher, W.H. (Hrsg.): *Ausführliches Lexikon der griechischen und römischen Mythologie*. Leipzig, 1884-1937.

(35) Sterba, R.F.: »Report on Some Emotional Reactions to President Roosevelt's Death«. In: *Psychoanalytic Review* 33: 393-398, 1946.

(36) Vürtheim, J.: *Stesichoros' Fragmente und Biographie*. Leiden, 1919.

(37) Wigglesworth, V.B.: *The Life of Insects*. Cleveland und New York, 1964. Dt.: *Physiologie der Insekten*. Stuttgart, 1959.

6. *Kapitel*
Klytaimestras Traum
(Aischylos: *Choephoroi*)

ΧΟΡΟC
τεκεῖν δράκοντ' ἔδοξεν, ὡc αὐτὴ λέγει.
ΟΡΕCΤΗC
καὶ ποῖ τελευτᾷ καὶ καρανοῦται λόγος;
ΧΟΡΟC
ἐν cπαργάνοιcι παιδὸc ὁρμίcαι δίκην.
ΟΡΕCΤΗC
τίνοc βορᾶc χρῄζοντα, νεογενὲc δάκοc;
ΧΟΡΟC
αὐτὴ προcέcχε μαζὸν ἐν τὠνείρατι.
ΟΡΕCΤΗC
καὶ πῶc ἄτρωτον οὖθαρ ἦν ὑπὸ cτύγουc;
ΧΟΡΟC
ὥcτ' ἐν γάλακτι θρόμβον αἵματοc cπάcαι.
ΟΡΕCΤΗC
οὔτοι μάταιον· ἀνδρὸc ὄψανον πέλει.
ΧΟΡΟC
ἡ δ' ἐξ ὕπνου κέκλαγγεν ἐπτοημένη.

(Smyths Text)

Übersetzung

Chor: Sie träumte, sie gebar einen Drachen, so ihre eigene Aussage.

Orestes: Und wo endete die Geschichte, und was war ihre Vollendung?

Chor: In Windeln habe sie ihn wie ein Kind gebettet.

Orestes: Was begehrte als Fraß das neugeborene Ungeheuer? (stechende oder beißende Bestie, vgl. A. *Suppl.* 897).

Chor: Sie selbst bot ihm die Brust im Traum dar.

Orestes: Sicherlich blieb ihre Brustknospe von dem Scheusal nicht unverletzt?

Chor: Nein. Mit der Milch sog es geronnenes Blut heraus.

Orestes: Nicht ohne Bedeutung ist's – das Traumbild bedeutet einen Mann.

Chor: Sie träumte, sie gebar einen Drachen, so ihre eigene Aussage.

[Übers. G. D. Der Verfasser besteht auf »Brust*knospe*«, da er das Wort »Brust*warze*« für abscheulich hält (A. d. Ü.).]

Einführung

Wenige Aischyleische Texte enthüllen den unerschöpflichen Reichtum seiner Dichtung besser als der Traum seiner Klytaimestra. Jede Nuance gehört zu mehreren Bedeutungsnetzen, denn seine Kunst verwandelt eine extreme breite Skala von – kulturellen und anderen – Fakten in Traum-Poesie. Jedes Detail ist mit – zuweilen fast unsichtbaren Fäden – mit vielen anderen Details verknüpft.

Dies ist ein wichtiger Befund, denn der *große* Dichter verzaubert und fasziniert nicht so sehr mit dem, was er *bietet*, sondern mit dem, was er *verlangt*: Jeder Vers fordert den Leser dazu heraus, durch die Entdeckung seiner zahllosen Obertöne und seiner vielen Verknüpfungspunkte mit anderen Stellen und mit der Welt des Dichters als Ganzes seine Echos zu vervielfältigen. Denn trotz Platon ist es nicht die geringste der Gaben des Dichters, die letzte Wahrheit – und das ist die psychologische Realität – sogar und vielleicht gerade durch das zu enthüllen, was objektiv eine Unwahrheit ist: Er beleuchtet die reine Essenz der Wirklichkeit durch eine Metamorphose ihrer konkreten Manifestationen. Ich weise nochmals darauf hin, daß, mehr als das beste wirkliche Rennpferd, der imaginäre und geflügelte Pegasos die Essenz der Geschwindigkeit und besonders die *unbewußte* Bedeutung des Reitens heraufbeschwört. Denn der »absurde« Flug des Pegasos wurzelt in der symbolischen Gleichung: ›Traumflug = Erektion oder sexuelle Erregung‹.

Mir scheint Platons letzte »Realität« ebenso unwirklich eindimensional zu sein wie der »reine« Ton, den bar aller Obertöne das »Ondes Martenot« produziert. Poesie aber ist mit den reichen, »unreinen« Tönen der Geige vergleichbar, deren Obertöne hörbar sind und vom menschlichen Ohr in einem bestimmten Sinn sogar verstärkt werden.[1]

Deshalb enthüllt Klytaimestras Lüge, sie habe Orestes gestillt (896 ff.), die psychologische Wahrheit sogar noch treffender als die glaubhafte Versicherung der Amme, daß (nur) sie ihn gestillt habe. Es ist Klytaimestras Lüge, die ihre Unterlassung, Orestes zu stillen,

1 So wird das Ohr, wenn ein Orchester nur C-E-C spielt, auch das (fehlende) G hören, das nur als Oberton erklingt. Das Ohr wird daher den ganzen Akkord C-E-(G)-C hören.

so monströs erscheinen läßt, wie sie wirklich ist: Vgl. A. *Ag.* 856 für eine ähnlich freche Lüge.

Man wird mir sicher entgegenhalten, daß in 544 ff. Orestes selbst behauptet, von seiner Mutter gestillt worden zu sein ... weil es ihm bis dahin so *erzählt* worden war. Dies ist nicht die Art Widerspruch, an der bestimmte Kritiker ihre Freude haben – es ist die Handschrift des großen Psychologen. Die harte, festhaltende Mutter eines Patienten hatte über viele Jahre hinweg vor ihm verheimlicht, daß sie ihn (wegen einer Erkrankung) nur wenige Wochen lang gestillt und ihn dann einer oder mehreren Ammen anvertraut hatte. Bezeichnenderweise *behauptete* die Mutter dieses Mannes, als dieser sich einer Psychoanalyse unterzog und sie nach Informationen über seine Amme(n) fragte, sich an sie überhaupt nicht erinnern zu können – und zugleich nochmals erklärte, sie allein sei seine »echte« Mutter und Amme gewesen. Dieser Fall spricht für sich selbst und beseitigt ein für alle Male den »Widerspruch« zwischen der Aussage der Amme, Klytaimestras Behauptungen und Orestes' naivem Glauben an die Lügen seiner Mutter.

Dies ist also die »lügnerische« Kunst des Dichters, die die *unverzerrte* psychologische Wahrheit mit Hilfe einer *Falschdarstellung* der objektiven Wirklichkeit enthüllt. Der Psychoanalytiker kann die Lebendigkeit dieser Kunst nur begreifen, wenn er sich dem Dichter unterordnet, der mit Hilfe einer außerordentlich multivalenten »Dichte« (*29*) der poetischen Aussage die Wunder der Realität ins Leben ruft, denn er allein hat den Schlüssel dazu.

In bezug auf die Literaturkritik muß man zuerst darauf hinweisen, daß Klytaimestras Traum in der Tragödie nicht von ihr, sondern von einem Dritten erzählt wird: Vom Chor in A. *Choe.*; von Chrysothemis in S. *El.* Darüber hinaus wird – und das trifft in besonderem Maß auf A. *Choe.*, in geringerem Umfang auf S. *El.* zu – die Information über den Trauminhalt durch Befragung des (der) Informanten *entlockt*. Im Gegensatz dazu werden fast alle anderen Träume, die in den erhaltenen griechischen Tragödien berichtet werden, vom Träumer selbst und darüber hinaus niemals in der Form einer Stichomythia erzählt. Der Traum der Erinyen (A. *Eum.*) wird zugleich auf der Bühne dargestellt und (teilweise) erzählt.

Obwohl Klytaimestras Traum vom literarischen Standpunkt aus prophetisch ist, ist sein »prophetischer« Charakter vom psychologischen Standpunkt aus fast irrelevant. Darüber hinaus betrachtet

Klytaimestra ihn erst dann als Omen oder Prophezeiung, *nachdem* sie, von Entsetzen gepackt, aufgewacht ist (929). Dies stimmt nicht nur mit dem Glauben der Griechen überein, sondern unterstreicht auch, daß die *Definierung* dieses Traumes als Prophezeiung nicht Teil der eigentlichen »Traumarbeit«, sondern, als Reaktion auf den affektiven Kern, Produkt der sekundären Bearbeitung ist. In der Tragödie ist die Definition eines Traumes als Prophezeiung immer eine Unterstellung.[2]

Die Behauptung, dieser Traum habe einen prophetischen Charakter, wird durch den Umstand erleichtert, daß er offenkundig *kein* vergangenes *Ereignis* reproduziert, denn nicht Klytaimestra, sondern die alte Amme hatte Orestes gestillt.[3] Dies führt zu der nicht ganz richtigen Annahme, der Traum betreffe *nur* die Zukunft. In Wirklichkeit wurzelt nicht der manifeste Inhalt, sondern der bei weitem wichtigere affektive Kern des Traumes in der Vergangenheit: er spiegelt Schuldgefühle und Selbstbestrafungsimpulse, die mit Klytaimestras Unzulänglichkeit als Mutter in Beziehung stehen (infra). Darüber hinaus erfüllt Klytaimestra in ihrem Traum verspätet eine Aufgabe, die sie zur richtigen Zeit vernachlässigt hatte. Solche Träume sind recht häufig und werden vom Traum der Erinyen (4. Kap.) beispielhaft dargestellt. Ebenso schließt diese verspätete Erfüllung einer vernachlässigten Pflicht im Traum in psychologisch plausibler Art eine automatische Strafe mit ein – wie der Traum der Erinyen: der Schlangen*biß* antizipiert den *Stachel* des Selbstvorwurfs im Traum der Erinyen (4. Kap.). Daher sind an dieser Stelle die grundlegenden psychoanalytischen und strukturalen Ähnlichkeiten zwischen Klytaimestras Traum und dem Traum ihrer eigenen Erinyen zu finden.

Diese Überlegungen zeigen, daß Literaturkritik, sobald man über das Offensichtliche hinausgeht, schon allein deshalb direkt zu psychoanalytischen Einsichten führt, weil große Dichtung sich überzeugend mit der menschlichen Persönlichkeit befaßt.

Wiederholungen: Die Komplexität dieses Traums und seine zahllosen Verbindungen mit anderen Stellen und verschiedenen Bräuchen machen ein gewisses Maß an Wiederholungen nötig, um dem Leser zu helfen, meiner Argumentation zu folgen, ohne

2 Vgl. *33*, *passim*; *67*. »Entsetzen ist des Traumes Deuter« (A. *Choe*. 929).

3 Darüber hinaus stillte sie ihn, wie das in vielen primitiven Gruppen der Fall ist, nur bei Bedarf und nicht »nach Stundenplan« (749ff.). Diese Gewohnheit wird in (*52*) unerklärlicherweise nicht erwähnt.

zurückblättern zu müssen, um sich eine an einem bestimmten Punkt benötigte Information zu vergegenwärtigen. Obwohl Wiederholungen ästhetisch unbefriedigend sind, erweisen sie sich bei der Verfolgung komplexer Überlegungen über komplexe Tatsachen als hilfreich.

Traum und Kontext: Die Analyse von Klytaimestras Traum wäre eine recht einfache Aufgabe, wenn er *alles* wäre, was von A. *Choe.* erhalten blieb (vgl. 3. Kap.). Aber nach Lage der Dinge muß er in seinem Kontext gedeutet werden. Nun *scheinen* Teile dieses Kontexts bestimmten Details dieses Traumes zu widersprechen – aber nur um durch *objektive* Unwahrheiten und Unvereinbarkeiten die dahinterliegende *psychologische* Wahrheit des Traumes zu enthüllen – eine dichterische Technik, die ich eben erörtert habe.

Wenn wir zum Beispiel nicht die glaubhafte Aussage der Amme (749ff.) besäßen, *sie allein* habe Orestes gestillt – d.h., wenn V. 749-760 fehlten –, könnte man zur Annahme gelangen, der manifeste Trauminhalt reproduziere (mit einer einzigen alptraumhaften Verzerrung) Erinnerungen an Klytaimestras Stillen des Orestes. In diesem Fall müßte man ihre nachfolgende Bitte, verschont zu werden – verstärkt durch die Entblößung der Brüste, die, wie sie behauptet, einst Orestes genährt hatten (896ff.; vgl. E. *Phoin.* 1568) –, als eine legitime Erinnerung an die »Schuld« betrachten, die ein Sohn den Brüsten gegenüber hat, die ihn gestillt haben. Die Erzählung der Amme macht jedoch diese beiden plausiblen und »objektiven« Interpretationen unhaltbar. Die Wahrheit des Traumes ist mehr psychologisch – und daher weniger greifbar – als objektiv.

Der Traum muß daher »in situ«, unter besonderer Berücksichtigung der V. 27ff., 32ff., 535ff., 749ff. und 896ff., analysiert werden.

1. *V. 32ff.*, die die äußeren, beobachtbaren Manifestationen von Klytaimestras Traum beschreiben, liefern nur eine auffallende Angabe. Diese Stelle erwähnt einen Schrei *während* des Traums – aber die eigentliche Traumerzählung gibt nicht den geringsten Hinweis auf einen Schrei. In der Tat liefert die Traumerzählung selbst, obwohl das Gebären einer Schlange, ihr wildes Saugen an der Brust, ihr Wickeln und Zu-Bett-Bringen schrecklich genug sind, nicht den geringsten Hinweis auf ein Entsetzen, das Klytaimestra gespürt haben könnte, *während* sie diese Aufgaben *im Traum* erfüllte (vgl. 2. Kap.). Man könnte jedoch ihr sachliches Verhalten

im Traum nur dann als routinemäßig und angstfrei betrachten, wenn ihr Kind menschlich wäre. Diese Beiläufigkeit verstärkt mehr als alles andere den oneirischen Charakter ihres Traums – denn wirkliche Träume lassen, wie große Kunst, das Fast-Unmögliche nicht nur natürlich und glaubhaft, sondern auch unausweichlich erscheinen.[4]

Wie kann man dann den erwähnten Schreckensschrei mit Klytaimestras ruhigem und sachlichem Traumverhalten vereinbaren?

Am einfachsten wäre die Annahme, daß Klytaimestra vor Entsetzen aufschrie, als ihr schrecklicher Traum sie in der Nacht *aufweckte*. Der Text verbietet eine solche Interpretation nicht und legt sie vielleicht auch nahe.

Als Alternative könnte man unterstellen, daß das sachliche Verhalten von Klytaimestras *Traumbild* von dem entsetzten – und entsetzlichen – Schrei der *schlafenden* Klytaimestra ergänzt wird. Dies würde implizieren, daß das ruhige geträumte Verhalten von einer Ebene des psychischen Funktionierens und der erschreckte Schrei von einer anderen Ebene ausgeht.

Man kann zur Unterstützung dieser Interpretation drei Argumente anführen:

a) Sapphos (*fr.* 31 LP) Geist ist klar – ihre anormalen Reaktionen auf schmerzliche Situationen sind körperlicher (physiologischer) Natur. Ich habe andernorts (*39*) gezeigt, daß ihre Objektivität genau deshalb nicht beeinträchtigt ist, weil sie das, was in den meisten Fällen *psychischer* Schmerz wäre, *somatisiert*.

b) Gleichzeitiges verbales und nicht-verbales Verhalten kann widersprüchlich sein, wobei jedes einen Aspekt einer Ambivalenz spiegelt.[5]

c) Man kann Klytaimestras ruhiges Verhalten im Traum, das im Gegensatz zu ihrem entsetzten Schrei im Schlaf steht, *vielleicht* auch mit der griechischen Vorstellung in Zusammenhang bringen, daß Träume »Eindringlinge« sind; daß die Traumgestalten (einschließlich des eigenen Traumbilds des Träumers) eine Art Schauspiel vor

4 Ebenso überrascht eine unerwartete Wendung einer Melodie bei Mozart oder eine kühne Modulation bei Schubert nur beim ersten Hören. Aber einmal gehört, erscheinen sie als völlig unausweichlich; man kann sich im nachhinein nicht einmal vorstellen, daß sie anders hätten komponiert werden können. Vgl. auch (*60*) und das 1. Kapitel.

5 Vgl. die Furchtdurchfälle des Helden Aratos vor einer angesetzten Schlacht (Plu. *V. Arat.* 29.5 und *passim*); Henri IV. von Frankreich zitterte wie Espenlaub, bevor er in die Schlacht ritt. Was klinische Daten angeht, so sprach einer meiner Patienten liebevoll von seinem Bruder – aber er nahm auf der Couch die Haltung eines Boxers ein. Vgl. Sen. *Phaedr.* 1121 und (*24*).

dem inneren Auge des Schläfers aufführen. Aber dies ist sicherlich der schwächste der drei Punkte, die in diesem Zusammenhang angeführt werden können.

Der aufschlußreichste Aspekt von Klytaimestras Traumverhalten ist die *tatsächliche* Aktivität, zu der es beim Aufwachen führt. Erschreckt von ihrem bedrohlichen Traum sendet sie Trankopferträgerinnen zu Agamemnons Grab, um seinen zornigen Schatten (278) zu besänftigen. Ich wende mich daher jetzt diesem Ritual zu.

2. *In V. 27ff.* wiederholt das Verhalten der trauernden Trankopferträgerinnen praktisch Klytaimestras Traumaktivität. Auch sie *entblößen* ihre Brüste (vgl. E.*Phoin.* 1491; Theocr. 15.134) und *verletzen* sie durch Schläge. Selbst das angebotene Trankopfer erinnert an die Mischung der *Flüssigkeiten*, die Orestes in Klytaimestras Traum aus ihren Brüsten saugt (infra).

3. *V. 749ff.* – die in jeder Beziehung Hom. *Il.* 9.485 ff. nachgebildet sind[6] – stellen fest, daß *nur* die Amme Orestes gestillt hat. Klytaimestras Traum ist daher keine verzerrte Kopie früherer Ereignisse, und ihre Forderung, verschont zu werden (896ff.), weil sie Orestes »gestillt« habe, ist eine objektive Täuschung – aber eine Täuschung, die wichtige psychologische Wahrheiten enthüllt.

Darüber hinaus spiegeln verschiedene Details des Berichts der Amme Einstellungen wider, die im Traum und in der Lüge präsent sind.

a) Säugling = (unvernünftiges) Tier (βοτόν) = Schlangensäugling (vgl. Hom. *Od.* 19.530).

b) Stillen ist mühsam und erschöpft die »Seele« der Frau = Schlangenbiß (vgl. 7. Kap. und E. *Phoin.* 1433).

c) Für das Stillen wird – wie in 896ff. – eine Belohnung erwartet.

V. 896ff., die einen Haufen Lügen enthalten – besonders Klytaimestras Behauptung, sie habe Orestes gestillt –, bedürfen einer näheren Untersuchung.

Dies sind einige der Tatsachen, die ich im Verlauf der Analyse dieses Traumes *wiederholt* erwähnen muß.

Die beobachtbaren Aspekte von Klytaimestras Traum sind bereits an anderer Stelle (*33*) teilweise erörtert worden.

Klytaimestra träumt in ihrem Gemach (μυχός) (35).[7] Eine ent-

6 Sogar das befleckte Gewand wird in beschmutzte Windeln »transformiert«. Gesäubert in Q.S. 3.475 ff. (infra).

7 Rousseau (*96*, S. 123) versucht, dieses Gemach als eine Art Orakelheiligtum darzustellen. Das grenzt ans Absurde. Daß ein bedeutsamer Traum in einem bestimmten Zimmer geträumt wird, verwandelt dieses noch lange nicht in einen Orakelschrein.

setzliche Stimme, untrennbar mit dem zornigen Atem des Schlafs verwoben, hallt durch den Frauenflügel des Palastes. Soviel ist klar. Der Rest ist unklar, obwohl die meisten Herausgeber – mit Ausnahme von V. 32 – denselben Text drucken.[8] Die Übersetzungen von Smyth, Mazon und Thomson unterscheiden sich jedoch in wichtigen Hinsichten. Ich bin der Meinung, daß man bei dem Versuch, diesen kryptischen Text zu entziffern, über die lexikalischen und syntaktischen Probleme hinausschauen muß: Diese Verse müssen im Rahmen Aischyleischer (und griechischer) Vorstellungen über Träume und, wie ich behaupte, auch im Rahmen der Psychologie einen Sinn ergeben.

Ich möchte nicht den Eindruck erwecken, im Besitz aller nötigen Antworten zu sein. Ich versuche bloß, die Schwierigkeiten zu bestimmen und sie zu kommentieren.

Das Grundproblem besteht darin, ob der Schrei und das Atmen aus *derselben Quelle* stammen oder nicht. Aber man stellt am besten die Erörterung dieses Problems zurück, bis einige andere Fragen geklärt sind.

Der entsetzliche Schrei stammt von einer unspezifizierten »Macht«, die die Träume bereits *während* des Traumes *dem* Haushalt als Ganzem *interpretiert*. Diejenigen, die den Schrei hören, verstehen die *Bedeutung* des Traumes sofort, auch wenn sie (noch) nicht wissen, *was* Klytaimestra in diesem Moment tatsächlich träumt. Wenn man – wie man wohl muß – dieses »Deuten des Traumes« wörtlich nimmt, bedeutet das, daß denjenigen, die den Schrei hören, die »Deutung« eines (laufenden) Traumes (= Rätsel)[9] vermittelt wird, *ohne* daß sie (schon) wissen, worin der Traum besteht. Sie erfahren nur die Lösung eines *noch unbekannten* Problems. Ein weiteres Beispiel für diese Art des Vorgehens bildet die psychoanalytische Technik, die darin besteht, die »Fragen« zu entdecken, die die Äußerungen des Patienten (unwissentlich) beantworten.

Man kann diesen Vorgang von dem Geschehen beim Delphischen Orakel unterscheiden. Der Klient hört zunächst das glossolalische »Gestammel« der Pythia[10], und dann sagte ihm der Priester, was die Äußerungen der Pythia »bedeuteten«.

8 Ich übergehe hier die Varianten in der Anordnung der Versstruktur, weil sie für die Diskussion belanglos sind.

9 Arist. *Poet.* 1458a24ff.

10 Vgl. 3. Kap., Anm. 19.

Dennoch kann man nur annehmen, daß der Schrei hier zugleich unartikuliert und in einer allgemeinen Weise »verständlich« ist.[11] Er vermittelt einen *Affekt* – und bei Aischylos ist die Grundlage der Traumdeutung die affektive Wirkung des Traumes (vgl. A. *Choe.* 929 und [*33*]). Es ist daher offensichtlich, daß der Schrei – *als Manifestation* des affektiven Trauminhalts – als seine »Deutung« betrachtet werden kann: Klytaimestra hat einen schlimmen Traum, der sich, wie jeder sofort annimmt, nur auf ihre Strafe für den Mord an Agamemnon beziehen kann. Alles dies *schließen* die Frauen aus dem Schrei. Ich betone das Wort »schließen«, denn ich habe andernorts (*35*) gezeigt, daß der den Klienten übergebene Wortlaut des Orakels an die Stelle einer wirklichen und bedeutsamen *Schwierigkeit* bloß ein verbales *Rätsel* setzte, das, inhärent bar jeden Sinns, den Empfänger noch immer vor die Wahl der verschiedensten möglichen »Bedeutungen« stellte. In diesem Fall erweist sich das, was die Frauen affektiv aus dem Schrei *schließen*, als korrekt.

Der Eindruck, daß der Schrei während des Traumes ertönt, aber kein Teil des *manifesten* Trauminhalts ist, wird dadurch verstärkt, daß sich Klytaimestra *in* ihrem Traum sehr sachlich und effizient verhält: sie gebärt eine Schlange, stillt sie, wird von ihr gebissen, wickelt sie und legt sie ins Bett. *Kein Wort* deutet die *Erfahrung* von Schmerz oder Angst *im Traum* an, obwohl man erwarten würde, daß diese Erfahrung Teil des Traumes ist. Dann, nachdem sie ihre Pflicht ruhig erfüllt hat, schreit sie (535).

Es gibt nun Träume, deren affektive Wirkung mit ihrem manifesten Inhalt unvereinbar zu sein scheint. Man kann einen *scheinbar* erfreulichen Traum haben und sich dennoch beim Aufwachen deprimiert fühlen (Hom. *Od.* 20.87 ff.). Auf der anderen Seite wird sich ein Malaie, der davon träumt, von einer Schlange gebissen zu werden, beim Aufwachen freuen: sein Traum sagt Glück in Liebesintrigen voraus (*11*).[12]

Ein Affekt kann sogar vom Symptom und von der Handlung

11 Ein Schamane der Sedang Moi schrie einmal im Traum: »Geist! Geist!« und war so offensichtlich in den Klauen eines Alptraums, daß er von denen, die ihn um sich schlagen sahen, aufgeweckt werden mußte. Alle hatten – richtig – vermutet, daß er träumte, von Geistern angegriffen zu werden, obwohl sie nicht genau wußten, *was* er geträumt hatte, bis er es ihnen *nach* dem Aufwecken erzählte (*14*). Ähnlich kann ich, wenn ich einen Schrei höre, erraten, daß jemand Schmerzen hat, obwohl ich nicht weiß, ob diese Person unter einer Nierenkolik leidet oder von einem Räuber angegriffen wird, usw.

12 Ich verweise hier absichtlich nicht auf Penelopes *pseudo*-paradoxe Tränen während ihres theoretisch »aufmunternden« Traumes (Hom. *Od.* 19.535 ff.). Dieser Traum hat für Penelope, so wie sie *wirklich* ist, eine »entmutigende« Bedeutung (*24*).

vollständig isoliert werden.[13] Sapphos Geist, wie er im *fr.* 31 LP beschrieben wird, ist völlig klar, denn ihre ganze Angst wird auf die somatische Ebene transponiert (*39*).

Diese Daten zeigen, daß es psychologisch möglich ist, daß Klytaimestra erst am Ende eines *Traumes*, der Angst erzeugen »sollte«, schreit, obwohl ihr *Verhalten* im Traum recht sachlich ist. Man könnte sogar sagen, daß ihr Traumverhalten gerade deshalb so ruhig und wirksam sein *kann, weil* sich das Entsetzen, das der Traum auslösen »sollte«, auf einer *anderen* Funktionsebene, in der Form eines abschließenden Schreis, manifestiert (535).

Ich akzeptiere daher die Ansicht, daß der Schrei in der Tat von der träumenden Klytaimestra stammt. Aber ich kann Rousseaus unbelegter Behauptung nicht bedingungslos zustimmen (*96*, S. 103), daß sie tatsächlich in dem Traummoment schreit, in dem sie *gebissen* wird. Obschon ich einräume, daß das möglich ist, könnte sie genausogut während der Wehen geschrien haben, die ihre Geburt der Schlange begleiteten. Allerdings deutet V. 535 wie auch die Erwähnung des schweren Atmens der Schläferin auf einen Schrei beim Erwachen hin.[14]

Insgesamt erlaubt der Text keine *genaue* Bestimmung des Traumereignisses, das die Schläferin zum Schreien brachte. Darüber hinaus verstärkt diese Unbestimmtheit der Erzählung hinsichtlich des Zeitpunkts des Schreis nur die psychologische Überzeugungskraft des Traums, denn die launische Behandlung der Zeit im Traum ist bekannt, weil die Träume eben zeitlos sind (8. Kap.).

Es bleibt das Problem, daß der Text zwischen der schreienden »Macht« und der schwer atmenden Schläferin zu unterscheiden *scheint*. Dies bestätigt die Tatsache, daß der Schrei erschreckend ist, obwohl man erwarten sollte, daß Klytaimestras Schrei Schmerz oder Angst ausdrückt.

Diese Schwierigkeit ist nicht unüberwindbar. Die griechische Traumtheorie betrachtete die Traumgestalten – und den Traum selbst – als Eindringlinge aus der Außenwelt. Wichtiger noch ist

13 Für bestimmte neurotische Hausfrauen ist ein äußerst gründlicher Hausputz ein Mittel zur Angstbewältigung (*47*).

14 Man könnte sich den Schrei sogar als den eines Neugeborenen vorstellen, das von der schlafenden Mutter physisch ausgestoßen wird. In einem Fall grollte ein Heranwachsender, der davon träumte, von Löwen angegriffen zu werden, im Schlaf genauso, wie der Löwe in seinem Traum grollte. Solche »stellvertretenden Lautgebungen« im Schlaf sind jedoch so selten, daß sie nur eine Fußnote verdienen. (Es könnte eine menschliche Tendenz dahingehend geben, die Laute eines aggressiven Tieres zu imitieren, K.J.D.).

Klytaimestras Behauptung, daß sie *nicht nur* eine sterbliche Frau und Ehegattin, sondern *auch* der Alastor (Rachegeist: A. *Ag.* 1501) der Atreidai sei – auch wenn der Chor der Ansicht ist, daß ein Alastor der Klytaimestra nur helfe (1508). Dies erklärt meiner Ansicht nach, warum die schlafende Frau, die im Traum ein schmerzhaftes Erlebnis hat, nicht in *ihrem* Namen aus Schmerz und Furcht schreit, sondern sie schreit erschreckend und atmet zornig *in ihrer Eigenschaft* als Alastor[15], der an dieser Stelle auch derjenige ist, der ihre Bestrafung sicherstellen wird. In diesem Sinn zeigt ihr drohender, hörbarer, Alastor-ähnlicher Schrei und ihre sachliche Traumreaktion auf großen Schmerz und Gefahr, daß der Alastor, der mittels ihrer Stimmbänder schreit, letzten Endes Klytaimestras eigenes, strafendes Über-Ich ist. Dies ist um so glaubhafter, als sie im Traum ihren eigenen Alastor gebärt und nährt: Orestes. Offensichtlich *benutzt* dieser Alastor Klytaimestras Stimmbänder in derselben Weise wie Apollon die der Pythia – denn der entsetzliche Schrei und der bedrohliche Angsttraum sind beides Produkte ihres Über-Ich.

Der Text spezifiziert zwar, daß der Traum sich um Mitternacht einstellte (34: ἀωρόνυκτος), aber das Erwachen machte ihn wahrscheinlich einem traditionell verläßlichen Morgendämmerungstraum vergleichbar.

Der Trauminhalt

Die Schlange des Stesichoreischen Modells ist erhalten geblieben, auch wenn sie in A. *Choe.* nicht Agamemnon, sondern Orestes symbolisiert. Die Erzählstruktur des Modells wurde allerdings aufgegeben. Das Umgekehrte geschieht in S. *El.*: Die Schlange wird durch ein Zepter ersetzt, doch die Struktur der Stesichoreischen Erzählung bleibt unverändert[16] (7. Kap.).

Bevor wir den manifesten Inhalt des Traums Detail für Detail untersuchen, muß ein allgemeines Problem erörtert werden.

Überall in der *Oresteia* und besonders in den *Choephoroi* tauchen Schlangen auf. Früher oder später wird fast jede wichtige Person eine Schlange genannt.[17] Agamemnon bildet nur teilweise eine

15 Professor Lloyd-Jones meint allerdings, daß ein Alastor den Traum geschickt hat.

16 Die Spitze (Kopf) sowohl der Schlange als auch des Zepters »produziert« Orestes.

17 Klytaimestra: *Ag.* 1233, *Choe.* 249, 994f. (zweimal); Klytaimestras Erinyen: *Choe.* 1047, 1050, *Eum.* 128; Aigisthos: *Choe.* 1047; Orestes: *Choe.* 527, 544, 549, 928; vgl. auch Apollons Pfeile: *Eum.* 181.

Ausnahme, denn die Schlange in Aischylos' Stesichoreischem *Modell* steht für Agamemnon (5. Kap.). Da die Traumschlange bei Aischylos Agamemnons Sohn und Rächer Orestes ist, lauert offensichtlich auch in A. *Choe.* der Schatten eines schlangenhaften Agamemnon hinter dem schlangenhaften Orestes.[18] Während die Schlange Agamemnon im Stesichoreischen Modell einen menschlichen Orestes (kephalisch) gebärt, gebärt[19] in A. *Choe.* die bildliche Viper Klytaimestra zudem einen schlangenhaften Orestes.[20] Diese Entwicklung spiegelt deutlich den gnadenlos unwiderstehlichen Fortgang – selbst der logisch absurdesten Angstträume.

Spricht man speziell von Klytaimestras menschlichem Bild in ihrem eigenen Traum[21], so macht sie die Tatsache, daß sie eine Schlange gebärt, für den Zweck des Traumes hinreichend schlangenähnlich, selbst wenn man ihren diabolisch schlangenhaften Charakter und die Tatsache außer acht läßt, daß (bei Stesichoros) ihr ermordeter Ehemann, der Vater des Orestes, eine Schlange ist. Eine Gattin und Mutter von Schlangen kann kaum etwas anderes als eine Schlange (in menschlicher Gestalt) sein. Mehr braucht es nicht für den Traum.

Die Tatsache, daß: Schlange = Agamemnon (Stesichoros) und Schlange = Orestes (A. *Choe.*), stellt insbesondere für Klytaimestras Traum keine Schwierigkeit dar. Frauen phantasieren mit fast eintöniger Regelmäßigkeit, daß sie einen Phallos erhalten – den des Ehemanns –, indem sie ein Kind bekommen; d. h.: ›Kind = Phallos‹ (des Ehemannes).[22] Es gibt sogar einen frappanten griechischen Beleg für diese Ansicht: Poseidon brüstet sich damit, daß die Götter ihre Frauen immer schwängern (Hom. *Od.* 11.249 f.), aber *anstatt* die vergewaltigte Kainis zu schwängern, gibt er ihr einen Penis (*25*),

18 Vgl. 8. Kap. für die Äquivalenz von Rächer und Gerächtem. Rousseau (*96*, S. 122) wendet ein, daß die Interpretationen von Klytaimestras Traum die eigentliche Schlange (Orestes) und die symbolische (Agamemnon) verwechseln. Er sieht nicht, daß die beiden identisch sind.

19 Vielleicht wie eine Viper (5. Kap.) oder eine Löwin (A. *Ag.* 1258), deren Schoß von den Jungen angeblich zerstört wurde (Hdt. 3.108).

20 Da der erschlagene Agamemnon bei Stesichoros eine chthonische Traumschlange ist, wird seine Mörderin Klytaimestra von ihrem Schlangenkind in die Brust gebissen. Siehe auch Überzeugungen der Mohave-Indianer hinsichtlich der schlangenähnlichen Kinder von Schlangentötern (*38*, S. 253 f.).

21 Da sie Orestes an ihre Brust legt, kann sie in ihrem eigenen Traum nicht wie eine Schlange *geformt* sein, obschon ich darauf hinweise, daß Träume über weibliche Schlangen aus dem vorgriechischen Altertum berichtet werden (*86*, S. 253).

22 Zu dieser Gleichung zitiere ich ein für alle Male H. Deutschs großartiges Buch: *Psychologie der Frau* (*13*).

indem er sie in einen (penisstolzen) Mann verwandelt, der nur *seinen eigenen* Speer anbetet.[23]

Schlangengeburten werden explizit erwähnt (527, 928). Einige meiner Schüler haben argumentiert, daß dieses Ereignis Klytaimestra nicht erschreckt habe, denn statt sich der jungen Schlange zu entledigen, stillt sie sie *sofort* – was nebenbei gesagt nicht realistisch ist, denn Neugeborene saugen kaum *sofort* nach der Geburt.[24] Aber ich glaube, daß diese Beobachtungen zu sehr am Buchstaben kleben und bezüglich der Furcht den Gesamteindruck, den der Traum hinterläßt (supra), nicht beachten, während sie in bezug auf die Verdichtung der Zeit[25] sowohl die Zeitlosigkeit aller Träume als auch Ciceros genaue Beobachtung außer acht lassen, daß nichts zu absonderlich oder zu absurd sein kann, um im Traum zu geschehen.[26]

Ich glaube, daß die Erwähnung der Geburt einem doppelten Zweck dient:

1. Um Klytaimestras vipernhaften Charakter zu betonen,

2. und um Orestes die Behauptung seiner Identität mit der Schlange zu gestatten, indem betont wird, daß sowohl er als auch der Schlangensäugling vom gleichen Ort stammen (543).

Bevor ich weitergehe, muß ich die Details dieser Geburt genauer unter die Lupe nehmen.

Daß eine Lebendgeburt – wie die der Vipern – gemeint ist, muß nicht betont werden. Anders als die meisten Schlangen legt Klytaimestra *kein* Ei. Dieser Umstand ist bemerkenswert, denn ihre Mutter Leda *legte* ein Ei.[27]

Ich weise auch darauf hin, daß man sich, trotz griechischer Mythen über »Kaiserschnittgeburten« (Dionysos, Asklepios) (5. Kap.) und trotz der Vorstellung, daß junge Vipern durch die Bauchwand brechen[28], während die Jungen einer Löwin ihren Uterus zerstö-

23 Apollod. *Ep.* 1.22 und Frazer ad loc. Merkwürdig genug heißt ein anderer griechischer Speeranbeter: Parthenopaios (A. *Sept.* 529).

24 Nach der Geburt produziert die Mutter zunächst keine Milch, sondern Biestmilch (Kolostrum). Richtige Milch wird erst etwas später abgeschieden. In einigen primitiven Kulturen wird das Kind erst dann an die Brust gelegt, wenn die Milchproduktion begonnen hat. (2, S. 80f.).

25 In Träumen: A. *Ag.* 893f. und 8. Kap.; in der Tragödie als Ganzer vgl. (*41*).

26 Cic. *de divin.* 2.71.146.

27 Helene: Apollod. 3.10.7; Hyg. *astron.* 2.8, usw. In anderen Versionen wurde sie in einer Schachtel aufbewahrt (Apollod. 3.10.5). Jüngere Geschichten über die Eiergeburt ihrer Brüder, der Dioskouroi (sch. Hom. *Od.* 11.298; sch. Lyc. 88; sch. Callim. *in Dian.* 232), wurden wahrscheinlich vom Moliones-Mythos inspiriert (Ibyc. *fr.* 285/4 P = 16 B = 2 D).

28 Nach einem tikopianischen Mythos gab es nur die Möglichkeit, mittels Kaiserschnitt

ren[29], Orestes' Geburt als normal vorstellen muß. Zugleich fällt auf, daß der neutrale Terminus »Ort« (χῶρος), den Orestes benutzt, *den Ort* bezeichnet, *von dem* (Uterus), und nicht *den Weg, auf dem* (Vagina) Orestes den Körper der Mutter »verließ«.[30] Aber die Phantasie, daß die Geburt eine *ungewollte* Vertreibung darstellt, fehlt nicht ganz. Sie wird bloß in eine spätere Phase von Orestes' Leben verlegt: als Kind wird er zu Strophios geschickt (A. *Choe.* 679); später muß er aufgrund seines Muttermordes sich selbst exilieren (A. *Choe.* fin.). Hier ist wiederum der Prozeß der »Motivspaltung« sichtbar: Die Vertreibungsphantasie wird von der (aktiven) Geburt *getrennt*, um zweimal in Verbindung mit Orestes' späterem Schicksal wieder *aufzutauchen*.

Kurz, es gibt keine direkte Anspielung auf eine vipernhafte, »bauchwandsprengende« Geburt, obschon eine gattenmordende, vipernhafte Ehefrau dieses Schicksal verdient hätte. Sie gebärt aber in einer Weise, die sie *zunächst* nicht verletzt.

Dennoch wird das Vipern- oder Löwenmodell für muttertötende Geburten nicht völlig vergessen. Wie die »Vertreibung«, wird der Muttermord nur von der Geburt *getrennt* und geschieht, nachdem eine gewisse Zeit verstrichen ist: im Traum geschieht der Muttermord während des Stillens; in der Handlung wird er verschoben, bis Orestes erwachsen ist.[31] Selbst dann erwähnt Klytaimestra in wenigstens einem Text (*AP* 9.126) zwei Alternativen: Einen Stich in die Brust [wie im Traum und (mit Hermann) in A. *Eum.* 103], oder einen Stich in den Bauch (was an die Viperngeburt erinnert; auch Tac. *Ann.* 14.8).

Kurz, weder die Nicht-Spezifizierung der *Art und Weise*, in der das Baby herauskommt, noch die *Un*gleichzeitigkeit von Geburt und Muttermord genügen, um das zugrundeliegende Motiv der

geboren zu werden, bevor ein Fremder die Tikopianer lehrte, daß auch Geburten *per vaginam* möglich sind. (*4*, zit. Raymond Firth). Solche Vorstellungen sind in infantilen Fortpflanzungstheorien verwurzelt (Nabelgeburt), die man auch bei erwachsenen Neurotikern findet. (Ich habe selbst einen derartigen Fall behandelt.)

29 Klytaimestra = Löwin, A. *Ag.* 1258.

30 Wenn man bei der Deutung dieses Traumes den Text nicht sorgfältig genug liest, könnte man zu der Annahme verführt werden, diese Geburt als eine Anspielung auf Orestes' (erstes und/oder zweites) Exil von zu Hause zu betrachten, weil der Neurotiker die Geburt als eine Vertreibung ansieht. Aber der Text (ἐκλιπών: verließ) verbietet diese Interpretation. In A. *Choe.* – wie auch in anderen Erzählungen von Viperngeburten – wird »geboren werden« als aktive Handlung seitens des Kindes – und nicht seitens der Mutter – dargestellt (*44*, 6. Kap.).

31 Die Verdichtung dieses Intervalls im Traum ist ein Merkmal der Traumarbeit, vgl. supra, Anm. 25.

Viperngeburt auszulöschen. Dies rechtfertigt die alte Ansicht (Ael. *NA* 1.24), daß sich Orestes genau wie eine junge, vaterrächende und muttermordende Viper verhielt.

Stillen = Trankopfer. Ich habe bereits darauf hingewiesen, daß die rituellen Gesten der Trankopferträgerinnen wie auch ihre Trankopfer dem Traum genau entsprechen.

Ich werde diese Ähnlichkeiten jetzt näher untersuchen.

1. Da sowohl Orestes (im Traum) als auch der tote (chthonische) Agamemnon »Schlangen« sind, sind sie in jeder bedeutsamen Beziehung einander »äquivalent«. Daher:

a) Orestes = Agamemnons (menschliche) Erinys = Agamemnon (4. Kap.).

b) Der Rächer = Der Gerächte. Wenn kein Rächer vorhanden ist, wird dem ermordeten Mann ein Speer gegeben, damit sein Geist sein eigener Rächer sein kann.[32]

2. Agamemnon wird ein *Trank*opfer (χοή) dargebracht, das aus *Milch*, Honig und Wein besteht: Hom. *Od.* 10.518, 11.26. Aber in alten Zeiten wurden den Toten auch Blutopfer dargebracht.[33] Wir dürfen uns fragen, warum in *diesem* Fall kein Blutopfer von einer Königin dargebracht worden ist, die es sich ja leisten konnte.

Ich behaupte – zwar nicht dogmatisch, doch mit einigem Vertrauen –, daß Blutopfer die Toten *wiederbelebten*, wie in Hom. *Od.* 11.32 usw.[34] – *und das ist das Letzte, was Klytaimestra mit ihrem Opfer zu erreichen wünscht.* Im Gegensatz dazu *besänftigten* (legten zur Ruhe?) Trankopfer vermutlich, wie das Stillen[35], die zornigen Toten – was Klytaimestra im Traum mit dem hungrigen Schlangenkind und im Wachritus mit dem zornigen Agamemnon zwar tun möchte, aber in beiden Fällen zu spät tut.[36]

Doch die Ähnlichkeit reicht noch weiter. In Wirklichkeit veranlaßte Klytaimestra die Amme, Orestes an ihrer Stelle zu säugen. Sie delegiert den Trankopferritus auf Elektra[37] und ihre Haussklavin-

32 Ps.-D. 47.69; E. *Tr.* 1147f.; Poll. 8.65; Ister ap. *EM* 354.33ff.; *AB* 237.30f.; vgl. *91*, S. 585.

33 Vgl. *82*, I², S. 180; Hom. *Il.* 23.175ff.; ebenfalls Hom. *Od.* 11 *passim*.

34 Vgl. Odysseus' Versprechen, Teiresias einen *fruchtbaren* Widder und *nicht* eine *unfruchtbare* Färse zu opfern (Hom. *Od.* 10.521ff.) – d.h. dem einzigen Geist, dessen Verstand sogar im Hades unbeeinträchtigt geblieben ist (Hom. *Od.* 10.492ff.).

35 Hom. *Il.* 22.79ff.; A. *Choe.* 529.

36 Sie wird gebissen, *während* sie stillt.

37 Die in S. *El.* in einer Weise davon spricht, Orestes zu »ernähren« oder zu »stillen« (7. Kap.), die an die Tirade der Amme in A. *Choe.* 749ff. erinnert.

nen, die tatsächlich darüber *sprechen*, daß Klytaimestra diesen Ritus *nicht* persönlich vollzieht (45 ff. 89 ff., usw.).

Gleichwohl wird Blut – *geronnenes* Blut, das den Boden durchtränkt hat – auch von den Trägerinnen der blutlosen Trankopfer (66 ff., usw.) erwähnt, und im Traum saugt Orestes *geronnenes* Blut aus der Brustknospe (533) (infra).

Auch das Trankopfer, das Milch enthält, wird früher oder später gerinnen[38], und wie wir bereits gesehen haben, wird im Traum Milch mit *geronnenem* Blut vermischt. (Mehr zu diesem Punkt wird weiter unten ausgeführt.)

Gerade diese *unvollständige* Wiederholung des Traumes durch das Trankopfer enthüllt den wirklichen Nexus zwischen den beiden. In bestimmten primitiven Kulturen, in denen die Vorstellung herrscht, daß sich alle Träume erfüllen werden, kann man ein größeres Unglück durch eine antizipierende Scheindarstellung der geträumten Katastrophe verhindern (*69*, S. 54, usw.), die die unausweichliche, aber »miniaturisierte« Verwirklichung des Traumes darstellt. (Aristid., *passim.*)

Kurz, sowohl das Trankopfer wie das Traumstillen sind apotropäisch gemeint, und beide verfehlen ihr Ziel: Weder besänftigt das Trankopfer Agamemnons zornigen Schatten, noch macht das Traumstillen den rächenden Schlangensäugling unschädlich. Denn ebenso wie das Trankopfer lieblos und unpersönlich dargebracht wird, wurde der Säugling Orestes an der Mutterbrust lieblos genährt. Die Beliebigkeit und die Lieblosigkeit beider Verrichtungen macht sie unwirksam, obwohl Klytaimestras Stellvertreter ihre jeweiligen Pflichten mit liebevoller Zärtlichkeit erfüllen. Aber *diese* Liebe kommt aus ihnen selbst und nicht von der Mörderin, in deren Namen sie handeln. Die psychologische Unechtheit des Trankopfers wie des Traumstillens macht beide unwirksam.

Es besteht eine weitere – und äußerst wichtige – Ähnlichkeit zwischen dem Trankopfer und dem Traumstillen: die Verwandlung eines »guten Trankopfers« in »schlechten« Abschaum (V. 98 ff.) wird später diskutiert werden.

Die Furcht vor einem Biß ist im Fall einer so virilen und unmütterlichen Frau wie Klytaimestra fast sicher eine Manifestation der »weiblichen Kastrationsangst«, die oft die (erektile) Brustknospe mit dem Penis, den Rest der Brust mit dem Skrotum und die Milch mit dem Samen gleichsetzt (*36*).

38 Diesen Hinweis verdanke ich meinem Freund und Schüler Roger Notz, M.A.

Auch eine literarische Überlegung legt diese Interpretation nahe: Das blutende Haupt der Stesichoreischen Schlange wird in diesem Traum mit der blutenden Brustknospe übernommen oder wiederholt. Die Aischyleische Modifikation des Stesichoreischen Motivs setzt die folgende symbolische Äquivalenz voraus: Schlange = Penis = Brustknospe (vgl. die Geierschnabelbrustknospen von Çatal Hüyük).

Man könnte sogar argumentieren, daß das Motiv der gebissenen Brustknospe umgekehrt das Thema des gebissenen Penis des *vagina dentata*-Motivs wiederholt (Folklore-Motiv F 547.1), eine Interpretation, die von klinischen Befunden bestätigt wird.[39]

Es braucht nicht weiter betont zu werden, daß einige Säuglinge tatsächlich schmerzhaft in die Brustknospe beißen. Wichtig ist aber, daß, während einige Frauen hierauf mit Angst reagieren[40], andere Mütter auf das ungestüme Saugen ihrer *männlichen* Säuglinge stolz sind. An dieser Stelle ist aber nicht entscheidend, daß einige Säuglinge beißen, sondern daß dies in einer Frau wie Klytaimestra *Angst* erregen würde. Schließlich stillten nach der Überzeugung der Griechen die Mainades junge Panther und ähnliches Getier, wobei sie ihre Furcht, gebissen zu werden, ostentativ (gegenphobisch) *verneinten*.[41]

Ich wage die Vermutung, daß hinter der Furcht vor dem Biß des Säuglings die Phantasie steht, daß das Stillen eine Art Kannibalisierung der Mutter darstellt[42], was in einigen primitiven Kulturen fast explizit ausgedrückt wird.[43]

Obwohl es keine griechischen Erzählungen von Kindern gegeben zu haben scheint, die ihre Eltern kannibalisch verzehren, war Herodotos offensichtlich von dem bei bestimmten »Indern« feststellbaren Brauch, verstorbene Verwandte kannibalisch zu verzehren, fasziniert; er erwähnt diese Praktik zweimal (Hdt. 3.38, vgl.

39 Ein Analysand hatte große Furcht vor einer Verletzung seines *Penis* – und zwar nicht nur während des eigentlichen Geschlechtsverkehrs: er wickelte seinen Penis sorgfältig in eine Decke, bevor er masturbierte, wobei er die Phantasie hatte, während der ganzen Zeit die *Brustknospe* eines Mädchens »ach, so zart zu quälen«. (Dies waren die eigenen Worte des Patienten.)

40 Vgl. infra: Hera stillt Herakles; ebenso Vorstellungen der Mohave hinsichtlich schlangenköpfiger Säuglinge (*38*, S. 257ff.).

41 Australische Frauen stillen junge Dingohunde (*7*, S. 22). Ainu-Frauen stillen junge Bären (*58*), usw.

42 Vgl. im nächsten Abschnitt die Erwähnung der Symmetrie zwischen diesem Traum und Thyestes' Festmahl (Anm. 57).

43 z. B. die Papuas von Geelvink Bay, infra, Anm. 51.

3.99). Ich habe weiterhin an anderer Stelle (*43*, 5. Kap.) gezeigt, daß die *Zuschreibung* kannibalischer [anthropophager] Impulse an Säuglinge eine Projektion der teknophagen Impulse der Eltern auf ihre Kinder darstellt – und man braucht kaum daran zu erinnern, daß viele griechische Mythen das elterliche kannibalische Verzehren ihrer Kinder erwähnen: Kronos, Tantalos, Thyestes, Tereus (Lykaon?), usw.

Der Biß der saugenden Schlange scheint mehr als eine Wurzel zu haben.

1. Auch heute noch glaubt man in Mazedonien, wenn in der Kuhmilch Blutspuren entdeckt werden, daß eine Schlange oder ein Dämon am Euter gesaugt hat.[44] In Indien gibt man den heiligen Tempelkobras Schalen mit Milch. Der Mohave-Volksglauben über schlangenköpfige Kinder wird weiter unten angeführt.

2. Von einer Schlange gebissen werden kann für die Frau einen Koitus und insbesondere Defloration symbolisieren. Alkestis' Brautkammer war voll von Schlangen (Apollod. 3.9.15). Es existieren dieser Szene entsprechende klinische Daten.[45] In einigen Beispielen des Volksglaubens können Schlangen sogar danach streben, in die Vagina einer Frau zu kriechen.[46]

Daß das Beißen der Brustknospe während des Stillens mit sexueller Erregung verbunden ist, wird gleich gezeigt werden. Dies deutet darauf hin, daß ein Stilltraum auch ein Traum sexueller Erregung ist.

44 Diese Information wurde mir von meiner Schülerin, Frau D. Čakuleva-Diamantis, die aus Mazedonien stammt, gegeben (*8*).

45 Vgl. Allgemeine Einführung, Anm. 10. Phallische Giganten: 2. Kap., Anm. 41.

46 Obwohl M. E. Opler (*85*) – absurderweise, wie La Barre gezeigt hat (*64*, S. 327) – zu beweisen versucht hat, daß die Schlange in Japan kein phallisches Symbol darstellt, erwähnt er den Glauben, daß eine Schlange in die Vagina eines Mädchens kriechen könnte, das im Freien schläft. Diese Phantasievorstellung ist so verbreitet, daß sogar ein Roman über den Aufstand der Mau-Mau (*97*) ihre Ausnutzung bei dem hochnotpeinlichen Verhör gefangener Mau-Mau-Frauen erwähnt. Bei den Jivaro-Indianern dringt nicht eine Schlange, sondern ein Wasserdämon in der Form eines Fisches oder Wasserinsekts in die Vagina einer badenden Frau ein (*63*, S. 221). Alexander der Große wurde angeblich von einer Schlange gezeugt (Plu. *V.Alex.* 3.1). In solchen Geschichten wird jedoch *niemals* auf die Einführung des *Penis* der Schlange angespielt. Dies zwingt zur Annahme, daß die Schlange mit dem *Kopf voran* in die Vagina hineinkriechend vorgestellt wird, wie dies in einem obszönen Roman geschieht (*1*), und daß ihr Gift die Rolle des Samens übernimmt. Professor Verdenius lenkte meine Aufmerksamkeit auf Onians (*84*, S. 108 ff.) Feststellung, daß laut einigen griechischen Ansichten der Samen letztlich im Kopf entsteht (wie, nebenbei, auch das Schlangengift!). (Vgl. Plu. *fr.* 80 Sandbach und Hes. *Op.* 587 ≈ Alc. Z 23.8 f. LP, sowie 5. Kap. für griechische Erwähnungen von giftigem Samen.) Die Tatsache, daß in solchen Geschichten der *gesamte* Körper der Schlange als Phallos fungiert, ist fast sicher mit der klinisch wohlbekannten Gleichung ›Körper=Phallos‹ verknüpft (*51*, *70*).

Das Beißen in die Brustknospe wird in vielen Kulturen als größeres Problem betrachtet und führt zu einer Anzahl von Vorstellungen, von denen hier nur zwei erörtert werden können.

In vielen euro-asiatischen Steppen- und Tundrakulturen glaubt man, daß Kinder, die mit Zähnen geboren werden, später Schamanen (und Hexen) werden, und man behauptet, daß sie während des Stillens in die Brustknospe beißen.[47] Ich halte es nicht für gewagt, vorzuschlagen, daß Orestes in verschiedenen Beziehungen einem Schamanen ähnelte: Er tötete seine Mutter, er hatte wiederholt Anfälle von Wahnsinn, er unterzog sich verschiedenen magischen Heilungen, er verstümmelte schließlich (schamanistisch) seinen Finger[48] und zeigte sogar Züge, die man für lykanthropisch halten *könnte*, denn in E. *IT* (296ff.) wütet er wie ein tollwütiger Wolf in einer Viehherde.

Als Klytaimestra nun um ihr Leben bittet, bemüht sie sich aufs äußerste zu verneinen, daß Orestes – und sei es nur implizit – mit Zähnen geboren wurde: Sie »erinnert« daran, daß er ihre Brustknospe mit dem *Zahnfleisch* (οὖλον) erfaßt habe (898). Aber dieses idyllische Detail ist erfunden, denn nicht Klytaimestra, sondern die Amme gab Orestes die Brust (749ff.), und Klytaimestras Nicht-Stillen des Orestes könnte sehr wohl gebräuchlich gewesen sein, denn es taucht, eher überraschend, auch in S. *El.* 1143ff. auf, wo die *jungfräuliche* Elektra behauptet, als *einzige* den kleinen Orestes (bildlich) »gestillt« zu haben (7. Kap.). In A. *Choe.* ist Klytaimestras Scheinanspruch[49] Teil des Versuches, ihrer Entblößung der Brüste (infra) Nachdruck und Überzeugungskraft zu verleihen. Ihre Aussage, daß Orestes mit dem Zahnfleisch gesaugt habe, ist daher von vornherein verdächtig. Ihr Hauptzweck besteht offensichtlich darin zu *verneinen*, daß er Zähne hatte, mit denen er hätte beißen *können*, und daher auch den bedrohlichen Realismus ihres Traumes zu verneinen.[50]

Dies erklärt ihre Erwähnung des »Zahnfleischs« – worüber später noch mehr zu sagen sein wird.

Selbstverständlich besteht das Problem hier nicht darin, ob der »reale« Orestes mit Zähnen geboren wurde. Wichtig ist, daß er in

47 Róheim (*94*) führt viele derartige Daten auf; man findet diese Überzeugung auch bei einigen Indianerstämmen Amerikas: Es wurde beobachtet, daß ein saugendes Navaho-Kind seiner Mutter Schmerzen verursachte (*2*, S. 81).

48 Vgl. Aristid. *Or.* 48.27. Dies ist eine symbolische Selbstentmannung.

49 Andere Scheinansprüche: A. *Ag.* 887ff.; E. *Med.* 256; Ar. *Ran.* 1469f. (K. J. D.).

50 Für eine weitere Unwahrheit vgl. die »Lügensequenz«, infra.

Klytaimestras *Traum* in die Brustknospe beißt. Dies bedeutet, daß Aischylos Klytaimestra als den *Typ* einer (maskulinen) Frau darstellt, die sich vor dem Stillen fürchtet, die vor dem (»kastrierenden«) Biß des Säuglings Angst hat und das Kind als einen destruktiven, raubtierhaften Parasiten betrachtet. Solche Frauen findet man nicht nur häufig in der Pädiatrie, sondern die Vorstellung des Säuglings als eines Zerstörers der Eltern ist in verschiedenen Kulturen in der Tat eine allgemeine Überzeugung.[51] Sie war in der griechischen Kultur präsent und wird in A. *Choe.* 749 ff. erwähnt. Die Amme nennt den kleinen Orestes »unvernünftig wie ein *Tier*« (753). Als sie ihn stillte, nahm sie große Opfer auf sich, indem sie ihre »Seele« hingab und auch lästige, recht eklige und realistisch beschriebene Aufgaben erfüllte.[52]

Das Beißen der Brustknospe durch eine Schlange kann leicht mit einem noch heute in Mazedonien verbreiteten Glauben verknüpft werden (auf den oben hingewiesen wurde). Aischylos' Traumbild

51 »Unsere Kinder zerstören uns«: Papuas von Geelvink Bay (*95*, S. 91; vgl. *22*, S. 307). Die Stillzeit ist kurz, denn die Brüste der Mutter und ihre sexuelle Attraktivität werden zerstört: Bewohner der Marquesas-Inseln (*72*, S. 165), usw. Für den Kindern *unterstellte* Impulse, die Eltern aufzufressen, vgl. *43*, 5. Kap. Auch griechische Mythen spiegeln den Glauben an die elternzerstörenden Neigungen von *Kindern* (Kronos, Oidipous, usw.). Klytaimestras Traum vom tödlichen Stillen *des Säuglings* Orestes und ihre Ermordung *durch* den *erwachsenen* Orestes zeigen, daß Geschichten über elternmordende Erwachsene aus Phantasien über potentiell elternzerstörende Kinder (Oidipous) abgeleitet sind. Gorer und Rickman (*54*) beschreiben die Überzeugung der Bewohner Großrußlands, daß *alle* Säuglinge zornige und gefährliche Geschöpfe sind. Daß solche Vorstellungen von der Natur der Kinder einfach nur Projektionen der Feindseligkeit *der* Eltern *auf* ihre Kinder darstellen, ist an anderer Stelle umfangreich dokumentiert worden (*43*, 4. und 5. Kap.). Die »erzeugerrächenden« Neigungen, die sogar ungeborenen Vipern (5. Kap.). und *kleinen* Kindern (E. *Suppl.* 1143 ff.; vgl. Athenes Rede, 1213 ff.) unterstellt werden, setzen deren potentielle Gefährlichkeit *für Erwachsene* voraus – allerdings in der sozial akzeptierten Verkleidung der Reaktionsbildung gegen elternmordende Impulse. Murrays Verbindung von Orestes und Hamlet ist nur angedeutet (*81*, 8. Kap.); E. Jones' (*61*) Verknüpfung von Oidipous und Hamlet spricht dies dagegen deutlich aus. Man könnte sogar spekulieren, daß der Umstand, daß Herakles als Kind *zwei* Schlangen erwürgte (Pi. *N.* 1.33, usw.) damit verknüpft werden sollte, daß er zwei Väter hatte (Zeus und Amphitryon), von denen einer (Zeus) oft als Schlange dargestellt wurde. (Es könnten aber deshalb zwei Schlangen gewesen sein, weil Herakles und Iphikles Zwillinge – wenn auch von verschiedenen Vätern – gewesen sind, K.J.D.)

52 Vgl. Erwähnungen von Stuhlgang und dem Waschen schmutziger Kinderwindeln (757 ff.). In wenigstens einem Stamm (*73*) gerät das Kind aufgrund der Notwendigkeit, daß sich die Mutter mit seinem Stuhlgang befaßt, in ihre Schuld. In Hom. *Il.* 9.485 ff. beklagt der sexuell inadäquate »Mann« Phoinix ebenfalls die Mühen, die ihm das Aufziehen des Kindes Achilleus bereitete (gesäubert in Q.S. 3.475 ff.). Seine Beschwerden sind allerdings weniger extrem, da sein Manneskörper seinen Zögling nicht säugen konnte: Er gab ihm nur in Wein aufgeweichtes Brot. Achilleus' Beschmutzung seiner Kleider während des *Fütterns* antizipiert anscheinend die derbere Erwähnung kotbeschmutzter Windeln durch die Aischyleische Amme.

zog seine Inspiration wahrscheinlich aus einem ähnlichen volkstümlichen Aberglauben.

Sogar noch relevanter ist die Überzeugung der Mohave-Indianer, daß, wenn eine schwangere Frau (oder sogar der Vater ihres ungeborenen Kindes) eine Schlange *tötet*, das Kind »schlangenköpfig« geboren werden wird.[53] Da seine Giftzähne die Brustknospe der Mutter beißen würden, wird es nur mit Brei gefüttert.[54] Der Glaube, daß das Töten einer Schlange seitens der Mutter in einem schlangenköpfigen Kind resultiert, das dann wahrscheinlich beißt, erinnert an die griechischen Geschichten über die Fortpflanzung der Viper (5. Kap.) und die Tatsache, daß Klytaimestra selbst eine Viper genannt wird (249, 994), die im Traum ein Schlangenkind stillt. In beiden Fällen ist die Geburt des Schlangenkinds das Ergebnis einer Tötung. [Der tote Agamemnon ist eine chthonische Schlange (5. Kap.).]

Bedeutsamer als jedes einzelne dieser Daten ist die Geschichte über Herakles' Saugen an Heras Brüsten.

Nach D.S. 4.9.6. wurde Herakles als Säugling von Alkmene aus Furcht vor Hera ausgesetzt, die allerdings überredet werden konnte, ihn selbst zu stillen. Aber der kleine Herakles saugte (und biß?) so heftig[55], daß Hera den Schmerz nicht aushalten konnte und ihn von sich warf. (D.S. 4.39.2.) Unter diesen Umständen überrascht es nicht, daß Herakles in der Folge Hera mit einem giftigen Pfeil *an der Brust* verwundete (Hom. *Il.* 5.391 ff.) – d.h. mit einer Waffe, die Apollon seine »fliegenden Schlangen« nannte (A. *Eum.* 181).[56] In diesen Versionen entspricht die Zurückweisung des beißenden Herakles durch eine »schlechte« Mutter (Hera) und die folgende Verwundung ihrer Brust mit einem Giftpfeil *Punkt für Punkt* Klytaimestras Vernachlässigung des Stillens des Orestes und seinem späteren Biß in die Brustknospe in der Traumgestalt eines

53 Wahrscheinlich heredo-syphilitisch (*38*, S. 253).

54 Wie auch alle Babys der Marquesaner, sobald das möglich ist – weil sonst das Stillen die Brüste der Mutter schlaff machen würde (supra).

55 Vgl. Dschingis Khans jüngeren Bruder, infra. Seine Mutter – die Brüste entblößt – befahl dem zornigen Dschingis Khan, ihn aus diesem Grund zu schonen (*56*).

56 Endlose Geschichten werden in vielen Varianten über Heras stellvertretendes Stillen und sogar darüber erzählt, daß sie das Gebären des Herakles nachahmte. Preller.–Robert (*87*, 2.2, S. 427, Anm. 2 und *passim*) zitiert: Paus. 9.25.2. Erastosthenes (ap. Ach. Tat. *Intr. Arat.* 24 [in] E. Maass: *Comm. in Arat. reliq.* S. 55); Ps.-Erasthoth. *Catast.* 44; sch. Arat. 469; sch. Germ. Caes. BP, S. 104 Br.; Lyc. 1328 ff. und sch. ad loc.; Hyg. *astrom.* 2.43: Hsch. s. v. δευτερόποτμος; für Vasen Preller–Robert (*87*). I, S. 171, Anm. 3; 2.2, S. 427, Anm. 1.

Schlangenkindes. Die beiden Erzählungen sind struktural und in bezug auf den latenten Inhalt identisch.[57]

Man kann nun sehen, warum in einer Gesellschaft, die Säuglinge als verschlingende Monstren und das Stillen als eine Mühsal betrachtet, die der stillenden Frau (und sogar einer männlichen Super-»Amme« wie Phoinix) Schmerzen bereiten und sie ausleeren, Königskinder regelmäßig Ammen anvertraut wurden – und auch, warum Klytaimestra davon träumt, ein Schlangenkind zu stillen.

Mütter in anderen Kulturen reagieren unterschiedlich. Obwohl auch die Mongolen der Ansicht waren, daß beißende Säuglinge schließlich Schamanen (Zauberer) wurden, verrät Hoeluns Befehl, daß ihr Sohn Dschingis Khan seinen rebellischen Bruder schone, *weil* dieser *heftiger* als er gesaugt habe, mehr als mütterlichen Stolz auf solche Söhne. Ihr gewalttätiges Saugen deutete wahrscheinlich darauf hin, daß sie berühmte Krieger werden würden (*56*).

Ich weise nachträglich darauf hin, daß ich kein Beispiel bei den Mohave-Indianern, die ebenfalls den Biß weiblicher schlangenköpfiger Säuglinge fürchteten, dafür kenne, daß von einem weiblichen Säugling behauptet wurde, er sauge *gewalttätig* – noch daß zu der »Tyrannei der Brust« Zuflucht genommen worden wäre, um aufsässige Töchter zu zähmen.

Die Grundüberlegung bei meiner Verknüpfung dieses Traumes mit verschiedenen Bräuchen bei vielen Gruppen besteht in der *fundamentalen* Regel, daß das, was in der Kultur A einen *Brauch* darstellt, in der Kultur B als *subjektive Phantasie* usw. auftreten kann und tatsächlich auch auftritt. Diese Regel wurde in einem Buch logisch gerechtfertigt, das auch die Möglichkeit der *Vorhersage* des Auftretens eines korrespondierenden *formalen Glaubens* oder Brauchs in einer *anderen* Kultur aus den *privaten Phantasien* eines Individuums der einen Kultur beispielhaft vorführte (*22*, S. 76ff.; *44*, 3. Kap.).[58] Diese Überlegungen schließen natürlich nicht die Möglichkeit aus, daß Klytaimestras Schlangenstilltraum zum Teil auch in einem nicht überlieferten volkstümlichen Aberglauben der Griechen verwurzelt ist.[59]

57 Ich weise auf den Zufall hin, daß das ›Beißen = Essen‹ Klytaimestras durch ihr Schlangenkind in einigen Beziehungen mit Thyestes' »unwissentlichem« Verzehr seiner eigenen Kinder symmetrisch ist. Das Auftreten solcher symmetrischer Vorfälle in *derselben* Mythengruppe überrascht weder den Psychoanalytiker noch den Strukturalisten.

58 Für die fast unglaubliche Vielfalt von kulturellen und individuellen Arten, in denen sich die Vorstellung des »umgestülpten Penis« manifestiert, vgl. *20*, *43*, 16. Kap. Dasselbe trifft auf die Phantasie von »Wesen ohne Anus« zu (*83*, *21*, *68*, S. 394).

59 Vgl. supra. Harmonias Amphisbaina-Halsband ist so konstruiert, daß sich die beiden

Um zusammenzufassen: Klytaimestras Traum ist weniger prophetisch als schuldbeladen. Da Klytaimestra eine schlechte Mutter war, ist es vorhersehbar, daß ihr Sohn zurückschlagen würde. *Hätte* sie ihn gestillt, hätte sie ihm »vergiftete« (lieblos gegebene) Milch gegeben; er zahlt die quasi-»vergiftete« (vgl. A.*Eum.* 813) (*nicht*-mütterliche) Milch, die ihm von Klytaimestras Stellvertreterin, der Amme (infra) gegeben worden war, mit einem giftigen Biß zurück. Auf einer anderen – und in diesem Moment wichtigeren – Ebene der (überdeterminierten) Symbolisierung besitzt Orestes' Angriff auch eine inzestuöse Bedeutung (infra), die durch einen oral-beißenden Angriff symbolisiert wird. In diesem Licht gesehen ist die Symbolik plausibel. Da der Ödipuskomplex infantiler Natur ist, entspricht ihm eine *Symbolisierung* im Rahmen (infantiler) oral-beißender Aggressivität[60] viel besser als eine Symbolisierung im Rahmen einer reifen, genitalen Aktivität.

Mütterliches Blut wird oft in Verbindung mit Orestes erwähnt. Dies entspricht aus verschiedenen Gründen der Erwartung:

1. Er muß das Blut Agamemnons rächen, indem er das Blut Klytaimestras vergißt.

2. Die Erinyen betonen ununterbrochen, Orestes' Blut sei das seiner Mutter (A.*Eum.* 606f., usw.), und es ist ziemlich klar, daß er dieses Blut bereits *in utero* erhielt. Aus dieser Perspektive ist das ungeborene Kind automatisch ein »Blutsauger« – wie auch die Erinyen (4. Kap.). Der *reale* Fötus wird durch den Blutstrom der Mutter ernährt.

3. Orestes wurde von seinem Muttermord durch das Blut eines noch *saugenden* Ferkels (A.*Eum.* 448) gereinigt. Ich weise nur nebenbei darauf hin, daß die Reinigung von Schmutz durch Schmutz ein recht weit verbreiteter Brauch ist, auch wenn er Herakleitos' Anstoß erregte (*fr.* 5, D-K). Was erwähnt werden soll, ist, daß in A.*Choe.* 98 die eigennützig gesandten Grabopfer so behandelt werden, als seien sie Abschaum (καθάρματα). Aber das wirkliche Problem besteht darin, warum in Griechenland für eine solche Reinigung das Blut eines *Saug*ferkels gebraucht wurde. Ich

Köpfe der »Schlange« genau auf gleicher Höhe mit den Brustknospen befinden (Nonn. *Dion.* 5.144ff.), und ich erinnere daran, daß Harmonia selbst schließlich in eine Schlange verwandelt wird (E.*Ba.* 1330ff.).

60 Ein Analysand erzählte, er habe eine Badewanne voll von Wasser und Blut gesehen, als seine Schwester geboren wurde. Es wurde ihm gesagt, daß der Storch, der das Kind gebracht habe, die Mutter oder die Hebamme heftig in den Finger gebissen habe ... er konnte sich nicht erinnern, welche der beiden Frauen gebissen worden war. (9. Kap.)

glaube nicht, daß dies nur wegen der relativen Billigkeit der Ferkel geschah. Der Gebrauch eines Schweins ist wegen der chthonischen Verbindungen dieses Tieres verständlich. Aber warum man speziell ein junges – ein *saugendes* – Schwein töten muß, ist meines Wissens noch niemals völlig erklärt worden. Dieser Ritus könnte auf eine frühere Form der Reinigung mit dem Blut des *eigenen* Kindes hinweisen, bei der »Reinigung« mit Bestrafung verbunden war[61] – aber das ist bestenfalls eine Mutmaßung. Ich muß mich mit dem Hinweis begnügen, daß der Gebrauch eines Saugferkels bei Reinigungsriten ein Problem darstellt, das ich zur Zeit nicht lösen kann.

Geronnenes Blut, das aus einer frisch zugefügten Wunde fließt, stellt, wie der Soldat Aischylos wissen mußte, eine Unmöglichkeit dar.[62]

Warum spezifizierte Aischylos dann *geronnenes* Blut? Es fallen sehr schnell zwei miteinander verwandte Anhaltspunkte ein:

1. Der hinterhältige Mörder spuckt das geronnene Blut seines Opfers aus (A.*fr.* 354; vgl. *EM*, S. 118.31).

2. Die Erinyen, deren Speichel giftig ist (A.*Eum.* 736, 801) oder deren Herz (*Brüste*) Gift absondert (813), können dazu gezwungen werden, das – *inzwischen geronnene* – Blut auszuspucken, das sie aus den verstümmelten Gliedern ihrer Opfer gesaugt haben (A.*Choe.* 183). Vielleicht glaubte Aischylos, daß giftiger Speichel oder Schlangengift wie ein Gerinnungsmittel wirkte.[63]

Aber selbst diese anregenden Hinweise können nicht vollständig erklären, warum im Traum das Blut *sofort* gerinnt. Ebensowenig hilft hier die Bemerkung der Trankopferträgerinnen (die ein *blutloses* Opfer darbringen) über Agamemnons für immer geronnenes Blut, das den Boden durchtränkt hat.

Die plausibelste Erklärung dieser paradoxen Gerinnung des Blutes ist vielleicht die Tatsache, daß τρέφω (= ernähren, stillen) im Grunde »gerinnen lassen, fest werden lassen« bedeutet. In Hes. *Th.* 182 wird das Wort sogar auf das »Festwerden« (Genese) Aphrodites angewandt.[64]

Aischylos' wiederholte Erwähnung des Essens von *geronnenem*

61 Vgl. das Mahl des Thyestes; ebenso Harpagos (Hdt. 1.119).

62 Einer der homöostatischen Mechanismen des Körpers (9) – der bei Blutern fehlt – besteht darin, daß die Gerinnungsfähigkeit um so höher wird, je länger das Blut fließt. Dadurch wird das Verschließen einer Wunde durch einen Blutklumpen ermöglicht.

63 In der Tat sind die meisten Schlangengifte keine Gerinnungs-, sondern Anti-Gerinnungsmittel.

64 Vgl. *40* für eine Diskussion dieser Stelle.

Blut läßt kaum einen Zweifel daran, daß ihn dieser Brauch zugleich entsetzte und faszinierte.[65] Vielleicht ließ er, angeregt von der Bedeutung τρέφω = gerinnen, fest werden, den unheimlichen Säugling Milch trinken (die *ihn* »fest« machen wird) und, wie die ebenfalls schlangenhaften Erinyen, geronnenes Blut saugen.

Kurz, der Dichter mißachtete hier, was der schlachterprobte Soldat wußte; im Gegensatz zur alltäglichen Erfahrung ließ er aus einer *frischen* Wunde *geronnenes* Blut fließen – vielleicht um auf diese Weise die Verwandtschaft des Schlangensäuglings mit den schlangenhaften Erinyen zu unterstreichen (4. Kap.). Dieses objektiv absurde, aber symbolisch logische Detail verstärkt daher den authentisch oneirischen Charakter des Traumes.

Ich vermute sogar, daß diese Erwähnung geronnenen Blutes von einer Tatsache aus der Kinderheilkunde inspiriert sein könnte, die so sichtbar ist, daß sogar Primitive wie die Navajo-Indianer sie beobachtet haben: Das Neugeborene würgt manchmal (geronnenes) Blut heraus, das es während der Geburt geschluckt hatte (*2*, S. 81).

Für die *Mischung* aus Milch und *geronnenem* Blut gibt es eine ethnologische Parallele. Die Standardnahrung der kriegerischen nilo-hamitischen Masai, die ursprünglich aus dem Norden einwanderten, besteht aus einer Mischung aus Milch und aus der Halsschlagader (= Kehle!) des Viehs abgezapftem Blut.[66] Diese Mischung wird dann zum *Gerinnen* gebracht, indem man ihr Kuhurin und Asche hinzufügt.[67] Ich weise darauf hin, daß dieses Nahrungsmittel die drei Hauptflüssigkeiten enthält, die eine Kuh liefern kann: Blut, Milch und Urin.

Die Ähnlichkeit zwischen der Mischung, die Orestes aus der Brust zieht und dem Agamemnon angebotenen Trankopfer wurde bereits diskutiert.

Orestes' Gift wird nicht explizit erwähnt (aber ebensowenig wird die Giftigkeit von Klytaimestras Milch erwähnt, infra). Dennoch lassen uns die V. 530, 532 nicht vergessen, daß es sich bei dem saugenden Kleinkind um eine Schlange handelt: Das Bewußtsein,

65 Wie es bei einem Anthropologen Angst hervorrief, der in Ostafrika das Essen geronnenen Blutes beobachtete (*32*, S. 70).

66 Der Reiternomade der Steppe, dem Essen und Wasser ausgegangen sind, zapft ebenfalls Blut aus der Halsschlagader seines Reittieres ab.

67 Vgl. Merker (*80*) oder jede andere Standardethnographie der Masai. Die Entsprechung A. *Choe.* – Masai illustriert elegant Róheims Ansicht (*92*), daß Bräuche einfach Transpositionen infantiler Impulse, Phantasien und Aktivitäten auf die kulturelle Ebene darstellen.

daß auch der Biß eines noch schwachen Schlangenkindes giftig ist, durchzieht die gesamte Traumszene. Orestes wird darüber hinaus auch außerhalb der Traumerzählung eine Schlange genannt und stellt offenkundig das menschliche Äquivalent der schlangenhaften und giftigen Erinyen seines Vaters dar. Orestes, der Rächer des schwachen[68] – weil toten – Agamemnon, ist im Traum selbst schwach – ein hilfloses Schlangenkind –, aber sein Biß ist nichtsdestoweniger tödlich. Da Orestes aber von Apollon gesandt wurde, Agamemnon zu rächen, kann man das Schlangenkind zugleich mit einer von Apollons giftigen »fliegenden Schlangen« (Pfeile; A. *Eum.* 181) vergleichen, mit der er Klytaimestras Erinyen bedroht, die die ermordete Mutter rächen wollen.

Kurz, die Giftigkeit des Bisses des Schlangenkindes ist selbstverständlich. Wenn ich trotzdem etwas über diesen Umstand sage, so liegt das nicht daran, daß ich etwas Offensichtliches breitwalzen will. Ich versuche bloß wieder einmal, das blendend komplexe und dennoch herrlich sparsame Gefüge jeder einzelnen Aischyleischen Zeile zu beleuchten. Der moribunde Aristophaneische Mythos von Aischylos' hohler Großschwätzigkeit (Ar. *Ran.* 836ff.) verdient es, endlich zur Ruhe gebettet zu werden. Selten sind die Dichter, die halb so viel wie Aischylos in doppelt so vielen Worten sagen – zumindest für jene, die willens sind zuzuhören, die bereit sind, des Dramatikers Worte in den tieferen Schichten des verborgenen Geistes nachhallen zu lassen (*32*, 23. Kap.). Denn man muß des Dichters Forderung nach Aufmerksamkeit nicht nur mit seinem bewußten Verstand erfüllen, sondern auch mit dem Unbewußten, das die Mystiker Seele nennen. Man muß ihm die seltenste aller Aufmerksamkeiten schenken – jene, die das Offensichtliche wahrnimmt.

Klytaimestras Gift = Giftige Milch. Kassandra vergleicht in A. *Ag.* 1260 Klytaimestra mit einer »Giftmischerin«. In bezug auf ihre wirklichen Taten ist diese Anklage unverdient. Aber wenn man sich die Sache genauer ansieht, könnte die Anklage mehr sein als ein überflüssiger Vorwurf oder – wie in den Südstaaten der USA – eine bildliche Charakterisierung (»Sie ist das reinste Gift«).

Wie bereits angemerkt, wird Klytaimestra wiederholt mit verschiedenen Schlangen verglichen (supra). Die Erinyen, die sie – oder

68 Trotz A. *Choe.* 323 fasse ich ἀμαυρᾶς (A. *Choe.* 157) als »schwach«, uneffizient (was den freundlichen Chor betrifft) auf. Die Gleichung ›Kind = alt = schwach‹ ist in der griechischen Tragödie ebenso ein Gemeinplatz wie die Schwäche von Traumgestalten (*33*).

ihr Mörder – hervorbringt, sind ebenfalls giftig[69], und in einem Fall wird von ihnen behauptet, sie erzeugten Gift aus ihren »*Herzen*«. Für den Augenblick erinnere ich nur daran, daß der Geist Klytaimestras, obwohl der wirklichen Klytaimestra der *Hals* durchgeschnitten wurde – eine *Brust*wunde zeigt (A. *Eum.* 103, Hermann). Dies erinnert weitaus mehr an den Traum als die Details ihrer tatsächlichen Ermordung.

Die Annahme, daß Klytaimestras *Milch* für giftig gehalten worden sein könnte, verdient daher eine nähere Betrachtung.

Bevor ich regelmäßig beobachtete klinische Tatsachen auch nur erwähne, weise ich darauf hin, daß Aischylos selbst – absichtlich oder nicht – spezifisch von der Metamorphose von etwas »Gutem« in etwas »Abscheuliches« spricht. Ein Begräbnistrankopfer – das *Milch* enthält – wird normalerweise liebevoll dargebracht und ist daher »gut«; es bringt dem Geber die Dankbarkeit und den guten Willen des Verstorbenen ein. Aber in A. *Choe.* wird das Trankopfer nicht aus Liebe, sondern aus Furcht und Schuldgefühlen heraus geboten. Sowohl Elektra wie der Chor erörtern längere Zeit die zynischen und absurden Aspekte dieses »Geschenkes«. Besonders in V. 97ff. wird das Trankopfer »Abschaum« genannt – und auch so behandelt: als die moralisch und physisch verunreinigten Überbleibsel rituell abgewaschenen Schmutzes (μίασμα). Das Trankopfer (χοή) wird (wegen des Geistes, in dem es gesandt – noch nicht einmal gegeben – wird[70]) identisch mit den καθάρματα (= Schmutz, Abfall), die nach der rituellen Reinigung übriggeblieben sind. Es bringt dem Absender nicht Dankbarkeit, sondern Haß ein.

Kein Kinderanalytiker könnte die Essenz meines Arguments klarer darstellen als Aischylos: Milch, die nur stellvertretend *und/oder ohne Liebe* gegeben wird, ist völlig böse; sie birgt, wie der Abschaum ritueller Reinigungen, verunreinigende Ansteckung. Mit einem Wort: Milch, die *so* gegeben wird, ist auch dort »Gift«, wo die Anstellung von Ammen eine allgemeine Routine ist, wenn sie bewirkt, daß die *Mutter* das Interesse an ihrem Säugling verliert.

Nach dieser Feststellung wende ich mich nun der Untersuchung von Klytaimestras Leistung – oder Nicht-Leistung – als Mutter zu, und dabei will ich klinische Befunde zitieren, die zeigen, daß eine solche Mutter ihr Kind mit »vergifteter« Milch füttert.

69 A. *Eum.* 782, 801, 813, vgl. 4. Kap.

70 Wie auch Orestes nur ersatz-gestillt wurde: von der Amme, nicht von seiner Mutter (supra).

Klytaimestra wurde, schon *lange bevor* sie sich gegen Agamemnons Kinder wandte, eine »rasende Höllenmutter« genannt (A. *Ag.* 1235), und A. *Choe.* 749ff. beweist, daß sie Orestes nicht einmal stillte. Für das Kleinkind jedoch repräsentiert das Geben der Brust ein Geschenk der Liebe: ›Milch = Liebe‹. Milch, die verweigert oder widerwillig gegeben wird, ist »Haß«. Daher könnte man sich wohl fragen, ob Klytaimestra jemals mütterlich gewesen ist – selbst bevor die Opferung Iphigeneias sie in ein wildes Tier verwandelte –, besonders da sich in vor-Euripideischen Texten das Gefühl aufdrängt, daß dieses Opfer eher ein passendes Alibi als der *wirkliche* Grund von Klytaimestras Wüten war. Auch kann man nicht vergessen, daß *sie*, in Euripides' *Telephos*, dem verwundeten Helden den Rat gibt, mit der Ermordung des kleinen Orestes zu drohen, um Achilleus zu zwingen, seine Wunden zu heilen.[71] So verhält sich keine gute Mutter, obwohl Euripides fast der einzige Dichter war, der – sogar in seiner *Elektra* – diesem weiblichen Monstrum normale menschliche Züge überzeugend verleihen konnte.

Kurz, es ist unvorstellbar, sich Aischylos' Klytaimestra nur als schlechte *Mutter* vorzustellen; in der *Oresteia* ist sie *total* böse.

Nun ist aus der Sicht des Kleinkinds die böse Mutter *par excellence* eben jene, die keine Milch (= Liebe) gibt – oder sie zumindest nicht liebevoll gibt. Dies ist in der Kinderpsychoanalyse ein Gemeinplatz. Aber in bestimmten Fällen löst ein derartiges schlechtes Mutterverhalten in dem vernachlässigten Kind die Phantasie der »vergifteten Milch« aus. Die Überzeugung, in der Kindheit mit vergifteter Milch gefüttert worden zu sein, wird häufig von schizophrenen oder auch von borderline-Patienten ausgesprochen, die sehr schlechte Mütter hatten[72], deren Mütter unfähig oder nicht willens waren, sie zu stillen, die einer Amme übergeben worden waren (749ff.), die die Muttermilch nicht vertrugen[73], die mit der Flasche gefüttert wurden oder denen Brei statt Milch gegeben worden war.[74] Natürlich ist der nur zeitweilig wahnsinnige Orestes

71 Dieser Ratschlag unterscheidet sich radikal von dem, den die Königin von Epeiros Themistokles gab (Thu. 1.136; Plu. *V. Them.* 24.2). Der Telephos-Mythos impliziert eindeutig eine bedingte Bedrohung des Säuglings; die Themistokles-Geschichte bezieht sich nur auf einen Molossischen Flehritus.

72 Wie einer meiner Patienten, der diese ›Milch = Gift‹-Phantasie hatte (*28, 30*).

73 Ich bin der festen Überzeugung, daß eine psychiatrische Untersuchung solcher Mütter eine unbewußte Feindseligkeit gegenüber dem Kind aufdecken wird.

74 Das Breifüttern der marquesanischen Säuglinge spiegelt sich in vielen Mythen von männerzerstörenden weiblichen Dämonen (*72*, S. 204, 214, 226).

besonders bei Aischylos kein richtiger Schizophrener. Er hat nur *bouffées délirantes* (Anfälle von Raserei) – eine psychiatrische Störung, die man häufig bei primitiven und archaischen Völkern antrifft.[75] Er ist ein »borderline«-Fall.

Wir können sogar erklären, warum der Sohn einer nicht liebenden, nicht stillenden und feindseligen Klytaimestra nicht chronisch schizophren wurde, sondern nur psychotische Episoden hatte und schließlich »dauernd« gesundete. In Anbetracht eines Falles, den ich selbst analysiert habe (*28, 30*) und bestimmter anderer klinischer Daten glaube ich behaupten zu können, daß er von seiner Amme, die ihm bei Verlangen liebevoll die Brust gegeben hatte, vor einer irreversiblen, dauernden Psychose bewahrt wurde.[76]

Aber dies hätte den von seiner Mutter vernachlässigten Orestes nicht daran gehindert, die Phantasie zu entwickeln, daß seine Mutter ihm »vergiftete Milch« gegeben *hatte*, oder zumindest, daß sie ihn mit vergifteter Milch gefüttert »hätte«, wenn sie ihn gestillt hätte. Daß Klytaimestra *selbst* davon träumt, von ihrem giftgezähnten Säugling *in die Brust* gebissen zu werden, würde im Fall eines *realen* Patienten darauf hindeuten, daß die träumende Mutter selbst ihre eigene Milch als (symbolisch) vergiftet betrachten würde. Daher zahlt das Gift des Säuglings nur der schlechten Mutter für die giftige Milch heim, die sie ihm »gegeben« hatte – indem sie ihn *überhaupt nicht* stillte.

Ich räume natürlich ein, daß die Giftigkeit von Klytaimestras Milch nicht *explizit* erwähnt wird, aber ich erinnere daran, daß auch das Gift des Schlangenkindes nicht erwähnt wird. Ich glaube, daß die Kommentatoren, wie auch der (oder die) Scholiast(-en) viel zu wenig aus der Tatsache machen, daß Orestes Milch und *geronnenes* Blut aus der Brustknospe saugt. Ich habe bereits das biochemisch unmögliche Gerinnen frischen Blutes diskutiert. Hier weise ich nur darauf hin, daß dieser eine Vers (533) für den Hinweis *ausreicht*, daß Orestes aus der Brust eine *abscheuliche* Mischung (= Gift) saugte, und daß Aischylos wegen der Regeln der versweisen Abfolge einer

75 Vgl. *43*, 9. und 10. Kap., zu der *bouffée délirante*. In komplexen Kulturen tritt eine hysterische Psychose gelegentlich als Schizophrenie auf. In primitiven oder archaischen Kulturen verkleidet sich Schizophrenie gelegentlich als hysterische Psychose.

76 Einige psychologisch nicht bewanderte Kinderärzte, die widerwilligen Müttern gefällig sein wollen, raten immer noch zu einem (psychologisch schädlichen) Stillen »nach Stundenplan«. Die meisten Primitiven sind in dieser Beziehung vernünftiger. Die Rede der Amme ist für den Erforscher griechischer Kindererziehungsbräuche und daher auch der griechischen Persönlichkeit ein wichtiges Dokument (*31*).

Stichomythia gerade *genug* sagen *konnte*, ohne allzu offensichtlich und abstoßend zu werden.[77] Die Hypothese, daß diese Mischung giftig ist, wird indirekt von A. *Eum.* 184 bestätigt, wo die Erinyen geronnenes Blut (das aus den Gliedern der Opfer gesaugt wurde) mit *giftigem* Speichel vermischt *herauswürgen*. In A. *Choe.* 533 *ersetzt* die Milch das Gift aus A. *Eum.* 184.

Darüber hinaus gibt es für die Phantasie der vergifteten Milch ein biochemisches Modell, und zwar ganz abgesehen von der bekannten Tatsache, daß einige Säuglinge die Milch ihrer (»schlechten«?) Mütter nicht vertragen. Laktose, eine wichtige Kalorienquelle der Milch, kann von fast allen Säuglingen leicht verdaut werden, denn der *unausgereifte* Organismus sekretiert leicht die zur Verdauung notwendige Laktase. Es scheint aber genetische (»rassische«) Unterschiede in der Fähigkeit *erwachsener* Organismen zu geben, *ausreichend* Laktase für die Verdauung von Laktose zu produzieren (76). Dies *könnte* für die griechische »Rasse« der Fall gewesen sein, denn die *erwachsenen* Griechen der Antike nahmen Milch hauptsächlich in der Form von Käse zu sich, in dem die Laktose bereits in eine Substanz überführt worden ist, die von Erwachsenen leichter verdaut werden kann. Tatsächlich stellt in Hom. *Od.* 9.297 Polyphemos' Trinken *unverdünnter* Milch ostentativ den Höhepunkt seines *abscheulichen* (kannibalischen) Festmahls dar.[78]

Etwas vereinfacht sieht die Sache etwa so aus: Für Rassen, deren erwachsene Mitglieder *nicht* genug Laktase sekretieren, ist (Laktose enthaltende) Milch eine Art Gift – wie die Milch *einiger* Mütter Gift für *ihre* Säuglinge ist.

In der Folklore scheint das Äquivalent der »Gift«milchmutter im sexuellen »Giftmädchen« zu bestehen[79], dessen enge Verbindung mit Schlangen von alters her bekannt ist. Das *männliche* Äquivalent zur giftigen Mutter ist Minos, dessen Samen giftig ist.[80] Vgl. auch Nessos.

Hinter all diesem steht die fast universelle Vorstellung, daß *alle*

77 Das Tempo einer Stichomythia kann verlangsamt werden, wenn der Dichter das wünscht; vgl. E. *Ba.* 1269-70 und Dodds ad loc. Wie ich an anderer Stelle ausgeführt habe, verleihen die Regeln, die den Dichterling fesseln, der Inspiration des wahren Dichters Flügel (26).

78 Ich weise darauf hin, daß Aischylos mehrfach erwähnt, daß die Erinyen wiederholt *unverdünntes* Blut trinken (A. *Choe.* 577f. usw.).

79 Folklore-Motiv F582; vgl. einige »Alexanderlegenden«.

80 Apollod. 3.15.1f., Ant. Lib. *Met.* 41.4f. ›Samen = Milch‹ ist eine bekannte symbolische Gleichung. Ich weise aber auch auf einen merkwürdigen Gegensatz hin: Der Luft ausgesetzt, *koagulieren* Milch (und Blut), während sich der Samen *verflüssigt*.

Körpersäfte bestimmte (heilende oder giftige) magische Kräfte besitzen. Milch bildet zu dieser Regel keine Ausnahme. Obschon die Milch einer schlechten Mutter »Gift« ist, wurde im alten Griechenland menschliche Milch auch als Heilmittel benutzt.[81]

Das Motiv Brust versus Schlange muß unter Berücksichtigung der Tatsache analysiert werden, daß sowohl Klytaimestra als auch Orestes Schlange genannt werden – und daß Orestes' giftiger Biß das Füttern mit »giftiger« Milch – oder das *Nicht*-Füttern mit Muttermilch heimzahlt.

Eine entscheidende Überlegung ist, daß eine maskuline Frau wie Klytaimestra (A.*Ag.* 11) dazu neigt, die Brust als eine Art Phallos und ihre Milch als Samen zu betrachten (supra). Die phallische Brust wird in einem gewissen Sinn gegen das phallische Schlangenkind *ausgespielt*. Der Traum spiegelt daher eine Art Duell der Phalloi ... eine Vorstellung, die für das alte Griechenland dokumentiert werden kann.[82]

Wie alle symbolischen Traumaktivitäten, ist natürlich auch diese doppeldeutig. Eine maskuline Frau spielte ihre Brust gegen den Phallos aus und rühmte sich, daß sie ihre Milch weiter spritzen könne als der Penis seinen Samen (*6*). Aber andere virile Frauen betrachten ihre Brust als lästig überweiblich: die Amazonen amputierten angeblich beide Brüste, um ihre Weiblichkeit zu verringern.[83] Nach anderen Überlieferungen amputierten sie nur ihre rechte Brust, damit sie der Bogensehne nicht im Wege war.

Ich schlage diese Interpretationen mit einigem Zweifel vor: es sind Möglichkeiten, aber nicht mehr. Ich habe sie nur erwähnt, um zu zeigen, daß ich das *mögliche* Element eines »Duells der Phalloi« nicht übersehen habe, weigere mich aber zu behaupten, daß etwas von dieser Art in Aischylos' Geist präsent ist, und sei es auch nur in Form einer unbewußten Phantasie.

Die Wickelbänder sind genau deshalb interessant, weil ihre

81 Nic.*Alex.* 356, vgl. Arist.ap.Plin.*HN* 28.74; ebenfalls Dsc. 2.70.6; Gal. 6.775, 12.265; Plin. *NH* 28.72.

82 Vgl. die gegenüberstehenden Phalloi auf dem Basrelief von Delos (*77*, S. 55). Der vorgebliche Zweck dieser Tafel besteht darin, an die homoerotische »Liebe« zu erinnern. Aber das (unbewußte) aggressive Element in der Homosexualität (*15, 31*) wird von der Tatsache enthüllt, daß sich diese beiden Phalloi wie Schwerter oder Speere gegenüberstehen. Nach dem Glauben der Mohave-Indianer bewacht ein ithyphallischer Gigant die schmale Brücke, die die Seelen der Verstorbenen passieren müssen, und schlägt mit seinem Phallos nach ihnen. Einige phallosstolze junge Mohave brüsten sich allerdings damit, sie würden mit ihrem eigenen Phallos zurückschlagen (*38*, S. 229).

83 Wie das bis vor kurzer Zeit auch die Skopzi taten (*88*).

Erwähnung dramatisch so überflüssig erscheint.[84] Die beste Annahme ist, daß die Wickelbänder, da die Gleichung ›Sohn = Vater‹ gilt[85], das oft erwähnte Netz symbolisieren, mit dem der todgeweihte Agamemnon unbeweglich gemacht wurde. Aber dies ist bestenfalls eine plausible Annahme, die weniger Licht auf den Traum selbst als darauf wirft, warum Aischylos dieses Detail erwähnte.[86]

Aber die Tatsache, daß das Wickeln auch in einem mesopotamischen Traum erwähnt wird, in dem Ishtar den König in eine Säuglingsschlinge wickelt, verdient eine Erwähnung (*86*, S. 207a).

Orestes' Deutung des Traumes (540ff.) scheint vom literarischen Standpunkt aus plump und unnötig: Die athenischen Zuschauer waren nicht schwer von Begriff. Und ich verneine, wie ich wiederholt erwähnt habe, daß Aischylos' sturzbachartige Beredsamkeit jemals weitschweifig ist. Was dem Literaturkritiker redundant *scheint*, könnte für den Psychoanalytiker ein wesentliches Datum enthalten.

Ich behaupte, daß Orestes' Trauminterpretation einen *Zweck* hat: Wie Fenichel (*50*) gezeigt hat, sind Orakel *inhärent* zweideutig. Ich meinerseits bin der Ansicht (*35*), daß ihre Doppeldeutigkeit eine *conditio sine qua non* ihres Orakel*seins* ist. Daher »erfüllen« sich ihre Prophezeiungen erst, *nachdem sie in einer bestimmten Art und Weise interpretiert worden sind*, die sie wahr *macht*. Dies trifft auch dann zu, wenn sich die Interpretation als objektiv korrekt herausstellt – als Themistokles z.B. den Sieg bei Salamis möglich *machte*, indem er nach dem Strohhalm des *einzigen* ermutigenden Wortes des Orakels griff: »heiliges« Salamis (Hdt. 7.143). Aber diese Regel ist stichhaltig, auch wenn der Orakelspruch »fehlgedeutet« wird. Nicht die Verlautbarungen des Delphischen Orakels, sondern deren »*Mißverstehen*« durch Oidipous (oder Kroisos) *verursachten* das vorhergesagte Unglück. Weil Oidipous vermeiden will, seinen Adoptivvater Polybos zu töten und seine Adoptivmutter Merope zu heiraten, wird er dazu gebracht, Laios zu töten und Iokaste zu heiraten. Indem Kroisos *dachte*, daß das große Reich, das eine

84 Es ist nur als Information über das Stillen von Neugeborenen interessant, daß es vom Wickeln und Schlafenlegen gefolgt wird. Aber Aischylos fügte dieses Detail wohl kaum zum Frommen zukünftiger Ethnographen ein.

85 Vgl. 5. Kap., insbesondere die Bemerkungen über den Pleisthenidischen König.

86 Zusätzlich zu zahllosen Erwähnungen des in einem Netz gefangenen Agamemnon in A.*Ag*. zitiere ich fast wahllos herausgegriffen: A.*Choe*. 492, 506, 529, 557, 982, 998, 1010ff. A.*Eum*. 459ff., 635.

Schlacht mit Kyros zerstören würde, Persien sei, zerstörte er sein eigenes Land (Hdt. 1.53ff., 1.90). (Vgl. 2. Kap., Anm. 106; 8. Kap., Anm. 146.)

Nicht die Prophezeiung (oder der Traum), sondern deren Deutung macht sie »selbsterfüllend«. Im alten Griechenland hatte ein *nicht gedeuteter* Traum offensichtlich keine Folgen.

Kurz, ich bin der Ansicht, daß Orestes den Traum offen in *einer* bestimmten Weise deutet, um zu *erreichen*, daß er sich in *dieser* bestimmten Weise bewahrheitet. Anders gedeutet hätte der Traum andere Folgen gezeitigt. Ungedeutet hätte er möglicherweise keine »Konsequenzen« gehabt. Dies macht Orestes' Traumdeutung dramatisch unverzichtbar.

Ich beschäftige mich hier nur mit der *Funktion* von Orestes' Trauminterpretation. Die tatsächliche Deutung des Traums muß zurückgestellt werden, bis auch die V. 986ff. bis ins einzelne untersucht worden sind.

Die Brustentblößungsszene

Eine sorgfältige Untersuchung von V. 896-898 ist schon lange überfällig, obwohl der Standardtext unverdorben, seine Bedeutung klar und das Scholion etwas weniger einfältig als üblich ist. Interessant wird diese Stelle dadurch, daß sie eine freche Lüge, eine hydrodynamische Absurdität und eine fast unmögliche Gleichzeitigkeit von Ursache und Wirkung enthält. Ich hoffe aufzuzeigen, daß jeder einzelne dieser poetischen »Irrtümer« glänzend psychologische Wahrheiten verdeutlicht.

Ich beginne mit einer allgemeinen Anmerkung. Literaturkritiker (96) haben bemerkt, daß Klytaimestras Behauptung von der glaubhaften Bestätigung der Amme widersprochen wird, sie allein habe Orestes gestillt – aber sie konnten dieses Problem nicht lösen. Dennoch scheint, wie bereits gesagt, die Tatsache, daß Klytaimestra Orestes *nicht* gestillt hat, überliefert zu sein, denn in S. *El.* 1143ff. behauptet die *jungfräuliche* Elektra, sie habe ihn als einzige »genährt« (7. Kap.).

Die meisten Kritiker erörtern diesen Widerspruch nicht. Sie glauben vielleicht, daß Klytaimestra bloß in Ermangelung eines Besseren nach kulturellen Strohhalmen greift – oder sie lassen ihn als einen Aischyleischen Lapsus durchgehen.

Nun sollte man, wenn ein so großer Dichter nachlässig zu sein *scheint*, grundsätzlich fragen, ob sein »Lapsus« einen poetischen Sinn ergibt: ob er ein *Mittel* darstellt, eine sonst flüchtige und dennoch wichtige *psychologische* Wahrheit zu beleuchten.[87] Es ist besonders angebracht, diese Möglichkeit in einem Drama ins Auge zu fassen, das eine andere »Lüge« enthält, deren Zweck ebenfalls darin besteht, eine unausgesprochene, tiefe Wahrheit zu beleuchten (supra).

Die Ansicht, die hier vertreten – und gerechtfertigt – wird, ist, daß die in diesen drei Versen enthaltenen Lügen und Absurditäten wesentlich zu einer Beleuchtung der Persönlichkeit der Aischyleischen Klytaimestra beitragen und für ein vollständiges Verständnis ihres Traumes unentbehrlich sind.

Ich beginne mit einer Erörterung der konkreten Details dieses Texts.

Die Brustentblößungsszene wiederholt im Wachzustand die Entblößung der stillenden Brust im Traum. Dies ist nach einem Traum ein glaubhaftes Verhalten[88] und wiederholt die Brustentblößung der Trankopferträgerinnen (V. 27ff.).

Die Lüge – obwohl sie zynisch und betrügerisch ein Recht auf den Respekt eines Kindes vor der Brust beansprucht, die es genährt hat (Hom. *Il.* 20.80ff.) – ist *auch* von dem Traum inspiriert (928). Da Klytaimestra im Traum das Schlangenkind gestillt hatte, könnte sie gemeint haben, ihre Behauptung, Orestes gestillt zu haben, sei stichhaltig. Das Unbewußte fühlt, genauso wie bestimmte primitive und archaische Völker, daß die Ausführung einer Handlung im Traum real ist und daß ein im Traum erworbenes »Recht« einem gültigen Anspruch im Wachzustand Vorschub leistet.[89]

Man kann sich aber auch eine »rechtliche Fiktion«[90] vorstellen, die die vorausgegangenen verstärkt. Wenn die Amme, was wahr-

87 Ich habe an anderer Stelle festgestellt, daß der objektiv unglaubwürdige Klatsch, daß Sappho eine Prostituierte war und aus Liebe zu Phaon Selbstmord beging, indirekt die glaubhafte Überlieferung bestätigt, daß sie eine echte Lesbierin war (*39*).

88 Arist. *de div. somn.* 463a25ff. Ein Kollege erzählte (*79*), daß ein Mann *träumte*, ein Bein gebrochen zu haben. Als er am nächsten Morgen unachtsam die völlig sichere Vordertreppe seines Hauses hinabging, brach er sich »absichtlich unabsichtlich« sein Bein.

89 Ein Lengua-Indianer träumte, Grubb habe ihm seinen Kürbis gestohlen. Er verlangte daher Entschädigung, obwohl er zugab, daß Grubb ihn nicht gestohlen haben *konnte*, da er zu der fraglichen Zeit abwesend war (*57*, S. 129-130). Ein Irokese kann beim Aufwachen das Objekt oder die Gunst beanspruchen, die er im Traum erhalten hat (*98*). Selbst ein moderner Mensch kann verlangen, daß sein wiederholtes (aber *nicht eingehaltenes*) Versprechen als die Erfüllung des Versprochenen angenommen werde (4. Kap., Anm. 61).

90 Rechtliche Fiktionen sind selbst in primitiven Rechtssystemen alltäglich (*14*).

scheinlich ist, Klytaimestras eigene Sklavin war, hätte Klytaimestra *wahrscheinlich* das »Verdienst« für das Stillen Orestes' in Anspruch nehmen *können*. Diese Phantasie des »stellvertretenden physiologischen Funktionierens« ist ebenso auffallend wie leicht zu belegen, denn sie wird oft in aktuellen kulturellen Bräuchen implementiert.[91]

Doch selbst wenn Klytaimestra meinte, *daß* das Stillen Orestes' durch ihre Sklavin ein stellvertretendes Stillen darstellte, wofür *sie* ein »kulturelles Verdienst« in Anspruch nehmen konnte[92], so verursachte dies kein Verschwinden ihrer subjektiven Schuldgefühle. Im Traum legt sie sich selbst wissentlich das Schlangenkind an die Brust und setzt sich einem tödlichen Biß aus. Nach diesen Feststellungen wende ich mich nun der Diskussion der tatsächlichen Lüge und der kulturellen Bräuche zu, die sie auszunützen sucht.

Die Tyrannei der Brust wird in V. 896ff. beschrieben: Klytaimestra entblößt vor Orestes ihren Busen, wobei sie ihm halb befiehlt aufzuhören (ἐπίςχες) und halb Scham-Respekt verlangt (αἴδεςαι)[93] – alles auf der Grundlage einer Lüge oder zumindest einer Fiktion.

Die Geste selbst ist traditionell[94], aber keineswegs spezifisch griechisch.[95] Sie nutzt die sehr weit verbreitete Überzeugung aus, daß das Kind, da es gestillt wurde, eine lebenslange Verpflichtung eingeht. Dies hat einen direkten Einfluß auf die Bedeutung der Zurschaustellung.

Die Ansicht, daß diese Geste einfach ein Flehen um Gnade

91 Vgl. die von Onan umgangene Vorschrift (*Gen.* 38.9). Die unfruchtbare Rachel ließ ihre Dienerin Bilhah »ihre« Kinder empfangen und gebären (*Gen.* 30). Plinius (*NH* 29.1.19) schrieb, daß Sklavenhalter mit den Füßen ihrer (sänftentragenden) Sklaven gehen, usw. Ein Patient phantasierte im Fieberdelir, daß einer seiner Untergebenen an seiner Stelle Stuhlgang haben sollte *und könne*. Brigadegeneral M. R. Roberts wies seinen übereifrigen Brigademajor John Masters – der jedesmal angerannt kam, wenn der General sein Zelt verließ – darauf hin, daß auch Brigadegeneräle selber defäkieren müßten (*78*, 11. Kap.). Eine systematische Erforschung der Phantasien (und rechtlichen Fiktionen) des stellvertretenden physiologischen Funktionierens – die dem fötalen Stadium nachgebildet sind – ist längst überfällig.

92 Selbst John Locke setzte die Arbeit seines Dieners mit seiner eigenen Arbeit gleich (K.J.D.).

93 Zu diesem Wort und seinen erotischen Nuancen vgl. unten.

94 Hom.*Il.* 22.79f.; E.*El.* 1206f., *Or.* 527, 841, *Phoin.* 1568f.; *AP* 9.126. Professor Dover lenkte meine Aufmerksamkeit auf eine Vase (ca. 500 v.Chr.) (*75*, Abb. 50): Eine Mutter (oder Schwester), die ihren in den Krieg ziehenden Sohn (oder Bruder) verabschiedet, ahmt Hekabe recht unzweckmäßig nach, denn sie trägt unter ihrem Übergewand ein Leibchen.

95 Vgl. die Geschichte über Hoelun (Anm. 55). Ich weise nebenbei darauf hin, daß sie, die von Historikern des Orients »Mutter Hoelun« genannt wird, wie Klytaimestra und Iokaste (E.*Phoin.*) eine »starke« verwitwete Mutter war, die meistenteils erst *nach* dem frühen Tod ihres Gatten Yesukai erwähnt wird. Wie »Madame Mère« (Laetizia Buonaparte) ist sie weitaus eher die starke Mutter als die fügsame Ehefrau. Diese Familienkonstellation findet man bei vielen Eroberern (*27*).

repräsentiert, beachtet nicht das Element des *Befehls* – oder zumindest der unwiderstehlichen Überredung –, das diese »Anmahnung« einer lebenslangen »Schuld« gegenüber der Mutterbrust enthält. Wesentliche gestische Unterschiede werden ebenfalls nicht beachtet.

1. Der *um Gnade Flehende* umfaßt das Kinn und die Knie seines *Beschützers* und bittet ihn inständig im Namen dieser Teile *seines* Körpers. Er kann – rituell oder drohend – auch das Kind seines erwählten Beschützers als Geisel halten oder drohen, seine Heiligtümer zu beschmutzen.[96]

2. *Die mahnende Mutter* zeigt und hebt ihre *eigene* Brust *hoch* und beruft sich *auf sie* – auf einen Teil *ihres eigenen* Körpers. Nun gibt es genügend Belege dafür, daß das Halten oder Zeigen verschiedener Teile *des eigenen Körpers* weniger eine gnadeflehende als eine aggressive, gebieterische – oder sogar herausfordernde und beleidigende – Geste darstellt.[97]

Kurz:

1. Bei der Zurschaustellung der Brust wird eine mütterliche Rolle eingenommen: Eine gebieterische *Selbst*manipulation, die eine Anmahnung einer alten Schuld darstellt.

2. Beim Gnadeflehen wird eine infantile Rolle eingenommen: Es schließt die Manipulation des Körpers des *Beschützers* ein; an ihm festzuhalten erzeugt sozusagen eine »Schuld« der Art, die Vater oder Mutter dem Kind schuldet.

Dies bedeutet, daß Klytaimestra einen Befehl ausgibt *und* eine Schuld unter dem Mantel des Gnadeflehens anmahnt.

Die Einzelheiten, wie griechische Mütter ihre Brüste entblößten, werden von Leaf diskutiert[98], aber die Geste in A. *Choe.* selbst verdient einen weiteren Kommentar. In Hom. *Il.* 22.79 wird Hekabes Geste beschrieben: Sie *hebt* ihre alten (und schlaffen) Brüste mit ihren Händen hoch ... ähnlich vielen stillenden Frauen, deren Brüste schwer von Milch sind.

96 Telephos-Mythos: Sch. Ar. *Ach.* 332; Hyg. *fab.* 101. Themistokles: Thu. 1.136; Plu. *V. Them.* 24. Karikiert in Ar. *Ach.* 326ff., *Thesm.* 689ff. Jakob hält in *Gen.* 32.26 den Engel so lange fest, bis er die gewünschte Segnung erhält. In A. *Suppl.* (787ff.) wird das Schutzflehen von der Drohung verstärkt, den Tempel mit einem Selbstmord zu entweihen; vgl. Hdt. 7.141.

97 *Penis:* Altes Ägypten (D.S. 1.67.6); modernes Ägypten (K. J. D.); Vietnam (persönliche Beobachtung); Sedang (dto.). *Vulva:* Sparta (Plu. *Lac.Ap.* 3, S. 241 B); persisches Reich (Plu. *mul.virt.* 6, S. 246 A, usw.). Vgl. Artemid. 4.43. *Anus:* Mohave (*18*). *Brust:* Mohave (*16*). *Daumen:* Mittelmeergebiet. *Zwei gespreizte Finger* (»Hörner«): Mittelmeergebiet, usw.

98 In seiner Ausgabe der *Ilias*², 2. Bd., S. 596, App. G-5 f.

Ganz abgesehen von der Tatsache, daß man sich Klytaimestra immer noch als sexuell attraktiv und daher mit festen Brüsten vorstellen muß (infra) – so daß sie ihre Brüste nicht »hochheben« muß –, gibt der Text keine Details, und auch Regieanweisungen sind nicht überliefert. Wir können nur sicher sein, daß die Zurschaustellung der Brüste, da Klytaimestra von einem männlichen Schauspieler dargestellt wurde, auf eine skizzenhafte Andeutung der Geste der Homerischen Hekabe reduziert wurde.[99]

Weitaus wichtiger als die tatsächliche Gestik des Schauspielers auf der Bühne ist der Nexus zwischen dem Traum und der Mordszene. Im Traum *bietet* Klytaimestra dem Schlangenkind tatsächlich die Brust *an* (531). Die Traumgeste und die Bühnengeste stellen eine Art Spaltung des Motivs dar: Das Homerische Hochheben der Brust wird im Traum umgedreht; der Säugling wird an die Brust *gehoben*. Die *Zurschaustellung* der Brust wird nur in der Mordszene betont. Aber dies ist bestenfalls ein nebensächlicher Punkt, der keiner vertieften Analyse bedarf.

Ich weise abschließend darauf hin, daß ich kein Beispiel dafür kenne, daß einer ungehorsamen *Tochter* ein mütterlicher Befehl gegeben wurde, der durch die Zurschaustellung der Brüste, die sie genährt hatten, verstärkt worden wäre.

Professor Dover schlug mir plausibel vor, daß Gelegenheiten, Töchter zu beschwören, sich nicht so häufig und wenn, dann unterschiedlich ergaben, da sie keine Krieger waren. Ich kann das als eine stichhaltige, auf der Realität beruhende Erklärung akzeptieren – glaube aber, eine zweite, »psychologischere« Erklärung sollte der ersten hinzugefügt werden: ich kenne keine griechische Erwähnung weiblicher Säuglinge, die heftig und schmerzverursachend saugten – aber ich räume ein, daß weibliche Säuglinge selten erwähnt werden. Dies könnte vielleicht bedeuten, daß Mädchen ihren Müttern eine geringere *Schuld* als Knaben schulden.[100]

Doch ist auch die Anwesenheit eines tieferen und eher ödipalen Elementes spürbar, das ebenso sorgfältige Überlegung verdient wie das Thema der »oralen Schuld«.

99 Hätte der Schauspieler künstliche, schlaffe Brüste zur Schau gestellt, hätten sich die Komödiendichter wahrscheinlich darauf gestürzt – entweder bei der Erstaufführung des Stückes oder bei einer Wiederaufführung – und sich über die Szene lustig gemacht, wie sie sich auch über die realistischen Lumpen des Euripideischen Telephos, die die ersten einer ganzen Reihe waren, in einer Szene lustig gemacht hatten (Ar.*Ach.* 414-431).

100 Die Amme und auch Phoinix beklagen sich über die Mühe, die das Aufziehen von Knaben bereitet (Hom.*Il.* 9.492ff. Vgl. E.*Phoin.* 1433). (Ich erinnere daran, daß die Sterblichkeit bei männlichen Säuglingen höher ist als bei weiblichen.)

Sexuelle Komponenten: αἴδεσαι = Scham-Ehrfurcht zeigen. Ἀἰδώς – etymologisch mit αἰδοῖα = Genitalien verbunden – besitzt viele Schattierungen: Scham, Ehrfurcht, Sittsamkeit, Schüchternheit. Nun haben in den meisten Sprachen Worte, die Affekte bezeichnen, viele Nuancen, die sich nicht vollständig mit ihren angeblichen Äquivalenten in *anderen* Sprachen decken. Das Wort αἰδώς hat sicherlich kein wirkliches Äquivalent im Deutschen.[101]

Ich bin mir sicher, daß αἰδώς *immer* eine Nuance von Sexualität besitzt.[102]

Die Pointe der Zurschaustellung der Brust besteht darin, daß dem *erwachsenen* Sohn das gezeigt wird, was er *nicht mehr sehen sollte*, sobald die weibliche Brust ihn sexuell zu erregen beginnt. Aus diesem Grunde ruft diese Geste ein sexuell getöntes Schamgefühl hervor.[103]

Die zweite Bedeutung von αἰδώς (Ehrfurcht) stammt aus einer etwas anderen Quelle. Mit der Zurschaustellung der mütterlichen Brust wird auch die Einleitung in eine *psychosexuelle Regression*[104] auf eine infantile Entwicklungsstufe bezweckt – als die Mutterbrust noch nährende Liebe repräsentierte: Das *summum bonum*, das ehrfürchtige Scheu hervorruft.

Reaktion auf die Zurschaustellung: Auch wenn die Pflicht als Vorkämpfer der Trojaner Hektor daran hindert, Hekabes sanfter, aber gebieterischer Geste zu gehorchen (Hom. *Il.* 22.80f.), wird er offensichtlich von ihr bewegt. Man spürt, er hätte gehorcht, wenn es ihm möglich gewesen wäre, denn Hekabe wird immer als gute

101 Um das Problem noch zu verschlimmern, kann eine Sprache gewohnheitsmäßig bestimmte Affekte mit bestimmten Reaktionen in einer Art und Weise verknüpfen, die einem Mitglied einer anderen Sprachgemeinschaft völlig unangemessen erscheint. So wurde ich von der Information überrascht, daß die (aggressiven) Sedang einen erigierten Penis einen »zornigen« Penis nennen (was das Auftreten von Wut-Erektionen nahelegt), und daß ein nackter Mann der Sedang »Scham« (*lim*) fühlt, wenn er von einem anderen Mann gesehen wird, aber »Zorn« (*hō*), wenn er von einer Frau gesehen wird. Die Neigung der (betrunkenen) Ungarn, »beim lustigen Beisammensein weinend zu zechen«, schreiben sich die Ungarn selbst stolz als ethnische Eigenschaft zu, obwohl sie Nicht-Ungarn albern oder selbsterniedrigend vorkommen muß (*44*, 6. Kap.).

102 Selbst das Homerische »αἰδώς Ἀργεῖοι« (Hom. *Il.* 5.787, 8.228) besitzt eine sexuelle Nuance. Die Argeier sollen so beschämt werden, daß sie ihre Mannestugend zeigen – die im griechischen Denken auch die *Männlichkeit* einschließt, die dem effeminierten und feigen Dionysos so offensichtlich fehlt (*45*).

103 Oidipous begründete seine Selbstblendung, indem er daran erinnert, daß er *gesehen* hatte, was er *nicht mehr* hätte *sehen* sollen (S. *OT* 1271 ff.).

104 Eine Frau der Mohave kann einem Mann ihre Brust in beleidigender Weise zeigen und ihm sogar anbieten, ihn zu stillen; dies impliziert, daß sie ihn als impotenten Knaben betrachtet (*16*). Sie legt ihm eine Regression vom Mannsein zur Kindheit zur Last.

Mutter beschrieben. Wir müssen ihrer Behauptung glauben, daß sie den Säugling Hektor liebevoll ernährt und seinen Hunger (= Kummer) gestillt hatte.[105] Natürlich zeigt Hektor weitaus mehr Verehrung und sogar Ehrfurcht als sexuelle Scham. Aber selbst eine Reaktion ehrfürchtiger Scheu schließt nicht *automatisch* eine teilweise sexuelle Reaktion aus.[106]

Bevor ich Hektors Reaktion mit der des Orestes vergleiche, weise ich darauf hin, daß griechische Dichter auch die nicht-mütterliche, *erotische* Zurschaustellung der weiblichen Brust als ein Mittel verführerischen Um-Gnade-Flehens erwähnen: Als die wiederergriffene Helene vor dem zornigen Menelaos ihre Brust entblößt, fällt diesem das Schwert aus der Hand und er küßt seine unwiderstehliche Frau.[107]

Wenn man das sexuelle Element außer acht läßt, stellt die Entblößung der Mutterbrust, wie gesagt, eine Art dringliche »Anmahnung« einer alten Schuld dar. In der Tat wiederholt die Zurschaustellung den Beginn einer richtigen Stillphase, in der Hoffnung, dadurch Gedächtnisspuren von oraler Befriedigung und Abhängigkeit zu mobilisieren. Weil Hekabes alte Brüste zu schlaff sind, um erotische Reaktionen hervorzurufen und ihren milchbeschwerten Brüsten von einst zu ähneln, ist sie in der Lage, frühe und zärtliche Erinnerungsspuren in Hektor zu mobilisieren[108], der sich an seine Pflichten als *der* Vorkämpfer Trojas erinnern muß, um diesem sanften Befehl seiner Mutter nicht zu gehorchen. Er widersteht ihm, aber er widersteht in einer ehrfürchtigen und liebevollen Haltung: Der Mann siegt über das Kind und den Sohn. Da er psychologisch normal ist, weigert er sich zu »regredieren«.

105 Der griechische Ausdruck ist schwer übersetzbar: »vergiß die Sorgen« (Mazon), »beschwichtige die Schmerzen« (A. T. Murray), »Trost« (Lang, Leaf, Myers). Im Wortlaut wird der κόλπος von Hekabes Gewand erwähnt. Dieses Wort kann »Höhlungen« im allgemeinen bezeichnen – sogar die Vagina und den Uterus. Diese Bedeutung wird schon in E.*Hel.* 1145 (lyrische Stelle) und (für den Mutterschoß) in Hp.*Nat.Puer.* 31 verwendet.
106 Vgl. die Anbetung der Yoni in Indien. Zur »Phallos-Ehrfurcht« bestimmter Frauen vgl. *55*; zu ihrer Anwesenheit in Sapph.*fr.* 31 LP vgl. *39*. Ein grotesker Fehler kann manchmal eine wichtige psychologische Verbindung beleuchten. Einer von Professor Dovers weniger begabten Studenten übersetzte Helenes ehrfürchtige Worte an Priamos: »αἰδοῖος τε μοί ἐσσι« (Hom.*Il.* 3.172) mit: »Du bist ein törichter Mann«, wobei er von dem englischen Ausdruck: »You're a prick!« (»Du Schwanz!«) beeinflußt wurde.
107 Ar.*Lys.* 155ff.; E.*Andr.* 628, usw.
108 Daß selbst beim Erwachsenen Gedächtnisspuren von der stillenden Brust vorhanden sind, wird von dem »Isakower-Phänomen« (*59*) und von B. D. Lewins (*71*) Demonstration bewiesen, daß die »Traumleinwand« – der Hintergrund, vor dem sich die Traumvorgänge abspielen – tatsächlich das Bild der Brust ist, wie sie von dem Säugling gesehen wird.

Der neurotische Orestes befindet sich in einer anderen Situation. Zunächst einmal darf man sich Klytaimestras Brüste *nicht* als hängend vorstellen, denn sie hatte weder Orestes noch, wie man annehmen kann, ihre Töchter Iphigeneia und Elektra gestillt. Die Brüste einer solchen mehrfach gebärenden, aber nicht-stillenden schönen Frau können auch dann noch fest und attraktiv sein, wenn sie über fünfzig Jahre alt ist. Diese Hypothese wird von mindestens zwei Erwähnungen einer *noch andauernden* sexuellen Beziehung zwischen Klytaimestra und Aigisthos bestätigt.[109] Orestes sieht daher feste und jugendliche Brüste – nicht die Hängebrüste einer alten oder stillenden Frau – und solche Brüste können *bei ihm* wohl kaum zarte und ehrfürchtige Erinnerungen an eine nährende Brust hervorrufen – auch nicht Erinnerungen an die seiner alten Amme. Sie scheinen Orestes hauptsächlich an ihre Fähigkeit zu erinnern, den Ehebrecher Aigisthos zu erregen – und dies erzürnt ihn (904ff., 917).

Klytaimestra verbessert ihre Überlebenschancen nicht, wenn sie in ungeschickter Weise sagt: »Ich zog dich groß! Mein Wunsch ist, mit dir zu *altern*« (908). Ihre Bemerkung unterstreicht nur, daß sie *noch nicht* alt und unattraktiv ist. Daher reagiert Orestes auf ihren Wunsch, mit ihm zu leben, mit ödipalem Entsetzen – wie auf einen Versuch seiner Mutter, ihn zu »verführen« (919), was er *wahrscheinlich* auch ist (vgl. 2. Kap.: Io und Inachos).

Schließlich muß man sich daran erinnern, daß Orestes, da Klytaimestras Behauptung, sie habe ihn gestillt, erlogen ist, *niemals zuvor* die Brüste seiner Mutter gesehen hatte. Auch aus diesem Grund können sie keine Erinnerung an tröstende *Milch* hervorrufen. Wenn sie Orestes subjektiv überhaupt bewegen, dann nur sexuell, wie der Anblick jeder festen Brust einen jungen Mann bewegen würde. Er zögert nach der Zurschaustellung nicht aufgrund *persönlicher* Gefühle, sondern aufgrund eines *kulturellen* Reflexes.

Man kann auch auf der Grundlage anderer Überlegungen auf eine angsterregende sexuelle Reaktion seitens Orestes' schließen. Nachdem Orestes schon früh ins Ausland geschickt worden war, hatte er keine Zeit, ein Verwandtschafts*gefühl* zu Klytaimestra zu entwik-

109 V. 904ff., 917; aber die V. 132ff. beziehen sich wahrscheinlich auf die Zeit, als Elektra noch jung war. Professor Dover ist derselben Ansicht: »Ich stimme darin überein, daß wir uns Klytaimestra als eine Frau vorstellen sollten, die immer noch eine starke sexuelle Anziehungskraft hat. Die Vorstellung, daß sie und Aigisthos sich gegenseitig *immer noch* attraktiv finden, ist wichtig.« Vgl. A. *Ag.* 1654, *Choe.* 594, 893, 905; S. *El.* 589.

keln. In der Tat machte dieses *Fehlen* eines Verwandtschaftsgefühls zwischen Mutter und Sohn – das das rechtliche und psychologische Thema von A. *Eum.* ist – zweifelsohne Orestes' Ermordung einer Frau möglich, die er, obwohl sie biologisch seine Mutter ist, funktional nur als verführerische Frau sieht: Als die sinnliche, ehebrecherische Frau seines Vaters. In dieser Beziehung ist die Verschickung Orestes' als Kind ein psychologisch notwendiges Detail der Handlung, denn es vergrößert die Glaubhaftigkeit des Muttermordes.

Eben dieses Fehlen *täglicher* Familiarität würde auch eine nichtfiliale, sexuelle Reaktion auf Klytaimestras entblößte Brüste erleichtern.[110]

Ich bin, kurz gesagt, der Ansicht, daß Orestes auf die Zurschaustellung von Klytaimestras Brüsten nicht wie ein Sohn, sondern sexuell reagierte – was seine frustrierte ödipale Eifersucht nur noch vergrößerte und somit den Muttermord möglich machte.[111]

Diese Feststellungen bringen mich zu einer Schlußfolgerung, die Kinderpsychologen gut bekannt ist: einige Mütter – und insbesondere unzureichende Mütter – verhalten sich ihren kleinen Söhnen gegenüber sehr verführerisch. Dies wird sowohl von klinischen Daten als auch von primitiven und bäuerlichen Bräuchen bestätigt.[112]

Obwohl nun Verführung durch die Mutter ein psychoanalytischer Gemeinplatz ist, wird sie vielleicht deshalb immer ziemlich vorsichtig diskutiert, weil Freud sich zu Beginn seiner Laufbahn

110 Bei den Zande, deren Könige ihre Töchter heiraten, werden die Töchter sehr jung von zu Hause fortgeschickt, damit sich keine »Vater-Tochter«-Gefühle entwickeln und später die Entstehung sexueller Reaktionen behindern können (*48*). Der folgende Brauch, den ich aus dem Gedächtnis zitiere, hat ähnliche Implikationen: In einer gewissen bäuerlichen Gesellschaft in Europa wurden früher Geschwisterehen arrangiert, um die Aufteilung des Landbesitzes der Familie zu vermeiden. Einer der zukünftigen Gatten wurde daher nicht zu Hause aufgezogen, sondern wurde weit weg geschickt, um die Entwicklung geschwisterlicher Gefühle gegenüber dem zukünftigen Gatten (oder Gattin) zu *unterbinden.* Zu Bekanntheit als einem Hindernis für sexuelle Erregung vgl. Westermarcks ziemlich extreme Argumente (*99*, 14. und 15. Kap.) und deren Kritik von Loeb und Toffelmier (*74*).

111 Vgl. Hamlets Eifersucht auf die sexuelle Intimität seines Onkels mit seiner Mutter (*61*). Einer meiner Plains-Indianer-Patienten verließ als Heranwachsender sein Heim, nachdem er seine verwitwete Mutter mit ihrem Liebhaber im Bett gefunden hatte, denn er hatte sich unbewußt gewünscht, der ödipale Nachfolger seines Vaters zu werden (*37*, S. 290f. und *passim*) – eine Hoffnung, der man häufig bei vaterlosen Knaben und *mutatis mutandis* mutterlosen Mädchen begegnet.

112 Navaho-Mütter und ungarische Ammen beruhigen *schreiende* (männliche) Säuglinge, indem sie ihre Genitalien streicheln: Sexuelle Stimulierung ersetzt oder verstärkt das beruhigende und liebevolle Reichen der Brust. Ein männlicher Säugling, der von der Brust genommen wird, bevor sein Hunger gestillt ist, bekommt sofort eine (Angst-)Erektion.

von einigen Patienten überzeugen ließ, sie seien in ihrer Kindheit *physisch* verführt worden. Nachdem er realisiert hatte, daß diese Geschichten bloß die *psychologische* Verführung der Eltern mißrepräsentierten, dämpften sowohl er als auch andere Psychoanalytiker ihre Aussagen über verführerisches Verhalten seitens der Eltern – obwohl sie es niemals ausdrücklich verneinten. Dennoch bin ich, soweit ich weiß, der einzige klassische Psychoanalytiker (*19*, *23*, *44*, 7. Kap.), der den unvermeidlichen Schluß gezogen hat, daß der Ödipuskomplex des Kindes von dem *vorher* bestehenden Iocasta-(oder Laius-)Komplex der Eltern ausgelöst wird, der besonders auf seiten der Mutter in verführerischem Verhalten Ausdruck findet, da die Mutter, wie moderne Experimente bewiesen haben, durch das Stillen genital erregt wird.[113]

Es ist daher psychologisch gesehen ausgesprochen sinnvoll, daß im berühmtesten aller Inzest-Mythen Oidipous direkt nach der Geburt ausgesetzt wurde – d.h., bevor Iokaste ihn jemals gestillt hatte. Und es ist daher, ebenfalls psychologisch gesehen, ausgesprochen sinnvoll, daß in S. *OT* (707ff., 980ff.) diese (schlechte, nichtstillende) Mutter hartnäckig die Träume und Andeutungen in bezug auf einen Inzest, die ihren Sohn-Gemahl stark beunruhigen, ins Lächerliche zieht. Die Schlußfolgerung ist unvermeidlich, daß die Möglichkeit, sie könnte ihren Sohn geheiratet haben, sie *überhaupt nicht* beunruhigt – obwohl diese Vorstellung Oidipous in Panik versetzt. Eine bessere Art, den Iokaste-Komplex darzustellen, ist schwer vorstellbar.[114]

Kurz, obschon die Entblößung der Brüste primär eine Mahnung darstellt, ist sie sekundär auch eine gegenödipal begründete Verführung, die *teilweise* mit Helenes verführerisch-flehender Zurschaustellung ihrer unwiderstehlichen Brüste vor dem mordlustigen Menelaos vergleichbar ist. Man sollte so etwas von einer Frau wie Klytaimestra erwarten, die ja noch dazu Helenes Schwester ist.

113 Eine stillende Frau besteht manchmal darauf, ihrem Ehemann oder Liebhaber ihre Brust zu geben. Wenn eine Frau bei den Navaho »zu viel« Milch hat, verlangt der Brauch, daß der Ehemann den Überfluß abzieht (*2*, S. 90). Das strikte Tabu der Mohave, das einem Mann verbietet, die Brüste seiner (auch nicht-stillenden) Frau zu küssen, stellt eine kulturelle Abwehr gegen die anscheinend starke Versuchung dar, mit Hilfe eines solchen Aktes einen Inzest zu »imitieren« (*17*).

114 Freuds oft wiederholte Bemerkung, daß seine Entdeckungen von den Dichtern antizipiert wurden, wird von der Tatsache bestätigt, daß die begabte Schriftstellerin Mary Renault (*90*, S. 93) diesen Sophokleischen Zug weitaus besser beleuchtete als gewisse Psychoanalytiker, die immer wieder über S. *OT* schreiben – aber dabei zum größten Teil die *Nuancen ungenauer Versübersetzungen* sezieren.

Das Zahnfleisch spielt beim Saugen keine Rolle. Die Lippen des Säuglings umschließen hermetisch die Brustknospe. Dies erlaubt die Bildung eines Vakuums in der Mundhöhle, das die Milch aus der Brust zieht. Dies ist allein ein hydrodynamisches Problem, durch einfachste Überlegung erkennbar.

Die Funktion des Zahnfleisches ist eine andere. Mit ihm wird die Brustknospe lediglich festgeklemmt, wodurch sie in Stellung gehalten und ihr vorzeitiges (zufälliges oder beabsichtigtes) Zurückziehen verhindert wird. Je schwerer faßbar und je frustrierender die Brustknospe ist, desto heftiger werden das Zahnfleisch – und später die Zähne – des Säuglings sie festklemmen.

Gleichwohl ergibt Klytaimestras Behauptung, Orestes habe mit dem *Zahnfleisch gesaugt*, einen psychologischen Sinn. Hätte sie Orestes gestillt, wäre das *gefühllos* geschehen (supra). Daher hätte ihr kleiner Sohn die Brustknospe heftig festklemmen *müssen*, um ihr *vorzeitiges* Zurückziehen zu verhindern.[115]

Aber Klytaimestra war sogar eine noch frustrierendere Mutter: Sie stillte Orestes *überhaupt nicht*. Aus diesem Grunde schreibt ihre *Lüge* dem Zahnfleisch Orestes' eine so große Rolle zu, und aus diesem Grunde beißt im Traum die Schlange in die Brustknospe. Denn *nur frustrierte* Säuglinge »beißen« die Brust, um ihr Verschwinden zu verhindern und – wie der Erwachsene meint – um sie für ihre Unstetigkeit zu »bestrafen«.[116]

Klytaimestras *Lüge* über das Zahnfleisch bedeutet einfach: »Hätte ich Orestes gestillt, *hätte er* mit seinem Zahnfleisch meine unwillige Brustknospe hart festklemmen *müssen*.« Ihr *Traum* sagt: »Ich *verdiene* es, in die Brust gebissen zu werden, weil ich meinen Sohn *nicht* gestillt habe.«

Kurz, sowohl die tatsächliche Lüge wie auch der phantastische Traum enthüllen eine wichtige *psychologische* Wahrheit. Darüber

115 Auf Bali necken viele Mütter ihre saugenden Kleinkinder absichtlich, indem sie wiederholt die Brust wegnehmen, bevor der Säugling gesättigt ist (*3*), und männliche Säuglinge reagieren, wie bereits angemerkt, auf derartige Frustrationen mit einer Angsterektion.

116 Der frustrierte Säugling besitzt die Fähigkeit, wütend zu werden und wütend zu beißen. Aber sein Nervensystem ist noch nicht weit genug entwickelt (myelinisiert), damit dieses Beißen *für ihn* eine »Vergeltung« darstellen könnte, denn ein Säugling weiß weder etwas von Ursache und Wirkung, noch kann er (in einem bedeutungsvollen Sinn) denken und phantasieren. Es ist die frustrierende Mutter selbst, die dieses wütende Beißen als »Vergeltung« *betrachtet*. Aber es lohnt sich, hinzuzufügen, daß viele Erwachsene – sogar einschließlich *einiger* Kinderanalytiker – systematisch ihre eigenen Phantasien in die Säuglinge projizieren (*23*, *34*, *43*, 4. und 5. Kap., vgl. *10*). In dieser Beziehung ist die Aischyleische Amme realistischer als Kleinianische »Analytiker«.

hinaus gibt es – in Übereinstimmung mit dem Gesetz der Überdeterminierung – einen weiteren Nexus zwischen dem Beißen (Zähnen) des Traumes und dem saugenden Zahnfleisch der Lüge: Klytaimestras absurde Erwähnung des Zahnfleischs versucht, die Möglichkeit eines tödlichen Bisses zu *verneinen*, die von dem Traum heraufbeschworen wurde.

Keine Frau, die ihren Säugling *liebevoll* gestillt hat, hätte Klytaimestras Traum gehabt – und keine hätte dem Zahnfleisch eine derart absurde Rolle beim Stillen zugeschrieben. Darüber hinaus wäre keine Mutter, die ihren Sohn liebevoll gestillt hat, von ihm erschlagen worden – wahrscheinlich nicht einmal dann, wenn sie *in der Folge* den Vater des Jungen ermordet hätte. Daher besteht der *wirkliche* (nicht nur der plausible) Grund für Orestes' Muttermord, ganz gleich was die Überlieferung und der Text hartnäckig behaupten, in Klytaimestras Unzulänglichkeit als Mutter und sekundär in ihrer »Treulosigkeit« dem emotional unreifen Sohn gegenüber, der Aigisthos mit einem ödipal eifersüchtigen Haß verfolgte und fühlte, daß seine Mutter *ihm* genauso wie seinem Vater »Hörner aufgesetzt« hatte. Ich kann nicht mehr tun, als V. 917 zu zitieren: »Die *Scham* verbietet mir, diesen verabscheuungswürdigen Lohn zu erwähnen.« Die volle Wirkung dieses Verses kann nur von denen verspürt werden, die fühlen, daß diese Scham und dieses Schweigen nicht bloß von kulturellen Vorschriften inspiriert wurden, sondern auch (und vielleicht primär) von Orestes' Bedürfnis, die ödipale Eifersucht – besonders vor sich selbst – zu verbergen, die so viel Wut in ihm motiviert.[117]

Stillen, gefolgt vom Schlaf, ist die normale Reihenfolge. In Hom. *Il.* 22.79ff. erinnert Hekabe daran, wie Hektor gestillt und beruhigt wurde und dann schlief. *In der tatsächlichen Traumsequenz* wird Orestes gewickelt und »schläft«, *nachdem* er gestillt wurde und gebissen hatte (526ff.). Doch wie bereits angemerkt, *erwähnt* Aischylos die Ruhe *vor* ihrer Ursache (Stillen), aber er spezifiziert natürlich, daß dies das *Ende* der Traumereignisse darstellt.

117 Auch wenn Malinowski glaubte, er habe »bewiesen«, daß die Theorie des Ödipuskomplexes nicht auf eine matrilineare Gesellschaft angewendet werden könne, die angeblich – aber nur angeblich (*93*) – das Vorhandensein der Vaterschaft verneint, entwickeln sogar Kinder in Waisenhäusern und adoptierte Kinder voll ausgereifte Ödipuskomplexe in der üblichen Weise. Orestes' ödipale Eifersucht auf Aigisthos ist ebenso authentisch wie Hamlets Haß auf seinen mörderischen und ehebrecherischen Onkel (*61*), der sich genauso verhielt, wie Aigisthos sich verhalten hatte. Zu Orestes' Affinitäten mit Hamlet vgl. G. Murray (*81*, 8. Kap.).

Im Gegensatz dazu wird *in der Lüge* (896ff.) behauptet, daß der Säugling trinke, *während* er schläfrig ist – eine manifeste Unmöglichkeit, wie jeder feststellen kann, der sich die Mühe macht, das Stillen zu beobachten oder eine junge Mutter zu befragen. Denn es ist dieser *Lapsus*, der Klytaimestras Lüge zu einem psychologisch glaubhaften Selbstverrat macht – und ihr Bedürfnis nach Strafe wird durch ihren Traum gnadenlos aufgedeckt. In der Tat würde im wirklichen Leben ein so offensichtlicher *Lapsus* – die Beteuerung einer so offenkundigen Unmöglichkeit – mitten in einer Lüge, von deren Glaubhaftigkeit das eigene Leben abhängt, den Geständniszwang des Lügners enthüllen (D. S. 2.14.4) und sein Bedürfnis nach Strafe aufdecken (*89*) – und darauf kann man aus Klytaimestras Traum leicht schließen.

Ich weise auch auf die Wortfolge in der *Lüge* hin: obwohl das Schlafen und das Stillen als gleichzeitiger Vorgang dargestellt werden, wird das Schlafen wiederum als erstes *erwähnt*, während in der Traum*erzählung* der *abschließende* gesättigte Schlaf bloß *vor* seiner Ursache (Stillen) erwähnt, aber realistischerweise als das *Ende* der Erzählung (Traum) dargestellt wird.

Diese frappante Abfolge der Erzählung könnte vielleicht, wie die Wortfolge der Lüge, mit zwei Tatsachen verbunden sein. Die Erzählung der Amme erwähnt *nicht* den Schlaf des gesättigten Säuglings, sondern erwähnt, daß *ihr eigener* Schlaf von dem Schreien des hungrigen *Säuglings* unterbrochen wurde. Klytaimestra *selbst* schläft, *während* sie im Traum ihr Schlangenkind stillt. In der Lüge allerdings ist der *Säugling* (Orestes) schläfrig, *während* er (angeblich) an der Brustknospe seiner *nicht-schlafenden* Mutter saugt. Da ein Stillen im Traum objektiv gesehen nicht real ist und da sehr schläfrige Säuglinge nicht saugen, wird die Symmetrie zwischen den beiden Fiktionen – dem Traum und der Lüge – auch in dieser Beziehung offenkundig.

Derartige Symmetrien und Echos können selbst von dem erfahrensten Psychoanalytiker nicht *vorsätzlich* konstruiert werden, aber sie scheinen einem großen Dichter »natürlich einzufallen«. Der Literaturkritiker, der, ebenso wie der Psychoanalytiker, weit hinter dem Dichter her trottet, kann zuweilen mit großer Anstrengung und Geduld auf der Erde den Schatten des Pegasos verfolgen, der mühelos durch die Lüfte fliegt.

Diese Feststellungen haben sogar einigen Einfluß auf ein Problem der Textkritik. *Die Reihenfolge der Wörter* in der Lüge (Schlaf vor

Stillen) und die Unterbrechung des Schlafs der Amme durch das Geschrei des hungrigen Säuglings erklären *zum Teil* meine Ansicht, daß in der Traumerzählung V. 528f. (die »zur Ruhe legen = schlafen« erwähnen) an der richtigen Stelle stehen und *nicht* hinter V. 529-533 versetzt werden sollten, die von dem Stillen erzählen, das zum Schlaf führt.

Obwohl ich auf diesen Punkt bereits in der Allgemeinen Einführung (und *passim*) hingewiesen habe, möchte ich hier noch einmal betonen, daß ich in diesem Augenblick nicht Aischylos »psychoanalysiere«. Ich verfolge nur die Beziehungen zwischen drei miteinander verbundenen Textstellen seines Dramas und erläutere den Nexus zwischen den verschiedenen Bildern und Erzählsequenzen. Die Art und Weise, in der das Bewußtsein des Dichters arbeitet, verleiht seinen Personen die psychologische Glaubwürdigkeit, die dieses Buch zu beleuchten versucht: Die Personen eines großen Dramatikers sind real genug, um so analysierbar zu sein, *als ob* sie eine eigene Existenz und eigenes Sein hätten. Bei der Analyse der flacheren und offensichtlich konstruierten Personen eines *geringeren* Dichters landet man unabänderlich *nur* bei der Analyse des Autors – denn er kreiert keine psychologisch glaubwürdigen und daher analysierbaren Personen.

Deutung

Die Psychoanalytische Deutung des Traums sollte jetzt schon selbstverständlich sein: Klytaimestra, geplagt von Schuldgefühlen, ihren Sohn nicht gestillt zu haben und auch wegen Agamemnons Ermordung, verschmelzt die beiden Selbstvorwürfe in einen und verschmelzt damit Agamemnon mit seinem natürlichen Rächer Orestes. Dies erklärt, warum Aischylos die Stesichoreische Schlange, die Agamemnon repräsentierte, in eine Orestes repräsentierende Schlange verwandelte.

Bevor ich weitergehe, muß ich einen Punkt von besonderer Bedeutung klären. Obwohl sich die maskuline (A.*Ag.* 11) Klytaimestra Orestes gegenüber in einer höchst unmütterlichen und sadistischen Weise verhält, ist sie im Traum fast masochistisch mütterlich, denn obwohl sie in die Brust gebissen wurde, wickelt sie Orestes und läßt ihn schlafen. Dies steht in scharfem Gegensatz zu Heras Verhalten, die den heftig-saugenden Säugling Herakles wegwarf (supra).

Dies impliziert, daß Klytaimestra in ihrem Traumverhalten – das völlig von ihrem wirklichen Verhalten abweicht – schließlich doch ihre weiblich-mütterliche Fähigkeit, ihren Sohn an ihrer Brust zu ernähren, einsetzt. Diese Diskrepanz zwischen tatsächlichem und geträumtem Verhalten verstärkt die Plausibilität ihres Traumes noch mehr, denn man kann besonders im Fall von maskulinen, unmütterlichen Frauen oft ein Verhalten beobachten, das eine *maskierte* Manifestation des Bedürfnisses, die Mutterrolle einzunehmen, darstellt. Klytaimestras Wahl eines schwachen, effeminierten (305) Liebhabers, den sie beschützen muß und der ihr alles verdankt, ist typisch für gewisse Mannweiber, die dadurch, daß sie einen Schwächling heiraten, ein Ventil für ihre gehemmten mütterlichen Impulse finden.[118]

Die Schlußfolgerung, daß Klytaimestra im Traum tut, was sie in der Realität vernachlässigte, wird besonders von der Tatsache untermauert, daß sie in A. *Choe.* im Traum für ihr Nicht-Stillen des Orestes »wiedergutmacht«, während sie in ihrem S. *El.*-Traum die unterbrochenen sexuellen Beziehungen mit Agamemnon symbolisch wiederaufnimmt. Diese Unterschiede sind nur zu erwarten, denn während sie in A. *Choe.* hauptsächlich eine böse Mutter ist, wird sie in S. *El.* in der Hauptsache als mörderische Ehefrau dargestellt. In beiden Fällen »büßt« sie für ihre Sünden des Nicht-Handelns (und auch des Handelns) – jedesmal mit tödlichem Ausgang.

Es fällt ebenfalls auf, daß Klytaimestra in A. *Choe.*, obwohl die Traumdrohung von Orestes ausgeht, beim Erwachen versucht, *nur* Agamemnons Schatten zu besänftigen. Dies ist teilweise gerechtfertigt, denn sie fühlt zweifelsohne, daß Agamemnon – oder seine Erinys – Orestes nur so lange zur Rache aufstacheln würde, wie sein Zorn dauerte. Dennoch ist sie trotz ihres Traumes in selbstzerstörerischer Weise blind gegenüber der Tatsache, daß Orestes auch rein persönliche und realistische Beschwerden ihr gegenüber hat – sein Exil und der Verlust seines Vermögens – wie auch zwei infantile Klagen: Seine Mutter hatte ihn nicht gestillt, und sie hatte seine ödipalen Bestrebungen frustriert, indem sie nicht ihn, sondern

118 Ihre Bezeichnung des *toten* Aigisthos als »kühn« (893) negiert offenkundig die realen Tatsachen, die in A. *Ag.* und in A. *Choe.* fortwährend betont werden. Dieses Muster: mütterliche, ältere Frau – sohnartiger, junger Liebhaber, ist eindeutig auch in älteren Mythen von mehr als einer Art Muttergöttin und ihrem jugendlichen Sohn-Gatten zu finden. Obwohl die Spuren teilweise verwischt sind, findet man doch Andeutungen desselben Musters in der Beziehung zwischen Iokaste und Oidipous, insbesondere in S. *OT.*

Aigisthos zu Agamemnons Nachfolger in ihrem Bett erkor. Daß Klytaimestra diesen Groll übersieht, ist typischerweise selbstbestrafend und erklärt ihre folgenden taktischen Mißgriffe: Die Zurschaustellung der Brüste, die, da sie Orestes nie gestillt haben, keine zärtliche Dankbarkeit hervorrufen können, und das implizit Verführerische in ihrem Wunsch, ihr – noch nicht erreichtes – Alter an Orestes' Seite zu verbringen, was nur seine ödipale Angst und Wut stimuliert.

Der Traum reflektiert daher klar das vom Über-Ich veranlaßte Bedürfnis zu gestehen und zu büßen, dem man allgemein in der psychiatrischen Praxis begegnet (*89*) und das bereits in D.S. 2.14.4 erwähnt wird. Der Traum befriedigt selbstbestrafende Bedürfnisse: Klytaimestra legt das Schlangenkind selbst an ihre Brust und setzt sich seinem Biß aus.

Es verbleibt noch eine Sache, die in Verbindung mit einem größeren Streitpunkt unter klassischen Psychoanalytikern zu diskutieren ist. Freuds erste Theorie nahm an, daß alle Träume eine Wunscherfüllung darstellten. Als er während des Ersten Weltkriegs mit wiederholten und unerfreulichen Kriegsträumen konfrontiert wurde, erfand Freud, um seine Wunscherfüllungstheorie des Träumens zu retten, den *primären* Todestrieb, den solche Träume angeblich befriedigen (*53*). Da dieser »Trieb« keine klinische Anwendbarkeit hat (*42*, S. 399), und da es keinen vorstellbaren Weg gibt, seine Existenz nachzuweisen[119], weigere ich mich, Klytaimestras Traum als Befriedigung eines (nicht-existenten) *primären* Todestriebs zu betrachten.

Ich bin der Ansicht, daß in ihrem Traum Befriedigungen erotischer Triebe enthalten sind, denn Stillen bringt – wie bereits angemerkt – sexuelle Erregung mit sich. Ihre »Befriedigung« wird allerdings von Angst und dem Bedürfnis nach Buße getrübt; sie stellt sich daher in der Form »erotisierter Angst« ein (die man auch in den Wiederholungsträumen der Kriegszeit entdecken kann, die Freud einfach nicht sorgfältig genug analysierte). Anders ausge-

119 Vgl. (*66*) Art. ›Trieb‹, ›Todestrieb‹ usw. Versuche, diesen »Trieb« mit dem zweiten Gesetz der Thermodynamik zu verknüpfen – wie das einige getan haben (*5*, *12*, *62*) –, sind absurd, denn ein System wird nicht durch eine »Kraft« (Trieb) zur Entropie *vorwärtsgetrieben*; es »treibt« nur auf einen statistisch wahrscheinlicheren Zustand zu. Darüber hinaus kann, da anorganische Materie keine Erinnerungen »sammeln« kann, diese Materie, wenn sie Teil eines lebenden Systems wird, in keinem Sinn danach streben, zu einem Zustand *zurück*zukehren, *an den sie keine Erinnerung hat*. Daher weisen viele klassische Analytiker – ich selbst eingeschlossen – die Todestriebtheorie vollständig zurück (*49*, usw.).

drückt liefert Klytaimestras Traum eine erotische Befriedigung *mit eingebauter Selbstbestrafung*. Man kann dieses Phänomen in vielen Fällen neurotischen und perversen (masochistischen) Verhaltens beobachten, insbesondere bei Frauen, deren Sexualverhalten mit ihrer frühen »moralischen« Erziehung unvereinbar ist.[120]

Die Feststellung, daß der Stilltraum sowohl erotische Befriedigung wie auch Schmerz impliziert, entspricht der Darstellung der Amme, die leidenschaftliche Liebe für ein Kind ausdrückt, deren Stillen ihr so viele Mühen verursachte.[121] Ich kann auch sofort hinzufügen, daß m. E. die Hartnäckigkeit, mit der einige Frauen darauf bestehen, Stillen sei in erster Linie oder gar ausschließlich eine »Mühsal«, ihrer betrügerischen Behauptung – besonders in puritanischen Kulturen – entspricht, daß Ehebeziehungen gleichfalls eine unerfreuliche Schinderei darstellen.[122]

Kurz, wenn man Klytaimestras Lebensgeschichte und ihren Charakter im Auge behält, ist ihr Traum psychologisch doppelt glaubhaft. Er befriedigt die erotischen Triebe einer äußerst sinnlichen Frau – aber nur mittels einer eingebauten Selbstbestrafung. Diese wiederum befriedigt das unbarmherzige Über-Ich der schlechten Mutter und der ehebrecherischen und gattenmordenden Frau, indem ihr eine Strafe auferlegt wird, vor der sich ihr rationales Ich fürchtet, aber wonach sich ihr schuldbeladenes Unbewußtes sehnt. Dies bedeutet, daß Klytaimestras Traum eine der am hervorragendsten und überzeugendsten Leistungen des intuitiven »Psychologen« (*des Menschenkenners*) [dt. i. Or.] Aischylos darstellt.

Bibliographie

(1) Arsan, Emmanuelle: *L'Anti-Vierge*. Paris, 1968. Dt. in: *Emanuelle*. Reinbek, 1971.

(2) Bailey, F. L.: »Some Sex Beliefs and Practices in a Navaho Community«. In: *Papers of the Peabody Museum of American Archaeology and Ethnology, Harvard University*, vol. 40, no. 2. Cambridge, Massachusetts, 1950.

120 In den ersten Kapiteln eines Buches von Laforgue (*65*) werden auffallende Beispiele von Forderungen nach Strafe zitiert, die als ungehemmte Suche nach sexueller Lust verkleidet sind.

121 Die Sedang sind der Ansicht, daß eine Mutter ihren Säugling erst dann zu lieben *beginnt*, wenn sie anfängt, ihn zu stillen (*14, 22*, S. 318). Bei Primitiven werden Kinder selten nach Einsetzen des Stillens umgebracht; Ausnahmen von dieser Regel sind recht selten (*22*).

122 Dieser doppelte Betrug liefert die Grundlage für das amerikanische »Unterhaltsraubrittertum«.

(3) Bateson, Gregory und Mead, Margaret: *Balinese Character* (Special Publications of the New York Academy of Sciences vol. 2). New York, 1942.
(4) Belmont, Nicole: *Les Signes de la Naissance*. Paris, 1971.
(5) Bernfeld, S. und Feitelberg, S.: »The Principle of Entropy and the Death Instinct«. In: *International Journal of Psycho-Analysis* 12: 61-81, 1931.
(6) Briehl, Walter und Kulka, E.W.: »Lactation in a Virgin«. In: *Psychoanalytic Quarterly* 4: 484-512, 1935.
(7) Buschen, Georg (Hrsg.): *Illustrierte Völkerkunde* 2. Stuttgart, 1923.
(8) Čakuleva-Diamantis, Dobrila: Persönliche Mitteilung.
(9) Cannon, W.B.: *The Wisdom of the Body*. New York, 1939.
(10) Chombart de Lauwe, M.-J.: *Un Monde Autre: l'Enfance*. Paris, 1971.
(11) Clifford, (Sir) Hugh: »At a Malayan Court«. In: *The Further Side of Silence*. New York, 1922.
(12) Cochrane, A.D.: »Elie Metschnikoff and his Theory of an ›Instinct de la Mort‹«. In: *International Journal of Psycho-Analysis* 15: 265-270, 1934.
(13) Deutsch, Helene: *Psychologie der Frau*. 2 Bde. Bern und Stuttgart, 1948, 1954.
(14) Devereux, Georges: *Sedang Field Notes* (MS.), 1933-1935.
(15) –: »Institutionalized Homosexuality of the Mohave Indians«. In: *Human Biology* 9: 498-527, 1937.
(16) –: »Mohave Orality: An Analysis of Nursing and Weaning Customs«. In: *Psychoanalytic Quarterly* 16: 519-546, 1947.
(17) –: »Heterosexual Behavior of the Mohave Indians«. In: Róheim, Géza (Hrsg.): *Psychoanalysis and the Social Sciences* 2. New York, 1950.
(18) –: »Mohave Indian Verbal and Motor Profanity«. In: Róheim, Géza (Hrsg.): *Psychoanalysis and the Social Sciences* 2. New York, 1950.
(19) –: »Why Oedipus Killed Laius: A Note on the Complementary Oedipus Complex«. In: *International Journal of Psycho-Analysis* 34: 132-141, 1953.
(20) –: »Primitive Genital Mutilations in a Neurotic's Dream«. In: *Journal of the American Psychoanalytic Association* 2: 483-492, 1954.
(21) –: »The Denial of the Anus in Neurosis and Culture«. In: *Bulletin of the Philadelphia Association for Psychoanalysis* 4: 24-27, 1954.
(22) –: *A Study of Abortion in Primitive Societies*. New York, 1955, [2]1975.
(23) –: *Therapeutic Education*. New York, 1956.
(24) –: »Penelope's Character«. In: *Psych. Quart.* 26: 378-386, 1957.
(25) –: »The Awarding of a Penis as Compensation for Rape«. In: *International Journal of Psycho-Analysis* 38: 398-401, 1957.
(26) –: »Art and Mythology: A General Theory«. In: Kaplan, Bert (Hrsg.): *Studying Personality Cross-Culturally*. Evanston, Illinois, 1961. Auch in: *Tragédie et Poésie Grecques* (1. Kap.). Paris, 1975.

(27) –: »La Psychanalyse et l'Histoire: Une Application à l'Histoire de Sparte«. In: *Annales: Economies, Sociétés, Civilisations* 20: 18-44, 1965.
(28) –: »Loss of Identity, Impairment of Relationships, Reading Disability«. In: *Psychoanalytic Quarterly* 35: 18-39, 1966.
(29) –: »The Exploitation of Ambiguity in Pindaros O. 3.27«. In: *Rheinisches Museum für Philologie* 109: 289-298, 1966. Auch in: *Tragédie et Poésie Grecques* (8. Kap.). Paris, 1975.
(30) –: »La Renonciation à l'Identité: Défense contre l'Anéantissement«. In: *Revue Française de Psychanalyse* 31: 101-142, 1967.
(31) –: »Greek Pseudo-Homosexuality«. In: *Symbolae Osloensis* 42: 69-92, 1967.
(32) –: *Angst und Methode in den Verhaltenswissenschaften.* München, 1973. (1. engl. Aufl. Paris und Den Haag, 1967.)
(33) –: »Observation and Belief in Aischylos' Accounts of Dreams«. In: *Psychotherapy and Psychosomatics* 15: 114-134, 1967. Auch in: *Tragédie et Poésie Grecques* (3. Kap.). Paris, 1975.
(34) –: »L'Image de l'Enfant dans deux Tribus, Mohave et Sedang, et son Importance pour la Psychiatrie Infantile«. In: *Revue de Neuropsychiatrie Infantile* 16: 375-390, 1968.
(35) –: »Considérations Psychanalytiques sur la Divination, Particulièrement en Grèce«. In: Caquot, A. und Leibovici, M. (Hrsg.): *La Divination*. Paris, 1968.
(36) –: »The Realistic Basis of Phantasy«. In: *Journal of the Hillside Hospital* 17: 13-20, 1968.
(37) –: *Reality and Dream: The Psychotherapy of a Plains Indian.* (2., erw. Aufl.) New York, 1969. (Dt. Ausgabe in Vorb.)
(38) –: *Mohave Ethnopsychiatry.* (2., erw. Aufl.) Washington, D.C., 1969.
(39) –: »The Nature of Sappho's Seizure in *Fr.* 31 LP.« In: *Classical Quarterly* 20: 17-31, 1970.
(40) –: »La Naissance d'Aphrodite«. In: Pouillon, Jean und Maranda, Pierre (Hrsg.): *Echanges et Communications (Mélanges Lévi-Strauss)* 2.1229-1252. Paris und Den Haag, 1970.
(41) –: »The Structure of Tragedy and the Structure of the Psyche in Aristotle's *Poetics*«. In: Hanly, Charles und Lazerowitz, Morris (Hrsg.): *Psychoanalysis and Philosophy*. New York, 1970. Auch in: *Tragédie et Poésie Grecques* (2. Kap.). Paris, 1975.
(42) –: *Psychoanalysis and the Occult* (Hrsg. und Beitr.). (Neudruck.) New York, 1970.
(43) –: *Essais d'Ethnopsychiatrie Générale.* Paris, 1970, ^{4}1979. Dt. z.T. in: *Normal und Anormal.* Frankfurt, 1974.
(44) –: *Ethnopsychoanalyse.* Frankfurt, 1979. (1. franz. Aufl. Paris 1972.)
(45) –: »Le Fragment 62 Nauck^{2} d'Eschyle. Ce qu'y Signifie ΧΛΟΥΝΗΣ«. In: *Revue des Etudes Grecques* 86: 277-284, 1973.

(46) Dodds, E. R.: *The Greeks and the Irrational.* Berkeley, California, 1951. Dt.: *Die Griechen und das Irrationale.* Darmstadt, 1970.
(47) Ellenberger, Henri: »Die Putzwut«. In: *Der Psychologe* 2: 1-13, 1950.
(48) Evans-Pritchard, E. E.: »Heredity and Gestation, as the Zande See It«. In: *Sociologus* 8: 400-413, 1932.
(49) Fenichel, Otto: »Zur Kritik des Todestriebes«. In: *Imago* 21: 458-466, 1935.
(50) –: »The Misapprehended Oracle«. In: *The Collected Papers of O. Fenichel 1.* New York, 1953.
(51) Ferenczi, Sándor: Gulliver-Phantasien. In: *Bausteine zur Psychoanalyse, Bd. 3.* Bern und Stuttgart, 1964.
(52) Ford, C. S. und Beach, F. A.: *Patterns of Sexual Behavior.* New York, 1951.
(53) Freud, Sigmund: *Jenseits des Lustprinzips. GW* XIII.
(54) Gorer, Geoffrey und Rickman, John: *The People of Great Russia.* London, 1949.
(55) Greenacre, Phyllis: »Penis Awe and its Relation to Penis Envy«. In: Loewenstein, R. M. (Hrsg.): *Drives, Affects, Behavior.* New York, 1953.
(56) Grousset, René: *L'Empire des Steppes.* Paris, 1941.
(57) Grubb, W. B.: *An Unknown People in an Unknown Land.* London, 1911.
(58) Hallowell, A. I.: »Bear Ceremonialism in the Northern Hemisphere«. *American Anthropologist* 28: 1-175, 1926.
(59) Isakower, Otto: »Beiträge zur Pathopsychologie der Einschlafphänomene«. In: *Internationale Zeitschrift für Psychoanalyse* 22: 466-477, 1936.
(60) James, Henry: *The Turn of the Screw.* Dt.: *Torturen.* Frankfurt, 1972.
(61) Jones, Ernest: »Das Problem des Hamlet und der Ödipuskomplex«. In: *Schriften zur angewandten Seelenkunde.* Nendeln, Liechtenstein, 1970.
(62) Kapp, R. O.: »Comments on Bernfeld and Feitelberg's ›The Principle of Entropy and the Death Instinct‹«. In: *International Journal of Psycho-Analysis* 12: 82-86, 1931.
(63) Karsten, R.: »The Head-Hunters of Western Amazonas: The Life and Culture of the Jivaro Indians of Eastern Ecuador and Peru«. In: *Societas Scientiarum Fennica: Commentationes Humanarum Litterarum* 7 no. 1. Helsingfors, 1935.
(64) La Barre, Weston: *The Ghost Dance.* New York, 1970.
(65) Laforgue, René: *Psychopathologie de l'Echec.* Paris, 1944.
(66) Laplanche, J. und Pontalis, J.-B.: *Das Vokabular der Psychoanalyse.* Frankfurt, 1977.
(67) Lennig, Robert: *Traum und Sinnestäuschung bei Aischylos, Sophokles, Euripides.* Berlin, 1969.

(68) Lévi-Strauss, Claude: *L'Origine des Manières de Table*. Paris, 1968. Dt.: *Mythologica 3: Der Ursprung der Tischsitten*. Frankfurt, 1976.
(69) Lévy-Bruhl, Lucien: *Les Fonctions Mentales dans les Sociétés inferieures*. Paris, 1910.
(70) Lewin, B.D.: »The Body as Phallus«. In: *Psychoanalytic Quarterly* 2: 24-47, 1933.
(71) –: »Sleep, the Mouth and the Dream-Screen«. In: *Psychoanalytic Quarterly* 15: 419-434, 1946.
(72) Linton, Ralph: »The Marquesans«. In: Kardiner, Abram und Linton, Ralph (Hrsg.): *The Individual and his Society*. New York, 1939.
(73) –: Persönliche Mitteilung.
(74) Loeb, E.M. und Toffelmier, Gertrude: »Kin Marriage and Exogamy«. In: *Journal of General Psychology* 20: 181-228, 1939.
(75) Lullies, R. und Hirmer, M.: *Griechische Vasen der reifarchaischen Zeit*. München, 1953.
(76) MacCracken, R.D.: »Lactose Deficiency«. In: *Current Anthropology* 12, nos. 4-5: 479-517, 1971.
(77) Marcadé, Jean: *Eros Kalos*. Genf, 1965.
(78) Masters, John: *The Road Past Mandalay*. London, 1961.
(79) Menninger, K.A.: *Man Against Himself*. New York, 1938.
(80) Merker, F.: *Die Masai*. Berlin, 1904.
(81) Murray, Gilbert: *The Classical Tradition in Literature*. New York, 1957.
(82) Nilsson, M.P.: *Geschichte der griechischen Religion I*². München, 1955.
(83) Norbeck, Edward: »Trans-Pacific Similarities in Folk-Lore: A Research Lead«. In: *Kroeber Anthropological Society Papers* no. 12: 62-69, 1955.
(84) Onians, R.B.: *The Origins of European Thought*. Cambridge, 1951.
(85) Opler, M.E.: »Japanese Folk Belief Concerning the Snake«. In: *Southwestern Journal of Anthropology* 1: 249-259, 1945.
(86) Oppenheim, A.L.: »The Interpretation of Dreams in the Ancient Near East«. In: *Transactions, American Philosophical Society* n.s. 46, pt. 3. Philadelphia, 1956.
(87) Preller, Ludwig und Robert, Carl: *Griechische Mythologie*⁴. Berlin, 1894-1921.
(88) Rapaport, Ionel: *Introduction à la Psychopathologie Collective: La Secte Mystique des Skoptzy*. Paris, o.J.
(89) Reik, Theodor: *Geständniszwang und Strafbedürfnis*. Leipzig, 1925.
(90) Renault, Mary: *The Bull from the Sea*. New York, 1962. Dt.: *Der Bulle aus dem Meer*. Zürich und Stuttgart, 1963.
(91) Rohde, Erwin: *Psyche. Seele und Unsterblichkeitsglaube der Griechen*. Darmstadt, 1974 (¹1893).
(92) Róheim, Géza: *The Origin and Function of Culture*. New York, 1943.

(93) –: »The Nescience of the Aranda«. In: *British Journal of Medical Psychology* 17: 343-360, 1937.
(94) –: »Hungarian Shamanism«. In: Róheim, G. (Hrsg.): *Psychoanalysis and the Social Sciences 3*. New York, 1951.
(95) Rosenberg, S.B.H.: *Reistochten naar de Geelvinkbaai op Nieuw Guinea 1869-1870*. C's Gravenhage, 1875.
(96) Rousseau, G.S.: »Dream and Vision in Aeschylus' *Oresteia*«. *Arion* 2: 101-136, 1963.
(97) Ruark, Robert: *Something of Value*. New York, 1955. Dt.: *Die schwarze Haut*. Reinbek, 1978.
(98) Wallace, A.F.C.: »Dreams and Wishes of the Soul«. In: *American Anthropologist* 60: 234-248, 1958.
(99) Westermarck, Eduard: *The History of Human Marriage*. London, 1901.

7. Kapitel
Klytaimnestras Traum
(Sophokles: *Elektra*)

ΧΡΥCΟΘΕΜΙC
λόγος τις αὐτήν ἐστιν εἰςιδεῖν πατρὸς
τοῦ σοῦ τε κἀμοῦ δευτέραν ὁμιλίαν
ἐλθόντος εἰς φῶς· εἶτα τόνδ᾽ ἐφέστιον
πῆξαι λαβόντα σκῆπτρον οὑφόρει ποτὲ
αὐτός, τανῦν δ᾽ Αἴγισθος· ἔκ τε τοῦδ᾽ ἄνω
βλαστεῖν βρύοντα θαλλόν, ᾧ κατάσκιον
πᾶσαν γενέσθαι τὴν Μυκηναίων χθόνα. (Jebbs Text)

Übersetzung

Chrysothemis: Es heißt, sie [Klytaimestra] sah unseren Vater zum Licht zurückgekehrt wieder neben ihr [im Bett]. Dann nahm er das Zepter – einst seins, jetzt aber von Aigisthos geführt – und pflanzte es in den Herd; und aus ihm [Zepter] trieb ein blättriger Zweig aufwärts, der das ganze Land von Mykenai überschattete. [Übers. G. D.]

Nachfolgend »sterilisiert« Klytaimestra ihren Traum, indem sie ihn Helios, der Sonne aussetzt (d. h. vorträgt, erzählt). Sie besteht allerdings (mit katastrophalen Folgen) darauf, ihn einen doppeldeutigen Traum zu nennen (δισσῶν ὀνείρων). Sie hofft auch, daß sein Omen, wenn es gut ist, auf sie einwirken wird; wenn es schlecht ist, soll es ihre Feinde befallen (645; vgl. Daniel 4.19).

Kommentar: Ich werde folgende Ansichten unten begründen:

1. »*Neben ihr* [*im Bett*]«: vgl. Bächli (*3*, S. 54): »sich wieder zu ihr legte«. Man sollte sich an dieser Stelle kein expliziteres Geschehen vorstellen.

2. »*Der Herd*« ist, trotz Jebb (ad loc.) innen – es ist der gleiche Herd, auf den auch in V. 270 angespielt wird.

3. »*In*« den Herd; dies meinen Mazon (in seiner Ausgabe) und Vernant *99*, S. 108). Bowras Übersetzung »auf« (on) bedeutet das gleiche (6, S. 223ff.). Jebbs »an« (*at*) ist angesichts dessen, was Agamemnons Geste symbolisiert, ein Euphemismus, den er mehr oder weniger auch in V. 270 wiederholt.

4. *»Blättriger Zweig«*: Mazons »Lorbeerbaum« scheint unerklärlich.

Das Problem. Der scheinbar transparente (allegorische) Traum der Sophokleischen Klytaimnestra ist weitaus schwieriger zu analysieren als der Traum der Aischyleischen Klytaimestra. Die »Transparenz« des Sophokleischen Traumes bildet das Äquivalent des »Ablenkungswiderstands« (*34*, S. 412ff.) in der klinischen Psychoanalyse. Sie läßt diejenigen, welche die Warnung des großen Mathematikers Lagrange mißachten, die Einfachheit zu suchen, aber ihr zu mißtrauen, denken, daß sie *sofort* all das verstehen, was ein solcher pseudo-transparenter Traum enthält.

Tatsächlich liegt der latente psychologische Inhalt des Traums der Aischyleischen Klytaimestra direkt unter der »Oberfläche« seines manifesten Inhalts. Im Fall des Sophokleischen Traumes trennt eine dicke Schicht literarischer und kultureller Überlieferungen und Bedeutungen die beiden Inhalte, und diese Schicht muß erst durchstoßen werden, bevor man den latenten Kern des Traums erreichen kann. Kurz, der latente Inhalt des Aischyleischen Traums ist nur einmal verschlüsselt; der des Sophokleischen Traums zweimal, und die beiden Schlüssel sind verschieden. Die Analysetechnik, die hier angewendet wird, muß daher, auch wenn sie in etwa der Analyseart gleicht, die für Atossas Traum (1. Kap.) benutzt wurde, besonders geschickt und raffiniert sein. Kurz, die Aufgabe des Psychoanalytikers beginnt dort, wo die des Philologen endet.

Stesichoros, Aischylos und Sophokles. Wie seine beiden Vorgänger läßt auch Sophokles seine Klytaimnestra *einen* bedrohlichen Traum haben, aber er schreibt ihr eine völlig andere *Art* von Traum zu. Dennoch besitzt dieser äußerlich innovative Traum einen latenten Inhalt, der dem der Schlangenträume, die Sophokles *nicht* aufgriff, sehr ähnlich ist. Bevor dies bewiesen werden kann, muß eine Menge literarischer und philologischer Vorarbeit geleistet werden.

Als erstes muß festgestellt werden, daß die »Perspektive« des Sophokleischen Traums näher am Stesichoreischen als am Aischyleischen Traum liegt, dessen »Perspektive« von eigener Art ist. Sowohl der Stesichoreische wie auch der Sophokleische Traum betonen das dynastische Element: Der erstere erwähnt den Pleisthenidischen *König*, der aus einer Schlange hervorkommt; der letztere erwähnt das *Zepter* der Atreidai. Sie scheinen den Ersatz eines Herrschers durch einen anderen zu beleuchten: In dieser Perspektive ist die Bestrafung Klytaimestras nur ein Mittel zum Zweck.

Man könnte dem natürlich entgegenhalten, daß Ploutarchos das Stesichorosfragment zitiert, um die Verzögerungen göttlicher Rache zu verdeutlichen[1] und daher hauptsächlich Klytaimestras Bestrafung betont. Aber diese Behauptung ist nicht schlüssig, denn Ploutarchos ist sich nicht zu schade, ein dichterisches Fragment aus seinem Kontext zu reißen, um ein Argument zu illustrieren, das dem vom Dichter beabsichtigten direkt entgegengesetzt ist (*31*). Aischylos betont hauptsächlich die Bestrafung Klytaimestras, der schlechten Mutter; die Wiederherstellung der rechtmäßigen Dynastie ist zumindest im Traum nur eine Konsequenz der aus privaten Gründen vollzogenen erfolgreichen Rache.

Diese Interpretation wird von der Tatsache untermauert, daß das physiologisch-triebhafte Element, das in dem Aischyleischen Traum so stark betont wird, daß es den manifesten Inhalt (Stillen und Beißen) darstellt, im Sophokleischen Traum kaum angedeutet wird (fast vollzogener Beischlaf mit einem Geist), wie vermutlich in dem frustrierend kurzen Stesichorosfragment, dessen latenter sexuell-zeugungsbezogener Inhalt an anderer Stelle diskutiert wurde (5. Kap.).

Da ich mich bei der Bestimmung des latenten Inhalts des Sophokleischen Traumes gelegentlich auf die Stesichoreischen und Aischyleischen Modelle beziehen werde, die Sophokles *nicht* übernahm, muß ich als erstes nachweisen, daß bestimmte Motive dieser beiden Dichter, die Sophokles absichtlich aus dem *Traum* seiner Klytaimnestra *ausschloß*, an *anderen* Stellen seines Dramas unabsichtlich *wieder auftauchen* (*37*). Eine sorgfältige Belegung dieser Behauptung ist nicht nur deshalb unentbehrlich, um den Vorwurf zu vermeiden, ich habe »außerhalb des Dramas liegende« Sachverhalte (τὰ ἐκτὸς τοῦ δράματος) in meine Interpretation aufgenommen, sondern auch um von vornherein zu rechtfertigen, daß ich in Verbindung mit Astyages' *zweitem* Traum (Hdt. 1.108), den Sophokles imitierte, oft Astyages' *ersten* Traum (Hdt. 1.107) erwähne, den Sophokles nicht manifest nachahmte.

Ich beginne mit der Formulierung eines allgemeinen Prinzips: Wenn ein Autor von einem traditionellen Modell *abweicht*, neigen die abgelegten Motive dazu – manchmal in einer etwas verwirrenden Weise –, an einer Stelle seines Werks wieder aufzutauchen, die weitgehend *unbezogen* auf die Stelle ist, in der ein vorher bestehendes Modell ganz oder teilweise abgelegt oder sonstwie radikal

1 Plu. *ser. num. vind.* 10, S. 555 A.

modifiziert worden ist. Ich habe dieses unbeabsichtigte Wiederauftauchen eines abgelegten Motivs außerhalb seines Kontextes »Schlüpfung« (*slippage*) genannt (*37*). Vom philologischen Gesichtspunkt aus gleicht sie dem Vorgang, bei dem ein Kommentar in einen Text schlüpft, während sie vom psychoanalytischen Gesichtspunkt aus dem ähnlich ist, was Freud die »Wiederkehr des Verdrängten« (*53*) genannt hat. Die *unkontrollierbare* Wiederkehr des Verdrängten ist so gut bekannt, daß sie die Pointe einer bestimmten Art von Scherzen bildet, die man so zusammenfassen könnte: »Du wirst bekommen, was du dir wünschst, wenn du es schaffst, vierundzwanzig Stunden lang *nicht* an ein Rhinozeros zu denken.« Diese Bedingung *bewirkt*, daß die so instruierte Person an ein Rhinozeros denkt. Ich habe die Psychodynamik, die solchen »Schlüpfungen« zugrunde liegt, an anderer Stelle erklärt (*37*).[2]

Bevor ich nachweisen kann, daß Sophokles *unwillentlich* von den Stesichoreischen und den Aischyleischen Modellen, die er beide *absichtlich* nicht verwendete, beeinflußt wurde, will ich zunächst eine Schlüpfung in E. *El.* diskutieren, in welchem Drama nicht nur die Stesichoreischen, Aischyleischen und Sophokleischen Traummodelle, sondern – unerklärlicherweise – sogar das Motiv des bedrohlichen Traums Klytaimnestras nicht verwendet werden (E. *Or.* 618). Ich werde zeigen, daß sogar diese radikale Ausmerzung des gesamten Traumproblems eine Schlüpfung nicht verhinderte, weil sich Euripides der *Quellen* des Sophokleischen Traumes bewußt war.

Ich habe darauf hingewiesen, daß der Sophokleische Traum *äußerlich* zwar Astyages' *zweitem* Traum nachgebildet ist, habe aber unter Vorwegnahme späterer Schlußfolgerungen spezifiziert, daß sein *latenter* Inhalt mit Astyages' *erstem* Traum verknüpft ist, den Sophokles *nicht* explizit imitieren wollte. Nun *reagiert* Astyages auf seinen *ersten* Traum, der ihn befürchten läßt, daß der Sohn seiner Tochter Mandane ihn stürzen werde, indem er sie an einen *Perser* verheiratet, der, obwohl von hoher Geburt, in dem von den *Medern* beherrschten Reich nur ein Bürger zweiter Klasse war (Hdt. 1.107). Diesen apotropäischen oder prophylaktischen Einfall, der weder von Aischylos noch von Sophokles erwähnt wird, borgte sich Euripides innovierend aus: Anstatt Elektra dazu zu zwingen, ledig zu bleiben, verheiraten die Usurpatoren sie an einen

2 In Verbindung mit S. *Tr.* 923; eine kürzere Erörterung ist in meiner Analyse einer »Schlüpfung« in Theocr. 2.110 zu finden (*31*).

freien Bauern (E. *El.* 34ff.). Kurz, während Euripides den Traum und das Träumen nicht verwendete, borgte und entwickelte er in blendender Weise das, was bei Herodotos die *Deutung* eines Traumes ist (der mit Träumen verwandt ist, die andere der Klytaimestra zuschreiben), oder er verwendet, wenn man will, Astyages' *Reaktionen* auf seinen Traum und auf dessen Deutungen. Diese »Schlüpfung« wird noch auffälliger, wenn man bedenkt, daß in bestimmten Kulturen, in denen man Träumen große Aufmerksamkeit schenkt, der Traum selbst, sein Erzählen, seine Deutung und die Reaktionen des Träumers auf die Deutung vom kulturellen Standpunkt aus als *einheitliche* und *unteilbare* Sequenz behandelt werden müssen (*29*, I. Teil, 7. Kap.).[3] Es ist sogar möglich, daß gerade diese Schlüpfung Euripides in die Lage versetzte, sowohl die Traumepisode wie auch den Inhalt des Traumes so radikal abzulegen.

Ich muß mich jetzt den manifesten Schlüpfungen bei Sophokles zuwenden.

Stesichoreische Schlüpfungen: Der Stesichorostext erwähnt das »blutige Haupt« der Schlange. Da die Quellen dieses Stesichoreischen Details bereits erklärt worden sind (5. Kap.), beschränke ich mich hier auf das explizit beschriebene Bild. Aischylos verschob das Bluten vom Kopf auf die Brustknospe. Sophokles verbannte es vollständig aus dem *Traum*, aber er erwähnt *direkt anschließend* an den Traum (445), daß die blutbefleckte Mordwaffe an Agamemnons *Kopf* abgewischt wurde, wodurch seine bereits gespaltene »Spitze« doppelt blutig wird. Für den Literaturkritiker ist dieses direkt nach dem Traum erwähnte Detail Teil des Kontexts; für den Psychoanalytiker stellt es eine »freie Assoziation« dar. Aber sei es nun Kontext oder freie Assoziation, der Literaturkritiker wie der Psychoanalytiker müssen es gleichermaßen in Betracht ziehen, wenn sie versuchen, die Bedeutung des Traumes zu bestimmen.

Aber es gibt mehr. Die Erzählung über die Befleckung von Agamemnons Kopf mit Blut wird direkt von einer Beschreibung der μαςχαλιςμός gefolgt – dem apotropäischen Abschneiden der Extremitäten der Leiche. Da ich zeigen möchte, daß auch dieser Brauch für das Verständnis des Traums relevant ist, muß ich ihn etwas genauer untersuchen. Sophokles war offenkundig an diesem Ritus interessiert: Er ist anscheinend der einzige klassische Autor, der das

3 Vgl. auch Dodds' revidierte Meinung über dieses Problem (*41*, S. 39).

Detail der *Amputation* zweimal erwähnt.[4] Nun ist es *unvorstellbar*, daß eines der amputierten »Glieder« nicht der Phallos gewesen sein sollte (*32*) ... besonders im Fall Agamemnons, dessen Mörder sein *Geschlecht* (seine Dynastie) mit Stumpf und Stiel ausrotten wollten (vgl. E. *Suppl.* 544f.). Möglicherweise antizipiert die frühere Bemerkung (98ff.): »Aigisthos spaltete mit einer Axt Agamemnons *Haupt*, wie der Holzfäller die Eiche (δρῦς) fällt«, nicht nur die Befleckung seines Kopfes mit Blut, sondern deutet auch darauf hin, daß der Vergleich Agamemnons mit einer gefällten Eiche – und nicht mit einem getöteten Löwen oder Stier – doppelt bedeutsam ist:

1. Sie antizipiert die Traumerscheinung des sprießenden Zepters, denn Zepter wurden aus *Holz* gefertigt und mit Gold geschmückt.
2. Im Mythos werden Dryas' (des *Eichen*mannes) Glieder von seinem wahnsinnigen Vater im Glauben abgeschlagen, eine Rebe zu beschneiden (Apollod. 3.5.1).

Die Annahme, daß sich dieser Brauch auf den Traum auswirkt, scheint durch eine merkwürdige Tatsache gestützt zu werden: obwohl die Amputation in A. *Choe.* 439 erwähnt wird, findet sie *kein* Echo im Traum der Aischyleischen Klytaimestra, in dem Orestes Blut (und Milch) aus der Brustknospe saugt. Nun erwähnt Aischylos im Fragment eines anderen Dramas (*fr.* 354 N²) einen *weiteren* Aspekt dieses apotropäischen Ritus: der Mörder nimmt einen Klumpen vom *Blut* seines Opfers in den *Mund* und spuckt ihn dann aus. So wie *dieser* (orale) Aspekt des Ritus Affinitäten zu Klytaimestras manifestem Traum bei Aischylos hat, kann man annehmen, daß die Sophokleische Erwähnung eines *anderen* Aspektes desselben Ritus eine Auswirkung auf den Traum seiner Klytaimnestra hat.

Da ich bereits erwähnt habe, daß Sophokles die dynastische Perspektive des Stesichoreischen Traumes und auch dessen (erschließbaren) latenten sexuellen Inhalt übernahm, kann ich zum nächsten Punkt übergehen:

Aischyleische Schlüpfungen. Das auffallendste Element des Aischyleischen Traums ist das Stillen der Schlange an der Brust. Es lenkt die Aufmerksamkeit *so stark* auf Klytaimestras Brüste und ihr Stillen des Orestes, daß die (wahrhafte) Behauptung der Amme, Orestes von Geburt an gestillt zu haben (A. *Choe.* 749ff.) – ein Opfer, dessen Fruchtlosigkeit sie jetzt beklagt (vgl. E. *Phoin.* 1433)

4 Vgl. S. (*Troilos*), *fr.* 566 N² = 623 P. Für andere Quellen und den Brauch als Ganzen vgl. Rohde (*85*, S. 582ff.), Nilsson (*78*, I², S. 92-99).

– und Klytaimestras (lügenhafte) Behauptung, Orestes gestillt zu haben (A. *Choe.* 896ff., 908), einen *zwangsläufig* an den Traum erinnern. Der Aischyleische Traum integriert diese gegensätzlichen Behauptungen bruchlos in das *wesentliche* Gewebe der *Choephoroi.*

Der Sophokleische *Traum* enthält natürlich keine wie auch immer geartete Anspielung auf das Stillen. *Nichtsdestoweniger* übernahm Sophokles von Aischylos die widersprüchlichen *Behauptungen* hinsichtlich des Stillens Orestes'. Daß seine Klytaimnestra behaupten würde, Orestes (776) an ihrer Brust (μαστῶν) genährt zu haben, ist vielleicht natürlich genug. Weniger natürlich ist, daß in S. *El.* Klytaimnestras Behauptung *von Elektra* widersprochen wird, die, wie die Amme bei Aischylos, behauptet, *die einzige* im Haus (κατ' οἶκον) gewesen zu sein, die Orestes »genährt« habe, und wie die Amme beklagt auch sie die verschwendeten selbstaufopfernden Mühen (1143ff.).

Wären nun die *Choephoroi* nie geschrieben worden, würde man *sofort* Elektras Worte in der Bedeutung »in Zärtlichkeit aufziehend« auffassen, was die sekundäre Bedeutung des Grundwortes τρέφω ist, dessen Primärbedeutung in: »an der Brust nähren« besteht.[5] Aber sei es ein athenischer Theaterbesucher oder ein moderner Erforscher des Griechischen – jeder, der A. *Choe.* kennt, woraus das übernommene Motiv stammt, *muß innehalten und sich daran erinnern*, daß die *Jungfrau* Elektra anders als die Aischyleische Amme sich nur auf »in Zärtlichkeit aufziehen« beziehen kann; daß die Behauptung der Sophokleischen Klytaimnestra, Orestes an ihren Brüsten ernährt zu haben, glaubhaft gemeint ist (776). Ich denke *nicht*, daß Sophokles uns davon überzeugen wollte, daß Elektra dem Orestes die Brust gab, noch bin ich der Ansicht, daß er sich unklar ausdrückte.[6] Die *momentane* Verwunderung, die man verspürt, rührt von der Kenntnis her, daß die Aischyleische Amme, die Elektra hier ersetzt, Orestes *wirklich* an der Brust ernährte. Diese *linkische* und unvollständige Transposition der in A. *Choe.* rivalisierenden Ansprüche, gestillt zu haben, und die *Unbezogenheit* dieser Passage auf jede andere Stelle in S. *El.* zeigen, daß das ausgeschlossene Stillmotiv des Aischyleischen Traums indirekt in den Sophokleischen Text »schlüpfte«. Die einzige Alternative

5 In A. *Choe.* benutzen sowohl die Amme (750) als auch Klytaimestra (898, 908) Formen dieses Wortes, die die Laktation bezeichnen; in S. *El.* (1143, 1147) verwendet Elektra die Form, die bloß das Nähren (Aufziehen) bezeichnet.

6 Wie er sich in Verbindung mit der Schlüpfung in S. *Tr.* 923 unklar ausgedrückt hat (37).

bestünde in der Annahme, daß Sophokles gewisse höchst ungewöhnliche biologische Tatsachen kannte – und sich auf sie beziehen wollte. Das ist aber eine Hypothese, die ich *nicht* anzunehmen bereit bin.[7]

Diese Schlüpfungen von Elementen, die aus den Stesichoreischen und den Aischyleischen Träumen abgeleitet sind, reichen aus, um zu zeigen, daß sie Sophokles' Psyche selbst dann noch heimsuchten, *nachdem* er sich entschlossen hatte, sie nicht zu verwenden. Sie können daher legitimerweise im Verlauf des Versuchs zitiert werden, die latente Bedeutung des Traums der Sophokleischen Klytaimnestra zu beleuchten. Sie befreien mich auch von vornherein von der Aufgabe, den Gebrauch zu rechtfertigen, den ich von Astyages' *erstem* Traum (Hdt. 1.107) machen werde, obwohl Sophokles nur Details aus seinem *zweiten* Traum (Hdt. 1.108) übernahm. Astyages' zwei Träume verschlüsseln (symbolisieren) die gleiche (latente) Bedeutung auf zwei – äußerlich unterschiedliche – Weisen. Diese Feststellung paßt sowohl zu den verschiedenen Mythologien über sich wiederholende oder gepaarte Träume als auch zu dem, was die Psychoanalytiker aus der Analyse solcher gepaarten oder seriellen Träume lernen konnten (*1*, *4*, *38*, *58*), die letzten Endes Variationen über ein Thema darstellen. Dies verbindet sie mit den Wiederholungsträumen – die besonders häufig während der Kindheit und der Adoleszenz auftreten –, in denen dieselbe Bedeutung wiederholt in *derselben* Weise verschlüsselt wird. Kurz, die sorgfältig ausgewählte Sammlung nicht-Sophokleischer Träume, die ich in diesem Kapitel verwende, sind alle Variationen über dasselbe Thema: plus ça change, plus c'est la même chose.

7 Die Sekretion von *Milch* bei einer *virgo intacta* ist höchst selten: Ich kenne nur einen verläßlich berichteten Fall (7). Die Brüste eines Mädchens (oder eines unberührten weiblichen Tieres) können allerdings gelegentlich Kolostrum (Biestmilch) produzieren. Die Mohave-Indianer behaupten, selbst bei einer Großmutter nach dem Klimakterium, die ihr verwaistes Enkelkind stillen muß, einen »Milch«fluß auslösen zu können (*19*). Nic.*Alex.* 64f. beschreibt die Milch eines jungen Mädchens als Serum gegen ein Gift; dies ist beachtenswert, da Nikandros keine Heilmittel beschreibt, die nicht existieren. In V. 357ff. sagt er, daß ein von einem βούπρηϲτιϲ (einem giftigen Käfer) verwundeter Mann an der Brust saugen sollte – so wie ein neugeborenes Kalb gegen das Euter stößt, um den Milchfluß *auszulösen*. Ich kann nicht sagen, ob dieser Vergleich rein rhetorischer Art ist oder ob er (wieder) nahelegen will, Milch von einem nicht-laktierenden Mädchen zu erzwingen. Ich ziehe es vor, gewagte Vermutungen zu vermeiden. Das Stillen des Herakles durch die nicht-laktierende Hera ist kaum ein Präzedenzfall, denn bei einer Göttin ist alles möglich. (Quellen und Monumente werden bei Preller–Robert zitiert, *82*, 1.171, 2.427.) Ebenfalls belanglos ist hier die Tatsache, daß die jungfräuliche – aber »kindernährende« – Artemis in Ephesos als polymastisch dargestellt wurde (vgl. *52* für psychoanalytische Kommentare).

Übernehmen stellt psychologisch wie kulturell einen komplizierten Prozeß dar. Nicht nur werden Merkmale, die übernommen werden könnten, oft *nicht* übernommen; sie können darüber hinaus, wenn sie übernommen wurden, nach einiger Zeit wieder aufgegeben werden, weil sie nicht leicht in ihren neuen Kontext eingepaßt werden können (*68*, S. 46, vgl. *69*, S. 329ff.). Selbst wertvolles praktisches Wissen kann verlorengehen (*84*) – wie die Kunst des Schreibens während des dunklen Zeitalters in Griechenland verlorenging. Dem Impuls zum Übernehmen wirken darüber hinaus immer zum Teil die Trägheit und sogar ausgesprochene Widerstände entgegen. Einzelne Stücke werden *hauptsächlich* aus mehr oder weniger unbewußten Gründen übernommen, und diese »Gründe« bleiben an diesen übernommenen einzelnen Stücken selbst dann noch *haften*, wenn sie in eine neue Fassung eingebunden worden sind (*36*, 8. Kap.).

Wenn man den Sophokleischen Traum als eine *Abweichung* vom Stesichoreisch-Aischyleischen Modell betrachtet, stellt er eine *Neuerung* dar. Aber wenn man ihn in *Verbindung* mit einer Aischyleischen Metapher (A. *Ag.* 966ff.), mit Herodotschen Träumen (1.107, 108), von denen nur *einer* manifest imitiert wurde, und auch mit bestimmten nahöstlichen Modellen sieht, nach denen die Herodotschen Träume geformt sind, dann erscheint der Sophokleische Traum *derivativ*.

Die Aischyleische Metapher hat mit dem Sophokleischen Traum *mehr* Elemente gemeinsam als der Herodotsche Rebstocktraum. Aber wahrscheinlich wurde Sophokles von der Existenz (und der Interpretation) des letzteren angeregt, in den Traum seiner Klytaimnestra *zusätzliche* Details einzubauen, die er von der Aischyleischen Metapher übernahm, die aber in dem Herodotschen Traum, welcher der Metapher doch gleicht, fehlen. Kurz und bündig: Die meisten *Elemente* des Sophokleischen Traums wurden aus einer Aischyleischen Passage übernommen, aber ihre Integration in einen (innovierenden) Traum wurde durch die Existenz des *struktural* recht ähnlichen Herodotschen Rebstock*traumes* ermöglicht, dessen *Inhalt* ebenfalls Affinitäten mit der Aischyleischen Metapher hat.

Bis jetzt habe ich nur gezeigt, *wie* der Herodotsche Traum die Übernahme zusätzlicher *Elemente* von Aischylos *ermöglichte*. Ich muß jetzt erklären, warum Sophokles diese Elemente *für* einen Traum übernahm, der ausgerechnet vom Atreidai-Mythos handelt, und nicht für einen, der sich mit einem anderen Mythos befaßt. Es genügt, zwei Gründe anzuführen:

1. Die *Deutung* des Herodotschen Traumes *gleicht sehr* der Deutung der Aischyleischen und Sophokleischen Träume, ist aber der beabsichtigten »Bedeutung« der Lügenmetapher der Aischyleischen Klytaimestra völlig *unähnlich*.

2. Der Kyros-Mythos hat ein wesentliches und *ungewöhnliches Element* mit dem Atreus-Mythos gemeinsam. Da Harpagos den Auftrag, Kyros auszusetzen, nicht erfüllte, überlistete ihn Astyages, das Fleisch seiner eigenen Kinder zu verzehren (Hdt. 1.119), so wie Thyestes von Atreus überlistet wurde, das Fleisch seiner Kinder zu verzehren.[8] Der einzige *strukturale* Unterschied zwischen den beiden Überlieferungen besteht darin, daß Astyages' Warnträume dem kannibalischen Mahl vorausgehen, während der Traum Klytaimnestras ihm folgt. Darüber hinaus wird im Traum der Aischyleischen Klytaimestra der kannibalische Angriff auf die Mutter durch den Säugling durchgeführt. Diese »Inversion« kommt nicht ganz überraschend, da elterliche und infantile Auffreßimpulse symmetrisch auftreten und sich gegenseitig verstärken (*35*, 5. Kap.).

Diese beiden Feststellungen reichen aus, um zu erklären, warum Sophokles von Aischylos und Herodotos Elemente übernahm, um eine neue Art von Traum *für* seine Klytaimnestra, und nicht für eine andere, einem anderen Mythenzyklus angehörende Person, zu entwerfen.

Nachdem der Prozeß des Übernehmens geklärt worden ist, kann man zu einer detaillierten Untersuchung der *tatsächlichen* Modelle Sophokles' übergehen.

Die manifesten Modelle des Sophokleischen Traums sind A.*Ag.* 966ff. und Hdt. 1.108. In Übereinstimmung mit dem zu Beginn des Kapitels angezeigten Vorgehen analysiere ich zuerst die kulturellen (philologischen, literarischen, historischen) Aspekte dieser Modelle. Die wenigen Symbole, die ich erwähne, gehören einem Typ an, den der Literaturkritiker ohne weiteres hinnimmt und nicht für besonders psychologisch hält.

A.*Ag.* 966ff. – eine lügenhafte, schmeichlerische Rede, die

8 A.*Ag.* 1217ff., 1594ff., usw. Sogar Fraenkel, der in seiner Ausgabe von A.*Ag.* (ad 1594ff.) die Unterschiede zwischen den Mitteln betont, mit deren Hilfe Astyages und Atreus die geprellten Väter überlisteten, räumt die Ähnlichkeit zwischen den beiden kannibalischen Mählern ein.

Klytaimestra an Agamemnon richtet – liefert die meisten *Elemente* des Sophokleischen Traumes: in der folgenden Übersetzung [von G. D.] sollen die in Klammern gesetzten Worte die Bedeutung des Textes erläutern.

»Denn solange die Wurzel bleibt, kehrt das Laub zu dem Haus zurück, und breitet einen Schatten vor dem [brennend heißen] Hundsstern über es. So zeigst du [Agamemnon] mir dadurch, daß du zum Herd deines Hauses zurückkommst, daß die Wärme im Winter nach Hause gekommen ist. Und wenn Zeus aus der sauren [unreifen] Traube Wein macht [indem er die Trauben durch Wärme reifen läßt], dann stellt sich sofort Kühlung in dem Haus ein, wenn sich nur der vollendete Hausherr in ihm bewegt.«

Die meisten *Elemente* des Sophokleischen Traums finden sich in der Rede: Die Rückkehr Agamemnons, der Herd, das Sprießen der Pflanze, der große Schatten, den sie wirft. Das Zepter wird nicht erwähnt, aber das, wofür es steht – schützende Souveränität –, ist das Thema des gesamten Texts. Als einziges Element fehlt das koitale Thema, das weder explizit noch in einer durchsichtigen Anspielung erwähnt wird.[9]

Aber die Aischyleische Passage unterscheidet sich auch in verschiedenen Aspekten von dem Sophokleischen Traum. Obwohl sie mit dem letzteren viele Elemente gemeinsam hat, werden diese Elemente doch unterschiedlich nebeneinandergestellt: Die *Struktur* der beiden Erzählungen ist *nicht* die gleiche. Zum Beispiel wird der üppige Schatten erwähnt, *bevor* es einen Hinweis auf den Herd gibt. Ein weiterer Unterschied besteht darin: während sowohl die Aischyleische Rede wie der Sophokleische Traum von imaginären Vorgängen handeln – das eine ist eine in Form einer Metapher ausgedrückte lügnerische Schmeichelei, das andere bloß ein Traum –, *soll* die Aischyleische Rede täuschen, wohingegen der Sophokleische Traum eine *verläßliche* Warnung ist, an die zu glauben die Sophokleische Klytaimnestra sich einfach weigert, und von der sie hartnäckig behauptet, sie sei doppeldeutig.[10] Kurz, die Über-

9 Ich zögere zu argumentieren, daß »überschatten«, »Wärme im Winter«, »reifende Trauben« und »sich umher bewegen« auf eine »tiefe« sexuelle Bedeutung hindeuten. Ob sie das tun oder nicht, könnte nur geklärt werden, wenn man Aischylos auf die analytische Couch legte. Da das unmöglich ist, sind an »wilde Psychoanalyse« grenzende Spekulationen nicht zulässig (*51, 93*).

10 S. *El.* 645; vgl. *6*, S. 225. Man kann dieses Detail nicht mit der Überlieferung verknüpfen, daß Kassandras Prophezeiungen auf taube Ohren stoßen. Kassandra ist unfähig, zu überzeugen; die Sophokleische Klytaimnestra weigert sich, sich überzeugen zu lassen.

nahme Aischyleischer *Elemente* ist offensichtlich[11]; die *Nicht*übernahme ihrer *Struktur* ist ebenso offenkundig.

Man muß daher nach einer anderen Quelle suchen, von der Sophokles die Struktur, die Bezeichnung der Erzählung als einen Traum und besonders *einen* Traum übernahm, der nicht nur ähnliche Elemente enthält, sondern dessen Interpretation und Konsequenzen auch dieselben sind wie die des Traums von Sophokles' Klytaimnestra. Nur wenn man ein anderes Modell findet, das genau die Elemente liefert, die der Aischyleischen Rede *fehlen*, kann man verstehen, warum Sophokles *in der Lage* war, einige Elemente der Aischyleischen Rede (Metapher) zu übernehmen. Bei dieser Übernahme fungiert das zweite Modell als Mittler zwischen Aischylos und Sophokles: es dient als Bindeglied zwischen den beiden Texten.

Astyages' *zweiter* Traum (Hdt. 1.108) ist inhaltlich, struktural, in seiner Deutung und vor allem im Gegensatz zu A.*Ag.* 966ff. als Traum das Hauptmodell des Sophokleischen Traums. Aber es kann gezeigt werden, daß, obwohl Sophokles kein *manifestes Element* des *ersten* Astyagestraumes (Hdt. 1.107) übernahm, dessen Elemente nichtsdestoweniger im *latenten* Inhalt des Sophokleischen Traumes präsent sind.[12] Ich werde daher zeigen, daß *beide* Astyageträume nahöstliche »Kulturmusterträume«[13] darstellen und bestimmten Wundern ähneln, die sowohl psychologisch wie struktural als Traumäquivalente behandelt werden können.

Ich führe hier für den Augenblick nur die Rohdaten an, obwohl ich in einigen Fällen ein oder zwei Worte in eckigen Klammern hinzufüge, um auf das Element des Sophokleischen Traums hinzuweisen, mit dem ein Detail schließlich verknüpft werden wird.

Astyages' erster Traum: Der Urin seiner heiratsfähigen, aber noch unverheirateten Tochter Mandane überflutet Astyages' Hauptstadt

11 Bowra (*6*, S. 252) zitiert ein Beispiel für eine fast wörtliche Übernahme: A.*Ag.* 1343, 1345, vgl. S.*El.* 1415f.

12 Es ist wohl unnötig, zu erklären, warum Sophokles nicht die *manifesten* Elemente des ersten Traumes übernahm. Urinieren paßt *nicht* in ein Sophokleisches Drama, obwohl es in der Aristophaneischen Komödie ein wiederholtes Thema ist (*97*, führt unter diesem Stichwort ungefähr ein Dutzend Fälle an). Die Komödie bricht regelmäßig Tabus.

13 Zuerst von Malinowski »offizielle Träume« (*official dreams*) genannt (*73*, S. 92ff.). Von Lincoln in *»culture pattern dreams«* umbenannt (*66*, S. 41) und unter dem Namen »Kulturpattern«-Träume von Dodds (*40*, 4. Kap.) in die Gräzistik eingeführt. Ihr Auftreten ist sowohl im kulturellen (*36*, 9. Kap.) wie auch im psychologischen (*29*, I. Teil, 7. Kap.) Rahmen verständlich. In einigen Kulturen wird den Jugendlichen beigebracht, »richtige« Träume zu haben (*98*).

und ganz Asien (Hdt. 1.107). Der Traum sagt Astyages' Entthronung durch Mandanes Sohn Kyros (Cyrus, Kurush) voraus.[14]

Nahöstliche Äquivalente: Ein mesopotamisches Traumbuch führt eine lange Reihe von Urinierträumen auf (79, S. 264-266). Darüber hinaus ist der *einzige* mesopotamische Traum, der die logisch nicht vorhersehbare Nachfolge einer Person – des Sohns des Träumers – auf den Thron voraussagt, ein Uriniertraum (79, S. 265a). Es gibt nur einen größeren Unterschied zwischen Astyages' (oder Mandanes) Traum und den mesopotamischen Urinierträumen. Wenn ich Oppenheims Übersetzungen und Kommentare richtig verstehe, dann träumten in Mesopotamien nur Männer vom Urinieren. Es gab allerdings Träume über den Urin (nicht: über das Urinieren) von Frauen: Einige Männer träumten davon, den Urin ihrer Frauen zu trinken (79, S. 266a).[15] Diese Feststellung scheint Ktesias' Zuschreibung des Uriniertraumes zu Mandane selbst kulturell unangemessen zu machen, zumindest im Rahmen nahöstlicher Muster.

Der Uriniertraum hat verschiedene Verbindungen mit Astyages' zweitem Traum. Er sagt das gleiche bedrohliche Geschehen voraus; dieselbe Botschaft wird auf zwei verschiedene Weisen verschlüsselt. In beiden Träumen erscheint das, was Mandane produziert (Urin, Rebstock) aus ihren Genitalien[16], und beides breitet sich ungehemmt aus. Ich weise in diesem Zusammenhang darauf hin, daß sich der Urin in vielen mesopotamischen Urinierträumen *ausbreitet* (sich in verschiedene Ströme teilt?), sobald er aus der Harnröhre austritt.[17] In bezug auf die Verbindung des Uriniertraumes mit dem Sophokleischen Traum behaupte ich, *vorläufig* apodiktisch, daß sie in Klytaimnestras Traum nur maskiert auftritt; sie wird von dem Herd repräsentiert: vom Feuer.

Astyages' zweiter Traum: Ein Rebstock[18] sprießt aus Mandanes

14 Ctes. ap. Nic. Dam. *FHG* 3.399.65 schreibt diesen Traum Mandane selbst zu.

15 Vgl. *30*, S. 138 für ähnliche Träume bei den Mohave. Einige Frauen Mikronesiens urinieren während des Orgasmus (*23*).

16 Ich stelle klar, daß in beiden Fällen die Vagina gemeint ist. In 1.108 sollte αἰδοίων nicht als »Schoß« (*womb*) (Rawlinson) übersetzt werden. Mir muß die primitive Frau noch begegnen, die *nicht* glaubt, daß sie aus der Vagina uriniert; sogar einige zeitgenössische Inhaberinnen von Universitätsdiplomen wissen nicht, daß sich der Harngang außerhalb und über dem Vaginaeingang befindet.

17 Da dies in der Tat bei einigen Männern geschieht, wenn sie nach dem Beischlaf urinieren, könnte man sich vorstellen, daß die mesopotamischen Urinierträume »post-koitale Träume« darstellen. Aber das soll dahingestellt bleiben.

18 Es ist der heimische traubentragende Rebstock gemeint, vgl. LSJ s.v. ἄμπελος. Vgl. *Gen.* 40.9ff.; A.*Ag.* 970.

Vagina und überschattet ganz Asien (Hdt. 1.108). Da dieser Traum nach Mandanes Heirat geträumt wurde, kann man annehmen, daß sie zu dieser Zeit schwanger ist.

Nahöstliche Äquivalente:

1. Xerxes' Traum (Hdt. 7.19): der Olivenkranz, den er auf seinem Kopf trägt, sprießt zuerst üppig und verschwindet dann. [Die Olive erinnert an Ziffer 5 (infra); der Kranz könnte dem Zepter entsprechen.[19]]

2. Nebukadnezars Traum (Dan. 4.10ff.): Ein gewaltigert Baum wird gefällt, aber nicht entwurzelt [A. *Ag.* 966]. Er wird vorläufig mit Eisen- und Messingstreifen [*goldenes* Zepter] umwunden, aber der Prophet sagt voraus, daß er später wieder sprießen wird.

3. Der Traum des eingekerkerten Hausdieners Pharaos (*Gen.* 40.9ff.): eine Rebe sprießt und teilt sich in drei Äste, die Trauben tragen. Der Hausdiener preßt sie aus und reicht dem Pharao ihren (gegorenen?) Saft. [Verästeln: Mesopotamische Urinierträume; Trinken des Saftes: Trinken von Urin (?).]

4. Das Wunder von Aarons Stab (*Num.* 17.8): Der Stab, der Aarons Führerschaft des Stammes Levi repräsentiert, sprießt bei einem Wettkampf mit den Stäben anderer Stammesführer; dies macht Aaron zum Höchsten in ganz Israel.

5. Das Wunder von Athenes Olivenbaum (Hdt. 8.55): Obwohl verbrannt [Herd], sprießt er wieder, womit er die (phoenixartige) Wiedergeburt Athens aus seiner Asche und den schließlichen Triumph über Persien voraussagt (*13*). Die Verbindungen dieses Wunders mit dem Nahen Osten sind offensichtlich; ich kenne keinen Präzedenzfall aus dem Griechenland vor der Zeit der Perserkriege, denn die Euboiische Rebe (infra) ist kein wirklicher Präzedenzfall.

Da das sprießende *Zepter* in S. *El.* die Stesichoreische und Aischyleische Schlange ersetzt, verdient auch ein anderes nahöstliches Wunder eine Erwähnung:

6. Aarons Stab verwandelt sich in eine Schlange (*Exod.* 7.10); dies ist eine Herausforderung von Pharaos Vorherrschaft.[20] In

19 σκῆπτρον = λυχνὶς στεφανωματική (die Feuernelke, aus der Kränze geflochten werden, vgl. Ps.-Dsc. 3.100).

20 Das Element des »Wettkampfs der Schamanen« (vgl. Apollod. *Ep.* 5.2ff. und zahllose ähnliche Wettkämpfe in vielen Kulturgebieten: *87*, usw.) wird von der Verwandlung der Stäbe der Wahrsager Pharaos in Schlangen repräsentiert. Aarons Schlange *verschlingt* jedoch die anderen. Dies hat Affinitäten mit dem Traum eines meiner Patienten (*35*, 6. Kap. der franz. Ausg.).

bezug auf griechische Äquivalente diskutierte Bowra die männliche Bedeutung von Bäumen in griechischen Träumen (*6*, S. 225). Dem braucht nichts hinzugefügt zu werden, außer daß Klytaimnestras Zweifel über die Bedeutung des Traumes zum Teil aufgrund der Tatsache erklärbar sein können, daß solche Träume eher für den *Träumer* als (wie in S. *El.* 480ff.) für jemand anderen ein gutes Omen darstellen.

Es ist wichtig zu betonen, daß solche Träume eng mit dem Sturz einer etablierten Autorität verknüpft zu sein scheinen. Dies erklärt wahrscheinlich, warum X. *Cyrop.* – in dem Astyages mit Kyros herzliche Beziehungen unterhält – diese Träume *nicht* erwähnt.

Abschließend weise ich darauf hin, daß plötzliches Sprießen Sophokles interessiert zu haben scheint. Er erwähnte in seinem verlorenen *Thyestes* (*fr.* 235 N^2) eine Euboiische Rebe, die täglich sproß und reife Trauben hervorbrachte (vgl. E. *Ph.* 229ff.). Da aber in diesem Fall *nur* die Traubenbüschel plötzlich sprießen, entspricht dieser Vorfall dem S. *El.*-Traum nur unvollständig, hat aber einige Affinitäten mit A. *Ag.* 966ff. und mit dem Traum von Pharaos Hausdiener. Ich wiederhole, daß ich ihn hier nicht als ein Äquivalent, sondern als einen Beleg für Sophokles' Beschäftigung mit diesem Thema zitiere.

Der Herd

Vernant (*99*, *passim*) weist schlüssig nach, daß der Herd das weibliche Zentrum des »sozialen Raumes«, den der Haushalt einnimmt, darstellt, auch wenn die Athenerin ihren heimatlichen Herd verlassen und zu dem ihres Mannes gehen muß.

An dieser Stelle ist allerdings die subjektive »Traumbedeutung« des Herdes am wichtigsten. Indem Vernant den S. *El.*-Traum als koitalen Traum interpretiert, setzt er notwendigerweise voraus, daß der Herd die weiblichen Genitalien symbolisiert (*99*, S. 108). Diese Symbolik will ich jetzt detaillierter belegen.

Ich beginne mit dem Hinweis, daß der Herd, da die Reste des Stesichoreischen Traums *nicht* das Verhalten und die Lokalisierung der Schlange beschreiben, und da der Aischyleische Traum zusätzlich zu der Schlange nur die Brüste erwähnt, sehr wohl – und dies trotz A. *Choe.* 49 – das *einzige* völlig neue Element im *manifesten* Inhalt des Traums der Sophokleischen Klytaimnestra sein könnte;

das Zepter ist eindeutig ein Ersatz für die Stesichoreisch-Aischyleische Schlange. Man könnte sogar dahingehend argumentieren, daß Sophokles, indem er eine anspielungsreichere Symbolik als Aischylos verwendet, es sich leisten konnte, den »Koitus« in den *latenten* Inhalt des Traumes einzuführen: das bei Aischylos explizit beschriebene Stillen und Beißen[21] wird bei Sophokles durch einen symbolischen Koitus ersetzt. Diese Feststellung entspricht meiner These (*24*); daß das Ausmaß des in einem authentischen Kunstwerk repräsentierten *tabuisierten* Triebmaterials dem Ausmaß der Symbolisierung entspricht.

Vor einer detaillierten Diskussion der Herdsymbolik muß man den konkreteren und pragmatischeren Aspekten dieses Traumherds einige Aufmerksamkeit widmen.

Der Herd befindet sich im Haus. Es ist vermutlich der, in dessen Nähe Agamemnon erschlagen wurde (S. *El.* 203, 266ff.).[22] Aber es ist selbstverständlich, daß sich der Herd, den Vernant als das weibliche Zentrum des Hauses betrachtet, im Haus befand ... wo Agamemnon während des Festmahls erschlagen wurde (203). Auch die folgenden Überlegungen stützen die Ansicht, daß sich der Herd im Haus befand:

1. In Homerischen passiven (»Zuhörer«-)Träumen »nimmt der Träumer nicht an, daß er selbst irgendwo anders als im Bett sei« (*40*, S. 105). Dasselbe trifft sicherlich auf verschiedene Träume in Tragödien zu: A. *Ag.* 420ff., E. *Rh.* 782ff., und wahrscheinlich ebenso für Ios (A. *PV* 645ff.) und Atossas (A. *Pers.* 176ff.) Träume. Iphigeneias Traum (E. *IT* 44ff.) beginnt offensichtlich damit, daß sie im Bett liegt. Obwohl Klytaimnestra in diesem Traum eher eine Zuschauerin als eine (Homerische) Zuhörerin ist, bleibt sie während des gesamten Traumes passiv. Dies ruft den starken Eindruck hervor, daß sie annimmt, sich in ihrem Bett – im Hause – zu befinden.

2. Nichts in diesem Text deutet darauf hin, daß Agamemnon eine Entfernung zurücklegen, geschweige denn nach draußen gehen mußte, um den anderen heiligen Herd zu erreichen.

3. Es besteht die gerade noch annehmbare Möglichkeit, daß die Erwähnung des von dem Ast »geworfenen Schattens« ebenfalls auf

21 Ich erinnere allerdings an zuvor zitierte Experimente, die beweisen, daß Stillen sexuelle Erregung hervorruft (6. Kap., Anm. 113).

22 Contra: Jebb ad V. 417ff., der den Traumherd außerhalb des Hauses, in der αὐλή (Innenhof) lokalisiert.

einen Innenherd hinweist, denn Vernant (*99*, S. 124) verbindet sowohl den Herd wie auch die Frau eindeutig mit dem Schatten[23]: Der Herd wird mit der Frau gleichgesetzt (infra).

4. Sehr viel überzeugender ist die Tatsache, daß Geister mit Vorliebe dort erscheinen, *wo* sie getötet worden sind; da der Sophokleische Agamemnon während eines Festmahls ermordet wurde, ist er notwendigerweise im Haus erschlagen worden, denn kein Detail und keine Anspielung deuten auf ein Homerisches Bankett *im Freien* hin.

Man kann den Einwand vorhersehen, daß sich das *Ehe*bett einer griechischen Königin nicht in der großen Halle in der Nähe des heiligen Innenherdes befand. Aber nach Lorimer (*72*, S. 426) war es eben dort zu finden, zwischen der Rückwand und dem Herd. Ein noch offensichtlicheres Gegenargument besteht darin, daß kein *plausibler* Traum die Realität *photographisch* reproduziert: er stilisiert sie. Um das Herdsymbol einführen zu können, mußte Sophokles Klytaimnestras Bett *verschieben*. Aber es gibt mehr: man kann in der Tat die *Verformung* der Realität im Sophokleischen Traum auf ein realistisches Aischyleisches Detail zurückverfolgen. Der Aischyleische Agamemnon wurde nicht während eines Festmahls erschlagen, sondern während er ein Bad nahm (A.*Ag.* 1107ff.).

Wenn man unterstellen könnte, daß Sophokles den Grundriß des Palastes von Pylos (*100*, Abb. 35) oder eines ähnlichen Palastes kannte, könnte man darauf hinweisen, daß in Pylos das mit einer *eingebauten* Wanne versehene Bad an den Raum grenzte, in dem sich der Herd befand. Aber es ist wahrscheinlicher, daß Sophokles an etwas einfachere Arrangements gedacht hat: Es fällt auf, daß der Aischyleische Agamemnon nicht (wie es in Pylos natürlich wäre) in die *Badewanne* fällt, sondern in einen (*tragbaren*) Heißwasser*kessel* (A.*Ag.* 1128ff.). Wie dem auch sei, die Aischyleische Badeszene, die – realistischerweise – *im Haus* stattfand, trug dazu bei, daß Sophokles das Bett und die Feuerstelle des Traumes im Haus ansiedelte, wobei er auf den Mechanismus der »Verdichtung« zurückgriff, den man üblicherweise sowohl in wirklichen als auch in literarischen griechischen Träumen antrifft (*40*, S. 106).[24]

23 Er verweist in diesem Zusammenhang auf die folgenden Texte: X.*Oec.* 4.2, *Ages.* 1.24, *Hell.* 3.4.19; Pl.*Phdr.* 239c; Plu.*V.Ages.* 9.5, *Lac.Ap.* 13, S. 209C. Aber in A.*Ag.* 966ff. und in Hdt. 1.108 ist das schattenspendende Objekt *nicht* das Haus (vgl. 8. Kap., Anm. 53).

24 Eine literarische Überlegung verdient zumindest eine kurze Erwähnung. Obwohl das Wort φῶς mit Sicherheit das Licht bezeichnet, das die Erde vom düsteren Hades

›*Herd = Vulva*‹ ist eine fast selbstverständliche symbolische Gleichung, deren Vorkommen in Griechenland leicht zu belegen ist. Ich beginne mit einem Zitat von Artemidoros' expliziten Feststellungen:

1. Herd = Ofen = Frau hinsichtlich ihrer Fortpflanzungsfähigkeit (1.43).

2. Der Herd repräsentiert das Leben und die Frau des Träumers (1.74).

3. Eine Frau wärmt einen Mann wie ein Feuer (2.9).

4. Eine Bratpfanne repräsentiert eine lüsterne Frau (2.42).[25]

Die Gleichungen Artemidoros' sind keine späten Erfindungen; ihre Spuren sind in sehr viel früheren Werken zu finden:

1. Melissas Geist trägt Periandros' Boten auf, ihren Mann daran zu erinnern, daß er »sein Brot in einem kalten Ofen gebacken habe« – daß er mit ihrer Leiche Nekrophilie begangen habe (Hdt. 5.92η, vgl. *61*). Diese Überlieferung ist affektiv mit Klytaimnestras nekrophilem Traum verwandt.[26]

2. Der Herd ist in S. *El.* 266ff. der Empfänger (samenähnlicher) Trankopfer, welche der die Person Agamemnons übernehmende (*92*) Aigisthos in ihn hineingießt. Dieser Passage folgt *auf der Stelle* eine Erwähnung seines Beischlafs mit Klytaimnestra ... in deren Scheide er eine andere Art »Trankopfer« gießt.

3. Der römische *equus october*-Ritus[27] ist auch hier relevant, da aus der »cauda« des geopferten Hengstes, die über dem heiligen Herd aufgehängt wurde, Blut in diesen tropfte. Ich habe auf der

unterscheidet, könnte es *vielleicht auch* die Erwähnung des (brennenden) Herdes antizipieren. Derartige Antizipationen sind in großer Dichtung häufig zu finden. Wie die Modulationen in der Musik sichern sie den Zusammenhang des dichterischen Diskurses, indem sie eine assoziativ-anspielende Verknüpfung zwischen aufeinanderfolgenden Bildern herstellen. Wenn dieses literarische Argument angenommen wird, erleichtert es auch die Vorstellung, daß sich der Herd im Haus befindet.

25 Vgl. ebenda: ›Mörser = Frau‹, ›Stößel = Mann‹, vgl. Anm. 66.

26 Zur griechischen Nekrophilie vgl. (*61*) und (*27*). Man könnte natürlich argumentieren, daß ich selbst der Meinung Ausdruck gegeben habe (*27*), daß, wenn es im Hades den Beischlaf gäbe, er nur als Koitus *per anum* möglich wäre. Nun gibt es im Griechischen in der Tat eine Verbindung zwischen »Ofen« (ἰπνός), den Geschlechtsteilen (Ar. *fr.* 353; Hsch. = κοπρών) und dem Dunghaufen (ἰπνίον) (Callim. *fr.* 216 PF.). Es würde mir *nicht* einfallen, zu argumentieren, daß Periandros mit der Leiche seiner Frau anal koitierte. Ich weise nur darauf hin, daß sowohl Nekrophilie wie auch Koitus *per anum* fruchtlos sind, ebenso wie ein analer Koitus mit einer *Statue* Aphrodites (Luc. *Amor.* 14ff.), und daß der Koitus *per anum* mit Frauen in Griechenland häufig genug gewesen zu sein scheint (*27*, *42*, vgl. auch Hdt. 1.61). Da darüber hinaus sowohl Nekrophilie als auch Koitus *per anum* Perversionen sind, resultieren beide aus einer Vermischung der Sexualität mit Aggression (*45*, S. 324ff.).

27 Plu. *Quaest. Rom.* 97, S. 287A; Festus s.v. october equus, S. 178.5ff. Moderne Beiträge: vgl. 1. Kap., Anm. 41.

Grundlage *zwingender* anatomischer und physiologischer Überlegungen gezeigt, daß diese »cauda« nicht der Schwanz, sondern der Penis des Tieres war (*33*).

Ich habe soweit bewiesen, daß der Herd ein Symbol für die Vulva und die Scheide ist: Er nimmt den Phallos (hier als Zepter repräsentiert) und den Samen oder dessen Äquivalente auf.

Aber auch ohne aufzuhören, die Scheide so zu symbolisieren, wie sie *wirklich* ist, kann der Herd zuweilen die weiblichen Genitalien auch so symbolisieren, wie sie *phantasiert* werden. Die fragliche Phantasie wird nicht nur von Neurotikern, sondern auch von *normalen* Frauen und Kindern berichtet; sie ist auch in mehr als einem Mythos anzutreffen. Es ist die symbolische Gleichung »Phallos des Vaters = Phallos der Mutter (vom Vater während des Beischlafs erhalten) = Fötus und/oder Kind«.[28] Ich habe an anderer Stelle die Existenz dieser Phantasie in Griechenland so umfangreich belegt (*32*), daß ich hier nur ein – vielsagendes – griechisches Beispiel anführen will, das bereits im 6. Kapitel zitiert wurde:

Obwohl Poseidon damit prahlt, daß die Götter ihre Geliebten *immer* schwängern (Hom. *Od.* 11.249f.), macht er selbst der Kainis *kein* Kind. *Statt dessen* gibt er ihr einen Penis: Er verwandelt sie in einen Mann (*22*).

Im folgenden betrachte ich diese Gleichung als bewiesen, und ich werde jetzt einige Beispiele dafür zitieren, die zeigen, daß der Herd, auch wenn er die weiblichen Organe oft so wie sie *sind* repräsentiert, sie auch so repräsentieren kann, wie sie manchmal *phantasiert* werden.

1. Mindestens zwei Herde *enthalten* einen Phallos, der in der Lage ist, ein unverheiratetes Mädchen zu schwängern, und das so empfangene Kind wird der Entthroner oder zumindest der Nachfolger eines Königs.[29]

2. Selbst ein Herd, der *keinen* Phallos enthält, kann einen Funken (= Samen) ausschicken, der ein unverheiratetes Mädchen

28 Die Phantasie »Frau mit Phallos« darf nicht mit der Phantasie »Frau = Phallos« verwechselt werden, die sowohl klinisch (*46*) wie philologisch (*32*) belegbar ist.

29 *Romulus*: Plu. *V. Rom.* 2.3f.; Plin. *HN* 36.27.204. *Servius Tullius*: Plu. *Fort. Rom.* 10.323 B ff. (Vgl. D. H. *Ant. Rom.* 4.1f., Ov. *Fast.* 6.627ff.; Liv. 1.39; Plin. *HN* 36.27.204). Der von Amulius getötete Sohn Numitors wird *Aigisthos* genannt (*88*, s. v. Romulus, zitiert D. H. *Ant. Rom.* 1.76ff.; Str. 5.3.2; Serv. *V. Aen.* 1.273; Appian. ap. Phot. *Bibl.* No. 57, S. 16b35 Bekker; Tzetz. *Lyc.* 1232). Dieser Mord rechtfertigt anscheinend Romulus' Nachfolge auf den Thron und erlaubt eine relative Abschwächung des Usurpationsmotivs. Dieses Motiv wird auch in dem Servius Tullius-Mythos gedämpft: er folgt seinem Schwiegervater auf den Thron.

schwängern kann. Das so empfangene Kind wird Caeculus genannt und als Sohn des Vulcanus betrachtet.[30] Auch in diesem Fall ist das Entthronungsmotiv fast völlig eliminiert: Caeculus hat mit Romulus nur die Eigenschaft gemeinsam, als ehemaliger Räuber eine Stadt (Praeneste) gegründet zu haben.[31]

Es gibt darüber hinaus Herde, die ein Säuglings-Äquivalent enthalten, und es gibt weibliche Organe, die sich so verhalten, als wären es Herde.

1. Althaias Herd enthält ein brennendes Holzscheit, das anscheinend die »Außenseele« – oder sogar das »Eidolon« – des eben geborenen Meleagros darstellt.[32]

2. Hekabe träumt, ein brennendes Scheit zu gebären: den verruchten Paris.[33] Die Verbindung dieser Überlieferung mit dem struktural symmetrischen Wunder, das die Geburt des Tyrannen Peisistratos ankündigt (Hdt. 1.59), wird weiter unten diskutiert werden.

Ich kann nur nebenbei den etwas am Rande liegenden Glauben erwähnen, daß man aus dem Feuer oder einem Kessel geboren oder wiedergeboren werden kann, oder daß es möglich ist, unsterblich »wiedergeboren« zu werden, wenn man durch Feuer die sterblichen Teile wegbrennen läßt.[34]

Im Gegensatz dazu ist relevant, daß Feuer, die Schwangerschaften verursachen können oder sonst symbolisch »schwanger« sind, gern mit sexuell aktiven und sogar hyperaktiven Frauen assoziiert werden. Klytaimestra ist für ihre vielen Männer bekannt (Stesich. *fr.* 46 P = 26 B = 17 D); Romulus' Stiefmutter wird »Lupa« (Wölfin) genannt (Plu. *V. Rom.* 4.3); Hekabe verhält sich wie eine tollwütige Hündin (E.*Hec.* 1173; Q. S. 14.347ff.) und verwandelt sich –

30 Vgl. die zahlreichen bei Powell (*81*) zitierten antiken Quellen, die Hephaistos' vorzeitige Ejakulation erwähnen. Die spontanen (nicht-koitalen) Ejakulationen der Götter können ebenfalls Kinder zeugen (*32*).

31 Caeculus wurde nicht nur vom Feuer gezeugt, sondern wurde auch nach seiner Aussetzung in der Nähe eines Feuers gefunden; sein Name könnte mit Blinzeln (vielleicht beim Anschauen eines hellen Feuers) verbunden werden V.*Aen.* 7.679ff., 10.544; vgl. Varro ap. sch. Veron. ad V.*Aen.* 7.681 und Serv. *V.Aen.* 7.678; Sol. 2.9.

32 A.*Choe.* 607f.; Apollod. 1.8.2 und Frazer ad loc., vgl. auch (*13*).

33 Pi.*Pae.* 8; vgl. E.*Tr.* 919 usw. Um die Sache noch deutlicher zu machen, kommen in Hyg.*fab.* 91 Schlangen aus der brennenden Fackel heraus – ein Detail, das vielleicht aus dem verlorenen E.*Alex.* stammt (so Frazer ad Apollod. 1.8.2) (vgl. *94*).

34 Wiedergeburt aus dem Feuer: der Phoenix (Ov.*Met.* 15.392ff.; Stat.*Silv.* 2.4.36); aus einem Kessel: Pelops (Pi.*O.* 1.37ff.; Apollod.*Ep.* 2.3); ein alter Widder (Apollod. 1.9.27). Brennen, um Unsterblichkeit zu erlangen: Herakles: (S.*Tr.* fin.); Demophoon (Hom.*h. Cer.* 235ff.); Achilleus (A.R. 4.869ff., Apollod. 3.13.6 und Frazer ad loc.).

wahrscheinlich, nachdem sie gesteinigt worden ist – tatsächlich in eine Hündin (E. *Hec.* 1265).[35] Und dem sollte nicht entgegengehalten werden, daß Kyros' Stiefmutter »Hündin« genannt wird, obwohl Kyros *nicht* aus dem Feuer geboren wurde, denn ich werde im folgenden zeigen, daß Feuer Teil des *latenten* Inhalts von Astyages' *erstem* Traum ist.

Um zusammenzufassen: Man kann sagen, daß der Herd die Vulva symbolisiert, während das hineingestoßene Zepter den Phallos repräsentiert. Dies führt zu einer Untersuchung der Beziehung zwischen dem Herd und dem Sprießen des (phallischen) Zepters, das er nun enthält.

Dem Motiv des Herds als »Terrain« wird selten genügend Aufmerksamkeit gewidmet; es ist Vernants (*99*, S. 114) Interesse an der *sozialen* Bedeutung des Herdes, die ihn dazu bringt, zu betonen, daß das Zepter erst sprießt, nachdem es in den Herd gestoßen wurde.

Dennoch hat dieses Detail einen besonders fesselnden Aspekt. Nicht eines der *nicht*-Herodotschen Modelle oder Präzedenzfälle erwähnt auch nur die »Erde« (oder das Äquivalent von Erde), aus der die Pflanze sprießt. Sogar A. *Ag.* 966ff. erwähnt nur, daß die Pflanze *nicht* entwurzelt ist, und es gibt eine ähnliche Andeutung in Dan. 4.9ff.

Im Gegensatz dazu sagt Hdt. 1.108 ausdrücklich, daß der Rebstock *aus* Mandanes Genitalien wächst. Für den Strukturalisten wie für den Psychoanalytiker kann sich diese Spezifizierung *retroaktiv* auch auf das (implizite) »Terrain« beziehen, aus dem der Urin produziert wird (Hdt. 1.107). Seine Erwähnung im zweiten Traum kann man als einen Versuch behandeln, die Deutung »narrensicher« zu machen.[36]

Gerade vom literarischen Gesichtspunkt aus noch auffälliger ist die Tatsache, daß das »Terrain« in dem ausgeschlossenen Aischyleischen Modell erwähnt *wird*. In A. *Choe.* 543 bemüht sich Orestes aufs äußerste, seine Interpretation von Klytaimestras Traum zu untermauern, indem er betont, daß sowohl er wie auch die Schlange aus demselben Ort kamen: Aus Klytaimestras Vulva. Kurz, während das »Terrain« in A. *Choe.* Teil der *Deutung* ist, wird es in S. *El.* zu einem Teil des *Traumes* selbst. Dies entspricht nicht ganz einer

35 Zur Steinigung als *Ursache* der Metamorphose: (*89*).

36 Ich habe diese Ansicht bereits untermauert, indem ich in der Anmerkung 16 weitverbreitete Vorstellungen über das weibliche Urinieren zitiert habe.

richtigen (verschobenen) Schlüpfung, da in einer traumorientierten Kultur, wie schon betont, der Traum, sein Erzählen, seine Deutung usw. ein unteilbares Ganzes bilden. Im Gegensatz dazu dürfen die Oresteischen Wickelbänder der Schlange (A. *Choe.* 544) *nicht* als »Terrain« behandelt werden. Sie erinnern *schwach* an die den Traumbaum in Dan. 4.15 umfangenden Eisen- und Messingbänder und an den Goldbelag des Zepters der Atreidai.[37]

Die Vorstellung der mütterlichen Sexualorgane als einem »Terrain«, aus dem etwas sprießen kann, paßt gut zum griechischen Denken. Von Oidipous wird gesagt, er habe, als er Inzest beging, die Furche gepflügt (und gesät), aus der er selbst geboren wurde.[38] (A. *Sept.* 752ff., vgl. E. *Ph.* 17ff.)

Herd (Feuer) und Urinieren. Ich habe im Laufe des gesamten Kapitels eine klinisch alltägliche Feststellung ständig betont: es ist nicht leicht, Dinge willentlich zu übersehen oder zu »vergessen«. Was ostentativ zur Vordertür hinausgeworfen wird, schleicht sich gewöhnlich in einer Verkleidung durch die Hintertür wieder ein. Wenn Sophokles Astyages' Rebstocktraum kannte, dann kannte er auch seinen Uriniertraum.[39] Man sollte daher Spuren des Uriniertraums im *latenten* Inhalt des Sophokleischen Traumes entdecken können.

Auch wenn Sophokles kein manifestes Element aus Mandanes Uriniertraum übernahm, kann dieser Traum mit dem einen völlig neuen manifesten Element in dem Sophokleischen Traum verknüpft werden: mit dem Herd. Obwohl die Einführung des Herdmotivs kulturell höchst plausibel ist (supra), bleibt die Tatsache, daß Sophokles dieses Motiv aus einer Reihe anderer, kulturell *ebenso* plausibler Alternativen, etwa dem der Schwertscheide, *auswählte*.

37 Dieser Vergleich widerspricht nicht dem, was weiter unten über derartige Metallbänder gesagt wird, da eben gezeigt wurde, daß ›Kind = Phallos‹ gilt. Eine Erörterung der sozialen und psychologischen Bedeutung des Wickelns würde unglücklicherweise eine Menge Platz beanspruchen. Sorgfältige Studien dieses Brauches zeigen, daß in einigen Kulturen, in denen das Wickeln Routine ist, der Säugling als gefährlich für sich und andere betrachtet wird: Das Wickeln dient dazu, ihn im Zaum zu halten. (*75*, S. 107ff., mit Hinweisen auf weitere Literatur.) Vgl. auch die mit Blattgold bedeckten Leichen mykenischer Königskinder.

38 Die Gruppe meiner Studenten, die 1968-69 an dem S. *El.*-Traum arbeitete, zog zwischen ihm und dem Oidipous-Mythos (und dem Ödipuskomplex) viele interessante Parallelen. Da ihre Befunde eher anregend als schlüssig waren, beschreibe ich sie hier nicht, damit das rein spekulative Material den Leser nicht gegen die wirklich schlüssigen Daten, die in diesem Kapitel vorgelegt werden, einnimmt.

39 Herodotos' »öffentliche Lesungen« gingen der Publikation seines Buches voraus, das im Jahr 429 v. Chr. verbreitet war. Sophokles kannte darüber hinaus angeblich Herodotos persönlich.

Seine *Bevorzugung* des Herdes bedarf einer Erklärung. Sophokles' »guter« (und *bewußter*) Grund bestand in der *kulturellen Angemessenheit* des Herdes; sein »wirklicher« (und *unbewußter*) Grund dafür, ihn aus einer Reihe von gleichermaßen angemessenen Alternativen auszuwählen, war die Existenz eines *psychologischen Nexus* zwischen Feuer (Herd) und Urinieren.

Bevor ich diesen latenten Nexus beweise, möchte ich zuerst an die offensichtlichen Ähnlichkeiten zwischen den Träumen aus S. *El.* 417ff. und Hdt. 1.107 erinnern.

1. Beide »bedeuten« dasselbe; dieselbe warnende Botschaft ist auf zwei verschiedene Arten verschlüsselt. Sie ist auf eine dritte Art in Hdt. 1.108 verschlüsselt.

2. In allen drei Träumen kommt ein äußerst umfangreiches – und in der Tat überwältigendes – »Ding« aus den weiblichen Geschlechtsorganen oder ihrem Äquivalent, dem Herd, heraus.

3. In allen drei Träumen breitet sich das hervorgebrachte Ding *sofort* aus. Da ich bereits gezeigt habe, daß diese Träume nahöstliche Kulturmusterträume darstellen, ist es legitim, wenn ich noch einmal betone, daß in zahlreichen mesopotamischen Urinierträumen sich der Urin anscheinend in dem Moment »ausbreitet« (sich in Äste teilt?), da er aus der Harnröhre austritt (*79*, S. 264-266).

4. In allen drei Träumen wird eine fast übernatürliche *Leistung* vollbracht – und Urinierleistungen spiegeln besonders im Traum übermäßigen Ehrgeiz wider.[40]

5. Urinierleistungen werden zum größten Teil deshalb fast ausschließlich Männern zugeschrieben, weil Frauen keine Uriniertricks vollbringen können.[41]

6. In diesem Traum wird keine *qualitative*, sondern eine *quantitative* Leistung vollbracht. Dies könnte möglicherweise – aber nur möglicherweise – erklären, warum Ktesias diesen Traum nicht Astyages, sondern Mandane zuschreibt.[42] In der Tat ist der Urinstrom bei der Frau, ungeachtet weitverbreiteter falscher Vorstellun-

40 Vgl. Freud: *48*, S. 207, 210f., 214f., 471ff.; *49*, S. 225ff. *50*, S. 399ff.; *54*, S. 125f.; *55*, S. 117; *56*, S. 109; *57*, S. 3ff. Vgl. insbesondere Freuds eigene Urinierträume (*48*, S. 471ff.), in denen er es mit Herakles' Säuberung der Augeiasställe aufnimmt.

41 In der Folklore der Somali wird dieser »Nachteil« der Frau betont (*86*, S. 202). Die Kinderforschung zeigt, daß – sogar bei Primitiven – kleine Mädchen versuchen, die männlichen Urinierleistungen nachzumachen (*10*, S. 285). Auf der anderen Seite vollbringen einige primitive Knaben Urinierleistungen, mit denen sie ihre männliche »Überlegenheit« zeigen, indem sie exhibitionistisch »wie Frauen und Stuten nach hinten urinieren« (*16*).

42 Ctes. ap. Nic. Dam. *fr.* 65, *FHG* 3.399.

gen, dicker und stärker, da ihre Harnröhre kürzer und weiter als die des Mannes ist.[43]

7. Das Motiv der »qualitativen« (»Trick«-)Leistung wird allerdings symbolisch in Astyages' erstem Traum antizipiert: Die Rebe sprießt *himmelwärts*.[44]

Ich wende mich nun dem offensichtlichen Nexus zwischen Urinieren und Feuer (Herd) zu, für den die Belege nicht bloß schlüssig, sondern überwältigend sind.

1. Es gibt eine statistisch signifikante Korrelation zwischen Bettnässen und Brandstiften (*77*). Ich hatte selbst Gelegenheit, einen solchen Fall zu studieren (*18*).

2. Die psychologische Basis dieses Nexus wurde von Freud in einem Beitrag (*57*, vgl. 44. Kap.), von dessen Interpretationen nur wenige offen spekulativ sind, zumindest stichwortartig umrissen.

3. In einer Reihe von Kulturen gibt es einen expliziten Nexus zwischen Feuer und Urin.[45]

4. Mythen, literarische Werke und Scherze verknüpfen ohne weiteres Feuer mit Urin.[46]

5. In bezug auf Riten genügt es, kurz das *equus october*-Ritual zu erwähnen (supra) und zusätzlich zu der Gleichung ›Blut = Samen‹

43 Diese Information stammt von Professor Dr. Pierre Aboulker (†).

44 Der Traum eines mesopotamischen *Mannes,* in dem er himmelwärts uriniert, sagt die glänzende Karriere seines Sohnes und die Kürze seines eigenen Lebens voraus (*79*, S. 265 b). Ich weise auf den merkwürdigen Zufall hin, daß in der Anatomie (im Englischen) das urogenitale System »Baum« genannt wird.

45 Kein Mongole darf ins Feuer urinieren (*57*). Frauen der Yuma-Indianer können sich unfruchtbar machen, wenn sie ins Feuer urinieren (*47*, S. 159). Die Männer der Sedang Moi entblößen ihre Geschlechtsteile, um Dschungelbrände zu verhindern, wenn sie einen Teil des Dschungels niederbrennen, um Platz für neue Felder zu schaffen (*15*). Das Grundnahrungsmittel der Masai besteht aus einer Mischung von Milch und Blut (vgl. A. *Choe.* 546), die sie mit Hilfe von *Asche* und Kuh*urin* gerinnen lassen (*76*). Noch auffälliger ist die angebliche Überlieferung, daß man das »griechische Feuer« mit Urin (aber nicht mit Wasser) löschen konnte; diese Vorstellung hätte nie entstehen können, wenn es keinen *Impuls* gäbe, ins Feuer zu urinieren.

46 Am auffallendsten im Fall von Gulliver in Liliput (*95*). Zeus verursacht sowohl Blitz wie auch Regen – und Strepsiades bekennt sich zu der Überzeugung, daß Zeus den Regen macht, indem er in ein Sieb uriniert (Ar. *Nub.* 373 f.). Die Relevanz dieses Scherzes für den vorliegenden Zweck wird durch die Tatsache vergrößert, daß in Ar. *Pax.* 42 Zeus der Blitzeschleuderer (καταιβάτης) in Zeus den Kotschleuderer (σκαταιβάτου) verwandelt wird ... und sogar Primitive wissen, daß es nicht einfach ist, zu defäkieren, ohne *gleichzeitig* zu urinieren (*86*, S. 208). Auch wenn der Skeptiker einwenden könnte, ich ruinierte eine gute Sache durch Zitieren eines weniger plausiblen (d.h. symbolischeren) Details, werde ich auch erwähnen, daß Prometheus' Schmuggel des Feuers in einem ausgehöhlten Fenchelstiel *vielleicht* zurückgehaltenen Urin repräsentiert (Hes. *Op.* 50ff.). Im Gegensatz dazu wäre es unverantwortlich, nachdem Burkerts Analyse dieses Feuerritus jetzt veröffentlicht wurde (*9*), einen Nexus zwischen dem übelriechenden vaginalen Ausfluß der Frauen von Lemnos und dem lemnischen Feuerritus nahezulegen.

an die klinisch ebenfalls alltägliche Gleichung ›Samen = Urin‹ zu erinnern (79, S. 265 a).[47]

6. Der Nexus Feuer = Urin wird auch von der Feststellung bestätigt, daß die *gleiche* »Botschaft« *entweder* mittels einer *Feuer-* *oder* mittels einer *Urin*symbolik verschlüsselt werden kann. Solche symmetrischen Verschlüsselungen werden durch die wohlbekannte Technik der »Symbolisierung durch das Gegenteil« in der Mythologie und in Märchen ebenso wie in der Literatur, im Humor und in Träumen ermöglicht. Sowohl der Strukturalismus wie auch die Psychoanalyse erkennen die Affinität zwischen struktural oder affektiv symmetrischen Erzählungen an. Ich habe bereits erwähnt, daß die unheilvolle Geburt des Paris von Hekabes Traum, ein brennendes Scheit zu gebären, angekündigt wird. Ein symmetrisches (Wasser-)Wunder sagte die unheilbringende Geburt des Tyrannen Peisistratos voraus: Das *Wasser* in den Opferkesseln sprudelte über, obwohl unter ihnen *kein Feuer* angezündet worden war (Hdt. 1.59). Ich bezweifle, daß das Überschwappen des Wassers aus den Kesseln – die überall die weiblichen Organe symbolisieren – den Abgang des Fruchtwassers repräsentieren soll. Das »Sprudeln« deutet eindeutig darauf hin, daß das Wasser Urin repräsentieren soll, der ja Schaumblasen wirft.[48]

Man kann daher recht zuversichtlich behaupten, daß es zwischen Feuer und Urin einen starken *phantasmatischen* Nexus gibt. Auch wenn Sophokles das Urinierthema des ersten Traumes des Astyages vollständig ablegte, führte er den *latenten* Inhalt (Feuer) wieder in Klytaimnestras Traum ein, indem er ein völlig neues Element – den Herd – erfand, für den es in seinen Stesichoreischen und Aischyleischen Modellen kein Äquivalent gibt.

Trauben und Urinieren

Ich muß mich jetzt mit zwei noch offenen Punkten beschäftigen.

Es fällt besonders auf, daß in verschiedenen Sprießträumen die

47 An der Wurzel dieser Gleichung liegt eine sogenannte »infantile Sexualtheorie«. Ich erinnere mich daran, wie mir ein Spielkamerad (im Alter von 12 Jahren) erzählte, daß Männer Frauen dadurch schwängerten, daß sie in deren Vagina urinierten. Eine psychoanalytische Kollegin berichtet mir, daß eine *leicht* neurotische Frau behauptete, ihr Liebhaber habe mehrfach in ihre Scheide uriniert, was sie als äußerst lustvoll erlebt habe. (Dies ist eine Unmöglichkeit.)

48 Einer meiner Patienten untersuchte jeden Morgen sorgfältig seinen Urin. Wenn er schaumig war, so »bewies« dieser Umstand, daß er »im Schlaf« masturbiert hatte.

Pflanze der Weinstock ist (ἄμπελος). Er wird in Hdt. 1.108, im Traum von Pharaos Hausdiener und in der Metapher der Aischyleischen Klytaimestra erwähnt, nicht aber in dem Sophokleischen Traum.[49] Die Traube gibt natürlich *gelblichen* Wein. Im Traum gibt der Hausdiener Pharao tatsächlich den (gegorenen?) Traubensaft zu trinken, und auch die Aischyleische Klytaimestra scheint mit ihrer Erwähnung des »Weins« trinken zu implizieren.[50] Mandanes Urin *überflutet* Asien – und Überflutungen verursachen im allgemeinen Tod durch Ertrinken. Schließlich träumen mesopotamische Männer davon, den Urin ihrer Frauen zu trinken (*79*, S. 266a).[51] Ich weise auf diese Tatsachen hin, zögere aber, aus ihnen Schlußfolgerungen zu ziehen: Die Daten sind selbst dann nicht umfangreich und explizit genug, um ihrer Interpretation Überzeugungskraft zu verleihen, wenn man hinzufügte, daß Oliven – die in zwei analogen Erzählungen erwähnt werden (Traum des Xerxes, Wunder von Athenes Olivenbaum) – ebenfalls eine *gelbliche* Flüssigkeit produzieren.

Man könnte auch einige Spekulationen in Verbindung mit dem Wein-Urin-Milch-Nexus zu bedenken geben, solange klargestellt ist, daß das, was ich *hier* anbiete, *Spekulationen* und *nicht* Deutungen sind. Milch, die im Traum der Aischyleischen Klytaimestra ein so wichtiges Motiv bildet, fehlt im manifesten Inhalt des Sophokleischen Traums vollständig. Aufgrund des Prinzips, daß nichts jemals *völlig* vergessen oder ausgeschlossen wird, sollte man in dem Sophokleischen Traum allerdings zumindest nach Spuren des Milchthemas suchen.

Wie schon angedeutet, stellt Mandanes reichliches Urinieren eine phallische »Leistung« dar, mit der sie (in der Phantasie) »beweist«, daß sie jedem Mann gewachsen ist. Ein relativ geringfügiges nebensächliches Detail sollte hier ebenfalls in Erinnerung gerufen werden:

49 Vgl. allerdings die Sophokleischen und Euripideischen Erwähnungen der Euboiischen Wunderrebe, supra.

50 Vgl., wie der Aischyleische Agamemnon in einen Kessel fällt: er wird anscheinend zugleich verwundet *und ertränkt*; nur wenige Kommentatoren berücksichtigen dieses letzte Detail (A.*Ag.* 1128ff.).

51 Das Trinken von weiblichem Urin – besonders des Urins von Prostituierten – ist eine wohlbekannte Perversion. Frauen der Pathanen urinieren in den Mund der Kriegsgefangenen. In einigen Gegenden Sibiriens, in denen sich nur die Wohlhabenden berauschende Pilze leisten können, verschaffen sich die Armen einen Rausch, indem sie den Urin der Reichen trinken. La Barre (*62*, S. 178) schlägt jedoch eine eher magische Theorie für derartiges Urintrinken vor. Selbst Pferde lecken ihren eigenen Urin auf, wenn ihnen das Salz fehlt. Für Träume über Urintrinken bei den Mohave vgl. *30*, S. 138.

Die Rebe im Traum des Hausdieners hat *drei* Äste und produziert Trauben und Wein. Nun mußte Ploutarchos nicht Freud lesen, um zu entdecken, daß die Zahl »3« ein männliches Symbol ist.[52]

Nach diesen Worten erinnere ich hier wiederum daran, daß mindestens ein Fall einer Frau belegt ist (7), die sehr (»phallisch«) stolz auf ihre Fähigkeit war, ihre *Milch* weiter spritzen lassen zu können als die phallischen Produkte des Mannes spritzen können: es bewies ihr ihre Überlegenheit über Männer.[53] Sie setzte eindeutig Milch mit Samen und (männlichem) Urin gleich. Dies ist nicht überraschend, da in Glaubenssystemen, Bräuchen und Phantasien (Träumen) gewöhnlich alle Körperausscheidungen austauschbar sind.[54] Die Gleichung ›Milch = Urin = Feuer‹ könnte – aber *nur* könnte – so eine *schwache* Verbindung zwischen dem (weggelassenen) Milchmotiv und dem (neuen) Herdmotiv schaffen.

Das Zepter

Obwohl ich in diesem Kapitel versucht habe, zuerst die objektiven und kulturellen Aspekte der verschiedenen Traumteile zu diskutieren und erst danach ihre Symbolik zu interpretieren, würde dieser Abschnitt unnötig labyrinthisch werden, wenn ich nicht als erstes die Zeptersymbolik erörtern würde, insbesondere da dieses Symbol so durchsichtig ist, daß seine Interpretation kaum auf Widerstand stoßen wird.

›*Zepter = Stab = Menschlicher Helfer*‹: S. *OC* 848, 1109.

›*Zepter = Schlange*‹ wird durch die Tatsache offenkundig gemacht, daß sich Aarons Stab entweder in eine Schlange verwandeln (*Exod.* 7.10) oder sprießen (*Num.* 17.8) kann, und dies in beiden Fällen in einer Machtprobe tut. Schlangen sind um Hermes' Stab gewunden, und die Äquivalenz der verschiedenen Arten von Stäben und Zeptern ist, trotz kleiner Unterschiede, recht offensichtlich (*99*, S. 108, Anm. 2). Dadurch wird ziemlich sicher, daß

52 Plu. *Quaest. Rom.* 2, S. 264 A (wahrscheinlich 1 Penis + 2 Hoden). Ich weise darauf hin, daß diese Stelle von Hochzeitsfackeln (Feuer) handelt.

53 Die symbolischen Gleichungen ›Brustknospe = Penis‹ und ›Brust = Hoden‹ trifft man in der klinischen Praxis immer wieder an (*28*, *66*).

54 Man kann eine Person verhexen, wenn man *irgendeine* körperliche Ausscheidung oder die abgeschnittenen Fingernägel oder Haare dieser Person in seinen Besitz bringen kann. Die Mohave glauben, daß man krank wird, wenn man im Traum von *irgendeiner* Körperausscheidung seiner Frau beschmutzt wird (*30*, S. 138).

das Zepter im Traum der Sophokleischen Klytaimnestra die Stesichoreisch-Aischyleische Schlange ersetzt. Ich weise, wenn auch vorsichtig, darauf hin, daß die Aischyleische Schlange umwickelt ist (A. *Choe.* 529, 545 f.), während das Zepter der Atreidai bekanntlich mit Gold bedeckt ist – wovon weiter unten noch zu sprechen sein wird.

›*Zepter = Phallos*‹ ergibt sich implizit aus Vernants (*99*, S. 108) Ansicht, daß der Traum den Beischlaf repräsentiert – und Vernant steht der Psychoanalyse *nicht* wohlwollend gegenüber. Vgl. auch das Motiv der Phalloi im Herd (supra) und Luc. *VH* 1.22.

Daß das Zepter sprießt, nachdem es in den Herd gestoßen wurde, scheint die Ansicht zu spiegeln, daß der Vater der einzige Erzeuger des Kindes ist (A. *Eum.* 658 ff.): Der Vater scheint eine Art Homunkulus in die Frau hineinzulegen, die ihn dann ernährt.[55] Aber das Sprießen des Zepters könnte auch auf eine fortdauernde sexuelle Potenz hinweisen, die in einigen Gruppen – wie den Shilluk (*90*) – eine Voraussetzung für die Ausübung königlicher Macht ist. Obwohl die griechischen Heldenmythen in dieser Beziehung weniger implizit sind als die den griechischen Göttermythen entsprechenden Shilluk-Praktiken[56], übergeben geschwächte alte Könige doch oft die königliche Macht einem Nachfolger[57]: Das Motiv des »Überschattens« in A. *Ag.* 966 und in Hdt. 1.108 könnte ebenso wie in S. *El.* 417 ff. in dieselbe Richtung deuten.

Ich habe bereits angedeutet, daß das Sprießen des Zepters mit dem Sprießen des gefällten Baumes Nebukadnezars und Athenes gefällter und verbrannter Olive vergleichbar ist – und daß alle mit der rituellen Verstümmelung einer Leiche (oder eines Körpers) vergleichbar sind, die Apollod. 3.5.1 explizit mit der Beschneidung von Bäumen oder Reben verbindet. Ich habe zusätzlich schon darauf hingewiesen, daß man sich nicht vorstellen kann, daß der μασχαλισμός nicht auch das Abschneiden der Geschlechtsorgane der Leiche eingeschlossen haben sollte, denn das ist eine äußerst häufige Art der Leichenverstümmelung[58], und die Usurpatoren

55 Diese Fortpflanzungstheorie ist etwas zu zuversichtlich mit Patrilinearität verknüpft worden: die matrilinearen Hopi-Indianer haben identische Theorien (*14*), während die patrilinearen Mohave behaupten, daß beide Elternteile den Samen beisteuern (*21*).

56 Über die Entmannung und Entthronung von Göttern vgl. (*32*).

57 Peleus–Achilleus–Neoptolemos (E. *Androm.*); Kadmos–Pentheus (E. *Ba.*); Pheres–Admetos (E. *Alc.*); Laertes–Odysseus (Hom. *Od.*); vgl. Stichwort in *88*.

58 Eine umfangreiche Dokumentation findet sich in (*32*), zu der hier die Unmöglichkeit, von dem beschnittenen Aquiyawasa eine Vorhauttrophäe zu bekommen (*80*, S. 21, Anm. 1a), und Erwähnungen von Penistrophäen im alten Ägypten (D.S. 1.48.2, 1.55.8 f., usw.)

versuchten, wie gesagt, das gesamte Geschlecht (sogar das von seinem Geist gezeugte?) Agamemnons auszurotten.

Ich behaupte daher, daß das Zepter nicht bloß den Phallos Agamemnons, sondern spezifisch sein *abgeschnittenes* Glied repräsentiert. Diese Spezifizierung wird das, was ich im folgenden über das »wandernde« Zepter sagen werde, verständlicher machen.

Wir besitzen über das fragliche Zepter eine Menge Informationen, die handfest zur Klärung seiner Bedeutung im Traum beitragen werden.

Der Ursprung des Zepters läßt bereits seine Übertragbarkeit ahnen: Hephaistos fertigte es an und übergab es Zeus, der es an Hermes, zwecks Übergabe an Atreus, weiterreichte (Hom. *Il.* 2.101). Man könnte sagen, daß dieses Zepter, selbst bevor es Atreus erreichte und dann Atreus' Erben übergeben wurde (vgl. das trojanische königliche Zepter: Q.S. 2.136ff.), »umherwanderte« (Th. 1.9). Der Kern des Zepters besteht aus einer nicht spezifizierten Holzart[59], deren Äste und Rinde entfernt worden sind und die daher so dauernd tot ist, daß Achilleus die Möglichkeit ihres Wieder-Sprießens als den Prototyp des absurd Unmöglichen darstellt.[60] Die Tatsache, daß Agamemnon in S. *El.* 98f. mit einer *Eiche* verglichen wird, wirft kein Licht auf die Natur des Holzes, aus dem das Zepter angefertigt wurde – könnte aber die Ansicht unterstützen, daß ein *hölzernes* Objekt *im Traum* eines *seiner* Organe repräsentieren könnte.

Das Zepter ist »golden« – d.h. entweder mit dünnem Blattgold umwickelt oder mit Goldnägeln oder -nieten besetzt.[61] Wenn, wie ich glaube, ein Einwickeln in Goldfolie gemeint ist – denn das

hinzukommen. Die Leiche Admiral Colignys – der beim Aufstand in der Languedoc übrigens ebenso handelte – wurde im Massaker der Bartholomäusnacht von Calvinisten in dieser Art verstümmelt (*65*, S. 505, usw.). Selbst die Schambehaarung einer Frau kann »skalpiert« werden, wie die der Prinzessin von Lamballe während der Französischen Revolution oder die der Frauen von Cheyenne-Indianern durch Truppen des Kavallerieregiments der Nationalgarde von Colorado (*59*, S. 178: eine verdeckte Anspielung auf diese Tatsache).

59 Der Zweig, der aus ihm sprießt, wird ebensowenig identifiziert; wie bereits gesagt, ist Mazons »Lorbeerbaum« unbegründet.

60 Hom. *Il.* 1.234. Obwohl Achilleus spezifisch vom Zepter des Sprechers und nicht von dem der Atreidai spricht, macht das keinen wirklichen Unterschied (*99*, S. 108ff.), insbesondere was das Material angeht, aus dem Zepter angefertigt wurden.

61 Jebb ad V. 417; vgl. Hom. *Il.* 1.15, 246; 2.268; *Od.* 11.91, 369. Wenn Goldnägel verwendet wurden, zeigen die mit Gold- oder Silbernägeln geschmückten Handgriffe mykenischer Schwerter, wie dies bewerkstelligt werden konnte (*72*, S. 262; *100*, S. 517). Vgl. den Namen (oder Beinamen) Chrysaor.

Einschlagen zu vieler Nägel in das Holz könnte es zersplittern –, kann man einige interessante Schlußfolgerungen ziehen. Das Zepter der Atreidai, das im Traum sprießt, ist mit Gold umwickelt[62]; nachdem Nebukadnezars Traumbaum gefällt worden ist, wird er mit Eisen- und Messingbändern umwickelt, wird aber später wieder blühen (Dan. 4.15, 23). Welchem Zweck diese Metallbänder dienten, sagt der biblische Text nicht. Ob sie ein Sprießen des Stumpfes unterbinden sollten, solange der König wahnsinnig war, oder ob sie sein Splittern und Verfaulen verhindern sollten, bis die Zeit zum Sprießen gekommen war – nachdem Nebukadnezar ein großer und berühmter König geworden war (Dan. 4.34ff.) –, kann sich jeder selbst aussuchen. Ich halte hier nur die *Technik* fest, daß Holz mit Metall umringt werden kann.

Ich beginne mit einem Hinweis auf eine alte ephesische *Stein*keule oder -stößel, umringt mit Zinnbändern[63], die ich für dekorative Imitationen der funktionalen Metallbänder halte, die *hölzerne* Keulen und Stößel vor dem Splittern bewahrten.[64]

Der Metallüberzug des Zepters der Atreidai hätte sehr gut eine Imitation der bronzeberingten Stäbe sein können, mit denen man gelegentlich auf den Boden stampfte oder einen Gegner niederschlug. In den Homerischen Epen finden sich Spuren von rauhem Zeptergebrauch.[65] Daher *könnten* nicht nur Holzstößel, sondern auch frühe Holzstäbe (»Zepter«), die für rauhen Gebrauch bestimmt waren, mit Metallbändern umwickelt worden sein.

Nun besitzt die fragliche ephesische Keule eine auffällige Eigenheit: Sie ist sogar *noch* ostentativer als ein Phallos geformt als für jeden Stößel unumgänglich. Die Eichel und die Kranzfurche sind genau nachgeahmt.[66]

Da das Zepter in Klytaimnestras Traum zugleich für den Phallos und für das von dem Phallos produzierte Kind steht, ist der Hinweis interessant, daß manchmal – tatsächlich wie auch symbolisch –

62 Wie die Leichen von Königskindern in Mykenai (supra, Anm. 37).

63 Zuerst veröffentlicht von Cook, *12*, 3.898, Abb. 731, Tafel 67.

64 Mit der Weiterentwicklung der Technik werden funktionale Elemente oft in rein dekorative Elemente umgewandelt. Obwohl es im lehmlosen Polynesien keine Töpferei gibt, zeigen die Verzierungen polynesischer Töpferei-Äquivalente, daß die Polynesier, bevor sie in ihre gegenwärtige Heimat wanderten, Keramik nach der *Wulst*-Spiral-Technik anfertigten.

65 Hom. *Il.* 1.245; 2.199; 265; *Od.* 2.80. Die hypothetischen bronzeberingten Stäbe, an die ich denke, können den metallumringten Bambus*lathi* indischer Polizisten geähnelt haben.

66 Die Gleichungen ›Stößel = Penis‹ und ›Mörser = Vagina‹ sind weitverbreitet. Griechenland: Artemid. 2.42; Mohave (*30*); Betsileo (*68*, S. 45), usw.

sowohl männliche Geschlechtsteile als auch Kinder – zeitweise mit Metall – »geringt« werden.[67]

Ich stelle nachdrücklich fest, daß ich diese Fakten *nicht* zitiere, um den Eindruck zu erwecken, daß Zepter mit Gold belegt wurden, um sie zu einem Symbol für den Phallos und/oder das Kind zu *machen*. Ich versuche nur darauf hinzuweisen, daß das Vergolden des Zepters *nicht ausschließt*, daß es sich um ein Phallos- oder Kindsymbol handelt. Jeder, der mehr in meine Bemerkungen hineinliest, als ich sagen will, frönt in unverantwortlicher Weise der »wilden Psychoanalyse«, die ein richtiger Psychoanalytiker als erster verurteilen wird (*51*, *93*).

Ich werde etwas später auf das Problem der goldenen Organe in der griechischen Überlieferung zurückkommen.

Das Problem der zirkulären Weitergabe muß in allen Details erörtert werden.

Vielleicht das auffälligste Beispiel für etwas, das im Kreis wandert, wobei die Wanderung *zweimal* mit der Rückgabe an den endet, der es an einer Stelle der Geschichte »von sich gegeben« oder ausgesandt hat, bildet das Gift der Hydra. Die Geschichte ist so gut bekannt, daß ich die einzelnen Stationen der »Wanderung« dieses Giftes nicht belegen muß; nur die ungewöhnlichen Versionen werden durch Zitieren antiker Autoritäten belegt.

Die Hydra ist besonders giftig; nachdem Herakles dieses Unge-

67 *Penis*: Eine Schnur wird als Schutz um die Vorhaut gebunden; auch Penishüllen bei Primitiven. In Teilen Indonesiens können die Haut und die Eichel des Penis mit Edelsteinen inkrustiert sein, usw. Bestimmte südamerikanische Indianer vergrößern die Lust ihrer Frauen, indem sie die Kranzfurche mit den Augenwimpern von Ziegen umringen. Bestimmte Sklaven und trainierende Athleten der Antike wurden mit Metallringen infibuliert (*2*). Ein neurotischer Patient legte manchmal ein Vorhängeschloß um seinen Hodensack (*28*). Eine neurotische Ehefrau, die in ihren Mann sehr verliebt war, schmückte seinen Penis mit Bändern und Schleifen (*71*). Ein Patient phantasierte, sein Penis sei wie bei einer altmodischen Salami oder einem Rollbraten mit Schnüren umwunden, und er versuchte sogar einmal, nachdem er ein Bild eines fernöstlichen Hartgummirings gesehen hatte, der die Erektion durch Zusammenpressen der dorsalen Vene verlängern soll, unter Benutzung von Gummibändern seinen Penis so zu umwickeln, um die Lust seiner Geliebten zu steigern. Perverse legen manchmal um ihre schlaffen Organe Metallringe, die dann, nachdem eine Erektion eingetreten ist, mit Metallsägen entfernt werden müssen. Einige benutzen Eheringe zu diesem Zweck; dies wirft ein Licht auf die Symbolik des Eherings. *Kleinkind*: Das offensichtlichste Äquivalent bilden die Wickelbänder, wie in A. *Choe.* 529, usw. Noch auffälliger ist die Überlieferung, daß der Ägypter »Kadmos« »Semeles« zu früh geborenes Kind »Dionysos« vergoldete (= »Osiris«) (D.S. 1.23.4f.). Diese Goldhülle ersetzt anscheinend Zeus' »Oberschenkel« – was ein in diesem Zusammenhang von der griechischen Überlieferung erwähnter Euphemismus sein könnte. (E. *Ba.* 96, usw.). Zu mit Blattgold bedeckten toten Säuglingen vgl. Anm. 37. Zu Pythagoras' goldenem Oberschenkel vgl. *8*, S. 23.

heuer getötet hat, vergiftet er mit dessen Körpersäften seine Pfeile. Mit einem von ihnen tötet er Nessos, der Deianeira vergewaltigte – oder zu vergewaltigen versuchte (*37*). Der sterbende Nessos gibt Deianeira sein Blut und seinen Samen und überzeugt sie davon, daß dieses Gemisch, zur rechten Zeit angewendet, Herakles' Treue ihr gegenüber sicherstellen wird. Als Herakles untreu wird, sendet Deianeira ihm ein Hemd, das sie mit diesem Gift eingerieben hatte und das Herakles tötet. Die Kette lautet: Hydra–Herakles–Nessos–Deianeira–Herakles.

Herakles übergibt kurz vor seiner Lebendverbrennung auf dem Berg Oite seinen Bogen und seine Pfeile Philoktetes, der bereit war, den Scheiterhaufen zu entzünden. Philoktetes wird in der Folge von *einer* Hydra (Wasserschlange) gebissen bzw., nach Serv. *V. Aen.* 3.402, von einem vergifteten Pfeil (der seinen eigenen gleicht) verwundet. Die Kette lautet: *Die* Hydra–Herakles–Philoktetes – *eine* Hydra (vergifteter Pfeil). Das Muster, das man bei fluchbeladenen Familien (*70*) entdecken kann, gleicht diesem.

In der Folge tötet Philoktetes Paris mit einem seiner Pfeile. Dann baut Philoktetes bei Krimisa Apollon dem *Wanderer* ('Αλαιός)[68] einen Tempel (Lyc. 913 ff.). Dies ist einer von Apollons selteneren Beinamen und könnte daher bedeutsam sein, obwohl die Tatsache, daß der Bogenschütze Philoktetes gerade Apollon – dem Gott der Bogenschützen – einen Tempel baute, nur natürlich ist.

Ich zitiere diese Geschichte der Wanderung des Hydragiftes, da es, wie das Zepter, zu dem zurückkehrt, der es »von sich gab« – und dies in der Tat zweimal (Herakles und Philoktetes). (Vgl. Apollons Pfeil: Q.S. 3.83 ff.)

Die Zirkulation des Zepters, die in dem Text so stark betont wird, könnte möglicherweise als ein Argument gegen die Ansicht, daß das Zepter Agamemnons Phallos symbolisiert, ins Feld geführt werden.[69]

Anstatt mich hinter Ciceros Argument: »Nihil tam praepostere, tam incondite, tam monstruose cogitari potest, quod non possimus somniare« (Cic. *de divin.* 2.71.146) (vgl. 6. Kap., Anm. 26) zu verschanzen, möchte ich zeigen, daß gerade die Zirkulation des Zepters beweist, daß es im Traum Agamemnons Phallos repräsentiert.

68 Aber dieser Beiname kann auch bloß bedeuten: von zu Hause abwesend (K.J.D.).

69 Und/oder – wie Vernant meint (*99*, S. 109) – seinen Sohn, was symbolisch (›Kind = Phallos‹) das gleiche ist.

Die Grundüberlegung wurde von Snell (*91*, S. 5, Abb. 2) in einem anderen Kontext bewundernswert erörtert. Einige Lücken des Homerischen Vokabulars, die sich auf den lebenden Körper und seine Organe oder Teile beziehen, deuten zusammen mit bestimmten frühen griechischen Darstellungen des Körpers auf Vasen darauf hin, daß das Körperbild bei den Griechen einem zusammengesetzten »Puzzle« glich (contra: Herter, *60*). Ich habe an anderer Stelle gezeigt, daß ein solches Körperbild – und die Vorstellung einer fast vollständigen Organautonomie, die damit einhergeht – durchaus nicht selten ist und sowohl kulturell (ethnologisch) wie auch klinisch interpretiert werden kann (*35*, 13. Kap.).

Ich kann nicht versuchen, hier das gewaltige Thema zirkulierender Organe und des stellvertretenden physiologischen Funktionierens im Mythos, im Glauben, im Ritual, im informellen Brauchtum und auch in der (neurotischen) Phantasie anzuschneiden.[70]

Ich werde daher nur drei der Vorstellungen definieren, die in diesem Traum hinter der Zeptersymbolik zu stehen scheinen, und werde jede mit nur einem griechischen Beispiel belegen – wobei ich den Leser bitte, mir zu glauben, daß es noch viele andere Beispiele gibt.

1. *Zirkulierende Organe*: Die drei Graiai haben zusammen nur ein Auge und einen Zahn und benutzen sie abwechselnd nacheinander (A. *PV* 792 ff.).

2. *Die zirkulierende »Essenz« (»mana«)* wird dadurch belegt, daß Cheiron seine Unsterblichkeit an Prometheus abgibt (Apollod. 2.5.4; 5.11.10).

3. *Abgeschnittene Organe funktionieren weiter*: In Delphi können Frauen Dionysos' Phallos »aufwecken« (Plu. *Is. et Os.* 35, S. 365 A).[71] Ich erinnere in diesem Zusammenhang an meine Überzeugung, daß im Verlauf des μασχαλισμός, dem Agamemnons Leiche unterzogen wurde, auch sein Phallos abgeschnitten wurde.[72]

Natürlich wurde *in der Realität* Agamemnons Phallos *nicht* erst auf Aigisthos' Körper gepfropft und dann auf den »Körper« von

70 Eine Studie über diese Vorstellungen ist fast fertig. Vgl. 6. Kap., Anm. 91.

71 Vgl. auch die Phalloi in Herden, die in Verbindung mit der Herdsymbolik diskutiert werden, supra, Anm. 29.

72 Die Extremitäten der Leiche wurden abgeschnitten, damit der verkrüppelte Geist keine Rache nehmen konnte. Da tote Helden Kinder zeugen konnten (Hdt. 6.69), und da Agamemnons Mörder vor allem versuchten, seine Nachkommen (und Rächer) zu vernichten, muß man schon aus diesem Grund annehmen, daß sein Phallos abgeschnitten wurde, selbst wenn das Sammeln von Phalloi als Trophäen weitaus weniger verbreitet gewesen sein sollte, als es tatsächlich war (*32*). Vgl. Nilsson (*78*, I², S. 100) sowie supra.

Agamemnons Geist »zurückgepfropft«. Selbst der manifeste Traum geht nicht ganz so weit: nur das Zepter wechselt zweimal seinen Besitzer. Aber es scheint wahrscheinlich, daß hinter dieser relativ plausiblen symbolischen Repräsentation die Phantasie des zirkulierenden Organs und, *a fortiori*, der zirkulierenden *Essenz* steht.

Bevor ich dieses Problem angehe, muß auf eine wichtige Tatsache hingewiesen werden: In V. 266ff., wo alle wichtigen Usurpationen Aigisthos' aufgezählt werden – einschließlich seiner Aneignung von Klytaimnestras *Bett* –, wirkt die Nicht-Erwähnung einer Übernahme des *Zepters* überraschend.[73] Diese Auslassung wird noch bemerkenswerter, wenn man bedenkt, daß sich der *Traum nur* mit der Usurpation des Zepters befaßt. Solche fast ostentativen Auslassungen sind psychologisch höchst bedeutsam.[74] Selbst rein literarische Überlegungen verlangen, V. 266ff. als Komplement des Traumes zu betrachten.

Vernant (*99*, S. 107) hält es für anormal, daß der (effeminierte) Aigisthos wie eine athenische Frau in das Haus ihres Ehemannes in den Palast der (mannhaften, A.*Ag.* 11) Klytaimnestra eingezogen sein sollte. Aber sicherlich besteht der springende Punkt darin, daß Aigisthos sich bei seinem Einzug so verhielt, wie jeder neue König der vorpatrilinearen Zeit – und sogar wie viele neue Könige des Zeitalters der Helden. Menelaos selbst zog in Tyndaros' (und Helenes) Palast in Sparta ein, wie auch Oidipous in Iokastes Palast in Theben einzog.[75] Viele Mythen beschreiben die »normale« Prozedur, den König zu töten und die verwitwete Königin zu heiraten; Aigisthos drehte die traditionelle Abfolge nur um. Aber selbst dann ist recht offensichtlich, daß er in dem Moment, als er seine Usurpation begann, und hauptsächlich, als er Klytaimnestras *Bett* teilte, Agamemnons soziale Nische und Funktionen übernahm, denn es ist nur leicht übertrieben, zu behaupten, daß Könige im Bett der Königin gemacht werden.[76] Eine Königin, die einen Jüngling verführen wollte, bot ihm nicht nur ihre Gunst, sondern

73 Auch in A.*Ag.* 966ff. wird das Zepter nicht erwähnt.

74 Ein psychoanalytischer Kollege konnte einen seiner eigenen Träume nicht deuten, in dem ein Aquarium mit drei Fischen vorkam, die die Namen Markus, Matthäus und Lukas trugen. Als ich bemerkte: »Und was ist mit Johannes?« antwortete mein Kollege: »Jetzt verstehe ich meinen Traum – er betrifft einen Mann mit Namen John (Johannes).« (Das ehemalige christliche Symbol ›Fisch = Christus‹ machte diese Deutung gewiß, obwohl diese Symbolik von den Anfangsbuchstaben I.X.Θ.Y.C. abgeleitet ist.)

75 Zum sozio-historischen Übergangscharakter der letzteren Episode vgl. (*25*).

76 Vgl. Atossas drei königliche Ehemänner, Hdt. 3.88, usw. (1. Kap.).

auch den Thron an: sie sann auf Gattenmord. Aber in E. *Hipp.* 1010 weist Hippolytos spontan dieses potentielle Angebot zurück.

Kurz, ein *körperlicher* Phallos *erwirbt durch* den Beischlaf mit einer Königin die zusätzliche Qualität eines *königlichen* Phallos. In diesem Sinne kann man in dem Traum eine Spur der Vorstellung einer übertragbaren, zirkulierenden »Essenz« entdecken – wobei die fragliche Essenz der königliche Status ist. Selbst soziologisch betrachtet ist Agamemnons Wiedergewinnung des Zepters im Traum *unvollständig*, bis er es »re-konsekriert«, indem er es in den Herd (»Klytaimnestra«) pflanzt. Erst dann kann das Zepter von neuem sprießen.[77]

Diese Feststellungen erklären auch, warum Aigisthos ein »feiger Löwe« genannt wird (A. *Ag.* 1224). Mit Blaydes, Paley, Headlam und Mazon behaupte ich, daß »Löwe« der Namen-Titel oder Titel-Name des Hochkönigs von Mykenai war.[78] Wahrscheinlich ließ die von Aischylos benutzte Schrift nicht die Schreibweise »Löwe« statt (wie die Kopisten) »löwe« zu. Es ist hochinteressant, daß Agamemnon nur in A. *Ag.* 1259 (und *sonst nirgends* in der *Oresteia*) Löwe genannt wird ... dessen Platz im Bett von einem schlichten Wolf usurpiert wird: von Aigisthos. Man sollte vielleicht in beiden Fällen »Löwe« (Λέων) schreiben.[79] Sobald man Löwe groß schreibt, wird der Ausdruck »feiger Löwe« verständlich, denn ein persönlich wertloser Mann kann immer noch Löwe-König sein; die Beleidigungen, die Achilleus auf Agamemnon, *den Mann*, häuft, beweisen dies (Hom. *Il.* 1.122 ff.).[80]

In der Tat erklärt für den Soziologen der Hinweis, daß Agamemnons Zepter durch einen Beischlaf mit der *Königin* (und nicht bloß mit *der Frau* Klytaimnestra) richtig rekonsekriert werden muß,

77 Eine solche physiologische Wiedereinweihung ist nicht ungriechisch. Hera gab dem erwachsenen Herakles die Brust (supra); einige Monumente zeigen Hera, wie sie mimt, Herakles zu gebären. Vgl. 6. Kap., Anm. 56.

78 Mylonas weist darauf hin, daß die Pelopidai von Asien kamen, wo es viele symbolische und wirkliche Löwen gab (E.R.D.). Das Löwentor von Mykenai ist das übliche Argument; ein zusätzliches und vielleicht überzeugenderes Argument ist, daß *nur* Agamemnon ein Löwenfell trägt (Hom. *Il.* 10.23). »Löwe« ist ein geeigneter Titel für einen obersten Herrscher, vgl. »Erobernder Löwe von Juda«. Aber ich bezweifle, daß A. *Ag.* 1258 und A. *Choe.* 938 Licht auf *dieses* Problem werfen.

79 In A. *Choe.* wird Agamemnons natürlicher Erbe Orestes zum ersten und einzigen Mal Löwe genannt (zusammen mit Pylades, V. 938), als er seinen Anspruch auf den Thron durch die Ermordung seiner Mutter erneuert. Ich kann Fraenkels Erklärung von A. *Ag.* 1224 nicht akzeptieren.

80 Die wiederholten psychotischen Episoden George des Dritten hoben seinen königlichen Status nicht auf. Es gibt ähnliche historische Beispiele.

zum Teil, warum im Traum der Beischlaf durch das Hineinstoßen des Zepters in den Herd und nicht durch einen unmaskierten koitalen Traum repräsentiert wird (der der direkten Erwähnung von Aigisthos' ehebrecherischem Beischlaf in V. 266ff. entspräche). Auf der Grundlage von Vernants Analyse der Funktion des Herdes könnte man vernünftigerweise argumentieren, daß der Herd die weiblichen Teile der *Königin besser* repräsentiert, als es die tatsächlichen Organe *der Frau* Klytaimnestra könnten. Der symbolische Beischlaf des königlichen Zepters mit dem königinhaften Herd stellte eine bessere Neubestätigung von Agamemnons Königsein dar als ein expliziter koitaler Traum.

Ich muß ausdrücklich betonen, daß die eben vorgebrachten Argumente eher soziologischer und literarischer als psychologischer Natur sind. Sie beschäftigen sich mit mehr oder weniger bewußten und sozial geformten Symbolen. Die psychologischen Gründe dafür, warum der Beischlaf im Traum eher symbolisch als explizit repräsentiert wird, werden weiter unten erörtert.

Wenn man die Rolle des königlichen Beischlafs – ein ritueller Akt, der fast eine heilige Ehe (ἱερός γαμός) darstellt – im Traum und seine soziologischen Implikationen betrachtet, würde man eine Reihe von Problemen in der Luft hängenlassen, wenn man nicht die *Natur* der Usurpationen des Aigisthos (aufgezählt in V. 266ff.) sowohl im rein soziologischen Rahmen als auch im Rahmen ihrer psychologischen Implikationen sorgfältig untersucht. Denn wie wir sehen werden, muß eine so weitreichende und vielfältige Usurpation, die Wiederholung so vieler Funktionen und Rollen des abwesenden – und dann ermordeten – Königs, sowohl eine soziokulturelle Basis als auch psychologische Folgen haben.

I. Die sozio-funktionale Grundlage von Aigisthos' Usurpationen besteht in der Tatsache, daß er, sobald er begann, den zuvor von Agamemnon ausgefüllten Ausschnitt des »sozialen Raumes« zu besetzen, *sozial* dieselbe »Person« wie Agamemnon wurde. Hier ist das Konzept der sozialen Repräsentation und der funktionalen Ersetzbarkeit angesprochen. In der Tat:

1. Wer eine Maske trägt, *ist* der, den seine Maske repräsentiert.

2. Wenn A und B in einer Beziehung x zu C stehen, dann ist A funktional durch B ersetzbar (und umgekehrt), aber nur

a) in Beziehung zu C (und seinen Äquivalenten), und

b) innerhalb des Rahmens der Beziehung x.

In klassifikatorischen Verwandtschaftssystemen kann diese funktionale Ersetzbarkeit (*17*) sogar eine *soziale Nicht*-Implementierung des Selbstseins (*74*) mit sich bringen, wobei fälschlich der *Eindruck* (*36*, 6. Kap.) eines *psychologischen* Mangels des »Selbst«-Gefühls erzeugt wird (*70*).[81]

II. Was in soziologischer Sicht eine funktionale Ersetzbarkeit ist, stellt in psychologischer Sicht das dar, was Sperling (*92*) eine »Appersonation« nannte. Es scheint überflüssig, nacheinander die einzelnen psychologischen Konsequenzen aller Usurpationen des Aigisthos zu untersuchen, obwohl ich noch einmal betonen möchte, daß in V. 266ff. das Gießen von Trankopfern in den heiligen Herd – den Jebb (ad loc.) zu Recht als denselben bezeichnet, in dessen Nähe Agamemnon ermordet wurde (203) – einer Erwähnung seines »Gießens« einer anderen Art von »Trankopfer« in Klytaimnestra selbst vorangeht. Ich werde nur die Tatsache besprechen, daß Aigisthos Agamemnons Kleider trägt. Dieses Verhalten kann vollständig aufgrund sozio-ökonomischer Erwägungen erklärt werden.

1. In der griechischen (und mykenischen) Gesellschaft repräsentierten feine Textilien eine Menge Arbeit und waren sehr wertvoll. Auch Periandros war so sparsam, Melissas Kleider nicht mit auf den Scheiterhaufen zu legen (Hdt. 5.92) (*78*, S. 179).

2. Die fraglichen Gewänder konnten sehr gut Teil der Abzeichen des Königs gewesen sein; sie waren genausowenig »abgelegt«, wie das Zepter ein Stock »aus zweiter Hand« war.

Aber dieses sozio-ökonomisch völlig verständliche Tragen von Agamemnons Kleidern[82] hat auch psychologische Konsequenzen und Dimensionen, die dessen soziologische Bedeutung vergrößern und ergänzen (*32*, *36*, 4. und 5. Kapitel).

Eine völlig überzeugende – weil unerwartete – Konsequenz eines ausgezeichneten Experiments war die Entdeckung, daß Kleider Teil des *Körperbildes* des Trägers sind. Die Versuchspersonen wurden

81 Zwei Sedang Moi-Cousinen (und beste Freundinnen) hatten denselben Mann geheiratet. Ich fragte eine von ihnen: »Bist du eifersüchtig, wenn dein Mann mit deiner Cousine und Mit-Ehefrau schläft?« Die junge Frau – ein starker Charakter und eine Individualistin – antwortete: »Warum sollte ich? Sie ist [*für so einen Zweck*] dieselbe Person wie ich.« In solchen Kulturen können sogar subjektive Gefühle im Rahmen einer sozialen Beziehung oder Rolle ausgedrückt werden. Ein Pflanzer, der seine eingeborene Geliebte wirklich liebte, sagte ihr: »Ich liebe dich, du bist ein *süßes* Mädchen.« Sie erwiderte zärtlich: »Ich liebe dich – du bist *mein Ehemann*.« Einige andere Formen sozialer Ersetzbarkeit wurden an anderer Stelle erörtert (*36*, 6. Kap.). Vgl. S. *OT* 258, usw.

82 Ein gutes Äquivalent bildet Penelopes Forderung, ihr zukünftiger Ehemann solle Odysseus' Bogen spannen können (Hom. *Od.* 21.74ff.).

unter Hypnose dazu gebracht, eine »Agnosie« hinsichtlich ihrer *Körper*teile und Organe zu entwickeln. Man entdeckte dann, daß die Untersuchungspersonen *spontan* auch eine Agnosie hinsichtlich ihrer *Kleider* entwickelten. Kurz, sie konnten weder ihren *Arm* noch ihren *Ärmel benennen*; sie konnten sie nur in umständlicher Weise beschreiben (*96*).[83]

Kulturelle Faktoren helfen beim Verständnis dieses Verschmelzens von Kleidern und Körper. In einer griechischen Überlieferung spielen die Füße des Skiapodes auch die Rolle von »Bekleidung«.[84]

Zwei Homerische Stellen zeigen, daß den Menschen der Antike diese Verschmelzung der Glieder mit dem Körper im Körperbild bewußt war:

1. Hom.*Il.* 16.41 ff.: Patroklos legt Achilleus' Rüstung an; er erwartet, für Achilleus gehalten zu werden, und verhält sich wie sein Freund (vgl. *39*).

2. Hom.*Il.* 17.209 ff.: Achilleus' dem toten Patroklos ausgezogene Rüstung paßt sich (durch Schrumpfen?) an Hektors Körper an. Ares dringt daraufhin in ihn ein (wie er gelegentlich in Achilleus einzudringen scheint), so daß seine (sich ausdehnenden?) Glieder mit (Achilleusscher) Tapferkeit und Kraft erfüllt werden. Kurz, Hektor wird – zum Teil sogar physisch – zu einem Doppelgänger des Achilleus, aber *nicht – und das ist bedeutsam* – zu einem Doppelgänger von Patroklos, da dieser auch nur die Person Achilleus' übernahm.

Ich bin der Ansicht, daß uns diese Homerischen Stellen dabei helfen, die psychologischen Dimensionen und Konsequenzen der Tatsache zu verstehen, daß Aigisthos Agamemnons Gewänder trug: seine vollständige soziale Usurpation und seine psychologi-

83 Eine persönliche Erfahrung hat ähnliche Implikationen. Im Jahr 1943 döste ich am ersten Tag, an dem ich die Uniform eines Marineoffiziers der Vereinigten Staaten angezogen hatte, in einem Sessel ein. Beim Aufwachen sah ich einen Ärmel mit goldenen Tressen auf meinem Schoß liegen und war mit einem Ruck völlig wach: Ich hatte den Ärmel (und die Hand) nicht als meine erkannt.

84 Ctes.*fr.* 89; sch.Ar.*Av.* 1553; Plin.*HN* 7.22.1, usw. Die Ethnologie liefert noch auffälligere Beispiele. Die Männer bestimmter südamerikanischer Indianerstämme schieben ihren Penis regelmäßig nach innen und können ihn so im Unterbauch innerhalb der Haut und des Fettgewebes verstecken, die die Rolle von »Kleidung« spielen (*11, 101*). Die Sedang Moi stellen sich die Plazenta als die Pelerine (= Decke) des Fötus vor (*15*). Das Wiegenbrett der Mohavesäuglinge scheint nicht nur als Teil des Körpers behandelt zu werden, sondern grenzt sogar den »sozialen Raum« ab, den der Säugling einnimmt: Das Kind »bewohnt« nicht das Haus, sondern die Wiege. Wenn ein Kind stirbt, das noch in der Wiege liegt, wird nur seine Wiege verbrannt; erst wenn es nicht mehr gewiegt wird, wird bei seinem Tod das Haus verbrannt (*20*).

sche Appersonation Agamemnons. Er könnte möglicherweise sogar gelegentlich Agamemnons Löwenfellumhang getragen haben (Hom. *Il.* 10.23). Wenn diejenigen, die behaupten, daß der Hochkönig von Mykenai den Namen-Titel »Löwe-König« trug, recht haben – und ich glaube, daß sie recht haben –, dann eignete sich Aigisthos sogar Agamemnons »Namen« an.[85]

Wenn, wie ich glaube, das soziologische Konzept der »funktionalen Ersetzbarkeit« und das psychologische Konzept der »Appersonation« einen Einfluß auf Aigisthos' vollständige Usurpation von Agamemnons Rolle, Funktionen, (vielleicht) Titel-Namen, Königin usw. haben, dann wird auch dadurch die Ansicht noch plausibler, daß das zirkulierende Zepter des *manifesten* Trauminhalts eine Spiegelung der Phantasie des zirkulierenden Organs (und der »Essenz«) darstellt, die meines Erachtens im *latenten* Trauminhalt präsent sind.

Aber selbst wenn diese Schlußfolgerung nicht akzeptiert wird, kann zumindest mit Sicherheit gesagt werden, daß die »Zirkulation« des Zepters nicht als Widerlegung der unausweichlichen Interpretation anzusehen ist, daß das Zepter ein Symbol des Phallos, der Herd ein Symbol des weiblichen Organs und das Hineinstoßen des Zepters in den Herd ein symbolischer Beischlaf ist. Soviel räumt sogar Vernant ein, den man keines Wohlwollens der Psychoanalyse gegenüber verdächtigen kann.

Exkurs: Die griechische Überlieferung kannte goldene Organe: den »realen« (?) goldenen Oberschenkel des Pythagoras (Arist. *fr.* 191 R) und den (nachgemachten) des falschen Propheten Alexandros (Luc. *Alex.* 40). Burkert (*8*, S. 23) spricht in diesem Zusammenhang von schamanistischen Zerstückelungs- und Wiedergeburtsriten; Dodds spricht vom Tätowieren (*40*, S. 163). Beide Theorien implizieren Verletzungen des Körpers. Diese Ansicht wird indirekt von der Tatsache gestützt, daß Komaitho das eine goldene Haar Pterelaos' *ausriß* (Apollod. 2.4.7, usw.), wie auch Skylla Nisos' purpurnes Haar *ausreißt* (Apollod. 3.15.8, usw.). Die bereits zitierte Vergoldung des zu früh geborenen Osiris (die den vorzeitig verlorenen Schutz des Uterus zu ersetzen scheint) legt die Vermutung nahe, daß goldene oder goldbedeckte Organe oder

85 Ich erinnere an die wiederholt vorgeschlagene Hypothese, daß »Minos« einen Titel darstellte, der gleichzeitig als Name konstruiert war – wie vielleicht auch »Pharao«. Ich neige sogar zur Hypothese, die von der hochbegabten und gelehrten Romanschriftstellerin Mary Renault (*83*) vorgeschlagen wurde, daß *alle* eleusischen Jahr-Könige Kerkyon genannt wurden, wobei der Titel zugleich als Name diente. Vgl. supra, »Löwe«, Anm. 78.

Körperteile irgendwie mit Verletzungen des Körpers verknüpft werden müssen: das Gold könnte entweder eine Prothese[86] oder einen Schutzverband darstellen, womit ein wirklicher oder symbolischer Defekt überdeckt würde. Ich erinnere noch einmal an die mit Blattgold bedeckten Leichen königlicher Kinder in Mykenai.

Das Problem dieser goldenen Organe ist zu komplex, um hier diskutiert zu werden; es ist nicht einmal sicher, ob Daten in ausreichender Menge erhalten sind, um sie befriedigend interpretieren zu können. Hier will ich nur zeigen, daß die wenigen bestehenden Überlieferungen hinsichtlich goldener Organe sich *nicht gegen* die Interpretation ins Feld führen lassen, daß das (»goldene«) Zepter der Atreidai *im Traum* ein Phallos ist.

Die Entwicklung des Traums läßt sich nicht von seinem affektiven Ton trennen. Der Verlauf des Traums kann nur geklärt werden, wenn man, wie Vernant (*99*, S. 108), von Anfang an einräumt, daß es sich um einen durchsichtigen weiblichen Beischlaftraum handelt; solche Träume werden für griechische Frauen wiederholt belegt[87], wenn auch nicht so häufig wie für Männer, was vielleicht damit zu erklären ist, daß männliche erotische Träume sichtbare Spuren hinterlassen (*43*, *test.* 423, no. 14, usw.).

Auch strukturale Überlegungen – die ich wiederholen muß, damit sie der Leser dauernd im Gedächtnis behalten kann – stützen diese Interpretation. In V. 266ff. *geht* das in den Herd gegossene Trankopfer einer Erwähnung des Beischlafs *voraus*; im Traum wird auf den con*cubitus* (Beis*chlaf*) angespielt, *bevor* – mit dem Herd – eine symbolische Repräsentation des *Koitus* auftaucht.

Der Traum ist manifest dysphorisch, und die Dysphorie würde, wenn es sich um einen richtigen Traum handelte, bereits im Schlaf erlebt werden: Es handelt sich um einen Angsttraum.

1. Der von Agamemnons zornigem Schatten gesandte Angsttraum[88] ist offenkundig kein einfacher Wunscherfüllungstraum. In der Tat sind im Prinzip alle Träume über Tote bedrohlich.[89] Sie sind noch bedrohlicher als gewöhnlich, wenn die tote Person etwas bei

86 In welchem Fall »Oberschenkel« sehr gut ein Euphemismus sein kann. Vgl. Pelops' elfenbeinerne Schulter, die eine Prothese ist.

87 Penelope: Hom. *Od.* 22.88ff.; Demaratos' Mutter: Hdt. 6.69; Epigraphische Belege: *43*, *test.* 423 (=*IG* IV², 1) no. 42 (mit einer Schlange), weniger explizit in den nos. 23, 39, 41, 42; *test.* 426. Verschiedene andere Zeugnisse betreffen homosexuelle Träume von Männern.

88 A. *Choe.* 37ff. und das Argument; S. *El.* 459ff.; E. *Or.* 618. Dodds, der griechische Angstträume gut diskutiert (*40*, S. 127, Anm. 52), zitiert noch A. *Eum.* 94ff.; Plu. *V. Cim.* 6; Paus. 3.17.8f.

89 6, S. 225, zitiert Artemid. 2.67; Achmet, S. 3.26 Drexl.

sich trägt (Ps.-Hp. *insom.* 92) – so wie Agamemnon sein Zepter trägt.

2. Traumbeischlaf mit jemandem, der kein kultusberechtigter Held ist[90], ist aus zwei spezifischen Gründen besonders schädlich:

a) Viele Gruppen glauben, daß die Toten die Lebenden ins Land der Toten locken, indem sie im Traum Triebbefriedigungen (Beischlaf, Essen) gewähren (*30*, *passim*).

b) Klytaimnestras Traum ist nicht nur gespenstisch und nekrophilisch, sondern ihr Traumpartner ist darüber hinaus auch noch »unpassend«, und das nicht nur, weil sie ihn selbst ermordet hatte, sondern auch, weil sie ihn im Wachzustand nicht begehrenswert finden würde. Ich kann hier nicht das irritierende Problem solcher Träume erörtern, die der Wunscherfüllungstheorie der Träume zu widersprechen *scheinen*. Ich muß mich damit zufriedengeben, einige klinische Beobachtungen zu zitieren. Träume vom Beischlaf mit einem unpassenden Partner scheinen besonders häufig in Zeiten großen und realistischen psychologischen Stresses aufzutreten.[91] Dies trifft besonders auf Frauen zu, die unbewußt Koitus mit Aggression gleichsetzen und daher ihre »Angst erotisieren« müssen.[92]

Das Vermischen von erotischen Elementen und von Angst erklärt, warum dieser Traum – wie der des Menelaos (A. *Ag.* 420ff.) – in zwei Handlungsteile getrennt werden kann.

Im ersten, manifest *nicht*-symbolischen Teil des Traumes legt sich Agamemnon nur neben Klytaimestra (*3*, S. 54). Da diese Bedeutung der Anfangsverse im Zusammenhang mit einer Analyse des Standplatzes des Herdes begründet worden ist, beschäftige ich mich hier nur mit dem Ausmaß der Aktivitäten Agamemnons in diesen Anfangsversen.

a) Obwohl ὁμιλίαν auch den tatsächlichen Beischlaf bezeichnen kann[93], behaupte ich, daß das Wort in diesen Versen nur körperliche Nähe bezeichnet.

90 In Hdt. 6.69 ist Astrabakos ein Held: Ihm sind ein Heroön und ein Kult geweiht. Ist die Gabe eines Trankopfers *nach* dem Koitustraum ein erster Schritt zur Heroisierung Agamemnons, um auf diese Weise die Schädlichkeit des Koitustraums zu vermindern? Man sollte diese Frage stellen, auch wenn es töricht wäre, sie zu beantworten.

91 In den Jahren 1956-57 hörte ich ungewöhnlich viele solcher Träume von gerade aus Ungarn entkommenen Flüchtlingen. Vgl. 2. Kap.

92 Vgl. 6. Kap., wo gezeigt wird, daß der Traum der Aischyleischen Klytaimestra ebenfalls sowohl *latente* erotische Befriedigungen als auch extrem erschreckende *manifeste* Details enthielt. Für ein weiteres Beispiel der Erotisierung von Angst in Griechenland vgl. (*26*).

93 S. *OT* 367, 1185; Hdt. 1.182; E. *Hel.* 1400; X. *Smp.* 8.22, *Mem.* 3.11.4, usw.

b) Es wäre ästhetisch unbefriedigend, wenn der Eröffnungsteil eines Traumes einen *expliziten* Beischlaf beschriebe, der im zweiten Teil des Traumes *symbolisch* wiederholt wird.

Ich bestreite nicht, daß dies in einigen Träumen geschehen kann – aber eine solche Abfolge wäre höchst ungewöhnlich. Ein Vergleich mit der Sequenz in V. 266ff. wird bei der Klärung dieser Fragen helfen, auch wenn diese Stelle nicht von einem Traum handelt. Der Beischlaf wird zuerst *symbolisch* (durch das ausgegossene Trankopfer) repräsentiert und dann *explizit* erwähnt. Dies könnte in einem Traum geschehen, der *nicht besonders angsterregend* ist: Die anfängliche symbolische Repräsentation des Beischlafs würde zu einer Erhöhung des Triebdrucks auf den Traumzensor führen (*48*, S. 509ff.). Wenn die Widerstände des letzteren überwunden sind, kann ein expliziter Koitustraum einem symbolischen nachfolgen. Aber Klytaimnestras Traum ist ein *angsterregender*, schuldbeladener und nekrophilischer Traum.[94] Es wäre psychologisch plausibler, wenn ein solcher Traum, nachdem er mit einer Situation begonnen hat, die unter normalen Umständen zum Beischlaf führen würde, abrupt symbolisch würde, um ein plötzliches, panikerfülltes Aufwachen zu verhindern.[95] Nur indem der Traum *im entscheidenden Moment* auf die Symbolik zurückgreift, kann er seine Funktion als »Wächter des Schlafs« (*48*, S. 238f. usw.) weiterhin erfüllen – wenn auch nur auf Kosten des Träumers, dem er die vollständige Befriedigung versagt. Genau das passiert in etwas anderer Art in Menelaos' Traum, in dem, trotz Verlangens, ein vollständiger Traumbeischlaf ebenfalls psychologisch unerträglich wäre (3. Kap.).

Diese Überlegungen bedingen, daß ὁμιλίαν *nicht* als Bezeichnung für einen Beischlaf aufgefaßt werden sollte – und soweit ich weiß, wird es auch von keinem Kommentator in diesem Sinne aufgefaßt. Die Annahme, daß sich dieses Wort bloß auf ein Nebeneinanderliegen bezieht, bewirkt, daß die Traumsequenz psychologisch plausibel und ästhetisch befriedigend wird ... und man sollte niemals darauf verzichten, akzeptierte Interpretationen mit neuen Überlegungen zu untermauern.

Aber diese Auffassung der Traumabfolge hat noch einen weiteren Vorteil: sie wirft Licht auf die paradoxen Konsequenzen des

94 Zur Nekrophilie im antiken Griechenland vgl. (*61*) und (*27*).

95 Vgl. 6. Kap. und die in ihm enthaltenen Erwähnungen solchen Aufwachens, und insbesondere des Aufwachens der Aischyleischen Klytaimestra.

Traums: Klytaimnestras *logisch* nicht zu rechtfertigende Zweifel an der Bedeutung des Traums (645) werden in dem Moment *psychologisch* verständlich, wenn man merkt, daß ihr Traum, obschon objektiv bedrohlich und allgemein dysphorisch, zumindest in symbolischer Form auch Elemente der Triebbefriedigung enthält. Ihre Verwirrung ist eine direkte Folge der »Erotisierung der Angst« im Traum.[96]

Psychologische Interpretation: Fast alles, was in diesem Abschnitt gesagt wird, wurde bereits im Rest des Kapitels vorweggenommen. Klytaimnestra träumt symbolisch von einem Beischlaf mit dem Geist ihres ermordeten Gatten. Wäre Klytaimnestra eine reale Patientin, würde ich wahrscheinlich herauszufinden versuchen, ob ihr Traum postkoital war: Ein Traum, in dem ihr wirklicher Bettgenosse – der effeminierte, aber mörderische Aigisthos – in einen Frauenmörder verwandelt wurde. Schließlich war Aigisthos mit Agamemnon blutsverwandt; unter normalen Umständen hätte er seinen Tod rächen müssen. Diese Tatsache wird, soweit ich weiß, ziemlich hartnäckig übersehen.[97]

Es muß nur noch hinzugefügt werden, daß Klytaimnestra – gerade weil sie (defensiv) »mannhaft« ist (A. *Ag.* 11, usw.) – genau die Art Frau ist, die den Beischlaf als Aggression erleben würde. Sie würde daher einem männlichen und unabhängigen Gatten einen effeminierten und fügsamen vorziehen ... und dennoch vom Mangel an Männlichkeit bei ihrem Gatten enttäuscht werden. Das sprießende Zepter im Herd spiegelt ihre phallischen Ambitionen wider, hat aber rückblickend auch mütterliche Bedeutung, da sie weder von Aigisthos noch vom Geist Agamemnons ein Kind zu empfangen im Begriff ist.

Psychologisch am wichtigsten ist die enge Verbindung zwischen Beischlaf und Mord in diesem Traum – eine Verbindung, die durch die Tatsache noch erschreckender wird, daß der fragliche »Phallos« zurückkehrt, obwohl er im Verlauf des μαcχαλιcμόc sicherlich abgeschnitten wurde: Im Traum in Form eines zirkulierenden

96 Man trifft die Erotisierung von Angst sehr viel häufiger an, als man denkt. Zwei Datenkomplexe müssen für den vorliegenden Zweck ausreichen. Der erste betrifft das Auftreten spontaner Ejakulationen bei Heranwachsenden während schwieriger Prüfungen. Der zweite betrifft Personen, die in Verbindung mit sexuellen Aktivitäten zwanghaft Risiken eingehen: Risiken, entdeckt zu werden oder einen Skandal zu verursachen, und sogar Risiken, schwanger zu werden oder sich eine Krankheit zuzuziehen. Die klassischen Studien stammen von Laforgue (*63*, *64*).

97 Der Mord an einem Blutsverwandten verursacht in Kulturen, die auf dem Blutracheprinzip beruhen, unlösbare Probleme: Der Mörder ist auch der Rächer. Vgl. 4. Kap., Anm. 18.

Zepters, und in der Realität in Form eines mörderischen, verbannten Sohnes, der ebenfalls »zirkulierte« – und für tot gehalten wurde. Der psychologisch interessanteste Aspekt des Traumes ist jedoch seine *Pseudo*-Transparenz, die verbirgt, wie tief sein wahrer latenter Inhalt vergraben ist. Wirklich transparente Träume werden im allgemeinen von Kindern und Hysterikern geträumt. Wirklich undurchsichtige Träume findet man oft bei der Analyse von Zwangsneurotikern. Aber *pseudo*-transparente Träume, die die wirkliche Undurchsichtigkeit des Traumes verdecken, habe ich hauptsächlich in der Analyse schwerer Charakterstörungen mit manifest pervertierten oder gar kriminellen Neigungen und fast unkontrollierbaren Ausagierungstendenzen vorgefunden. Da diese Charakterisierung auch auf Klytaimnestra voll zutrifft, ist der Traum auch in dieser Beziehung plausibel.

Dennoch muß an dieser Stelle eine Warnung ausgesprochen werden. Jeder *Teil*, jeder Aspekt des Traumes ist psychologisch plausibel. Aber mich stört immer noch die Art und Weise, in der die individuell plausiblen Aspekte, Details und Strukturen *zusammengesetzt* sind und dabei den Eindruck von etwas *Konstruiertem* erwecken. Daher bin ich trotz aller aufweisbarer psychologischer Plausibilität weiterhin der Ansicht, daß dieser Traum insgesamt gesehen mehr Literatur als Traum ist. Wenn ein Patient ihn mir erzählt hätte, würde ich den Verdacht hegen, daß der tatsächliche Traum beim Erwachen einer beträchtlichen (obwohl unwissentlichen) »sekundären Bearbeitung« unterzogen wurde.[98]

Diese Feststellung erklärt, warum ich mir die Untersuchung des Traums als Literatur bis zuletzt aufgehoben habe.

Literarische Aspekte: Als literarischer Kunstgriff ist der Sophokleische Traum weniger befriedigend und funktional weniger notwendig als der Traum der Aischyleischen Klytaimestra. Dennoch ist er ein mehr literarischer Traum als sein Aischyleisches Gegenstück. Beide Feststellungen deuten darauf hin, daß das Motiv von Klytaimnestras Traum durch zu häufigen Gebrauch fadenscheinig geworden ist. Sophokles versuchte, den Traum zu erneuern, indem er seinen manifesten Inhalt änderte; Euripides schloß den Traum Klytaimnestras einfach aus seiner *Elektra* aus, obwohl er in E. *Or.* 618 auf ihn anspielt.

98 Vgl. die Allgemeine Einführung hinsichtlich der von Artemidoros aufgezeichneten Träume und der Träume Aristeides des Rhetors, die jetzt dem Psychoanalytiker endlich in Behrs ausgezeichnet kommentierter Übersetzung zur Verfügung stehen (5).

Ich behaupte, daß der Sophokleische Traum dramatisch weniger befriedigend ist als der Aischyleische, weil er mehr die zu Hause gebliebenen Töchter und den Chor ermutigt als Orestes, der erst einige 600 Verse später auftritt. In dieser und auch in anderer Hinsicht ist der Traum für die Entwicklung der Sophokleischen Handlung eine weitaus weniger *vorwärts treibende Kraft* als in der Aischyleischen Erzählung. Insgesamt ist die dramatische Rolle des Traumes, abgesehen davon, daß er Klytaimnestra sehr beunruhigt und ihre hilflosen Gegenspieler ermutigt, belanglos.

Er ist auch in einigen anderen Hinsichten weniger befriedigend als sein Aischyleisches Gegenstück. Jeder – sei es Klytaimestra, eine englische Putzfrau oder eine deutsche Sekretärin – würde von einem Traum wie dem Klytaimestras in A. *Choe.* stark aufgeregt werden, da dessen manifester Inhalt den elementaren menschlichen Ängsten, der Verstümmelungsangst usw., so nahe kommt. Wenn die Aischyleische Klytaimestra ihren Traum erzählte, erschiene es töricht, sie zu fragen: »*Was* an diesem Traum hat dich aufgeregt?« Selbst ein einfacher Jäger aus einem Pygmäenstamm erschiene mit dieser Frage töricht, denn die angsterregende Natur dieses Traumes ist ebenso selbstverständlich wie extrem. Im Gegensatz dazu klänge es *nicht* töricht, wenn man die Sophokleische Klytaimnestra fragen würde: »*Was* an diesem Traum hat dich aufgeregt?« Darüber hinaus könnte sie auf diese Frage nicht wie die Aischyleische Klytaimestra antworten: »Kannst du das nicht selbst sehen?« Sie würde es ausführlich erklären. Ich habe in diesem Kapitel praktisch nicht viel mehr getan, als diese Frage zu stellen und Klytaimnestras Antworten mit Kommentaren der Art zu versehen, die vielleicht Artemidoros ihren Erklärungen angefügt hätte.

Ich versuche nachzuweisen, daß dieser Traum – abgesehen vom Auftreten einer toten Person – niemanden, der ihn träumt, *wegen* seines *manifesten* Inhaltes erschrecken kann. Sein wahrhaft erschreckender Inhalt wird erst *nach* seiner *Interpretation* – entweder nach der Interpretationsweise der Griechen oder des Psychoanalytikers – offensichtlich. Am erschreckendsten an diesem Traum ist sein *latenter* Inhalt – und *der* Inhalt würde am klarsten *während* des Traumes erlebt werden, denn er wäre von ausgeprägter Dysphorie begleitet.

Ich räume ein, daß solche Träume existieren und daß ein Hauch von (unwissentlicher) psychologischer Subtilität Sophokles dazu befähigte, einen Traum zu entwerfen, dessen erschreckendstes

Element sein *latenter* Inhalt ist, der während des Träumens deutlicher als im Wachzustand erlebt würde. Aber am Publikum ist diese Subtilität wahrscheinlich vergeudet, denn es mußte sehr viel an kultureller, literarischer und philologischer Vorarbeit geleistet werden, bevor dieser latente Inhalt ans Tageslicht gebracht werden konnte.

Ein anderer dramatischer Mangel dieses Traumes ist, daß sein manifester Inhalt *nicht* das Klima und die Schreckenstat antizipiert, die er ankündigt ... während der Entsetzen einflößende Aischyleische Traum es vorwegnimmt. Daß die dem Höhepunkt zustrebende Szene vom Traum bloß angekündigt und nicht vollständig antizipiert wird, kann aus literarischer Sicht gerechtfertigt werden. Weniger leicht zu rechtfertigen ist, daß sie in der Tat von dem *tief verhüllten latenten* Inhalt des Traumes angekündigt werden sollte. Das ist für meinen Geschmack zu stark untertrieben.

Angesichts der Dürftigkeit des Nexus zwischen dem Traum und dem Mord sowie der Tatsache, daß nur der verborgene latente Inhalt des Traumes den Mord ankündigt, scheinen zwei Schlußfolgerungen erlaubt zu sein:

1. Der Traum ist, für sich genommen, psychologisch plausibel genug – obschon plausibler für den Psychoanalytiker als für den Athenischen Zuschauer, der psychoanalytisch ein Laie war.

2. Ansonsten kann ich mich nicht zu der Überzeugung durchringen, daß der Traum in der Sophokleischen Tragödie eine wirklich *notwendige* Rolle spielt. Er stellt in einigen Beziehungen ein literarisches Erbstück dar, das dazu beiträgt, den Raum vollzustopfen, bloß weil man sich weigert, es loszuwerden. Man rückt es vom Kaminsims aufs Klavier und dann auf ein Regal, man versucht, es zu erneuern, indem man es neu anstreicht (ihm einen neuen manifesten Inhalt gibt) ... aber es bleibt auch weiter eine Belastung. Stesichoros und Aischylos hatten bereits den letzten Tropfen dramatischen Nutzens aus ihm herausgepreßt. Euripides gab dem alten Schlachtroß ohne Aufsehen das Gnadenbrot und begnügte sich mit einer indirekten Anspielung auf den Traum in einem Drama, das sich nur mit den *Nachwirkungen* des Mordes befaßte (E. *Or.* 618). Wahrscheinlich wurde Euripides von Sophokles' Unvermögen, dieses traditionelle Motiv zu erneuern und zu verjüngen, davon überzeugt, daß aus ihm nichts mehr herausgeholt werden konnte. Es ist nicht uninteressant, daß spätere Mythographen und Schreiber das Motiv von Klytaimnestras Traum ignorierten.

Die wichtigste literarische Schlußfolgerung, die man aus all dem ziehen kann, besteht darin, daß ein Traum psychologisch plausibel und interpretierbar sein kann, ohne notwendigerweise einem nützlichen literarischen Zweck zu dienen, und die wichtigste literarische Forderung an jedes Motiv ist die, daß es notwendig sein sollte.

Bibliographie

(1) Alexander, Franz: »Über Traumpaare und Traumreihen«. In: *Internationale Zeitschrift für Psychoanalyse* 6: 446-452, 1925.

(2) Ashley Montagu, M. F.: »Ritual Mutilation among Primitive People«. In: *Ciba Symposia* 8: 421-436, 1946.

(3) Bächli, Erich: *Die künstlerische Funktion von Orakelsprüchen, Träumen, usw. in der griechischen Tragödie.* Winterthur, 1954.

(4) Baumann, H. H.: »Über Reihenfolge und Rhythmus der Traummotive«. In: *Zentralblatt für Psychotherapie und ihre Grenzgebiete* 9: 213-228, 1936.

(5) Behr, C. A.: *Aelius Aristides and the Sacred Tales.* Amsterdam, 1968.

(6) Bowra, C. M.: *Sophoclean Tragedy.* Oxford, 1960.

(7) Briehl, Walter und Kulka, E. W.: »Lactation in a Virgin«. In: *Psychoanalytic Quarterly* 4: 484-512, 1935.

(8) Burkert, Walter: »Das Proömium des Parmenides und die Katabasis des Pythagoras«. In: *Phronesis* 14: 1-30, 1969.

(9) –: »Jason, Hypsipyle and the New Fire in Lemnos«. In: *Classical Quarterly* 20: 1-16, 1970.

(10) Burrows, E. G. und Spiro, M. E.: *An Atoll Culture.* New Haven, 1953.

(11) Caspar, Franz: »Some Sex Beliefs and Practices of the Tupari Indians (Western Brazil)«. In: *Rivista do Museu Paulista,* (n. s.) 7: 203-244, 1953.

(12) Cook, A. B.: *Zeus, 3.* Cambridge, 1940.

(13) Detienne, Marcel: »L'Olivier: Un Mythe Politico-Religieux«. In: *Revue de l'Histoire des Religions* 178: 5-23, 1970.

(14) Devereux, Georges: *Hopi Field Notes.* (MS.), 1932.

(15) –: *Sedang Field Notes.* (MS.), 1933-35.

(16) –: »L'Envoûtement chez les Indiens Mohave«. In: *Journal de la Société des Américanistes de Paris* (n. s.) 29: 405-412, 1937.

(17) –: »Social Structure and the Economy of Affective Bonds«. In: *Psychoanalytic Review* 29: 303-314, 1942.

(18) –: »The Social Structure of a Schizophrenia Ward and Its Therapeutic Fitness«. In: *Journal of Clinical Psychopathology* 6: 231-265, 1944.

(19) –: »Mohave Orality: An Analysis of Nursing and Weaning Customs«. In: *Psychoanalytic Quarterly* 16: 519-546, 1947.

(20) –: »The Mohave Neonate and Its Cradle«. In: *Primitive Man* 21: 1-18, 1948.
(21) –: »Mohave Paternity«. In: *Samīkṣā, Journal of the Indian Psycho-Analytical Society* 3: 162-194, 1949.
(22) –: »The Awarding of a Penis as Compensation for Rape«. In: *International Journal of Psycho-Analysis* 38: 398-401, 1957.
(23) –: »The Significance of the External Female Genitalia and of Female Orgasm for the Male«. In: *Journal of the American Psychoanalytic Association* 6: 278-286, 1958.
(24) –: »Art and Mythology: A General Theory«. In: Kaplan, Bert (Hrsg.): *Studying Personality Cross-Culturally*. Evanston, Illinois, 1961. Auch in: *Tragédie et Poésie Grecques* (1. Kap.). Paris, 1975.
(25) –: »Sociopolitical Functions of the Oedipus Myth in Early Greece«. In: *Psychoanalytic Quarterly* 32: 205-214, 1963.
(26) –: »The Exploitation of Ambiguity in Pindaros O. 3.27«. In: *Rheinisches Museum für Philologie* 109: 289-298, 1966. Auch in: *Tragédie et Poésie Grecques* (8. Kap.). Paris, 1975.
(27) –: »Greek Pseudo-Homosexuality«. In: *Symbolae Osloenses* 42: 69-92, 1967.
(28) –: »The Realistic Basis of Fantasy«. In: *Journal of the Hillside Hospital* 17: 13-20, 1968.
(29) –: *Reality and Dream: The Psychotherapy of a Plains Indian*. (2., erw. Aufl.) New York, 1969. (Dt. Ausg. in Vorb.)
(30) –: *Mohave Ethnopsychiatry*. (2., erw. Aufl.) Washington, D.C., 1969.
(31) –: »The Nature of Sappho's Seizure in *Fr.* 31 LP«. In: *Classical Quarterly* 20: 17-31, 1970.
(32) –: »La Naissance d'Aphrodite«. In: Pouillon, Jean und Maranda, Pierre (Hrsg.): *Echanges et Communications (Mélanges Lévi-Strauss)*. Paris und Den Haag, 2. 1229-1252. 1970.
(33) –: »The *Equus October* Ritual Reconsidered«. In: *Mnemosyne* 23: 297-301, 1970.
(34) –: *Psychoanalysis and the Occult* (Neudruck). New York, 1970.
(35) –: *Essais d'Ethnopsychiatrie Générale*. Paris, 1970, [4]1979. Dt. z. T. in: *Normal und Anormal*. Frankfurt, 1974.
(36) –: *Ethnopsychoanalyse*. Frankfurt, 1979 (1. franz. Aufl. Paris, 1972).
(37) – (mit Devereux, J. W.): »Les Manifestations de l'Inconscient dans Sophokles: *Trachiniai* 923 sqq.«. In: *Psychanalyse et Sociologie comme Méthodes d'Étude des Phénomènes Historiques et Culturels*. Brüssel, 1973. Auch in: *Tragédie et Poésie Grecques* (5. Kap.). Paris, 1975.
(38) –: »Trois Rêves en Serie et une Double Parapraxie«. In: *Ethnopsychiatrica* 1: 243-251, 1979.
(39) –: »Achilleus' Suicide in the *Iliad*«. In: *Helios* 5: 3-15, 1978.

(40) Dodds, E. R.: *The Greeks and the Irrational*. Berkeley, California, 1951. Dt.: *Die Griechen und das Irrationale*. Darmstadt, 1970.
(41) –: *Pagan and Christian in an Age of Anxiety*. Cambridge, 1965.
(42) Dover, K. J.: »Eros and Nomos«. In: *University of London Institute of Classical Studies*, Bulletin 11: 31-42, 1964.
(43) Edelstein, E. J. und Ludwig: *Asclepius*. 2 Bde. Baltimore, Maryland, 1945.
(44) Erlenmeyer, E. H.: »Notiz zur Freudschen Hypothese über die Zähmung des Feuers«. In: *Imago* 18: 5-7, 1932.
(45) Fenichel, Otto: *The Psychoanalytic Theory of Neurosis*. New York, 1945. Dt.: *Psychoanalytische Neurosenlehre*, 3 Bde. Olten und Freiburg, 1974.
(46) –: »Die symbolische Gleichung Mädchen = Phallus«. In: *Internationale Zeitschrift für Psychoanalyse* 22: 299-314, 1936.
(47) Forde, C. D.: »Ethnography of the Yuma Indians«. In: *University of California Publications in American Archaeology and Ethnology* 28, no. 4, 83-278, 1931.
(48) Freud, Sigmund: *Die Traumdeutung*. *GW* II/III.
(49) –: »Bruchstück einer Hysterie-Analyse«. *GW* V.
(50) –: »Charakter und Analerotik«. *GW* VII.
(51) –: »Über ›wilde‹ Psychoanalyse«. *GW* VIII.
(52) –: »›Groß ist die Diana der Epheser‹«. *GW* VIII.
(53) –: »Die Verdrängung«. *GW* X.
(54) –: »Aus der Geschichte einer infantilen Neurose«. *GW* XII.
(55) –: *Das Unbehagen in der Kultur*. *GW* XIV.
(56) –: *Neue Folge der Vorlesungen zur Einführung in die Psychoanalyse*. *GW* XV.
(57) –: »Zur Gewinnung des Feuers«. *GW* XVI.
(58) Gahagan, L.: »The Form and Function of a Series of Dreams«. In: *Journal of Abnormal and Social Psychology*, 29: 404-408, 1935.
(59) Grinnell, G. B.: *The Fighting Cheyennes*. Norman, Oklahoma, 1958.
(60) Herter, H.: Σῶμα bei Homer. In: Sonnenberg, K. (Hrsg.): *Chantes*. Bonn, 1957.
(61) Kouretas, Demetrios: »Trois Cas de Nécrophilie dans l'Antiquité«. In: *Comptes Rendus, 56e Congrès de Psychiatrie et de Neurologie de Langue Française*, S. 705-711. Strasbourg, 1958.
(62) La Barre, Weston: *The Ghost Dance*. New York, 1970.
(63) Laforgue, René: »De l'Angoisse à l'Orgasme«. In: *Revue Française de Psychanalyse* 4: 245-258, 1930-1931.
(64) –: *Psychopathologie de l'Echec*[2]. Paris, 1950.
(65) Le Roy Ladurie, Emmanuel: *Les Paysans du Languedoc*. Paris, 1966.
(66) Lévi-Strauss, Claude: »Pythagoras in America«. In: Hock, R. H. (Hrsg.): *Fantasy and Symbol* [Devereux-Festschrift]. London, 1970.

(67) Lincoln, J. S.: *The Dream in Primitive Culture*[2]. New York, 1970.
(68) Linton, Ralph: »The Tanala«. In: *Field Museum of Natural History, Anthropological Series* 22. Chicago, 1933.
(69) –: »The Tanala of Madagascar«. In: Kardiner, Abram und Linton, Ralph: *The Individual and his Society*. New York, 1939.
(70) Lloyd-Jones, Hugh: *The Justice of Zeus*. Berkeley, California, 1971.
(71) London, L. S. und Caprio, F. S.: *Sexual Deviation*. Washington, D. C., 1950.
(72) Lorimer, H. L.: *Homer and the Monuments*. London, 1950.
(73) Malinowski, Bronislaw: *Sex and Repression in Savage Society*. London, 1927. Dt.: *Geschlecht und Verdrängung in primitiven Gesellschaften*. Frankfurt, 1979.
(74) Mauss, Marcel: »Une Catégorie de l'Esprit Humain: La notion de Personne, celle de ›Moi‹«. In: Mauss, Marcel: *Sociologie et Anthropologie*. Paris, 1950.
(75) Mead, Margaret und Métraux, Rhoda (Hrsg.): *The Study of Culture at a Distance*. Chicago, 1953.
(76) Merker, F.: *Die Masai*. Berlin, 1904.
(77) Michaels, J. H.: *Disorders of Character*. Springfield, Illinois, 1955.
(78) Nilsson, M. P.: *Geschichte der griechischen Religion I*[2]. München, 1955.
(79) Oppenheim, A. L.: »The Interpretation of Dreams in the Ancient Near-East«. In: *Transactions, American Philosophical Society*, (n. s.), vol. 46, pt. 3, 1956.
(80) Page, Denys: *History and the Homeric Iliad*. Berkeley, California, 1963.
(81) Powell, Benjamin: »Erichthonius and the Three Daughters of Cecrops«. In: *Cornell Studies in Classical Philology* 17. New York, 1906.
(82) Preller, Ludwig und Robert, Carl: *Griechische Mythologie*[4]. 1894-1921.
(83) Renault, Mary: *The King Must Die*. New York, 1958. Dt.: *Der König muß sterben*. Hamburg, 1959.
(84) Rivers, W. H. R.: *Psychology and Ethnology*. London, 1926.
(85) Rohde, Erwin: *Psyche. Seele und Unsterblichkeitsglaube der Griechen*. Darmstadt, 1974 ([1]1893).
(86) Róheim, Géza: »Psycho-Analysis of Primitive Cultural Types«. In: *International Journal of Psycho-Analysis* 13: 1-244, 1932.
(87) –: »Hungarian Shamanism«. In: Róheim, Géza (Hrsg.): *Psychoanalysis and the Social Sciences* 3. New York, 1951.
(88) Roscher, W. H.: *Ausführliches Lexikon der griechischen und römischen Mythologie*. Leipzig, 1884-1937.
(89) –: »Das von der ›Kynanthropie‹ handelnde Fragment des Marcellus von Side«. In: *Abhandlungen der philologisch-historischen Classe der*

Königlich Sächsischen Gesellschaft der Wissenschaften 17, No. 3, 1896.
(90) Seligman, C. G.: *The Cult of Nyakang and the Divine Kings of the Shilluk*. Khartum, 1911.
(91) Snell, Bruno: *Die Entdeckung des Geistes*. Hamburg, 1955.
(92) Sperling, O. E.: »On Appersonation«. In: *International Journal of Psycho-Analysis* 25: 128-132, 1944.
(93) Sterba, R. F.: »The Abuse of Interpretation«. In: *Psychiatry* 4: 9-12, 1941.
(94) Stinton, T. C. W.: *Euripides and the Judgment of Paris*. (Society for the Promotion of Hellenic Studies, Supplementary Paper II.) London, 1965.
(95) Swift, Jonathan: *Gulliver's Travels*, 1726. Dt.: *Gullivers Reisen*. (Viele Ausgaben.)
(96) Teitelbaum, H. A.: »Psychogenic Body Image Disturbances Associated with Psychogenic Aphasia and Agnosia«. In: *Journal of Nervous and Mental Disease* 93: 581-612, 1941.
(97) Todd, O. J.: *Index Aristophaneus*. Cambridge, Massachusetts, 1932.
(98) Toffelmier, Gertrude und Luomala, Katherine: »Dreams and Dream Interpretations of the Diegueño Indians of Southern California.« In: *Psychoanalytic Quarterly* 2: 195-225, 1936.
(99) Vernant, J.-P.: *Mythe et Pensée chez les Grecs*. Paris, 1966.
(100) Wace, A. J. B. und Stubbigs, F. H. (Hrsg.): *A Companion to Homer*. London, 1962.
(101) Wagley, Charles und Galvão, Eduardo: »The Tapirape«. In: Steward, J. H. (Hrsg.): *Handbook of South American Indians* 3. (Bureau of American Ethnology, Bulletin 143.) Washington, D. C., 1948.

8. Kapitel
Drei Euripideische Träume: Thema und Variationen
(Euripides: *Rhesos*, *Hekabe*, *Iphigeneia auf Tauros*)

Einführung

Auch wenn dieses Kapitel merklich anders aufgebaut ist als die drei Kapitel, die sich mit Klytaimestras Traum beschäftigen, so betrifft meine Analyse der drei überlieferten Euripideischen Träume ein sehr ähnliches Problem. Klytaimestras Träume können mit den Träumen verglichen werden, die von drei verschiedenen Personen als Reaktion auf denselben starken Stimulus, der Teil des »Restes« des vorhergehenden Tages darstellt, geträumt werden. Die drei Euripideischen Träume scheinen dem zu entsprechen, was man in der klinischen Praxis »Traumreihen« oder »Traumpaare« nennt: Es sind wiederholte, geträumte »Reaktionen« auf irgendein grundlegendes und manchmal recht frühes Problem oder Trauma.

Obwohl ich den latenten Inhalt dieser Träume nicht vernachlässigen werde, besteht eines meiner Hauptziele im Nachweis, daß unzählige manifeste, latente, strukturale und psychoanalytische Aspekte dieser drei Träume so eng miteinander verwoben sind, daß die fraglichen Träume als Variationen – *desselben* »Komponisten« – über ein einziges Thema betrachtet werden müssen: das der sogenannten »Urszene«, das reale oder phantasierte, aber immer angstverzerrte Erlebnis des elterlichen Koitus durch das Kind.

Wenn ich dies, wie ich hoffe, beweisen kann, haben meine Feststellungen einigen Einfluß auf die immer noch umstrittene Ansicht, daß der *Rhesos*, den wir besitzen, der *Rhesos* des Euripides und nicht das Stück eines »unbekannten Dichters« ist, das denselben Titel trägt wie die vermutlich verlorengegangene Tragödie des Euripides (*139*). Da die gesamte Kontroverse von Ritchie (*130*), der, wie ich, den *Rhesos* für authentisch hält, vortrefflich diskutiert wird, kann ich mir eine allgemeine Rekapitulation des Problems ersparen und mich strikt auf eine Diskussion der grundsätzlichen Ähnlichkeiten zwischen den Träumen von Rhesos' Wagenlenker, von Hekabe (E. *Hec.*) und von Iphigeneia (E. *IT*) beschränken – und natürlich auf die psychoanalytische Untersuchung sowohl der Träume selbst als auch ihrer fundamentalten Ähnlichkeiten.

Da in diesem Fall allerdings die Anwesenheit einer ganzen Anzahl von Ähnlichkeiten ein wesentliches Merkmal ist, analysiere ich die Träume nicht einzeln. Meine Analyse hebt die Ähnlichkeiten heraus, denn diese interessieren den Gräzisten am meisten. Aber das heißt nicht, daß ich den Psychoanalytiker zu kurz kommen lasse! Da fast jede Einzelheit eines jeden dieser Träume in den beiden anderen ihr Gegenstück findet, stellt die Analyse ihrer Ähnlichkeiten auch eine Analyse all ihrer Details dar. Und wie es darüber hinaus in der klinischen Praxis möglich ist, zwei oder mehr Träume – besonders wenn es sich um offensichtlich »serielle« oder »gepaarte« Träume handelt, die der Patient im Laufe derselben Nacht geträumt hat – *gleichzeitig* zu analysieren, so kann man legitimerweise diese Traumvariationen eines einzigen Themas *gemeinsam* untersuchen. Obwohl dies bei der psychoanalytischen Studie von literarischen Träumen eine Innovation sein dürfte, ist die Neuerung im Rahmen der klinischen Praxis nur äußerst gering.

Ich stelle nachdrücklich fest, daß ich ursprünglich *nicht* beabsichtigt hatte, die Authentizität des *Rhesos* zu beweisen. In der Tat fielen mir die Ähnlichkeiten zwischen den drei Träumen auf, *bevor* ich entdeckte, daß die Urheberschaft dieses Dramas in Zweifel stand. Ein großer Teil des ersten Entwurfs dieses Kapitels wurde geschrieben, bevor mir Ritchies ausgezeichnetes Buch (*130*) in die Hände fiel. Welche Fehler diesem Kapitel auch immer anhaften mögen, daß ich von einer vorgefaßten Meinung ausgegangen bin, ist keiner von ihnen.[1]

Abschließend möchte ich ein Wort zu der etwas ungewöhnlichen Anordnung des Materials in diesem Kapitel sagen. Wie bereits angedeutet, ist die gleichzeitige Analyse »serieller« Träume keineswegs ungewöhnlich (*49*, *passim*). Ich weise deshalb nur darauf hin, daß eine getrennte Analyse der drei Euripideischen Träume den Umfang dieses Kapitels verdoppelt hätte. Es ist mir auch klar, daß ich die Akzeptierung meiner Interpretationen wahrscheinlich erleichtert hätte, wenn ich die Schlußabschnitte an den Anfang dieses Kapitels gestellt hätte. Ich entschloß mich aber zu einer

1 Ebensowenig besuchte ich die Reservation der Mohave-Indianer, um ihre psychiatrischen Vorstellungen und Praktiken in der Absicht zu untersuchen, die Richtigkeit der Ansichten Freuds zu beweisen – denn zu jener Zeit (1938) war ich ein Gegner der Psychoanalyse; meine Mohavedaten zwangen mich, ein Freudianer zu werden (*50*, S. 2f.).

anderen Darstellungsfolge, um eine relativ neue *Methode* zu illustrieren, mit der man von Literaturkritikern sogenannte »Parallelstellen« – wie serielle Träume – analysieren kann. Ich bin fest überzeugt, daß diejenigen, die die Texte oder Übersetzungen der untersuchten Träume sorgfältig lesen, meinen Argumenten ohne Schwierigkeiten folgen werden. Ich räume ein, daß dieses Kapitel keineswegs eine »leichte Lektüre« ist. Diejenigen, die es aufmerksam lesen, werden zweifelsohne selbst entscheiden, ob sich ihre Mühe gelohnt hat.

ΡΗϹΟΥ ΗΝΙΟΧΟϹ

καί μοι καθ' ὕπνον δόξα τιϲ παρίϲταται·
ἵππουϲ γὰρ ἃϲ ἔθρεψα κἀδιφρηλάτουν
Ῥήϲῳ παρεϲτώϲ, εἶδον, ὡϲ ὄναρ δοκῶν,
λύκουϲ ἐπεμβεβῶταϲ ἑδραίαν ῥάχιν·
θείνοντε δ' οὐρᾷ πωλικῆϲ ῥινοῦ τρίχα,
ἤλαυνον, αἳ δ' ἔρρεγκον ἐξ ἀρτηριῶν
θυμὸν πνέουϲαι κἀνεχαίτιζον φόβην.
ἐγὼ δ' ἀμύνων θῆραϲ ἐξεγείρομαι
πώλοιϲιν· ἔννυχοϲ γὰρ ἐξώρμα φόβοϲ. (Naucks Text)

ΕΚΑΒΗ

ὦ ϲτεροπὰ Διόϲ, ὦ ϲκοτία νύξ,
τί ποτ' αἴρομαι ἔννυχοϲ οὕτω
δείμαϲι, φάϲμαϲιν; ὦ πότνια Χθών,
μελανοπτερύγων μῆτερ ὀνείρων,
ἀποπέμπομαι ἔννυχον ὄψιν,
ἣν περὶ παιδὸϲ ἐμοῦ τοῦ ϲῳζομένου κατὰ Θρῄκην
ἀμφὶ Πολυξείνηϲ τε φίληϲ θυγατρὸϲ δι' ὀνείρων
[εἶδον γὰρ] φοβερὰν [ὄψιν ἔμαθον] ἐδάην.
ὦ χθόνιοι θεοί, ϲώϲατε παῖδ' ἐμόν,
ὃϲ μόνοϲ οἴκων ἄγκυρ' ἔτ' ἐμῶν
τὴν χιονώδη Θρῄκην κατέχει
ξείνου πατρίου φυλακαῖϲιν.
ἔϲται τι νέον·
ἥξει τι μέλοϲ γοερὸν γοεραῖϲ.
οὔποτ' ἐμὰ φρὴν ὧδ' ἀλίαϲτοϲ
φρίϲϲει ταρβεῖ.
ποῦ ποτε θείαν Ἑλένου ψυχὰν

καὶ Κασάνδρας ἐσίδω, Τρῳάδες,
ὥς μοι κρίνωσιν ὀνείρους.
εἶδον γὰρ βαλιὰν ἔλαφον λύκου αἵμονι χαλᾷ
σφαζομέναν, ἀπ' ἐμῶν γονάτων σπασθεῖσαν ἀνοίκτως.
καὶ τόδε δεῖμά μοι· ἦλθ' ὑπὲρ ἄκρας
τύμβου κορυφᾶς
φάντασμ' Ἀχιλέως· ᾔτει δὲ γέρας
τῶν πολυμόχθων τινὰ Τρωιάδων.
ἀπ' ἐμᾶς ἀπ' ἐμᾶς οὖν τόδε παιδὸς
πέμψατε, δαίμονες, ἱκετεύω. (Méridiers Text)

ΙΦΙΓΕΝΕΙΑ
ἃ καινὰ δ' ἥκει νὺξ φέρουσα φάσματα,
λέξω πρὸς αἰθέρ', εἴ τι δὴ τόδ' ἔστ' ἄκος.
ἔδοξ' ἐν ὕπνῳ τῆσδ' ἀπαλλαχθεῖσα γῆς
οἰκεῖν ἐν Ἄργει, παρθενῶσι δ' ἐν μέσοις
εὕδειν, χθονὸς δὲ νῶτα σεισθῆναι σάλῳ,
φεύγειν δὲ κἄξω στᾶσα θριγκὸν εἰσιδεῖν
δόμων πίτνοντα, πᾶν δ' ἐρείψιμον στέγος
βεβλημένον πρὸς οὖδας ἐξ ἄκρων σταθμῶν.
μόνος δ' ἐλείφθη στῦλος, ὡς ἔδοξέ μοι,
δόμων πατρῴων, ἐκ δ' ἐπικράνων κόμας
ξανθὰς καθεῖναι, φθέγμα δ' ἀνθρώπου λαβεῖν,
κἀγὼ τέχνην τήνδ' ἣν ἔχω ξενοκτόνον
τιμῶσ' ὑδραίνειν αὐτὸν ὡς θανούμενον,
κλαίουσα. τοὔναρ δ' ὧδε συμβάλλω τόδε·
τέθνηκ' Ὀρέστης, οὗ κατηρξάμην ἐγώ.
στῦλοι γὰρ οἴκων εἰσὶ παῖδες ἄρσενες·
θνῄσκουσι δ' οὓς ἂν χέρνιβες βάλωσ' ἐμαί.
οὐδ' αὖ συνάψαι τοὔναρ ἐς φίλους ἔχω· (Grégoires Text)

Wörtliche Übersetzungen

E. *Rh.* 780-788: »Und in meinem Schlaf stand eine Täuschung (Traumbild) neben mir; denn die Pferde, die ich versorgte (fütterte?), und die ich zu lenken pflegte, indem ich neben Rhesos im Wagen stand – wie es in meinem Traum erschien, sah ich, daß Wölfe sie bestiegen hatten und auf ihrem Rücken saßen (festhielten); und beide, mit ihren Schwänzen das Haar der Haut der Pferde schlagend, trieben sie vorwärts; und sie (die Pferde) schnaubten, atmeten Zorn aus ihren Kehlen und warfen ihre Mähnen hoch [Reiske]. Und ich, die Bestien zu vertreiben suchend von den Pferden, wachte auf; denn nächtlicher Schrecken weckte mich.«

E. *Hec.* 68-97: »Oh Blendlicht Zeus', oh dunkle Nacht, warum bin ich in der Nacht so von Befürchtungen, von Erscheinungen erhoben? Oh erhabene Erde, Mutter dunkelgeflügelter Träume, fort von mir sende ich (= sende zurück?) diese Nachterscheinung, die, von meinem Sohn, sichergehalten in Thrakien, und von meiner geliebten Tochter Polyxene, als eine erschreckende Sicht in Träumen ich wahrnehme [ich verstand].* Oh Götter der Erde, rettet meinen Sohn, der, der einzige Anker noch meines Hauses, im schneereichen Thrakien wohnt, in der Obhut von des Vaters (Gast-) Freund. Es wird etwas neues sein, es wird kommen eine tränenreiche Waise zu tränenreichen Frauen. Niemals (zuvor) zittert und fürchtet mein Herz so unablässig. Könnte ich doch hier die inspirierte Seele (ψυχή) Helenos' oder Kassandras sehen, oh Frauen von Troja, daß sie meine Träume beurteilen (deuten) könnten.*[2] Denn ich sah ein geflecktes Kitz zerrissen von der blutigen Kralle eines Wolfes, nachdem es gnadenlos von meinen Knien gezerrt worden war. Und dies ist (auch?) die Furcht, die ich hege: Es kam der Geist des Achilleus aus dem höchsten Punkt seines Grabes und verlangte als Ehrengeschenk eine der vielleidenden trojanischen Frauen. Daher von meinem (Kind), von meinem Kind wendet dies ab, ihr Götter, ich bitte.«[3]

E. *IT* 42-60: »Nun werde ich die seltsamen Erscheinungen, die die Nacht zu mir gebracht hat, dem offenen Himmel (αἰθήϱ) erzählen, wenn es doch helfen sollte, dies zu tun. Es schien in meinem Schlaf, daß ich entkam[4] aus diesem Land und in Argos lebte und daß ich mitten im Mädchenzimmer schlief; und der Rücken (= Oberfläche) der Erde (χθονὸϲ) war von Aufwärtsstoßen geschüttelt. Und ich floh, und draußen stehend sah ich das Kranzgesims des Gebäudes fallen, und das ganze Haus in Ruinen, zu Boden geschmettert (οὖδαϲ; auch: Bodenbelag, Erde) von der Spitze der Dachpfosten. Und eine einzige Säule war übrig, wie es mir schien, von meines Vaters Haus; und von ihrer Spitze hing

2 Man beachte, daß »Träume« zweimal im Plural steht (infra).

3 Der mittlere Abschnitt zwischen den Sternen besteht aus Anapästen (und übrigens auch ein großer Teil der restlichen Passage).

4 Die Art und Weise des Entkommens wird nicht näher erläutert. Dies könnte *vielleicht* implizieren, daß keine wirkliche Flucht, sondern nur eine Regression in der Zeit gemeint ist. Vgl. infra.

hellfarbenes Haar herab[5]; und es [die Säule?] nahm die Stimme eines Menschen an. Dann, gehorchend diesem Ritual des Tötens von Fremden, das ich vollziehe, besprenge ich es [die Säule][6] mit Wasser, als ob es sterben solle – (ich) weinend. Ich deute diesen Traum so: Der, der starb, ist Orestes, und es war er, für den ich das Ritual vollzog; denn die Säulen eines Hauses sind dessen männliche Kinder; und diejenigen, die mein heiliges Waschen berührt, sterben. Ich habe keine anderen Freunde, die in meinen Traum passen.«[7]

Diese Übersetzungen opfern einen glatten Stil zugunsten einer absolut wörtlichen Übertragung, denn hier ist allein der wörtliche Inhalt wichtig.[8]

Die Daten und ihre Darstellung. Die grundlegenden Daten lassen sich in drei Typen einteilen:

1. *Träume*, die von den Träumern erzählt werden. Die Texte und Übersetzungen finden sich oben.

2. *Assoziationen:* Die den Traumerzählungen unmittelbar vorangehenden und nachfolgenden Stellen sowie direkte Anspielungen auf die Träume in den übrigen relevanten Dramen. So stellt das Erscheinen von Achilleus' Geist – das an das Erscheinen von Polydoros im Prolog erinnert – eine Assoziation zu Hekabes Traum dar, obwohl sie von dieser Erscheinung nur vom Hörensagen weiß, denn sie sagt: »Und etwas anderes erschreckt mich *auch*« (E. *Hec.* 92 ff.).

3. *Zusätzliches Material:* E. (*Antiope*) *fr.* 203 N^2 verdoppelt sowohl den Inhalt als auch das räumliche Arrangement eines Elementes aus Iphigeneias Traum: Haar (aus Efeu) bildet die Spitze einer Säule.[9] Auch F. Roberts (*132*) plausible Ansicht, daß Orestes plante, von oben in den Artemistempel einzudringen, ist ein

5 »Hing herab« – ein rätselhafter Ausdruck (M. Hadas: »sprouted forth« (sprießten heraus); Grégoire: »poussaient« (wuchsen). In dieser Passage scheint die Farbe ξανθός hell zu sein, auch wenn in Pl. *Lys.* 217 d eine dunkle Farbe gemeint sein könnte. In diesem Drama wird das Wort auch auf die Farbe von Blut und von Öl angewendet (V. 73, 633).

6 Vermutlich die Säule mit dem Haar (M. Hadas: »him« [»ihn«]; das kann nicht stimmen, denn Iphigeneia verbindet das Haar noch nicht mit einer Person. Grégoire: »diese Säule«, was E. R. D. für möglicherweise korrekt hält).

7 Deutung durch Ausschluß des nicht Passenden – womit vielleicht Unsicherheit gespiegelt wird. (Die Deutung stellt sich jedoch als falsch heraus.)

8 Meine Übersetzung folgt der sehr wörtlichen Übertragung ins Englische, die Herr Philip Vellacott freundlicherweise besorgte.

9 Vgl. E. *Ba.* 1170. Zum Nexus ›Haar = Efeu = lockig‹ vgl. *149*, S. 135, Anm. 1.

Datum. Der Zusammenbruch des Palastes im Traum ähnelt dem sogenannten »Palastwunder« in E. *Ba.* 586 ff. Die undeutliche Art, in der der »Abstieg« des Haares beschrieben wird, erinnert an die seltsame Art (E. *Ba.* 1111 ff. und Dodds ad loc.), in der der Baum, auf[10] dem Pentheus sitzt, »gestürzt« (entwurzelt) wird, wodurch Pentheus in Reichweite der mörderischen Mainaden gebracht wird – wie das Haar schließlich in Reichweite von Iphigeneias Händen endet. Diese Bilder scheinen Euripideisch zu sein. Andere Euripideische Bilder, deren Inhalt oder Struktur – aber nicht beides – ebenfalls einem Traumelement ähneln, werden entweder nur beiläufig oder sonst überhaupt nicht erwähnt. Wie in den anderen Kapiteln werden griechische, ethnologische und klinische Daten nur zur Stützung gewisser Interpretationen herangezogen.

Die Texte wurden konservativ behandelt; sie mußten nicht überstrapaziert werden, um ihre Bedeutung freizugeben. Unmißverständlich umrissene realistische Bilder wurden gelegentlich »ergänzt«. Da ein realistischer Wolf mit seinen *Krallen* das Kitz zerreißt, *nachdem* dieses junge Tier von Hekabes Schoß gezerrt worden ist, und da sonst niemand im Traum anwesend ist, und da es auch in der Realität niemanden gibt, der *nicht* von dem Wolf symbolisiert wird, kann ich nur schließen, daß der Wolf *selbst* das Kitz *mit seinen Krallen* von Hekabes Schoß zerrte. Man muß sich daher zumindest anfänglich den Wolf als über die Knie der sitzenden Hekabe »gebeugt« vorstellen: Die Vorderpfoten des Wolfs stehen auf ihrem Schoß, die Hinterbeine auf dem Boden.

Im Gegensatz dazu »liefere« ich in Iphigeneias Traum weder das Geräusch, das beim Zusammenbruch von wirklichem Mauerwerk entstehen würde, noch stelle ich es mir vor, und zwar zum Teil deshalb, weil Träume hauptsächlich visuelle Erlebnisse sind, im wesentlichen aber, weil ein Geräusch – das das Haar von sich gibt – im weiteren Verlauf des Traumes ausdrücklich erwähnt wird. In der Tat bemerkt man nur deshalb die Abwesenheit von Geräuschen im ersten Teil des Traumes – und kann dieses Fehlen interpretieren –, weil es im zweiten Teil ein Geräusch gibt.

Schließlich habe ich versucht, alle Anomalien und/oder *auffälligen* Auslassungen in allen drei Träumen zu erwähnen und habe einige davon interpretiert.

Meine Beschreibung und quasi-strukturale Analyse des *manifesten* Inhalts der Euripideischen Träume ist in dem Sinne fast völlig

10 Zur griechischen symbolischen Gleichung ›Baum = Säule‹ vgl. infra.

objektiv, daß ich versuche, die Ähnlichkeiten zwischen den drei Träumen hervorzuheben. Ich bestimme diese Muster mit Hilfe einer Technik, die mit dem Aristotelischen »Entschlüsseln« der wechselnden Spiegelungen eines Objektes in bewegtem Wasser vergleichbar ist; das Muster wird durch das enthüllt, was immer im Zuge der sukzessiven Transformationen dieser Spiegelungen invariant bleibt. Ich enthalte mich absichtlich einer vollständigen Anwendung der Techniken der strukturalen Analyse (*18*) im Lévi-Straussschen Sinne (*113*, usw.), denn das würde die Lesbarkeit dieses Kapitels beträchtlich erschweren. Da darüber hinaus strukturalistische und psychoanalytische Methoden, wie ich glaube (*47*, *58*), komplementaristisch sind, sind ihre Interpretationen tendenziell konvergent. Ich füge bloß hinzu, daß meine psychoanalytischen Interpretationen hier so konservativ sind, wie es die inhärente Komplexität der psychischen Prozesse – besonders der eines großen Dichters – erlaubt.[11] Unbegründete Vorwürfe, »wild« interpretiert zu haben, vereinfachen hartnäckig komplizierte Prozesse nicht. Alle Traumelemente greifen ineinander, und jedes einzelne ist sogar in der Dichtung stark überdeterminiert; das machte viele Querverweise unvermeidlich. Sie konnten nur durch die Annahme auf einem Minimum gehalten werden, daß der Leser sich mit jedem Detail dieser Träume gründlich vertraut macht, bevor er ihre Analyse und Interpretation liest.

Einige Euripideische Charakteristika dieser drei Träume können jetzt aufgezählt werden. Die Euripideische Atmosphäre und Sichtweise dieser Träume ist, wie auch ihr Pathos, m. E. unbezweifelbar. Ebenfalls Euripideisch ist die Verwendung von Kindern – oder Kindäquivalenten –, um dieses Pathos zu erreichen (Anm. 134). Rhesos' Pferde werden gewissenhaft versorgt, und die Besorgnis des Wagenlenkers ist fast mütterlich. Hekabes Traumkitz wird auf dem Schoß genährt. »Orestes'« Haar wird, wenn auch in einer typisch zweideutigen, Euripideischen Art besprengt: Das Haar kleiner Brüder wäscht man fürsorglich, das von Opfern in mörderischer Absicht.

Die Traumfiguren sind recht aktiv – aktiver als beispielsweise in A. *PV* oder A. *Eum.* – und die Lebhaftigkeit der Bildwelt entspricht einem Dichter, der angeblich Malerei studiert hat.[12] Dennoch sind

11 Freud sagte, daß die Analyse eines Patienten beendet wäre, wenn man nur einen einzigen seiner Träume *vollständig* analysieren könnte.

12 Zu dieser Überlieferung vgl. *139*, I, 3, S. 314 und Anm. 3. Vgl. *V. Eurip.* 116ff.

die Träume relativ unauffällig: obwohl sie eine prophetische oder hellseherische Dimension haben und haben sollen – täuschend ähnlich in E. *IT* –, ist die Bildwelt der eines richtigen Traumes beträchtlich näher als der einer Allegorie oder eines als Allegorie maskierten Traumes (A. *Pers.* und in geringerem Umfang S. *El.*). So etwas wie ein Euripideischer Traum könnte, wie mir scheint, auch von wirklichen Griechen oder modernen Träumern geträumt werden. Diese Feststellung paßt sowohl zu der weithin akzeptierten Meinung, daß Euripideische Figuren glaubhaft sind, als auch zu Dodds' Beobachtung, daß Euripides das Irrationale in einer psychologisch realistischen Art und Weise behandelt (67).

Da ich zu zeigen hoffe, daß alle drei Träume eine Reaktion auf die gleiche intrapsychische Spannung darstellen, die dem gleichen (realen oder phantasierten) »äußeren« Erlebnis entstammt, kann ich hier wohl einer Ansicht Ausdruck geben, die für mich mit dem Anwachsen meiner Erfahrung mit den Menschen und der Welt immer stärkere Überzeugungskraft gewinnt: Die *Repräsentation* der Realität (= Wissenschaft) könnte sehr wohl bloß der *rationale* gemeinsame Nenner von irrationalen Phantasien sein – ein gemeinsamer Nenner, der den Pegasos seiner Flügel und den Hippokamp seines Körpers und seines Schwanzes beraubt und nur das Pferd der Alltagserfahrung und der Zoologielehrbücher übrigläßt ... während der geflügelte Pegasos und der wirkliche Hippokamp weiterhin unsere Träume heimsuchen (vgl. Allgemeine Einführung). Das große Verdienst der Euripideischen Träume besteht darin, daß sie trotz ihrer Bevölkerung mit traumhaften Äquivalenten des Pegasos nicht abschweifen (wie einige Träume des Ailios Aristeides) in die Un-Welt der Chimaira.

Diese Überlegungen sollten mein Vorgehen rechtfertigen, zunächst den manifesten Inhalt und die Struktur der Euripideischen Träume zu analysieren und erst dann mit Hilfe psychoanalytischer Methoden ihren latenten Inhalt herauszulocken; dieses Vorgehen war mir auch in der klinischen Arbeit nützlich (49). Im gesamten Kapitel versuche ich, die Genauigkeit von Euripides' Beobachtungen, den Realismus seiner Materialverwendung und vor allem das blendende Können zu beleuchten, das er bei der Bewahrung der Struktur und des latenten Inhalts seines (hypothetischen) Modells – der Urszene – in seinen drei kreativ divergenten Variationen über ein grundlegendes Thema zeigt.

Die dramatische Funktion eines Traumes besteht darin, die

Handlung zu beeinflussen.[13] Die sekundäre Bearbeitung, die dadurch vorausgesetzt wird, macht den Traum pychologisch nicht weniger interpretierbar als gesuchte Inkubationsträume.[14] Der Traum des Wagenlenkers stellt genaugenommen einen stilistischen Kunstgriff und nicht ein vorwärtstreibendes Moment dar; Lesky (*112*) würde ihn wahrscheinlich eine »Reaktion« nennen. Seine »Prophezeiung« (*recte*: Hellsicht) wird sofort erfüllt (= bewahrheitet sich).[15] Der Traum reicht kaum in das Drama hinein. Der Wagenlenker, im Traum ein träger Beobachter, wird beim Erwachen (kompensatorisch?) hyperaktiv. Aufgrund seiner anfänglichen Inaktivität schuldbeladen, beschuldigt er Hektor in irrationaler Weise des Mordes und des Pferdediebstahls. Nun hing nach einer Anzahl anderer Quellen Rhesos' Unbesiegbarkeit davon ab, daß seine Pferde trojanisches Gras fraßen und trojanisches Wasser soffen.[16] Nur in E.*Rh.* hängt seine Unbesiegbarkeit davon ab, daß er eine Nacht auf trojanischem Boden verbringt.[17] Diese leichte Modifizierung der Überlieferung war wahrscheinlich notwendig, da sonst sogar der vor Kummer verstörte Wagenlenker eingesehen hätte, daß Hektor sich mit dem Diebstahl von Rhesos' Pferden ins eigene Fleisch schneiden würde.[18] Hektor könnte einfach nur einen sehnsüchtigen Blick auf Rhesos' Pferde geworfen haben, nachdem

13 Ich bezweifle daher Ritchies (*130*, S. 109) Ansicht, daß der Prolog in E.*Hec.* (den der Traum voraussetzt) struktural entbehrlich sei. Zur Struktur von E.*Hec.* vgl. infra.

14 Zu Inkubationsträumen vgl. *69*, S. 110-116, 203, Anm. 83 und *passim*; *72*, 2, S. 145ff. Obwohl ein Irokese, wenn er im Traum ein Geschenk erhält, dieses Geschenk auch in der Realität erhalten muß, ist sein Traum, wie auch ähnliche »Seelenwunsch«-Träume von Kamtchatka usw., ebenfalls interpretierbar (*146*). Vgl. 6. Kap., Anm. 89.

15 Dies ist von Homer inspiriert. Ritchie (*130*, S. 75) weist darauf hin, daß der einzige andere griechische Traum, der sich mit ähnlicher Schnelligkeit erfüllt, der des Rhesos selber ist: Hom.*Il.* 10.497.

16 Sch.*Il.* 10.435; Eustath. in *Il.* 817.26; Accius *Nyctegr.fr.* 3, I, S. 230 Ribbeck; V.*Aen.* 1.469; Serv. *V.Aen.* 2.13; Myth. Vat. 1.203. Dies könnte eine Anspielung auf eine asiatische Art der Huldigungsforderung sein. Xerxes verlangte von griechischen Städten Erde und Wasser (Hdt. 7.32); nach einer ungarischen Überlieferung verlangte der Eroberer Arpád (IX. Jh. a. D.) Erde, Wasser und Gras (für seine Pferde). Solche Daten könnten möglicherweise auf eine verlorengegangene Überlieferung deuten, daß Rhesos für seine Hilfe verlangte, als Oberlehensherr oder zumindest als Oberkommandierender anerkannt zu werden (vgl. Gelons Bedingungen, Hdt. 7.158-162).

17 Auch dies könnte »Inbesitznahme« andeuten. In Mitteleuropa war das Zimmer, in dem der Herrscher einmal schlief, danach für immer z. B. das Maria-Theresia-Zimmer (vgl. auch England). Ein König der Maori muß über Land, das ihm nicht gehört, getragen werden; wenn sein Fuß es beträte, gehörte es ihm (vgl. auch Hippias' Verlust eines Zahnes; Hdt. 6.107).

18 Darüber hinaus grasten in E.*Rh.* die Pferde vermutlich auf trojanischem Boden; sie wurden wohl kaum vorher gestohlen, wie in späten Quellen berichtet wird (V.*Aen.* 1.469f. und Serv. ad loc., usw.).

er gerade seinen Anspruch auf Achilleus' Gespann an Dolon abgetreten hatte, dessen Erfolg er wohl kaum in Frage stellte.[19] Welchen besseren Ersatz konnte es für das unsterbliche Gespann geben als Rhesos' Pferde?[20] Aber auch wenn ein solcher Wunsch sogar bei einem Hektor auftauchen konnte, so hätte er ihm sicher nicht nachgegeben.

Die irrationalen Beschuldigungen des Wagenlenkers sind reine »Projektionen«, die sogar im Traum von seiner zwanghaften Beschäftigung mit seinen Pferden motiviert werden. Der Wagenlenker las nicht intuitiv Hektors Gedanken, obwohl er, verwirrt von Schlaf und Schock, besonders empfänglich für subliminale Hinweise gewesen sein könnte. Wenn er »recht« hat, dann nur zufällig, und Euripides beabsichtigte das so; er beabsichtigte wohl kaum, den Wagenlenker als Gedankenleser darzustellen. Übrigens ist der Charakter des Wagenlenkers für die Handlung weniger wichtig als sein Traum.

Kurz, obwohl der Streit viel über den Wagenlenker enthüllt, sagt er uns von Hektor nur, daß dieser großherzige Mann selbst mit einem vor Kummer verstörten und irrationalen Untergebenen sanft umgeht.

Die dramatische Funktion des Traumes in E. *Hec.* muß zunächst hinsichtlich der oft geschmähten Struktur dieses Dramas beurteilt werden.[21] Daß in seiner Mitte ein »Bruch« vorliege, ist eine Fehlwahrnehmung des modernen Geistes, der von der Wichtigkeit junger Mädchen besessen ist.[22] Athener könnten Polyxenes Schicksal einfach als Vorspiel der größeren Tragödie des letzten männli-

19 Und zu Recht. E. *Rh.* hebt selbst die Unzuverlässigkeit primitiver und antiker Wachposten hervor (808ff., usw.).

20 Nach Patin (*124*, 3, 2, S. 155) machte Th. Borel (*10*) als erster auf den Nexus zwischen den beiden Gespannen aufmerksam.

21 Sogar Ritchie (*130*, S. 109) räumt widerstrebend ein, daß der Prolog in E. *Hec.* nicht unentbehrlich ist. Wenn dem so wäre, könnte man auch auf den Traum verzichten, der den Prolog zur Voraussetzung hat. Man sollte das Dogma, daß einige Stücke des Euripides schlecht konstruiert sind, überdenken. W. N. Bates (*7*, S. 199) weist darauf hin, daß E. *Tr.* einen Eindruck von Geschlossenheit vermittelt, wenn es aufgeführt, aber nicht, wenn es gelesen wird. Die Beurteilung der Einheit eines griechischen Dramas erfordert eine visuelle Vorstellungskraft.

22 In primitiven und nicht-westlichen Gesellschaften bilden sie selten Anziehungspunkte (*108*). Einige Gräzisten, die davon angewidert sind, daß über Makarias vollzogenes Selbstopfer kein Wort verloren wird (E. *Her.*), nehmen sogar an, daß eine Passage verlorengegangen ist (*138*). Makarias (und vielleicht Euripides') Zeitgenossen waren wahrscheinlich der Ansicht, daß junge Prinzessinnen genau für diesen Zweck existierten. Aber Professor Dover widerspricht der letzten Hypothese heftig, und es könnte sehr gut sein, daß er recht hat und ich nicht.

chen Priamiden betrachtet haben.[23] Polyxenes bevorstehende Opferung trieb Hekabe nur an den Rand des Abgrunds; erst Polydoros' Ermordung stürzte sie hinab. Daß es so kam, wie es kommen mußte ... im Rahmen griechischer Normen[24] ... wäre in einer Aischyleischen oder Sophokleischen Tragödie wahrscheinlich offensichtlicher gewesen, da Euripides zuweilen das moderne (und hellenistische) Interesse an jungen Mädchen vorwegnahm. Gleichzeitig war er auch ein besserer Kulturhistoriker als seine großen Rivalen: Mythen zeigen, daß die mykenischen Frauen freier und sozial wichtiger waren als die athenischen.[25] Aber auch Euripides war – zumindest in seinen Werken – Perikleer genug, um den Tod eines jungen Mädchens einfach als ein Mittel für einen wirklich wichtigen Zweck darzustellen.[26] Selbst in Euripides' letztem Stück – der *IA* – ist das Schlüsselproblem die festliegende Flotte der Achaier und nicht Iphigeneias Untergang, und zwar trotz der Tatsache, daß der Dichter im Alter immer kühner wurde.[27] Es scheint keine Ausnahme zu der Regel zu geben, daß der Tod eines jungen Mädchens immer etwas Nebensächliches ist[28], und zwar ganz abgesehen von der Tatsache, daß er notwendigerweise hinter der Bühne stattfindet, während sich die Haupthandlung auf der Bühne entfaltet.[29] Hekabes eigene Reaktionen zeigen ebenfalls, daß Polyxene ihr weniger bedeutete als Polydoros. Obwohl sie kurze Zeit trauert und am Ende über die *bekannte* Notlage ihrer Tochter betet, betet sie zuerst

23 Helenos, der mit den Griechen Frieden geschlossen hat, zählt nicht mehr. Aber es ist schwer einzusehen, warum in A. *Ag.* 898 Menelaos nicht mehr »zählt« – es sein denn, er wird noch immer für auf hoher See verloren gehalten. Fraenkels Bemerkungen ad loc. sind m. E. nicht plausibel.

24 Dies ist in dem Sinn gemeint, in dem Wilamowitz (in seiner Ausgabe von E. *HF*) sagte, »es ist recht«, daß Euripides nicht nur von Sophokles, sondern auch von Geringeren regelmäßig besiegt wurde. In keinem Fall ist eine Zustimmung impliziert.

25 Ich habe andernorts (*46*) meine Ablehnung der üblichen Unterschätzung der Rolle der athenischen Frau ausgesprochen, auch wenn ich sicherlich nicht mit ihrer Überschätzung durch C. Seltman (*140*, 7. Kap.) übereinstimme.

26 E. *Erechth.* scheint das Schicksal Athens und den Kummer der Eltern in den Mittelpunkt zu stellen. In S. *Ant.* – einem zugegebenermaßen gut konstruierten Stück – wird Kreon nicht von Antigones, sondern von Haimons Tod, der den Höhepunkt und das Ende der Tragödie bildet, gebrochen. Die große Bedeutung von Klytaimestras Tod in A. *Choe.*, S. *El.* und E. *El.* spricht nicht gegen mein Argument: Aigisthos ist nur ein schäbiger und schattenhafter Usurpator, und Klytaimestra ist hauptsächlich deshalb wichtig, weil Orestes noch wichtiger ist.

27 Und, wie so oft, immer traditioneller in der Form (E. *Ba.*) wurde; vgl. das Wiederauftauchen der Fuge in Beethovens Spätwerk.

28 Vielleicht, weil er für Euripides' Zeitgenossen fiktiv war (K.J.D.). Aber vgl. Plu. *V. Them.* 13.3, *V. Arist.* 9.1 f. und den φαρμακός (Sündenbock).

29 Zu dieser Dichotomie vgl. (*55*).

und hauptsächlich für den *mutmaßlich* gefährdeten Polydoros (59f.). Und obwohl sie Agamemnon nicht anfleht, Polyxene zu retten, um ihren Sohn zu rächen, plädiert sie wie eine Kupplerin, Agamemnon schulde ihr etwas für den sexuellen Gebrauch von Kassandras Körper (824f.)[30]: eine Ware, die um ihres Bruders willen geopfert werden kann.[31]

Iphigeneia spricht darüber das letzte Wort: Wichtig sind die Söhne (E.*IT* 57). Der »Bruch« verschwindet, sobald man aufhört, auf moderne Art von der *Wichtigkeit* junger Mädchen besessen zu sein und die dynastische Anschauung wieder-lernt.[32] Der »Bruch« verschwindet auch, wenn man sich vor Augen führt, daß der Gegenstand der griechischen Tragödie ein Ereignis oder ein Problem, nicht aber eine Persönlichkeit ist.[33] Die bereits ausreichend straffe Struktur von E.*Hec.* wird durch Hekabes Traum, dessen Kitzsymbolik sowohl ihren Sohn als auch ihre Tochter repräsentiert, vollständig kohärent. Wenige literarische Träume erreichen ein so hohes Niveau dramatischer Zweckbestimmtheit.

Im Vergleich dazu ist der Einfluß des Traumes auf die Handlung zwar groß, aber nicht von erstrangiger Bedeutung. Er verwandelt Hekabes erregte Depression und Verzweiflung in wilden, verschlagenen und brutalen Wagemut; noch auffallender ist, daß ihre Passivität im Traum von einer wilden Aktivität ersetzt wird. Euripides hätte denselben Zweck mit anderen Mitteln erreichen können, wenn auch kaum durch dramatisch und poetisch zwingen-

30 Vgl. Hom.*Il.* 24.477ff.: Um Hektors willen küßt Priamos Achilleus' mörderische Hände. Teile von E.*Hec.* lesen sich wie eine grausame Parodie der Homerischen Sichtweise.

31 Vgl. Plu.*Amat.* 760B: Ein Grieche prostituierte manchmal seine Frau, aber niemals seinen *eromenos.* (Aber vgl. Luc.*Cat.* 10.) Die Männer von Sardis überlegten anscheinend, ihr Leben dadurch zu retten, indem sie dem Belagerer ihre Frauen übergaben (Ps.-Plu.*Paral. Min.* 30, 312Eff.) – ein übliches Verhalten, auch der kulturell Mann-zentrierten Australier (*141*). E.*Alc.* ist eindeutig Mann-zentriert: Pheres ist ein Mann, Admetos sowohl Mann als auch König – Alkestis ist nur eine Frau; darüber hinaus ist sie, da sie Söhne geboren hat, dynastisch gesehen nicht länger unentbehrlich. Die dynastische Anschauung ist auch für S.*Ant.* relevant, und sowohl Homeros als auch Aischylos scheinen zu bezweifeln, daß es richtig war, wegen Helene einen Krieg zu beginnen (H.L.-J.).

32 Vielleicht hat A. W. Verrall das gespürt (*145*, S. 190, Anm. 2). G.M.A. Grube (90, S. 129-130) ist explizit: »Altphilologen denken nicht mehr dynastisch.«

33 Arist.*Poet.* 1450a23ff. Dies macht es implizit wünschenswert, wenn auch schwierig, originelle Figuren zu zeichnen (1449b36; 1450b19; 1453b22; 1454a33). Euripides begegnete dieser Herausforderung kühn und glänzend zugleich. In E.*IA* wird der traditionelle Mythos nicht wesentlich verändert. Aber Agamemnon, Menelaos und sogar Achilleus scheinen hohl und schäbig, weil die Achaier vortäuschen, wegen einer wertlosen Helene in den Krieg zu ziehen; Aristophanes behauptet verächtlich und bewußt falsch (*Acharn.* 515ff.), daß der Peloponnesische Krieg wegen der Entführung zweier Schlampen ausgetragen wurde.

dere. Was man sonst noch von einem – zugegebenermaßen herrlich angekündigten – dramatischen Traum erwarten kann, ist schwer einzusehen. Darüber hinaus wiederholt der Traum die Erscheinung eines anderen Phantoms: das des Achilleus (E.*Hec.* 37f.).

In bezug auf Iphigeneias Traum muß ich, um Wiederholungen zu vermeiden, eine Diskussion seiner dramatischen Funktion zurückstellen. Ich zähle hier daher nur seine bedeutsamsten Konsequenzen auf. Der Traum verwandelt Orestes praktisch in einen ὑστερόποτμος[34] und macht Iphigeneia blutrünstig. Dies vermindert, zusammen mit ihrer Überzeugung, ihr Bruder sei tot, Orestes' Chancen, wiedererkannt zu werden, und es vergrößert sein Risiko, geopfert zu werden. Die Handlung widerlegt dann die beiden »okkulten« Deutungen des Traumes gerade dadurch, daß sie die Richtigkeit ihrer psychologischen Implikationen nachweist. Jede dieser Konsequenzen wird im folgenden im Detail diskutiert.

Die stilistische Funktion des Traumes und die dichterische Metapher sind identisch; das Traumbild ist eine Spiegelung des Traumgedankens. Die Möglichkeit, daß sogar ein und derselbe Schläfer denselben latenten Gedanken mit Hilfe verschiedener Bilder ausdrücken konnte, wurde vielleicht schon von Aristoteles gespürt, der darauf hinwies, daß sich beim Erwachen ein neues Bild – vermutlich *ebenfalls* mit dem Traumgedanken verwandt – an die Stelle des Traumbilds setzt.[35]

Anders betrachtet ist die Traumerzählung im griechischen Drama funktional mit der Rede eines Boten verwandt.[36] Sie bildet in einem gewissen Sinn eine »Nachricht aus dem Niemandsland« – und das Erzählen von unheimlichen (traumartigen) Vorgängen durch Boten ist für Euripides sogar noch charakteristischer als für seine beiden großen Rivalen.[37] Das Erzählen seines Traumes durch den Wagenlenker macht seine Geschichte plastischer und könnte sogar nahele-

34 D.h. in einen Mann, von dem man irrtümlicherweise annimmt, er sei im Ausland verstorben und der, wenn er lebend zurückkehrt, eine Art Wiedergeburtszeremonie durchmachen muß (Plu.*Quaest.Rom.* 5, S. 264Dff.). S.*El.* 62ff. spezifiziert, daß ein solcher Mann danach in hohen Ehren gehalten wurde. Während des Wiedergeburtsritus mußte er sein altes Haus von oben (durch das Dach) betreten. Genau auf diese Art und Weise wollten Orestes und Pylades in den Schrein der Artemis eindringen (E.*IT* 113ff.). Vgl. F. Roberts ausgezeichnete Diskussion (*132*) dieses Vorhabens – obwohl er den Nexus mit dem Hysteropotmos-Wiedergeburtsritus übersah.

35 Arist.*insomn.* 458b20, vgl. 462a25.

36 Charakteristischerweise wird Klytaimestras Traum nicht von ihr selbst, sondern vom Chor erzählt (A.*Choe.* 523ff.), der in diesem Moment nicht kommentiert, sondern informiert – zumindest am Anfang. In S.*El.* wird ihr Traum von Chrysothemis berichtet.

37 E.*Ba.*, *HF*, *Hipp.*, *IA*, usw.; vgl. (*55*).

gen, daß die menschlichen Wölfe von einem übernatürlichen Wesen unterstützt oder gar geschickt wurden. Sein plötzlicher Übergang vom Schlaf in den Wachzustand erklärt auch zum Teil seine wilden Anschuldigungen und vielleicht sogar sein (medizinisch vorzeitiges) Wunddelirium in V. 835.[38] Insoweit Hekabe Polydoros' Erscheinen im Traum berichtet, ist auch ihre Erzählung mit dem Bericht eines Boten verwandt. Iphigeneias Traumerzählung ist eine »Nachricht aus dem Niemandsland« *par excellence*; technisch verschmelzt sie die *Funktionen* von Polydoros' Prolog und Hekabes Traumerzählung zu einer Einheit. Sowohl in E. *Hec.* als auch in E. *IT* ist die Traumerzählung so eng mit dem Prolog verwoben, daß sie nur mit Hilfe rein externer Kriteria voneinander unterschieden werden können. Psychologisch ist keine Trennung möglich: der Inhalt des Prologs wird in beiden Fällen mit Hilfe eines Traums in das Drama eingespeist – wie Geschehnisse von außerhalb der Bühne durch den Traum des Wagenlenkers in E. *Rh.* eingespeist werden.

Die psychologische Angemessenheit von Träumen vergrößert ihre Plausibilität. Der Traum ist ein höchst individualisiertes Produkt der Psyche; der Wagenlenker hätte Iphigeneias Traum nicht träumen können.[39] Ein wirklicher Traum paßt zum Träumer, wie dieser zu einem gegebenen Zeitpunkt existiert; in der Literatur muß ein Traum auch zur Handlung passen.[40] Alle Euripideischen Träume erfüllen diese Bedingungen. Ich untersuche hier nur die allgemeine Angemessenheit eines Traumes für einen Träumer zu einem bestimmten Zeitpunkt; die Angemessenheit der Symbolisierung, der Regression in der Zeit und so weiter wird in den entsprechenden Abschnitten besprochen.

Der Wagenlenker beschäftigt sich fast zwanghaft mir seinen Pferden; er sieht das ganze Leben und seine eigenen Pflichten in einer Pferdeperspektive. Obwohl Rhesos zuerst ermordet wird, erwacht der Wagenlenker erst durch seinen Traum, der Gefahr für

38 Ritchie (*130*): Zusätzliche Einprägsamkeit: S. 75, 138; Delirium: S. 131.

39 Ein Hysteriker träumt nicht wie ein Zwangsneurotiker, eine Frau nicht wie ein Mann, ein Kind nicht wie ein Erwachsener (*80*, *passim*). Ein Eskimo träumt nicht wie ein Indianer (*68*, 4. Kap.). Einige Heranwachsende, die im Internat einer therapeutischen Schule für deviante Jugendliche untergebracht waren, versuchten ihre jeweiligen Therapeuten zu täuschen, indem sie ihre Träume austauschten. Der Betrug wurde fast auf der Stelle entdeckt; die geborgten Träume »paßten« einfach nicht zu den angeblichen Träumern (*33*, S. 271 ff.).

40 Ps.-Hp. *insomn.* 88; Arist. *insomn.* 462a15 ff.; Hdt. 7.16; Emp. *fr.* 108 D-K; Cic. *de divin.* 2.67; Lucr. *nat. rer.* 4.963, 5.724; Patin (*124*, 2, S. 164 und Anm. 1); Dodds (*68*, S. 118), usw.

seine Pferde signalisiert. Dies ist nicht nur psychologisch einfühlsam, sondern erinnert auch an die Homerische *Doloneia* (Hom. *Il.* 10), in der – abgesehen von dem abschließenden Pfiff (10. 502) – sowohl der Mord wie auch der Diebstahl scheinbar in völliger Stille begangen werden.

Ich kann auch aus persönlicher Erfahrung bestätigen, daß selbst der tiefe Schlaf des Wagenlenkers plausibel ist: Rhesos' Armee war lange Zeit marschiert und ist auf ihrem Marsch zweifelsohne Gefahren begegnet. Zum ersten Mal in vielen Wochen mußte der Wagenlenker nicht mit einem offenen Auge schlafen. Objektiv ist sein Traum eine symbolische Untertreibung: er formuliert eine militärische Niederlage im Begriffsrahmen eines Pferdediebstahls. Selbst das ist scharfsichtig: es kann vorkommen, daß die Überlebenden von Bombenangriffen zwanghaft – und defensiv – am stärksten über den Verlust eines Andenkens trauern.

Hekabes Traum ist ebenso angemessen, weil seine Symbolik zugleich regressiv und gegenwartzentriert ist. Während sie ihr »Kind« (= Kitz) auf den Knien wiegt, regrediert die alte *Frau* in die glücklichen Zeiten vor der Belagerung Trojas, wobei die alte *Königin* hofft, daß ihr Sohn den Fall Trojas rächen und seine geschleiften Mauern wiederaufbauen wird. Ihr mütterlicher Traum ist im tragischen Sinne angemessen. Anders als die junge Antigone oder die Frau des Intaphernes kann diese alte Witwe nicht sagen: »Es macht nichts, ich kann immer noch ein anderes Kind haben.«[41] Aber zur gleichen Zeit ist der Traum der alten *Königin* gegenwartzentriert: Sie ist die einzige, die die gefangenen Trojaner führen und verteidigen könnte.

Auch Iphigeneias Traum paßt zu ihr. Hekabe ist eine Königin, für die der Staat wichtiger ist als seine Herrscher; Iphigeneia ist eine Prinzessin in Not, die eher familienorientiert (= dynastisch) als staatsorientiert denkt. Für sie gilt: »L'État c'est Papa!« – oder zumindest Orestes, der ja die Macht des Hauses des Agamemnon, das sich in dieser Beziehung von dem immer noch mächtigen Argos unterscheidet, wiederherstellen könnte.[42] Ihre eigenen Traumhorizonte sind fast so eng wie die des Wagenlenkers, und wie es zu einer

41 S. *Ant.* 909-912; Hdt. 3.119. Selbst Euripides' Andromache wird noch ein Kind gebären (E. *Androm.*), das sie über den Verlust von Astyanax (E. *Tr.*) hinwegtrösten wird. Aber bei Homeros ist Polydoros nicht Hekabes Kind, und er wird in der Schlacht getötet.

42 Der Kontrast ist sogar noch vollständiger: die trojanische Dynastie war autochthon; die Pelopidai waren, wie viele andere mythische Herrscher, Außenseiter, Einwanderer oder gar Usurpatoren. E. *IT* 510 impliziert nur Mißherrschaft (vgl. Thu. 1.12).

früher behüteten Prinzessin und jetzt privilegierten Gefangenen paßt, ist ihr Traum der am stärksten selbstzentrierte aller drei.

Nicht einer der drei Träumer hätte die Träume der beiden anderen träumen können; jeder Traum paßt *nur* zu der Person, der er zugeschrieben wird. Man kann daher die allgemeine Angemessenheit dieser Träume bereits für erwiesen halten, auch wenn die Analyse ihrer anderen Bestandteile weitere Beweise für ihre Angemessenheit liefern wird.

Die Art des Träumens ist in allen drei Träumen ungewöhnlich, obwohl es nicht sicher ist, ob Euripides sich dessen bewußt war, denn die meisten Menschen halten es für gesichert, daß ihre eigene Art zu träumen die natürliche ist.[43] Sogar die griechischen Traumbücher haben relativ wenig über atypische Arten des Träumens zu sagen.

Der E. *Rh.*-Traum ist nicht nur ungewöhnlich, sondern gehört auch einem Typ an, den schon Aristoteles gut verstanden hatte.[44] Er wird von der Wirkung hervorgerufen, die *Geräusche* auf den Sinnesapparat des Schläfers ausüben; sie werden durch die Traumarbeit in angemessene *Bilder* umgewandelt und dann mit relativ geringer Verzerrung in den Traum eingebaut. So verneint der Träumer ihren externen Ursprung dadurch, daß er im Traum »richtig« auf sie reagiert; das entbindet ihn davon, sofort aufwachen zu müssen, um auch in der Realität auf diese Reize zu reagieren (4. Kap., Anm. 61). Mit solchen Träumen leistet der Träumer der Realität Lippendienste, denn der Traum erfüllt auf diese Weise seine Aufgabe als Wächter des Schlafs.[45] Der Beitrag der Realität zu diesem Traum ist mindestens ebensogroß wie der Beitrag der Psyche des Träumers; der Traum des Wagenlenkers erreicht fast das Maximum an Realitätsbewußtsein, das ein Traum erreichen kann. Darüber hinaus wecken die externen Geräusche, die den Traumprozeß in Gang setzten, den Schläfer letztendlich auf.

Hekabes Traum hat ähnliche Eigenschaften, wenn auch mehr im Rahmen der Traumbuchtheorie als der Psychologie. Man kann auch

43 Ein klinischer Psychologe entdeckte erst im Verlauf seiner eigenen Analyse, daß sein Träumen in Farbe relativ ungewöhnlich war.

44 Arist. *insomn.* 462a15ff.; *de div. somn.* 463a5ff.; vgl. Dodds (*68*, S. 114) für griechische Träume dieses Typs.

45 S. Freud (*80*, *passim*). Diese glänzende Hypothese hat jetzt eine experimentelle Unterstützung erhalten. Versuchspersonen, die schlafen durften, aber aufgeweckt werden, sobald ihr Enzephalogramm anzeigt, daß sie zu träumen beginnen, fühlen sich nicht ausgeruht. Wenn dies mehrere Nächte hintereinander geschieht, treten neurotische Symptome auf. W. Dement (*16*) faßt diese Experimente gut zusammen. Vgl. auch (*99*).

von ihm sagen, daß er von einem »externen« Reiz ausgelöst wurde: durch das Erscheinen von Polydoros' Geist (vgl. 4. Kap.). Die Zuschauer nahmen wahrscheinlich an, daß er seiner Mutter genauso wie ihnen erschiene: in seiner »realen« Gestalt (εἴδωλον). Allerdings verwandelt Hekabes »Traumarbeit« diesen »Reiz« (= Doppelgänger) in ein Kitz. Dies ist weniger realistisch als im Traum des Wagenlenkers, wo die Geräusche in eine sehr angemessene Bilderwelt verwandelt werden. Daher ist – immer noch im Rahmen der Traumbuchtheorie – der Beitrag der ängstlichen Hekabe zum Trauminhalt größer als der des erschöpften, aber nicht ängstlichen Wagenlenkers; das Realitätsbewußtsein ihres Traumes ist darüber hinaus geringer als die des E. *Rh.*-Traums.

Iphigeneias Traum ist in mehrfacher Hinsicht ungewöhnlich. Sie träumt einen Traum in Farbe: Das Haar ist hellfarbig (ξανθός).[46] Geräusche, auf die im Traum des Wagenlenkers kaum angespielt wird (Schnauben), spielen in ihm eine große Rolle. Es ist weder psychologisch noch im Rahmen der Traumbuchtheorie klar, was ihren Traum *ausgelöst* hat, aber es ist klinisch vorstellbar, daß er von einem realen, im Traum wahrgenommenen (gehörten) Geräusch *beendet* wurde. Iphigeneia leistet einen maximalen Eigenbeitrag zum manifesten Trauminhalt, während das Realitätsbewußtsein ihres Traumes minimal ist – eine Tatsache, die von seiner *zweifachen* Falschdeutung unterstrichen wird. Seine auffallendste Eigenschaft besteht darin, daß Iphigeneia davon *träumt* zu *schlafen* (ruhen); es gibt keine typische griechische Traumgestalt, die ihr sagt, daß sie schläft.[47] Dies läßt ihren Traum als eine *forme fruste* des etwas häufigeren »Traums im Traum« erscheinen. Keiner meiner Analysanden berichtete mir jemals, davon geträumt zu haben, einfach zu *schlafen*.[48] Es gibt darüber hinaus schwache Hinweise darauf, daß Homeros Träume vom *Schlafen* kannte[49], aber die Beweise sind zu anspielungsreich, als daß ihre Diskussion an dieser Stelle gerechtfertigt wäre. Sicher ist, daß nichts in E. *IT* darauf hindeutet, daß Iphigeneia einen »Traum im Traum« hat. In einem

46 Es fällt auf, daß der Wagenlenker nicht erwähnt, daß seine Pferde Schimmel sind, obwohl das sogar mit einem gewöhnlichen »Schwarz-Weiß«-Traum vereinbar wäre. Auch das Kitz könnte in einem Schwarz-Weiß-Traum gefleckt erscheinen.

47 Zu solchen Traumgestalten vgl. Dodds (*68*, 4. Kap.).

48 Ein borderline-Patient träumte davon, im Bett zu sein; ob er *auch* geträumt hatte, daß er *schlief*, konnte nicht festgestellt werden.

49 Die im Traum erscheinende Gestalt sagt: »Du schläfst.« Hom. [illegible].23. 23.69. *Od.* 4.804; vgl. Dodds (*68*, S. 122, Anm. 13) für weitere Beispiele.

gewissen Sinn schläft Iphigeneia einfach *doppelt*: in der Wirklichkeit und im Traum. Dies impliziert sowohl eine doppelte Verzerrung als auch eine doppelte Verwerfung des Traumgedankens und des Traumwunsches: Man fühlt sich bekanntlich für seine Träume weniger verantwortlich als für seine Gedanken und Handlungen im Wachzustand (*85*). Vom Standpunkt des Ich stellt ein Traum, daß man schläft oder träumt, eine doppelte Verneinung der Verantwortlichkeit dar; vom Standpunkt des Es – der Welt der Triebe – bedeutet es, daß der Traumwunsch zwei Barrieren durchbrechen muß. Der Text deutet in der Tat vielleicht aufgrund einer Ambivalenz eine doppelte Verzerrung (Opferpriesterin, Trauernde) an: im Traum wird die früher sanfte Prinzessin blutrünstig (348 f.).[50] Die Verjochtheit (*conjugateness*) der beiden affektiven Polaritäten »mitleidig vs. blutrünstig« und »opfern (töten) vs. trauern« könnte auch die zweifache Schichtung des Traumes und seine Ambivalenz widerspiegeln – wie auch seine *doppelte* Falschdeutung.

Bemerkenswert ist bei all dem der jeweils sich steigernde Beitrag der einzelnen Träumer zum manifesten Inhalt ihrer jeweiligen Träume. Die Verminderung des Realitätsbewußtseins im Traum, die damit einhergeht, wird durch eine stärkere Wahrnehmung des Unbewußten kompensiert (infra). Darüber hinaus manipuliert und variiert Euripides in allen drei Fällen plausibel die »Tiefe« des Traums, und das ist etwas, was keiner seiner Vorgänger jemals versuchte.

Symbolisierung, ein wesentlicher Teil der Traumarbeit, verzerrt und schwächt daher die intrapsychische Spannung hinreichend, um eine Unterbrechung des Schlafes zu verhindern. Wenn ein Traum den Schläfer tatsächlich aufweckt, wie in E. *Rh.* und vielleicht in E. *IT*, so stellt dies zum Teil ein Versagen des Symbolisierungsprozesses dar. In der ersten Annäherung bildet der Betrag an Symbolisierung ein ziemlich zuverlässiges Maß für die Disharmonie zwischen dem Ich und dem (ich-dystonen = nicht akzeptierbaren) latenten Material, das vom Traum reflektiert wird.[51] Die Symbole werden darüber hinaus nicht wahllos gebildet. Sie sind stark überdeterminiert: Sie werden aus Tagesresten, persönlichen Erlebnissen, kulturellen Elementen und ähnlichem im Einklang mit der Persönlichkeit des Träumers konstruiert. Selbst die *Verbindung*

50 Dies könnte man vielleicht als eine verzögerte Reaktion darauf betrachten, daß sie in Aulis beinahe geopfert worden wäre: Jetzt »gibt sie das Trauma weiter« (infra).

51 Vgl. Pl. *Rmp.* 571c-572b für Verzerrungsgrade im Traum.

(*articulation*) von Symbol A (das X repräsentiert) mit Symbol B (das Y repräsentiert) ist Teil des Symbolisierungsprozesses. Während es unmöglich ist, ein umfassendes Wörterbuch der *Symbole* zusammenzustellen, wird immer deutlicher, daß bestimmte typische intrapsychische Probleme gern ihren Ausdruck im Traum suchen.[52] Die relative Vorhersagbarkeit des Auftauchens bestimmter *Problemtypen* im Traum – wenn auch in nichtvorhersagbarer *Form* – ist eine wichtige Determinante der Deutbarkeit von Träumen. Einen der besten Hinweise auf den Traumgedanken X, den das Symbol A repräsentiert, ist das, was an A selbst oder an seiner Umgebung im Rahmen der Alltagserfahrung *atypisch* ist. Die Geräuschlosigkeit der Wölfe, das unwölfische Nicht-Benutzen ihrer Fänge, der menschliche Gebrauch ihrer Glieder usw. enthüllen, daß sie menschlich sind. Darüber hinaus verbannt ihr Nicht-Beißen das unerträglich angsterregende Element des Kannibalismus aus dem Traum (*57*, 5. Kap.). Das Kitz benimmt sich vermutlich in einer kitzähnlichen Art, aber seine Stellung im Raum, auf Hekabes Schoß, zeigt, daß es ein Kind ist.

Der Beitrag des Tagesrestes zur Traumsymbolik wird durch die Analyse der Wolfssymbolik im E.*Rh.* beleuchtet werden. Auch kulturelle Überlegungen tragen zur Identifizierung des durch Symbol A repräsentierten X bei. In allen drei Träumen ist das Opfer von heller Farbe (infra). Dies deutet zusammen mit bestimmten psychoanalytischen Überlegungen (infra) darauf hin, daß die Opfer weiblich sind – oder als solche betrachtet werden. Diese Schlußfolgerung wird weiter durch die Feststellung erhärtet, daß auf den meisten griechischen Vasen die Frauen heller gefärbt sind als die Männer – ein Hinweis darauf, daß sie ein Leben im Hause führten (*144*, S. 97ff.), obwohl die Neigung, sich Frauen als heller gefärbt *vorzustellen*, nicht ausschließlich griechisch ist.[53]

Ich habe auf den vorhergehenden Seiten nur versucht, die *Weise* zu bestimmen, in der Traumfiguren mittels mannigfaltiger, aber ausnahmslos überdeterminierter Symbole repräsentiert werden.

Die Selbstrepräsentation des Träumers in seinem Traum läßt sich hauptsächlich aus seinen auf ihn selbst beziehbaren geträumten

52 Mit Hilfe von Elektroenzephalogrammen bestimmte Traumperioden werden selbst im Fall von sehr alten Männern fast unabänderlich von einer kurzen Tumeszenz eingeleitet (*11*).
53 Fast alle klassischen malaiischen Texte betonen die helle Farbe schöner Frauen. Obwohl die (mongolischen) Ungarn ursprünglich eine gelbliche Hautfarbe hatten, nennen die ungarischen Bauern die Frauen *fehérnép* = weißes Volk, obwohl auch sie draußen arbeiten. Vgl. E.*Ba.* 457f. und Dodds ad loc.; vgl. 7. Kap., Anm. 23.

Sinnes*erfahrungen* ableiten. Ich bestehe aus zwei Gründen auf dieser Bestimmung. Da erstens jede Traumfigur ein Produkt der Psyche des Träumers ist, repräsentiert sie *auch* ihn, oder zumindest einen Teil von ihm. Zweitens könnte ein Traum eine geträumte Sinneserfahrung zu implizieren scheinen, auch wenn sie bei näherer Betrachtung *kein* Teil des Traumes sein kann: obwohl man davon träumen kann, ein Objekt zu berühren oder anzuheben, brauchen Wahrnehmungen von Textur oder Gewicht im Traum nicht präsent zu sein. Eine Aussage könnte Teil eines Traumes, aber nicht Teil der (geträumten) Erfahrung ihres *Hörens* sein (2. Kap., Anm. 21 und infra). Iphigeneia sagt, daß aus der Säule/dem Haar eine »Stimme« herauskam: In diesem Fall kann man genau deshalb auf eine akustische Traumerfahrung schließen, weil die Stimme *keine* Aussage macht (infra). Manchmal braucht ein Träumer noch nicht einmal zu träumen, daß er präsent ist und die geträumten Vorgänge tatsächlich beobachtet, obwohl dies oft von der griechischen Formel: »Ich sah einen Traum« verdeckt wird.[54] Ich kenne keinen Fall, in dem ein griechischer *Träumer* einfach sagt, er »wisse *irgendwie*«, daß gewisse Dinge im Traum geschahen.

Bezeichnenderweise sind die einzigen *menschlichen* Figuren in diesen Träumen die Träumer selbst. Dies weist darauf hin, daß das Körper-Ich (oder Kern-Ich) des Träumers zumindest in dieser Beziehung intakt ist. Nur die nach außen, auf *andere* »Personen« projizierten Teile des Körper-Ich sind genügend verzerrt, um eine nicht-menschliche Form anzunehmen. Es könnte schon sein, daß die Integrität des Körper-Ich des Träumers ganz oder teilweise aufgrund der Projektion oder Extrajektion von disharmonischem Material bewahrt wird.

E. *Rh.* Die Selbstrepräsentation des Wagenlenkers ist realistisch; der Traum zeigt ihn sogar auf dem Boden schlafend. Er ist eindeutig »präsent«, auch wenn er akustische Reize in Bilder verwandelt und dann die Plünderer in Wölfe »verstärkt«.[55] Er regrediert nur minimal in der Zeit: die Wölfe des Traumes könnten an die Wölfe seines Heimatlandes Thrakien erinnern, das er gerade verlassen hat.

E. *Hec.* Auch hier ist die Selbstrepräsentation der Träumerin

54 Ein Träumer sah in einem lebhaften Traum ein Objekt in der Weise, in der nur er es sehen konnte, wenn er flach vor ihm auf dem Bauch lag. Dennoch gab er an, er habe nicht das Gefühl gehabt, einige Traumszenen persönlich beobachtet zu haben. Er »wußte es« nur irgendwie (47, 6. Kap., Fall 39, Traum H-II).

55 Zu solchen Verstärkungen vgl. Arist. *de div. somn.* 462b 10ff.

realistisch, wenn auch weniger als in E. *Rh.* Sie regrediert in die Zeit ihrer (letzten?) Mutterschaft und stellt sich selbst sitzend vor. Sie gibt (glaubhaft) an, visuelle Erlebnisse gehabt zu haben. Dagegen werden keine Berührungs- oder Gewichtswahrnehmungen berichtet, obwohl (objektiv gesehen) große Teile ihres Körpers mit »äußeren« Objekten (Sitz, Kitz, Vorderteil des Wolfes) in Kontakt zu sein scheinen. Es werden ebenfalls keine akustischen Wahrnehmungen berichtet, obwohl ein wirklicher Wolf knurren würde.

E. *IT.* In Iphigeneias Traum ist die Selbstverzerrung am deutlichsten: als reife Erwachsene regrediert sie in ihre Mädchenzeit. Nur einige Teile ihrer Traumhandlungen sind mit der gegenwärtigen Realität vereinbar. Obwohl sie tatsächlich in Taurike auf dem Bett liegt und schläft, meint sie, dies in Argos zu tun. Später steht sie da und erfüllt ihr Amt als Priesterin. Visuelle Wahrnehmungen werden explizit erwähnt; auditive Wahrnehmungen – obschon wahrscheinlich – werden nur impliziert.[56] Der Erdbebentraum impliziert das Erlebnis des Geschütteltwerdens oder Schwankens; psychoanalytische Überlegungen machen dies fast gewiß. Objektiv gesehen sollten ihre (waschenden) Hände taktile Wahrnehmungen machen, aber dies wird nicht explizit erwähnt. Externe Objekte werden sozusagen »drei Schritte vom Leib« gehalten; in Hekabes Fall sind alle Objekte im Kontakt mit ihrem Körper. Dennoch ist Iphigeneias Selbstrepräsentation insgesamt für ein Traumerlebnis angemessen realistisch.

Andere Traumfiguren werden symbolisch entweder als sich ungewöhnlich verhaltende Tiere[57] oder als unbelebte Objekte repräsentiert, die sich in ungewöhnlicher Weise bewegen oder sich sonst merkwürdig »verhalten«. Drei Tiergattungen werden repräsentiert: Wölfe, Pferde und ein Kitz, und wir besitzen glücklicherweise umfangreiche Informationen über die sie betreffenden griechischen Vorstellungen.[58] Zusätzlich haben sowohl Freud als auch E. Jones die Rolle analysiert, die Wölfe und Pferde in Phantasien, Träumen und sogar im Volksglauben über Träume spielen.[59]

56 Sie sagt: Sie (die Säule mit dem Haar) *nahm* die Stimme eines Menschen *an*; sie sagt nicht: Ich *hörte* seine Stimme. Vgl. supra, 2. Kap.

57 Tierträume sind bei Kindern sehr viel häufiger als bei Erwachsenen. Primitive neigen ebenfalls dazu, von Tieren zu träumen, wie anscheinend auch die Griechen – sogar im Drama. Ritchie (*130*) zitiert A. *Ag.* 1258f. und E. *Hec.*; er hätte Klytaimestras Traum hinzufügen können (6. Kap.).

58 (*125*) Stichwort Hirsch, Pferd, Wolf; ebenso Keller (*102*) unter diesen Stichwörtern; Artemid., *passim.*

59 Wolf: (*84*). Pferde: (*81*, *84*, *97*).

Die Wolfsymbolik. Es gab zahlreiche und vielfältige griechische Vorstellungen über Wölfe. Ich erwähne hier nur einige bedeutsame Tatsachen. Außer bei Letos Verknüpfung mit schwangeren (sexuellen) Wölfinnen scheinen die wenigen bekannten mythischen Wölfe männlich und primär mit Apollon assoziiert zu sein (der wie seine Schwester Artemis auch mit der Beute des Wolfes, dem Rothirsch, assoziiert wird), und sekundär mit dem Zeuskult auf dem Lykaion. Als gefürchteter, grausiger, nächtlicher Räuber symbolisiert der Wolf passenderweise den Vater in der Urszene (infra).[60] Das Wissen der Griechen um die Tatsache, daß sich männliche Wölfe mit Hündinnen paaren, könnte eine Bedeutung für die (erschließbare) gebeugte Stellung des Wolfes in Hekabes Traum haben, die sich später in eine Hündin verwandelt.[61] In E.*Rh.* »reiten« die Wölfe die weißen »Pferde«; die sexuelle Bedeutung dieses Symbols war den Griechen bekannt. Das wirkliche Problem ist daher also nicht, *was*, sondern *wen* genau die Wölfe in E.*Rh.* und E.*Hec.* symbolisieren. Diese Ungewißheit ist charakteristisch für einen Traum.

E.*Rh.* Die primäre Quelle der Wolfsymbolik bildet ein Tagesrest. Ritchie (*130*, S. 76) konjiziert plausibel, daß Odysseus Dolon das Wolfsfell abnahm und sich als Verkleidung anzog; er ist der Ansicht, daß Odysseus so verkleidet bereits in V. 565 ff. erscheint, und daß das Wort σκυλεύματα (Beute) (592) sich auf dieses Fell bezieht. Der Wagenlenker sah im düsteren Licht *zwei* Herumschleicher (773), spricht aber nur von *einem* Mörder (741). Dies zeigt, daß die Wölfe primär von den beiden (gesehenen) Herumschleichern und nur sekundär von dem einen (nicht gesehenen und gefolgerten) Mörder abgeleitet sind. Es ist auch kaum möglich, daß die beiden Wölfe auf der einen Seite zusätzlich eine Aufspaltung des einen Mörders in zwei Figuren, und auf der anderen Seite eine Kontamination des fell-losen Diomedes durch den felltragenden Odysseus darstellen. Diese Hypothese ist deshalb attraktiv, weil in E.*Hec.* genau das symmetrische Gegenteil geschieht: Polymestor und Odysseus werden zu einem Wolf »verdichtet«.

Die kulturellen Einflüsse sind in dieser Symbolik sehr kompliziert. Einige Kommentatoren machen Dolons Verkleidung sowohl in der *Ilias* (10.333 f.) wie auch in E.*Rh.* (208 f.) ungerechtfertigt lächerlich. Schließlich verkleiden sich viele primitive Jäger erfolg-

60 Vgl. US-Slang: »Wolf« = sexuell raubtierhafter Mann, Schürzenjäger. »Weder Tier noch Vater« (A.*Dict.* 781; Konjektur von Lloyd-Jones).

61 Wie auch eine Zeitlang eine Frau aus Ephesos: Callim.*fr.* 100h Schn.=2, S. 356 Pf.

reich als Tiere.[62] Bedenkt man darüber hinaus die Angst der Griechen vor Wölfen, dann würde niemand, der nachts etwas Wolfsähnliches sehen würde, lang genug stehenbleiben, um einen zweiten Blick darauf zu werfen.[63] Außerdem kann sich selbst ein gebildeter, moderner Mensch in der Dunkelheit, die seine visuellen Gewohnheiten über den Haufen wirft und ihm das Gefühl gibt, (nicht vorhandene) Dinge zu »sehen«, ungemütlich ängstlich fühlen.[64] Das bedeutet, daß Dolons Plan sowohl psychologisch wie auch im Rahmen der Neurophysiologie des Nachtsehens vernünftig war: Im Traum wurde der schwach gesehene, wolfsfellbekleidete Herumschleicher Odysseus in einen richtigen Wolf verwandelt. Dieser Tagesrest wird in diesem Fall von kulturell bestimmten Assoziationen des Typs »A impliziert gewöhnlich B, usw.« ergänzt. In der *Doloneia* (Hom. *Il.* 10) werfen die Führer der Achaier sich nachts Pelze um.[65]

Eine (vorbewußte) Assoziationskette verläuft folgendermaßen: Kalte Nacht – Fell – dickfelliger Wolf (im Traum). Eine zweite Kette beginnt mit dem Nexus zwischen Spionen und Bogen und vielleicht zwischen Bogenschützen und Fellen.[66] Eine dritte könnte in der symbolischen Gleichung ›Spion = Geächteter‹ (= »Wolf«) verwurzelt sein.[67]

Diese letzteren Assoziationsketten würden, verstärkt von der ersten Kette und dem Tagesrest, ebenfalls zu einem Wolftraum führen. Die Konvergenz dieser Assoziationen mit dem Tagesrest erklärt die Überdetermination der Traumsymbole. Ebenso belegt

62 Vgl. europäische prähistorische Höhlenmalereien; Felsmalereien der Buschmänner in Südafrika (auch Aktaion?). Vgl. jetzt meine *Tragédie et Poésie Grecques*, Paris 1975, 9. Kap.

63 Die Cumanen (Kipchaken) züchteten mit Absicht große *weiße* Viehhirtenhunde (die es in Ungarn immer noch unter dem Namen »komondor« gibt), um sie nicht in der Nacht fälschlich für Wölfe zu halten. Die Franzosen nennen einen bestimmten Moment der Abenddämmerung: »Entre chien et loup« – wenn man die beiden nicht mehr auseinanderhalten kann. Professor Dover erzählte mir, daß die Hirtenhunde von Epeiros auch heutzutage wie wilde Tiere (»Eisbären«) aussehen und sehr gefährlich sind.

64 Das hat eine neurophysiologische Grundlage. Nachts ist die periphere Sicht schärfer als die makulare (wegen der peripheren Häufung der Stäbchenzellen). Wenn man etwas aus dem Augenwinkel sieht und ihm dann das Gesicht zuwendet, um es »besser« ins Auge zu fassen, kann das Objekt »verschwinden«. Kommandoeinheiten, die nachts eingesetzt werden sollten, wurden deshalb dahingehend trainiert, ihre periphere (laterale) Sicht zu verwenden – und sich auf sie zu verlassen (*25*).

65 Löwe: Agamemnon (10.23 f.). Diomedes (10.177 f.); Panther: Menelaos (10.29).

66 Odysseus' Bogen: Hom. *Il.* 10.260 ff. Fell des Bogenschützen: Paris in Hom. *Il.* 3.17 ff. Vgl. Vasen, auf denen Bogenschützen ein Fell über ihrem linken Arm tragen; dies könnte möglicherweise erklären, warum die *Ilias* den Schutzhandschuh des Bogenschützen nicht erwähnt.

67 Vgl. die bekannte griechische Gleichung »Geächteter = Wolf«.

der Umstand, daß Odysseus Dolons Wolfsfell trägt, beispielhaft die Euripideische Dyade von Aggressor und Opfer (infra). Eine weitere Quelle der Wolfssymbolik bildet die Regression: In Thrakien war der Wolf der Hauptfeind der Pferde. Und schließlich *sind* Odysseus und Diomedes für Rhesos' Pferde Wölfe (wie Hektor und Dolon es für Achilleus' Pferde *zu sein wünschen*).

E. *Hec.* Der Wolf in Hekabes Traum ist weniger leicht erklärbar. Einige seiner Quellen könnten in der automatischen Zusammenstellung eines Kitzes mit seinem natürlichen Feind, dem Wolf, und mit Polymestors Aufenthalt in Thrakien, das, wie gesagt, ein Wolfsland ist, bestehen. Diese Symbolik könnte auch Polymestors Blendung vorwegnehmen, die ihn wie ein wildes Tier auf allen vieren laufen läßt (E. *Hec.* 1058f.). Das Problem Wolf = Odysseus ist noch schwieriger. Hekabe hatte Odysseus schon einmal in einer (anderen) Verkleidung gesehen (*Hec.* 241ff., vgl. Q.S. 5.278ff.). Einige halten dies hauptsächlich deshalb für eine Euripideische Erfindung, weil sch. E. *Hec.* 243 diese Geschichte nicht plausibel nennt. Möglicherweise führte die Gleichung ›Polymestor = Wolf‹ mittels einer Kontamination der eben diskutierten Art zu der Gleichung ›Odysseus = Wolf‹. Die Verdichtung der beiden Männer in einen Wolf läßt umgekehrt die Aufspaltung des einen Mörders in zwei Wölfe in E. *Rh.* anklingen. Solche Symmetrien sind sowohl struktural wie auch psychoanalytisch wichtig. Polymestor und Odysseus handeln darüber hinaus beide räuberisch. Der erste jagt Polydoros' Gold nach; der letztere eignet sich mit fragwürdigen Methoden Achilleus' Rüstung an.[68] Eine dritte Überlegung ist von anderer Art: Odysseus wird zweimal im Traum als Wolf repräsentiert; beide Male bei Euripides. Eine dritte – nicht-Euripideische – Erwähnung vergleicht den vorsichtigen Odysseus mit vorsichtigen, von Wölfen angefallenen Pferden.[69] Dies ist ein weiteres Beispiel für die »Repräsentation durch das Gegenteil«, das bereits Artemidoros bekannt war. Es fällt ebenfalls auf, daß Odysseus als Wolf im Traum des Wagenlenkers tatsächlich Pferde »angreift«. Nicht einmal Athamas, Lykaon oder Danaos sind so systematisch mit Wölfen in Verbin-

68 Die Überlieferungen, die sich mit dieser Angelegenheit befassen, widersprechen sich. Ihre Form hängt davon ab, ob der Verfasser mit Odysseus oder mit Aias sympathisiert. Euripides' unhomerische Abneigung gegenüber Odysseus ist sprichwörtlich, vgl. Anm. 148.

69 Plu. *Smp.* 2.8.1, S. 642 B. Für von Wölfen angefallene Pferde im allgemeinen vgl. *39*, bes. S. 179, Anm. 9.

dung gebracht worden. Die »Natürlichkeit« dieser Symbolik schwächt die eben vorgebrachten Argumente nicht ab.

Die vorstehenden Überlegungen erklären nur, warum Hekabe Odysseus als Wolf repräsentieren *konnte*. Die wirkliche Quelle dieser Symbolik ist wahrscheinlich eine andere: Nachdem Euripides Odysseus bereits in E. *Rh*. zu einem Wolf gemacht hatte, wiederholte er einfach diese Symbolisierung auch in E. *Hec*. Diese Hypothese untermauert die Annahme, daß der *Rhesos* von Euripides geschrieben wurde: Ein großer Dichter wiederholt sich nicht *mechanisch*: Euripides ersetzte die »Aufspaltung« in E. *Rh*. durch eine »Verdichtung« in E. *Hec*.

Die Pferdesymbolik ist in dem E. *Rh*.-Traum gut motiviert. Auf *einer* Ebene sind die Pferde überhaupt nicht symbolisch; sie sind einfach »sie selbst«. Auf einer anderen Ebene repräsentieren sie Rhesos, dessen Kennzeichen sie sind, mit Hilfe des *pars pro toto*-Kunstgriffs.[70] Soweit die Pferde Rhesos repräsentieren, ist der geträumte Angriff eine Symbolisierung durch Untertreibung, während die Symbolisierung der Angreifer als Wölfe eine Symbolisierung durch Übertreibung oder Verstärkung ist. Ein weiteres Argument liefert Euripides' ungewöhnlicher Hang, eine junge Person metaphorisch πῶλος = Füllen, Fohlen zu nennen.[71]

Die Bestimmung des Geschlechts dieser Pferde ist schwierig, aber wichtig. Obwohl von Orestes' Wagen*gespann* im Plural Femininum gesprochen wird (»Stuten«), wird das einzelne Tier Hengst genannt.[72] Dennoch kann man nicht behaupten, daß das Pferd, wie das Rotwild[73], im Griechischen als natürliches Geschlecht das Femininum bildet. Diese Art von Zweigeschlechtlichkeit ist nicht auf Pferde beschränkt; im Griechischen werden Ochse (oder Kuh) (βοῦς) und Stier (ταῦρος) immer wieder austauschbar benutzt.[74] Ich behaupte nicht zu wissen, ob diese merkwürdigen Fluktuationen in bezug auf das Geschlecht von Tieren mit der polyvalenten Sexualität der Griechen (*46*, *63*) in Beziehung gesetzt werden sollten oder nicht.

70 Dies wird dadurch gesichert, daß die Überlieferung, nach der Rhesos eine Nacht auf trojanischem Boden zu verbringen hatte, die frühere Tradition, seine Pferde müßten dort gefüttert und getränkt werden, ersetzte; vgl. supra, Anm. 18.

71 Zu dieser Merkwürdigkeit vgl. Ritchie (*130*, S. 232). Andere verwenden dieses Wort in der Bedeutung »junge Person« seltener.

72 Vgl. W. S. Barrett (6, S. 204-205, ad V. 231). Sch. E. *Rh*. 239: Euripides verwandelt die Homerischen Hengste des Achilleus in Stuten.

73 LSJ s.v. ἔλαφος.

74 Wie in A.R. in bezug auf bronzefüßige Rinder (3.409, vgl. 3.435).

Es ist möglich, daß einige (Homerische?) Griechen Stuten anschirrten, weil das griechische Wagengeschirr dem Wagenlenker keine große Kontrolle gibt, und weil Stuten zahmer als Hengste sind.[75]

Dennoch sind auf den meisten Vasen die an den Wagen angeschirrten Pferde eindeutig Hengste. Um die Sachlage noch komplizierter zu machen, wurde in der Klassik anscheinend immer der Hengst als Kavalleriepferd verwendet, und dennoch bedeutet »Reitpferd« (κέλης) paradoxerweise auch eine sexuell freizügige Frau (LSJ s. v. III) (Reiten = Koitus) (1. Kap., Anm. 32). Die symbolische Vermengung von Roß und Reiter, von Reitendem und Gerittenem ist ebenfalls weit verbreitet. Im Voodoo-Glauben Haitis – wie auch in den afrikanischen Glaubensvorstellungen, von denen Voodoo abgeleitet ist – wird der besessene (»gerittene«) Mensch manchmal von einem Geisterpferd geritten, und wird dennoch gleichzeitig als Pferd des Geistes besessen (geritten).[76] Im Nacht*mahr* (Alptraum) liegt die »Mähre« (= phallische Mutter) erstickend auf dem »gerittenen« Träumer (*98*).[77]

Zu diesen Überlegungen könnte man die manifeste Angst der Griechen, von ihren Pferden gebissen zu werden, und auch ihre Mythen von menschenfressenden Stuten hinzufügen (*64*).[78] Die Traumerscheinung des Wagenlenkers muß daher auf mehr als einer Ebene entschlüsselt werden. Objektiv beantworten Rhesos' Pferde den Angriff der Wölfe mit Gewalt, und man sollte daran denken, daß ein auf freier Weide aufgewachsener Hengst, oder gelegentlich auch eine Stute, recht gut in der Lage sind, mit einem angreifenden Wolf fertig zu werden – und ihn sogar zu töten (*39*, S. 182,

75 J. K. Anderson (*4*, *passim*) scheint zuweilen so etwas zu sagen. Selbst in jüngeren Zeiten verwendete der Araber als Kriegspferd die Stute (*129*). Es gibt sehr wilde Stuten; laktierende Stuten können recht gefährlich sein.

76 Im selben Artikel (*28*, vgl. *44*) wird ein euro-amerikanischer klinischer Fall zitiert, bei dem es unter anderem um zwanghafte Zweifel darüber ging, ob der Gerittene oder der Reiter »männlich« ist. Eine Quelle der Vermengung könnte darin bestehen, daß der Reiter mit *gespreizten* Beinen auf dem Reittier sitzt (vgl. 3. Kap., Anm. 104).

77 Jones' Buch ist ein höchst gelehrtes Werk, das viele Volksglauben über den Alptraum zitiert. Die Situation entspricht dem »coitus inversus« (z. B. wie im Fall von auf griechischen Vasen dargestellten Sphinxen und anderen weiblichen Monstern), was sich zum Teil aus der Furcht des kleinen Kindes ableiten läßt, daß die Mutter, deren Bett es teilt, sich »sexuell« auf es rollen und ersticken würde (9. Kap.).

78 X. *Eq. passim*, ebenso Anderson (*4*). Vgl. die Stuten des Diomedes und des Glaukos. Demeter verzehrt kannibalisch ein Stück von Pelops, kurz nachdem sie sich in Gestalt einer Stute gepaart hatte (Paus. 8.25.4). Vgl. (*40*) zu Kannibalismus und zoöphilischen Phantasien in der Trauer.

Anm. 5).[79] Dennoch meint der Wagenlenker im Traum, daß sein Gespann von ihm gerettet werden müßte. Dies ist eine typische Rettungsphantasie der »Urszene«, sie spiegelt keine *objektive* Einschätzung der »Gefahr«, die Rhesos' Pferden oder der »gequälten« Mutter der Urszene droht.[80] Daß diese besonderen Pferde *nicht* hilflos sind, wird auch dadurch nahegelegt, daß sie Rhesos gehören: Die Figur des Rhesos lauert bekanntlich, vermengt mit der Gestalt des Bistonischen Diomedes und seinen wilden, menschenfressenden Stuten (*64*), hinter der Figur des immer noch problematischen »thrakischen Reiters«.[81] Die heftige erotische Reaktion der Mutter in der »Urszene« wird vom Kind oft als Panik fehlgedeutet.[82]

Es ist bemerkenswert, daß die von Wölfen »attackierten« Pferde zwar überleben, während Rhesos, den sie repräsentieren, und der Wagenlenker, der sie zu retten versucht, getötet oder zumindest tödlich verwundet werden. Dies paßt perfekt zur Phantasie der Urszene (infra).

Psychologische Überlegungen können nicht zur Lösung des objektiven (philologischen) Problems des Geschlechts von Rhesos' Pferden beitragen. Sie beleuchten nur die charakteristisch traumartige Verwirrung zwischen – oder Vermengung von – den Geschlechtern in Phantasien und Träumen von der Urszene; und das ist an dieser Stelle wichtig.

Die *Kitzsymbolik* ist möglicherweise noch komplizierter, sowohl

79 Um das Jahr 1930 herum wurde in Arizona ein Hengst wiederholt mit einem Silberlöwen (Puma) zum Kampf in eine Arena gestellt, der regelmäßig die Großkatze tötete, die schwerer und gefährlicher als ein Wolf ist. Rhesos' »Stuten« befinden sich in einem Zustand der Wut (786).

80 Ein bedauerlicherweise gegen die Freudsche Lehre eingestellter Freund bezweifelte die Gültigkeit dieser Einschränkung: Er bestand darauf, daß er, obwohl eine Katze normalerweise den Angriff eines Hundes abwehren kann, nichtsdestoweniger der Katze zu Hilfe käme. Obwohl ich natürlich auch nicht anders handeln würde, konnte mir sein Beispiel nur ein Lächeln entlocken. Denn, wie es *regelmäßig* passiert, wenn Antifreudianer *persönliche* Daten zitieren, um eine psychoanalytische Interpretation zu widerlegen, bestätigte die Bemerkung meines Freundes meine Interpretation mehr als genug ... indem er als das angegriffene Tier eine Katze (pussy = Möse, »Miezekätzchen«) auswählte und nicht zum Beispiel den tapferen Ziegenbock, den der Wolf in einem wohlbekannten Märchen angreift. Seine Wahl einer Katze bestätigt daher indirekt, was sein Beispiel zu widerlegen versuchte: *im Traum* symbolisieren die von Wölfen attackierten Pferde tatsächlich das »Opfer« der »Urszene«.

81 Der Nexus Rhesos: bistonischer/Diomedes: thrakischer Reiter wird bereits bei Roscher, *Lex.* (*136*), Art. Rhesos, erwähnt (für weitere Daten vgl. *43*, bes. S. 131, Anm. 7). Euripides kannte und verwendete die Geschichte des bistonischen Diomedes: *Alc.* 483 f., *HF* 382 f.

82 Weibliche erotische Gewalttätigkeit läßt sich sowohl für frühere Zeiten als auch für zeitgenössische Primitive leicht belegen. Nach der Schlacht von Hastings zeigte die Schulter von Harolds Leiche angeblich die Spuren der Zähne seiner Geliebten. Heftiges erotisches

hinsichtlich der Identität des Kitzes als auch (trotz des Genus) des Geschlechts. Ich beginne mit einem weniger wichtigen Aspekt des Problems. Für den modernen Menschen ist der Hirsch ein Symbol taubenartiger Sanftheit. Dies ist zoologisch falsch[83] und paßt darüber hinaus nicht zu griechischen Vorstellungen. Euripides ist eine unserer frühesten Quellen (*frr.* 740, 857 N^2) für die gehörnte Hindin von Keryneia, deren Gefährlichkeit von verschiedenen Autoren explizit unterstrichen worden ist.[84] Euripides scheint als erster versucht zu haben, die Schädlichkeit der Hindin zu erklären. Sie verwüstete die Felder; das stellt sie auf eine Stufe mit den Ebern von Erymanthos und Kalydon (E. *HF* 377 ff.). Darüber hinaus kann man sich das Tier der wilden Artemis nur schwer als harmlos vorstellen, besonders weil Artemis durch ihre Verwandlung in eine Hindin die Aloadai dazu brachte, sich »versehentlich« gegenseitig zu töten (Apollod. 1.7.4). Ich behaupte nicht, daß man sich das Kitz im E. *Hec.*-Traum (schon) als gefährlich vorstellen sollte, auch wenn Hekabe eindeutig darauf hoffte, daß es eines Tages gefährlich sein werde. Ich versuche nur der *automatischen* Annahme vorzubeugen, daß Rotwild für die frühen (wenn auch vielleicht nicht für die späten) Griechen völlig sanfte Kreaturen darstellte.[85]

Wie geriet ein Kitz in Hekabes Traum? Da kein Tagesrest seine Anwesenheit erklärt, muß man sein Erscheinen *im Traum* nicht primär im Rahmen der Psychologie Hekabes, sondern in dem des Euripides erklären. Ich habe bereits angedeutet, daß sich der Wolf wahrscheinlich aus dem E. *Rh.*-Traum in den E. *Hec.*-Traum verirrte; das Kitz scheint Iphigeneias Assoziationen zu ihrem Traum vorwegzunehmen.[86] Ich halte es darüber hinaus für selbstverständlich, daß der Wahnsinn des viehmordenden (296 ff.) Orestes in E. *IT* eine Lykanthropie ist; es gibt daher auch in E. *IT* einen symboli-

Kratzen bei den Trobriandern: (*117*), S. 217-218, 280-281, 398, 400; bei den Sedang in Südvietnam: persönliche Beobachtung von jungen Männern mit erotischen Narben (*19*). Vgl. Catull. 66.13 f.

83 Der große Biologe L. von Bertalanffy kontrastierte in einer Vorlesung die mörderischen Angriffe des Hirsches auf die Hindinnen und Kitze mit dem »ritterlichen« Verhalten von Wölfen. Gezähmte (?) Hirsche haben sogar schon Menschen zu Tode geforkelt. Rentiere sind nur gezähmte – *nicht*: domestizierte – Wildtiere (*91*).

84 V. *Aen.* 6.801 f.; bronzene Hufe; Hyg. *fab.* 30.

85 In Anacr. *fr.* 63 P (=51 B=39 D) versuchte Zenodotos sogar, »gehörnt« (κεροέσσην) in »liebenswert« (ἐροέσσην) (Sch. Pi. *O.* 3.52, 1.120 Dr.) zu »verbessern«.

86 Die in Aulis geopferte Hindin wird in E. *IT* im V. 28 erwähnt, nur 14 Verse vor Beginn der Traumerzählung (*43*). Für das Erscheinen eines Traumelements einmal im Traum und dann in den Assoziationen zu einem Traum vgl. infra. Es bedarf kaum eines Argumentes, daß das »Vorwort« zu einem Traum ebenfalls eine Assoziation zu ihm darstellt.

schen »Wolf« – und *Rh.*, *Hec.* und *IT* sind die einzigen erhaltenen Dramen des Euripides, die Traumerzählungen enthalten. Dies deutet auf eine gewisse Kontinuität in Euripides' Phantasie hin – auf seine »Vorstellung«, wovon ein Traum *par excellence* handeln sollte. Wäre Hekabe »real«, könnten wir das Erscheinen eines Kitzes in ihrem Traum nur mit der Annahme erklären, daß sie wußte, daß was in Aulis ihre Tragödie möglich machte, das Opfer der Hindin (= Iphigeneia) war, das so sehr an das voraussichtliche Schicksal ihrer Tochter Polyxene erinnert. Ob *Hekabe* dies »wußte«, ist nicht bestimmbar. Daß Euripides es wußte, wird von seiner *IT* und seiner *IA* bewiesen.

Dies bringt mich wiederum zur strittigen Frage nach Identität und Geschlecht des Traumkitzes. Bei der Beurteilung dieses Problems muß man daran denken, daß Hekabes Traum, obschon ein Urszenentraum, aus dem Blickwinkel der *Mutter* und nicht, wie die beiden anderen, aus dem des *Kindes* geträumt wird. Das Kitz-Kind befindet sich zwischen ihr und dem Aggressor; dies ist eine (neurotische) mütterliche Abwandlung der Urszene und könnte zum Teil die Unsicherheiten hinsichtlich des Geschlechts des Kitzes erklären, die unauflösbar mit dem Problem verknüpft sind, ob das Kitz für Polydoros oder für Polyxene oder für beide steht.

Daß das Kitz Hekabes Kind repräsentiert, ist sowohl vom philologischen wie auch vom psychologischen Gesichtspunkt aus gewiß; die Symbolisierung kleiner Kinder durch kleine Tiere ist ausgesprochen weit verbreitet (*128*, usw.). Es fällt allerdings auf, daß der Chor Polyxene später in der Euripideischen Manier (Anm. 71) ein »Füllen« nennt (142). Die griechische Sprache hilft nicht weiter: ἔλαφος im Femininum ist das generische Wort für Rotwild beiderlei Geschlechts. Britische Gräzisten übersetzen das Wort als »fawn«. Aber Schmid (*139*), Bächli (*5*) und einige andere deutschsprachige übersetzen »Hindin«; Méridier und auch Duclos übersetzen im Französischen »biche«. Dies wäre schlüssig, wenn man sicher sein könnte, daß der Traum *nur* von Polyxene handelt. Leider *sagt uns* Polydoros' Geist, daß *er* seiner Mutter erscheint (im Traum, V. 30 und sch. ad loc.), und es ist zugunsten von Polydoros, daß Hekabe die Götter anfleht. Das Kitz muß daher entweder teilweise oder vollständig Polydoros symbolisieren.[87]

87 Man könnte vielleicht argumentieren, daß die Traumarbeit, da Polydoros' Geist im Traum in einen Hirsch verwandelt wird, auch sein Geschlecht verändert haben könnte. Man könnte sogar als – wenn auch nur schwache – Parallele die Tatsache zitieren, daß die Leiche

Daher ist die Theorie, daß das Kitz *nur* Polyxene repräsentieren könnte, schwer anzunehmen: der durch Polydoros' Rede gelieferte Beweis scheint schlüssig. Darüber hinaus träumt man öfter von unbestimmten Ängsten und Sorgen als von konkreten Befürchtungen, und Polyxenes bevorstehendes Schicksal ist eher eine Quelle von Furcht als von unbestimmter Angst. Erst *nachdem* Hekabe ihren Traum erzählt hat, spezifiert sie, daß noch etwas *anderes* sie bedrückt. Abgesehen von einer kurzen Anspielung in V. 75 beginnt sie erst dann von Polyxene zu sprechen. Dies erlaubt es kaum, Polyxene im Zentrum von Hekabes Traum anzusiedeln. Tatsächlich ist es psychologisch gesehen wahrscheinlich, daß sie aufgrund ihrer Befürchtungen für Polyxene sich auch um Polydoros Sorgen machte und von ihm träumte, obschon anzunehmen ist, daß er sich in Sicherheit befindet.

Natürlich können wir nicht ohne weiteres die Möglichkeit ausräumen, daß ein zweiter Traum – über Polyxene – aus dem Text herausgefallen ist. Aber Hekabe ist sich anscheinend einer Verdichtung *fast bewußt*: Die Plurale in V. 89 und auch in V. 74-75 sind daher als Anspielungen auf diese Einsicht zu konstruieren. Die Vermischung oder Verdichtung der beiden Kinder in eines wird psychologisch durch die Tatsache sehr erleichtert, daß beide Namen mit *Poly* beginnen – und daß es auch eine *innere* Verbindung zwischen den zweiten Hälften ihrer Namen gibt: (Gast-) Geschenk (δῶρον) und Gastfreund (ξένος). Die beiden sind darüber hinaus die einzigen überlebenden Kinder Hekabes, die ihr noch gehören: Sie betont besonders, daß sie zu Helenos (der seinen Frieden mit den Griechen geschlossen hatte) und Kassandra (Agamemnons Konkubine) keinen Zugang mehr hat (87-88). Wenn diese Interpretationen annehmbar sind, braucht man nicht mehr zu unterstellen, daß der Text eines zweiten Traumes (über Polyxene?) nach V. 91f. verlorengegangen ist.[88]

Die Verdichtungstheorie hat noch weitere Vorzüge: Sie untermauert die Ansicht, daß Hekabes Traum auch Polydoros' Feind

des Kaineus sich als die einer Frau entpuppte (Hyg. *fab.* 14.5; Serv. *V. Aen.* 6.488). (Sir. J. G. Frazers Anmerkung zu Apollod. *Ep.* 1.22 bezieht sich auf eine Stelle bei Serv., wo unterstellt wird, daß Platon oder Aristoteles von einer Geschlechtsveränderung bei der Reinkarnation sprachen. Die Richtigkeit dieser Stelle ist angeblich zweifelhaft. Siehe jedoch Pl. *Rmp.* 10.16, S. 620b-c: Atalante, Epeios und Odysseus. Relevanter könnte die unbewußte Neigung sein, die symbolische Kette ›Tod = Kastration = Feminisierung‹ zu entwickeln, aber ich zögere, mich hier darauf zu berufen.)

88 Siehe zu einigen Aspekten dieser Stelle auch (*148*, 4, S. 225f.).

Polymestor und Polyxenes' Verfolger Odysseus zu einem einzigen Wolf verdichtet. Diese beiden Verdichtungspaare vergrößern nicht nur in großem Maße Hekabes Angst, sondern sind auch traumartig genug, um der Bilderwelt des Traumes die notwendige oneirische Zweideutigkeit zu verleihen. Und schließlich besteht ein Vorteil der Verdichtungshypothese darin, daß sie (trotz des weiblichen Genus) das »wahre« Geschlecht des Kitzes so unbestimmt läßt, wie es das von Rhesos' Pferden zu sein scheint (1. Kap., Anm. 18 und supra, Anm. 72).

Vor der Untersuchung der Säulensymbolik sei ein Wort über die Benennung von Polydoros als »Anker« in Hekabes Assoziationen (80) gesagt, denn verläßliche Daten zeigen, wie sehr dieses Symbol (= Metapher) überdeterminiert ist und wie kompliziert seine verschiedenen Determinanten miteinander verwoben sind. Hektors Sohn wurde allgemein Astyanax (König der Stadt) genannt, weil sein Vater Trojas alleiniger Beschützer war (Hom. *Il.* 6.403 ff.). Hekabe nennt in ihren Assoziationen *Polydoros* den »Anker« (ἄγκυϱ') von Hekabes (= Priamos') Haus. Wir wissen allerdings, daß *Hektor* (Ἕκτωϱ = Halter = Halt, Stütze) *ebenfalls* »Anker« bedeuten *kann.*[89] Die Anspielung ist daher psychologisch identisch mit Iphigeneias Bezeichnung Orestes', des Sohnes, als »Säule« von Agamemnons Haus.[90]

Wahrscheinlich bewog die Präsenz von Hektors Namen in ihrer Psyche Hekabe dazu, die »Anker«-Symbolik statt der gleichwertigen »Säulen«-Symbolik zu wählen. Die alte Königin könnte auch im Rahmen der altehrwürdigen Metapher des »*Staats*schiffs« gedacht haben, da sie anscheinend hofft, Polydoros werde *Troja* wiederaufbauen. Im Gegensatz dazu würde die größtenteils familienorientierte Prinzessin Iphigeneia plausibler an eine Säule denken, die ihres Vaters *Haus* trägt.[91]

Psychologisch relevant ist das Auftreten des »Halt«- oder »Stütze«-Motivs sowohl in Hekabes als auch in Iphigeneias Asso-

89 Sapph. *fr.* 157 Bgk = 180 LP (unsicher); Pl. *Crat.* 193a; vgl. auch Hsch. (in bezug auf Zeus); Lyc. 100 (in bezug auf das Schiff, mit dem Helene entfloh); Luc. *Lex.* 15. (Polydoros erwähnt Hektor in V. 18 und 21.)

90 Agamemnon als Schiffstau und als Säule: A. *Ag.* 897f.

91 Man kann die beiden verschiedenen Symbolisierungen kaum mit maritimen und nichtmaritimen Interessen in Verbindung bringen, da man in der *Ilias* nichts von trojanischen Schiffen hört, während Archil. (*fr.* 333 L.-B.) die beiden gefallenen Helden des Seestaates Naxos, Megatimos und Aristophon, »die hohen Säulen von Naxos« nennt. Vgl. auch A. *Ag.* 898, Pi. *O.* 2.98. Agamemnon als »einziger Sohn«: A. *Ag.* 898 und Fraenkel ad loc.

ziationen, wenn auch in verschiedener Form: Anker vs. Säule. Auch dieses Element vereint die Bilderwelt der beiden Träume.

Die Säulensymbolik ist besonders überdeterminiert. Die Repräsentation eines Menschen durch ein bloßes Objekt (im Traum) findet sich nur in E. *IT*[92], und nur in diesem Drama verhält sich die *Träumerin* aggressiv (Opferpriesterin) gegenüber jemandem, den sie eigentlich beschützen sollte. Die Symbolisierung ist daher dunkel genug, um einen typisch Aristotelischen Zustand von ἄγνοια (Nicht-Wiedererkennen) im Traum zu ermöglichen. Wäre die Maskierung weniger undurchsichtig, könnte Iphigeneia ihr aggressives Verhalten sogar im Traum nicht tolerieren. Diese Interpretation ist psychologisch um so überzeugender, als Fehlidentifizierungen dieser Art nicht nur in griechischen Mythen und Dramen häufig genug vorkommen – wenn z. B. Agaue Pentheus irrtümlich für ein Tier hält (*53*) –, sondern auch in abnormen Zuständen, die einem Verbrechen vorausgehen.[93] Die Undurchdringlichkeit dieser Verkleidung auf *einer* Ebene wird von Iphigeneias »Aggressivität« im Traum bewiesen; ihre Durchsichtigkeit auf einer *anderen* Ebene wird dadurch enthüllt, daß sie im Traum Tränen vergießt: dennoch gelingt es ihrem affektiven Wiedererkennen nicht, ihr intellektuelles Nicht-Wiedererkennen auszulöschen (E. *Ba.* 1147). In diesem Fall erstreckt sich der Mechanismus der »Isolierung« anscheinend nicht in den Wachzustand, da Iphigeneia am Ende doch einsieht, daß die Säule Orestes darstellt. Die Isolierung erscheint jedoch in modifizierter Form wieder: sie »verneint«, daß sie (im Traum) Orestes getötet hat, und glaubt statt dessen, er sei bereits tot.[94]

92 Polydoros wird nur in Hekabes Assoziationen »Anker« genannt.

93 Demeter merkte als einzige Gottheit nicht, daß sie Menschenfleisch aß: die Schulter des Pelops. Ein von der kannibalistischen »Windigo«-Psychose gepackter Ojibwa-Indianer, der infolge seines Wahnzustandes seine Kinder essen wollte, halluzinierte sie zuerst als fette Biber ... eine Delikatesse für die Ojibwa (*111*, S. 216); andere Beispiele findet man in (*142*). Zwei psychotische Acoma-Indianer halluzinierten ihre »Verfolger« als Zauberfüchse und versuchten sie zu erschießen; sie halluzinierten einen Polizisten als Rehbock, bevor sie ihn erschossen (*57*, 1. Kap.). Derartige Halluzinationen vermindern Schuldgefühle und machen das Verbrechen möglich. Einen Beweis dafür, daß der kreative Künstler solche subtilen Züge »erfinden« kann, liefert C. Chaplins Film »Goldrausch«: Der hungernde brutale Kerl halluziniert Chaplin als Huhn, *bevor* er versucht, ihn zu fressen.

94 In E. *Ba.* wird Agaues »Isolierungs«-Manöver (Pentheus = Tier) von Kadmos »analysiert« und zerstört, bes. V. 1277ff. (*53*). Die Entsprechung ist auch in anderer Beziehung recht eng: Pentheus wird in einer gewissen Hinsicht ebenfalls einem Gott geopfert; er sitzt auf einem Baum (= Säule), bevor er getötet wird; in V. 1169f. wird sein Haar »efeuartig« genannt (vgl. E. *Antiop. fr.* 203 N^2). Kurz darauf wird es (V. 1184ff.) als Stirnbusch eines jungen Stieres gesehen.

Orestes muß im E. *IT*-Traum gut genug maskiert sein, um intellektuell nicht erkannt zu werden; dieses Ziel wird erreicht, indem er durch ein unbelebtes Objekt repräsentiert wird: durch die Säule. Aber zur gleichen Zeit muß diese Maskierung hinreichend durchsichtig sein, um ein affektives Wiedererkennen zu ermöglichen (Tränen); dies wird dadurch ermöglicht, daß das Objekt eine Stimme hat und sich benimmt, als wäre es lebendig. Dies ist eine beachtliche Leistung an Zweideutigkeit.

Es wurde darauf hingewiesen, daß die anderen Euripideischen Traumopfer weder völlig hilflos noch harmlos sind. Die Pferde wehren sich ungestüm. Hekabe hoffte, daß ihr Kitz-Kind als erwachsener Mann kämpfen und Troja wiederaufbauen würde. In E. *IT* ist die (Gegen?-) Aggressivität des Opfers sogar noch betonter. Die Säule ist Teil eines Gebäudes, das die Träumerin fast unter sich begraben hätte. Darüber hinaus plant der wirkliche Orestes eine kriminelle Schändung eines Heiligtums und schlachtet, vom lykanthropischen Wahn gepackt, das Vieh der Taurier. Anfänglich verschiebt seine mürrische Feindseligkeit im Gespräch mit Iphigeneia das Wiedererkennen.

Iphigeneia selbst ist in ihrem Traum weder sanft (Opferpriesterin) noch behauptet sie in der Folge, daß sie noch Mitleid habe (348). Es gibt mehr als bloße Andeutungen ihrer Identifikation mit Orestes.[95] Ich werde unten hervorheben, daß Iphigeneia, indem sie sich Orestes gegenüber aggressiv verhält, indirekt auch ihren Vater Agamemnon angreift, der sie vorher (bei seinem Versuch, sie zu opfern) ebenfalls attackiert hatte. In diesem Bezugsrahmen steht die mit Haar ausgestattete Säule nicht nur für Orestes, sondern auch für Agamemnon und besonders für Agamemnons Phallos.[96] Und schließlich repräsentiert das Gebäude, das einzustürzen und Iphigeneia unter sich zu begraben droht, ebensosehr wie die schwankende Erde eindeutig die Eltern, die während ihrer Umarmung (Urszene) das Kind zwischen sich zerdrücken.

95 Sie nennt ihr Haar »hellfarbig« (173), wie das des Orestes. Diese Ähnlichkeit zwischen Orestes und seinen Schwestern ist traditionell: A. *Choe.* 166ff., E. *El.* 520, 529 usw. Iphigeneia wurde fast geopfert, wie auch Orestes fast geopfert wurde, usw. Ihre Gefühle sind fast ebenso labil wie die des Orestes. Orestes tötete, weil Apollon es ihm befahl; Iphigeneia bereitet Männer dem Befehl von Apollons Schwester Artemis entsprechend für das Getötetwerden vor usw. Zur Aggressivität von Trauernden (*83*, *103*, *40*, *50*, S. 431-459 usw.) vgl. 3. Kap.

96 ›Sohn = Vater‹, ›Bruder = Vater‹ sind häufige Traumsymbolisierungen. Für die wichtige Gleichung ›Sohn = Phallos‹ vgl. infra, wo auch griechische Daten angeführt werden, die im Zusammenhang mit der Symbolik ›Säule = Phallos‹ bedeutsam sind.

Bemerkenswert ist auch die »Dyade« von Angreifer und Opfer in allen drei Träumen ... eine Einheit, die die psychiatrische Erforschung der Gehirnwäsche verständlicher machte (*94*, *104*). Die Anwendbarkeit von Daten aus der Analyse der Gehirnwäsche auf griechische Daten bedarf hier keines weiteren Beweises (*69*, S. 77ff., *115*). Der Folterer und der Gefolterte bilden eine duale, reziproke Einheit, und interagieren vollständig und intensiv miteinander – wobei jeder den anderen provoziert, jeder vom anderen provoziert wird – in einer Beziehung gegenseitiger Induktion, bis ein wahres Ritual der Unterdrückung entsteht.[97] Dieses moderne Verständnis des Sadomasochismus wird mit einer fast unerträglichen Abscheu (μιᾶρος) erregenden Intensität in den drei Euripideischen Träumen vorweggenommen – die alle von *Einzel*söhnen handeln. (Wie bereits angemerkt, zählt Helenos nicht mehr.)

Perspektive – der Blickwinkel im Traum – wird hier nur in bezug auf die Raumeinteilung im Traum diskutiert. Ihre psychologischen Implikationen werden später in Verbindung mit dem Problem der Regression und dem latenten Inhalt ins Auge gefaßt werden.

In Euripideischen Träumen geht der Blick des Träumers niemals geradeaus (horizontal). Nicht nur scheint in E. *Rh.* der Wagenlenker selbst im Traum zu wissen, daß er ausgestreckt auf dem Boden liegt, sondern auch die Details, die er beobachtet, deuten darauf hin, daß er im Traum schräg nach oben schaut, wie er es auch wachend tun würde. Das Zentrum seines Blickfeldes wird von den Rücken seiner Pferde und der unteren Körperhälfte der Wölfe eingenommen; weder die Beine der Pferde noch die Köpfe der Wölfe werden erwähnt. Dies deutet auf einen Blickwinkel von ungefähr 45° *über* der Horizontalen hin.[98] Hekabes Blickwinkel ist ebenfalls ungefähr 45° – aber *unter* der Horizontalen: Sie schaut nach unten, da sie nur das Kitz auf ihrem Schoß und die Krallen des Wolfes sieht. Iphigeneias Blickwinkel ändert sich. Zunächst schaut sie nach oben: auf das fallende Gesims und die Haarkrone der Säule. Später senkt

97 Vgl. (*37*). Für eine glänzende literarische Charakterisierung des »geschlossenen Universums«, in dem sich die beiden bewegen, vgl. T. H. White: *The Once and Future King* (*147*): Die Kinder quälen die Esel und die Esel quälen mit ihrem aufreizenden Starrsinn die Kinder. Sie bewegen sich schlafwandlerisch in einer engen Welt: in einer kleinen Kapsel, in der das Geben und Nehmen von Schmerz gleichermaßen angsterregend und pervers befriedigend ist. (Vgl. Hom. *Il.* 11.558ff.: Kinder und Esel.)

98 Der Wagenlenker schläft in der Nähe der, aber sicher nicht unter den Hufen seiner Pferde. Eine angemessene Distanz wäre ungefähr 1,5 Meter. Zu Zeiten des Euripides maß ein feines griechisches Pferd am Widerrist ungefähr 1,40-1,50 m (*4*). Dies ergibt einen Blickwinkel von ungefähr 45°.

sie notwendigerweise ihren Blick und sieht auf das Haar, das sie besprengt, hinab. Ihr Blickwinkel beim Aufwärtsschauen kann nicht mit Sicherheit geschätzt werden; beim Abwärtsblicken auf das Haar und ihre Hände beträgt er wahrscheinlich mindestens 45° unter der Horizontalen.

Dieses beständige Abweichen des Blicks von der Horizontalen ist auffallend. Der aufwärts gerichtete Blick kennzeichnet oft Träume, in denen der Träumer in seine Kindheit regrediert und zu den Erwachsenen aufschaut (1. Kap., Anm. 29); der abwärts gerichtete Blick ist gelegentlich mütterlich: der Erwachsene schaut auf das Kind hinab. Der Wechsel des Blickwinkels in Iphigeneias Traum kann vielleicht mit der »Phantasie der Umkehr der Generationen« (97) in Verbindung gebracht werden. Das junge Mädchen aus Argos, beschützt von Erwachsenen, wird zur Beschützerin des Orestes. Nach meiner klinischen Erfahrung findet man eine Tendenz zu einem *auffallend nicht*-horizontalen Blick hauptsächlich in Angstträumen (*47*, S. 91ff.).

Der Raum kann im Traum nur als eine Leibnizsche »Ordnung von Körpern« erfahren werden, und seine symbolische Bedeutung ist immer noch nicht völlig geklärt. Der Traumraum scheint eine Erweiterung oder Projektion des Körpers des Träumenden zu sein; in sehr regressiven Träumen kann er auch den Körper der Mutter repräsentieren (*134*, *135*). Ich werde jetzt nur das Arrangement der Objekte in den drei geträumten Räumen diskutieren. Ihre Beziehung zum Körper des Träumers (Perspektive) und die symbolischen Implikationen ihrer Anordnung werden zu gegebener Zeit analysiert.

Der Euripideische Traumraum besteht stets aus vier horizontalen Schichten. Interesse an der Vertikale könnte möglicherweise ein Euripideisches[99] Merkmal sein. Es gibt nicht viele offensichtliche Aischyleische (A. *Ag.* 1ff.) und Sophokleische Parallelen zu Antigone auf der Terrasse, Orestes auf dem Dach, Pentheus auf dem Baum und – wenn man F. Roberts Hypothese (*132*) akzeptiert – Orestes' Plan, in Artemis' Tempel von oben einzudringen.[100] Euripides' Neigung, das erhöhte *theologeion* zu benutzen, kann ebenfalls relevant sein.

Die unterste, tragende Fläche ist, mit einer Ausnahme, die nackte

99 Und ein Aristophaneisches: *Nub.* (der hängende Sokrates und die Wolken), *Av.*, *Pax* und *Ran.*

100 E. *Phoen.* 88ff.; *Or.* 1567ff.; *Ba.* 1063ff. Vgl. auch Hom. *Il.* 3.161ff.

Erde; nur im ersten Teil des E.*IT*-Traums wird sie notwendigerweise vom Boden eines Raumes gebildet. Dies ist auffällig, denn in den meisten frühen griechischen Träumen besucht der Traum den Träumer in seinem Schlafgemach, das einen Boden besitzt.

Diese wichtigste Oberfläche trägt wiederum Objekte, die in drei Schichten arrangiert sind.

Die unterste Schicht ist ein Objekt, dessen schematisierte Form in allen drei Träumen dieselbe ist (s. Abb. u.). Es hat Verbindungen mit Hekabes vorangegangenen und nachfolgenden Wacherlebnissen. Das Vorangegangene könnte die alte Geschichte oder, wenn man will, die Euripideische Erfindung gewesen sein, daß Odysseus, nachdem er Troja als Spion betreten hatte, um Gnade bittend vor Hekabes Füßen kriechen mußte (E.*Hec.* 245). Das nachfolgende Ereignis ist, daß der »Wolf« Polymestor, geblendet von Hekabe und ihren Mitgefangenen, wie ein Tier auf allen vieren kriecht (E.*Hec.* 1058ff.).

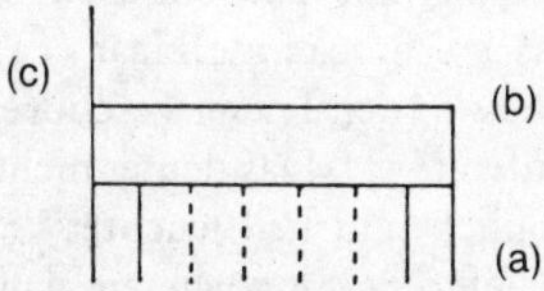

Die Objekte bestehen aus (a) schlanken vertikalen Stützen, (b) einem gewichtigen horizontalen Element und (c) aus einem kurzen, nach oben gerichteten Element, das an einem Ende des letzteren hervorkommt.

(a) Die Beine der Pferde. Die Unterschenkel der (sitzenden) Hekabe (und, wenn man sie sich auf einem Stuhl sitzend vorstellt, den Beinen des Stuhls) und die Hinterbeine des Wolfs (*Vermengung*). Die Beine von Iphigeneias Bett *und* später die Säulen des Palastes (*Verdoppelung*).

(b) Die Körper der Pferde. Hekabes Oberschenkel (Schoß). Der horizontale Teil des Bettes *und* das Dach des Palastes (*Verdoppelung*).

(c) Die Hälse und hochgeworfenen Köpfe der Pferde. Der Rumpf und der Kopf der sitzenden Hekabe. Das Kopfteil des Bettes *und* die Metope des Palastes (*Verdoppelung*).

Die Verdoppelung aller drei Elemente in Iphigeneias Traum ist auffällig.

Wegen der unterschiedlichen Perspektiven variiert die Position des letzten Objekts in bezug auf den Träumer. In E.*Rh.* ragt es hoch über ihm; in E.*Hec.* ist es Hekabes eigener (mütterlicher)[101] Körper; in E.*IT* befindet es sich zunächst unter der Träumerin (Bett); später umgibt es sie (Palast). Die Farbe dieses Objektes ist entweder mit Sicherheit oder doch wahrscheinlich die hellste oder leuchtendste aller jeweils im Traum gesehenen Objekte: Rhesos' berühmte (301 ff.) weiße Pferde; wahrscheinlich Hekabes Gewand; fast sicher das Bettzeug und vielleicht die Säulen.[102]

Das oberste Objekt ist immer dunkler als die anderen und gewöhnlich haarig oder zottig: In E.*Rh.* und E.*Hec.* die Wölfe, in E.*IT* vielleicht das Dach und möglicherweise das Haar. Die letztere Folgerung wird von E. (*Antiope*) *fr.* 203 N² nahegelegt, da Efeu dunkel ist. Das Haar wird ξανθόc genannt, was verschiedentlich als blond, rötlich oder hellbraun übersetzt wird. Was immer seine Farbe sein mag, sie ist wahrscheinlich weniger leuchtend als die Farbe des Hauses. Dieser Farbname tritt in E.*IT* viermal auf, jedesmal in Verbindung mit bedrohlichen oder Einäscherungs-Konnotationen: Das erschreckende Haar (52), Blut (73), Iphigeneias eigenes Haar, das in der Trauer geschoren wird (173), Öl für Orestes' Scheiterhaufen (633). Das deutet nicht darauf hin, daß das Haar im Traum fröhlich und hell leuchtet[103]; außerdem habe ich bereits auf die Überlieferung hingewiesen, daß Orestes' Haar dem seiner Schwestern glich.[104] Natürlich ist nicht das Dach, sondern das Haar, das es auf der Spitze der Säule *ersetzt*, zottig. Dies ist eine häufige Form der Verschiebung im Traum, die zudem durch die Verschiebung des Geräuschs in der Zeit, die in einer ähnlich ungereimten (= traumartigen) Art und Weise vor sich geht, verdoppelt wird.

Das gesamte oberste Objekt oder ein Teil davon ist haarig, hängend und beweglich: In E.*Rh.* die peitschenden Wolfsschwänze; in E.*Hec.* der (vermutlich) herabhängende Schwanz des aufgerichteten Wolfes; in E.*IT* das herabsinkende Haar. Dies wird immer von hellerem, langem Haar irgendeiner Art in einer der drei unteren Schichten ausgeglichen: Die schneeweißen Mähnen; Heka-

101 Im Traum ist der symbolisch repräsentierte mütterliche Körper die Stütze *par excellence* (*38*).

102 Man weiß zu wenig über griechische Hausanstriche, um mehr als Vermutungen über die Farben der verschiedenen Palastteile aufstellen zu können. Die Säulen waren entweder von heller Farbe oder aber in leuchtenden Farbtönen gestrichen.

103 Es ist das bedrohlichste Objekt im Traum, und dunkle Objekte bedeuten im Traum oft ein schlechtes Omen, vgl. Ps.-Hp.*insomn.* 91.

104 A.*Choe.* 166; E.*El.* 520, 529.

bes (vermutlich) weißes Haar; und vielleicht doppelt in E. *IT*, denn obwohl Iphigeneias Haar auch ξανθός ist, könnte man es sich heller als das ihres Bruders vorstellen[105], und wenn die Schlußfolgerung, daß das bereits herabhängende Haar dem *Kleinkind* Orestes gehört, korrekt ist, dann kann man sich auch dieses Haar heller als das des erwachsenen Orestes vorstellen, das die ihn repräsentierende Säule krönt. Diese Interpretation wird mit gebührender Vorsicht vorgestellt, weil eine zu vollständige Entsprechung verdächtig wäre. Die Bedeutung dieses Kontrastes wird weiter unten diskutiert werden.

Ein weiteres Merkmal der obersten Objekte besteht darin, daß sie alle am »falschen« Platz sitzen.[106] Wölfe sollten keine Pferde reiten, noch sollte einer fast auf Hekabes Schoß klettern; Haar auf der Spitze einer Säule ist deplaziert.

Im Gegensatz dazu sind alle unteren Objekte an ihrem »richtigen« (natürlichen) Platz. Diese Feststellung kann mit der *symbolischen* Repräsentation der (angsterregenden) obersten und der *naturalistischen* Repräsentation der (bedrohten) unteren Objekte in Verbindung gebracht werden. Die obersten Objekte sind voraussagbar die Aggressoren; die unteren die Opfer. Es sollte auch beachtet werden, daß keiner der drei Träume *die Erfahrung* des Unterstützens oder des Unterstütztwerdens erwähnt. Dies könnte möglicherweise darauf hinweisen, daß diese Träume keine Regression in die Säuglingszeit enthalten, denn die Träume, die mit einer solchen Regression einhergehen, enthalten gelegentlich diese Erfahrung (*38*).

Um zusammenzufassen, in allen drei Träumen wird der Raum in drei Schichten zerteilt, die von einer vierten Schicht unterbaut werden. Ihr Arrangement ist in allen Fällen ziemlich gleich. Selbst wenn man einräumt, daß der Traumraum der Körperstruktur nachgebildet ist, ist die mathematische Wahrscheinlichkeit für eine zufällige Ausprägung dieser weitgehenden strukturalen Übereinstimmungen sehr gering.[107]

Die Körperteile und ihr Gebrauch. Obwohl die Körper der

105 Vgl. das Haar von Frauen auf einigen wenigen Vasenmalereien.

106 Man kann kein »deplaziertes« Element angemessen beurteilen, wenn man nicht daran denkt, daß *eine* herkömmliche wissenschaftliche Definition von »Schmutz« in: »Etwas am falschen Ort« besteht. Aber ich beeile mich hinzuzufügen, daß vor kurzem in einer fast unzugänglichen Zeitschrift von einem brillanten jungen australischen Anthropologen eine weitaus umfassendere Definition von »Schmutz« vorgeschlagen worden ist (*93*).

107 In der Tat wurde meine Aufmerksamkeit zuerst durch die auffallenden strukturalen Übereinstimmungen hinsichtlich des Raumes auf diese Träume gelenkt.

Träumer und der Tiere keine Besonderheiten aufweisen, empfiehlt es sich, zwischen benannten Teilen, Teilen, die aufgrund der Erwähnung ihrer Funktion impliziert sind, und jenen Teilen zu unterscheiden, deren Gebrauch oder Nicht-Gebrauch aus diesem oder jenem Grund anormal genug ist, um die Aufmerksamkeit auf ihr Vorhandensein zu lenken.[108] Dies ist direkt mit dem Problem des routinemäßigen, des anormalen und des fehlenden Gebrauchs bestimmter Glieder verknüpft. Ein Muster ist erkennbar, selbst wenn man die den Orestes repräsentierende Säule als eine Person betrachtet.

Die Glieder des Träumers werden nur in einem Fall benannt: *Hekabe* erwähnt ihre Knie (= Schoß). Iphigeneia erwähnt ihr Haar nur in den Assoziationen (174). Die durch Erwähnung ihrer Funktion erwähnten Organe sind etwas zahlreicher. Von diesen sind die Augen (das Sehen) am unwichtigsten, denn die Griechen »sahen« Träume. Der Wagenlenker gebraucht keinen Teil seines Körpers. Bei Hekabe kann die Feststellung, daß sie ein Kitz auf ihrem Schoß hält, und die Erwähnung ihrer Knie (= Schoß) nur bedeuten, daß sie sitzt; dies wiederum impliziert eine Anspielung auf *beide* Seiten des Mittelteils ihres Körpers. Iphigeneias Weinen spielt ein zweites Mal auf ihre Augen, ihr Rennen auf ihre Beine und ihr »Besprengen« des Haares auf ihre Hände an. In einem gewissen Sinn sind ihre Augen und ihre Hände gepaart; ihre Augen besprengen metaphorisch[109] das Haar, das ihre Hände in der Tat besprengen. Auch auf ihre Ohren wird insofern angespielt, als sie eine Stimme hört; ebenso auf die des Wagenlenkers, der anscheinend in seinem *Schlaf* das (*reale*) Schnauben seiner Pferde hört, das das Entstehen seines *Traumes* ermöglicht. Bemerkenswerterweise werden, abgesehen von Erwähnungen des Sehens (Augen), weder der Kopf noch die Hände – die am meisten realitätsorientierten und »rationalen« Organe des Menschen – in E.*Rh.* und E.*IT* erwähnt, auch wenn im E.*IT*-Traum indirekt auf beide angespielt wird. Die Beweglichkeit des Körpers des Träumers ist in E.*Rh.* gleich Null, höchstens hypothetisch und auch dann nur beschränkt in E.*Hec.*, jedoch beträchtlich in E.*IT*. Diese Progression ist insofern bedeutsam, als sie eine Verminderung der durch Angst hervorgerufenen Unbeweglichkeit des Schläfers–Träumers andeutet.

108 Auffällige Weglassungen sind in einem Traum immer Hinweise auf seine Bedeutung (47, S. 340f.). Vgl. 7. Kap., Anm. 74.
109 »Shed tears over« – »Arroser de larmes« – »Mit Tränen benetzen« [dt. i. Or.].

Nur wenige Glieder der Aggressoren werden erwähnt. E.*Rh.* erwähnt nur ihre Schwänze; E.*Hec.* benennt die Krallen des Wolfes; soweit die schwankende Säule = Orestes (= Agamemnon in der Urszene) ein potentieller Aggressor ist, wird sein Haar erwähnt. Folgende Organe werden wenigstens ihrer *Funktion* nach erwähnt: In E.*Rh.* die Hinterbeine und der Schritt der reitenden Wölfe; in E.*Hec.* die Hinterbeine des Wolfes und sein über Hekabes Knie gebeugter Körper. Im E.*IT*-Traum ist kein Organ des Aggressors von seiner Funktion her *visuell* erschließbar. Die verdächtige Abwesenheit jeder – direkten oder indirekten – Erwähnung der Wolfsköpfe in beiden Wolfträumen ist besonders auffällig, da den Griechen die Augen von Wölfen Grauen einflößten (*137*). Diese Auslassung in E.*Rh.* wurde bereits interpretiert; die in E.*Hec.* ist interpretierbar. Da dieser Wolf menschlich ist, würde jede Erwähnung seines Kopfes (Rachens) das Gespenst des Kannibalismus heraufbeschwören. Dadurch würde das Niveau der Angst unerträglich erhöht (*57*, 5. Kap.) und die menschlichen Implikationen des (menschartigen) Gebrauchs der Vorderpfoten und Krallen (= Händen) abgeschwächt werden.[110] In beiden Wolfträumen ist die Funktion der benannten wie der ableitbaren Glieder nicht wolfsähnlich, sondern menschlich: Pfoten scheinen zu klettern und zu krallen; Hinterbeine sind über Pferde gespreizt oder erlauben es dem Wolf, wie ein Mensch auf ihnen zu stehen; Schwänze werden als Peitschen benutzt. Schließlich schweigen die Aggressoren immer; manifest in E.*Rh.* und E.*Hec.* und wahrscheinlich – mit einigen Einschränkungen – in E.*IT* (infra). Ihre Beweglichkeit wird weiter unten diskutiert.

Die Organe und Glieder der Opfer werden häufiger benannt oder zumindest impliziert, E.*Rh.* nennt das Fell und die Haare der Pferde (wenn auch nicht ihr sprichwörtliches Weißsein), ihre Mähnen, ihre Rücken und ihre Nüstern; ihre Hälse und Köpfe werden durch das Schütteln der Mähnen, ihre Beine durch das Bocken impliziert. Sie machen auch Lärm (Schnauben). In E.*Hec.* wird nur das gefleckte Fell des Kitzes erwähnt; dies impliziert (vielleicht) eine Skotomisierung des Kopfes dieses nicht-vokalen Opfers, da der unauffälligste *gefleckte* Teil eines Kitzes sein Kopf ist. In E.*IT* wird nur das vokale Haar des (potentiell rituellen) Opfers und – außer auf symbolische Art – kein anderes Glied auch

110 Professor Dover stellte sich einen Moment lang den Wolf in E.*Hec.* mit Hand und Dolch (vgl. δόλων = Stilett) vor. (Eine Schlüpfung?)

nur seiner Funktion nach erwähnt.[111] Das allgemeine Verhalten der Opfer in E. *Rh.* ist angemessen pferdeartig und wahrscheinlich angemessen kitzartig (hilflos) in E. *Hec.* In E. *IT* »verhält« sich die Säule so, wie sich Säulen bei einem Erdbeben »verhalten«; gleichzeitig ist ihr »Verhalten« insofern anormal, als ihre Haare wachsen und sie mit menschlicher Stimme spricht. Es fällt auf, daß die langhaarigen Opfer laut werden, während das kurzhaarige Kitz stumm ist.

In der ersten Annäherung deutet die konsistente Unangemessenheit des Verhaltens der Aggressoren und die perfekte Angemessenheit des Verhaltens der Opfer darauf hin, ohne dies allerdings beweisen zu können, daß erstere die *verzerrte* »Sicht« des Kindes von der Urszene widerspiegeln, in der der Vater, das nächtliche Ungeheuer, der Mutter »fürchterliche« Dinge antut. Ähnlich könnte an diesem Punkt das angemessene Verhalten der Opfer nur vorsichtig mit der relativ unverzerrten Selbstrepräsentation der Träumer in Beziehung gesetzt werden, was darauf hinweist, daß sie sich mit den Opfern identifizieren. Diese Interpretation wird in späteren Abschnitten untermauert werden.

Es muß auch auf drei weitere Punkte hingewiesen werden:

1. Die Betonung der Vorderpfoten und Hände darf nicht überinterpretiert werden: Der Mensch ist eher Hand- als Fuß-orientiert, wenn auch weniger in den ersten Lebenswochen als später. Dies gibt einen schwachen Hinweis auf das »*psychologische* Datum« dieser Träume (vgl. *26*).

2. Iphigeneias Hinauslaufen ist auch für ein sittsames Mädchen ein angemessenes Notfallverhalten.

3. In der zeitliche Reihenfolge *Rh.*, *Hec.* und *IT* kontrastiert die steigende Beweglichkeit der Träumer mit der abnehmenden Beweglichkeit der Opfer: bockende Pferde, eingerolltes Kitz, unbelebte Säule.

Obwohl die eben zitierten vielen Entsprechungen und Kontraste interessant sind, wird die Bedeutung von einigen durch die Interdependenz der verschiedenen Körperteile vermindert; zum Beispiel kann ein Wolf kaum *gleichzeitig* beißen und krallen. Trotz dieser Beschränkungen sind die fraglichen Ähnlichkeiten und gekoppelten Kontraste wahrscheinlich bedeutsam.

Da Bewegung in allen drei Träumen äußerst wichtig ist, muß man sorgfältig zwischen den verschiedenen Motilitätstypen unterscheiden.

111 Vgl. jedoch unten: ›Säule = Phallos = Körper als Ganzes.‹

I. Aktive Bewegungen:

1. Rhythmische Bewegung wird in E. *Rh.*[112] durch das Bocken, Aufbäumen und Schütteln der Mähnen der Pferde und die peitschenden Bewegungen der Wolfsschwänze repräsentiert. Ihr Schwanken entspricht dem Schwanken der Erde (Erdbeben) in E. *IT.* Das Peitschen ist in seiner plausiblen Absurdität so typisch traumartig, daß es mich zuerst darauf aufmerksam gemacht hatte, daß es sich um die poetische Bearbeitung eines wirklichen Traumes handeln könnte. Dennoch hat ausgerechnet *dieses* Detail paradoxerweise einen möglichen literarischen Vorläufer. Als Reitpeitsche ist ein Schwanz ebensowenig angemessen wie der Bogen, den Odysseus in der *Ilias* benutzt (10. 550).[113] In E. *Hec.* fehlt zwar im Traum eine grobe oder ausgreifende *rhythmische* Bewegung, ist aber in den Assoziationen implizit. Hekabe erwähnt ihren »schwarzgeflügelten« Traum (71, 704). Diese Verschiebung ist psychologisch gut begründet: Man kann in einer Psychoanalyse im Verlauf aufeinanderfolgender Träume beobachten, daß bestimmte Elemente frei zwischen dem manifesten Inhalt und den Assoziationen hin und her wandern. In E. *IT* wird aktive *rhythmische* Bewegung schwach durch Iphigeneias Laufen dargestellt – dazu stellt es nur auf einer symbolischen Ebene eine rhythmische Bewegung dar.[114] Deskriptiv entspricht es den rhythmischen Bewegungen in E. *Rh.* und *E. Hec.*

2. In allen drei Träumen treten wiederholte, kratzende Bewegungen in angemessen traumartiger (absurder) Weise auf, die immer durch die Vorderglieder ausgeführt werden. Da die Griechen keine Steigbügel hatten, verließen sie sich beim Besteigen der Pferde mehr als wir auf ihre Hände. In E. *Rh.* »krallten« sich die Wölfe wahrscheinlich in sehr menschlicher Weise auf den Rücken der Pferde. In E. *Hec.* schlägt der Wolf mit seinen Krallen nach dem Kitz – beißt es aber nicht. In E. *IT* wäscht (besprengt) Iphigeneia das Haar der Säule oder sogar – wie Hadas zweideutig [und falsch, denn sie setzt die Säule erst in V. 56ff. mit einer Person gleich (K. J. D.)] übersetzt – »ihn«. Das wenige, das man daraus schließen kann, wird im Zusammenhang mit der Urszene kurz diskutiert.

Muskelanstrengung *ohne* Bewegungen ist auf die unteren (hinte-

112 Für Euripides' Interesse an solchen Bewegungen vgl. Barrett ad E. *Hipp.* 1464 (πίτυλος).

113 Dies ist praktisch der einzige »unangemessene« Gebrauch einer Waffe in der *Ilias.*

114 Im Traum werden Gehen und Laufen als stark rhythmisch erlebt und repräsentieren oft sexuelle Tätigkeit (vgl. 3. Kap., Anm. 104).

ren) Extremitäten beschränkt und ist in zweien der drei Träume recht sonderbar. In E.*Rh.* spreizen die Wölfe offensichtlich ihre Beine über den Pferden; in E.*Hec.* steht der Wolf auf seinen Hinterbeinen; in E.*IT* steht Iphigeneia ganz angemessen, während sie die rituelle Waschung ausführt. Dieses beschränkte Bewegungsmuster läßt sich mit der Interpretation vereinbaren, daß es sich um Urszenenträume handelt.

II. Passive Bewegungen, besonders von rhythmischer Art, erscheinen wahrscheinlich sogar (ontogenetisch) früher als spontane fötale Bewegungen. Dieses extrem archaische Bewegungsmuster tritt oft in Träumen auf, wenn auch gewöhnlich in stark maskierter Form.[115] Beim infantilen Autismus wird das pathologische Sich-Schaukeln anscheinend zuerst als *aktive* Bewegung erlebt, obwohl die Wahrnehmung sich schnell dahingehend ändert, *passiv* geschaukelt zu werden. Dies ist psychologisch gesehen ein regressives Erlebnis, denn das Schaukeln durch die Mutter tröstet das Kind – was manchmal tatsächlich, wie beim Ekstase erzeugenden Verhalten der Mainaden[116] und auch in der Trauer (E.*Tr.* 116f.), für religiöse Zwecke ausgenützt wird.

Noch wichtiger für die Zwecke dieser Erörterung ist die *Illusion*, die man gewöhnlich im Zustand leichter Regression erfährt, daß der Körper spontan schaukelt oder schwankt. Wenn dies während einer psychoanalytischen Stunde geschieht, kündigt es gewöhnlich die Wiederkehr verdrängter Erinnerungen (oder Phantasien) von der Urszene an (*76*, S. 215).[117] Dieses Thema wird in dem ihm gewidmeten Abschnitt noch weiter diskutiert werden; hier behaupte ich nur, daß die geträumte *passive* Bewegung dieses Typs auch eine Manifestation eines oneirischen Urszenen-»Erlebnisses« ist.

115 Ein Analysand träumte oft, in einem fahrenden Automobil allein zu sein, was zu bedeuten schien, daß er es steuerte. Erst nachdem er einen Traum hatte, in dem er Bewegung in der Weise erlebte, wie sie ein in den Armen der Mutter getragenes Kind erleben würde – obwohl Getragenwerden *kein* Teil des manifesten Inhalts war –, sah er ein, daß er in seinen Automobilträumen nicht selbst fuhr, sondern nur allein in einem sich bewegenden Auto, das als Uterus gedeutet werden konnte, »transportiert« wurde (*38*).

116 *68*, Anhang I; vgl. *9*, *120*, Ikonographie: *74*. »Gewollte« Erschöpfung (die zur Ekstase führt) könnte eine Form der Toxikomanie sein (Erschöpfung = Selbstvergiftung; *57*, 11. Kap.). Ich glaube, daß das sanfte Sich-Schaukeln chassidischer Juden beim Gebet anscheinend keine Ekstase, sondern nur ein sogenanntes »ozeanisches Gefühl« (Freud) (*86*) hervorruft; man kann es daher *nicht* als ein Äquivalent der Toxikomanie interpretieren. Sich-Schaukeln ist bei schizophrenen und präschizophrenen Kindern ein besorgniserregendes Symptom, das auf eine schlechte Prognose hinweist.

117 Dasselbe trifft auf die Schwankungen zu, die man manchmal in der Dunkelheit (*25*) oder nach einer Sedierung (*29*) verspürt.

Diese Bewegung ist am auffälligsten im Erdbeben von E. *IT*, das im Rahmen des griechischen Glaubens nur von Poseidon, dem Erderschütterer (Ἐννοσίγαιος), verursacht sein konnte.[118] Es paßt auch recht gut, daß der Fall des Hauses des Pelopiden Agamemnon auf ein von Poseidon verursachtes Erdbeben zurückzuführen ist, da dieser Gott dem Einwanderer Pelops geholfen hatte, eine Dynastie zu gründen: die ambivalente Vorstellung, daß der Schöpfer auch der Zerstörer ist, ist theologisch, mythologisch und psychologisch ein Gemeinplatz. Diesen beiden Determinanten könnte nun eine dritte hinzugefügt werden. Eine alte Theorie verbindet Poseidon, den Erderschütterer, mit dem rosseliebenden Poseidon (Ἵππιος), indem ein Zusammenhang zwischen Erdbeben und den Erschütterungen des Bodens, die von durchgehenden Pferden verursacht werden, hergestellt wird; darüber hinaus paarten sich Poseidon und die Erdgöttin Demeter einmal in der Gestalt eines Hengstes und einer Stute (infra). Diese Beobachtungen führen direkt zu den Pferden des Rhesos, deren Bocken die Wölfe notwendigerweise ebenso umherschleudert wie die bebende Erde den Palast[119] und natürlich auch Iphigeneia selbst erschüttert. Obwohl der ganz in der Nähe schlafende Wagenlenker vermutlich die Erde unter den Hufen der ausschlagenden Pferde zittern fühlte, verdichtete er anscheinend die zitternde Erde und die rasenden Pferde in ein Bild. Folglich verschob Euripides eine direkte Erwähnung des Erdbebenmotivs auf den E. *IT*-Traum. Solche Zurückstellungen findet man in Traumserien recht häufig.[120] In E. *Hec.* fehlt passive Bewegung dieses Typs.[121]

Erlebnisse von passiven Bewegungen leisten oft subjektiven Fehlinterpretationen Vorschub; zum Beispiel kann man das *unwillentliche* Erbeben des eigenen Körpers als von außen verursacht erfahren.[122]

118 Erdbeben symbolisieren physiologische Veränderungen oder Umbrüche; Ps.-Hp. *insomn.* 90.

119 Ein Erdbeben, das einen Palast zerstört, findet sich bezeichnenderweise auch in E. *Ba.* (586ff.) – d. h. in einem Drama, in dem fast jeder ein mehr oder weniger sublimierter Voyeur ist: Teiresias beobachtet paarende Schlangen und/oder die nackte Athene, und ist, obschon blind, ein Seher und »beobachtet« (wie?) den Vogelflug (siehe allerdings S. *Ant.* 988ff., 1012ff.). Vgl. Anm. 158. Voyeurismus gründet in der Urszene.

120 Für die Urszenenimplikationen von Iphigeneias (logisch rechtfertigbaren) Fluchtreaktionen vgl. infra.

121 Hekabes Schaukeln des Kitzes und ihre abwehrenden Beinbewegungen wären rein logische Konstrukte, und unsere Aufgabe besteht hier darin, den *Text* zu analysieren. Hekabe schaukelt sich selbst in E. *Tr.* 116f.

122 Ein französischer *maquisard* mußte des Nachts über die Felder fliehen, wobei er aber

In realen Träumen, die aus immer noch nicht ganz verstandenen Gründen primär *visuelle* Sinneserlebnisse sind, sind *Geräusche* ungewöhnlich; *gehörte* (artikulierte) Rede ist die Ausnahme schlechthin. Da artikulierte Rede in Homerischen Träumen sehr häufig ist, während reine Geräusche selten erwähnt werden, beweist die völlige Abwesenheit von Reden in Euripides' Träumen und der vorzügliche Umgang mit Geräuschen seine realistische Behandlung des Traumes. Die wiederholt erwähnte (2. Kap. usw.) psychoanalytische Erfahrung zeigt, daß es manchmal fast unmöglich zu bestimmen ist, ob eine im Traum scheinbar »gehörte« Rede tatsächlich ein *geträumtes auditives* Erlebnis ist oder bloß etwas »Verstandenes«, das im Traum »erzählt« wurde. (Plu. *gen. Socr.* 588 D. f.; Chalcidius 255, S. 288 Wrobel.) In den meisten Fällen trifft bestimmt das letztere zu. Mit *unartikuliertem* Geräusch verhält es sich genau umgekehrt: Wenn es Teil des manifesten Trauminhalts ist, stellt es immer etwas im Traum »Gehörtes« dar. Das ist nur zu erwarten: der Traum ist affektiv und nicht konzeptuell. In der Tat werden gelegentlich externe *Geräusche*, die auf den Sinnesapparat des Schläfers einwirken – wie in E. *Rh.* –, sofort in visuelle Vorstellungen *übersetzt.*[123] In anderen Fällen ist ein geträumtes *Geräusch* nur eine Verschiebung primitiverer Körpergefühle in die auditive Sphäre.[124]

Die einzige offene Erwähnung eines Geräusches findet sich im E. *IT*-Traum: Die Säule mit dem Haar besitzt eine menschliche Stimme, obwohl man nicht erfährt, was »gesagt« wird.[125] Drei Alternativen müssen untersucht werden; eine vierte – daß Iphige-

aufgrund seines schweren Herzleidens wiederholt gezwungen war, sich hinzulegen und auszuruhen. Während einer solchen Pause »hörte« er Hufschläge und »spürte« die von ihnen ausgelösten Erschütterungen des Bodens. Erst als die Hufschläge nicht näher kamen, merkte er, daß er bloß das Schlagen seines überbeanspruchten Herzens gehört und gefühlt hatte, wie *es* sein Knochengerüst geschüttelt hatte (῞Ιππιοϲ = Ἐννοϲίγαιοϲ). Umgekehrt interpretierte ein halb eingeschlafener Analysand einige leichte Erdstöße fälschlich als illusorische Schwankungen und reagierte auf sie mit hypnagogischen Träumereien über die Urszene.

123 Ich hörte, daß dies auch dann passiert, wenn man bestimmte Drogen nimmt.

124 Eine Analysandin erinnerte sich zunächst nur daran, daß sie im Traum die gewaltigen Crescendos und Decrescendos eines riesigen Chores gehört hatte. Sobald die Analyse des Traumes gezeigt hatte, daß diese Veränderungen der Lautstärke einfach ein starkes lokalisiertes erotisches Pulsieren widerspiegelten, erinnerte sich die Patientin daran, daß das geträumte auditive Erlebnis allmählich in einen manifesten sexuellen Traum überging, den sie zunächst »vergessen« hatte.

125 Stimme des Hauses: E. *Androm.* 923, *Hipp.* 417f., 1073f., *Phoin.* 1344; vgl. A. *Ag.* 37f. Aber das Schiff Argo spricht ebenso verständlich (Apollod. 1.9.19), wie es Objekte der Sedang in Mythen tun (*19*).

neia vergessen haben könnte, was die Stimme sagte – kann man von Anfang an ausscheiden, da sie nichts Derartiges äußert. In Anbetracht der Vorliebe der Griechen für Traumreden (2. Kap.) hätte Iphigeneia es erwähnt, wenn die Stimme gesprochen hätte.

1. Die »Stimme« war, wie die der Pythia, glossolalisch.[126]

2. Die Stimme »murmelte«; dies entspräche dem Versuch, einer Ich-dystonen Äußerung ein verwischendes Geräusch zu überlagern.[127] Das Murmeln teilt nur den Affekt mit, hält aber den konzeptuellen Inhalt zurück. (Vgl. auch *33*, S. 244ff.)

3. Die Stimme stöhnte oder ächzte unartikuliert. Dies ist die plausibelste Annahme. Da Iphigeneia im Traum und vielleicht auch beim Erwachen »weinte«, muß sie gefühlt haben, daß die Stimme trauervoll war. Da sie den visuellen und konzeptuellen Teil ihres Traumes fehlinterpretiert, ist wahrscheinlich auch ihre Bewertung der affektiven Qualität der Stimme zumindest teilweise falsch. Es scheint wahrscheinlich, daß diese Fehlinterpretation mit der Neigung des Kindes verknüpft werden sollte, das *lustvolle* erotische Stöhnen der Mutter fälschlich für das Stöhnen einer *schmerzgepeinigten* Person zu halten – eine Hypothese, die von der Tatsache untermauert wird, daß kleine Kinder gerade diese Geräusche meistens in der Nacht hören und sie daher am häufigsten mit Dunkelheit assoziieren. Daher »hört« man diese Geräusche auch am häufigsten im Traum. (Für eine weitere Diskussion dieses wichtigen Details vgl. infra.)

Die scheinbare Traurigkeit dieses Geräusches wird in einer gewissen Weise von Iphigeneias Weinen im Traum wiederholt. Dies bedeutet nicht notwendigerweise, daß sie sich selbst im Traum weinen »gehört« hatte – daß *jener* Teil ihres Traumes *auch* akustisch war. Wir dürfen nicht einmal *a priori* annehmen, daß sie *tatsächlich* im Schlaf Tränen vergoß, obschon einige Menschen im Schlaf weinen. In bezug auf die erstere Annahme bin ich weder in der klinischen Praxis noch in der Fachliteratur einem Traum begegnet, in dem sich der Träumer *selbst* hörte. In der Tat vernimmt man seine eigene Stimme sogar im Wachzustand »objektiv« nur in leicht dissoziierten Zuständen, in denen man sich selbst reden *hört*. Darüber hinaus erlaubt der Text vielleicht die Schlußfolgerung, daß

126 Nicht-glossolalische Pythia: (*68*, S. 74); contra *66*.

127 Über das Murmeln und verwandte Merkwürdigkeiten der Rede, vgl. *57*, 4. Kap.; *41*; und *33*, S. 244ff. Vgl. Anm. 178 sowie die Allgemeine Einführung (Anm. 22). Bellen überdeckt die menschliche Rede: Apollod. 3.2.2.

Iphigeneia beim Erwachen »wiederum« weinte; dies passiert selten, wenn man schon im Schlaf geweint hat.

Ebenso interessant ist die Abwesenheit von Geräusch*erlebnissen* im ersten Teil des Traumes, obwohl ein wirkliches Erdbeben, das Mauerwerk zum Einsturz bringt, einen gewaltigen Lärm verursachen würde. Dies verleiht der nachfolgenden (logisch unangemessenen) Lautgebung der behaarten Säule zusätzliche Bedeutung. Psychoanalytisch gesehen repräsentiert es wahrscheinlich ein *Aufschieben* des Erdbebengeräusches: seine Verschiebung in der Zeit. Dieser Aufschub würde die Bedeutung des aufgeschobenen Geräusches in einer höchst traumartigen (plausibel absurden) Art und Weise beeinflussen. Es könnte sogar eine weitere Verschiebung in der Zeit geben: Iphigeneia scheint nicht zu weinen, während sie aus dem Palast flieht, sie weint aber in der Folge über die behaarte Säule – verzögerte Trauer ist eine häufige Manifestation der Verschiebung des Affekts in der Zeit (vgl. 3. Kap.). Kurz, wie das geräuschvolle Erdbeben still und die stumme behaarte Säule stimmbegabt ist, so weint Iphigeneia nicht dann, *wenn sie sollte*, sondern *unangemessenerweise* erst später.[128]

Der E. *Rh.*-Traum erwähnt nur ein Geräusch: Das Schnauben der Pferde – d.h. ein Geräusch, das die Griechen beeindruckend fanden.[129] Ich weise beiläufig darauf hin, daß auch dieses Schnauben Schlafzimmergeräuschen ähnelt. Interessanter ist noch die bereits kurz erwähnte *Verwandlung* von Geräuschen, die auf den Sinnesapparat des schlafenden Wagenlenkers treffen, in visuelle Bilder. Sein Traum wird offensichtlich vom Geräusch der bockenden und schnaubenden Pferde ausgelöst[130], deren aufprallende Hufe die Erde erschütterten. Aus diesem Geräusch und der Erschütterung wird eine angemessene und hauptsächlich visuelle Bilderwelt konstruiert; *im Traum selbst* ist das einzige Geräusch das Schnauben. Das (*unterdrückte*) Donnern der Hufe taucht erst im Erdbeben des E. *IT*-Traums wieder auf (der rosseliebende Poseidon = der Erderschütterer). Kurz, obwohl auch die Hufe von Rhesos' Pferden, wie der zusammenstürzende Palast, viel Getöse verursachen, wird

128 Verzögertes Trauern bei einem primitiven Kind (Assam) (*12*); vgl. 3. Kap., Anm. 142.
129 Dreimal bei Aischylos erwähnt: *Sept.* 391f., 461f.; *fr.* 181 Sm. (326 N²), LCL. II, S. 487). Die Griechen neigten dazu, ihren Pferden, aus Angst, gebissen zu werden, einen Maulkorb umzubinden (X. *Eq.* 5.3), und der Maulkorb verstärkte das Geräusch. Vgl. das sexuelle Wiehern eines Hengstes: Hdt. 3.85-86. (1. Kap., Anm. 40).
130 Iphigeneias Traum *endet* mit einem anscheinend intrapsychisch entstandenen Geräusch.

es im Traum *nicht als ein Geräusch* wahrgenommen; nur ihr lautes Schnauben scheint im Schlaf »gehört« zu werden. Der Wagenlenker betrachtet seinen Traum eindeutig als ein primär visuelles Erlebnis, obwohl er das zum Teil deshalb so empfindet, weil man im Griechischen (trotz der Traumreden) einen Traum immer »sieht«. Trotzdem ist die Verwandlung von Geräusch in eine angemessene Bildvorstellung ein herrlicher Kunstgriff.

In diesen beiden Träumen fehlt den Geräuschen ein konzeptueller Inhalt, und sie vermitteln nur Affekt. In beiden sind die Aggressoren außerdem stumm und die Opfer laut, obwohl real einstürzendes Mauerwerk und lebendige, angreifende Wölfe starken Lärm machen. Im Gegensatz dazu sind menschliche Diebe still. Man kann nun auf einen bedeutsamen Kontrast hinweisen. Das paradoxe *Lautwerden* der behaarten Säule macht klar, daß es einen Menschen repräsentiert, während das paradoxe *Stummsein* der Wölfe beweist, daß sie menschlich sind. Dies bedeutet, daß in diesen Fällen wichtige Enthüllungen durch diametral entgegengesetzte akustische Mittel bewirkt werden. In der Tat »konstruierte« der Wagenlenker die Traumwölfe *aus* dem Lärm, den die sich sträubenden Pferde machten, denn nur Wölfe hätten Rhesos' thrakische Pferde aufgeschreckt.

Hekabes Traum enthält kein Geräusch: nichts erlaubt uns die Folgerung, daß das Kitz wimmert oder daß Hekabe aufschreit. Es gibt *in den Assoziationen* gleichwohl eine besondere Art von Geräusch, das in der Erwähnung des »schwarz-geflügelten Traumes« (71, 704) implizit ist. Dieses Bild, für das sogar ein Homerisches »geflügeltes Traum«-Vorbild fehlt, deutet auf einen anderen Geräuschtyp hin. Der Flügelschlag setzt wie ein Erdbeben oder zusammenstürzendes Mauerwerk die Luft in Bewegung. Auch in E. *Rh.* wird das Geräusch von heftig bewegten Luftmassen erzeugt: die Pferde schnauben oder schnaufen nur; sie wiehern *nicht*.

Eine weitere Besonderheit dieses Traumes liegt in dem wiederkehrenden Nexus zwischen einem Geräusch und irgendeiner Art von Feuchtigkeit: Haar – weinen – besprengen; schnauben – schnaufen – (unvermeidlich) schäumen und schwitzen [und (möglicherweise) ein leichtes Bluten]. In Hekabes Traum selbst gibt es kein Geräusch, noch kann man – abgesehen von Blut – eine Feuchtigkeit plausibel erschließen. Dieser Umstand bräuchte kaum erwähnt zu werden, wenn es nicht eine Euripideische Merkwürdigkeit gäbe: eine Überprüfung *jeder* relevanten Stelle in seinen vollständig erhaltenen Dramen zeigt, daß überall dort, wo Schlaf oder Traum erwähnt werden[131], jedesmal auch *irgendeine* Art von Flüssigkeit erwähnt wird – sei es Wasser oder sonst etwas –, und zwar kurz vor oder kurz nach diesem Wort – niemals mehr als dreißig Zeilen entfernt. Dieser Nexus zwischen Schlaf (Traum) und Feuchtigkeit ist zumindest verblüffend.

Man sollte aus all dem Euripides' psychologisch realistische und herrlich plausible Handhabung von Geräusch im Traum im Gedächtnis behalten, obschon Literaturträume vor ihm und nach ihm in dieser Beziehung äußerst unrealistisch und mangelhaft sind. Ebenso wichtig sind die umfangreichen manifesten und latenten, parallelen oder symmetrischen Kongruenzen bei der Behandlung von Geräuschen in diesen Träumen.[132]

Zeit: Regression und Wunsch. Die Behandlung der Zeit im Traum muß zwei Gruppen von Paradoxien miteinander vereinen. Das Ich ist zeitbewußt; das Es und zumindest einige Teile des Unbewußten sind zeitlos. Der Traum ist inhärent regressiv; der Wunsch, dem er Ausdruck verleiht, ist technisch progressiv. Die Auflösung dieser beiden Paare von konfligierenden Orientierungen führt im Traum gelegentlich zu einer Zirkularität der Traumzeit.

Der manifeste Inhalt wird im Präsens erlebt, obwohl er in Form einer Befürchtung oder eines Wunsches die Zukunft implizieren kann. Der Wagenlenker plant anscheinend *schon im Traum*, seine Pferde zu retten; Hekabes Erzählung deutet zumindest auf einen frustrierten Wunsch hin, das Kitz zu retten; Iphigeneia flieht aus dem Palast, um sich selbst zu retten. Dies ist wenig genug, aber gerade die Flüchtigkeit dieser Anspielungen kennzeichnet ihre Traumartigkeit. Der manifeste Inhalt enthält kaum je eine »Erinne-

131 Wie sie in J. T. Allens und G. Italies *A Concordance to Euripides,* 1954 (*2*) aufgezählt werden. Möglicher, von J. W. D. vorgeschlagener Nexus: Bettnässen und/oder nächtlicher Samenerguß. Ich will mich auf keine Beurteilung dieser Hypothese festlegen.

132 Ich möchte hier eine neue Erklärung für die visuelle Natur der meisten Träume vorschlagen. Im Schlaf ist das Sehen der *einzige* Sinnesbereich, der *nicht* völlig stimuliert werden *kann,* ohne den Träumer aufzuwecken. Im Gegensatz dazu hat der Schläfer weiterhin auditive, taktile, kinästhetische und koinästhetische Empfindungen von mäßiger Intensität (*80*). Es ist daher möglich, daß der Träumer diese Wahrnehmungen, um von ihnen *nicht* aufgeweckt zu werden, im Traum in imaginäre visuelle Erfahrungen *verwandelt,* da *dieser* Sinnesbereich im Traum nicht von *realen* (externen) Stimuli »besetzt« ist. Genau dies tut der Wagenlenker. Da außerdem visuelle Reize die einzigen Stimuli sind, die der Fötus *nicht* erlebt, haben Schlaf und fötale Existenz bekanntlich viele Ähnlichkeiten. Es ist besonders interessant, daß der *am meisten realitätsorientierte* Sinn des Menschen (*25*), das Sehen, auch die Sphäre seiner *maximal unrealistischen* Traumerfahrungen ist.

rung« an die Vergangenheit. Obschon immer in ihr implizit, wird sie sozusagen im Präsens erlebt. Im Traum erinnert sich Iphigeneia nicht an ihre Mädchenzeit; sie *ist* ein junges Mädchen. Hekabe ergeht sich nicht in Erinnerungen an ihre Kinder, sondern wiegt tatsächlich eines auf ihren Knien. Nur die Erzählung des Wagenlenkers spielt direkt auf die Vergangenheit an (»die Pferde, die ich versorgte«) – aber das ist natürlich, wie Professor Dover mir erklärte, denn zu der Zeit, da der Traum *erzählt* wird, *waren* die Pferde bereits gestohlen. Also enthält die Erzählung (111) und nicht der Traum selbst eine (erklärende) Bezugnahme auf die Vergangenheit. In psychoanalytischer Sicht ist die Vergangenheitsform hier Teil der sekundären Bearbeitung, die sich daraus ergibt, daß der Traum Hektor *erzählt* wird. Die Vorherrschaft der Gegenwart (Präsens) wird dadurch hervorgehoben, daß z. B. Iphigeneia sich im Traum an einem ungewöhnlichen Ort befindet, aber nicht weiß (oder sagt), wie sie dorthin kam; die »weil ... deshalb«-Sequenz wird in wirklichen Träumen wenig betont.[133]

Die manifeste Repräsentation der Regression liefert einen Hinweis auf ihre *Tiefe*.

1. Im Traum des Wagenlenkers ist sie fast bedeutungslos. Seine (jetzt unangemessene) Furcht vor (thrakischen?) Wölfen beweist, daß es sich bloß um Wochen oder Monate handelt. Dieses Detail deutet wahrscheinlich eher auf eine verzögerte Anpassung der Denkgewohnheiten hin als auf eine echte Regression.

2. In Hekabes Traum wird die Regression durch die mütterliche Haltung repräsentiert. Ihre Tiefe kann nicht genau berechnet werden, da das Kitz entweder Polydoros oder Polyxene – oder beide – sein kann. Letztere ist im heiratsfähigen Alter. Hinsichtlich Polydoros' Alter sind die Daten (V. 4ff.) zweideutig. Sie scheinen anzudeuten, daß er zu dem Zeitpunkt fortgeschickt wurde, als sich das Glück gegen die Trojaner wandte, aber sie können ebensogut bedeuten: als die Belagerung (= in Gefahr, κινδύνος) Trojas begann. Hekabes fortgeschrittenes Alter unterstützt diese letztere Alternative. Polydoros kann daher unmöglich ein Kleinkind sein.[134]

133 Auch in den Mythen der Mohave-Indianer ist sie so ungewöhnlich, daß Kroeber ihr Auftreten an einer Stelle besonders hervorhebt (*106*, S. 65, Anm. 137).

134 Wäre Euripides am Leben, könnten wir angesichts seiner Gewohnheit, Sprechrollen für Kinder zu schreiben (*7*, S. 48ff.; *15*, S. 190; *89*, S. 103), von A. M. Dales attraktivem Vorschlag (in ihrer Ausgabe von E. *Alc.*). *extrapolieren*, daß Eumelos, da er eine Sprechrolle hat, ungefähr 8 Jahre alt sein müßte. [Dale hätte hinzufügen können, daß auf Vasen viele Kinder als ungefähr achtjährig dargestellt werden; aber dies könnte auch bloß an einer

3. Iphigeneias Regressionsgrad kann präzise bestimmt werden. Sie war schon in Aulis im heiratsfähigen Alter (E. *IT* 25, *IA* 98 ff., usw.); dazu muß man die Zeit des zehnjährigen trojanischen Krieges, von Agamemnons Rückreise, des Aufwachsens und des Muttermordes des Orestes und vielleicht ein weiteres Jahr hinzuaddieren, das er brauchte, um nach Taurike zu gelangen. Daher kann Iphigeneia in E. *IT* keine *sehr* junge Erwachsene sein; sie war offensichtlich lange Zeit gefangen. Wir besitzen auch einen zweiten Hinweis. Zu Beginn ist die Haarkrone der Säule hoch über ihr, da Orestes jetzt notwendigerweise größer ist als sie. Dann sinkt es tief genug herab, so daß sie es »besprengen« kann; vormals war Orestes, ihr kleiner Bruder (V. 231), viel kleiner als sie. Auf Regression deutet auch hin, daß wir nicht erfahren, *wie* das Haar herabsinkt; solche Dinge »passieren« einfach im Traum – zum Teil deshalb, weil jedes Element überdeterminiert ist.[135] Die scheinbare Unartikuliertheit der Stimme der behaarten Säule könnte auf der *manifesten* Ebene andeuten, daß Iphigeneia in die Zeit von Orestes' früher (V. 231 f.) Kindheit regrediert.[136] Aber die latente Bedeutung dieser unartikulierten Stimme impliziert auch eine Regression in Iphigeneias eigene Kindheit und nicht nur in die des Orestes: eine blendende Ausnutzung der Überdeterminierung.

Auf der manifesten Ebene wird daher die Regression durch die Selbstdarstellung des Träumers gespiegelt. Auf der latenten Ebene wird sie von der affektiven Reaktion des Träumers auf Objekte und Vorgänge im Traum gespiegelt, obwohl die letzteren natürlich *ebenfalls* vom Träumer erzeugt werden. Die latente Regression ist, wie ich zeigen werde, viel größer als die manifeste. Der Wagenlenker regrediert wahrscheinlich und Iphigeneia mit Sicherheit persönlich bis auf ihre eigene Kindheit; Hekabe regrediert auf ihre

schlechten künstlerischen Darstellung der Kopf/Körper-Proportionen liegen (K. J. D.).] Die Schwierigkeit besteht hier darin, daß der Sprecher Polydoros' Geist ist. Ich glaube nicht, daß Euripides sorgfältige Berechnungen angestellt hat, auch wenn ein großer Dichter vieles intuitiv erfaßt. Über Kinder in der antiken Literatur siehe jetzt Kassel (*101*).

135 Für eine andere Bedeutung dieses Haares vgl. infra. Das Haar könnte herabsinken, weil die Säule *zusammenbricht*; aber insoweit die Säule von Orestes' Haar gekrönt ist, *schrumpft* sie wahrscheinlich. Andere Erklärungen scheinen nicht plausibel. Es kann nicht das abgeschnittene Haar des Opfers sein, da es zu diesem Zeitpunkt besprengt wird. Es wird kaum wie eine Flagge eingeholt. Die Unterstellung, daß es wie *wirkliches* Haar oder Efeu lang wächst, ist weniger unplausibel. V. 74 läßt die Möglichkeit einer Enthauptung zu, aber der Wortlaut von V. 51 f. könnte diese Hypothese verbieten.

136 Euripides konnte etwas ältere Kinder deutlich und dennoch kindlich sprechen lassen. Vgl. Greenwood (*89*, S. 103 ff.) zum Pathos des kämpferischen Gesangs der Waisenkinder (E. *Suppl.* 1139 ff.), der als Manifestation menschlicher Narrheit betrachtet wird.

Kindheit nur über den Umweg ihrer (latenten) Identifikation mit dem gefährdeten Kitz auf ihrem Schoß. Auch dies stellt eine effektive Ausnutzung der Überdeterminierung dar.

Die Sache wird noch verworrener, wenn man auch die Matrizen ins Auge faßt, in die die Träume eingebettet sind.

Der Traum in seinem Kontext hat als phänomenologische Einheit weitere Grenzen als die des manifesten und latenten Inhalts. Außerhalb seines Kontextes hat der manifeste Traum in erster Linie stilistische Funktionen. Im Kontext betrachtet ist einer der auffälligsten Aspekte des Traumes das bewußte und/oder unbewußte »Ausagieren«, zu dem er führt (Arist. *insomn.* 463a27ff.) und dessen Interpretationsforderung nur eine seiner Manifestationen ist. Nur die Gliederung der Zeit in Vergangenheit, Gegenwart und Zukunft und die Weise, in der ihre Zirkularität *hergestellt* wird, muß hier insbesondere hinsichtlich der Orakelfunktionen des Traumes diskutiert werden.[137]

Die Zirkularität der Zeit ist in dem größtenteils gegenwartsorientierten E. *Rh.*-Traum am geringsten ausgeprägt.[138] Was im Traum eine Vorahnung zu sein scheint, ist höchstens Hellsicht oder gar ein einfaches Produkt synchroner und externer Reize (Arist. *insomn.* 462 a 18ff.). Man kann höchstens von einer Verschmelzung der Gegenwart mit einer Pseudo-Zukunft sprechen.

In E. *Hec.* ist die Verschmelzung der psychologischen Zeitformen hauptsächlich wegen der zweideutigen Definition der Gegenwart komplizierter. Anders als in A. *Eum.*, wo die träumenden Erinnyen und der eindringende Geist Klytaimestras simultan auf der Bühne dargestellt werden, schlief die träumende Hekabe, als sie Polydoros' auf der Bühne anwesenden Geist »sah«, ganz gewiß im Zelt der Gefangenen und war daher nicht zu sehen. Ebenso (V. 30ff.) schwebte Polydoros' Geist wahrscheinlich an dem Kran über der Bühne. Obwohl Hekabes Traum angeblich eine Folge von Polydoros' Klytaimestra-ähnlichem Erscheinen ist (Gegenwart), informiert er zudem Hekabe nicht über seinen gegenwärtigen Zustand (»Ich bin tot«). Statt dessen spricht er von der Vergangenheit (»Ich wurde ermordet«) und von zukünftigen Vorgängen (»meine Mutter wird mich begraben«) (45f.). Sein Erscheinen

137 Die Gliederung der Zeit im Unbewußten wird so mißverstanden, daß Entdeckungsarbeit immer noch möglich ist (*42*, *55*, *56*).

138 Die Zirkularität der Zeit könnte eine orphische Vorstellung sein (vgl. vielleicht Ar. *Av.*). Zu zirkulärer Zeit vgl. (*8*).

motiviert Hekabes Verhaltensänderung. Die psychologischen Zeiten werden daher sowohl im Traum selbst wie auch in der Realität verschmolzen. Es bleibt Hekabe überlassen, das sogar im fernen Thrakien nicht mehr von Hektors Tapferkeit und Trojas Macht geschützte Kitz zu beschützen (wenn sie kann). Im Traum sieht sie voraus, daß das Kitz von ihrem Schoß gezerrt wird (= wurde = werden wird): das ist das Polyxene- und/oder Polydorosproblem. Im Wachzustand muß sie nach Möglichkeit versuchen, Polyxenes rituelle Ermordung zu verhindern und Polydoros zu rächen. Die komplexe Vermaschung der *psychologischen* Zeitformen ist ein glänzendes Mittel, eine Überdeterminierung zu erzeugen, die noch verstärkt wird durch die Unsicherheit, ob der Traum retrokognitiv oder prophetisch ist. Die Zirkularität der Zeit hat auch eine affektive Grundlage. Beunruhigt von Polyxenes *vorhersehbarem* Schicksal, beginnt Hekabe sich *auch* Sorgen darüber zu machen, was dem – angeblich in Sicherheit befindlichen – Polydoros *zustoßen könnte*.[139] Der Traum trägt auch zur Gestaltung der Zukunft bei, indem er die Hemmung von Hekabes Aggressivität zum Teil abbaut.[140] Schließlich erweisen sich ihre Vorahnungen als richtig.

Die Gliederung der Zeit ist in E.*IT* vor allem auf der manifesten Ebene besonders kompliziert. Dies untermauert die Ansicht, daß ihr Traum der literarischste der drei Träume ist. Obwohl seine dramatische Funktion oft diskutiert wurde[141], sind einige seiner wichtigsten dramatischen Aspekte übersehen worden. Die Komplexität des Problems macht es notwendig, seine Real- und Orakelimplikationen getrennt zu diskutieren.

Die unmittelbarste Konsequenz des Traumes und des nachfolgenden Trauerns ist, daß es Orestes zu einem irrtümlich tot geglaubten Mann macht, der in die Gesellschaft reintegriert werden

139 Dies ist ein typisches Krisenverhalten. Im Jahre 1939 erzählten viele deutsch-jüdische Flüchtlinge einem Forschungsteam, daß ihre Familien, die in Deutschland in dauernder Gefahr lebten, sich über *sie*, die in Amerika in Sicherheit waren, zwanghaft Sorgen machten.

140 Was zu ihrer Steinigung führt. Diese wiederum *verursacht* ihre Verwandlung in eine Hündin. [Vgl. Roscher (*137*) zu Steinigungen, die solche Metamorphosen *verursachen*.] Es ist eben möglich, daß die gebeugte Stellung des Wolfes im Traum diese Metamorphose und den Selbstmord schwach vorwegnimmt. (Vgl. Krimisos' und Segestas Paarung: Lyc. 961 f.; Tzetz. ad *Lyc.* 953; Serv. *V. Aen.* 1.550; 5.30; Myth. Vat. 1.137, 2.193; und Münzen der Stadt Segesta. Vgl. auch den Selbstmord aus Scham, den eine Frau verübte, die zeitweise in eine Hündin verwandelt und dann wieder menschlich wurde: Callim. *fr.* 100h Schn. = 2, S. 356 Pf.)

141 Quellen bei W. Schmid (*139*), I, 3, S. 522-523). Nicht in Platnauers annotierter Ausgabe von E.*IT* diskutiert.

muß (supra).[142] Deshalb kann Iphigeneia Thoas überzeugend »die Wahrheit vorlügen«. Sie *gibt vor*, daß das Opfer rituell gereinigt werden *sollte*; sie *weiß*, daß ein irrtümlich für tot gehaltener Mann purifiziert werden *muß*.[143] Aktiv im Traum, ist sie auch im Drama aktiv, indem sie zunächst ihre geträumte Opferrolle in den Wachzustand verlängert und sie dann umkehrt. Zudem nimmt ihre Traurigkeit im Traum ihre nachfolgende Traurigkeit vorweg. Ihre Opferrolle im Traum kündigt ihr Geständnis an, sie sei blutdürstig geworden (343 f.), obwohl psychologisch gesehen ihr Traum einen vorangehenden – und vielleicht noch nicht bewußten – Abbau der Hemmung ihrer Aggressivität voraussetzt.[144] Ihre Überzeugung, daß Orestes tot ist, vergrößert die Wahrscheinlichkeit, daß er nicht erkannt und daher geopfert werden könnte, womit Iphigeneias Blutdurst befriedigt worden wäre, der Artemis' Blutdurst, dem sie in Aulis »geopfert« wurde, so ähnlich ist.

Der Traum beeinflußt Iphigeneias Verhalten auch gerade deshalb, weil er für ein Orakel gehalten wird.[145] Diese Art, einen Traum *aufzufassen*, führt dazu, daß er sich aufgrund des Ausagierens, das er hervorruft, selbst erfüllt.[146] Ein Großteil von Iphigeneias Verhalten wird von ihrer *doppelten* Fehldeutung ihres augenscheinlich prophetischen Traumes bestimmt.[147] Das fällt angesichts Euripides' Bevorzugung von Traumorakeln gegenüber den Delphischen Orakelsprüchen auf.[148] Später beklagt sich Iphigeneia, daß ihr

142 Euripides arbeitete dieses Problem nicht aus. Es gibt in Kriegszeiten mehr als genug solcher Männer und das Thema ist schmerzhaft. Phrynichos wurde für die Aufführung seiner *Eroberung von Milet* mit einer schweren Buße belegt (Hdt. 6.21). (Es wurde oft darauf hingewiesen, daß S. *OT* das Problem der Pest in Theben abschwächt. Ob er an die Pest in Athen dachte oder an irgendeine andere Pest, muß jeder für sich entscheiden, denn das Entstehungsdatum von S. *OT* ist unbekannt.)

143 Zu diesem Typus des Lügens vgl. infra.

144 Veränderungen sowohl zum Besseren wie auch zum Schlechteren manifestieren sich oft zuerst im Traum, dann im Verhalten und zuletzt in projektiven Tests. (Für Träume und Verhalten vgl. *49, passim*; für psychologische Tests vgl. Holts Anmerkungen, ebda., S. 493.) Iphigeneias Tränen im Traum widerlegen nicht ihre Aggressivität, vgl. E. *Ba.* 1147 und (*34*).

145 Orakel, die Geschehnisse beeinflussen: *14*. E. Bächli (*5*) streift nur die Einsicht, daß dasselbe auch auf Träume zutrifft. Vgl. auch *77*, *48*.

146 Arist. *de div. somn.* 463a4ff.; vgl. *69*, S. 120. Klinische Belege: *119*. Ein Traum kann wahr *gemacht* werden, indem man bereits *während* des Traumes ausagiert: Ein heranwachsender Analysand versuchte im Traum, einem Zusammenstoß auszuweichen, indem er von seinem Motorrad absprang: in der Realität warf er sich aus dem oberen Teil eines zweistöckigen Bettes (*32*).

147 Im Gegensatz dazu bewahrheiten sich die beiden anderen Euripideischen Träume und werden korrekt gedeutet.

148 E. *IT* 1235 ff. Amphiaraos ist in E. *Hyps.* (132ff., 152, 204ff. und *passim*, Page) eine edle Figur und man spricht von ihm in *Phoin.* 1111f. und *Suppl.* 158 mit Respekt. Das ist

Traum sie getäuscht habe (569f.), obwohl er sie als eine Opferpriesterin und nicht als Trauernde gezeigt hat. Orakel täuschen, weil der Mensch getäuscht werden will (*77*, *20*, *48*).[149]

Im Traum trifft sie Vorbereitungen für einen Ritualmord. Im Wachzustand glaubt sie, daß Orestes tot ist. Psychoanalytisch gesehen kann das nur bedeuten, daß sie das im Traum vorbereitete Menschenopfer als ein *fait accompli* behandelt. Dies erinnert an eine Besonderheit der tragischen Diktion, die manchmal von einem geplanten Mord so spricht, als sei er tatsächlich verübt worden.[150]

Die Zirkularität der Zeit wird in E. *IT* mit Mitteln bewirkt, die in gewisser Hinsicht denen ähneln, die die Zeit in Hekabes Traum zum Kreis schließen: Im Traum nimmt Iphigeneias Verhalten »prophetisch« vorweg, was sie in der Realität (*beinahe*) tun *wird*; dennoch behandelt sie beim Erwachen ihren Traum als *retro*kognitiv. Ebenso wie der Traum nicht als Schlüssel zur Vergangenheit paßt, versagt er auch als Prophezeiung. Das ist glänzende, überzeugende *und* poetische Psychologie[151]: sie opfert im Traum, aber nicht nachher. Sie deutet den Traum im Wachzustand falsch: sie weint über Orestes, der in Wirklichkeit lebt.

Die Gliederung der Zeit in den drei Träumen ist folgende: E. *Rh.*: Vergangenheit: (Verzögerung der Gewohnheitsanpassung?), Füttern und Lenken der Pferde; Thrakien (gefährliche Wölfe). Gegenwart: Der wirkliche (= geträumte) Angriff. Zukunft: Der Wunsch, die Pferde zu beschützen und der Streit mit Hektor.

E. *Hec.*: Vergangenheit: Regression und retrokognitive Deutung des Traumes. Gegenwart: Der Traum wird von Polydoros' dramatisch früherem, aber oneirisch gleichzeitigem (vgl. A. *Eum.*) Erscheinen verursacht; auch gleichen sich die Traumkrise und die

natürlich traditionell, aber Euripides respektierte nicht immer traditionelle Helden, so zum Beispiel Odysseus (3. Kap., Anm. 147 und supra, Anm. 68).

149 Anders als Euripides akzeptiert der altmodische Hesiodos (*Th.* 26ff.) gefaßt die gelegentliche Unaufrichtigkeit der Musen (oder Götter). Die Existenz böswilliger Götter schockiert wirkliche Primitive nicht – kann sie aber wohl erzürnen (*21*, S. 667f.). Psychologisch gesehen ist das in der (zum Teil gerechtfertigten) Ansicht des Kindes verwurzelt, daß alle Erwachsenen Psychopathen sind, da sie sich Kindern gegenüber so verhalten (*30*). In einer noch familienzentrierten Kultur kann Autolykos ein Held und Aigisthos »makellos« sein. A.W.H. Adkins (*1*, bes. S. 81, Anm. 11) verstand die soziologische, nicht aber die psychologische Bedeutung dieser »Makellosigkeit«. [Aber man weiß nicht wirklich, was dieses Beiwort für Homeros bedeutete (K.J.D.).]

150 S. *Aj.* 1126ff.; vgl. E. *IT* 60, 359f. (?), E. *Ion* 1497f., usw. Vgl. 1. Kap., Anm. 17.

151 Psychoanalytische Untersuchungen zeigen, daß »retrokognitive, hellseherische, telepathische und prophetische Träume« die Vergangenheit und den unbewußten Wunsch miteinander verschmelzen. Alle psychoanalytischen klinischen Beiträge zu diesem Thema bis zum Jahr 1951 (einschließlich der Beiträge Freuds) sind in *56* gesammelt.

wirkliche Krise. Zukunft: Schlechte Nachrichten über Polydoros werden Hekabe erreichen, schlimme Dinge werden Polyxene geschehen.

E. *IT*: Vergangenheit: Regression und retrokognitive (Fehl-) Deutung des Traumes. Gegenwart: Die Rolle als Opferpriesterin im Traum und die ostentative Verneinung (mittels Regression), daß sie bei den Tauriern ist; Transposition der Traumaktivität mit veränderter Bedeutung (Opfer = Trauern) in Wachaktivität. Zukunft: Sie wird Orestes (beinahe) opfern; ostentative Verneinung dieser Möglichkeit durch die Überzeugung, Orestes sei bereits tot.

In allen drei Fällen wird eine Zirkularität der Zeit mit Hilfe verschiedener und subtil nuancierter Mittel hergestellt.

Zusammenfassung: Wirkliche Träume zeigen, besonders wenn man sie im Kontext liest, selbst auf der manifesten Ebene zumindest Ansätze zu einer Gliederung der Zeit. In einigen vor-Euripideischen griechischen Literaturträumen hat die Zeit die Tendenz, entweder schlecht oder aber viel zu stark und in einer nicht authentisch traumartigen Weise gegliedert zu sein. Obwohl auch diese Euripideischen Träume die Zeit etwas zu gut gliedern, um als *unverzerrte* Berichte von wirklichen Träumen akzeptiert zu werden, wird diese leichte Übergliederung mit nuancierten, verschiedenen und über allem charakteristisch traumartigen Mitteln bewirkt. Die ihnen zugeschriebene übernatürliche Bedeutung bestimmt in großem Ausmaß ihre dramatische Funktion. Sie spielen die Rolle, die Träume gewöhnlich in der griechischen Tragödie zu spielen hatten, und es gelang Euripides, diese Träume das bieten zu lassen, was im Rahmen der tragischen Tradition von ihnen erwartet wurde, ohne ihre Plausibilität zu vermindern.

Latenter Inhalt: Die Urszene. Drei Traumerzählungen, die struktural Variationen über ein einziges Thema sind, haben notwendigerweise denselben latenten Inhalt oder dieselbe Bedeutung, auf deren wahrscheinliche Natur bestimmte äußere Charakteristika dieser Träume einen Hinweis liefern. Da es sich um Angstträume handelt, muß ihr Inhalt quälend sein; der Umfang der Symbolisierung zeigt, daß er nicht mit den Bestrebungen des Ich harmonisiert (daß er ich-dyston ist). Die Regression zeigt, daß die Wurzeln dieser Träume in der frühen Kindheit liegen. Auf einer völlig anderen Ebene beweist das Wiederauftauchen desselben Themas in drei Tragödien nicht nur das Fortleben des Konfliktes *in Euripides' Unbewußtem*, sondern auch seine partielle Sublimierung, da er ihn in der Form großer Dichtung ausdrückt. Diese Sublimierung wurde vielleicht zum Teil dadurch ermöglicht, daß das Theater ebenso wie der häufigste Typus der Urszene ein primär visuelles Erlebnis ist, das eine sublimatorische Befriedigung des infantilen Wunsches, »etwas zu sehen«, erlaubt. Das große Drama behandelt dieses »etwas« in einer solchen Weise, daß die Angst, die es erregt, zu einer Katharsis und nachfolgender Sublimierung führt.[152]

Das grundlegende latente Thema ist die »Urszene«: Die angstverzerrte Erfahrung oder Phantasie, die das Kind von den sexuellen Beziehungen zwischen den Eltern hat. Sie bildet auch die Grundlage bestimmter Themen sowohl griechischer wie auch nicht-griechischer Schöpfungsmythen und wird in fast unverkleideter Form in Hesiodos' *Theogoneia* (159ff.) dargestellt (*52*). (Defensiv) in eine groteske Komödie verwandelt, werden verschiedene Aspekte des Erlebnisses der Urszene in Worten ausgedrückt, die in Aischylos' *Diktyoulkoi* (*Netzzieher*) an Deutlichkeit nichts zu wünschen übriglassen (810ff., H. L.-J., usw.). Und schließlich tritt fast jedes einzelne der zwanzig konstituierenden Elemente der Urszene, oft in unverkleideter Form, in einer Vielzahl von griechischen Mythen und Texten auf. Das Material wird in numerierter Form einzeln vorgelegt werden; Querverweise werden durch entsprechende Ziffern in Klammern angegeben. Einige andere griechische Quellen, die diese Elemente ebenfalls erwähnen, werden in Fußnoten angegeben: sie bilden nur einen Bruchteil des relevanten griechischen Materials, das ich sammeln konnte.

In allen drei Träumen liefern realistische laufende Tätigkeiten das Aristotelische Rohmaterial (Tagesrest) für die symbolische Rekonstruktion der Urszene im Traum. Meiner Meinung nach scheint dieses Eingießen neuen Weins in alte Schläuche, das so charakteristisch für das Träumen (und für die Neurose) ist, die Kontinuität des psychischen Lebens und die ungebrochene Entwicklung des zeitlichen Ich (*42*) insbesondere im Verlauf der Wechsel zwischen Schlaf und Wachzustand zu sichern. In einem gewissen Sinn könnte das Bedürfnis nach einer solchen Kontinuität im Erleben des »Selbst« *in der Zeit* die Zirkularität der Zeit in so vielen Träumen *zum Teil* erklären.[153]

152 Es kann Zufall sein oder auch nicht, daß die drei Urszenenträume in Dramen erscheinen, die Aristophanes' »Aischylos« *nicht* als skandalös empfunden hätte (Ar. *Ran.* 1044ff.): es treten keine *sinnlichen* Frauen in ihnen auf.

153 Ich hege den Verdacht, daß die Verschmelzung der Gegenwart mit der Vergangenheit – die Strukturierung gegenwärtiger Konflikte nach infantilen Modellen – eine wichtige

Bei der Analyse dieser drei Träume muß man daran denken, daß der Dichter in E. *Rh*. die Urszene aus der Sicht eines kleinen Jungen, in E. *IT* aus der Sicht des kleinen Mädchens und in E. *Hec*. aus der Sicht der Mutter (= Vaters Frau) beschreibt. Diese letztere psychologische Leistung ist um so beeindruckender, als sogar Psychoanalytiker wenig daran interessiert zu sein scheinen, wie die Urszene *vom Vater oder von der Mutter phantasiert* (oder neurotisch ausagiert) wird. Dennoch wird in mindestens zwei griechischen Überlieferungen das Kind praktisch von einem Elternteil eingeladen, an der Urszene teilzunehmen. In Hes. *Th*. 159ff. bittet Gaia ihre Kinder, während des Aktes selbst einzuschreiten (*52*), während in A. *Dict*. 810ff. (H. L.-J.) der prospektive »Vater« Silenos den kleinen Perseus praktisch einlädt, der Urszene beizuwohnen: »(Du) kannst mit deiner Mutter und mit mir, deinem Vater, den dritten im Bett machen, und Papa wird dem Kleinen Spaß machen« [Übers. G. D.].[154] Während in Hekabes Traum nichts derartig Extremes geschieht, beweisen solche Daten, daß es eine elterliche (z. B. mütterliche) Art gibt, sich die Urszene vorzustellen. Diese Sichtweise der Urszene findet ihren Ausdruck in Hekabes relativ normalem Traum.

Bevor ich die zwanzig konstituierenden Elemente der realen Urszene aufzähle und untersuche, wie sie in diesen Träumen widergespiegelt werden, weise ich darauf hin, daß diese Arten, die Urszene zu erleben, klinisch recht häufig auftreten. Daß das Erlebnis selbst im fünften Jahrhundert v. Chr. in Athen recht häufig

Determinante des Einschlafprozesses sein könnte. Ich hoffe, mich mit diesem Problem in einer psychoanalytischen Veröffentlichung befassen zu können.

154 Da dieser Aspekt der Urszene unerklärlicherweise von Psychoanalytikern immer noch vernachlässigt wird, könnten einige klinische Beispiele bei der Klärung dieser Frage helfen. Ein mit Unterbrechungen impotenter Mann »beklagte« sich darüber, daß seine Kinder bei »ungünstigen« Gelegenheiten in das Schlafzimmer »eindrangen«. Unbewußt *verlangte* er nach diesen »Belästigungen«. In der Tat brauchte er trotz wiederholter psychoanalytischer Deutungen und schließlich trotz direkten Ratschlags drei Monate, bis er sich einen Schlüssel für die Schlafzimmertür machen ließ, und dann »vergaß« er regelmäßig, ihn auch zu benutzen. Eine Neurotikerin konnte nur dann ihre ehelichen Beziehungen genießen, wenn sie *gleichzeitig* phantasierte, daß sie mit einem Knaben schwanger war, daß der Phallos ihres Ehemanns in den Mund des Fötus eindrang und daß der Ungeborene den Samen schluckte. Die zweite und dritte dieser Phantasien wiederholen sich in jedem Detail im Mohave-Indianer-Glauben über Schwangerschaft (*22, 24*). So ergänzt der elterliche Exhibitionismus die kindliche Neugier. Außerdem ist der elterliche Exhibitionismus in einem gewissen Sinn sowohl ein »Weitergeben« des Traumas an das Kind als auch eine stellvertretende Befriedigung der unvollständig abgelegten Neugier der Eltern. (Z. B.: »Ich zeige meinen eigenen Eltern, wie sie mich hätten behandeln sollen!«) Das ist ein häufiges neurotisches Manöver.

war, zeigt am besten A. *Dict.*; wäre die Erfahrung der Urszene eine Ausnahme gewesen, hätte der »Witz« nicht gezündet. Zudem scheinen Aischylos' Satyrspiele, wie gesagt, von den Menschen der Antike bewundert worden zu sein (*121*, S. x). Das wäre wohl kaum der Fall gewesen, wenn sie Material behandelt hätten, auf das sein Publikum nicht reagieren konnte. Nach den wenigen erhaltenen Beispielen zu urteilen, war der psychologische »Zünder« in den Satyrspielen die Darstellung einer angsterregenden infantilen Phantasie als groteskem »Spaß«. Kurz, das Satyrspiel behandelt, wie bereits gesagt, das angsterregende Material der Tragödie in einer radikal anderen Stimmung.[155] (Vgl. 1. Kap., Anm. 34.)

Zu den Urszenenelementen der drei fraglichen Euripideischen Träume sind zunächst drei Bemerkungen angebracht:

1. Wenn man von der Urszene spricht, spricht man *automatisch auch* vom Ödipuskomplex – und natürlich umgekehrt.

2. Obwohl jedes einzelne – und vielleicht mehr als eines – der zwanzig im folgenden aufgezählten Urszenenelemente auch in anderen Erlebnis-, Phantasie- und Traumtypen auftreten kann, kennzeichnet ihr *gemeinsames* Auftreten in der Form eines *Musters* oder einer *Konfiguration* (Syndrom) *nur* einen Urszenentraum. Schon Ps.-Long. (*de sublim.* 10.1) verstand, daß es auf Syndrome und nicht auf isolierte Symptome ankommt.[156]

3. Man kann Euripides mit Sicherheit ein Interesse an der Urszene unterstellen. Der Höhepunkt seiner größten Tragödie (der »hinter den Kulissen« stattfindet)[157] ist das Zerreißen des Pentheus, der dem (vermeintlich) unzüchtigen Verhalten (E. *Ba.* 223 ff.) der Mainaden nachzuspionieren sucht – *einschließlich seiner Mutter im besonderen* und seiner Tanten (E. *Ba.* 229 f.).[158] Da er dies zum

155 Die Urszene: E. *Ba.* vs. A. *Dict.* 810 ff. Der kannibalische Verzehr von jemand relativ Kleinem (=Teknophagie): A. *Ag.* 1218 ff. vs. E. *Cycl.* Blendung: S. *OT* vs. E. *Cycl.* Ob das (Volksmärchen-)Motiv des aggressiven, schlauen Kleinkinds und seines überlisteten (stärkeren) Gegners nicht nur in den Satyrspielen (S. *Ichn.*), sondern auch in der Tragödie auftauchte, ist ungewiß. Vorstellbar ist, daß das Motiv auch hinter dem tragischen Thema ausgesetzter, aber geretteter Kinder steckt, die später zurückkehren und ihren Verfolgern Leid antun (S. *OT*, usw.).

156 Zu der Bedeutung, die eine Beurteilung von Sapphos Anfall (Sapph. *fr.* 31 LP) im Rahmen der Konfiguration (Syndrom) als Ganzer hat und zu ihrer Unabhängigkeit von Homerischen Modellen bei der Beschreibung ihrer Erfahrung vgl. *51*.

157 Zur Verbindung zwischen »hinter den Kulissen« und »dem Irrationalen« (= Unbewußten) vgl. Arist. *Poet.* 1460a26 f. und *55*.

158 Es können noch zwei weitere Argumente angebracht werden. 1. Die beiden anderen namentlich genannten männlichen Personen dieser Tragödie frönten wenigstens einmal *ebenfalls* dem »sexuellen Spionieren«: Kadmos spürte der Liebschaft des Zeus mit seiner Schwester Europe nach (Apollod. 3.1.1); Teiresias sah Athene nackt (Callim. *Lavacr.* 75 ff.),

Höhepunkt seiner *Bakchai* machte, ist es nicht verwunderlich, daß er Urszenenträume für einige seiner früheren dramatischen Figuren entworfen hatte.

Die folgenden Urszenenelemente (Erlebnis-, Phantasie-, Traumelemente) treten in den drei Euripideischen Dramen, die Träume enthalten, auf:

1. *Infantiles Spionieren* und manchmal elterliches Gegenspionieren.[159] E. *Rh.*: Das Motiv des Spions und des Gegenspions. E. *IT*: Iphigeneia beobachtet den Zusammenbruch des Hauses; Orestes und Pylades spionieren den Tempel aus, in den sie einbrechen wollen; vgl. (*6*). E. *Hec.*: Polydoros' sichtbarer Geist erscheint wahrscheinlich Hekabe (wird von ihr im Traum gesehen).[160]

2. *Entsetzen und Faszination.*[161] *Rh.*, *IT*, *Hec.*

3. *Skotomisierung.* Angst verwischt einige Details. Manchmal scheint ein Dunst einen Teil des visuellen Feldes zu bedecken (*87*). Ein anderes Mal ist das Gesichtsfeld fast bis auf die sogenannte »röhrenförmige« Sicht verengt. Allerdings ist in den Euripideischen Träumen die *Nicht*-Wahrnehmung bestimmter Details genaugenommen nicht auf eine Skotomisierung, sondern auf den Blickwinkel des Träumers (des kleinen Kindes, der Mutter) zurückzuführen (vgl. den Abschnitt über »Perspektive«).[162] E. *Rh.*: Die Sicht des Träumers ist fast »röhrenförmig«: Er erwähnt weder die Köpfe der Wölfe noch die Beine der Pferde. E. *Hec.*: Der Kopf des Wolfes *wird* anscheinend *nicht* gesehen; aus der Perspektive einer Mutter (einer Frau) *könnte* der »Schwanz« (Penis) des Wolfes *nicht* gesehen werden.[163] E. *IT*: Möglicherweise das unerklärte Herabsinken des

enthüllte Zeus' Liebschaft mit Alkmene (Apollod. 2.4.8), sah Schlangen sich paaren (Apollod. 3.6.7) und verriet, daß Frauen beim Beischlaf mehr Lust empfinden als Männer (Hes. *fr.* 275 M.W.). 2. Klatschbiographen haben behauptet, daß Euripides selbst seine Frau mit seinem Sklaven Kephisophon *in flagrante* erwischt habe (Anon. *Genos,* usw., S. 6 Schw.; Satyr. *V. Eurip. fr.* 39, S. XII f.). Wichtig ist nicht, ob dieser Vorfall wahr ist, sondern daß er *Euripides* zugeschrieben wird. (Zu Informationen, die man aus nicht authentischen Anekdoten gewinnen kann, vgl. *51*).

159 z.B.: »Schläft das Kind schon?« – aber auch: »Masturbiert das Kind?«

160 Vgl. Hom. *Od.* 9.329ff. (Ares und Aphrodite); Thphr. *Char.* 13.8, 20.7 (Mutters Kindbett); X. *Smp.* 9.2 (erotischer Tanz); A. *Dict.* 810f., als »Spaß«. Zur Doppeldeutigkeit der Rolle des vieläugigen Sexualspions Argos vgl. 2. Kap.

161 In A. *Dict.* 810ff. defensiv umgekehrt als »Spaß« karikiert.

162 Athene blendet Teiresias. Semele wird (vielleicht) von Zeus, der als Blitz erscheint, geblendet. Vgl. S. *OT* 1369ff. für Oidipous' Erklärung seiner Selbstblendung. Für Stesichoros vgl. infra. Möglicherweise Epizelos: Er sah einen Gegner, dessen gewaltiger Bart seinen Schild bedeckte (Hdt. 6.117); (Ziegenhaut-Aigis?). Andere vielsagende Fälle finden sich bei Escher (*75*), obwohl der unpsychologische Escher sie nicht verstand (*61*).

163 Sowohl das Griechische als auch das Lateinische setzen »Schwanz« und »Penis« gleich (*54*).

Haares. Wie bereits gesagt, ist die Perspektive in allen drei Träumen zwar merkwürdig, aber angemessen.

4. *Nicht-Erkennen* (total oder partiell) der Eltern: dies impliziert eine Zurückweisung des *unerträglichen* Zeugnisses der eigenen Sinne.[164] Gewöhnlich wird die Mutter »nicht erkannt«, obwohl es Ausnahmen von dieser Regel gibt.[165] Aber in Euripideischen Träumen ist der Aggressor (Vater) am stärksten verkleidet. Dies könnte gut eine griechische Besonderheit sein[166]; die auffälligste Ausnahme bildet die Geschichte von Stesichoros' Blindheit.[167] Obwohl die relativ durchsichtige Darstellung des »Opfers« (Mutter) und die undurchsichtige Verkleidung des »Aggressors« (Vater) in Euripideischen Träumen weniger einfach zu erklären ist, kann man vielleicht doch Mutmaßungen anstellen.[168] Jedenfalls ist in allen drei Träumen der Aggressor die am wenigsten erkennbare Figur. E.*Rh.*: Das Nicht-Erkennen der Wölfe ermöglicht die Anklagen gegen Hektor. E.*Hec.*: Die wirkliche (doppelte) Identität des Wolfes wird erst durch die Analyse ermöglicht; im Gegensatz dazu ist die Tatsache, daß das Kitz, obwohl das Geschlecht dieses Tieres ungewiß ist – zumindest auf der affektiven Ebene – eines oder zwei von Hekabes Kindern repräsentiert, bereits im Traum offenkundig. E.*IT*: Die Identität des fallenden Simses wird an keiner Stelle erkannt; die

164 Vgl. meine Kommentare (3. Kap.) zu A.*Ag.* 412-413: ἀπίστους, sowie (*44*).

165 Ein heranwachsender Prärie-Indianer »erkannte« den Liebhaber seiner verwitweten Mutter nicht und »schloß« nur aus der Tatsache, daß er versuchte, sich zu verstecken, daß diese Person »ein anderer« (sic) Mann war (*49*, S. 290f.).

166 Das Motiv des unsichtbaren oder verkleideten Liebhabers: Zeus und Semele; Zeus und Alkmene; Eros und Psyche; ebenso andere Geschichten von göttlicher oder heroischer Vaterschaft. Eine junge Frau träumte, daß ein purpurgekleideter Narr Kapriolen schlug und ihr Fratzen schnitt. Beim Aufwachen erkannte sie mit einem plötzlichen Erschrecken in dem Narren ihren Vater und schloß, daß die schattenhafte Frau, die ebenfalls in ihrem Traum anwesend war, ihre Mutter war. D.h.: Vater verkleidet, Mutter schattenhaft.

167 Die anfängliche Erkenntnis, daß sich »die schönste der Frauen« (= Mutter) schlecht benimmt (Stesich.*frr.* 10-14P), verursacht Blindheit, die geheilt wird, sobald der Dichter das Zeugnis seiner »Augen« zurückweist und zwei Widerrufe schreibt (Palinodiai): Stesich.*frr.* 15-16P. (3. Kap., Anm. 98) (*62*).

168 Euripides' Neider hätten wohl nicht dauernd über seine Mutter gespottet (»Die Gemüseverkäuferin«), wenn ihn diese Angriffe nicht getroffen hätten. Dies deutet darauf hin, daß er ihr sehr zugeneigt war – mehr als seinem Vater, der selten direkt angegriffen wurde: die Geschichte, daß er ein Krämer war, ist wahrscheinlich eine Extrapolation aus der Stichelei, daß seine Mutter Gemüse verkaufte; Daten bei Schmid (*139*, I.3, S. 313, bes. Anm. 4). [Aber die Grundlage des Scherzes könnte auch in seiner Widersinnigkeit liegen: Der Sohn einer Gemüseverkäuferin schreibt über Könige (K.J.D.).] Möglicherweise machte die »Brutalität« der Aggression gegen die »hilflose« Mutter ihr Erkennen erträglich. Dies sind freilich Konjekturen, denen es aber, insbesondere angesichts von Euripides' Sympathie für Frauen und Unterdrückte, nicht an Plausibilität mangelt.

Identität der Säule ist nicht nur zweideutig, sondern der sie betreffende Traum wird auch *zweimal* falsch gedeutet.[169]

5. *Vater = Unhold.*[170] E.*Rh.*: Die Wölfe reiten (= koitieren) die Pferde [κέλης = eine sexuell aktive Frau, vgl. LSJ s. v. III, 1 und 2; manchmal – aber *nicht hier* – vielleicht *coitus inversus* (1. Kap., Anm. 32)]. E.*Hec.*: Der Wolf *muß* (in einer sexuellen Haltung) über Hekabes Knie gebeugt sein, da er mit seinen Krallen das Kitz auf ihrem Schoß krallt; später verwandelt sich Hekabe selbst in eine Hündin – und die Griechen wußten, daß sich Hündinnen mit Wölfen paaren. E.*IT*: Das Dach droht Iphigeneia unter sich zu begraben (= Koitus = *compressio*) [vgl. (16)]; auch die zusammenstürzende Säule könnte gefährlich sein [vgl. (18)]. Ich weise darauf hin, daß den Pferden kein wirkliches Leid geschieht – sie werden nur gestohlen. Dem Kitz geschieht ein Leid, Iphigeneia bleibt unverletzt ... obwohl sie in Aulis »geopfert« wurde.

6. *Der väterliche Phallos*, als gefährliches Organ gesehen[171], fasziniert das Kind, erschreckt es aber auch.[172] E.*Rh.*: Wolfs»schwänze« peitschen die Pferde. E.*Hec.*: Der Schwanz (und natürlich auch der Penis) wären in einem *mütterlichen* Urszenentraum plausiblerweise nicht sichtbar. E.*IT*: Die (anscheinend zusammenstürzende oder schrumpfende) Säule könnte den Träumer gefährden.[173]

7. *Vater tut Mutter schreckliche Dinge an;* er tötet sie.[174]

169 Der Traumzusammenbruch *dieses* Palastes nimmt den von Pentheus' Palast in E.*Ba.* 386ff. vorweg.

170 A.*Dict.* 781: »Weder geile Bestie noch Vater« (H.L.-J.). Mythen über männliche Gottheiten, die sich mit sterblichen Frauen in der Gestalt eines Tieres (Schlange, Stier, Schwan, Hund, usw.) paaren, sind häufig.

171 Vgl. (vielleicht) den Axiokersos-Mythos. Ebenso (vielleicht) die Anbetung des Speeres von Kainis-Kaineus (sch.A.R. 1.57) und des zu Recht so genannten Parthenopaios (A.*Sept.* 529ff.). Für Kainis vgl. *35*. Zu Phallosehrfurcht vgl. *88*, auch 6. Kap., Anm. 106.

172 »Dieser Kleine liebt wirklich den Penis.« A.*Dict.* 786. (Professor Dover meint, daß »Penisliebhaber« ein allgemeiner, auf überenthusiastische Liebhaber von Knaben gerichteter Spott sein könnte, und daß Silenos ihn hier scherzhaft auf das Kleinkind anwendet, das sich an Silenos' übergroßem Phallos festhält.) Für die phallos-geborene Aphrodite als »die, die den Penis liebt« (oder, wie Professor Burkert vorschlägt, »der der Phallos eigen ist«), vgl. *52*. Für die Penis- (und nicht Gesäß-)zentriertheit eines »richtigen« griechischen Knabenliebhabers vgl. *46*.

173 Daß die »haargekrönte Säule« (vgl. die mit Efeu gekrönte in E.*Antiope fr.* 203 N^2) für »Baum, Pfosten« steht, ist fast so gut wie unausweichlich. ›Baum = Phallos‹, vgl. Ps.-Hp.*insomn.* 90. Daß die Säule den väterlichen Phallos darstellt, wird durch die Disproportionalität seiner und Iphigeneias Größe nahegelegt. Klinische Daten zeigen, daß diese Disproportionalität eine Quelle der Angst für das ödipal fixierte kleine Mädchen darstellt; vgl. 2. Kap., Anm. 41.

174 Ouranos' Koitus mit Gaia wird in Hes.*Th.* 159ff. wiederholt »böse« genannt. Zeus'

E.*Rh*.: Die Wölfe scheinen den Pferden Leid anzutun. E.*IT*: Das herabstürzende Dach könnte zuerst Iphigeneia unter sich begraben und dann den Fußboden (= Erde) zertrümmern. E. *Hec*.: Indem der Wolf das Kitz auf Hekabes Schoß angreift, tut er implizit auch ihr ein Leid an.

8. *Mutter wälzt sich umher*, anscheinend, um den Angriff abzuwehren. Dies, zusammen mit den rhythmischen Bewegungen des Vaters, ist die Hauptdeterminante des Nexus zwischen Schaukelempfindungen und der Erinnerung an die Urszene.[175] E.*Rh*.: Die Pferde bocken und steigen. E.*IT*: Die Erde bebt. E.*Hec*.: Keine Daten.[176]

9. *Mutter schreit auf*, zum Teil »vor Schmerz« und zum Teil »um Hilfe rufend«.[177] Manchmal wird dieses fehlinterpretierte erotische Geräusch mit dem erotischen Stöhnen des Vaters verschmolzen – oder verwechselt. E.*Rh*.: Das Schnauben der Pferde wird als ein Hilferuf interpretiert. E.*Hec*.: Es gibt kein Geräusch, und es wird auch kein Hilfe*ruf* benötigt, denn das Kitz wird vor Hekabes Augen angegriffen. Zudem spielen elterliche erotische Laute in *mütterlichen* Urszenenphantasien gewöhnlich keine Rolle.[178] E.*IT*: Die traurige (?) unartikulierte (männliche?) Stimme des Haars auf der Spitze der (phallischen) Säule. Der Traum der ödipal fixierten Iphigeneia betont angemessenerweise das erotische Stöhnen des *Mannes*.

Es braucht kaum erwähnt zu werden, daß die Elemente (8) und (9) grobe Realitätsverzerrungen sind. Sie spiegeln des Kindes

Blitz tötet Semele. Minos' giftiger Samen tötet seine Bettgenossinnen (Apollod. 3.15.1; Ant. Lib. 41.5).

175 In griechischen Mythen ist Vergewaltigung ausgesprochen häufig (*46*). Ouranos »vergewaltigt« die »widerstrebende« Gaia (Hes. *Th*. 164ff.); Poseidon der Hengst paart sich als Hippios mit der unwilligen Stute Demeter (Paus. 8.25.5f.). (Vgl. Kronos' Paarung mit Philyra.) Er vergewaltigt auch Kainis, entschädigt sie aber mit einem Penis (*35*), Apollon vergewaltigt Kreusa (E.*Ion*) und versucht, Kassandra zu vergewaltigen (A.*Ag*. 1206ff.). Vgl. 3. Kap.

176 Aber vgl. E.*Tr*. 116ff.: Hekabe spricht ausführlich davon, wie sie sich in ihrem Kummer schaukelte. Ein Zufall? Man weiß, daß das Sich-Schaukeln bei bestimmten Psychotikern sexueller (autoerotischer) Natur ist. Schaukeln bewirkt, wie ein intensiver Orgasmus, ein Schwindelgefühl: Phaidra auf der Schaukel, siehe 3. Kap., Anm. 104.

177 Explizit: Gaia in Hes. *Th*. 159ff. (*52*).

178 Es gibt Ausnahmen, wie der Fall der vorhin erwähnten Frau: »Wenn ich stöhne, müssen meine Kinder glauben, daß mein Mann mich umbringt!« In diesem Fall war die Identifikation der Mutter mit dem Kind, das von den Schlafzimmergeräuschen sowohl verwirrt als auch erregt werden *könnte*, völlig offensichtlich. Während ihres ganzen Lebens hatte diese Frau ängstlich versucht, teilweise ausgelöschte, murmelnde (= Schlafzimmer)-Geräusche zu identifizieren (*41*), vgl. Anm. 127.

ängstliche, defensive Fehlinterpretationen der »Bedeutung« des Herumwerfens und Stöhnens der Mutter – d.h. ihrer aktiven und lustvollen Beteiligung am Akt.[179]

10. *Das Kind klammert sich an – oder flieht in – den Schlaf.* E. *Rh.*: Der Wagenlenker wacht zu spät auf. E.*IT*: Iphigeneia ist doppelt am Schlafen (εὕδειν). E.*Hec.*: Anscheinend keine Daten.[180]

11. *Verleugnung der Realität der Sinneswahrnehmung:* »Ich träume das nur« oder »Ich glaube bloß, im Dunkeln Dinge zu sehen«. Diese Abwehr ist eng mit den Manövern der defensiven Skotome (3) und des Nicht-Erkennens (4) verwandt.[181] E.*Rh.*: Zuerst hält der Wagenlenker fälschlich die Realität für einen Traum. E.*Hec.*: Die »wirkliche« Erscheinung von Polydoros' Geist wird nicht als eine Vision, sondern als Traum erlebt. E.*IT*: Iphigeneia träumt zunächst, daß sie schläft, und dann, daß sie (immer noch schlafend) aufwacht; der Übergang vom ersteren zum letzteren ist recht verschwommen und bringt kein richtiges Aufwachen mit sich. Es gibt nur einen Übergang vom »*doppelt* Schlafen« zum »*einfach* Schlafen«.

12. *Immobilisierung* des Kindes aufgrund von Furcht und Angst.[182] E.*Rh.*: Der Wagenlenker ist von Schlaf gelähmt. E. *Hec.*: Weder Hekabe noch das Kitz scheinen sich zu bewegen. E.*IT*: Außer möglicherweise dem *doppelten* Schlaf keine relevanten Daten.

13. *Fluchtreaktionen.*[183] E.*Rh.*: Erst nach dem Aufwachen. E. *Hec.*: Keine Daten, auch würde man sie in einem mütterlichen Traum nicht erwarten. E.*IT*: Flucht aus dem wankenden Palast.

179 Vgl. die Anschuldigung (Ar.*Ran.* 1044), daß Euripides' Frauenfiguren zu sinnlich gewesen seien.

180 Es sei denn, man interpretiert so die zweifache Schichtung von Hekabes Erlebnis (Erscheinung = Traum), was Iphigeneias zweifachem Schlafen entspricht.

181 Dies wiederholt in einem gewissen Sinn E.*Phrix.fr.* 838 N²: »Ist Leben nicht wirklich Tod, und Tod Leben?« In E.*Ba.* treten *passim* häufig visuelle Illusionen auf. Vgl. A.*Ag.* 412f.: ἀπίcτουc (nicht glaubend), 3. Kap.

182 Koitus mit einer Göttin (= Mutterfigur) schwächt, entmannt oder lähmt sogar gewöhnlich den Sterblichen. Vgl. Tithonos, Anchises, vielleicht Endymion; vgl. Hermes' Warnung des Odysseus, als dieser der Liebhaber Kirkes werden will (Hom. *Od.* 10.293 ff.). Ixion wird sowohl mit Immobilisierung als auch mit Herumwirbeln bestraft (das Gefühl von »Schwankungen« bei der Urszene). ›Lähmung = Impotenz‹, verursacht von ödipalen Fixierungen und Phantasien.

183 Das Flucht-(= Exil-)Motiv ist im griechischen Mythos häufig. De Romilly (*17*) weist auf die Neigung griechischer Dramenfiguren hin, auszurufen, sie wünschten anderswo zu sein.

14. *Identifikation*, gewöhnlich mit der »angegriffenen« Mutter, insbesondere bevor die sogenannte Mutter-Kind-Dyade *völlig* aufgelöst ist. Bei Knaben führt eine solche Identifikation oft zu passiven homosexuellen Neigungen. E.*Rh.*: Vielleicht die Tatsache, daß ein Angriff auf die Pferde auch ein indirekter Angriff auf den Wagenlenker ist, der schwer verwundet wird, während die Pferde unversehrt entkommen. E.*Hec.*: Dieselben Überlegungen hinsichtlich des Kitzes, aber diesmal vom Standpunkt der Mutter aus. E.*IT*: Da die Belege sowohl komplex wie auch anspielungsreich sind, kann jede Interpretation nur tentativ sein. Insoweit Iphigeneia Orestes opfern wird, identifiziert sie sich mit ihrem eigenen Aggressor: mit ihrem Vater Agamemnon, der sie in Aulis zu opfern versuchte.[184] Aber insoweit sie eine Frau ist, die einen Mann opfern wird – und dazu einen Mann, der für Agamemnon steht und dessen natürlicher Rächer ist –, identifiziert sie sich mit Klytaimestra.[185] Diesen beiden *tentativen* Interpretationen liegt die symbolische Gleichung ›Koitus = Töten‹ (»sadomasochistische infantile Koitustheorie«) zugrunde; vgl. (7).

15. *Die »Mühlsteine«.* Teils von der Identifikation mit den Eltern motiviert, teils vom Bedürfnis, sie zu trennen, schiebt sich das Kind in der Phantasie zwischen beide und fühlt sich dann wie zwischen Mühlsteinen gefangen und zerdrückt. Diese Phantasie kann von Schaukelempfindungen (8) und erotisierter Angst begleitet sein[186], und sie könnte vielleicht zum Teil das griechische mythologische Motiv des auf einem Bett oder Amboß Gehämmertwerdens erklären.[187] E.*Rh.*: Keine »Mühlsteine«. E.*Hec.*: Das Kitz

184 Identifikation mit dem Aggressor ist ein klinischer Gemeinplatz (*79*).

185 Dem sollte nicht entgegengehalten werden, daß Iphigeneia zu diesem Zeitpunkt noch nicht weiß, daß Agamemnon erschlagen worden ist; wichtig ist, daß Euripides es wußte – und manchmal spielt das Unbewußte des Dichters ihm einen Streich (*60*). Ich bin nicht bereit, geltend zu machen, daß Iphigeneia »erriet«, daß ihre Mutter ihre »Ermordung« in Aulis rächen würde.

186 Zu erotisierter Angst vgl. *109* und *110*. Zur Phantasie, überfahren (zermalmt) zu werden, vgl. *96*. Diese Phantasie kann in eine suizidale Perversion degenerieren: Ein stationär untergebrachter borderline-Psychotiker kroch manchmal unter parkende Autos: Er hatte eine Technik entwickelt, von den anfahrenden Autos so überfahren zu werden, daß er keine wirklichen Verletzungen erlitt.

187 Prokroustes: *13*, 2, S. 626ff. Idaische Daktylen: (Amboß – Ἄκμων), (*13*, 2, S. 312f.). Wenn Dionysos der Menschenzerschmetterer (ἀνθρωπορραίστης) ein Axt-Gott war (*13*, 2, S. 522, 622), könnte sein Beiname ebenfalls relevant sein. Athene zerschmettert zur Verteidigung *ihres* Vaters Enkelados unter der Insel Sizilien; sie schlägt Herakles in Verteidigung *seines* Vaters mit einem Stein nieder (E.*HF* 1004f.). Eine Beobachtung eines meiner Studenten verdient zumindest eine Erwähnung in einer Fußnote: Iphigeneia hat es bis dahin vermieden, zu heiraten (Defloration = vom Penis durchbohrt werden). Auch

ist zwischen Hekabes Schoß und den Krallen des (gebeugt stehenden) Wolfes gefangen. E. *IT*: Iphigeneia läuft Gefahr, zwischen der schwankenden Erde[188] und dem zusammenstürzenden Sims zermalmt zu werden, entkommt aber und zieht sich in die Zuschauerposition auf eine Seite der »Eltern« zurück. (Vgl. den Wagenlenker.) In Euripides' Werken ist die Entwicklung dieses wichtigen Bildes zirkulär: E. *Rh.*: Der Zuschauer befindet sich auf einer Seite; E. *Hec.*: Das zerdrückte (zerkrallte) Kitz repräsentiert nicht die Träumerin selbst; E. *IT*: Die Träumerin entkommt der Gefahr des Zerdrücktwerdens, indem sie sich in eine periphere Stellung zurückzieht, aber nahe genug bleibt, um das »Haar« zu »berühren«.[189]

Da ich zu diesem Punkt Widerspruch von seiten der Nicht-Kliniker erwarte, kann ich nur Professor Dovers Kommentare zitieren: »Gestern abend sah ich in der Film Society einen polnischen Kurzfilm, der als Komödie angesagt worden war und vom Großteil des Publikums auch so aufgefaßt wurde[190], der aber in Wirklichkeit zwanzig Minuten aus dem Leben eines Psychotikers zeigte, der zwar stationär untergebracht, aber unzureichend diagnostiziert worden war und von Halluzinationen gequält wurde. In einem Moment sind seine Eltern im Zimmer, bekleidet wie zu der Zeit, als er ein *Kleinkind* war [meine Hervorhebung]; er sucht Zuflucht *unter dem Bett* [Professor Dovers Hervorhebung]; sie tanzen im Zimmer herum und tanzen schließlich auf dem Bett, so daß dessen Unterseite auf seinen Kopf auf und nieder federt,

Orestes, der geopfert (mit einem Messer durchstochen) werden soll, entkommt. Iphigeneia beobachtet (*in der Urszene*), wie Agamemnon Klytaimestra mit seinem Penis durchbohrt, entkommt aber (*im Traum*) aus dem zusammenstürzenden Palast.

188 Ich erinnere daran, daß die (mütterliche) Erde, indem sie sich bewegt, aufhört, eine rein unterstützende Oberfläche zu sein, und zum »Akteur« wird: das unterste der Traumobjekte, die unterste aktive Schicht, in die der Traumraum geteilt ist.

189 Es gibt vielleicht auch in E. *Ion* 16ff. Spuren dieses Phantasiebildes: Ion wird (*fide* LSJ) in einer mit *Rädern* versehenen Wiege ausgesetzt. Doch ist Professor Dover der Ansicht – der ich zustimme –, daß er in einer *Schaukel*wiege in eben der Höhle ausgesetzt wurde, wo Apollon Ions Mutter Kreusa vergewaltigt hatte. Abgesehen von der inhärenten Angemessenheit des Aussetzungsortes könnte man vielleicht das Aussetzen in einem *Schaukel*korb als eine »Verschiebung der ›tödlichen‹ Urszene in der Zeit« interpretieren. Ich erinnere noch einmal daran, daß Schwingungsempfindungen in der Psychoanalyse oft Erinnerungen (oder Phantasien) der Urszene vorangehen (supra). Für andere Euripideische Verschiebungen in der Zeit siehe den Abschnitt über die Zirkularität der Zeit. Ob Schwingungsempfindungen (hypothetische) pränatale Empfindungen reaktivieren, ist ungewiß.

190 Vgl. meinen Kommentar zum traumatischen latenten Inhalt der Satyrspiele und der Katharsis, die sie bewirkten. (Vgl. Allgemeine Einführung, Anm. 34; 1. Kap., Anm. 34.)

während er sich flach auf den Boden drückt!« Offensichtlich ist das Unbewußte zeitlos, wie Freud betonte.

16. *Variante der »Mühlstein«phantasie:* Statt zwischen den Eltern gefangen zu sein, wird das Kind *in utero* angegriffen.[191] E.*Rh.*: Keine Daten. E.*Hec.*: Knie = Schoß = Uterus; dies ist ein allgemein gebräuchlicher Euphemismus. E. *IT*: Haus = Uterus, wobei der Uterus besonders im Traum oft als Haus des Fötus angesehen wird.[192]

17. *Rettungsphantasien* werden von der Urszene und besonders von dem falsch interpretierten Stöhnen der Mutter (Hilferufe) hervorgerufen. (Hes. *Th.* 164ff.)[193] Wenn solche Rettungsphantasien Wurzel fassen, kann der Wunsch, Frauen »vor einem Leben in Schande« zu retten, zum neurotischen Symptom werden.[194] Die Rettung der Mutter durch den Sohn ist ein Thema, das man oft im griechischen Mythos findet.[195] E.*Rh.*: Der Wagenlenker will bereits im Traum die schnaubenden Pferde retten. E.*Hec.*: Da dies ein mütterlicher Traum ist, will Hekabe (vgl. Rhea und Zeus) das

191 Kronos ist zweifellos »in« Gaia »drin« (Hes.*Th.* 174, 178), deren Schwangerschaft anscheinend künstlich verlängert wird. Vgl. die Verschiebung von Herakles' Geburt bis zu einem Zeitpunkt nach der des Eurystheus (*86*), ebenso Kleos fünfjährige Schwangerschaft und Ithmonikes dreijährige Schwangerschaft, *IG.* IV², I, no. 121 (*72*, I, S. 221ff.). Vgl. ein weitverbreitetes Volksmärchenmotiv: das (aggressive) »schlaue Kleinkind« weicht im »Mörser« dem »Stößel« des Riesen aus (*22*). Vgl. auch das weitverbreitete Tabu, mit schwangeren Frauen zu koitieren. Wenn dieses Tabu fehlt, kann die Vorstellung bestehen, daß atypische Koitusarten dem Fötus schaden (*50*, S. 248ff.). Dieser Gedanke findet seinen Niederschlag auch in dem obszönen deutschen Vierzeiler:
Es lagen einmal Dos zu Dos
Im Mutterschoß zwei Embryos.
Da sagt der eine: Achtung! Bücken!
Es kommt ein Stoß: Die Alten ficken!

192 Vgl. meine Diskussion der Bedeutung von »Raum« im Traum, supra, unter Zitierung von (*134*, *135*). Für ›Uterus = Haus des Fötus‹ und ›Wiege = Haus des Säuglings‹ vgl. (*23*). Um sozial wiedergeboren zu werden, muß sich ein Mann, der irrtümlich für tot gehalten wurde, von oben *in das Haus* herablassen (Anm. 34).

193 Experimentelle Daten beweisen, daß der Ausdruck bestimmter extremer emotionaler Zustände leicht als ein Ausdruck des genau entgegengesetzten Zustandes fehlinterpretiert werden kann (vgl. *3* und einen großen Teil der späteren Veröffentlichungen).

194 Vgl. Freud (*82*) zu dem Wunsch, Prostituierte zu »retten«, indem man sie heiratet. Dies ist ein häufiges Handlungselement der neuen Komödie, deren Vorläufer bekanntlich Euripides war (*123*). Ein Zufall?

195 Gaia bittet Kronos, sie zu retten (Hes.*Th.* 164ff.). Andere Rettungen: E.*Antiope*, E.*Hyps.*, usw. Perseus muß Danaë vor Polydektes retten; A.*Dict.* parodiert, wie ich vermute, dieses Thema, indem Polydektes vielleicht antizipatorisch als Silenos karikiert wird. Diese Motivation wird im Phoinix-Mythos umgekehrt: Der Sohn muß die sexuelle Frustrierung seiner Mutter rächen, Hom.*Il.* 9.44ff.; vielleicht: E.*Phoenix*; dies ist eine gegenödipale Phantasie (*31*). Lydische Beispiele für »Mutters Helden« finden sich bei Herter (*92*).

Kitz-Kind vermutlich retten. Kein Hilferuf ist nötig, da das Kitz bereits auf Hekabes Schoß und somit vor ihren Augen ist. E. *IT*: Die traurige (?) Stimme. Am Ende rettet Iphigeneia Orestes (= Agamemnon = sein Haus) und wird gleichzeitig von ihm gerettet.

18. *Rettung = Gegenangriff*. Die Eltern werden getrennt; der Vater wird getötet oder verstümmelt.[196] E. *Rh.*: Der beabsichtigte Gegenangriff auf die Wölfe wird auf Hektor verschoben. E. *Hec.*: Der Traum »verursacht« Hekabes Gegenangriff auf Polymestor. E. *IT*: Nachdem es Iphigeneia gelungen ist, der Gefahr des Zermalmtwerdens zu entkommen, bereitet sie die Säule (= Agamemnons Phallos) zum Opfer vor. Insoweit, als die Säule (zusätzlich) = Agamemnons Sohn ist, verletzt Iphigeneia – wie andere griechische Frauen – einen Mann, indem sie sein Kind tötet.[197] In E. *IT* formen Angriff, Gegenangriff und Rettung ein höchst überdeterminiertes Ganzes: Agamemnon »opfert« Iphigeneia in Aulis der Artemis, die sie rettet und durch eine Hindin ersetzt.[198] In E. *IT* greift Orestes die Viehherde an; er plant, Artemis (= Iphigeneia) »anzugreifen« (zu rauben, zu entführen). Iphigeneia (eine Hypostasis oder ein Double der Artemis) führt den Gegenangriff aus: Orestes soll geopfert werden. Dennoch entführt (= rettet) Orestes letzten Endes sowohl Artemis als auch Iphigeneia. So führen Angriff und Gegenangriff zu einer gegenseitigen Rettung. Agamemnon griff Klytaimestra über Iphigeneia an; um Iphigeneias willen führte Klytaimestra einen Gegenangriff aus und tötete Agamemnon: Im Traum bricht die Säule, die Agamemnons Männlichkeit repräsentiert, zusammen.[199]

196 Kronos (der sich in Gaia befindet) greift Ouranos mit einer zweimal erwähnten, gekrümmten und schartigen (gezähnten) Waffe an. Dies ist eine Variante des *vagina dentata*-Motivs: Die Waffe muß Kronos' Zähne repräsentieren, insbesondere, weil er später seine eigenen Kinder verschlingt (*52*). Vgl. Hunde, die die Genitalien eines alten Mannes »schänden« (fressen): Hom. *Il.* 22.75; ein Widerhall in Tyrt. *frr.* 6-7D (11, Edm.) V. 25 ff. (V. 25 sollte, trotz Edmunds [*73*], *nicht* emendiert werden). Graue Eichhörnchen kastrieren rote Eichhörnchen (*114*); starke Onagerhengste kastrieren schwächere (*143*), ein Kind greift nach seinem eigenen Penis, um sich im Gleichgewicht zu halten: (*118*, Tafel 29.1). Gestützt auf Dodds' Interpretation (*70*, S. 43) des Fingeropfertraums des Ailios Aristeides muß man auch Orestes' Abbeißen seines eigenen Fingers (Paus. 8.34.2) so interpretieren. Tatsächliche und/oder phantasierte Entmannung durch Beißen wurde andernorts (*52*) umfangreich belegt.

197 S. *Tereus*; E. *Med.* Dies ist das dritte Mal, daß sich Orestes in Gefahr befindet; die ersten beiden Male geriet er manifest in Lebensgefahr, weil er Agamemnons kleiner Sohn war: E. *Teleph.* (seitens Telephos'); A. *Choe.*, S. *El.*, E. *El.* (seitens Aigisthos').

198 Daher: ›Tochter = Hindin‹ (E. *IT*, *IA*); ›Kind = Kitz‹ (E. *Hec.*).

199 Dies ist die weitverbreitete symbolische Gleichung ›Detumeszenz = Kastration = Tod‹; vgl. das Sprichwort der Somali: »Die Vagina ist der Ort, wohin der Penis sterben geht.«

19. *Reaktive sexuelle Erregung:* Dies führt zu gelegentlichen autoerotischen Aktivitäten.[200] E.*Rh.*, E.*Hec.*: Anscheinend keine Daten. E.*IT*: Wahrscheinlich angedeutet, wenn auch in stark verkleideter Form: Iphigeneia wäscht das »Haar« der Säule.[201] (Aber ich erinnere daran, daß die Pubes der athenischen Frauen rasiert waren. [Ar. *Thesm.* 590, usw.].)

20. *Deckerinnerung.* Das Erlebnis der Urszene wird fast immer tief verdrängt und führt dann zur Bildung einer – ersatzweisen und verzerrten – Pseudoerinnerung (»Deckerinnerung«), deren Äquivalent das sogenannte »zweite Gesicht« ist.[202] E.*Rh.*: Die ungerechte Beschuldigung Hektors durch den Wagenlenker. E.*Hec.*: Die Erscheinung (eines Gespenstes in Menschengestalt) im Prolog wird anscheinend nur im Traum und dann nur in der Verkleidung eines Kitzes gesehen.[203] E.*IT*: Der Traum wird einmal im Traum und

(*133*). Für ›Erigierter Penis = Symbol des Lebens‹ vgl. Nilsson (*122*, I², S. 118f.). Diese Gleichung ist fundamental und weit verbreitet: einige mikronesische Stämme versuchen, das Leben eines sterbenden Mannes dadurch zu verlängern, daß sie eine Schwellung seines Gliedes herbeiführen (*105*).

200 Hermes beneidet den von Aphrodite umarmten Ares, Hom. *Od.* 8.339. (Da der Humor von kulturellen Veränderungen unbeeinflußt zu bleiben scheint, möchte ich erwähnen, daß man nur zehn Zeilen vorher (329) liest: »Der *Lahme* (Hephaistos) überholte den *Flinken* (Ares).« Genau dies ist die Pointe einer modernen Anekdote über eine autoerotische Reaktion auf die Urszene.) X.*Smp.* 9.7: Nachdem sie der Aufführung eines erotischen Tanzes zugeschaut haben, eilen die verheirateten Männer nach Hause zu ihren Frauen, und die Junggesellen geloben, sich sofort zu verheiraten. Ausdrückliche Erwähnung der Erregung des Kindes durch die Urszene: A.*Dict.* 810ff. Verständlicherweise wird Autoerotik im Mythos nicht erwähnt (außer in der Geschichte von Dionysos und Prosymnos, 2. Kap., Anm. 75, die von späten Autoren berichtet wird, obwohl das Ritual auf einen sehr alten Ursprung hinweist). Es gibt allerdings verschiedene Mythen von spontanen oder vorzeitigen göttlichen Ejakulationen, die andernorts zitiert werden (*52*). Der ägyptische Gott Atum masturbierte sogar (vgl. *136*, s.v. Schow, col. 567). Solche Belege sollten weder überstrapaziert noch ignoriert werden.

201 Vgl. Tyro, die in erotischer Weise Wasser in ihren Schoß gießt (Luc.*D.Meretr.* 13.1), und Danae, die von in ihren Schoß fallenden goldenen Regen geschwängert wird. S.*Ant.* 944ff. *Jedesmal*, wenn Euripides Schlaf oder Träumen erwähnt, findet man innerhalb weniger als 30 Zeilen *immer* eine Anspielung auf Wasser oder eine andere Flüssigkeit, supra, Anm. 131.

202 Athene nimmt dem »Spanner« Teiresias das Augenlicht, gibt ihm aber das zweite Gesicht: Callim.*Lavacr.* Darüber hinaus kann er, obwohl er blind ist, mit Hilfe eines sehenden Assistenten den Vogelflug deuten (S.*Ant.* 998ff., 1012ff.) – obwohl er nicht immer einen sehenden Helfer zu haben scheint. Der (offensichtlich imaginierte) Vogelflug bildet eine ausgezeichnete Deckerinnerung an die Urszene, da die Traumsymbolisierung einer Erektion durch das Fliegen schon lange vor Freud (*80*, 1. Kap.) bekannt war und jetzt auch experimentell bestätigt worden ist (*11*, *99*).

203 Dies ist ein äußerst auffälliges Detail. Die bewußt *nicht* wahrgenommenen Elemente eines tachistokopisch präsentierten Bildes wirken gleichwohl auf den Sinnesapparat ein und werden Teil des »Tagesrestes« vom Traum der folgenden Nacht, wenn auch manchmal nur in symbolischer Form (*126*). (Diese epochemachenden Ergebnisse wurden durch weitere

dann (unterschiedlich) im Wachen mißgedeutet. Die Beziehung zwischen der *retroaktiven*, defensiven Konstruktion einer Deckerinnerung und der *sofortigen* Abwehr durch Skotomisierung (3) und/oder Nicht-Erkennen (4) wird von Hekabes und Iphigeneias Versuchen beleuchtet, ihre jeweiligen Träume »abzuwehren«. Erstere spricht ein Gebet und letztere erzählt ihren Traum hoffnungsvoll dem Sonnenlicht – ein altes griechisches apotropäisches Manöver[204], das den Weg zur Bildung von Deckerinnerungen ebnet, deren Zustandekommen natürlich bereits durch die *angstverzerrte* Wahrnehmung der Urszene ermöglicht wurde.[205]

Die Darstellung der Teilelemente der realen oder phantasierten Urszene in einer aufgegliederten Form, die sich statistisch analysieren läßt, ist nur ein erster Schritt zum Verständnis der allgemeineren menschlichen Implikationen dieses *totalen* Erlebnisses, das bei der Bildung des für die Menschheit artcharakteristischen (*107*, *58*, 7. Kap.) Ödipuskomplexes eine wichtige Rolle spielt. Nicht nur Kinder, sondern auch einige emotional unreife Mütter haben das Gefühl, daß eheliche Beziehungen ihre fast symbiotische Gemeinschaft zerstören.[206] Traumatisch für das Kind, sind sie auch derivativ traumatisch für die Eltern, obschon das Ausmaß der Traumatisierung beim Kinde davon abhängt, ob der beobachtete Beischlaf liebevoll und stolz oder schamhaft und kalt war (*27*). Es könnte von großer Bedeutung für das Verständnis der Charakterstruktur der Griechen sein, daß sie im Kronos-Mythos eine *triumphierende* (wenn auch grimmige) Lösung für einen der traumatischsten Kindheitskonflikte fanden. Könnte dies nicht zum Teil ihre intellektuelle und emotionale Freiheit und spontane Kreativität erklären? Diese Frage führt direkt zu dem Problem der Sublimierung dieser Erfahrung über Deckerinnerungen und oneirische Äquivalente; sie liefern das Rohmaterial der Phantasie, aus dem die *Manifestationen* dieser Sublimierung (z. B. der Tragödie) konstruiert werden.

experimentelle Arbeiten wiederholt und vollständig bestätigt.) Zur Wahrnehmung subliminaler Sinnesempfindungen im Traum vgl. Ps.-Hp. *insomn.*, *passim*, und Arist. *de div. somn.*, *passim* (vgl. Dodds, *68*). Der Glaube, daß man im Traum parapsychologisch »empfänglicher« ist als im Wachzustand, ist antik und bedarf keiner Dokumentation.

204 Psychologisch gesehen stellt Iphigeneia Realität und Tageslicht gegen Phantasie und Traum. Auch Kadmos tut das, als er versucht, Agaue wieder zu Sinnen kommen zu lassen, E. *Ba.* 1264ff. (*53*). Vgl. 1. Kap., Anm. 3; 2. Kap., Anm. 104.

205 Zur vielfältigen Manifestierung von Deckerinnerungen sogar im Übertragungszustand vgl. (*42*).

206 Vgl. das weitverbreitete Tabu, mit stillenden Frauen zu koitieren, sowie klinische Daten. Eine junge Mutter fühlte sich »in der Mitte durchgesägt«: »Der Oberteil meines Körpers gehört meinem Kind, der Unterteil meinem Mann« (*58*, 7. Kap.).

Die drei Euripideischen Träume wurden wahrscheinlich einem oder mehreren von Euripides' eigenen Träumen (= Deckerinnerungsäquivalenten) nachgebildet. Natürlich fehlen uns Informationen über sein eigenes ursprüngliches Erlebnis, über seine Deckerinnerungen im Wachzustand und über seine tatsächlichen Träume, die die Grundlage für die Sublimierung seines Erlebnisses in drei poetisch überzeugende und psychologisch plausible Träume bilden. Wir können allerdings einen indirekten Blick auf diesen Vorgang werfen, wenn wir die vielen Varianten des Mythos von Iasions und Demeters heiliger Ehe untersuchen; Varianten, die qualitativ das gesamte Spektrum von herrlichen epischen Sublimierungen bis zum widerlichen Groschenroman umfassen, je nach der Weise, wie ein bestimmter Autor bestimmte Elemente dieses Mythos behandelt.

Das genaue Entstehungsdatum der zitierten Quellen ist unerheblich, da keine unilineare Entwicklung des Mythos postuliert wird.[207] Die Entwicklung dieses Mythos verdient eine genaue Untersuchung, da sie in beispielhafter Weise sowohl den Erfolg als auch den Mißerfolg des Sublimierungsprozesses spiegelt.

Der Grundmythos: Demeter hat in eigener Person, liebend und freiwillig, Geschlechtsverkehr mit dem sterblichen Iasion in einem dreimal gepflügten Brachland (Hom. *Od.* 5.125 ff.; Hes. *Th.* 969 ff.).

1. *Das Entschwinden Demeters:* In Hom. *Od.* und Hes. *Th.* ist sie in eigener Person bei dem Akt anwesend; vermutlich auch bei Strabon[208] und fast sicherlich bei Apollod. 3.12.1. Skymnos (685, *GGM.* 1.223) und Hellanikos (*fr.* 129, *FHG* 1.63 = sch. A. R. 1.916) erwähnen nur ihre Kultstatue (ἄγαλμα). Bei Konon (*narr.* 21) bleibt uns nur noch ihr Phantom (φάςμα). Bei Ovidius ist sie – wenn auch nur *nach* dem Akt – persönlich anwesend (*Met.* 9.4.22 ff.); darüber unten mehr.

2. *Liebe vs. Vergewaltigung:* Nur bei Hom. *Od.*, Hes. *Th.* und Ovidius (infra) vereinigt sie sich mit Iasion freiwillig in Liebe. In den anderen eben erwähnten Quellen und auch bei D. H. (*Ant. Rom.* 1.61) wird sie selbst oder ihre Statue, oder ihr Phantom gotteslästerlich vergewaltigt.[209]

207 Ebensowenig kann man eine unilineare Progression von der Urszene zu ihrer Sublimierung im individuellen Fall postulieren; der Pfad ist von verschlungenen Umwegen und Rückschritten gekennzeichnet.

208 Str. 7.49 (50) Jones ist unglücklicherweise nur ein Fragment.

209 Vgl. Ixions Versuch, Hera zu vergewaltigen (= Nephele). (Pi. *P.* 2.21-49, usw.).

3. *Vollständiger vs. nicht-vollständiger Beischlaf:* Mehrere der zitierten Quellen sagen – oder scheinen anzudeuten –, daß die versuchte Vergewaltigung erfolglos war.[210] Ein imitativer, euhemeristischer und rationalisierender Autor (D.S. 5.49.3) verneint sogar, daß ein Beischlaf versucht wurde; in seiner Interpretation bedeutet der Mythos bloß, daß Iasion sich durch die Entdeckung des Ackerbaus große Verdienste erwarb.[211]

4. *Unschuld vs. Sünde des Iasion.* Hes. *Th.* preist den Beischlaf. In Hom. *Od.* betrachtet Kalypso Iasion offensichtlich nicht als Sünder, da sie darauf besteht, daß er von einem kleinlich selbstsüchtigen Zeus niedergestreckt wurde. Im Gegensatz dazu nennen ihn fast alle späteren Autoren einen Sünder. Obwohl er aber gewöhnlich vor, während oder nach dem Beischlaf erschlagen wird, behauptet dennoch niemand – nicht einmal ein später Autor –, daß er im Hades noch *weiter* bestraft wurde. Dies deutet darauf hin, daß er ursprünglich *nicht* für eines Sakrilegs schuldig gehalten wurde. Aber Diodoros von Sizilien wäscht ihn von Sünden rein, indem er einfach verneint, daß eine Vereinigung auch nur versucht worden sei; er kann deshalb Iasion einen wohlverdienten Platz in der Halle der Götter zugestehen. Auch bei Ovidius ist er ein Tischgenosse der Götter: trotz seiner leicht angegrauten Locken liebt ihn eine Biedermeier-Demeter noch immer (Ov. *Met.* 9.422 ff.).

Die Entwicklung dieses Mythos ist paradigmatisch für die Entwicklung des Urszenenerlebnisses im allgemeinen, und zwar sowohl zur Sublimierung als auch zum Mißlingen der Sublimierung und zu deren Ersetzung durch Verneinungen und Abwehrmechanismen. Voraussagbar sind diejenigen Versionen poetisch am überzeugendsten, die am wenigsten verkleidet und gereinigt sind: Die von Homeros und von Hesiodos, einfach weil die kreativsten Sublimierungen diejenigen sind, die *stabil* genug sind, um mit der ungeschminkten psychologischen Wahrheit fertig zu werden (*36*, *95*). Dies ist die Atmosphäre der epischen Dichtung und oft auch die der Tragödie. Eine weniger vollständige Sublimierung entspricht,

210 Das Thema brachte späte Autoren so sehr in Verlegenheit, daß der Wortlaut in einigen Fällen keine Schlußfolgerungen zuläßt. Unvollständige Vergewaltigung: Nessos und Deianeira (S. *Tr.*, usw.) (*60*); ebenso Hephaistos und Athene (*127*).

211 Wie üblich wird hinter der Beschönigung der Pferdefuß sichtbar. In der Regel ist es Triptolemos, der, von Demeter unterrichtet, die Menschheit den Ackerbau lehrt. Nun evoziert gerade *sein* Name bei einem Griechen, der gerne Wortbedeutungen nachging, das »dreimal« (gepflügte Feld) – und genau diese Assoziation versuchte D.S., nicht hervorzurufen. Vgl. E. *Phoin.* 18.

grob gesagt, dem moralisierenden Roman, der hier von allen anderen unserer Quellen repräsentiert wird (außer D. S. und Ov.). Mit dem ersteren betreten wir die Welt der blutleeren, spekulativen Intellektualisierungen, während Ovidius den Tiefpunkt der Degradierung dieses Mythos darstellt: Sein anekelnd süßliches Genrebild spiegelt das Versagen der Sublimierung an allen Fronten.

Der Grad der Sublimierung, den Euripides in diesen drei Träumen erreicht, liegt nicht sehr viel niedriger als der von Homeros und Hesiodos in ihren Erzählungen des Iasion-Mythos erreichte, obwohl seine dramatischen Träume auf der manifesten Ebene als nicht-sexuell *erscheinen*.[212] Aber Euripides wahrte in ihnen die *grundlegende Struktur* des Urszenenerlebnisses und minderte damit ihre gewaltige *affektive* Ladung nicht. Er glich diesen leichten Mangel seines sublimatorischen Potentials auch dadurch aus, daß er lernte, Ungewißheit in einem Ausmaß zu ertragen, das von anderen Dichtern selten erreicht wird.

Wie Friedrich Schiller sagte: Ein Dichter ist, wer sich an seine Kindheit erinnert. Er ist auch stark und menschlich genug, es zu wagen, sich *kreativ* an sie zu erinnern.

Anhang: Das Rhesosproblem

Ein beiläufiges Ergebnis dieses Kapitels ist die auffallende Ähnlichkeit zwischen den Träumen in E. *Rh.*, E. *Hec.* und E. *IT* in deskriptiver, strukturaler und psychoanalytischer Hinsicht. *Mathematisch scheint die Möglichkeit, daß diese vielen Ähnlichkeiten zufällig entstanden sein können, vernachlässigbar, auch wenn einige der gemeinsamen Elemente technisch keine unabhängigen Variablen sind.* Diese Träume sind außerdem so stark individualisiert, daß kein psychologisches System (außer der Pseudopsychologie des Mystikers C. G. Jung) sie im Rahmen grundlegender menschlicher Eigenschaften erklären könnte; ebensowenig scheinen die Ähnlichkeiten zwischen ihnen auf eine spezifisch griechische Kulturmusterung von Träumen zurückführbar zu sein, denn ich konnte keinen antiken griechischen Traum finden, der diesen dreien mehr als nur oberflächlich geglichen hätte.

Auch die Möglichkeit, daß der Traum des Wagenlenkers eine absichtliche Imitation der beiden anderen Euripideischen Träume

212 Vielleicht wegen seiner vermutlichen Bindung an seine Mutter (supra).

ist, muß ausgeschlossen werden. Aristoteles selbst betonte die Nichtlehrbarkeit und den individualisierten Charakter der Metapher und daher auch (implizit) des Traumes – insbesondere des »Literaturtraumes« (vgl. Allgemeine Einführung). Der wissenschaftliche Psychologe kann dem nur zustimmen – und ich möchte hinzufügen, daß ich selbst vergeblich versucht habe, einen Traum zu erfinden, der diesen dreien in *grundsätzlicher* Art geglichen hätte. Ebenso ist es auch fast unmöglich, die Ansicht zu hegen, der E.*Rh*.-Traum sei einfach dem vermutlich verlorenen Euripideischen *Rhesos* oder einer anderen verlorenen Euripideischen Traumerzählung entnommen worden: der Traum des Wagenlenkers paßt viel zu gut in den vorliegenden Kontext, um eine solche Hypothese zu rechtfertigen.

Da diese grundsätzlichen Ähnlichkeiten in der Tat bestehen, entspräche eine Weigerung, sie zu erklären, wissenschaftlichem Nihilismus. Daher scheint die Schlußfolgerung am nächsten zu liegen, daß sie Ritchies nüchterne und gelehrte Argumente für die Authentizität des *Rhesos*, den wir besitzen, und auch für seine Ansicht, daß er das früheste von Euripides' erhaltenen Werken ist, untermauern (*130*).[213]

Bibliographie

(1) Adkins, A. W. H.: *Merit and Responsibility.* Oxford, 1960.

(2) Allen, J. T. und Italie, Gabriel: *A Concordance to Euripides.* Berkeley, California, und Cambridge, 1954.

(3) Allport, G.-W. und Vernon, P. E.: *Studies in Expressive Movement.* New York, 1933.

(4) Anderson, J. K.: *Ancient Greek Horsemanship.* Berkeley, California, 1961.

(5) Bächli, Erich: *Die künstlerische Funktion von Orakelsprüchen, Träumen usw. in der griechischen Tragödie.* Winterthur, 1954.

(6) Bates, W. N.: *Euripides, a Student of Human Nature.* Philadelphia, 1930.

(7) Barrett, W. S.: *Euripides, Hippolytos.* Oxford, 1964.

(8) Besançon, Alain: »Chronos et Cronos«. In: *Histoire et Expérience du Moi*, 4. Kap. Paris, 1971.

(9) Bezdechi, Stefan: »Das psychopathische Substrat der ›*Bacchantin-*

213 Aber inzwischen beharren die Skeptiker immer noch auf ihrem Standpunkt (*71*, *78*, *100*).

nen‹ Euripides'«. In: *Archiv für die Geschichte der Medizin* 25: 279-306, 1932.
(10) Borel, Th.: *Examen Critique de la Tragédie de Rhésus.* Genf, 1843.
(11) Bourguignon, André: »Recherches Récentes de la Rêve«. In: *Les Temps Modernes* 238: 1603-1628, 1966.
(12) Bowers, U. G.: *The Hidden Land.* New York, 1953.
(13) Cook, A. B.: *Zeus*, 2. Cambridge, 1925.
(14) Crahay, Roland: *La Littérature Oraculaire chez Hérodote.* Paris, 1956.
(15) Decharme, Paul: *Euripides and the Spirit of His Dramas*². London, 1909.
(16) Dement, W. C.: »The Psychophysiology of Dreaming«. In: Grunebaum, G. E. von und Callois, Roger (Hrsg.): *The Dream in Human Societies.* Berkeley, California, 1966.
(17) de Romilly, Jacqueline, *La Crainte et l'Angoisse dans le Théâtre d'Eschyle.* Paris, 1958.
(18) de Saussure, Ferdinand: *Cours de Linguistique Générale.* Paris, 1916. Dt.: *Grundfragen der allgemeinen Sprachwissenschaft.* Berlin, 1967.
(19) Devereux, Georges: *Sedang Field Notes* (MS.). 1933-1935.
(20) –: »Principles of Hà(rhn)de: a(ng) Divination«. In: *Man* 38: 125-127, 1938.
(21) –: »Religious Attitudes of the Sedang«. In: Ogburn, W. F. und Nimkoff, M. T.: *Sociology.* Cambridge, Massachusetts, 1940.
(22) –: »Mohave Pregnancy«. In: *Acta Americana* 6: 89-116, 1948.
(23) –: »The Mohave Neonate and Its Cradle«. In: *Primitive Man* 21: 1-18, 1948.
(24) –: »Mohave Paternity«. In: *Samīkṣā, Journal of the Indian Psycho-Analytical Society* 3: 162-194, 1949.
(25) –: «A Note on Nyctophobia and Peripheral Vision«. In: *Bulletin of the Menninger Clinic* 13: 83-93, 1949.
(26) –: »The psychological date of dreams«. In: *Psychiatric Quarterly Supplement* 23: 127-130, 1949.
(27) –: »The Primal Scene and Juvenile Heterosexuality in Mohave Society«. In: G. B. Wilbur und W. Muensterberger (Hrsg.): *Psychoanalysis and Culture* (Róheim-Festschrift). New York, 1951.
(28) – (mit Mars, Louis): »Haitian Voodoo and the Ritualization of the Nightmare«. In: *Psychoanalytic Review* 38: 334-342, 1951.
(29) –: »Psychological Factors in the Production of Paraesthesias Following the Self-Administration of Codeine«. In: *Psychiatric Quarterly Supplement* 27: 43-54, 1953.
(30) –: »Charismatic Leadership and Crisis«. In: Muensterberger, Warner (Hrsg.): *Psychoanalysis and the Social Sciences* Bd. 4. New York, 1955.
(31) –: »A Counteroedipal Episode in Homer's *Iliad*«. In: *Bulletin of the Philadelphia Association for Psychoanalysis* 4: 90-97, 1955.

(32) –: »Acting Out in Dreams«. In: *American Journal of Psychotherapy* 9: 657-660, 1955.

(33) –: *Therapeutic Education.* New York, 1956.

(34) –: »Penelope's Character«. In: *Psychoanalytic Quarterly* 26: 378-386, 1957.

(35) –: »The Awarding of a Penis as Compensation for Rape«. In: *International Journal of Psycho-Analysis* 38: 398-401, 1957.

(36) –: »Art and Mythology: A General Theory«. In: Kaplan, Bert (Hrsg.): *Studying Personality Cross-Culturally.* Evanston, Illinois, 1961. Auch in: *Tragédie et Poésie Grecques* (1. Kap.). Paris, 1975.

(37) –: »La Psychanalyse et l'Histoire: Une Application à l'Histoire de Sparte«. In: *Annales: Economies, Sociétés, Civilisations* 20: 18-44, 1965.

(38) –: »The Perception of Motion in Infancy«. In: *Bulletin of the Menninger Clinic* 29: 143-147, 1965.

(39) –: »The Kolaxaian Horse of Alkman's *Partheneion*«. In: *Classical Quarterly* 15: 176-184, 1965.

(40) –: »The Abduction of Hippodameia as ›Aition‹ of a Greek Animal Husbandry Rite«. In: *Studi e Materiali di Storia delle Religioni* 36: 3-25, 1965.

(41) –: »Mumbling«. In: *Journal of the American Psychoanalytic Association* 14: 478-484, 1966.

(42) –: »Transference, Screen Memory and the Temporal Ego«. In: *Journal of Nervous and Mental Disease* 143: 318-323, 1966.

(43) –: »The Enetian Horse of Alkman's *Partheneion*«. In: *Hermes* 94: 129-134, 1966.

(44) –: »Fausse Non-Reconnaissance«. In: *Bulletin of the Menninger Clinic* 31: 69-78, 1967.

(45) –: »La Renonciation à l'Identité: Défense contre l'Anéantissement«. In: *Revue Française de Psychanalyse* 31: 101-142, 1967.

(46) –: »Greek Pseudo-Homosexuality«. In: *Symbolae Osloenses* 42: 69-92, 1967.

(47) –: *Angst und Methode in den Verhaltenswissenschaften.* München, 1973. Frankfurt, Berlin und Wien, 1976. (1. engl. Ausg. Paris und Den Haag, 1967.)

(48) –: »Considérations Psychanalytiques sur la Divination, Particulièrement en Grèce«. In: Caquot, André und Leibovici, Marcel (Hrsg.): *La Divination*, 2, S. 449-471. Paris, 1968.

(49) –: *Reality and Dream: The Psychotherapy of a Plains Indian.* (2., erw. Aufl.) New York, 1969. [Dt. Ausg. in Vorb.]

(50) –: *Mohave Ethnopsychiatry.* (2., erw. Aufl.) Washington, D.C., 1969.

(51) –: »The Nature of Sappho's Seizure in *Fr.* 31 LP«. In: *Classical Quarterly* 20: 17-31, 1970.

(52) –: »La Naissance d'Aphrodite«. In: Pouillon, Jean und Maranda, Pierre (Hrsg.): *Echanges et Communications (Mélanges Lévi-Strauss)* 2. 1229-1252. Paris und Den Haag, 1970.
(53) –: »The Psychotherapy Scene in Euripides' *Bacchae*«. In: *Journal of Hellenic Studies* 90: 35-48, 1970.
(54) –: »The *Equus October* Ritual Reconsidered«. In: *Mnemosyne* 23: 297-301, 1970.
(55) –: »The Structure of Tragedy and the Structure of the Psyche in Aristotle's *Poetics*«. In: Hanly, Charles und Lazerowitz, Morris (Hrsg.): *Psychoanalysis and Philosophy*. New York, 1970. Auch in: *Tragédie et Poésie Grecques* (2. Kap.). Paris, 1973.
(56) – (Hrsg. und Beitr.): *Psychoanalysis and the Occult* (Neudruck). New York, 1970.
(57) –: *Essais d'Ethnopsychiatrie Générale*. Paris, 1970, 1979[4]. Dt. z. T. in: *Normal und Anormal*. Frankfurt, 1974.
(58) –: *Ethnopsychoanalyse*. Frankfurt, 1978. (1. franz. Ausg. Paris, 1972.)
(59) –: »Quelques Traces de la Succession par Ultimogéniture en Scythie«. In: *Inter-Nord* 12: 262-270, 1972.
(60) – (mit Devereux, J. W.): »Manifestations de l'Inconscient dans Sophokles: *Trachiniai* 923 sqq.«. In: *Psychanalyse et Sociologie comme Méthodes d'Étude des Phénomènes Historiques et Culturels*. Brüssel, 1973. Auch in: *Tragédie et Poésie Grecques* (5. Kap.). Paris, 1975.
(61) –: »The Self-Blinding of Oidipous«. In: *Journal of Hellenic Studies* 93: 36-49, 1973.
(62) –: »Stesichoros' Palinodes: Two Further Testimonies and Some Comments«. In: *Rheinisches Museum für Philologie* 116: 206-209, 1973.
(63) –: »Le Fragment 62 Nauck[2] d'Eschyle. Ce qu'y Signifie ΧΛΟΥΝΗϹ«. In: *Revue des Études Grecques* 86: 277-284, 1973.
(64) –: »Une Note sur les Chevaux Anthropophages dans les Mythes Grecs«. In: *Revue des Études Grecques* 98: 203-205, 1975.
(65) –: »La Pseudo-Homosexualitè Grecque et le ›Miracle Grec‹«. In: *Ethnopsychiatrica* 2: 211-241, 1979.
(66) – (mit Forrest, W. G. G.): »La Folie de Cléoménès«.
(67) Dodds, E. R.: »Euripides the Irrationalist«. In: *Classical Review* 43: 97-104, 1929. = In: *The Ancient Idea of Progress*. Oxford, 1973. Dt. in: Schwinge, E. R.: Euripides. *Wege der Forschung* 89: 60-78, 1968.
(68) –: *The Greeks and the Irrational*. Berkeley, Cal., 1951. Dt.: *Die Griechen und das Irrationale*. Darmstadt, 1970.
(69) –: *Pagan and Christian in an Age of Anxiety*. Cambridge, 1965.
(70) –: »Supernormal Phenomena in Classical Antiquity«. In: *The Ancient Idea of Progress*. Oxford, 1973.

(71) Ebener, H. (Hrsg.): *Rhesos. Tragödie eines unbekannten Dichters.* Berlin, 1966.
(72) Edelstein, E. J. und Ludwig: *Asclepius*, 2 Bde. Baltimore, 1945.
(73) Edmunds, J. M. (Hrsg.): *Greek Elegy and Iambus* 1. London, 1931.
(74) Edwards, M. W.: »Representation of Maenads on Archaic Red-Figure Vases«. In: *Journal of Hellenic Studies* 80: 78-87, 1960.
(75) Escher, Albert: *Das Antlitz der Blindheit in der Antike*². Leiden, 1961.
(76) Fenichel, Otto: *The Psychoanalytic Theory of Neurosis.* New York, 1945. Dt.: *Psychoanalytische Neurosentheorie*, 3 Bde. Olten und Freiburg, 1974.
(77) –: »The Misapprehended Oracle«. In: *The Collected Papers of O. Fenichel* 2. New York, 1954.
(78) Fraenkel, Edouard: »Ritchie, The Authenticity of the Rhesus of Euripides«. In: *Gnomon* 37: 228-241, 1965.
(79) Freud, Anna: *The Ego and the Mechanisms of Defense.* New York, 1946. Dt.: *Das Ich und die Abwehrmechanismen.* Wien, 1936.
(80) Freud, Sigmund: *Die Traumdeutung. GW* II/III.
(81) –: »Analyse der Phobie eines fünfjährigen Knaben«. *GW* VII.
(82) –: »Über einen besonderen Typus der Objektwahl beim Manne«. *GW* VIII.
(83) –: »Trauer und Melancholie«. *GW* X.
(84) –: »Aus der Geschichte einer infantilen Neurose«. *GW* XII.
(85) –: »Einige Nachträge zum Ganzen der Traumdeutung«. *GW* I.
(86) –: *Das Unbehagen in der Kultur. GW* XIV.
(87) Greenacre, Phyllis: »Vision, Headache and the Halo«. In: *Psychoanalytic Quarterly* 16:177-194, 1947.
(88) –: »Penis Awe and its Relation to Penis Envy«. In: Loewenstein, R. M. (Hrsg.): *Drives, Affects, Behavior.* New York, 1953.
(89) Greenwood, L. H. G.: *Aspects of Euripidean Tragedy.* Cambridge, 1953.
(90) Grube, G. M. A.: *The Drama of Euripides*². London, 1961.
(91) Hančar, Franz: *Das Pferd in prähistorischer und früher historischer Zeit.* München, 1956.
(92) Herter, Hans: »Lydische Adelskämpfe«. In: Wenig, Otto (Hrsg.): *Wege zur Buchwissenschaft* (Bonner Beiträge zur Bibliotheks- und Bücherkunde 14). Bonn, 1966.
(93) Hiatt, L. R.: Mung. In: *Balcony* (Australien) 3: 15-21, 1965.
(94) Hinkle, L. E. Jr. und Wolf, H. G.: »Communist Interrogation and Indoctrination of ›Enemies of the State‹«. In: *Archives of Neurology and Psychiatry* 76: 115-174, 1956.
(95) Jokl, R. H.: »Psychic Determinism and Preservation of Sublimations in Classical Psychoanalytic Procedure«. In: *Bulletin of the Menninger Clinic* 14: 207-219, 1950.

(96) Jones, Ernest: »The Symbolism of Being Run Over«. In: *International Journal of Psycho-Analysis* 1: 203, 1920.
(97) –: »Generations-Umkehrungsphantasie«. In: *Internationale Zeitschrift für Psychoanalyse* 1: 562-563, 1913.
(98) –: *On the Nightmare*. London, 1931. Dt. z.T. in: *Schriften zur angewandten Seelenkunde*. Nendeln, Liechtenstein, 1970.
(99) Jouvet, Michel: »The States of Sleep«. In: *Scientific American* 216, 2: 62-71, 1967.
(100) Kannicht, Richard: »W. Ritchie, The Authenticity of the Rhesus of Euripides«. In: *Gymnasium* 73: 295-297, 1966.
(101) Kassel, R.: *Quomodo quibus locis apud veteres scriptores Graecos infantes atque parvuli pueri inducantur describantur commemorantur*. (Dissertation). Würzburg, 1954.
(102) Keller, Otto: *Die antike Tierwelt*, 2 Bde. Leipzig, 1909-1913.
(103) Kennard, Edward: »Hopi Reactions to Death«. In: *American Anthropologist* 49: 491-496, 1937.
(104) Kouretas, Demetrios: »Brainwashing and its Ancient Greek Prototype«. In: *Medical Annals* (Athen) 6: 935-955, 1966.
(105) Krämer, A.: »Truk«. In: Thilenius, Georg (Hrsg.): *Ergebnisse der Südsee-Expedition 1908-1910* (2-B-5). Hamburg, 1932.
(106) Kroeber, A. L.: »Seven Mohave Myths«. In: *Anthropological Records* 11 (Nr. 1), S. VIII + 1-70, 1948.
(107) La Barre, Weston: *The Human Animal*. Chicago, 1954.
(108) –: »Social Cynosure and Social Structure«. In: *Journal of Personality* 14: 164-183, 1946.
(109) –: Laforgue, René: »On the Erotization of Anxiety«. In: *International Journal of Psycho-Analysis* 11: 312-321, 1930.
(110) –: »De l'Angoisse à l'Orgasme«. In: *Revue Française de Psychanalyse* 4: 245-258, 1930-1931.
(111) Landes, Ruth: *The Ojibwa Woman*. New York, 1938.
(112) Lesky, Albin: »Psychologie bei Euripides«. In: *Euripide*. Entretiens Hardt, 6. Bd. Genf, 1960.
(113) Lévi-Strauss, Claude: *Anthropologie Structurale*. Paris, 1958. Dt.: *Strukturale Anthropologie*. Frankfurt, 1967.
(114) Lewis, N. D. C.: »The Psychobiology of the Castration Reaction«. In: *Psychoanal. Rev.* 14: 420-446, 15: 53-84, 304-323, 1927-1928.
(115) Lifton, R. J.: *Thought Reform and the Psychology of Totalism*. New York, 1961.
(116) Lincoln, J. S.: *The Dream in Primitive Cultures*². New York, 1970.
(117) Malinowski, Bronislaw: *The Sexual Life of Savages in North-Western Melanesia*. London, 1932. Dt.: *Das Geschlechtsleben der Wilden in Nordwest-Melanesien*. Frankfurt, 1979.
(118) Mead, Margaret und Macgregor, Frances C.: *Growth and Culture*. New York, 1951.

(119) Menninger, K.A.: *Man Against Himself*. New York, 1938.
(120) Métraux, Alfred: *Le Vaudou Haitien*. Paris, 1958.
(121) Murray, Gilbert: *Aeschylus*. Oxford, 1940.
(122) Nilsson, M.P.: *Geschichte der griechischen Religion* I². München, 1955.
(123) Norwood, Gilbert: *Greek Comedy*². New York, 1963.
(124) Patin, H.: *Etudes sur les Tragiques Grecs 3: Euripide*, 2 Bde.⁷ Paris, 1894.
(125) Pauly, A. und Wissowa, G.: *Real-Encyclopädie der classischen Altertumswissenschaften*. Stuttgart, 1893 ff.
(126) Pötzl, Otto: »Experimentell erregte Traumbilder in ihren Beziehungen zum indirekten Sehen«. In: *Zeitschrift für die gesamte Neurologie und Psychiatrie* 37: 278-349, 1917.
(127) Powell, Benjamin: Erichthonius and the Three Daughters of Cecrops«. In: *Cornell Studies in Classical Philology* 17. New York, 1906.
(128) Rank, Otto: *The Trauma of Birth*. London, 1929.
(129) Raswan, Carl: *The Drinkers of the Wind*. New York, 1950.
(130) Ritchie, William: *The Authenticity of the Rhesus of Euripides*. Cambridge, 1964.
(131) Robert, Fernand: *Homère*. Paris, 1950.
(132) –: »Le Haut de Décor dans ›Iphigénie en Tauride‹«.: In: *Latomus* 114: 96-114, 1970.
(133) Róheim, Géza: »Psychoanalysis of Primitive Cultural Types«. In: *International Journal of Psycho-Analysis* 13: 1-244, 1932.
(134) –: *Psychoanalysis and Anthropology*. New York, 1950. Dt. z. T. in: *Psychoanalyse und Anthropologie*. Frankfurt, 1976.
(135) –: *The Gates of the Dream*. New York, 1952.
(136) Roscher, W.H.: *Ausführliches Lexikon der griechischen und römischen Mythologie*. Leipzig, 1884-1937.
(137) –: »Das von der ›Kynanthropie‹ handelnde Fragment des Marcellus von Side«. In: *Abhandlungen der philologisch-historischen Classe der Königlich Sächsischen Gesellschaft der Wissenschaften* 17, Nr. 3, 1896.
(138) Schmid, Johanna: *Freiwilliger Opfertod bei Euripides* (Religionsgeschichtliche Versuche und Vorarbeiten 4). Berlin, 1921.
(139) Schmid, Wilhelm: *Geschichte der griechischen Literatur* 1.2. München, 1959.
(140) Seltman, Charles: *Women in Antiquity*. New York, 1962.
(141) Spencer, Baldwin und Gillen, J.G.: *The Arunta*, 2 Bde. London, 1927.
(142) Teicher, M.I.: »The Windigo Psychosis«. In: *American Ethnological Society, Proceedings of the 1960 Spring Meeting*. Seattle, Washington, 1960.

(143) Time Magazin: *Noah's Park*. S. 34, col. 2, 28. August 1972.
(144) Vernant, J.-P.: *Mythe et Pensée chez les Grecs*, 5. Kap. Paris, 1965.
(145) Verrall, A. W.: *Euripides the Rationalist*. Cambridge, 1913.
(146) Wallace, A. F. C.: »Dreams and Wishes of the Soul«. In: *American Anthropologist* 60: 234-248, 1958.
(147) White, T. H.: *The Once and Future King*. New York, 1958. Dt.: *Der König auf Camelot*. Stuttgart, 1978.
(148) Wilamowitz-Moellendorff, Ulrich von: *Kleine Schriften 4*. Berlin, 1962.
(149) Winnington-Ingram, R. P.: *Euripides and Dionysus*. Cambridge, 1948.

9. *Kapitel*
Die Traummetapher der Danaiden
(Aischylos: *Die Bittflehenden*)

Einführung

Der Text von A. *Suppl.* 885-901 ist lückenhaft. Die V. 896-897 sind ohne die radikale Emendation praktisch unverständlich.[1] Dazu kommt noch, daß er keine Traumerfahrung beschreibt: er vergleicht einfach ein reales Geschehen mit einem Traum. Ich war daher versucht, diese problematische Stelle überhaupt nicht zu diskutieren. Doch merkte ich bald, daß mein Wunsch, ihn zu ignorieren, weniger meiner konservativen Einstellung gegenüber der Textüberlieferung als dem Wunsch entsprang, die Glaubwürdigkeit des Restes dieses Buches nicht dadurch aufs Spiel zu setzen, daß ich hier eine Analyse vorlege, die einige *nicht*-psychoanalytische Leser als »wild« auffassen könnten. An diesem Punkt erinnerte ich mich an Freuds Rat, keine Zugeständnisse zu machen; denn die werden jene, die sich weigern, über das Offensichtliche hinauszublicken, nicht überzeugen. Ich entschloß mich daher, diese Stelle psychoanalytisch anzugehen, koste es, was es wolle, ohne aber von einer konservativen Behandlung des überlieferten Textes abzuweichen. Daher bezieht meine Analyse, obwohl die von Smyth gedruckten Emendationen von V. 896-897 nicht unplausibel sind, nur die beiden verständlichen Wörter des MS mit ein[2]:

1. ἔχιδνα (= Viper) ist sowohl lesbar als auch von ὄφις (= Schlange) in V. 895 verstärkt. Diese Erwähnung von zwei Bezeichnungen für Schlangen in einem Atemzug ist eindeutig Aischyleisch.[3]

2. δακοσάχ (oder δάκοσαχ); die beiden letzten Buchstaben können nicht zu δάκος gehören. Dies macht es gewiß, daß eine beißende/stechende Bestie (δάκος), wie eine Spinne oder Schlange[4]

1 Aber Mazon übertreibt, wenn er 77 Verse (825-901) zwischen Kreuze setzt.

2 Es gibt nur ein Manuskript von A. *Suppl.*: M (Laurentianus Mediceus 32.9, X. oder XI. Jahrh.). Die anderen fünf von Page in seiner Aischylosausgabe angeführten Manuskripte sind Apographen.

3 In A. *Choe.* 994 wird Klytaimestra mit den Namen von zwei Schlangenarten, deren eine die Viper ist, bezeichnet.

4 Vgl. Fraenkel ad A. *Ag.* 824.

– oder vielleicht ein schädliches Stechen (δάκνω) – gemeint ist. Über die Bedeutung des Rests der V. 896-897 – der tatsächlichen *Handlungen* der Schlange – kann man nur Mutmaßungen anstellen. Obwohl ich die von Smyth gedruckten plausiblen Konjekturen sowohl im Text als auch in der Übersetzung angebe, verwende ich sie in meiner Analyse *nicht*. Ich weise nur ein für alle Male darauf hin, daß Spinnen und Schlangen sowohl in der Realität wie auch im Denken der Griechen vieles gemeinsam haben:

1. Bei verschiedenen Gelegenheiten diskutiert Nikandros (*Ther.* 8, 715 ff., *frr.* 31, 32) Spinnen entweder im Zusammenhang mit oder unmittelbar nach Schlangen. So weist er darauf hin, daß die Psylloi gegen die Bisse beider Tierarten immun sind (*fr.* 32).

2. Die meisten Spinnen machen ihre Opfer mit Hilfe eines Netzes unbeweglich. Einige Schlangen erreichen dasselbe Ziel, indem sie ihren Körper um ihre Beute winden.[5]

3. Beider Biß ist giftig.

4. Die Schlange ist ein weitverbreitetes phallisches Symbol, auch wenn in den griechischen Mythen die meisten Schlangen weiblich sind.[6] *Im* Netz ist die Spinne ein phallisches Symbol; *außerhalb* des Netzes ist nur ihr Körper (ohne die Beine) ein phallisches Symbol (infra).

In bezug auf die von Smyth gedruckten Emendationen weise ich nur auf ihre objektive (aber *nicht* notwendig textliche) Plausibilität hin:

a) Schlangen neigen dazu, primär den (in bequemer Reichweite befindlichen) Fuß zu beißen.

b) Eine Schlange wickelt sich wie eine Fußfessel um die Beine des wahnsinnigen Dionysos (Nic. *fr.* 30 = *fr.* 27 Jacoby). Kurz, der Herold wird, wie Klytaimestra (Anm. 3), mit zwei Tieren verglichen, die viele gemeinsame Eigenschaften haben. Nach diesen Bemerkungen ist es dem Leser überlassen, die von Smyth gedruckten Konjekturen zu akzeptieren oder zurückzuweisen, oder sie durch andere, das Verhalten des Herolds betreffende Konjekturen, zu ersetzen, oder, wie ich, keine Unterstellungen hinsichtlich seines schlangenartigen Verhaltens zu machen. Was mich anbelangt, beendet das die Diskussion der Rolle der Schlange in dieser Traummetapher.

5 Typisch in der berühmten Laokoongruppe dargestellt.

6 Delphyne, die Wächterin des Schreins zu Delphi (AR 2.706, usw.); die weibliche Schlange, der Typhon Zeus' herausgeschnittene Sehnen anvertraut (infra), usw.

Jetzt kann ich den Text (mit den Smythschen Emendationen) zusammen mit meiner Übersetzung drucken. Plausible Emendationen des Textes und Folgerungen über seine fast unausweichliche Bedeutung stehen zwischen eckigen Klammern: []; attraktive, aber unsichere Konjekturen stehen zwischen gewinkelten Klammern: ⟨⟩.[7]

ΧΟΡΟϹ·
Οἰοῖ, πάτερ, [βρέτεος ἄρος
ἀτᾷ] ⟨μ'· ἅλαδ'⟩ ἄγει
ἄραχνος ὣς βάδην
ὄναρ ὄναρ μέλαν
['Οτοτοτοτοτοῖ·]
μᾶ Γᾶ μᾶ Γᾶ, [βοὰν]
φοβερὸν ἀπότρεπε
ὦ πᾶ, Γᾶς παῖ, Ζεῦ.
ΚΗΡΥΞ·
Οὔτοι φοβοῦμαι δαίμονας τοὺς ἐνθάδε.
οὐ γάρ μ' ἔθρεψαν, οὐδ' ἐγήρασαν τροφῇ.
ΧΟΡΟϹ·
Μαιμᾷ πέλας δίπους ὄφις
ἔχιδνα δ' ὥς μέ ⟨τις
πόδα⟩ δακο⟨ῦς' ἔχει⟩.
(V. 889-892 werden wiederholt)[8] Smyths Text.

Übersetzung

Danaiden: Ach, ach, Vater, [es ist mir verderblich] des Götterbildes Schutz. ⟨Meerhin⟩ schleppt er mich, Schritt für Schritt, einer Spinne gleich. Ein Traum, ein schwarzer Traum. Weh, Mutter Erde, Mutter Erde, wende ab das entsetzende Brüllen! Oh Vater (?),

7 Professor Dovers Ratschläge und Kommentare waren mir sowohl hier wie auch im Rest der ersten Entwurfs für dieses Kapitel außerordentlich nützlich. Seine Bemerkungen sind mit seinen Initialen (K.J.D.) oder seinem Namen kenntlich gemacht.

8 Cod. M gibt für die V. 896-897:
ἔχιδνα δ' ὥς με < – > (Responsion auf – – ∪∪∪ –)
τι πότε ν < ⏑⏑∪ – > (Responsion auf ∪∪∪ – ∪ –)
δακοσάχ < ⏑⏑∪ – > (Responsion auf ∪∪∪ – ∪ –)
ἔχιδνα wird im Versmaß ∪∪∪ gemessen, d.h. ∪ ∪∪ ∪∪ – (K.J.D.). Pessimistisch betrachtet ergibt das: Wie eine Schlange (mich?) (aber μ muß nicht μ' oder με bedeuten). Was immer ... (es) (aber ν muß nicht νίν heißen). Bestie? Kummer? (aber der syntaktische Zusammenhang dieses Wortes ist nicht bekannt) (K.J.D.).

Sohn der Erde, Zeus! (Sch. M ist plausibel, LSJ: βᾶ= βασιλεῦ ist es nicht).

Herold: Merke, daß ich die Götter dieses Landes nicht fürchte, denn sie zogen mich nicht auf [und werden mich auch in meinem Alter nicht ernähren].

Danaiden: Eifrig nähert sich mir die zweifüßige Schlange, wie eine Viper ⟨packt sie meinen Fuß und beißt ihn⟩. Mutter Erde, Mutter Erde, wehre ab das entsetzende Brüllen! Oh Vater, Sohn der Erde, Zeus!

[Übers. G. D.]

Ich werde diesen Dialog jetzt Punkt für Punkt durchgehen, wobei ich seine Berechtigung nachweisen und seine manifesten Bedeutungen und Implikationen klarstellen werde. Erst danach kann eine psychoanalytische Interpretation der Traummetapher versucht werden.

[*Es ist mir verderblich*] *des Götterbildes Schutz.* Obwohl gewöhnlich als »könnte« übersetzt, steht der Text fast sicher im Indikativ Präsens (ἀτᾷ); das klassische Griechisch kennt keinen Konjunktiv Potentialis (K. J. D.). Die Danaiden fühlten vermutlich, daß es falsch war, sich auf die Sicherheit des heiligen Bezirks zu verlassen; sie hätten ihre Flucht fortsetzen sollen.

⟨*Meerhin*⟩. Das MS enthält das nicht existierende Wort μαλδα. Vom rein paläographischen Gesichtspunkt aus kann dieses »Wort« entweder eine Korrumpierung aus μάλα δ' (= sehr, äußerst; Bothe, gefolgt von Mazon) oder μ·ἅλαδ (= meerhin; Schütz, gefolgt von Smyth) sein. Psychologisch kann nur μ·ἅλαδ richtig sein, denn der Herold beabsichtigt in der Tat, die Danaiden zu den wartenden Schiffen zu zerren, die sie wegtragen sollen. Die Emendation von Schütz fügt daher der alptraumhaft schlimmen Lage der Danaiden ein weiteres *konkretes* Detail an. Und in der Regel ist die traumartige Atmosphäre bestimmter großartiger Erzählungen von übernatürlichen Gefahren auf die Anhäufung höchst realistischer *Details* zurückzuführen, die in unheimlicher Art arrangiert sind.[9]

9 Ein Kritiker – vielleicht T. S. Eliot – wies darauf hin, wie wirksam Kiplings genaue Erwähnung von »portugiesischem Lorbeer« (und nicht einfach von »Lorbeer«) am Ende einer seiner Geschichten vom Übernatürlichen ist. Vgl. auch Freuds zwingende Beobachtung, daß *»das Unheimliche«* (42) zugleich mit *heimlich* und *heimisch* (dt. i. Or.) verwandt ist. Das Unheimliche ist also einfach das höchst Vertraute, das in Verkleidung oder außerhalb seines Kontextes erscheint.

Auf einer anderen Ebene wiederholt das *meerhin* Gezerrtwerden den Wunsch der Danaiden, sich zu ertränken (796ff.), was der Herold zu verhindern versucht (873f.). Es bedarf kaum eines umständlichen Beweises, daß es zwischen dem Wunsch, zu ertrinken, und der Drohung, sich durch Erhängen selbst umzubringen (465), nicht nur in diesem Drama und im Denken der Griechen[10], sondern auch physiologisch (*Ersticken*)[11] einen engen Zusammenhang gibt. Schließlich werde ich an passender Stelle zeigen, daß »meerhin«, besonders im Zusammenhang mit »ins Meer springen« und »Erhängen«, auch mit dem *latenten* Inhalt dieser Traummetapher vereinbar ist.

Schleppt mich. Andernorts (*fr.* 39 N^2) beschreibt Aischylos, wie ein Kitz von *zwei Wölfen* weggetragen (weggeschleppt) wird. Dies untermauert meine Überzeugung, daß er bei den Danaiden die Vorstellung hervorrufen wollte, sie würden von einer Spinne (und/oder Schlange?) weggeschleppt. In der Tat macht das eben erwähnte Fragment, das *zwei* Wölfe betrifft, die (mutmaßliche) »Verdoppelung« des von einer Spinne und/oder Schlange (?) Weggeschlepptwerdens zu einem Hinweis auf Aischylos' Manier, sich solche Szenen *vorzustellen*: Er war anscheinend der Ansicht, daß es zweier Schlepper bedürfe. Da es aber nur *einen* Herold gibt, greift Aischylos auf eine Verdoppelung der Bilder zurück: *In der Phantasie* greifen eine »Spinne« und eine »Schlange« *»nacheinander«* die Danaiden an. Es ist jedoch wahrscheinlich, daß der Herold *auf der Bühne* nur ein Mitglied des Chors packte. Allerdings mußte die *Verdoppelung* des *beschriebenen* Angriffs (der Angriffe) dem Zuschauer wohl helfen, sich den Herold vielleicht als mehr- oder vielarmig und daher fähig, *alle* Danaiden zu ergreifen, *vorzustellen.*[12]

Spinne. Das hier benutzte Wort kann Spinnen im allgemeinen bezeichnen, obwohl es gewöhnlich die gemeine, netzwebende

10 Parth. *Erot.* 31; Apul. *Met.* 12 init. Vgl. (*68*).

11 Es ist möglich, daß die anspielende Erwähnung eines Sprungs in die Tiefe auch die rituellen Sprünge ins Meer zu evozieren sucht. *Katapontismus* wurde von Gallini ausgezeichnet diskutiert (*43*).

12 Oft sieht man mehr als ein Insekt in einem Spinnennetz gefangen. In der Laokoongruppe umwindet jede Schlange mehr als eine Person. Ich muß jedoch darauf hinweisen, daß Aischylos in diesem Drama den Herold *nicht wolf*ähnlich *machte*, obwohl seine Herren, die Söhne des Aigyptos, Wölfe genannt (351f.) und sogar die Danaiden selbst mit Wölfen verglichen werden (760). In einem anderen Mythos wird Danaos als ein Wolf repräsentiert, der einen Stier bezwingt (Paus. 2.16.1, 19.3ff., 38.4). (›Verbannter = Wolf‹ ist ein Gemeinplatz.)

(Haus-)Spinne bezeichnet.[13] Daher deutet das Aischyleische Bild darauf hin, daß die Danaiden von dem Spinnenherold *mit einem Netz gefangen wurden*, worüber noch mehr zu sagen sein wird.[14]

Ob man sich den Herold als Jäger oder als Netzfänger vorstellt, er ist hier – wie in einigen anderen Fällen (E. *Tr.*, E. *Heracl.*, usw.) – ein erbarmungsloser Entführer, der nur geringen Respekt für die heiligen Zufluchtstätten hat.

Schwarzer Traum. Das Wort ὄναϱ kann sich theoretisch auf den Traum als Ganzes oder die im Traum gesehene Gestalt des Herolds beziehen. Der Traum kann entweder deshalb »schwarz« sein, weil die »Ägypter in den Augen der Griechen schwarz sind« (K. J. D.) oder weil im Traum gesehene schwarze Dinge bedrohlich sind[15], oder weil »schwarz« hier die schmerzhafte und bedrohliche Qualität der »Traum«(-artigen) Erfahrung bezeichnet. Smyths Übersetzung »Alptraum« ist semantisch nicht korrekt; in späteren Zeiten wurde der Alptraum ἐφίαλτης (etwa: Aufspringer) genannt.[16] Ich werde jedoch weiter unten den Nachweis führen, daß dieser »Traum« alle Qualitäten eines Alptraums *stricto sensu* besitzt.

Ich fürchte nicht die Götter dieses Landes. Sie zogen mich nicht auf [und werden mich auch im Alter nicht ernähren]. Dies ist die

13 Das Mädchen Arachne, eine ausgezeichnete Weberin, wurde in eine Spinne verwandelt, nachdem sie Athene herausgefordert hatte und von ihr in einem Wettbewerb besiegt worden war (V. *Georg.* 4.46, usw.). Verschiedene meiner Bekannten, die großen Ekel vor Spinnen empfinden, stellen sich regelmäßig die Spinnen am Rande ihres Netzes sitzend vor, bereit, sich auf ihre Opfer zu stürzen – obwohl sie *wissen*, daß einige Spinnen bloß jagen. Kurz, das Wort »Spinne« läßt die meisten Menschen an *netzwebende* Spinnen denken, es sei denn, es wird ausdrücklich eine andere Art Spinne erwähnt. Nikandros, in dessen Gedichten keine Spinnennetze erwähnt werden, nennt keine Spinne jemals ἀϱάχνης; er benutzt als allgemeine Artbezeichnung φαλάγγιον (eine Giftspinne). Aber es ist in diesem Zusammenhang bemerkenswert, *daß* er (Nic. *Ther.* 733) den Begriff ἀϱαχνήεντα (voll von Fäden?) benutzt, womit er zeigt, daß bei ihm das Wort ἀϱάχνη *hauptsächlich* die Vorstellung des Spinnennetzes heraufbeschwor.

14 Aber man kann sich die Szene auch anders vorstellen: »Das Bild ließ mich nicht an ein Netz, sondern an eine Jagdspinne denken, die ihre Beute jagt und sie wegschleppt, nachdem sie sie getötet hat. Als ich den griechischen Text vor der Lektüre des ersten Entwurfs dieses Kapitels las, dachte ich an: a) die Tatsache, daß Krebse seitwärts oder rückwärts laufen, was von den Menschen des Altertums oft beobachtet wurde, b) die enge Verwandtschaft zwischen Krebsen und Spinnen und c) die Tatsache, daß ein Mann, der eine Frau *wegschleppt*, rückwärts oder seitwärts schreiten muß: βάδην scheint mir dieses Bild zu betonen« (K. J. D.). Aber ich bin der Ansicht, daß der Herold, wenn er die Danaiden am Haar oder an ihren Kleidern wegschleppt, nicht rückwärts oder seitwärts gehen muß. Wenn er an dieser »Koppelleine« zerrt, kann er geradeaus gehen. Dennoch ist es interessant, die divergenten Vorstellungsbilder, die derselbe Text bei zwei verschiedenen Lesern heraufbeschwört, zu kontrastieren.

15 Vgl. ps.-Hp. *insomn.* 91.

16 Sch. B. Hom. *Il.* 5.385.

übliche Übersetzung (Smyth, Mazon). Doch der Text *scheint* zu sagen: »noch wurden sie aufgrund (meines) Ernährens alt«. »Dies ist eine einfache *Polarität*; ein Grieche fühlt, daß er von seinem Vater ›aufgezogen‹ und ›gefüttert‹ wird, bis er alt genug ist, den οἶκος (Haushalt) zu übernehmen, worauf er für das ›Füttern‹ seines Vaters verantwortlich wird.« (K. J. D.)

Ich räume ein, daß diese Polarität griechisch ist (Ar. *Av.* 1355 f.) und daß sich gealterte sterbliche Könige, die abdanken, im Mythos auf den Schutz ihrer Söhne und Enkel verlassen.[17] Ich räume sogar ein, daß die griechischen Götter trotz ihres Zugangs zu Nektar und Ambrosia[18] zur Ernährung auch den Rauch von Opfern brauchten.[19] Ich habe jedoch an anderer Stelle (*30*) gezeigt, daß die griechischen Götter als »Raucheinatmer« vorgestellt wurden, die, wie viele legendäre »Geruchesser«, keinen Anus hatten.[20]

Aber es läßt sich ein entscheidendes Detail gegen die Ansicht ins Feld führen, daß der Herold davon spricht, daß *er* die Götter ernähren wird: die Erwähnung des *Alters*. Obwohl von einigen griechischen Übernatürlichen angenommen wurde, sie seien alt – z. B. die Graiai (= alte Weiber) –, machte sie ihr hohes Alter weder hilflos noch abhängig.[21] Ich bin daher nicht zur Annahme bereit, daß die griechischen Götter wegen ihrer Abhängigkeit von Opfern – und sei es nur unbewußt – als senil und *daher* als der Ernährung durch die Menschen bedürftig vorgestellt wurden.

Daher kann der Text nur bedeuten: Die Götter von Argos

17 Laertes und Odysseus (Hom. *Od.*, *passim*). Kadmos und Pentheus (E. *Ba.* 1308 ff.) usw.

18 Für LaBarre (*50*, S. 468 und *passim*) ist Ambrosia fast sicher ein Halluzinogen gewesen. Ich glaube, daß man es sich als ein Euphorikum vorstellen muß (*30*).

19 Hom. *h. Cer.* 310 ff.; Ar. *Av.* 580, 1230 ff., 1262 ff., 1516 ff., usw.

20 Die Götter defäkieren nicht (Plu. *Reg. Imp. Ap.*, Antig. 7, S. 182 C). Als Geruchesser glichen sie vielleicht den Mysischen καπνοβόται (Posid. *FHG* 3.291.91 = Str. 7.3.3, S. 296). Zu anderen Geruchessern vgl. Plu. *V. Artax.* 19; Plin. *HN* 7.25; Aul. Gell. 9.4.10 (die beiden letzteren sind wahrscheinlich von Aristeas abzuleiten; *3*, S. 28 ff.). Luc. *VH* 1.23. Vgl. καπνοσφράντης *Com. Adesp.* 1025, Alciphr. 3.49 und die griechische Anekdote, in der Küchengerüche als Gewürz dienen. Ethnologische und klinische Parallelen enthalten oft auch eine Verneinung der Existenz des Anus (vgl. *60*; *52*, S. 392; *62*, *48*, *14*).

21 Der einzige mir bekannte senile und hilflose »Unsterbliche« ist Tithonos – ein bloßer Sterblicher, der unsterblich gemacht, dem aber nicht auch die ewige Jugend gewährt wurde (Hom. *h. Ven.* 233 ff.). Ich behaupte, daß sein Verfall in erster Linie darauf zurückzuführen ist, daß er sich mit einer Göttin gepaart hatte. Im selben Hymnus befürchtet Anchises ein ähnliches Schicksal und wird später tatsächlich gelähmt (V. *Aen.* 2.647 ff.) oder geblendet (Serv. *V. Aen.* 1.617, 2.687) – Strafen, die sowohl an Oidipous' verletzten Knöchel wie auch an seine anschließende Blindheit erinnern (*33*). Odysseus mußte belehrt werden, wie er ein solches Schicksal vermeiden könnte (Hom. *Od.* 10.281 ff.). Psychoanalytisch ausgedrückt: nicht hohes Alter, sondern der Inzest mit einer Mutterfigur (Göttin) verursacht die Lähmung (= Impotenz = Verlust der Männlichkeit) von Sterblichen.

ernährten den ägyptischen Herold weder in seiner Kindheit, noch werden sie ihn in seinem hohen Alter erhalten. Wenn man behauptet, daß der Text, so wie er ist, das *nicht* bedeuten *kann*, dann muß er emendiert werden.

An dieser Stelle ist allerdings die Frevelhaftigkeit des Herolds am wichtigsten.

Ich beginne mit einem Hinweis auf ein weniger wichtiges Detail: er erwähnt nur die Abhängigkeit des Kindes und des alten Menschen von göttlicher Ernährung. Vielleicht fühlte er, wie Aias (S. *Aj.* 767ff.), arroganterweise, daß ein Mann in der Blüte seiner Jahre keiner göttlichen Hilfe bedarf (921).

Aber es ist wahrscheinlicher, daß die Frevelhaftigkeit des Herolds einfach ethnozentrischer Natur ist (922): er meint, dem göttlichen Nil vieles, den fremden Göttern von Argos aber nichts zu schulden. Dies steht allerdings im Gegensatz zur Sichtweise der Griechen, die behaupten, daß Xerxes für seine Zerstörung *griechischer* Tempel bestraft wurde (Hdt. 8. 54).[22] Ein Grieche verehrte auch fremde Götter, obwohl er ihnen keinen persönlichen Dank schuldete.[23]

Ich weise abschließend darauf hin, daß sich die arrogante Nichtbeachtung der Götter von Argos radikal von der verzweifelten Drohung der Danaiden unterscheidet, das Heiligtum durch ihren Selbstmord zu entweihen, wenn sein Asyl ihnen keinen Schutz gewähren konnte (787ff.).[24] Diese Drohung impliziert eine Anerkennung der Existenz und der Macht – wenn nicht des *spontanen* Wohlwollens – der Götter von Argos.[25]

Zweifüßige Schlange. Wie in der Spinnenmetapher wird der Herold wiederum in verzerrter Weise bildlich vorgestellt (oder beschrieben). Die Ähnlichkeiten zwischen Spinnen und Schlangen

22 Allein dieser Umstand sollte vielleicht darauf hingedeutet haben, daß A. *Suppl.* nach Xerxes' Invasion Griechenlands geschrieben wurde. Wären sie vorher geschrieben worden, hätte diese Szene die Athener in unerfreulicher Weise an ihre *eigene* frevelhafte Niederbrennung von Sardis erinnert (Hdt. 5.105, 6.30, 7.8.β, 7.11, usw.).

23 Diese Einstellung bereitete offensichtlich den Boden für die spätere philosophische Ansicht, daß den Göttern Verehrung zustehe, auch wenn sie sich nicht in menschliche Angelegenheiten einmischten. Diese Ansicht behielt die erste Hälfte des *do ut des* bei, schaffte aber die zweite Hälfte ab.

24 Vgl. die ähnlichen Drohungen der Athener, als das Orakel von Delphi ihnen eine ungünstige Antwort gab (Hdt. 7.141). Zu der als ein Um-Gnade-Flehen verkleideten Erpressung vgl. 6. Kap.

25 Ein griechischer Held bekämpfte oder bedrohte gelegentlich einen Gott, aber wenn er das tat, erkannte er dessen Macht und Existenz an. Wer gegen die Götter kämpft – der ϑεομάχος –, kann ein Verächter der Götter sein, ist aber niemals ein Agnostiker oder ein Atheist, noch glaubt er, daß ihn die Götter nichts angehen.

rechtfertigen es, daß er mit beiden Namen belegt wird. Die »zweifüßige Schlange«[26] entspricht der »zweifüßigen Löwin« Klytaimestra (A. *Ag.* 1258), die im Rest der *Oresteia* meistens eine Schlange genannt wird. Die angeblichen Affinitäten zwischen Löwinnen und weiblichen Vipern beim Gebären (vgl. 5. Kap.) rechtfertigen es, ihr beide Namen zu geben.

Natürlich können wir nicht sicher sein, daß Aischylos erwartete, daß wir uns den Herold eher als tatsächlich »falsch wahrgenommen« und nicht bloß als mit passenden Schimpfnamen belegt vorstellen sollten. Ich neige der zweiten Alternative zu: der Herold ist nur in moralischer Hinsicht und in seinen Handlungen eine Spinne = Schlange.[27]

Zudem ist der Herold *als* Schlange ein chthonisches Wesen – wie zuweilen auch der Schutzherr seines Berufes, Hermes (A. *Choe.* 1). Es ist sogar vorstellbar, daß es gerade der *chthonische* Charakter des vipernhaften Herolds ist, der die Danaiden die Mutter Erde[28] um Schutz anflehen und Zeus mit dem ungewöhnlichen Titel »Sohn der Erde« anrufen läßt. Dieser Beiname verbietet uns wahrscheinlich zu behaupten, daß die verzweifelten Danaiden hier sowohl eine chthonische wie auch eine olympische Gottheit anflehen.[29] Aber ich räume auf der Stelle ein, daß dieses Argument merklich von der Tatsache geschwächt wird, daß die Anrufung *zuerst* in Verbindung

26 Struktural mit der zweiköpfigen Schlange verwandt. A. *Ag.* 1233. Zweiköpfiger Skorpion: Nic. *Ther.* 812.

27 Im Gegensatz dazu sind der gute schlangenartige Kekrops und der böse schlangenartige Typhon sowohl in moralischer wie auch verhaltensmäßiger Hinsicht »menschlich«.

28 Die in E. *IT* 1262ff. von der ermordeten weiblichen Schlange von Delphi repräsentiert wird und die nach ihrer Enteignung den Menschen in Konkurrenz mit dem usurpierenden Orakel des Apollon Orakel*träume* schickt. Und dem sollte nicht entgegengehalten werden, daß Euripides' Bericht sich von dem des Aischylos (A. *Eum.* 1ff.) unterscheidet! Ich habe schlüssig nachgewiesen, daß dieselbe Person zwei sich gegenseitig ausschließende Glaubenssysteme hegen kann (*8*), und auch, daß eine Kultur (oder Theologie) das, was sie auf einer Ebene des Diskurses bestätigt, auf einer anderen Ebene verneint (*29*, 16. Kap.). Die Aischyleischen und Euripideischen Erzählungen sind daher nicht unvereinbar, sondern komplementaristisch.

29 Diese Art, Zeus anzusprechen, *könnte* indirekt auch auf seinen Kampf mit dem schlangenartigen Typhon hinweisen. Diese Geschichte ist zweifelsohne ägyptischen Ursprungs: Eine Wiederholung von Osiris' Kampf mit Typhon [Plu. *Is. et Os. passim,* jetzt von einem neu entdeckten Papyrus bestätigt: *Pap. Jumilhac*, vgl. (*45*)]. Die Tatsache, daß der Bericht von Zeus' Kampf mit Typhon am ausführlichsten in *späten* griechischen Quellen erwähnt wird (Apollod. 1.6.3; Nonn. *Dion.* 1.137, 2.712), bedeutet *nicht*, daß Aischylos, der bekanntlich über ägyptische Angelegenheiten gut Bescheid wußte, ihn nicht kannte und nicht daran dachte, als er den Zusammenprall zwischen den Danaiden (die er hauptsächlich als Griechen betrachtete) und dem schlangenartigen Herold der Aigyptiadai (die er als Barbaren sieht) beschrieb.

mit der (nicht-chthonischen) Spinne erfolgt und nach den Versen, in denen der Herold eine Schlange genannt wird, einfach wiederholt wird. Ob die erste Anrufung das Schlangenbild *vorwegnehmen* »sollte«, oder es sonst unwissentlich dem Aischylos *nahelegte*, kann ich auf der Basis psychoanalytischer Überlegungen nicht entscheiden. Aber sei es eine willentliche Vorwegnahme oder die unwissentliche Wurzel oder Eingebung der Schlangenpassage, die erste Anrufung strafft die Struktur und Kohärenz von V. 885-901 enorm.

Beißende/stechende Bestie (oder vielleicht brennender Biß) liefert den einen nicht-konjizierten Schlüssel zu dem Verhalten, das dem schlangenartigen Herold im zweiten (Schlangen-)Teil der Traummetapher zugeschrieben wird. Die beiden vorangehenden Erwähnungen von Schlangen (ὄφις, ἔχιδνα) erlauben uns *nicht*, als gesichert anzunehmen, daß sich die Traumschlange so verhält, wie sich Schlangen üblicherweise verhalten. Denn wäre der Text von E. *Hec.* 90-91 unvollständig, könnte man konjizieren, daß der Wolf das Kitz *biß*. Doch im überlieferten *nicht*-defekten Text finden wir, daß der Wolf – nach *Katzen*art – mit den »Krallen zuschlägt« oder, besser noch, seine Vorderpfoten in der Weise benutzt, wie ein Mensch seine Hände verwendet. Ähnlich könnte man, wenn der Text von E. *Rh.* 784 Lücken enthielte, niemals erraten, daß die Wölfe ihre Schwänze als Reitgerten benutzen (8. Kap.).

Ich habe auf objektive Ähnlichkeiten zwischen realen Spinnen und realen Schlangen hingewiesen: ›Netz = Windung‹, ›Stich = Biß‹. Aber dies macht es nur wahrscheinlich, daß sich die Traumschlange wie die Traumspinne verhält – es garantiert *nicht* die Richtigkeit der Konjektur.

Die Worte »Schlange« und »Viper« machen einen Biß nicht mehr als wahrscheinlich. Aber δάκος läßt einen giftigen Biß so wahrscheinlich erscheinen, wie es eine Konjektur sein kann, denn δάκνω bedeutet: (giftig) Stechen. Man kann daher bei der Interpretation auf dieses Detail zurückgreifen.

Diskussion

Bevor ich den latenten Inhalt dieser Stelle analysieren kann, sind einige allgemeine Bemerkungen angebracht.

Die Verse beschreiben ein reales Ereignis in der Form einer Traummetapher. Dies deutet notwendigerweise darauf hin, daß

Spinnen- (und Schlangen-)Träume in der griechischen Kultur häufig (oder sprichwörtlich) genug waren, um im Publikum eine affektive Reaktion auf die Metapher auszulösen. Ähnlich ruft die »Lauf-Hemmungs«-Traummetapher in Hom. *Il.* 22.199ff. bis auf den heutigen Tag eine heftige Reaktion hervor: Wilamowitz (*73*, S. 100) nannte sie »unerträglich«.

Aber in Hom. *Il.* 22.199ff. spricht der *Dichter*; in A. *Suppl.* 885ff. beschreiben die Danaiden *selbst* ihre gegenwärtige Erfahrung mit Hilfe einer Traummetapher.[30]

Man muß auch zwischen dem unterscheiden, was der *Dramatiker* mit diesen Mitteln zu erreichen suchte, und was der Rückgriff auf eine Traummetapher für eine wirkliche Frau bedeuten würde, die ihre Erlebnisse in einer solchen Manier beschreibt.

Offensichtlich versuchte Aischylos nur die affektive Wirkung der Szene zu *erhöhen*, indem er die Spinnenphobien seiner Zuschauer[31] und vielleicht auch Erinnerungen an Spinnenträume mobilisierte.

Die Sache stellt sich anders dar, wenn man sich die Danaiden als reale – oder zumindest psychologisch plausible – Figuren vorstellt.

Die Beschreibung einer *gegenwärtig erlebten* Erfahrung als »Traum« enthüllt als erstes, wie wechselhaft und durchlässig die Grenzen zwischen Realität und Traum bei Primitiven (*53*, usw.), den alten Griechen (*36*, 4. Kap.) und Neurotikern (*19*) sind.[32]

Aber das ist nicht alles. Der Vergleich eines gräßlichen Erlebnisses mit einem Traum deutet darauf hin – auch wenn dieser für das *Publikum* seine Grausigkeit verstärken sollte –, daß ein Abwehrmechanismus am Werk ist: Die *Realität* des tatsächlichen *Erlebnisses* wird praktisch durch Rückgriff auf eine »Ent-Realisierung« verleugnet.[33] »Ich muß wohl träumen – das kann nicht wahr sein!« Aber die *deskriptive* Verstärkung eines »unheimlichen« Entsetzens wird manchmal gerade dadurch ermöglicht, daß man eine affektive Distanz zu ihm einnimmt – d. h. mittels des Abwehrmechanismus der Isolierung.[34]

30 Es existieren andere Alternativen. In A. *Choe.* 527ff. erzählt der Chor, wie Klytaimestra im Traum eine Schlange gebärt und stillt. Aber *im V. 928* ist schwer zu entscheiden, ob sich Klytaimestra ihren tatsächlichen Traum in Erinnerung ruft oder (weit weniger wahrscheinlich) nur behauptet, daß sie metaphorisch eine Schlange gebar und stillte.

31 »Ungefähr ein Drittel meiner guten Bekannten hat irgendeine Art von Spinnenphobie« (K.J.D.).

32 Siehe unten für eine weitere »Grenzverschiebung«.

33 Für eine andere Art von Verleugnung (mittels einer Halluzination: A. *Ag.* 414ff.) vgl. 3. Kap.

34 Einer meiner Patienten konnte es sich erlauben, in gräßlichen und obszönen, nahezu

Daher ergibt sich bei der Analyse der Traummetapher eine grundsätzliche methodologische Frage. Bei der Analyse von Menelaos' Traum (3. Kap.)[35] usw. analysiert man seine Persönlichkeit, *wie* sein *Traum sie enthüllt*. Ähnlich enthüllt jeder der drei Euripideischen Träume (8. Kap.), deren latentes Thema jedesmal die Urszene[36] ist, die *Persönlichkeit* des jeweiligen Euripideischen Träumers – und seine oder ihre besondere *mißliche Lage* – durch den manifesten Trauminhalt (*26*).

Im Gegensatz dazu muß diese Traummetapher primär wie ein »Mustertraum« analysiert werden: »Was *bedeutet* ein Spinnen-(oder Schlangen-)Traum für jeden – besonders in der griechischen Kultur?« Es gibt drei Gruppen von Anhaltspunkten zur Erschließung seiner offenkundigen »Bedeutung«:

1. Der primäre Anhaltspunkt ist die Weise, in der Aischylos dieses *einfache* Thema[37] bearbeitete und Hinweise auf seine latente Bedeutung im Rest des Dramas lieferte.

2. Die sekundären Anhaltspunkte sind griechische Glaubensansichten über Spinnen und Schlangen.

3. Die tertiären Anhaltspunkte sind ethnologische und klinische Parallelen.

Ich muß jetzt für einen Moment wieder zur Frage der »Grenzverschiebungen« zurückkehren, die ich zuvor nicht vollständig ausdiskutiert habe, um mein Hauptargument nicht zu unterbrechen. Diese Szene enthält eine der blendendsten Manipulationen von »Grenzen«, denen ich je in der Dichtung oder in den Träumen, die mir in meiner psychoanalytischen Praxis berichtet wurden, begegnet bin.

Die Spinne fängt und immobilisiert ihre Opfer mit Hilfe eines Netzes, d.h. mit Hilfe von *Fäden*, die sie aus ihrem Körper hervorbringt. Sie kann sich sogar an ihrem eigenen Faden aufhängen, der so eindeutig Teil der Spinne ist, daß im Griechischen ἀράχνης die Spinne und ἀράχνη ihr Netz bezeichnet.[38]

halluzinatorischen *Phantasien* zu schwelgen, indem er einfach unbewegt auf sie reagierte (Isolierung): »All dies ist sehr weit von mir weg« (*20*, *23*), obwohl seine tatsächlichen *Träume* weder wirklich entsetzlich noch obszön waren.

35 Oder von Penelopes Traum, Hom. *Od.* 19.555 – der zu ihrer Persönlichkeit paßt, wie sie von Homeros beschrieben wird –, nicht aber zu der idealisierten Persönlichkeit, die ihr Literaturkritiker zuschreiben (*16*).

36 Elterlicher Beischlaf und die Reaktionen des Kindes auf ihn.

37 Vergleiche, was Beethoven – und kein anderer – mit einem wahrlich trivialen Thema in seinen »Diabelli-Variationen« (Op. 120) anfangen konnte.

38 Aber ἀράχνη kann auch die Spinne bezeichnen. Lateinisch: *aranea* = Spinne =

Nun ist in A. *Suppl.* ein »Gewebe« oder ein Seil *kein* Teil der Ausrüstung des Spinnen-*Herolds.* Es ist ein Teil seiner *Opfer*! Der Herold droht, die Danaiden an *ihrem* (Faden) *Haar* (884, 909) oder *ihren* (Gewebe) *gewebten* Kleidern (903) wegzuschleppen – *nicht* an ihren Armen oder Hälsen. Daß das »gewebte« Gewand, das Agamemnon unbeweglich machte, eine Spinnwebe (A. *Ag.* 1492, 1516) wie auch ein »Netz« (A. *Ag.* 868, 1115; A. *Choe.* 999, usw.) genannt wird, deutet stark darauf hin, daß sich Aischylos die Kleider, an denen die Danaiden weggeschleppt werden sollten, als etwas den Spinnweben Entsprechendes vorstellte. In der Tat wird sogar die Fähigkeit von Spinnen, an ihrem eigenen Faden zu hängen, von der Drohung der Danaiden verdoppelt, sich zu *erhängen* (465).[39] Wiederum treffen wir hier auf die Neigung vieler Mystiker, den Angreifer mit seinem Opfer gleichzusetzen; den Jäger mit seiner Beute.

Diese Überlegungen machen es fast gewiß, daß Aischylos von uns erwartete, daß wir uns eine »fallenstellende« (netzwebende) Spinne und keine Jagdspinne vorstellen.

Ich muß die Gleichsetzung ›im Netz fangen = unbeweglich machen‹ noch weiter erläutern, denn sie wird ein wichtiges Element meiner Analyse des latenten Inhalts der Traummetapher bilden. Die zahllosen Erwähnungen der Immobilisierung Agamemnons in der *Oresteia* (durch »in einem Netz fangen«), die die Zahl der Erwähnungen seines Erschlagenwerdens bei weitem übertreffen, deuten darauf hin, daß die Furcht, in einem Netz gefangen (immobilisiert) zu werden, ein *Aischyleischer* Charakterzug gewesen sein könnte. Aber sie war sicherlich auch ein *griechischer* Charakterzug, denn sie ist ein wiederholtes Motiv im griechischen Mythos.[40]

Spinnwebe. *Spinne* [dt. i. Or.] ist mit »spinnen« verwandt. Der Strick (ein Objekt), an dem sich Arachne erhängte, wird zu einer Sekretion ihres Spinnenleibes (Ov. *Met.* 6.144 f.).

39 Für Erhängen als der für griechische Frauen üblichen Art, Selbstmord zu begehen, vgl. *32*. Strick, mit dem man sich erhängt = Faden einer Spinne: Ov. *Met.* 6.144 f. Fälle, in denen man sich mit seinem eigenen Haar erhängte (erwürgte), sind belegt (*74*, S. 209).

40 Meineidige Götter werden gelähmt (Hes. *Th.* 775 ff.). Hera wird von Hephaistos an ihren Thron festgeklebt (Paus. 1.20.3, usw.) und auch von Zeus gebunden (Hom. *Il.* 15.18). Aphrodite und Ares werden von Hephaistos in einem Netz gefangen (Hom. *Od.* 8.272 ff.). Prometheus wird angekettet, Ares wird von den Aloadai, von denen einer Ephialtes (= Aufspringer, Alptraum, sch. B. Hom. *Il.* 5.385 ff.: *EM* 403.32) heißt, immobilisiert. Im Hades wird Theseus von vielen Schlangen (Apollod. *Ep.* 1.24) oder von Ketten (Hor. *Carm.* 3.4.79), oder von seinem eigenen Fleiscn, das in den Sitz hineinwächst (Paus. 10.29.9), an seinen Stuhl gefesselt. (Vgl. Arachnes Strick = Körpersekretionen, supra, Anm. 39) Diese Alternativen beweisen, daß »Fesseln« und Kleider entweder Teil des Gefangenen selbst oder ihm äußerlich sein können (*69*) (7. Kap., Anm. 83). Eine Amphisbaina macht die Beine des wahnsinnigen Dionysos unbeweglich, sch. Nic. *Ther.* 377. Den Griechen, die Jagdnetze

Kurz, die Spinnenmetapher ergibt nicht nur einen logisch annehmbaren Sinn, sondern verträgt sich auch – wie später gezeigt werden wird – mit der Natur der Ängste, die die Traummetapher ausdrückt.

Interpretation

Die versuchte Entführung sollte die Danaiden in unerwünschte Ehen zwingen: sie bereitet den Boden für ihre »legale« *Vergewaltigung* durch ihre *Blutsverwandten* vor. Die Danaiden reagierten darauf mit der Drohung, sich zu erhängen, und mit dem Wunsch, sich zu ertränken; kurz, sie reagierten auf die Drohungen des Herolds, sie zu *immobilisieren*, mit der frappanten *Alternative* von Erstickungsphantasien (*68*).

Wir haben hier *alle* Elemente eines Alptraums *stricto sensu*: Inzest, sexuelle Aggression, Immobilisierung und Ersticken (*47, passim*).

Ödipalität. Ich muß meine Diskussion des latenten Inhalts der Traummetapher mit einer Erörterung des Inzestelements beginnen, das in allen echten Alpträumen erkennbar ist (*47*).

Inzest (Ödipalität) ist *nicht* mechanisch im rein bio-genealogischen Rahmen definierbar. Es kann keinen Inzest im operationalen Sinn geben, wenn kein Verwandtschaftssystem besteht: bei Tieren kann Inzucht vorkommen – aber sie können sich nicht inzestuös verhalten (*31*, 7. Kap.). Der Beischlaf zwischen einem Adoptivvater und seiner Adoptivtochter ist operational und erlebnismäßig inzestuös, *ohne* gleichzeitig inzüchtig zu sein. Der Beischlaf zwischen einem Bruder und seiner Schwester, die sich ihrer biologischen

extensiv benutzten, war es sicherlich möglich, sich in die Lage eines in einem Netz gefangenen Insektes zu versetzen. Denn wie ich an anderer Stelle (*10*) gezeigt habe, enthüllt die *Wahl* eines bestimmten Aggressionsmittels – und selbst eines bestimmten Fluches – immer das, wovor sich der Aggressor *am meisten* fürchtet. Man braucht nicht einmal Psychologe zu sein, um diesen offensichtlichen Schluß zu ziehen. Der Angelpunkt in Nevil Shutes Roman *Most Secret* (1945) (*67*) ist, daß die Deutschen den *Flammenwerfer* [dt. i. Or.] erfanden, weil *sie mehr* als andere Menschen Angst vor dem Feuer haben. Ich neige dazu, die Furcht der Griechen vor der Immobilisierung mit dem Wickeln griechischer Säuglinge (A. *Choe.* 529) in Verbindung zu bringen. Ein Analysand, der gewickelt worden war, brach die Beziehung zu seiner bezaubernden Freundin ab, weil er ihre Neigung, sich eng um ihn zu schlingen, nicht ertragen konnte. Darüber hinaus *bestrafte* derselbe Analysand seine Katze *ausschließlich* damit, daß er dem Tier alle vier Füße zusammenband, wann immer es sich schlecht benahm.

Verwandtschaft nicht bewußt sind, ist nicht inzestuös, obwohl biologisch Inzucht (siehe auch 2. Kap.) (*55*).

Inzest als Erlebnis hängt von willkürlichen sozialen Normen ab: ein Athener konnte seine Halbschwester väterlicherseits, nicht aber mütterlicherseits heiraten, obwohl er vermutlich in der Kindheit psychologisch identische – eher zärtlich-brüderliche als sexuelle – Gefühle gegenüber beiden entwickelte. Das Inzestelement ist latent auch dann präsent, wenn man einen (biologisch nicht verwandten) Mutter- oder Vater»ersatz« heiratet. Das Inzestelement kann sogar im Verlauf einer *nicht*-inzestuösen Ehe auftreten, wenn die Natur der Ehebeziehungen einen oder beide Gatten in eine psychosoziale Elternrolle drängt. (Vgl. 2. Kap., Anm. 93).[41]

Kurz, das Inzestelement tritt immer dann in Erscheinung, wenn eine vorher bestehende psychosoziale Beziehung vom »Verwandtschaftstyp« zwischen einem Mann und einer Frau:

1. bewirkt, daß sie den Beischlaf »tugendhaft« *vermeiden*;
2. sie dazu *anregt*, miteinander zu schlafen;

a) um den Koitus mit einer tabuisierten Zutat zu »würzen«, oder
b) weil es z. B. ein königliches Privileg ist (Ägypten, usw.) oder auch
c) weil es ein sozial standardisiertes rituelles Verbrechen darstellt, das »wünschenswerte« Folgen hat[42], usw.

Im Fall der aus Ägypten stammenden königlichen Danaiden wird ihre *subjektive* zwanghafte Beschäftigung mit Inzest vom Routinecharakter der Bruder-Schwester-Ehen der Pharaonen hervorgehoben, von denen man annehmen darf, daß sie Aischylos bekannt waren. Aber ich weise darauf hin, daß er die Danaiden im gesamten Drama als *Griechen* und ihre Vettern, die Aigyptiadai, als *ägyptische Barbaren* darstellt. Es ist möglich, daß Aischylos mit Hilfe dieser unterschiedlichen Charakterisierung die Überlegenheit von griechischen gegenüber ägyptischen Bräuchen unterstreichen wollte (vgl. 760f.). Wenn das so ist, erreichte er sein Ziel nicht, denn

41 Du Bois (*37*, S. 96) notierte die auffallende Aussage eines Aloesers: Man nennt manchmal nachts im Halbschlaf seine Frau »Mutter«. Ferenczi (*39*) wies vor langer Zeit darauf hin, daß eine Abnahme des sexuellen Interesses an einem Gatten aus der wachsenden Neigung resultieren könnte, den Gatten als ein Elternsurrogat *wahrzunehmen* (Ehemann = väterlicher Versorger; Ehefrau = mütterliche Ernährerin).

42 Vgl. den rein »instrumentalen« (zielgerichteten) Inzest des Thyestes mit seiner Tochter Pelopeia (2. Kap.). Zum möglicherweise politisch-instrumentalen Charakter von Oidipous' Inzest vgl. (*18*). Zu Kuanyama-Ambo-Zauberern vgl. (*54*) und 2. Kap., Anm. 61. Zu Inzest und Verwandtschaft im allgemeinen vgl. *31*, 7. Kap.

wie bereits angemerkt, durfte ein Athener seine Halbschwester *väterlicherseits* heiraten.

Kurz, in dem *gesamten* Drama wird das ödipale Element gerade durch den sozial unaufrichtigen *Vorwand* der Danaiden unterstrichen, daß eine Ehe mit ihren Vettern (väterlicherseits) inzestuös wäre.[43]

Es ist eine Tatsache, daß weder Aischylos noch ein anderer griechischer Dichter, der diesen Mythos erzählt, den Anspruch der Danaiden als stichhaltig betrachtet zu haben scheint, daß eine Heirat mit ihren Vettern (väterlicherseits) »inzestuös« (sozial verwerflich) gewesen wäre. Hypermnestras glückliche Ehe mit ihrem Vetter Lynkeus widerlegt ebenfalls die Stichhaltigkeit des lautstarken Protests der Danaiden gegen einen Inzest.

Unterstrichen *wird* durch die *unhaltbaren* Proteste und Argumente der Danaiden, daß sie *persönlich* Männern und der Sexualität gegenüber feindselig eingestellt waren – eine Einstellung, die die Griechen nicht unverzeihlich fanden – und daß sie versuchten, ihren Ekel vor der Sexualität als eine Abscheu vor dem Inzest zu *verkleiden*. Aber es ist gerade ihre *Wahl* dieser besonders (*15*, S. 55f., usw.) nutzlosen Rationalisierung, die ihre wirkliche Motivation enthüllt: Die Danaiden erlebten *jede* Sexualität (subjektiv) als »Inzest«. Eine solche Einstellung findet man oft bei Töchtern, die stark ödipal auf ihren Vater fixiert sind – und die Vaterfixierung der Aischyleischen Danaiden wurde von Kouretas (*49*) auf der Grundlage völlig *anderer* Daten und Überlegungen schlüssig dargelegt.[44]

43 Ich betone, daß die Danaiden und die Aigyptiadai hauptsächlich wegen ihrer Abstammung von zwei Brüdern miteinander verwandt sind, obwohl die Danaiden in den meisten ihrer Reden sich hauptsächlich auf ihre gemeinsame Vorfahrin Io (aber weniger oft und auch weniger explizit auf ihren gemeinsamen Vorfahren Zeus) beziehen. Aber es fällt sofort auf, daß sie hauptsächlich deshalb auf dieser Verwandtschaft *herumreiten*, um ihren Anspruch auf Asyl in Argos zu rechtfertigen. So erwähnen sie kaum die offenkundige Symmetrie zwischen ihrer (jungfräulichen) Flucht und der der (schwangeren) Io (351f.). Sie erwähnen auch nicht ein einziges Mal, daß auch die *Aigyptiadai* wegen ihrer Abstammung von Io ein Recht auf die Sympathie der Argeier haben. In der Tat versäumt sogar der Herold, auf diesen offenkundigen und schlagkräftigen Punkt hinzuweisen. Diese Auslassungen deuten darauf hin, daß Aischylos *nicht* versuchte, die Athener von der Gültigkeit des Inzestarguments der Danaiden zu überzeugen – indem er z.B. an das Athenische Tabu erinnerte, einen Halbbruder *mütterlicherseits* (oder Verwandten mütterlicherseits?) zu heiraten, ein Tabu, das hier größtenteils darum nicht anwendbar war, weil die Danaiden und die Aigyptiadai primär Vettern ersten Grades väterlicherseits und erst zweitrangig entfernte Abkömmlinge Ios waren. Zu den soziologischen Aspekten solcher Ehen vgl. – unter einigen Vorbehalten – G. Thomson (*70*, 16. Kap.).

44 Ein weiterer indirekter, aber vielsagender Beweis für die Vaterfixierung der Aischyleischen Danaiden ist das Fehlen jedweder Erwähnung ihrer Mütter (infra).

Man muß sich die Bedeutung des Inzestelementes in diesem Drama – und in Alpträumen – während der gesamten folgenden Erörterung – die auf die sexuell-aggressive Rolle der phallischen Mutter (und nicht des Vaters) in dem *typischen* Alptraumerlebnis, das die Traummetapher wiederholt, eingeht – vor Augen halten.

Die *Spinnensymbolik* wurde von Abraham (*1*) sehr gut verstanden, dessen Deutungen in der Folge von anderen bestätigt wurden, denn Spinnenträume scheinen recht häufig zu sein.[45] Artemidoros (4.56) vergleicht Spinnen mit verabscheuungswürdigen Menschen, die trotz ihrer Schwäche und Bedeutungslosigkeit großen Schaden verursachen können. Es fällt ebenfalls auf, daß bestimmte griechische Schriftsteller die Giftigkeit der *meisten* Spinnen stark übertrieben[46], obgleich der Biß der meisten Arten höchstens unangenehm ist.

Am auffälligsten bei der *Vorstellung* der Spinne ist, daß dieses Geschöpf – sei es auch in einer merkwürdigen Art (infra) – so regelmäßig als *weiblich* betrachtet wird, zum Teil vielleicht deshalb, weil Spinnen und Weben fast überall im Mittelmeergebiet eine weibliche Beschäftigung sind.[47] Spinnen werden speziell mit Frauen (Ael. *NA* 1.21) und sogar mit weiblichen Geometern verglichen, die im Zentrum ihres Netzes sitzen (Ael. *NA* 6.57). Bestimmte »vierkieferige« Spinnen[48] waren anscheinend Männern gegenüber feindlich eingestellt, denn sie griffen die *Männer* eines indischen Volkes an und rotteten sie fast aus (Ael. *NA* 17. 40).

Dieses Paradebeispiel einer *pseudobiologia phantastica* ist von besonderem Interesse, denn ich habe oft beobachtet, daß sogar die haarsträubendsten Teile der »Unnaturgeschichte« eine Art Gegenstück in der Realität zu haben pflegen. Bei verschiedenen Spinnenarten verschlingt das Weibchen – das größer ist als das Männchen – nach dem Koitus seinen Partner (*72*).[49] Bildlich gesprochen ist der

45 Ich habe den Eindruck, daß ich während all der Jahre, in denen ich eine psychoanalytische Praxis unterhielt, immer mindestens einen Patienten hatte, der Spinnenträume oder Spinnenphantasien oder eine pathologische Furcht vor Spinnen hatte. In einem Landstrich – der in dem früher Magna Graecia genannten Gebiet liegt – ist die Spinnenphobie sogar in der Form des Tarantismus institutionalisiert (*5*, *44*).

46 Nic. *Ther.* 8, 715 ff.; in beiden Passagen werden Spinnen sofort nach Schlangen erwähnt. Vgl. auch Ael. *NA* 17.40, usw.

47 Bei den Hopi-Indianern in Arizona (*6*) und den Reungao Moi (*7*) sind die Weber Männer. Auch »persische« Teppiche werden von Männern gewoben.

48 »Vierkieferig« ist eine *denkbare* Anspielung auf die *vagina dentata*. Vgl. infra. Vipern beißen, wie auch Skorpione, zwischen die Beine (Nic. *Ther.* 545 ff., 783).

49 Bei einer Art lebt das winzige Männchen als Parasit im Genitaltrakt des Weibchens; dies beschützt es automatisch davor, vom Weibchen verschlungen zu werden. Aber ich muß

gesamte Körper eines solchen Spinnenweibchens eine *vagina dentata*.

PW-*RE* (Spinnentiere; dt. i. Or.) gibt nicht an, ob die Griechen die kannibalischen Paarungsgewohnheiten der Spinnen kannten. Es wäre für mein Argument fast besser, wenn sie diese *nicht* gekannt hätten – denn das würde bedeuten, daß »etwas« an den Spinnen sie wie *weibliche* Monstren erscheinen ließ (vgl. sch. Nic. *Ther.* 11).

Die Spinne scheint auch auf zwei weitere Arten als *vagina dentata* vorgestellt zu werden:

1. Nach Nic. *Ther.* 716 und Ael. *NA* 3.36 befinden sich bei einer bestimmten, »Traube« genannten Spinne Mund und Zähne in der Mitte des Bauches (was *mich* an die »vierkieferige Spinne«, supra, denken läßt): Nikandros fügt die auffällige Information hinzu, daß ein von *dieser* Spinne gebissener *Mann* eine pathologische Erektion, einen übelriechenden Ausfluß aus der Harnröhre und eine Lähmung der Beine erleidet. Diese Symptome, die eindeutig Erektion und Paralyse miteinander verbinden, werden später detaillierter erörtert werden. Die Symptome einer gebissenen *Frau* werden *nicht* erwähnt – auch das läßt an männertötende »vierkieferige« Spinnen denken.

2. Für einige normale Informanten[50] »bildet die röhrenförmige Spinnwebe, an deren Ende die Spinne lauert, eine *vagina dentata* – insbesondere bei den verschiedenen Arten von Hausspinnen, die ihre Netze in Ecken bauen« (K. J. D.).

Kurz, die »Trauben«spinne hat einen *abdominalen* (inguinalen?) Rachen (der einer *vagina dentata* ähnelt); ihr Biß ruft Symptome hervor, die die männlichen Genitalien beeinflussen.

Hinsichtlich der Spinnen, die ein trichterförmiges Netz (Vagina) weben, werden die »Zähne« des Netzes von der in ihm lauernden Spinne repräsentiert.

In meiner eigenen klinischen Erfahrung repräsentieren Spinnweben, haarige Spinnen und Spinnenschwärme hauptsächlich das weibliche Schamhaar, das die gefährliche (zahnbewehrte?) Vagina (welche das Schamhaar sowohl verbirgt wie auch impliziert) umgibt.

gerechterweise ein zumindest an der Oberfläche widersprüchliches Stück *pseudoethnographia phantastica* zitieren. Das Volk der Psylloi war sowohl gegen Schlangen- wie auch gegen Spinnenbisse immun (Ael. *NA* 16.27); und ψύλλα ist der Name verschiedener schädlicher Insekten, einschließlich einer Giftspinne (Arist. *HA* 622b31).

50 Die Professor Dover für mich befragte, um dem Vorwurf vorzubeugen, sie seien von *meiner* psychoanalytischen Einstellung beeinflußt worden.

Da dieser Punkt – der bei dieser Diskussion beachtliches Gewicht hat – den Nicht-Kliniker verblüffen (und vielleicht schockieren) wird, werden nun einige konkrete Beispiele zitiert, die die eben getroffene Feststellung erhärten.

Beispiel 1: Ein depressiver, apathischer und asthenischer Analysand (mit einer »verschlingenden« – aber gleichzeitig verführerisch mit Essen stopfenden – Mutter) träumte von einer Steckdose, die buchstäblich mit Spinnen bedeckt war. Er verstand sofort – ohne daß es einer Deutung meinerseits bedurfte –, daß die Steckdose die Vulva[51] seiner Mutter und die Spinnen ihr Schamhaar darstellten (*25*).

Beispiel 2: Ein unerfahrener, pubertärer Knabe fühlte sich von dem spärlichen Schamhaar seiner gerade mannbaren Freundin abgestoßen. Es schien ihm, als krabbelten Spinnen über ihren sonst bloßen *mons veneris*.

Manchmal wird das spinnenartige weibliche Schamhaar phantasiert, als *verhielte* es sich wie die Tentakel bestimmter kleiner Meerestiere oder wie die Arme von Kopffüßlern, die ihre Opfer in ihren Rachen strudeln. In anderen Fällen wird die Vagina als ein *Strudel* phantasiert, der das Opfer mit seiner *Saugkraft* in die Vagina zieht.

Beispiel 3: Ein sehr schwer gestörter borderline-Patient halluzinierte praktisch einmal den gesamten Körper seiner Mutter als eine gewaltige behaarte Pubis und fürchtete, daß ihre Vagina ihn einsaugen würde, »so wie ein Staubsauger den Staub in sich hineinzieht« (*20, 23*).[52]

Diese Entsetzen erregende Vorstellung des spinnenhaften, »fallenartigen« weiblichen Schamhaars könnte vielleicht sogar erklären, warum die Pubes der athenischen Frauen rasiert waren.[53]

51 In den USA haben solche Steckdosen keine runden Löcher, sondern schmale Schlitze; vgl. USA-Slang: »split« oder »slit« [»Schlitz«] = Vulva.

52 Der Strudel hat die Menschheit schon immer fasziniert. Die Mohave glauben, daß kleine Staubwirbel Geister in sich bergen (*27*, S. 435). Der Strudel spielte eine größere Rolle im Denken der Vorsokratiker. Vgl. das Register Diels–Kranz, Art. δίνη, δίνος; ebenso Edgar Allan Poes Geschichte vom Malstrom (*61*). Die Griechen mythologisierten sogar Meeresstrudel (Skylla, Charybdis), und griechische Seeleute wußten natürlich, daß man von einem sinkenden Schiff wegschwimmen muß, um nicht von dem Strudel, den sein Untergang erzeugt, in die Tiefe gerissen zu werden. (Vgl. die Phantasien der Danaiden vom Ertrinken.)

53 Diese Interpretation wird von dem Angsttraum eines Somali-Mannes – der zu einem Volk gehört, dessen Frauen enthaart sind – untermauert, nachdem er mit einer (*nicht*-enthaarten) europäischen Prostituierten koitiert hatte. In seinem Traum erschien ihm ihr Schamhaar wie ein inguinaler (männlicher) Bart – d.h. als etwas, das (notwendigerweise) einen (zahngefüllten) Mund umrahmt (*64*).

Kurz, eine Frau, deren spinnenartiges Schamhaar den Mann einfängt, ist ein gutes Symbol für die Art habgieriger und sexuell verführerischer Frauen, die die Amerikaner »man-trap« [trap = Falle, Fußangel; man-trap = Männer-Falle, Männer-Angel] nennen.

Eine weitere Phantasie, die sich um die symbolische Gleichung ›weibliches Schamhaar = Spinnenschwarm = Spinnwebe‹ rankt, besteht darin, daß das Schamhaar den weiblichen Penis verbirgt oder tatsächlich der weibliche Penis »ist«.

Beispiel 4: Ein Statistiker berichtete in seiner Psychoanalyse, seine Mutter nur ein einziges Mal nackt gesehen zu haben: im Alter von sechs oder sieben Jahren, als er sich der anatomischen Unterschiede zwischen den Geschlechtern noch nicht (bewußt) gewahr war. Da er *erwartete*, einen Penis zu sehen, *sah* er auch einen Penis – sah aber das Schamhaar seiner Mutter *nicht* (vielleicht weil er in diesem Alter selbst noch keines hatte). Seine Assoziationen zu dieser Fehlwahrnehmung waren überraschend: »Vielleicht erklärt meine lebenslange Tendenz, das zu sehen, was ich zu sehen erwarte, und nicht das, was wirklich da ist, meine Fehler beim Korrekturlesen.«

Da ich die Drohungen des Herolds, die Danaiden an ihrem *Haar* wegzuschleppen, mit *Spinnweben* in Verbindung gebracht habe, muß ich zeigen, daß es sogar bei jenen Stämmen einen *kulturellen* Nexus zwischen *Kopf*haar und Spinnen geben kann, bei denen die Spinne eine »gute« Rolle spielt.

Eine der Hauptseelen der Sedang Moi ist die »Spinnenseele« (vgl. die geflügelte Seele der Griechen, ψυχή), von der gesagt wird, sie kauere direkt über der Stirn im Haar*scheitel*.[54] Es bedarf nur geringer Vorstellungskraft, um zu merken, daß der Scheitel des Haares in großem Ausmaß dem »Scheitel« des weiblichen Schamhaars gleicht.[55]

54 Dieser Teil des Schädels, wo sich bei Neugeborenen die Fontanelle befindet, spielt in dem »physiologischen« Glauben der Sedang eine größere Rolle. Ein Informant behauptete glatt, daß man *mit* der Fontanelle atme. Ein anderer sagte nur, daß die Fontanelle »irgendwie« mit Atmen verbunden sei. Nun bedeutet in der Sprache der Sedang *ihiàm* sowohl Atem wie auch (heftige) Affektivität; diese hat ihren Sitz im Sonnengeflecht. »Viel *ihiàm* haben« ist daher praktisch dem griechischen μεγάθυμος äquivalent, was genau der *magnanimità* (wie z.B von Machiavelli benutzt) entspricht (*56*).

55 Die Römer scheitelten ihr Haar mit einem kleinen Speer, der *hasta* genannt wurde (Ov.*Fast.* 2.560). Das Wort kann auch den Penis bezeichnen (Auct.Priap. 41.1). Die Gleichung ›Haar = Schamhaar‹ ist auch in I.*Korinth.* 11.10ff. und ebenso in der Überlieferung erkennbar, daß die Kuh Io Ephasos gebar, nachdem Zeus ihre *Stirn* berührt hatte

Bei einem wichtigen jährlichen Ritual fängt jeder Sedang eine lebende Spinne und setzt sie auf den Scheitel seines (oder ihres) Haares, um der »Spinnenseele«, die an diesem Platz sitzt, neue Kraft zu geben.[56]

Die phallische Frau. Im Laufe aller vorstehenden Abschnitte behandelte ich die Spinne als ein Symbol für die *vagina dentata*, und zwar obwohl ich auch die durch die Vaterfixierung motivierte Zwangsvorstellung der Danaiden vom Inzest hervorgehoben habe. Ich muß daher auf den voraussichtlichen und recht vernünftigen Einwand antworten, daß ich die Spinne (und ihr Netz) wie ein weibliches Symbol behandelt habe – wobei ich aber während der ganzen Zeit scheinbar die Tatsache ignorierte, daß der Spinnen-Herold ein *Mann* ist.

Ich beginne mit dem Hinweis, daß das Kind den Penis als das hauptsächliche Symbol und Attribut der Macht betrachtet. Daher phantasiert es, daß die Mutter, einfach weil sie größer ist, einen Penis haben »muß«. Im *Beispiel 4* kann man in der Tat die Verwandlung des (*nicht* wahrgenommenen) mütterlichen Schamhaars in einen (*fälschlich* wahrgenommenen) weiblichen Phallos beobachten. Es ist darüber hinaus ein traditionelles Merkmal der *vagina dentata*, daß sie den Mann seines Phallos' beraubt, um diesen für sich selbst zu behalten. Das Kind, der Neurotiker und sogar der Mythos umgehen leicht die Hohlheit des weiblichen Organs mittels der Phantasie, daß die Frau einen analen *Hohl*penis besitzt (40, 42. Kap.).[57] Eine andere Möglichkeit, diese Schwierigkeit zu umgehen, besteht in der (symmetrischen) Behauptung, daß der Penis (oder der Hodensack) in den Bauch zurückgezogen

(A. *Suppl.* 576ff., *PV* 850ff., usw.), denn die Griechen hoben die gelockte Stirn von Rindern sowohl in der Dichtung (E. *Ba.* 185ff.) wie auch in der Kunst hervor (vgl. 2. Kap., Anm. 44). Vgl. den Glauben, daß das Aphrodisiakum »Hippomanes« ein fleischiger Klumpen in der *Stirnlocke* einiger Fohlen ist (Arist. *HA* 572a21, 577a9; Paus. 5.27.3, usw.). [In Theocr. 2.48 ist es eine Stuten verrückt machende halluzinogene *Pflanze* (Datura stramonium). Etwas anders: Dover, ad loc.]

56 Wie »natürlich« Spinnen den Gedanken an das *Haupt*haar einer Frau hervorrufen, wird von einem wirklich schönen modernen Liebesgedicht gezeigt (*2*, S. 5), das ich gerade las, als ich dieses Kapitel schrieb. Der Dichter *weigert* sich, das Haar seiner Geliebten mit Maisblüten oder Spinnen zu vergleichen – und indem er das sagt, vergleicht er es natürlich mit Spinnen. Dieser Vergleich ist besonders im Fall dieses Dichters, der das *Scham*haar seiner Geliebten weitaus öfter als ihr (Haupt)Haar erwähnt, bedeutsam.

57 Abraham (*1*) zitiert sogar, in Verbindung mit der Spinnensymbolik, die infantile Phantasie, daß während des Beischlafs der kleine (aber äußere) Penis des Mannes in den großen (aber inneren) Phallos der Frau eindringt.

werden kann, wobei er umgestülpt und in eine Art Vagina verwandelt wird.[58]

Nun kann man für das alte Griechenland leicht beweisen, daß im Mythos sowohl die Vorstellung der »mit einem Penis ausgerüsteten Frau« (*66*) als auch die Gleichung ›Frau = Phallos‹ (*38*, *28*) existieren. Darüber hinaus ist die Vagina, soweit sie »*dentata*« – d. h. eine Angriffswaffe – ist, »notwendigerweise« ein phallisches Organ, denn der Phallos scheint die prototypische Waffe zu sein (A. *fr.* 44 N²), die durchbohren[59], knüppeln (*24*, S. 229) oder schneiden (*34*) kann.

Aber das ist noch nicht alles. Abraham (*1*) zeigt unter Berufung auf frappante klinische Daten, daß die *Beine* von langbeinigen Spinnen manchmal als weibliches Schamhaar und der Körper der Spinne als »weiblicher Penis« gesehen werden. Wenn die Spinne allerdings in ihrem Netz lauert, ist die Spinnwebe sowohl das weibliche Schamhaar als auch die Vagina, während die Spinne selbst (in ihrem Netz) den »verborgenen« weiblichen Penis repräsentiert. Die Aussagen – und in einem Fall die Zeichnungen – der Patienten Abrahams sind eindeutig genug, um jedermann zu überzeugen – außer vielleicht einen stumpf-mechanistischen, besserwisserischen Behavioristen.[60]

Es scheint überflüssig, die vielen Daten zu zitieren, die die Vermengung männlicher und weiblicher Geschlechtsorgane in der Phantasie belegen, wenn dem Gräzisten leicht unzählige griechische Geschichten über hermaphroditische Wesen, generische Plurale im Femininum, ein Paar von Hengsten, die, als Gespann vor einen Rennwagen gespannt, Stuten genannt werden (1. Kap.), usw. einfallen werden. Nichts ist charakteristischer für die Phantasie –

58 Griechische Angaben: Bieber (Ael. *NA* 6.34); vgl. *28*. Urologie: Luxation des Penis. Absichtliche Ausführung: Routinehandlungen gewisser südamerikanischer Indianer (*4*, *71*); die Tat eines deutschen Psychotikers (*63*); vielleicht die Praktiken einiger japanischer Sumo-Ringer (Zurückziehen der Hoden). Mythen, Geschichten, Scherze, Lügen, Alibis, Glauben usw. dieser Art werden aus vielen Gegenden berichtet: aus Südchina, Indonesien, dem zoroastrischen Zentralasien, von Grönland-Eskimos, Mohave-Indianern, aus der Renaissance, usw., sowie neurotische Phantasien aus den USA, Mitteleuropa, usw. (*13*, *28*, *29*, 16. Kap.). Die »Primärprozeß«-»Logik«, auf der all dies beruht, scheint die Folgerung zu sein, daß die Möglichkeit der Umstülpung des Penis (wodurch er einer Vagina ähnlich wird) die Existenz eines weiblichen »internen« Penis »beweist«.

59 Vgl. *hasta* = Penis, supra, Anm. 55.

60 Da ich bereits die Spinnenseele der Sedang mit der geflügelten Seele der Griechen (ψυχή) verglichen habe, lohnt es, darauf hinzuweisen, daß, laut Abraham, die Schmetterlingsflügel manchmal als (sich öffnende und schließende) Schamlippen und der eigentliche Körper als weiblicher Phallos gesehen werden (*1*). Was die Gleichung ›Seele = Phallos‹ angeht, so ist sie sowohl ethnologisch wie auch klinisch ein Gemeinplatz.

und dies unabhängig davon, ob sie als Mythos, Mystizismus, Weisheit, Neurose oder »Frauenbefreiungsbewegung«-Ideologie (komplett mit Unisex-Mode) auftritt – als das Jonglieren und Vermengen von Gegensätzen, und besonders *sexuellen* Unterschieden, deren Existenz und Symmetrie die Menschheit seit Beginn der Zeit geängstigt zu haben scheinen (*24*, 15. Kap.).

Die phallische Mutter im Alptraum. Diese Vermengung der Geschlechter ist nirgends offensichtlicher als im Alptraum, in dem der sexuelle Aggressor, der den Träumer besteigt und erstickt, fast immer die phallische Mutter repräsentiert (*47*) – *wobei das Geschlecht des Träumers keine Rolle spielt.* Sie übernimmt im Fall eines weiblichen Träumers die männliche Rolle in einer Manier, die in Luc. *DMeretr.* 5 gut beschrieben wird. Sie immobilisiert und vergewaltigt den männlichen Träumer in der *coitus inversus*-Stellung, wie sie z. B. die Sphinx auf jenem im Nationalmuseum von Athen ausgestellten rotfigurigen Lekythos (ca. 450 v. Chr.) einnimmt. Ich möchte besonders auf die Angsterektion aufmerksam machen, die der entsetzte junge Mann auf diesem Bild deutlich zeigt[61] – und ich erinnere an die schmerzhaften Erektionen, die der Biß der Traubenspinne hervorrufen soll (supra).

Ein weiteres Element, das die Quasi-Vertauschbarkeit der Geschlechter im Alptraum beleuchtet, ist die seltsame Reziprozität des Aufreitenden und des Gerittenen. Dieser ziemlich wichtige Punkt wird weiter unten kurz aufgegriffen.[62]

Also impliziert die *theoretische* Weiblichkeit der sexuell-aggressiven, ja geradezu mörderischen Mutter, die den Träumer in einem Alptraum erstickt, *nicht,* daß ihr ein »Penis« fehlt. Der Träumer selbst schreibt ihr den Besitz eines Penis zu – manchmal zugleich mit dem Besitz einer Vagina.[63]

In der Tat findet man hinter dem Alptraum immer eine Menge

61 Frauen können einen Mann aufgrund der Angsterektion sogar unter Waffenbedrohung vergewaltigen – so zum Beispiel vor etwa zwanzig Jahren drei Autoanhalterinnen in Amerika. Ungarische Gewährsleute berichteten (1957), daß russische Soldatinnen in einigen Fällen (1945-46) Männer mit Waffengewalt zum Beischlaf mit ihnen zwangen.

62 Vgl. Anm. 69. Ebenso (*11, 22*) und 3. Kap., Anm. 104.

63 Obwohl sich der im *Beispiel 3* erwähnte Patient davor fürchtete, von einem Strudel in die Vagina seiner Mutter gerissen zu werden – wodurch sein *gesamter* Körper *ihr* Penis geworden wäre (*20, 23*) –, hatte er dennoch den wiederkehrenden Zwangsgedanken; »Der Penis meiner Mutter ist größer als meine Vagina.« Die symbolische Gleichung ›Körper = Phallos‹, der man in der klinischen Praxis oft begegnet, wurde kurz im 6. Kapitel erwähnt. Detaillierte Belege für das Auftreten dieser Phantasiegleichung findet man in (*28*) und besonders in den Phil. Bybl.-Passagen, auf die dort hingewiesen wird (*FHG* 3.568.18; 3.569.24).

zwanghafter Zweifel (*17*), die auf einer *fausse non-reconnaissance* (*22*), insbesondere hinsichtlich der ausgeprägten Anatomie und der reziproken Rollen der Geschlechter beruhen. Es ist bemerkenswert, daß es in dem besprochenen Mythos, wenn auch nicht in A. *Suppl.*, ein weiteres Anzeichen gibt, das auf diese Geschlechtsvermischung hinweist: Ich beziehe mich auf den merkwürdig männlichen Charakter der Danaiden, die einen Tempel errichten, ein Schiff bauen und bemannen und ihre ungeliebten Vettern-Ehemänner enthaupten (Apollod. 2. 1. 4ff.). Es ist sogar bedeutsam, daß sich die Überlieferungen in dem Punkt unterscheiden, warum ausgerechnet Hypermnestra ihren Mann Lynkeus *nicht* tötete. Einige sagen, sie habe sein Leben geschont, weil er ihre Jungfräulichkeit geschont hatte (Apollod. 2. 1. 5). Aischylos meint dagegen, daß sie ihm deshalb das Leben schenkte, weil seine Umarmungen sie entzückten (A. *PV* 865f.; siehe sch. ad loc. für den Sinn dieser Zeile). Diese Wonne impliziert notwendigerweise die Akzeptierung der weiblichen Rolle, denn es ist gerade die Weiblichkeit einer Frau, die es ihr erlaubt, einen »eigenen« Penis – in einer zweckgemäß reifen Weise – zu »erwerben«. In Apollodoros' Version dagegen wurde es nur Hypermnestra gestattet, zeitweilig jene unreife Jungfräulichkeit zu bewahren, deren Verlust ihre mörderischen Schwestern als eine Kastration erlebten, die eine vergeltende Gegenkastration (Enthauptung) der Deflorierer rechtfertigte.[64]

Defloration = Schlangenbiß: Es bleibt nur noch die unausweichliche Konjektur zu überlegen, daß die Schlange, die den Herold oder vielmehr die Aigyptiadai, deren Vertreter er ist – repräsentiert, die Mädchen mit ihren Giftzähnen beißt.[65]

Die Gleichung ›Schlangenbiß = Koitus‹ und insbesondere ›Schlangenbiß = Defloration‹ wurde schon im 6. Kapitel diskutiert.[66] Die Gleichung ›Schlangengift = Samen‹ und ihre Konse-

64 Für ›Defloration = Kastration‹ vgl. Freud (*41*) und Yates (*75*). Einige Ureinwohner Australiens glauben sogar, die Jungfrau sei ein phallisch-dämonisches Wesen, das nur durch eine vergewaltigende Defloration feminisiert und humanisiert werden könne (*65*, S. 236).

65 Da ich prinzipiell nur die verständliche Textüberlieferung interpretiere, deute ich die plausible Konjektur »beißt *meinen Fuß*« nicht. Für jene, die diese Konjektur als schlüssig betrachten wollen, erwähne ich nur, daß ›Fuß = Penis‹ eine verbreitete symbolische Gleichung ist (*24*, S. 273), und daß die Gleichung ›weiblicher Fuß = weiblicher Phallos‹ die Wurzel des Fußfetischismus bildet. Dann aber folgt: ›Gebissener Fuß = Defloration = Kastration‹ (Feminisierung der »jungenhaften« Jungfrau).

66 Die Schlangen in Alkestis' Brautkammer (Apollod. 1.9.15) und im Traum einer zeitgenössischen Braut. Zur Gleichung ›blutender, vom Storch gebissener Finger = Bluten

quenz: ›Einspritzen von Schlangengift = Einspritzen von Samen‹ wurde detailliert in Verbindung mit den Nessos-Deianeira und Minos-Prokris-Mythen (5. Kap.) besprochen.

Da der Herold tatsächlich versucht, die Danaiden zum Hochzeitsbett und zur Defloration zu verschleppen, kann man das Vorhandensein eines Giftbisses in der Traummetapher unter Hinzunahme der Bedeutung des Wortes δάκος zweifelsfrei annehmen.

Dies bringt mich an einen entscheidenden Punkt: auf den vorangegangenen Seiten begegnete man wiederholt in Verbindung mit dem *vagina dentata*-Motiv der Auffassung, daß Beißen (Verschlingen) seitens der Mutter einer Vergewaltigung entspricht. Eine Stelle bei Pindaros (*O.* 1. 24f.) erlaubt die Annahme, daß die genannten Aktivitäten für diesen illustren Zeitgenossen des Aischylos äquivalent waren. Weiterhin kommt es in der angeführten Stelle zu einer seltsamen Vermischung der »Mutter« mit dem »Vater«, wobei der Vater für die Mutter *eingesetzt* wird, und dazu noch in einem Kontext, der ebenso *homosexuell* ist wie der latente Inhalt des Alptraums, in dem die phallische Mutter den Träumer gleich welchen Geschlechts vergewaltigt.

In der Tat »säubert« Pindaros absichtlich die Überlieferung, daß die Muttergöttin Demeter Pelops' Schulter gegessen hat, und behauptet statt dessen, daß der Junge einfach von dem in ihn verliebten Poseidon »anständigerweise« entführt worden sei. In *diesem* Kontext stellt Poseidon eindeutig einen Vatergott dar, denn er ist nicht nur Pelops' Liebhaber und Beschützer, sondern auch Demeters Gatte. Die (rein äußerliche) »Säuberung« verwandelt einfach den kannibalischen Angriff der Mutter in eine homosexuelle »Vergewaltigung/Entführung« durch den Vater. Umfangreiches klinisches Material zeigt, daß viele Kinder phantasieren, von der Mutter verschlungen und/oder vom Vater homosexuell vergewaltigt zu werden – und daß sie auf beide Phantasien mit erotisierter Angst reagieren.[67]

So läßt Pindaros' »Säuberung« – ähnlich wie Lügen im allgemeinen (*15*, S. 55f. ≈ *31*, 3. Kap.) – den psychologischen Gehalt und die Struktur der Originalphantasie intakt (*21*).

Um zusammenzufassen: Die Phantasie von der *vagina dentata*, dem »abdominalen« (inguinalen) Rachen der »Trauben«spinne, der

während der Geburt‹ vgl. 6. Kap., Anm. 60. In einigen Kulturen wird die Blutung während der Defloration implizit mit der Blutung während der Geburt gleichgesetzt (9).

67 Für Spuren der letztgenannten Phantasie im Oidipous-Mythos vgl. *12*.

Mythos der männervergewaltigenden, »männerfressenden«[68] und männererstickenden (infra) Sphinx, usw. zeigen alle die infantil-neurotische Entsprechung des ödipalen Koitus und des Gefressenwerdens. Der Fänger, der Beißer, der (stellvertretende) Entjungferer – kurz, der Herold – erscheint daher erwartungsgemäß als Spinne und Schlange zugleich und besitzt wegen seiner (fiktiven) sexuellen Zweideutigkeit gerade die angemessene Qualität einer (zwei-)zwischen-geschlechtlichen *Alptraum*figur, um die virilen, männerhassenden und inzestbesessenen Danaiden heimzusuchen und zu terrorisieren. Die Danaiden können die Defloration nur als Kastration und Verschlungenwerden auffassen, und nur dann einen – durch Angst ausgelösten (*51*) – Orgasmus erleben, wenn er mit Ersticken (Erhängen, Ertrinken) verbunden ist und mit Beißen einhergeht (*68*).

In der Tat stellen Erhängen und Ertrinken für die Danaiden *Alternativen* zur Vergewaltigung dar. Ich möchte nun aufzeigen, daß die latente Bedeutung dieser Alternativen genau auch die der Vergewaltigung ist, die sie zu vermeiden trachten.

Da ich in den letzten Abschnitten wiederholt auf die *erotisierte* Angst der Danaiden verwiesen habe, will ich mich nun einem Aspekt des Alptraums zuwenden, in dem dieselben Tendenzen deutlich sind.

Der Angreifer im Alptraum *immobilisiert* und *erstickt in der Regel* die Opfer seiner gegenödipalen Aggression durch sein Gewicht sowie durch seine enge Umarmung. Diese Tendenz wird beispielhaft durch die Eigenschaften belegt, die der Sphinx zugeschrieben werden, einer Kreatur, deren Ursprung man in Alptraumerlebnissen suchen muß.[69]

Traditionsgemäß wird die Sphinx als »Würger« (»Ersticker«) definiert: einige Wissenschaftler behaupten sogar, daß dies die korrekte Übersetzung des Namens dieser Kreatur sei.[70] Folglich ist die Sphinx das direkte Gegenstück zum Alp (*Alpdruck*, dt. i. Or.).

68 »man-eating«: Nordamerikanischer Slangausdruck: Er bezeichnet eine promiske Frau vom Carmen- und Manon-Typ.

69 Es wurde an anderer Stelle (*11*) vorgeschlagen, daß das Besessenheitsritual des Voodoo-Kults (*58*), in dem der besessen machende Geist (manchmal Pferd genannt) den Besessenen – der *auch* »Pferd« (*des* besessen machenden Geistes) genannt wird – *reitet*, eine Ritualisierung des Alptraums ist.

70 Cφίγξ ist mit cφίγγω verwandt, was soviel wie binden bedeutet, obwohl cφίγξ auch eine raubgierige Person (Anaxil. 22) oder sogar eine räuberische Prostituierte (Call. Com. 23) bezeichnen kann. [Die *boiotische* Form dieses Namens, Φιξ, kann diese Bedeutung allerdings nicht haben (K.J.D.)].

Es wurde bereits angedeutet, daß die Sphinx die Männer stets in der *coitus inversus*-Stellung vergewaltigt – wie es auch die Seirenes usw. tun.[71] Ich merke nur nebenbei an, daß sowohl die Sphinx wie die Lamien – erwartungsgemäß – Kannibalen sind: ihre vergewaltigenden, erstickenden und verschlingenden Tendenzen sind praktisch nicht trennbar.[72]

Aber das ist weniger wichtig als die Immobilisierungs- und Erstickungstendenzen der Sphinx-Alptraum-Spinne-Schlange.[73] Ich habe bereits darauf hingewiesen, daß das Erstickungsthema, wie es in den Vorstellungen vom Erhängen und Ertrinken bei den Danaiden auftritt, eine Alternative zum – d. h. einen Fluchtmechanismus vor dem – unerwünschten Beischlaf darstellt.

Ich führe jetzt eine entscheidende Tatsache an: Beim ventroventralen Koitus ist eine leichte Atembehinderung für Frauen eine *normale* Erfahrung.[74] Dieses »Ersticken« ist für einige Frauen, deren Pseudomaskulinität einen starken, wenn auch latenten Masochismus verdeckt, sogar eine wichtige Bedingung ihrer sexuellen Befriedigung.[75]

Es sind (wahrscheinlich) auch andere Anzeichen für ein mit Ersticken verbundenes erotisches Element in dieser Traummetapher erkennbar. Der Sprung in die Tiefe wurde bereits kurz erwähnt. In Träumen sind Hinunterstürzen und Hinabspringen oft

71 Siehe Frontispiz.

72 Es ist bemerkenswert, daß die Lieblingshetäre des Demetrios (die bedeutend älter war als er) Lamia hieß. Der Name paßte auf sie, denn sie pflegte ihn so wild zu beißen, wie der »Löwe, der den Lysimachos gebissen hat« (Plu. *V. Dem.* 27.3). Dies entspricht der wohlbekannten, aber selten erwähnten Tatsache, daß – oft ziemlich wildes – sexuelles Beißen eine fast ausschließlich weibliche Praktik ist.

73 Ich erinnere an die Ansicht, daß der Biß der »Trauben«spinne eine Erektion hervorruft, aber *auch* die Beine *lähmt*. Die Wortwahl des Nikandros hebt m. E. den *Kontrast* zwischen diesen Symptomen hervor. Nun paralysieren die Schlangen, deren Gift neurotoxisch wirkt, die Beute, die sie beißen. Spinnen »umgarnen« ihre Opfer (was eine Annäherung an das Ersticken darstellt). Riesenschlangen können ihre Opfer erdrücken (vgl. z. B. die Laokoongruppe, supra).

74 Die Tobriander betrachten diese Stellung als zu unbequem für die Frau (*57*, S. 284).

75 Eine relativ kleine junge Frau wählte sich immer außerordentlich schwere Partner; denn was sie *hauptsächlich* befriedigte, war, daß deren Gewicht sie fast erstickte. Wenn ein Partner nicht schwer genug war, um sie beim Atmen zu behindern, hielt sie ihren Atem an, um zum Orgasmus zu kommen. Vgl. die Phantasie des Überfahrenwerdens (*46*), die auch bei Männern auftritt (*26*, S. 217, 463, 596), vgl. auch 8. Kap. Es kann als fast gesichert betrachtet werden, daß infantile ödipale Phantasien, die ein Verlangen nach einem gewaltigen Elternteil zum Inhalt haben, bewirken, daß Ersticken als erotisierte Angst erlebt wird. Ich führe auch (aus dem Gedächtnis) den Fall eines Mannes an, der sich wiederholt aufhängte und erst dann ejakulierte, wenn er am Ersticken war. Er tat dies einmal zu oft – und starb durch Erhängen.

eine symbolische Repräsentation der Detumeszenz oder des Abklingens nach einem erotischen Traum.[76]

In das *Meer* zu springen symbolisiert sehr wahrscheinlich auch sexuelle Erregung. Psychosexuell reife Frauen – zu denen die Danaiden *nicht* zählen – neigen dazu, einen vaginalen – *niemals* einen klitoralen – Orgasmus mit dem Gefühl zu vergleichen, von einer großen brandenden Welle oder einem Strudel verschlungen zu werden.

Ich beeile mich zuzugeben, daß die Themen des *bloßen* »Stürzens« (Hinabspringens) und »Ins-Meer-Springens« nicht ausreichen, die Anwesenheit erotischer Elemente in der Traummetapher aufzudecken. Aber sie können provisorisch als Anzeichen für solche Komponenten betrachtet werden, weil sie andere, unzweifelhaft sexuelle Symbole verstärken.[77]

Ich habe mir bis zum Schluß ein Argument vorbehalten, das am ehesten die Ansicht belegt, daß diese Traummetapher einem Alptraum nachgebildet ist. Ich möchte zunächst auf eine merkwürdige Tatsache hinweisen: In keiner anderen erhaltenen griechischen Tragödie sind *alle* Figuren *mit Ausnahme* des Chors männlich. Am wichtigsten ist allerdings, wie schon einmal kurz erwähnt, daß die Mutter der Danaiden nicht einmal beiläufig erwähnt wird. Ihr Platz wird vollständig von der verstorbenen Ahnherrin der Töchter, der Färse Io, usurpiert, deren furchterfüllte, von Viehbremsen *angestachelte* Flucht *nach* der angsterregenden – und wahrscheinlich ödipalen – vorehelichen Defloration und *während* der Schwangerschaft (die den Zorn des Mutterimagos Hera hervorrief) durch die entsetzte Flucht der Danaiden *vor* der befürchteten (inzestuösen) Heirat (repräsentiert von einem Schlangenbiß), *vor* der Defloration und natürlich *vor* einer Schwangerschaft praktisch wiederholt wird (351 f.). Dieses Drama zeigt beispielhaft die klinisch bekannte »Spaltung« der realen Mutter in zwei getrennte »Bilder«: Die »gute« (aber sexuell mißbrauchte) Mutter ist Io; die »schlechte« (verschlin-

76 Dies ist keine allgemeine Regel. Ein normaler Erwachsener erzählte mir einmal, daß seine erotischen Träume niemals mit einem Sturzerlebnis oder anderen unangenehmen Erfahrungen endeten. Umgekehrt enthielten seine seltenen Sturzträume niemals *manifeste* erotische Elemente. Ob sie *symbolische* erotische Elemente enthielten, konnte nicht festgestellt werden, da diese Information nicht im Laufe einer Psychoanalyse, sondern während eines Gespräches gewonnen wurde.

77 Alptraum, Ersticken–Erhängen–Ertrinken, und vor allem die Tatsache, daß Erhängen und Ertrinken *als Alternativen* für den Beischlaf dargestellt werden. Als ehemaliger Fallschirmspringer erinnere ich mich gut daran, daß man zu Beginn eines Falls dazu neigt, den Atem so lange anzuhalten, bis sich der Schirm öffnet und den Sturz abfängt.

gende, quälende, eifersüchtige) Mutter ist, im Io-Mythos, Hera. In diesem Drama ist das »schlechte« (alptraumhafte) Mutter*bild* in der Gestalt des symbolisch zwischengeschlechtlichen Herolds der Traummetapher verkörpert, in der er (der auf Geheiß seiner Herren, der Aigyptiadai handelt) als Spinne und als Schlange, und auf der latenten Ebene als die phallische Mutter eines Wach-Alptraums repräsentiert wird. Ich bin der Meinung, daß diese (delegierte) Schrecklichkeit der (nie erwähnten) phantasmagorischen Mutter Kouretas' Ansicht (*49*) unterstützt, daß die Danaiden das Opfer einer – zugleich packenden und angsterregenden – Vaterfixierung seien.

Zusammenfassung. Da der besprochene Text keinen wirklichen Traum, sondern nur eine metaphorische Anspielung auf einen *bekannten Traumtyp* enthält, analysiert man bei der Interpretation weder Aischylos noch die Danaiden. Man analysiert einen *Mustertraum*, der sehr alt und weltweit verbreitet ist. Bei der Analyse untersucht man auch seine poetische und dramatische Angemessenheit und Überzeugungskraft und bestimmt, was er in der altgriechischen Kultur bedeutet.

Auf der rein faktischen Ebene beweist diese Untersuchung wieder einmal, daß der scharfsinnige Traumbeobachter Aischylos die dramatischen Möglichkeiten traumartiger Bildhaftigkeit bis zum letzten Rest auszuschöpfen vermochte.

Auf der verallgemeinerten phänomenologischen Ebene wirkt diese Traummetapher der Danaiden als Traum genau deshalb überzeugend, weil sie *nicht* vorgibt, prophetische Elemente zu besitzen: ebenso wie reale Träume wurzelt sie in der entfernten Vergangenheit und in der Gegenwart.

Die Traummetapher hält auch einer psychoanalytischen Untersuchung recht gut stand. Wenn die Danaiden das Verhalten des Herolds mit dem Verhalten einer Spinne und einer Schlange in einem »schwarzen Traum« (Alptraum) vergleichen, klingt dies psychologisch überzeugend, denn die Situation weist *alle* Merkmale eines wirklichen Alptraums auf. Ihre Komponenten: Ersticken, Immobilisierung und gegenödipale Aggression seitens einer phallischen Mutter konvergieren in eine – oder, wenn man will, divergieren aus einer – infantile(n) Phantasie des inguinalen Verschlungenwerdens. Daß der Herold männlich ist, während die Spinne = Schlange den verschlingenden inguinalen Rachen der »schlechten« Mutter repräsentiert, ist fast zu erwarten. Die böse und mächtige

Mutter des Alptraums entspricht einer »phallischen« (und männermordenden) Frau[78] des griechischen Mythos (*66*, *28*), und der phantasmagorische Charakter der Danaiden*mütter* wird sowohl durch das Fehlen *jeder* Erwähnung dieser Mütter in A. *Suppl.* als auch durch den ostentativ phallischen Charakter der Töchter belegt.

Daß das bedrohliche sexuelle Organ dieser phantasmagorischen Mutter als Spinne (= Schlange) visualisiert wird, war ebenfalls zu erwarten, denn die weiblichen Genitalien waren für die alten Griechen – jedoch nicht für die Römer – ein Symbol des Bösen (*59*, 1. 118 ff.).

Diese Spinne-Schlange-Traummetapher genügt daher allen Kriterien eines echten Alptraums. Ihre psychoanalytische Interpretation ist nicht nur mit den Vorstellungen der alten Griechen kongruent, sondern paßt auch zur psychologischen Struktur der Danaiden und zur dramatischen Situation, *wie Aischylos sie umreißt*. Die Metapher stellt offensichtlich das poetische Echo eines gewöhnlichen Angsttraum*typs* dar und bescheinigt das Auftreten von Spinnen- und Schlangenalpträumen im alten Griechenland.

Bibliographie

(1) Abraham, Karl: »Die Spinne als Traumsymbol«. In: *Psychoanalytische Studien zur Charakterbildung*. Frankfurt, 1969.

(2) Benton, Walter: *This is my Beloved.* New York, 1947.

(3) Bolton, J. D. P.: *Aristeas of Proconnesus.* Oxford, 1962.

(4) Caspar, Franz: »Some Sex Beliefs and Practices of the Tupari Indians (Western Brazil)«. In: *Revista do Museo Paulista*, n. s. 7: 203-244, 1953.

(5) De Martino, Ernesto: *La Terra del Rimorso.* Mailand, 1961.

(6) Devereux, Georges: *Hopi Field Notes.* (MS.). 1932.

(7) –: *Sedang Field Notes.* (MS.). 1933-1935.

(8) –: »Mohave Beliefs Concerning Twins«. In: *American Anthropologist*, n. s. 43: 573-592, 1941.

(9) –: »The Psychology of Feminine Genital Bleeding: An Analysis of Mohave Indian Puberty and Menstrual Rites«. In: *International Journal of Psycho-Analysis*, 31: 237-257, 1950.

(10) –: »Mohave Indian Verbal and Motor Profanity«. In: Róheim, Géza (Hrsg.): *Psycho-Analysis and the Social Sciences* 3. New York, 1951.

(11) – (mit Mars, Louis): »Haitian Voodoo and the Ritualization of the Nighmare«. In: *Psychoanalytical Review* 38: 334-342, 1951.

78 Vgl. ἀνδρόβουλος: A. *Ag.* 11; Phryn. *PS* S. 31; ἀνδρόφρων: S. *fr.* 857 N² (= 943 P).

(12) –: »Why Oedipus killed Laïus: A Note on the Complementary Oedipus Complex«. In: *International Journal of Psycho-Analysis* 34: 132-141, 1953.
(13) –: »Primitive Genital Mutilations in a Neurotic's Dream«. In: *Journal of the American Psychoanalytical Association* 2: 483-492, 1954.
(14) –: »The Denial of the Anus in Neurosis and Culture«. In: *Bulletin of the Philadelphia Association for Psychoanalysis* 4: 24-27, 1954.
(15) –: *A Study of Abortion in Primitive Societies.* New York, 1955, [2]1975.
(16) –: »Obsessive Doubt«. In: *Bulletin of the Philadelphia Association for Psychoanalysis* 10: 50-55, 1960.
(17) –: »Penelope's Character«. In: *Psych. Quart.* 26: 378-386, 1957.
(18) –: »Sociopolitical Functions of the Oedipus Myth in Early Greece.« In: *Psychoanalytic Quarterly* 32: 205-214, 1963.
(19) –: »The Perception of Motion in Infancy.« In: *Bulletin of the Menninger Clinic* 29: 143-147, 1965.
(20) –: »Loss of Identity, Impairment of Relationships, Reading Disability«. In: *Psychoanalytic Quarterly* 35: 18-39, 1966.
(21) »The Exploitation of Ambiguity in Pindaros O. 3.27«. In: *Rheinisches Museum für Philologie* 109: 289-298, 1966. Auch in: *Tragédie et Poésie Grecques* (8. Kap.). Paris, 1975.
(22) –: »Fausse Non-Reconnaissance«. In: *Bulletin of the Menninger Clinic* 31: 69-78, 1967.
(23) –: »La Renonciation à l'Identité: Défense contre l'Anéantissement«. In: *Revue Française de Psychanalyse* 31: 101-142, 1967.
(24) –: *Angst und Methode in den Verhaltenswissenschaften.* München, 1973; Frankfurt, Berlin und Wien, 1976. (1. engl. Ausg. Paris und Den Haag, 1967.)
(25) –: »The Realistic Basis of Fantasy«. In: *Journal of the Hillside Hospital* 17: 13-20, 1968.
(26) –: *Reality and Dream: The Psychotherapy of a Plains Indian.* (2., erw. Aufl.), New York, 1969 [Dt. Ausg. in Vorb.]
(27) –: *Mohave Ethnopsychiatry.* (2., erw. Aufl.), Washington, D. C., 1969.
(28) –: »La Naissance d'Aphrodite«. In: Pouillon, Jean und Maranda, Pierre (Hrsg.): *Echanges et Communications (Mélanges Lévi-Strauss)* 2. 1229-1252. Paris und Den Haag, 1970.
(29) –: *Essais d'Ethnopsychiatrie Générale.* Paris, 1970, [4]1979. Dt. z. T. in: *Normal und Anormal.* Frankfurt, 1974.
(30) –: »Drogues, Dieux, Idéologies«. In: *Medica* Nr. 103: 13-20, 1972.
(31) –: *Ethnopsychoanalyse.* Frankfurt, 1978. [1. franz. Ausg. Paris, 1972].
(32) – (mit Devereux, J. W.): »Manifestations de l'Inconscient dans Sophokles: *Trachiniai* 923 sqq.« In: *Psychanalyse et Sociologie comme Méthodes d'Études des Phénomènes Historiques et Culturels.* Brüssel, 1973. Auch in: *Tragédie et Poésie Grecques* (5. Kap.). Paris, 1975.

(33) –: »The Self-Blinding of Oidipous«, [Dodds-Festschrift]. In: *Journal of Hellenic Studies* 93: 36-49, 1973.
(34) –: »Auto-caractérisations de Quatre Sedang«. In: Poirier, J. und Raveau, F. (Hrsg.): *L'autre et l'ailleurs. Hommages à Roger Bastide.* S. 454-464, Paris, 1976.
(35) Diels, J. und Kranz, W.: *Die Fragmente der Vorsokratiker*[10], 3 Bde. Berlin, 1960-1961.
(36) Dodds, E. R.: *The Greeks and the Irrational.* Berkeley, California, 1951. Dt.: *Die Griechen und das Irrationale.* Darmstadt, 1970.
(37) Du Bois, Cora: *The People of Alor.* Minneapolis, Minnesota, 1944.
(38) Fenichel, Otto: »Die symbolische Gleichung Mädchen = Phallus«. In: *Internationale Zeitschrift für Psychoanalyse* 22, 1936.
(39) Ferenczi, Sándor: »Psychoanalyse sexueller Gewohnheiten«. In: *Bausteine zur Psychoanalyse*, 2. Bd. Bern und Stuttgart, 1964.
(40) –: »Ein ›analer Hohlpenis‹ bei der Frau«. In: *Bausteine zur Psychoanalyse*, 3. Bd. Bern und Stuttgart, 1964.
(41) Freud, Sigmund: »Das Tabu der Virginität«. *GW* XII.
(42) –: »Das Unheimliche«. *GW* XII.
(43) Gallini, Clara: »Katapontismos«. In: *Studi e Materiali di Storia delle Religioni* 34: 61-90, 1963.
(44) Gloyne, H. F.: »Tarantism«. In: *American Imago* 7: 29-42, 1950.
(45) Hani, Jean: »Plutarque et le Mythe du Démembrement d'Horus«. In: *Revue des Études Grecques* 76: 111-120, 1963.
(46) Jones, Ernest: »On the Symbolism of Being Run Over«. In: *International Journal of Psycho-Analysis* 1: 203, 1920.
(47) –: *On the Nightmare.* London, 1931. Dt. z. T. in: *Schriften zur angewandten Seelenkunde.* Nendeln, Liechtenstein, 1970.
(48) Keiser, Sylvan: »Orality Displaced on the Urethra«. In: *Journal of the American Psychoanalytical Association* 2: 263-279, 1954.
(49) Kouretas, Demetrios: 'Ανώμαλοι Χαρακτῆρες εἰς τὸ 'Αρχαῖον Δρᾶμα. Athen, 1951.
(50) La Barre, Weston: *The Ghost Dance.* New York, 1970.
(51) Laforgue, René: »De l'Angoisse à l'Orgasme«. In: *Revue Française de Psychanalyse* 4: 254-258, 1931-1932.
(52) Lévi-Strauss, Claude: *Mythologiques 3: L'Origine des Manières de Table.* Paris, 1968. Dt: *Mythologica 3: Der Ursprung der Tischsitten.* Frankfurt, 1976.
(53) Lévi-Bruhl, Lucien: *La Mentalité Primitive.* Paris, 1922.
(54) Loeb, E. M.: Persönliche Mitteilung.
(55) Lowie, R. H.: »The Family as a Social Unit«. In: *Papers of the Michigan Academy of Science, Arts and Letters* 18: 53-69, 1933.
(56) Machiavelli, Niccolò: *Il Principe.* 1513. Dt.: *Der Fürst.* Stuttgart, 1955.
(57) Malinowski, Bronislaw: *The Sexual Life of Savages in North-Western*

*Melanesia*³. London, 1932. Dt.: *Das Geschlechtsleben der Wilden in Nordwest-Melanesien.* Frankfurt, 1979.
(58) Métraux, Alfred: *Le Vaudou Haitien.* Paris, 1958.
(59) Nilsson, M. P.: *Geschichte der griechischen Religion* I². München, 1955.
(60) Norbeck, Edward: »Trans-Pacific Similarities in Folklore: A Research Lead«. In: *Kroeber Anthropological Society Papers,* Nr. 12: 62-69, 1955.
(61) Poe, E. A.: »A Descent into the Maelstrom«. In: *Tales of Mystery and Imagination.* (Zuerst veröffentlicht in Grahams Magazine, Mai 1841.) Dt.: »Ein Sturz in den Malstrom«. In: *Meistererzählungen.* Zürich, 1979.
(62) Raum, O. F.: »Female Initiation Among the Chaga«. In: *American Anthropologist* 41: 554-565, 1939.
(63) Reuss, H.: »Ein Fall von anatomischem Narzißmus (Autocohabitatio in urethram)«. In: *Deutsche Zeitschrift für die gesamte gerichtliche Medizin* 28: 340-346, 1937.
(64) Róheim, Géza: »Psycho-Analysis of Primitive Cultural Types«. In: *International Journal of Psycho-Analysis* 13: 1-224, 1932.
(65) –: »Women and Their Life in Central Australia«. In: *Journal of the Royal Anthropological Institute* 63:207-265, 1933.
(66) –: »Aphrodite or the Woman with a Penis«. In: *Psychoanalytic Quarterly* 14: 350-390, 1945.
(67) Shute, Nevil: *Most Secret.* London, 1945.
(68) Sterba, R. F.: »On Spiders, Hanging and Oral Sadism«. In: *American Imago* 7: 21-28, 1950.
(69) Teitelbaum, H. A.: »Psychogenic Body Image Disturbances Associated with Psychogenic Aphasia and Agnosia«. In: *Journal of Nervous and Mental Disease* 93: 581-612, 1941.
(70) Thomson, George: *Aeschylus and Athens*². London, 1946. Dt.: *Aischylos und Athen.* Berlin, 1976.
(71) Wagley, Charles und Galvão, Eduardo: »The Tapirapé«. In: Steward, Julian (Hrsg.): *Handbook of South American Indians,* 3. *Bureau of American Ethnology,* Bulletin 143. Washington, D. C., 1948.
(72) Wigglesworth, V. B.: *The Life of Insects.* Cleveland, Ohio, 1964. Dt.: *Physiologie der Insekten.* Stuttgart, 1959.
(73) Wilamowitz-Moellendorff, Ulrich von: *Die Ilias und Homer.* Berlin, 1916.
(74) Wisse, J.: *Selbstmord und Todesfurcht bei den Naturvölkern.* Zutphen, 1933.
(75) Yates, S. L.: »An Investigation of the Psychological Factors in Virginity and Ritual Defloration«. In: *International Journal of Psycho-Analysis* 11: 167-184, 1930.

I. Register antiker Autoren und Werke

III. Register antiker Personen, Götter, Wesen usw.

IV. Register der nicht griechisch-römischen Personen

V. *Register der Orte, Völker, Gruppen*

VI. Sachregister

VII. Verzeichnis der Abkürzungen antiker Autoren und ihrer Werke

A.	Aischylos
Ag.	*Agamemnon*
Choe.	*Choephoroi* (»Die Trankopferträgerinnen«)
Dict.	*Diktyoulkoi* (»Die Netzzieher«)
Eum.	*Eumenides*
Pers.	*Persai*
PV	*Prometheus Vinctus* (»Der gefesselte Prometheus«)
Sept.	*Septem contra Thebas* (»Sieben gegen Theben«)
Suppl.	*Supplices* (»Die Bittflehenden«)
Tox.	*Toxeus*
AB	*Anecdota Graeca* (I. Bekker)
Ach. Tat.	Achilleus Tatios
Intr. Arat.	*Introductio in Aratum*
Accius	(Attius)
Nyctegr.	*Nyctegresia* (»Die Nachtwache«)
Ael.	Ailianos
NA	*De Natura Animalium* (»Tierleben«)
Alc.	Alkaios
Alciphr.	Alkiphron
Alcm.	Alkman
Parth.	*Partheneion*
Anacr.	Anakreon
Anaxil.	Anaxilas
Antim.	Antimachos
Ant. Lib.	Antoninus Liberalis
Met.	*Metamorphoseis*
Anon.	Anonymus
AP	*Anthologia Palatina*
Apic.	Apicius
App.	Appianos
Apollod.	Apollodoros
Ep.	*Epitome*
Apul.	Apuleius
Met.	*Metamorphoseis*
A. R.	Apollonios von Rhodos
Ar.	Aristophanes
Ach.	*Acharnenses*
Av.	*Aves* (»Die Vögel«)
Eq.	*Equites* (»Die Ritter«)

Lys.	*Lysistrata*
Nub.	*Nubes* (»Die Wolken«)
Pl.	*Plutus*
Ran.	*Ranae* (»Die Frösche«)
Vesp.	*Vespae* (»Die Wespen«)
Thesm.	*Thesmophoriazusae* (»Die Frauenfestfeiernden«)
Arn.	Arnobius
adv. nat.	*adversus nationes* (»Wider die Heiden«)
Arat.	Aratos
Archil.	Archilochos
Arist.	Aristoteles
de div. somn.	*de divinatione per somnia* (»Über Traumdeutung«)
GA	*De Generatione Animalium* (»Über die Entstehung der Tiere«)
HA	*Historia Animalium* (»Tiergeschichte«)
insomn.	*de insomniis* (»Über Traumbilder«)
Poet.	*de arte poetica* (»Poetik«)
Aristarch.	Aristarchos
Aristid.	Ailios Aristeides
or.	*orationes* (»Reden«)
Artemid.	Artemidoros
Ath.	Athenaios
Auct. Priap.	Auctor Priapeorum
Aul. Gell.	Aulus Gellius
B.	Bakchylides
Call. Com.	Kallias Komikos
Callim.	Kallimachos
in Dian.	*in Dianam* (»Artemishymnus«)
lavacr.	*lavacrum Palladis* (»Das Bad der Athene«)
Chamael.	Chamaileon
Cic.	Cicero
de divin.	*de divinatione* (»Über Weissagung«)
Tusc.	*Tusculanae Disputationes* (»Streitgespräche«)
Clem. Alex.	Clemens von Alexandria
protr.	*protreptikos* (»Ermahnung an die Griechen«)
Col.	Columella, L. C. M.
Com. Adesp.	*Comica Adespota*
Corinth.	*Brief an die Korinther* (Paulus)
Crat.	Kratinos
Ctes.	Ktesias
D.	Demosthenes
Dan.	Daniel

D. Chr.	Dion Chrysosthomos
or.	*orationes* (»Reden«)
D. H.	Dionysios von Halikarnassos
Ant. Rom.	*Antiquitates Romanae* (»Römische Archäologie«)
Diog.	Diogenes der Kyniker
D. L.	Diogenes von Laerte
D. S.	Diodoros von Sizilien
Dsc.	Dioskorides
E.	Euripides
Alc.	*Alkestis*
Alcm.	*Alkmeon*
Alex.	*Alexandros*
Androm.	*Andromache*
Ba.	*Bakchai*
Cycl.	*Kyklops*
El.	*Elektra*
Erechth.	*Erechtheus*
Hec.	*Hekabe*
Hel.	*Helena*
Heracl.	*Herakliden*
HF	*Hercules furens* (»Der zornige Herakles«)
Hipp.	*Hippolytos*
Hyps.	*Hypsipyle*
IA	*Iphigeneia Aulike*
IT	*Iphigeneia Taurike*
Med.	*Medea*
Or.	*Orestes*
Pho.	*Phoinix*
Phoin.	*Phoinissai*
Phrix.	*Phrixos*
Rh.	*Rhesos*
Suppl.	*Supplices* »Die Schutzflehenden«)
Teleph.	*Telephos*
Tr.	*Troades* (»Die Troerinnen«)
EM	*Etymologicum Magnum*
Emp.	Empedokles
Ephor.	Ephoros
Epimenid.	Epimenides
Eumel.	Eumelos
Eup.	Eupolis
Euph.	Euphorion
Eustath.	Eustathios
Exod.	*Exodus*

Fest.	Festus
FGH	*Fragmente der griechischen Historiker* (Jacoby)
FHG	*Fragmenta Historicorum Graecorum* (Müller)
Firm. Mat.	Firmicus Maternus
de err. prof.	*de errore profanarum religionum* (»Über den Irrtum der heidnischen Religionen«)
Gal.	Galenos
Gell.	Aulus Gellius
Gen.	*Genesis* (Altes Testament)
Germ.	Germanicus Caesar
GGM	*Geographi Graeci Minores*
Gorg.	Gorgias
Hel.	*Helena*
Hdt.	Herodotos
Hellanic.	Hellanikos
Heracl.	Herakleitos
Hes.	Hesiodos
Melamp.	*Melampous* (Fragment)
Op.	*Opera et dies* (»Werke und Tage«)
The.	*Theogoneia*
Hom.	Homeros
h. Cer.	*hymnus in Cerem* (»Demeterhymnus«)
h. Merc.	*hymnus in Mercurium* (»Hermeshymnus«)
h. Ven.	*hymnus in Venerem* (»Aphroditehymnus«)
Il.	*Ilias*
Od.	*Odysseia*
Hor.	Horatius
Carm.	*Carmina* (»Gesänge«)
Sat.	*Satirae sive sermones* (»Satiren«)
Hp.	Hippokrates (siehe auch Ps.-Hp.)
Genit.	*de genitu* (»Über die Zeugung«)
Nat. Puer.	*de natura pueri* (»Über das Werden des Kindes«)
Hsch.	Hesychios der Lexikograph
Hyg.	Hyginus
astron.	*astronomica*
fab.	*fabulae*
Ibyc.	Ibykos
IG	*Inscriptiones Graeca*
Ion. Ch.	Ion von Chios
Jer.	Jeremias

Konon	
narr.	*narrationes* (»Erzählungen«)
LCL	Loeb's Classical Library
LSJ	Wörterbuch von Liddell, Scott und Jones
Luc.	Loukianos
Alex.	*Alexandros*
Amor.	*Amores*
bis accus.	*bis accusatus* (»Doppelt Verklagter«)
Cat.	*Cataplus*
Cont.	*Contemplantes*
de dea Syr.	*de dea Syria* (»Über die syrische Göttin«)
D. Meretr.	*Dialogi Meretricii* (»Hetärengespräche«)
Gall.	*Gallus* (»Der Hahn«)
J. Conf.	*Iuppiter confutatus* (»Widerlegung des Zeus«)
Lex.	*Lexiphanes*
Philops.	*Philopseudes* (»Der Lügenfreund«)
Tim.	*Timon*
VH	*Verae Historiae*
Lucr.	Lucretius
nat. rer.	*de rerum natura* (»Über die Natur der Dinge«)
Lyc.	Lykophron
Lyd.	Iohannes Lydos
de mens.	*de mensibus* (»Über die Monate«)
Macr.	Makrobius
Mel.	Meleagros
Mosch.	Moschos
Myth. Vat.	Mythographi Vaticani
Nic.	Nikandros
Alex.	*Alexipharmaka* (»Gifte aller Art und ihre Gegengifte«)
Ther.	*Theriaka* (»Schlangen und andere Gifttiere«)
Nic. Dam.	Nikolaos von Damaskus
Nonn.	Nonnos
Dion.	*Dionysiaka*
Num.	*Numeri* (Altes Tesament)
Orph.	Orphica
Ov.	Ovidius
Fast.	*Fasti*
Her.	*Heroides* (»Briefe der Heroenfrauen«)
Pap. Berol.	*Papyrus von Berlin*
Pap. Oxy.	*Papyrus von Oxyrhinchus*

Pap. Tebt.	*Papyrus von Tebtunis*
Parth.	Parthenios
Erot.	*Erotica Pathemata* (»Liebesleiden«)
Paus.	Pausanias
Phil. Bybl.	Philon von Byblos
Phot.	Photios
Bibl.	*Bibliotheca*
Phryn.	Phrynichos von Attika
PS	*Praeparatio Sophistica*
Phryn. Trag.	Phrynichos der Tragödiendichter
Pi.	Pindaros
I.	*Isthmiae*
N.	*Nemeae*
O.	*Olympiae*
P.	*Pythiae*
Pae.	*Paianes*
Pl.	Platon
Crat.	*Cratylus*
Eutphr.	*Eutyphron*
Grg.	*Gorgias*
Leg.	*Leges* (»Gesetze«)
Lys.	*Lysis*
Phdr.	*Phaidros*
Rmp.	*Res Publica* (»Der Staat«)
Smp.	*Symposion* (»Das Gastmahl«)
Tim.	*Timaios*
Pl. Com.	Platon Komikos
Plin.	Plinius
HN	*Historia Naturalis* (»Naturgeschichte«)
Plu.	Ploutarchos
Amat.	*Amatorius* (»Gespräch über die Liebe«)
Fort. Rom.	*de fortuna Romanorum*
Gen. Socr.	*de Genio Socratis* (»Über das Genie des Sokrates«)
Is. et Os.	*De Iside et Osiride*
Lac. Ap.	*Lacaedaemorum Apophtegmata* (»Worte der Spartaner«)
Mor.	*Moralia*
Mul. Virt.	*de mulierum virtutibus* (»Über die Tugenden der Frauen«)
prof. virt.	*de profectibus in virtute*
Q. Conv.	*Quaestiones Conviviales*
Quaest. Rom.	*Quaestiones Romanae*
Reg. imp. ap.	*Regum et Imperatorum Apophtegmata* (»Worte der Könige und Herrscher«) (Antig. = Antigonos)

ser. num. vind.	*de sera numinis vindicta* (»Über die späte Rache der Gottheit«)
V. Ages.	*Agesilaos*
V. Arat.	*Aratos*
V. Artax.	*Artaxerxes*
V. Caes.	*Caesar*
V. Cim.	*Kimon*
V. Dem.	*Demosthenes*
V. Nic.	*Nikias*
V. Rom.	*Romulus*
V. Sol.	*Solon*
V. Them.	*Themistokles*
Poll.	Pollux (Polydeukes)
Porph.	Porphyrios
antr.	*de antro nympharum* (»Nymphengrotte«)
Posid.	Poseidonios
Prop.	Propertius
Prot.	Protagoras
Ps.-Arist.	Pseudo-Aristoteles
mir.	*Mirabilia*
Ps.-D.	Pseudo-Demosthenes
Ps.-Dsc.	Pseudo-Dioskorides
Ps.-Eratosth.	Pseudo-Eratosthenes
Catast.	*Katasterismoi* (»Sternbilder«)
Ps.-Hp.	Pseudo-Hippokrates
insomn.	*de insomniis* (»Traumbilder«)
Ps.-Long.	Pseudo-Longinos
de sublim.	*de sublimitate* (»Über die Erhabenheit«)
Ps.-Plu.	Pseudo-Ploutarchos
Paral. Min.	*Parallela Minora*
Ps.-Sen.	Pseudo-Seneca
Oct.	*Octavia*
Pythag.	Pythagoras
PW-*RE*	Pauly-Wissova: *Realencyclopädie der classischen Altertumswissenschaft*
Q. S.	Quintos von Smyrna
S.	Sophokles
Aj.	*Aias*
Ant.	*Antigone*
El.	*Elektra*
Ichn.	*Ichneutai (»Die Spürer«)*
Inach.	*Inachos*

OC	*Oidipous Koloneios (»Ödipus in Kolonos«)*
OT	*Oidipous Tyrannos*
Ph.	*Philoktetes*
Tr.	*Trachinia*
Sapph.	Sappho
Satyr.	Satyros
Sen.	Seneca
Ag.	*Agamemnon*
Phaedr.	*Phaedra*
Serv.	Servius
V. Aen.	*In Vergilium Aeneis*
V. Georg.	*In Vergilium Georgica*
Simon.	Simonides
Skymn.	Skymnos
Skythin.	Skythinos
Socr.	Sokrates
Sol.	Solin
Spr.	*Sprüche Salomons* (Altes Testament)
Stat.	Statius
Silv.	*Silvae*
Theb.	*Thebais*
Stesich.	Stesichoros
Stesimbr.	Stesimbrotos
Stob.	Stobaios
Strat.	Straton
Suet.	Suetonius
J. Caes.	*Julius Caesar*
V. XII Caes.	*Vitae XII Caesarium* (»Kaiserbiographien«)
Suid.	Suidas
Tac.	Tacitus
Ann.	*Annales*
TGF	*Tragicorum Graecorum Fragmenta* (Nauck)
Th.	Thoukydides
Thal.	Thales
Theocr.	Theokritos
Thgn.	Theognis
Thphr.	Theophrastos
Metaph.	*Metaphysika*
Char.	*Charakteres*
Timae.	Timaios
Tyrt.	Tyrtaios
Tzetz.	Iohannes Tzetzes
Lyc.	*Kommentar zu Lykophron*

V.	Vergilius
Aen.	*Aeneis*
Georg.	*Georgica*
V. Aesch.	*Vita Aeschyli*
Val. Max.	Valerius Maximus
Varr.	Varro
RR	*de res rustica* (»Über das Landleben«)
V. Eurip.	*Vita Euripidi*
X.	Xenophon
Ages.	*Agesilaos*
An.	*Anabasis* (»Zug der Zehntausend«)
Cyrop.	*Kyrupaidia* (»Erziehung des Kyros«)
Hell.	*Hellenica* (»Geschichte Griechenlands«)
Mem.	*Memorabilia* (»Erinnerung an Sokrates«)
Oec.	*Oikonomikos* (»Hauswirtschaft«)
Smp.	*Symposion* (»Das Festmahl«)
Xanth.	Xanthos
Xenoph.	Xenophanes
Zenod.	Zenodotos
Zeno Eleat.	Zenon von Elea

VIII. Verzeichnis der im Text verwendeten Abkürzungen

ad loc.	ad locum: zu dieser Stelle
ap.	apud: bei
cod(d).	codex (codices)
col(l).	columna(e): Spalte(n)
fin.	fine: am Schluß
fr(r).	Fragment(e)
Bgk	Bergk
D-K	Diels-Kranz
init.	initio: am Anfang
op. cit.	opere citato: im bereits zitierten Werk
or.	oratio: Rede
sch.	Scholion (antike Erklärung schwieriger Texte)
s. v.	sub verbo: Stichwort
test(t).	testimonium (-ia): Zeugnis(se)
V.	Vers(e)
vs.	versus: gegenüber

Alphabetisches Verzeichnis der suhrkamp taschenbücher wissenschaft